D1807561

Johannes a Lasco.

HERMANN DALTON

JOHANNES A LASCO

BEITRAG ZUR REFORMATIONSGESCHICHTE POLENS,
DEUTSCHLANDS UND ENGLANDS

Nieuwkoop * B. de Graaf
1970

Reprint of the edition Gotha, 1881.

ISBN 90 6004 265 4

Johannes a Lasco. 1499–1560.

Herrn

Prof. Dr. theol. Abraham Kuyper,

dem hochverdienten Herausgeber der Gesamtwerke Laskis,

in herzlicher Verehrung und Dankbarkeit.

Es ist eine lohnende Aufgabe gewesen, den im Laufe der Jahrhunderte schwankend gewordenen, vielfach entstellten, meist verzerrten Zügen Laskis liebend bis zu ihren Ursprüngen nach= zugehen, wenn möglich ihm ins große, fromme Auge zu schauen und das, was man da noch lebenswarm hat erkennen können, in festumrissener Gestalt den Zeitgenossen zu zeigen. Niemand unter uns Lebenden wäre für diese Aufgabe würdiger gewesen als der Mann, dem die nun folgenden Blätter zunächst als herzliches Dankeszeichen dargebracht werden. Schon dem Studenten Kuyper nahte lockend die fesselnde Gestalt aus den großen Tagen der Reformation. Die Würde eines Doktors der Theologie erwarb sich der junge Gelehrte vor zwei Jahrzehnten durch eine ein= gehende Untersuchung über den Begriff der Kirche bei Calvin und Laski. Den fast fremd gewordenen Namen zum Vergleiche mit dem großen Reformator herangezogen zu haben, reizte in weiteren Kreisen die Wißbegierde und lenkte von neuem die Auf= merksamkeit auf die schier verschollene Persönlichkeit. Der jugend= frische Holländer wollte die Wißbegierde nicht nur erregen, sie auch befriedigen. 1866 erschien seine Ausgabe der Gesamtwerke Jo= hannes a Lascos, eine klassische Arbeit unverdrossensten Spür= sinns, rastloser Umsicht, ausgedehnter Gelehrsamkeit, vor keiner mühseligsten Untersuchung zurückschreckenden Fleißes, ein Werk holländischer Gelehrsamkeit von altem Schrot und Korn. Da stand nun der große Pole vor uns in seinen Schriften, den

beredten Zeugen seiner Wirksamkeit im Mannesalter und aus der
gleichen Zeit in dem reichen Schatz seiner von allen Endpunkten
zusammengetragenen Briefe. Mit welcher Begeisterung, mit welcher
immer wachsenden Teilnahme lauschten wir vor fünfzehn Jahren
und seitdem fast ununterbrochen der köstlichen, frommen Mannesrede aus der einzigartigen Reformationszeit! Mit welcher Bewunderung folgten wir den Andeutungen aus dem Leben des
Mannes, der in mannichfaltigstem Geschicke, in wechselvollstem
Laufe immer die gleichen, fesselnden, scharf ausgeprägten Züge
eines in Gott festen Herzens zeigte..

Es konnte bei solchem Studium der Werke nur der Wunsch
wachsen, das Leben dieser ansprechenden Persönlichkeit im Zusammenhang und in die Geschichte jener großen Tage eingegliedert
kennen zu lernen. Was bis zum Erscheinen der Gesamtwerke
von Biographieen im Laufe der drei Jahrhunderte erschienen,
war von Hause aus schon dürftig, nun hinfällig, veraltet; keine
einzige konnte sich auf ein so reiches Material, als es in diesen
beiden Bänden vorlag, stützen. Der so begabte, gelehrte Pfad-
finder erschien als der einzig Berufene zur Arbeit und auch willig,
dem Rufe Folge zu leisten. Der Titel der Gesamtwerke stellte
noch einen dritten Band, der das Leben Laskis erzählen sollte,
in Aussicht. Jahr um Jahr haben wir geduldig und dann auch
mit Ungeduld auf das Erscheinen der versprochenen Gabe gewartet: es war uns ein tiefer Schmerz, als uns Dr. Kuyper
mitteilte, daß die großen ihm in seiner heimatlichen Kirche gestellten Aufgaben ihn wohl für immer von der stillen, schönen
Arbeit, das Leben Laskis zu schreiben, weggedrängt, zu seinem
eignen, tiefen Bedauern.

Und sollte das Werk ein Torso bleiben? Sollte es uns
nicht vergönnt sein, dem Manne in seinem Lebenslaufe das Geleit zu geben, dessen Rede so markig und anregend uns gefesselt?
Die Schilderung hat ja nicht unbedeutende Schwierigkeiten zu
überwinden und sie mögen manche bewährte Kraft abgeschreckt
haben. Laski gehört in seinem Leben und in seiner tiefgreifen=

den Wirkſamkeit dreien Ländern an: Polen, Deutſchland und
England. Wem die Reformationsgeſchichte der beiden letzteren
Länder zugänglich iſt, dem legt das ferne, fremde Heimatland des
Polen nicht geringe Hinderniſſe in den Weg. Schon die Unbe=
kanntſchaft mit der Sprache hemmt manchen Fuß; wer auch dieſe
läſtige Feſſel abgeſtreift, den macht im Fortgang ſeiner Studien
die Dürftigkeit der Quellen unluſtig zur Arbeit. Die Jeſuiten
haben gründlich unter den ehrwürdigen, ſchriftlichen Denkmalen aus
der proteſtantiſchen Zeit Polens aufgeräumt; Barbaren können nicht
pietätloſer hauſen. Es iſt ihnen gelungen, die Erinnerung an
jene lichte Morgenröte der Reformation aus der Erinnerung der
Polen faſt völlig auszulöſchen; in dem wehmütigen Banne über
den Ausgang der Geſchichte Polens iſt ihnen unter ſolchen herz=
loſen Lehrmeiſtern das Verſtändnis für den ſo ganz anderes Los
verheißenden Anbruch des Tages, über deſſen Ende ſie weinen,
verloren gegangen. Schmerzlich iſt es, zu ſehen, in welch ver=
zerrten Zügen auch heute noch die Heimat die Geſtalt eines ihrer
größten und edelſten Söhne feſthält*). Den deutſchen Forſchern
dann, die ſich redliche Mühe gaben, der hohen Bedeutung der
hervorragenden Perſönlichkeit gerecht zu werden, denen bot wohl
die Geſamtausgabe der Werke eine reiche Fundgrube, die Mittags=
höhe dieſes Lebens zu ſchildern, aber ſein Morgen und ſein Abend

---

*) Das Zerrbild, das uns der Überſetzer von Raczynſki (I, 171)
etet, iſt in gemäßigter, nachſichtiger Sprache die Übertragung einer viel
ɟerberen, widerlicheren Entſtellung des polniſchen Grafen von ſeinem großen
Landsmann. Seltſam doch! Und faſt das Stärkſte an Entſtellung in
Deutſchland hat der Kollege des polniſchen Numismatikers verbrochen, der
alte, weitſchweifige, im ganzen ſo biedere Köhler (IX, 265), beide Münzen=
freunde bei der Schilderung jener ſchönen, alten Münze, von der wir im
Titelbild einen Abdruck bieten. Der Stecher der Münze iſt unbekannt;
Köhler findet das Profil dem in Oſtfriesland aufbewahrten Ölgemälde
ähnlich; der Unterſchied iſt aber groß und zwar zu Ungunſten des Emdener
Bildes, ſo daß wir uns lieber zur Wiedergabe des Münzbildes entſchloſſen
haben, weil die Züge mehr mit den Schilderungen der Zeitgenoſſen
ſtimmen.

blieb ihnen in faſt undurchdringbaren Nebel gehüllt, und doch nur
die ungetrübte Betrachtung von Anfang, Mitte und Ende ge=
währt die rechte Würdigung einer hervorragenden Mannesge=
ſtalt.

Aber der lebhafte Wunſch, das Lebensbild Laskis zu be=
ſitzen, deſſen Werke es uns nun einmal ſo mächtig angethan, blieb,
und zwar ſo rege, daß er zuletzt mit der Nötigung vor die Seele
trat, ſelbſt an die Zeichnung Hand anzulegen, wenn berufenere
Federn ruhten. Beſonders günſtige Umſtände traten befürwortend
ein. Der Studiengang für die Darſtellung dieſer reformatoriſchen
Geſtalt führte durch die Geſchichte von Ländern, die mir bekannt
und vertraut ſeit Jahren ſind. England iſt das Land meiner
Väter; als engliſcher Bürger erblickte ich das Licht der Welt, und
mit Liebe und Pietät hänge ich an dem ſchönen Lande und auch
an ſeiner Vorzeit. Deutſchland aber mit ſeiner Geſchichte iſt mir
lieb, wie nur ein Heimatland es ſein kann; in ſeinem Boden
liegen die Wurzeln meines geiſtigen Lebens, die holden Erinnerungen
von Kindheit und Jugend, und ſeine Sprache allein iſt mir Mutter=
ſprache. Die Jahre des Mannesalters im köſtlichen Berufe ſind
unweit Polen und auch, ſeit über zwanzig Jahren, in fortwähren=
der Fühlung mit dem kirchlichen Leben des Landes heute und in
vergangenen Jahrhunderten verbracht. Mehrmalige Reiſen nach
allen Richtungen hin in dem vom gewohnten Weltverkehr etwas
abgelegenen Lande haben mit Land und Leuten vertraut ge=
macht. Emſige Nachforſchungen an Ort und Stelle waren nicht
immer vergeblich; der eine, der andere wertvolle Fund bot reichen
Lohn der aufgewandten Mühe und tröſtete über ſo manchen ſpur=
los verſchwundenen Schatz. Es gelingt denn doch ſelbſt Jeſuiten=
händen nicht immer, nun auch noch die Trümmerhaufen ihrer
Zerſtörung aus der Welt zu ſchaffen.

In dem freundlichen Geleite dieſer günſtigen Umſtände, die
den Mut zur Arbeit einflößten, ſind in den letzten paar Jahren
die ſpärlichen, nur knapp zugemeſſenen Mußeſtunden eines vielbe=
ſchäftigten Berufslebens mit voller Luſt und Liebe der Schilderung

dieſer ſo ungemein feſſelnden, anmutenden Geſtalt zugewandt ge=
weſen. Der Mängel der Arbeit iſt ſich niemand mehr bewußt
als der, dem ſie langſam, oft mit monatelangen Unterbrechungen
und nur lückenhaft, unter den Fingern entſtanden iſt. Er darf
für einzelne Punkte bei dem Sachkenner auf Nachſicht rechnen.
Es iſt mühſame Arbeit, in Polens Geſchichte des 16. Jahrhunderts
für eine Geſtalt Licht auf die Anfänge ihres Lebens zu erhalten,
die den Zeitgenoſſen ſelbſt in ihrer Bedeutung unbekannt geblieben,
oder deren vorhandene Spuren man da, wo man ſie unliebſam in
ſpäteren Jahren zu fühlen bekam, es ſich angelegen ſein ließ aus=
zulöſchen. Es iſt auch nicht leicht, auf der lichteren Straße in
Deutſchland und England den Gang dieſer Perſönlichkeit nirgends
aus dem Auge zu verlieren, ſo viel Geſtrüpp hat ſich früh in
den Weg gelegt, und manchmal wollte einem der Mut ſinken, ob
man aus den Irrwegen der ſpäteren Darſteller noch ſich zurecht=
finden könne. Auch das mag gütiger Berückſichtigung unterbreitet
werden, daß die folgenden Blätter in einem einſamen Paſtorate
hoch oben im Norden, ſo fern von der geiſtigen Anregung einer
deutſchen Hochſchule und meiſt nur in der Beſchränkung auf die
eigenen Büchervorräte entſtanden ſind. Ein ſo weit hinauf vor=
geſchobener Vorpoſten der evangeliſchen Kirche bietet ernſten Ar=
beiten dieſer Art Schwierigkeiten, die der kaum ermißt, welcher
in der unmittelbaren Strömung geiſtigen Wirkens und Schaffens
mitteninne ſteht. Und doch kann die Sehnſucht, wenn auch
nur aus der Ferne an ſolchen Arbeiten ein beſcheidenes Teil
nehmen zu dürfen, nicht von jedermann unterdrückt werden. Ihre
Befriedigung gewährt ſo friſche Labe im ſchönen praktiſchen Be=
rufe.

Der Fachmann wird wahrſcheinlich an der breiten Aus=
führung der Erzählung Anſtoß nehmen; in viel knapperen Strichen
wird er die Zeichnung wünſchen, ohne all den Zuſatz des Zeit=
geſchichtlichen, der ihm nichts Neues bietet. Ich möchte nicht in
erſter Linie dem Forſcher das Buch darbieten; es wünſcht zunächſt
einen weiteren Leſerkreis, nach der einen Seite hin die Genoſſen

des „köstlichen Amtes", nach der anderen Seite die Gemeinde,
die gerade Laski wie kaum ein anderer seiner Zeitgenossen hoch=
gestellt. Wir brauchen — so will es mir aus langjähriger Er=
fahrung scheinen — viel mehr Pastorenbücher, als vorhanden sind.
Der Hilfsbücher für die eine, die andere Seite des praktischen
Berufslebens giebt es ja die Hülle und die Fülle; viel geringer
aber ist der Vorrat an Werken aus den anderen theologischen
Disziplinen, die sich nicht nur auf den Erwerb der bezüglichen
Forschung beschränken, sondern dem Pastor auch die ihm im Laufe
der Jahre doch wieder etwas ausgeblichene, entschwundene Um=
gebung auffrischen und ins Gedächtnis rufen und an dem behan=
delten Gegenstande lebenswarm und lebensfrisch die Seiten her=
vorheben, die ihm in seinem ernsten, heiligen Berufe zur An=
regung, zur Förderung dienen. Welch' tiefgehende Anregung,
welch' reiche Förderung für seinen Lebensberuf, ja auch in ihrer
Art welch' reine Erbauung hat dem Erzähler die aufmerksame Be=
trachtung des Lebens und der Werke Laskis geboten! Möch=
ten die Blätter den lieben Amtsgenossen davon Mitteilung machen
und sie veranlassen, von dem Leben zu den Schriften des Mannes
überzugehen!

Der andere Leserkreis wird in der Gemeinde gesucht. Noch
ist ja nicht in allen Gemeinden, auf die in den Reformationstagen
Laski segensreichen Einfluß ausgeübt, sein Name vergessen:
der Arbeit wert ist es, wenn die ausgeblichten Züge zu neuem,
frischem Leben auferweckt werden und damit Pietät und Dankbarkeit
frischen Halt empfangen. Aber mehr noch und in weiteren Kreisen
gilt es, mit einer Gestalt aus den Tagen der Reformation sich ver=
traut zu machen, die wie kaum eine andere in jener Zeit die Ge=
meinde so frei und mündig gestellt. Oft begegnet es uns in der
Geschichte, daß in großen, welthistorischen Augenblicken auf den Zügen
der Männer im zweiten Gliede etwas wie Weissagung auf eine
kommende Zeit in erhöhterem Maße ruht als bei ihren Vorder=
männern. Die Helden im ersten Gliede stehen im heißen Kampfe
des Tages und prägen ihrer Zeit in markigen, festen Zügen ihre

Geſtalt ein. Sie geben für lange Zeit die Richtung an; je nach
der Größe ihrer Geſtalt fällt ihr Schatten nach der Seite, der
ſie die Richtung angewieſen. Aber erſtarren darf und kann das
Gepräge nicht. Das iſt dann ſchöner Anblick, auf dem Antlitz der
Helden im zweiten Gliede nicht ſelten die Morgenröte eines her=
auffommenden neuen Tages zu ſehen, den roten Faden, an dem
die fortſchreitende Entwickelung ſich hält, ihren Weg über die Erde
zu ziehen. Auf Laskis Zügen liegt in hervorragendem Grade
dieſer Hauch eines Propheten; er tritt uns an nicht wenigen
Stellen ſo unmittelbar nahe, als ob er ein erſtgeborener Sohn
unſerer Tage wäre. So frei und ſelbſtändig wie er hat kaum ein
anderer im 16. Jahrhundert, der noch die geordneten Wege der
Reformation gewandert, die Gemeinde gewollt und auch in der
That geſtellt. Das allein ſchon giebt Laski ein Anrecht auf
eingehende Berückſichtigung und dann gewiß auch auf hellen Beifall
von nicht wenigen der Beſten unſerer Zeitgenoſſen. Aber bei ſol=
chen Zugeſtändniſſen, was fordert er doch von dieſer ſeiner mündig=
geſprochenen Gemeinde! Welch hohes Maß der Pflichten legt er
denen auf, denen er in tiefer evangeliſcher Begründung ein ſo
reiches Maß von Rechten einräumt. Eins ohne das andere iſt
unchriſtlich und widerſtreitet dem Glauben an eine Gemeinde der
Heiligen. Für Laski iſt nur eine bekennende Gemeinde eine
chriſtliche Gemeinde und für ſie wie eine notwendige Lebensbe=
dingung die ernſte, heilige Wahrung der Kirchenzucht. Ob ſich
alle ſeine Forderungen unmittelbar in unſeren Tagen einhalten
laſſen, iſt fraglich. Aber unfraglich ſcheint mir, daß niemand unter
die Bauleute der Aufrichtung ſelbſtändigeren Gemeindelebens gezählt
werden darf, der, mit dieſen Laskiſchen Forderungen vertraut,
ihnen nicht Red' und Antwort zu ſtehen imſtande iſt. Laski baut
ſeine Bekenntnisgemeinde auf weitherziger Grundlage auf: durch
ſeine Seele iſt der klaffende Riß, der nach Luthers Tode die
auf Gottes Wort zu reformierende Chriſtenheit ſpaltete, ſchmerz=
lich gegangen, man darf faſt wehmütig ſagen: ſein Herz hat ſich
an dieſer Wunde verblutet. Auch dieſer köſtliche Zug rückt uns

die edle, fromme Gestalt so unmittelbar nahe; wir begreifen seine
Wehklage, wir freuen uns seines ungebeugten Mutes, daß der
Herr der Kirche die in unseligem Hader getrennten Brüder denn
doch noch dermaleinst und in nicht allzu weiter Ferne zu e i n e r
Herde zusammenführen werde.

In reichlicherem Maße, als es geschehen, hätten vielleicht die
überraschenden Bezüge zu den Forderungen und Bedürfnissen der
Gegenwart in den folgenden Blättern hervorgehoben werden sollen.
Ich bin kein Freund solcher Verquickungen. Sie hemmen den
ruhigen Fortgang der Erzählung; sie bringen teilweise eine un=
liebsame Störung in das Leben jener Tage. Die Geschichte reicht
den Spiegel der Gegenwart nur dar; wer hineinschaut, dem muß
es selbst überlassen bleiben, die Züge der Ähnlichkeit herauszufinden.
Lehrt sie es nicht selbst, dann wird doch nur jede Nachhilfe und
Dolmetschung unerquicklich. Das vorgesetzte Ziel ist schon erreicht,
wenn die folgenden Blätter die fest umrissenen Züge der großen,
edlen, mutvollen Mannesgestalt mit ihren frommen Zügen aus
den Tagen der Reformation so lebenswarm vor Augen führen,
daß sie anregend noch in unsere Zeit hineinwirkt und auf diese
Weise ein frisches Band wird, unsere Gegenwart mit den Helden=
tagen der Reformation zu verknüpfen.

St. Petersburg, in der Osterwoche 1881.

Inhalt.

I.
Johannes a Lasco als Katholik in seiner Heimat.

II.

Johannes a Lasco als Protestant in Deutschland und England.

III.

Johannes a Lasco als Protestant in seinem Vaterlande.

Vollständige Titelangabe

der

auf den folgenden Blättern nur angedeuteten Quellenwerke.

Adam, Decades duae. Francofurti ad Moenum 1653.

Anecdota Brentiana. Tübingen 1868.

Annals of the reformation of religion by John Strype. London 1735.

Archiv für Frankfurts Geschichte und Kunst. Herausg. von dem Verein für Geschichte und Altertumskunde zu Frankfurt am Main 1860 ff.

Barclay, The inner life of the religions societies of the common wealth. London 1879.

Bartels, Johannes a Lasco. Elberfeld 1860.

I Bartels, Abriß einer Geschichte des Schulwesens in Ostfriesland. Aurich 1870.

Baum, Capito und Butzer. Elberfeld 1860.

Benrath, Bernardino Ochino. Leipzig 1875.

Berger, La bible au XVIe siècle. Paris 1879.

Bertram, Historia critica Joh. a Lasco. Aurich 1733.

Beyschlag, Karl Immanuel Nitzsch. Berlin 1872.

Bibliotheca Warszawska. Warszawa 1872.

Böcking, Ulrichi Hutteni opera. Lipsiae 1859 sqq.

Böhmer, Bibliotheca Wiffeniana. Londini 1874.

Boos, Thomas und Felix Platter. Zur Sittengeschichte des sechzehnten Jahrhunderts. Leipzig 1878.

Brandes, John Knox. Elberfeld 1862.

Bucholtz, Geschichte der Regierung Ferdinands I. Wien 1831 ff.

Burn, History of the foreign protestant refugees settled in England. London 1846.

Burnet, The history of the reformation of the Church of England. London o. J.

Calendar of State papers of the reign of Edward VI. London 1861.

Calvin, Opera, im Corpus Reformatorum. Brunsvigae 1863 sqq.

Campan, Mémoires de Franzisco de Enzinas. Bruxelles 1862.

Caro, Geschichte Polens, in „Geschichte der europäischen Staaten" von Heeren und Ukert. Gotha 1863 ff.

Chronik der evangelischen Gemeinde zu Krakau von Ad. Wengierski. Breslau 1880.

Collectio magna historiarum Poloniae scriptorum. Warsaviae 1761.

Cornelius, Der Anteil Ostfrieslands an der Reformation bis zum Jahre 1535. Als Manuskript gedruckt o. J. u. O.

Cranmer, Miscellaneous writings. Cambridge 1846.

Cromer, Polonia sive de origine et rebus gestis Polonorum. Coloniae 1594.

Czekanowski, De corruptis moribus utriusque partis catholicorum videlicet et haereticorum. O. J. u. O.

Czerwenka, Geschichte der evangelischen Kirche in Böhmen. Bielefeld 1870.

Dalton, Gesch. d. reformierten Kirche in Rußland. Gotha 1865.

de Wette, Luthers Briefe und Sendschreiben. Berlin 1827.

Dorner, Geschichte d. protestantischen Theologie. München 1867.

I Dorner, Entwickelungsgeschichte der Lehre von der Person Christi. Berlin 1853.

Ebrard, Das Dogma vom heil. Abendmahl. Frankf. a. M. 1845.

Eichhorn, Stanislaus Hosius. Mainz 1854.

Emmius, Rerum Frisicarum historia. Lugduni Batavorum 1616.

Erasmus, Epistolarum libri XXXI. Londini 1642.

Erbkam, Geschichte der protestantischen Sekten. Hamburg 1848.

Essenwein, Die mittelalterlichen Kunstdenkmale der Stadt Krakau. Leipzig 1869.

Fechner, Chronik d. evang. Gemeinde in Moskau. Moskau 1876.

Feugère, Erasme. Etude sur sa vie et ses ouvrages. Paris 1874.

Fontes rerum austriacarum. Wien 1859.

Foxe, The acts and monuments. London 1877.

Fresenius, Kirchengeschichte von denen Reformierten in Frankfurt am Main. Frankfurt 1751.

Freytag, Bilder aus der deutschen Vergangenheit. Leipzig 1867.

Friese, Kirchengeschichte des Königsreichs Polen. Breslau 1786.

Froude, History of England. London 1870.

Gabbema, Epistolarum centuriae tres. Harlingae 1663.

Gerdes, Introductio in hist. Evang. secul. XVI renovati. Gröningae 1744.

Gindely, Geschichte der böhmischen Brüder. Prag 1861.

Graf, Jakobus Faber Stapulensis in der Zeitschrift für historische Theologie 1852.

Gratiani, La vie du cardinal Comendoni trad. par Fléchier. Paris 1671.

Grindal, The remains of. Cambridge 1843.

Grote, Bartholomäus Sastrow. Halle 1860.

Haag, La France protestante. Paris 1850.

Hammer, Geschichte des osmanischen Reiches. Pest 1834.

Harboe, Nachrichten von den Schicksalen des Johannes a Lasco. Kopenhagen 1758.

Hardt, Acta conciliorum. Parisiis 1714.

Hardwick, Hist. of the articles of religion. London 1876.

I Hardwick, Hist. of the christian church during the reformation. Cambridge 1865.

Hartknoch, Preußische Kirchenhistorie. Leipzig 1686.

Hartmann, Johann Brenz. Hamburg 1840.

Hase, Herzog Albrecht von Preußen und sein Hofprediger. Leipzig 1879.

I Hase, Kirchengeschichte. Leipzig 1877.

Herbarz Polski Kaspra Niesieckiego i wydany przez Jana Bobrowicza. w Lipsku 1839.

Heppe, Geschichte des deutschen Protestantismus 1555—1581. Marburg 1853.

Herminjard, Correspond. des réformateurs. Genève 1866 sqq.

Herzog, Real-Encyklopädie für protestantische Theologie und Kirche. Stuttgart 1853 ff.

Heumann, Documenta litteraria. Altdorfii 1758.

Hooper, Early and later writings. Cambridge 1843.

Jablonski, Hist. consensus Sendomiriensis. Berolini 1731.

Jocher, Obraz bibliograficzno - historyczny literaturi i nauk w Polsce. Wilno 1840.

Kausler, Briefwechsel zwischen Herzog Christoph von Württemberg und P. P. Vergerius. Tübingen 1875.

Kautz, Praecipua ac publica rel. evang. in Polonia fata. Hamburg 1738.

Kawerau, Joh. Agricola von Eisleben. Berlin 1881.

Kerkhistorisch Archief verzameld door Kist en Moll. Amsterdam, van Kempen.

Kirchenzeitung, Reformierte. Erlangen 1854 ff.

Klopp, Geschichte Ostfrieslands. Hannover 1854.

Knight, London. London 1841.

Köhler, Historische Münzbelustigung. Nürnberg 1737.

Köstlin, Martin Luther. Elberfeld 1875.

Koppius, Vitae ac gesta abbatum Adwerdensium. Groningae 1850.

Kotlubaj, Galerja nieswiezska portretow Radziwiłłowskich. Wilno 1857.

Krasinski, Historical sketch of the Reformation in Poland. London 1838.

Kriegk, Geschichte von Frankfurt am Main. Frankfurt 1871.

Kugler: Christoph, Herzog zu Württemberg. Stuttgart 1872.

Kuyper, Joannis a Lasco opera tam edita quam inedita. Amstelodami 1866.

Langenn: Moritz, Kurfürst zu Sachsen. Leipzig 1841.

Lanz, Korrespondenz Kaisers Karl V. Leipzig 1864.

Lauterbach, Ariano-Socinismus olim in Polonia. Lips. 1725.

Lechler, Geschichte der Presbyterial= und Synodalverfassung seit der Reformation. Leiden 1854.

Lelewel, Histoire de Pologne. Paris 1844.

Lubienitzki, Hist. reformationis Polonicae. Freistadii 1685.

Lukaszewicz, Geschichte der reformierten Kirche in Litthauen. Leipzig 1848.

Luthers Werke, Erlanger Ausgabe.

Mailath, Geschichte der Magyaren. Wien 1831.

Malcolm, Londinium redivivum. London 1803.

Malte-Brun, Tableau de la Pologne ancienne et moderne. Paris 1830.

Maurenbrecher, Karl V. und die deutschen Protestanten 1545 bis 1555. Düsseldorf 1865.

May, Kurfürst Albrecht von Mainz. München 1875.

Meiners, Oostvrieschlands Kerkelijke Geschiedenisse. Gröningen 1783. 1738.

Melanchthon, Opera, im Corpus Reformatorum. Halis 1834 sqq.

Merle d'Aubigné, Histoire de la Réformation en Europe au temps de Calvin. Paris 1864.

I Merle d'Aubigné, Histoire de la Réformation du XVIᵉ siècle. Paris 1860.

Michelet, Histoire de France au XVIᵉ siècle. Paris 1851.

Mönkeberg, Joachim Westphal u. Joh. Calvin. Hamburg 1865.

Mulder, Die Diakonie der Fremdlinge-Armen. Emden 1858.

Nippold in der „Zeitschrift für histor. Theologie". Gotha 1863.

Nitzsch, Urkundenbuch der evangelischen Union. Bonn 1853.

Northouk, A new history of London. London 1773.

Original letters relative to the English reform. Cambridge 1846.

Pauli, Bilder aus Alt-England. Gotha 1860.

Philaret, Geschichte der Kirche Rußlands, übers. v. Dr. Blumenthal. Frankfurt 1872.

Planck, Geschichte unseres protest. Lehrbegriffs. Leipzig 1799 ff.

Pomniki dziejowe Polski. Lwow 1878.

Pressel, Justus Jonas. Elberfeld 1862.

Procter, Hist. of the book of Common-Prayer. London 1864.

Pufendorf, De rebus a Carolo Gustavo gestis libri VII. Norimbergae 1696.

Raczynski, Les médailles de Pologne. Berlin 1845.

Ram, Considérations sur l'hist. de l'univ. de Louvain. Bruxelles 1854.

Ranke, Deutsche Geschichte im Zeitalter der Reformation. Berlin 1852.

I Ranke, Englische Geschichte vornehmlich im siebzehnten Jahrhundert. Leipzig 1877.

II Ranke, Die römischen Päpste im sechzehnten und siebzehnten Jahrhundert. Berlin 1838.

Raumer, Historisches Taschenbuch. Leipzig.

Religionshandlungen, Frankfurtische. Frankfurt 1726.

Reuß, Geschichte der heil. Schriften Neuen Testaments. Braun=
schweig 1874.

Ridley, Works of. Cambridge 1843.

Riggenbach, Das Chronikon des Konrad Pellikan. Basel 1877.

Ritschl, Geschichte des Pietismus in der reformierten Kirche.
Bonn 1880.

Ritter, Geschichte der Philosophie. Hamburg 1850.

I Ritter, Evang. Denkmal der Stadt Frankfurt. Frankfurt 1726.

Roscoe, Leben und Regierung des Papstes Leo X. Leipzig 1806.

Salig, Vollst. Historie der Augsburger Konfession. Halle 1730.

Savigny, Geschichte des römischen Rechts im Mittelalter. Heidel=
berg 1816.

Schmidt, Peter Martyr Vermigli. Elberfeld 1858.

I Schmidt, Philipp Melanchthon. Elberfeld 1861.

Schroeder, Troisième jubilé séculaire de la fondation de
l'église reformée française de Frankfort. Frankfort 1853.

Scrinium antiquarum. Groningae s. a.

Seisen, Geschichte der Reformation zu Heidelberg. Heidelberg
1846.

Sermons by Hugh Latimer. Cambridge 1844.

Sixt, Peter Paul Bergerius. Braunschweig 1871.

Sleidan, Commentariorum de statu religionis libri XXVI.
Francofurti 1610.

Spiegel, Albert Rizäus Hardenberg. Bremen 1869.

Stähelin, Johann Calvin. Elberfeld 1863.

Statorius, Funebris oratio in obitum Johannes a Lasco.
Pinczoviae 1560.

Steitz, Der lutherische Predikant Hartmann Beyer. Frankfurt 1852.

Stichart, Erasmus von Rotterdam. Leipzig 1870.

Stinzing, Ulrich Zasius. Basel 1857.

Strauß, Ulrich von Hutten. Leipzig 1858.

Strype, Memorials of Thomas Cranmer. London 1694.

Sudhoff, Olevianus und Ursinus. Elberfeld 1857.

Sylvius, Oratio funebris in obitum Johannes a Lasco. Pinczoviae 1560.

Tarnowski, Stanisława Łaskiego prace naukowe i dyploma-
tyczne. Wilno 1864.

Theiner, Vetera monumenta Poloniae et Lithuaniae. Romae
1861.

Tomiciana acta. Epistolae, legationes, responsa, actiones, res gestae ser. Princ. Sigismundi.

Trechsel, Die proteſtantiſchen Antitrinitarier vor Fauſtus Socinus. Heidelberg 1839.

Two liturgies 1549 and 1552, set forth by authority in the reign of king Edward VI. Cambridge 1845.

Utenhovius, Simplex et fidelis narratio de instituta ac demum dissipata in Anglia ecclesia. Basileae 1560.

Warrentrapp, Hermann von Wied und ſein Reformationsverſuch in Köln. Leipzig 1878.

Voigt, Geſchichte Preußens von den älteſten Zeiten bis zum Unter= gang der Herrſchaft des Deutſchen Ordens. Königsberg 1838.

Walewski: Jan Laski, reformator kościoła in Bibliotheca Warsz-awska. Warszawa 1872.

Weingarten, Die Revolutionskirchen Englands. Leipzig 1868.

Wengierski, Libri IV Slavoniae reformatae. Amstelodami 1679.

Wezyk, Constitutiones Synodorum metr. Eccl. Gnesn. Prov. Cracoviae 1630.

Whitgift, Works of. Cambridge 1853.

Wolters, Reformationsgeſch. der Stadt Weſel. Bonn 1868.

Woltmann, Holbein und ſeine Zeit. Leipzig 1866.

Zanchius, Epistolarum libri duo. Hannoviae 1609.

Zeißberg, Johannes Laski und ſein Teſtament in „Sitzungsberichten der königl. Akademie der Wiſſenſchaften". Wien 1874.

I Zeißberg, Die polniſche Geſchichtsſchreibung des Mittelalters in „Preisſchriften der Jablonowskiſchen Geſellſchaft in Leipzig". Leipzig 1873.

Zeitſchrift für hiſtoriſche Theologie. Gotha.

Zezſchwitz, Syſtem der chriſtl.=kirchl. Katechetik. Leipzig 1864 ff.

I Zezſchwitz, Die Katechismen der Waldenſer und böhmiſchen Brüder. Erlangen 1863.

Zurich letters. Cambridge 1842.

Zwinglis Werke. Ausg. von Schüler und Schultheß. Zürich 1828.

I.

Johannes a Lasco

als Katholik

in seiner Heimat.

———

1.

Land und Leute in der Heimat.

Ein weiter und auch schmerzensreicher Abstand trennt gegenwärtig Land und Leute unseres Helden von der Zeit, als er selbst noch unter ihnen wandelte. Seit nun fast einem Jahrhundert hat sein Volk aufgehört ein Volk mit eigenem Regiment, mit eigener Verfassung zu sein. Durch eigene Schuld, durch schweres, bitteres Verhängnis war es so tief herabgekommen, daß es dem gewaltsamen Druck der Nachbarn sich fügen und sich gefallen lassen mußte, von ihnen zerstückelt und den fremden, aber festgegliederten Staatswesen einverleibt zu werden. Das Los ist im eisernen Gang der Geschichte schon manch einem Volke widerfahren, das sich ausgelebt hatte und unvermerkt aufging in dem Leben des mächtigen Eroberers und verschwand. Mit zäher Ausdauer, mit rührender Vaterlandsliebe sträubt sich dieses Volk wider solch ehernes Geschick; es will noch nicht sterben und kann nicht vergessen, was es in seinen Heldentagen gewesen. In gar manchem, ergreifendem Zuge an das Volk der Juden erinnernd, das sich nirgends auf Erden so dicht und dauernd als in diesem Lande angesiedelt, ziehen seine Söhne da- und dorthin, widerwillig nur das fremde Joch tragend oder das Brot der Verbannung essend und auf jeden Wink lauernd, der ihre leicht anzufachende Hoffnung neu belebt. Unsere Aufgabe ist es nicht, den Abstand von einst und heute zu durchmessen und die Ursachen aufzuspüren, wie es mit diesem Volke dahin gekommen ist, dahin hat kommen

1*

müssen: wir haben uns in den folgenden Seiten die lockendere Aufgabe gestellt, das Buch von Polens Geschichte zur Zeit seiner glanzvollsten Entfaltung aufzuschlagen und ein Blatt zu lesen, das so verheißungsvoll in seinen Anfängen lautet, das zu seinem Ende so verhängnisvoll den Keim zeigt, an dem das schöne Land hingesiecht ist.

Ja, es ist Polens Heldenzeit, die erste Hälfte des sechzehnten Jahrhunderts! Weiter haben sich seine Grenzmarken niemals ausgedehnt als unter den letzten, mächtigen Herrschern aus dem Hause der Jagellonen. Der so warm für sein Vaterland glühende Lelewel giebt uns in den Karten zu seiner Geschichte Polens auch eine solche aus den Zeiten Johann Alberts, etwa um das Jahr 1500. Es ist das ein Gebiet, das sich im Norden an der Meeresküste von Danzig bis nach Memel hin erstreckt, von da in fast gerader östlicher Linie die Gegend von Dünaburg streift, an Witebsk vorüber bis nach Smolensk reicht, um dessen Besitz Russen und Polen in jenen Tagen oft gestritten, von da dann nach Süden sich wendend die Grenze Tschernigow berührt, um dann wieder im Osten sich tief ins Land hinein bis an den Donez auszubauchen und längs dem Dnjepr bei Cherson das Schwarze Meer zu erreichen. Die Meeresküste bildet bis nach Kilia und Ismail hin die vielumstrittene Grenze, die dann landeinwärts bis nach Siebenbürgen reicht und längs den Karpathen die Moldau, Bukowina, Galizien einschließend im Westen bis in die Gegend von Teschen sich erstreckt, dann nordwärts Glogau berührt, um von da wieder in gewundener Linie bis in die Gegend von Danzig zu kommen. Das umfangreiche Gebiet wird auf 200,000 □ Werst geschätzt, mit einer Bevölkerungsziffer von etwa 15 Millionen Einwohner. Das eigentliche Stammland und der Kern des weiten Gebietes, in dem wir uns in den folgenden Blättern allein bewegen, setzte sich aus zwei Hauptteilen zusammen, aus dem nördlichen Flachland von Großpolen mit den früher selbständigen Herzogtümern Cujavien und Masovien und dem südlich gelegenen Kleinpolen, das sich bis an die Karpathen erstreckte. Die hervorragendsten Palatinate in Großpolen waren Posen, Kalisch, Sieradz, Lenczyc, in Kleinpolen dagegen Krakau, Sendomir, Lublin.

Es war ein weiser Schritt der jugendlichen Polenkönigin Hedwig, in deren Adern noch piastisches Blut floß, ihre Neigung für Herzog Wilhelm von Österreich zum besten des Staatswohls zu opfern und ihre Hand dem Litthauerfürsten Wladislaw Jagiello zu bieten (1386). Mit diesem Ehebund trat Polen und Litthauen in das Verhältnis einer Personalunion, die nach fast zweihundert Jahren durch die berühmte Lubliner Union (1569) in einer festen Verbindung der beiden Länder zu einem einzigen unteilbaren Freistaat unter demselben Herrscher und mit der gleichen Verfassung ihren Abschluß fand. Mit Wladislaw, der sich zuvor hatte taufen lassen, um die schöne Hedwig freien zu können, bestieg das Geschlecht den Königsthron, unter dem Polen seiner höchsten Blüte entgegengeführt ward. Es ist ein Herrscherhaus von seltener Befähigung, diese Jagellonen, anmutend in ihrem Charakter, fesselnd in der Kraft und Tüchtigkeit, mit der sie das Scepter führten, zu der sie ihr Volk und wahrlich nicht selten unter den schwierigsten Verhältnissen erzogen. Einer der genauesten Kenner schildert sie zutreffend als „wohlwollend, gewinnend, gebefroh bis zur Selbstentblößung, schlicht, zugänglich, dankbar und anhänglich, gutwillig und nachgebend, wie Menschen, die mehr von den Regungen des Gemütes, als von dem harten Regiment abgezogener Grundsätze geleitet werden"*). Dies schöne Erbteil war auch voll dem vorletzten Sprossen des Hauses zuteil geworden, Sigismund I., der zweiundvierzig Jahre lang in schwerer Zeit ruhmvoll die Krone trug (1506—1548). Er gehört zu den hervorragendsten Gestalten des sechzehnten Jahrhunderts, hochgeachtet im Rate der Regenten, gefürchtet von seinen Feinden, von seinem Volk aber, zumal in den ersten Jahrzehnten seiner Herrschaft und so lange der Einfluß seiner zweiten Gemahlin, der ränkesüchtigen Königin Bona, sich noch nicht allzusehr geltend machte, innig geliebt. Sigismund kam eifrig den schweren Pflichten eines Polenkönigs nach, ein treuer, wachsamer Hüter seines Landes und Volkes. Nicht selten drang ein gewisser weicher Zug in seinen Handlungen durch; der Wunsch nach Ruhe und Ordnung ließ ihn manchmal die Sachen un-

---

*) Caro IV, 306.

gehindert ihren Lauf gehen, wo ein strammeres Anhalten der Zügel erforderlich gewesen wäre. Gerade auf dem in jener Zeit entscheidungsvollsten Punkte, der religiösen Frage, zieht sich durch seine verschiedenen Maßregeln eine gewisse Unentschiedenheit, die weder der evangelischen noch der römischen Kirche zusagen konnte oder zugute kam. Es ist dieses Schwanken nicht nur auf seine Liebe zu ungestörter Ruhe zurückzuführen; ein tiefer, edler Zug seines Wesens machte ihm in den rauhen Tagen die Entscheidung schwer. Er war ein treuer Sohn seiner Kirche; jede Auflehnung wider ihre Ordnungen erschien ihm wie ein Versuch, die stärksten Pfeiler des Staatsgebäudes zu erschüttern, und so trieb ihn die fromme Anhänglichkeit an den Papst und seine glühende Vaterlandsliebe gleichermaßen das gefürchtete revolutionäre Element von seinem Lande fern zu halten. Leicht ist es aber bei diesem Zuge seiner Gedanken eine Unterströmung zu bemerken. Sigismund ist wahrhaft fromm. In seinen Sendschreiben an den Papst, in gar manchem Erlaß verlautet ein Ton, den nicht die Staatsklugheit eingegeben, der unmittelbar dem Herzen entströmend schönes Zeugnis seines Gemütes ablegt, um so wohlthuender, je mehr man diesen Ton selbst in den Hirtenbriefen der Bischöfe jener Tage vermißt. Es mußte ihn bei solcher Gesinnung gar manches in dem Treiben der Kirche und ihrer Würdenträger befremden und abstoßen, und er scheute sich nicht, auch wider sie sich zu erheben, wenn die kirchlichen Anmaßungen allzu sehr in seine königlichen Rechte eingriffen und die päpstliche Gewalt auch da sich geltend machen wollte, wo er sich zum Hüter der Landeshoheit berufen wußte. Die Zeit gewährte ihm nicht die Ruhe des Nachsinnens über das eine, was not thut; die verhängnisvolle Folge war jene Unentschiedenheit, die seinem Volke nicht zum Segen gereichte.

Dazu trat als erschwerendes Moment die Verfassung des Landes, wie sie sich in langen, tiefgehenden Kämpfen allmählich herausgestaltet hatte. Polen war zum Freistaat geworden mit einem König an der Spitze. Die eigentliche Macht ruhte in der Hand des Adels, jener Geschlechter, die sich in jahrhundertlangem Ringen aus der Menge der Bürger zur größten Selbständigkeit herausgearbeitet hatten. Die Aussonderung von den übrigen Bevölkerungsklassen lag in dem Nachweis der Zugehörigkeit zu einem bestimmten Wappen, zu einem bestimmten Geschlechte. War dieser Nachweis geliefert, so trat der Geschlechtsgenosse mit allen Adeligen auf gleiche Stufe, mit den gleichen Rechten und Pflichten. Freilich konnte es nicht fehlen, daß sich einzelne Geschlechter und Wappen in hervorragenden Trägern besonders auszeichneten und dadurch die höchsten Ämter in Kirche und Staat sich erwarben. Diese höhere Adelsklasse waren die „Barone", durch Geburt oder Besitz oder hervorragende Ämter vor den anderen ausgezeichnet. Gewisse Ämter bedingten und verliehen auch die Würde eines Barons. Zu den höchsten kirchlichen Würden wurden die beiden Erzbischöfe von Gnesen und Lemberg, sowie die dreizehn Bischöfe des Landes gerechnet, zu den höchsten staatlichen Würden fünfunddreißig Palatine, dreißig größere (majores castellani) und neunundvierzig kleinere (minores) Kastellane des Reiches, die zugleich mit zehn weiteren Staatsbeamten den Senat bildeten*).

Dem Adel trat im Laufe der Zeit in den Städtern ein neues, schwerwiegendes Element gegenüber, dessen sich die Fürsten oft als Gegengewicht gegen die unbequem mächtigen Barone bedienten. Der Einfluß dieser Städter ist in jener Zeit für die Reformationsgeschichte Polens ein so tiefgreifender, daß wir hier schon auf ihre besondere Stellung aufmerksam machen müssen. Besiedelt wurden die Städte fast ausschließlich von deutschen Einwanderern, die massenhaft in das Land geströmt waren, seitdem der in den Tagen der Kreuzzüge geweckte germanische Wandertrieb nach ihrer Beendigung nicht mehr den reichen Abfluß in die blaue Ferne des Morgenlandes hatte. Das wichtige Kulturelement fand freundlichen Willkomm in den weiten, dünnbevölkerten Ländereien Polens. Ganz bedeutende Vollmachten wurden den Fremdlingen gewährt, die überall im Lande Städte gründeten und mit deutschem Fleiße, mit deutscher Betriebsamkeit Handel und Wandel mächtig hoben und in dem rasch wachsenden Wohlstand des Landes den Tribut ihrer Dankbarkeit für gewährtes Gastrecht reichlich zahlten. Es war aber auch ein mit polnischer Freigebigkeit, und fast möchte man sagen Sorglosigkeit gewährtes

---

*) Die Reihenfolge dieser Würdenträger bei Cromer, S. 529.

Gastrecht. Diese deutschen Ansiedler hatten ihr heimisches Recht
mitgebracht und war ihnen dasselbe von den polnischen Fürsten
verbrieft und gewährleistet. In den nördlichen Städten, in Masovien und Cujavien treffen wir zumeist das Kulmer, in den süd-
polnischen Städten bis ins russische Gebiet hinein das Magdeburger Recht. In solchen Vorrechten lebten diese Städter ein
Leben für sich; mitten in Polen ein Stück Deutschlands und
zwar in so starker Ausprägung, daß z. B. das berühmte Krakauer Zunftbuch, dessen vorzüglich ausgeführte Miniaturen uns
ein lebensvolles Bild der damaligen Zeit bieten, in deutscher und
lateinischer Sprache abgefaßt ist*). Solch ein abgesondertes Leben
mitten im fremden Lande mag unter Umständen zum materiellen
Wohlstand des Landes beitragen und hat es in Polen gethan,
ähnlich wie die deutschen Kolonieen im Inneren Rußlands; für
das geistige Leben des Heimatvolkes sowohl als auch des fremden
Volkes, in dessen Mitte sie leben, sind solche Kolonisten aber in
entscheidungsvoller Stunde wie ein Muttermal, und eine solche
Stunde war damals angebrochen. Diese deutschen Städter in
Polen waren von der alten Heimat geistig abgelöst, nur das
Erbe, das sie mitgebracht, hüteten sie in ängstlicher, aber auch
enger und beschränkter Treue; sie lebten und entwickelten sich
nicht fort, sondern beharrten eigenwillig auf der geistigen Stufe,
die das alte Vaterland bei ihrem Wegzuge inne hatte. Gegen
ihre neue Umgebung, nach oben und unten, waren sie eng und
fest abgeschlossen, sie lebten neben ihnen, ohne innere Berührung,
ohne segensreiche gegenseitige Fühlung, wie in einer stark um-
mauerten Burg. Das ist aber vom nationalen Standpunkt aus
keine heilsame Verbindung für das Land, ein schwerer Hemmschuh, wenn ein Volk im Laufe seiner Geschichte vor eine Ent-

---

*) Der Codex, ein würdiges, gleichzeitiges Seitenstück zu dem Zere-
moniale des Plozker Bischofs Erasmus von Ciolek mit seinen kostbaren Miniaturen von kulturgeschichtlicher Bedeutung, ist von Balthasar Behem
niedergeschrieben und enthält die Statuten der Zünfte der Stadt Krakau.
Es ist mir kein anderes Werk bekannt, das so lebendig und anschaulich das
bürgerliche Leben und Treiben in Krakau vorführt, als diese schönen Miniaturen, eine reiche Fundgrube für kulturgeschichtliche Studien. Vgl. auch
Essenwein, S. 37 und I Zeißberg, S. 417.

scheidung gestellt wird, die es nur in seiner Gesamtheit segensvoll lösen kann. Diese deutschen Städter lebten Jahrhunderte hindurch in Polen, ohne Polen geworden zu sein; anderseits waren sie auch nicht überall stark und kräftig genug, das ganze Land zu germanisieren.

Den dritten Bruchteil der Bevölkerung bildeten die Bauern, die Kmetonen, ein armer, fast rechtloser Stand, dem Adel leibeigen und in schwerem, hartem Drucke dahinlebend, dahinsiechend vielmehr. Der Abstand zwischen den Herren und diesen Hörigen war ein so starker, schneidender, daß man kaum auf die Vermutung kommt, es fließe in beiden Teilen dasselbe alte Polenblut; man wird mehr an das Verhältnis erinnert, das zwischen einem siegreichen Volke und den unterworfenen ursprünglichen Stämmen des Landes besteht, wie in Indien und anderwärts. Doppelt grell und verhängnisvoll mußte der Abstand sich fühlbar machen, weil das mildernde Mittelglied, der Städter, sich abwehrend gegen beide Teile verhielt. Dem Adel gegenüber, dem er in seinen Vorrechten ein Dorn im Auge war, schloß er sich streng ab und stieß auch bei jeder Berührung auf gleiche stolze Zurückweisung, die im Laufe der Zeit, und zumal in den Tagen der Reformation, mit dem Siegesbewußtsein sich geltend machte, die Vorrechte dieser Eindringlinge zerbröckeln und hinfällig machen zu können. Für den Bauer, das Eigentum des Adels, hatte er kein Herz, auch kein Stammgefühl, er sprach nicht seine Sprache, er sang nicht seine Lieder; seine Vergangenheit war ihm fremd, für sein trauriges Los hatte er kein Mitleid. Dies war die Lage und gegenseitige Fühlung der drei Volksbestandteile, deren einmütiges Zusammengehen die Kraft eines Volkes macht, deren Auseinanderfallen aber notwendig eine stärkste Kraft zersplittert. Gerade die Reformation, die sich ihrem Wesen nach auf ein inniges Zusammengehen des ganzen Volkes stützt und es fördert, mußte solch ein getrenntes Leben mit den ganz verschiedenen Interessen der einzelnen Teile bitter empfinden.

Aber wir haben bis jetzt noch nicht von dem religiösen und kirchlichen Leben geredet, dem anderen, wesentlichen Faktor in dem bestimmten, besonderen Gepräge eines Volkes.

Über ein halbes Jahrtausend war verstrichen, seitdem der

Polenfürst Miechslaw, der vierte in der von der Sage überlieferten Reihenfolge der Piasten, um die Hand der Tochter des
Böhmenherzogs Boleslaw, Dubrawka, geworben und infolge dieses Ehebundes mit der eifrigen Christin die Taufe angenommen (966). Willig folgte ein Teil des bis dahin heidnischen Volkes seinem Fürsten und nahm die Lehren seines ersten
Seelsorgers, Jordan, an, wenn auch noch lange Zeit verstrich,
bis die letzten Reste des Heidentums verschwanden. Der Taufe
auf dem Fuße folgte die kirchliche Organisation des Landes.
Otto der Große war behilflich in Posen das erste polnische
Bistum zu stiften, das dem Erzbistum Magdeburg unterstellt
ward.

Der deutsch-kirchliche Einfluß am Beginne setzte sich in der
Folge und zwar in immer größeren Verhältnissen fort. In
langer, fast ununterbrochener Reihenfolge zog eine unabsehbare
Schar von Mönchen und Priestern fast aus allen deutschen Gauen
ostwärts nach der Oder und tiefer ins Land nach der Weichsel
und gründete Klöster und Kirchen allüberall in so reicher Menge,
daß seit der von der Jagellonenzeit an begonnenen Berührung
mit Gliedern der russischen Kirche diese die Katholiken die Leute
„deutschen Glaubens" nannten*). Gläubig unterwarf sich das
Volk den Lehren der Kirche, willig nahm es ihre Satzungen an,
auch die, die als schwere Lasten und Leistungen ihm auferlegt
wurden. Das schöne, slavische Erbe einer innigen Frömmigkeit
war auch dem polnischen Volke zueigen; es ist nicht die Frömmigkeit, die mit heiligem Ernste forschend in die Tiefe der göttlichen
Wahrheit vordringt und im langen Nachsinnen über das Eine,
was not thut, dann dieses Eine, Hochheilige als einen kostbaren
Erwerb und seligen Besitz festhält und gegen alle Anläufe schützt,
es ist der fromme Sinn, der sich vertrauensvoll der Leitung des
Priesters und der Kirche hingiebt, willig, ohne vielen Zweifel,
ohne lange Untersuchung ihre Lehre annimmt, in der vorge-
schriebenen Weise andachtsvoll die kirchlichen Forderungen erfüllt,
in Gott den allmächtigen Herrn fürchtet, kaum ahnt den Reichtum der Gnade, von Christo zu einem Jünger, nicht zu einem

*) Caro III, 185.

Knechte berufen zu sein. Der Priester war ihm der geistliche „Herr", der Gewalt über ihn hat, eine Art Statthalter Gottes, der die seinem Vertreter erwiesene Unterwürfigkeit als ihm geschehen ansieht.

Gar vieles von dem, was über die fremde Städtebevölkerung in Polen gesagt wurde, wiederholt sich bei dieser Priesterschaft nun auch aus der Fremde, wenn sich auch auf kirchlichem Gebiete die Übelstände nicht so scharf und in die Augen fallend geltend machten, wie auf dem staatlichen. Der römische Priester wird schon heimatlos erzogen. Völlig freilich lassen sich die Eindrücke der Jugend, des Volkes, dessen Sprache einem Muttersprache gewesen, niemals abstreifen, auch in der fremdländischsten Kutte bleibt doch noch heimatliche Fühlung mit dem Stammlande. Anders hier. Die in der römischen Kirche und ihrer lateinischen Muttersprache ein zweites Vaterland gefunden, sahen sich in eine weitere Fremde hier in Polen gerückt; keine Familienbande erleichterte ihnen das Einwurzeln, es fehlte das Interesse, mit dem Gemüte des Volkes, seinem eigentümlichen Leben in so nahe Berührung zu treten, um nicht nur unter ihm, sondern auch mit ihm zu leben und aus solchem geistigen Zusammenleben Recht und auch Vermögen zu schöpfen, das geistige Leben des Volkes in einem Wissen und Können fort zu entwickeln. Jahrhunderte zogen vorüber, ohne daß sich eine eigene Litteratur entwickelt; der Grund dafür ist in jenen Tagen gewiß auch in den fremdländischen Priestern, den damaligen Trägern der Bildung, zu suchen. Ihre Muttersprache, die lateinische, drang in die Schlösser des Adels, in die Häuser der Gebildeten, und des Volkes erstes geistiges Regen verlautete in dieser Sprache. Die tiefe Kluft, die den Adeligen in seiner fast schrankenlosen Freiheit von dem an die Scholle gefesselten Bauern schied, würde sich nicht so weit aufgethan haben, wenn eine einheimische Geistlichkeit, aus dem Schoße des Volkes hervorgegangen, die Verbindung der beiden fast auseinanderfallenden Teile des Volksganzen gewahrt hätte.

Mit sicherem, festem Schritte eroberte sich die Kirche von Geschlecht zu Geschlecht eine immer mächtigere, bedeutungsvollere Stellung im Lande. In dem einen Punkte war kein Unterschied zwischen den verschiedenen Ständen, in der frommen Unterwürfig-

keit unter die Kirche und ihr fernes Haupt, den Statthalter des
Herrn in Rom. Vom Könige bis herab zu dem niedersten
Bauern wurde ihm und seinen Lehren gleicher, williger Gehorsam
entgegengebracht. Der Kirche und ihren höchsten Würdenträgern
im Lande waren im Laufe der Zeit bedeutende Vollmachten eingeräumt. Der Erzbischof von Gnesen als Primas des Reiches
nahm die nächste Stelle nach dem Könige ein und leitete bei ein-
tretendem Tode die Regierung, bis ein neues Staatsoberhaupt
gewählt war. Die Bischöfe — wir haben bereits darauf hingewiesen — standen mit den höchsten staatlichen Würdenträgern
auf gleicher Stufe, ja hatten im Senat den Vortritt vor ihnen.
Von altersher waren die hervorragendsten Bistümer nach den
erzbischöflichen Sitzen von Gnesen und Lemberg, in Kleinpolen
Krakau, in Großpolen Posen, in Cujavien und Pommern Wla-
dislav, in Masovien Plotzk, im russischen Gebiet Przemisl und
Chelm, in Podolien Kamenetz. Der Adel war im Besitze dieser
geistlichen Würden; ein langer Kampf wurde von ihm um das
alleinige Besitzrecht gekämpft; es war dieser Kampf folgerichtig
aus seinen Bestrebungen hervorgegangen, alle Staatsgewalt in
seiner Hand zusammenzufassen.

So treu und gehorsam auch das Volk in allen Teilen an
der römischen Kirche hing, so lernte es doch frühe und in dem
Grade, als es siegreich seine Grenzmarken weiter und weiter aus-
dehnte, um so entschiedener Duldung wider solche in seiner Mitte,
die nicht Glieder der römischen Kirche waren. In der Übung
dieser in jenen Tagen so seltenen Christenpflicht wurde das Volk
wesentlich unterstützt durch schöne und edle Züge des slavischen
Wesens, das sich nicht leicht zum religiösen Fanatismus auf-
stacheln läßt. Wo wir in seiner Mitte auf derartige Äußerungen
stoßen, werden wir leicht fremden Einfluß entdecken, von dem
das Volk sich auf Bahnen drängen läßt, die es von sich aus
kaum betreten haben würde. Zunächst kamen die Polen in dieser
Beziehung mit den Juden in Berührung. Schon im neunten
Jahrhundert zogen nicht wenige aus dem Chazarenreich von der
unteren Donau herauf. Größere Verhältnisse nahm die Ein-
wanderung im elften und zwölften Jahrhundert vom Westen
her an, wo in immer stärkerem Grade die Juden von Rom

und der römischen Kirche bedrängt wurden. Der Zustrom aus
Deutschland war ein so gewaltiger, daß bis zu dem heutigen
Tage der polnische Jude in seinem verderbten Jargon die deutsche
Sprache als hauptsächlichsten Bestandteil festgehalten hat. Handel
und Geldwucher war vorzugsweise ihr Erwerb. Von den starken
Bedrückungen, die überall von der römischen Kirche wider die
Juden ausgeübt wurden, blieben sie auch in Polen nicht verschont, aber doch war der Druck gemildert; sie waren nicht Hö-
rige der Fürsten, wie anderwärts, standen nur unter ihrer unmittelbaren Rechtspflege, konnten sich also nicht, wie die übrigen
aus Deutschland Eingewanderten, auf das Magdeburger Recht
bei ausbrechenden Streitigkeiten stützen. Zumal Kasimir der
Große trat schützend für sie ein, selbst im Widerspruche mit
den scharfen Maßregeln, welche durch die Dominikaner angeregt
in der Kirchenversammlung zu Ofen (1279) wider die Juden in
den Karpathenländern erlassen wurden. Nicht der Geist der
Duldung allein leitete ihn und einen Teil seiner Nachfolger, besonders Sigismund I.; sie erkannten den Handelstrieb des
rührigen Völkchens, das die Schätze des Landes erschloß und
dessen aufgehäufte Reichtümer oftmals ihnen selbst nützlich
waren. — Noch andere religiöse Elemente wurden im Fortgange
der Erweiterung der Landesgrenzen Polen angeschlossen: die
Besitzergreifung Podoliens hatte tscheremissische Tataren dem
Reiche einverleibt, an der unteren Donau gehörten Mohamme-
daner zu Polen, in Litthauen noch Heiden.

Abgesehen von den verhältnismäßig wenigen Armeniern, die
ebenfalls durch die Einverleibung Podoliens dem Polenreiche zu-
gefügt wurden und deren Stellung zu dem Papste und der römischen Kirche noch nicht ganz geklärt war*), war der wichtigste
und stärkste Anlaß zur Bethätigung duldsamen Sinnes gegen
Andersgläubige im Reiche die mit dem Regierungsantritt der
Jagellonen stattgefundene Aufnahme fast eines Drittels der Anhänger des griechischen Ritus unter die Botmäßigkeit des pol-

---

*) C r o m e r, p. 500: „Armeni suis ritibus suaque lingua in sacris
utuntur. Non abhorrent ii tamen, sicut accepimus, a romana ecclesia
et rom. pontifice; quin principatum ejus in universa Christi ecclesia
agnoscunt."

nischen Königs als Großfürst von Litthauen. Das heidnische Litthauen war zwar durch Jagiello dem Christentum und der römischen Kirche zugeführt worden; an Litthauen lehnten sich aber, durch Eroberung unterworfen, eine Reihe von Provinzen an, deren Bewohner seit Jahrhunderten bereits so fest in ihrer Anhänglichkeit zur griechischen Kirche standen, daß die ihnen vorgesetzten Fürsten aus dem Hause Gedimin als Vorbedingung ihrer Herrschaft genötigt waren, zu dieser Kirche überzutreten. Die Metropole der griechischen Kirche, Kiew, war in das Gebiet Litthauens eingeschlossen; bei der Taufe Wladislaw Jagiellos sahen die erstaunten Katholiken in Krakau auch griechische Bischöfe in seinem Gefolge. Durch solches Zusammenleben lernte man in Polen und gewöhnte sich daran, die Zugehörigkeit zur römischen Kirche nicht als gleichbedeutend zu achten mit der Zugehörigkeit zum Christentum: ein bedeutsamer Fortschritt für jene Zeit. Durch die Übersiedelung der Metropolie von Kiew nach Moskau hatte die von dem Fürsten begünstigte Neigung für die Bildung einer eigenen Landeskirche der zu Litthauen gehörigen Griechen bedeutend an Boden gewonnen. Eine Synode im Jahre 1415, an der der Erzbischof von Polock, die Bischöfe von Czernigow, Luck, Wladimir, Przemjsl, Smolensk, Chelm, Turowsk teilnahmen, wählten nach dem Beispiel der Bulgaren und Serben einen eigenen Metropoliten, Gregor Zemblack, und wiesen ihm Kiew als Muttersitz an. Mit großer Teilnahme und auch Freude verfolgte man in Rom den Vorgang. Es wurde nicht die alte Feindschaft zwischen den beiden Kirchen betont; die Vorgänge auf dem Konzil von Konstanz (1414—1418) und Florenz (1437) beweisen das beiderseitige freundliche Entgegenkommen. Wenn auch der endgültige Erfolg den gehegten Erwartungen nicht entsprechen konnte, so waren doch schon die Versuche für das Volk von Polen-Litthauen, von wo aus die Bewegung ausgegangen, von der allergrößten Bedeutung, und die Nachwirkungen davon lassen sich noch im folgenden Jahrhundert an gar mancher überraschenden, ohne Beachtung dieser Vorgänge befremdlichen Erscheinung verspüren.

Anders war die Begegnung mit der fast gleichzeitigen hochgehenden Aufregung in dem benachbarten stammverwandten

Böhmen. Die heftigen Hussitenkämpfe warfen ihre mächtigen Wellen auch nach Polen in Gestalt von zahllosen Flüchtlingen, welche um ihres Glaubens willen den durch die gewaltige Bewegung aufgewühlten heimatlichen Boden verließen und in der Fremde um gastliche Aufnahme baten. Die hellen Haufen flüchtiger Verbannten, die diesmal an den so gastfreien Grenzen Polens standen und Einlaß begehrten, erschienen nicht als Söhne einer mächtigen, daheim zu Rechte bestehenden Kirche, sondern als gefährliche Abtrünnige derselben Mutterkirche, die in Polen zu Recht bestand, als Feuergarben eines Brandes, der Böhmen fast verzehrt hätte und nun seine Funken nach Polen schleuderte und hier mit der gleichen Gefahr die römische Kirche bedrohte. Gegen diese Frevler die entschiedenste Abwehr, die unerbittlichste Verfolgung schon um der eigenen Sicherheit willen in Kirche und Staat. Die Kirche hatte mit scharfem Auge auch in Polen zuerst die Größe der Gefahr gewittert. Es waren hauptsächlich zwei Männer, die in jenen Tagen den größten, aber wahrlich nicht segensreichen Einfluß auf kirchlichem und auf staatlichem Gebiete ausübten und den alternden König (Wladislaw Jagiello) fast ganz in ihrer Gewalt hatten: Zbigniew Olesnicki, Bischof von Krakau, eine rücksichtslose, fanatische Persönlichkeit, und Stanislaus Ciolek, Sekretär der Königskanzlei, später Bischof von Posen. Es ist ein trübes Bild, das Caro von diesen Männern entwirft, ähnlich, wie er angiebt, den Gestalten, die drüben in Italien zu jener Zeit im Refektorium des Augustinerklosters zu San Spirito von Florenz dem Boccaccio ihre liederlichen Geschichten erzählen. Auf einer Provinzialsynode zu Leczyc einigte man sich bald über zu ergreifende Maßregeln gegen die hussitische Ketzerei; eine darauf folgende Adelsversammlung nahm einen von Ciolek verfaßten Gesetzentwurf an, für den es nicht schwer war, die königliche Genehmigung zu erhalten.

Es ist eine harte, bis dahin in Polen ungewohnte Sprache, wenn es in diesem Erlasse lautet: „Nach reiflicher Beratung und Zustimmung unserer Prälaten, Fürsten und Barone beschließen wir und erklären dabei für einen festen, bleibenden und unerschütterlichen Erlaß halten zu wollen, daß in unserem Königreiche Polen und in allen unseren unterworfenen Landen jeder

Ketzer, oder auch nur mit ketzerischen Lehren Behaftete oder derselben Verdächtige, ebenso jeder, der Ketzer begünstigt, durch
unsere Hauptleute und unsere Beamten überall im Lande wie ein
Majestätsverbrecher ergriffen und nach Erfordernis gestraft werde.
Alle die aus Böhmen unser Reich betreten, sollen festgenommen
und einer Untersuchung inbetreff ketzerischer Lehrer von den vom
apostolischen Stuhle dazu Berufenen unterworfen werden. Welcher
Pole immer bis zum nächsten Himmelfahrtsfest (1424) nicht aus
Böhmen zurückgekehrt sein wird, soll für einen überwiesenen Ketzer
gehalten werden und den für Ketzern bestimmten Strafen ver-
fallen. All sein bewegliches und unbewegliches Gut verfällt dem
Staatsschatz, seine männliche und weibliche Nachfolge verliert ihr
Erbrecht und ihre Würde und sein Geschlecht wird in Verruf erklärt und aller Vorrechte des Adels beraubt."*)

So unerbittlich die Sprache, so schwer die angedrohten Strafen
wider die hussitischen Ketzereien auch lauteten, sie erwiesen sich doch
nicht durchschlagend erfolgreich. Den freien Geist weckt die heilige
Kraft des Evangeliums überall, daß er sich weder durch die
stärksten drakonischen Erlasse einengen, noch auch seinen Bekenner
je so tief sinken läßt, wider das Gewissen zu handeln. Die hussitische Bewegung hatte die slavische Volksseele in der Tiefe ergriffen; es lag in ihr ein Element, das Wiederhall im ganzen
Stamm fand. Die beredte, zündende Sprache des böhmischen
Predigers an der Bethlehemskapelle zu Prag hatte furchtlos
arge Mißbräuche in der römischen Kirche aufgedeckt, die in allen
Landen drückend gefühlt wurden; bibelkundig wiesen Hus und die
ihm nachfolgten auf die fast vergessene Wahrheit des Evangeliums
hin, ein Hahnenruf des Morgens in der Frühe, dabei er selbst
noch in frommer Treue seiner römischen Kirche ergeben. Wie
einen gemeinsamen Volkshelden versuchte ihn der böhmische und
polnische Adel in Konstanz zu schützen**); die Flammen seines
Scheiterhaufens leuchteten in dem Gemüte der beiden Völker grell

---

*) Kautz, S. 7.
**) Krasinski I, 63, wo auch die Stelle aus einem Briefe von Hus
aus seiner Gefangenschaft angeführt ist: „Poloni tamquam strenues defen-
sores veritatis dei opponerunt se saepius toti concilio pro liberatione
mea. D. Wenceslaus de Leszna intrepidus et zelosus defensor."

auf, Ärgernis und befremdliches Staunen zunächst über eine
Mutterkirche weckend, die mit solch einem Sohne also verfahren
konnte, im weiteren Fortgang aber den ernsten Sinn in einzelnen Seelen anfachend, das Treiben der Kirche und die Forderungen des Märtyrers an der heiligen Schrift zu prüfen. Da
und dort begegnen wir leisen oder vernehmlicheren Spuren hussi-
tischer Thätigkeit im Lande. In Litthauen waren es zumeist politische Absichten, die den Großfürsten Witold, diese Riesen- und
Reckengestalt des slavischen Volksgeistes, die Bewegung mit günstigen Augen ansehen ließ. Es wird uns ein Richter in Posen
genannt, der flüchtigen böhmischen Predigern Gastrecht in seinem
Hause gewährte*), die Namen einer Reihe von hochgestellten
Baronen, an ihrer Spitze der mächtige Wojewode Ostroroz**),
sind uns aufbewahrt, die offen die Bewegung begünstigten. Ja,
der herrschsüchtige Sbigneus mußte den 84jährigen, durch
seine natürliche Gutmütigkeit und das Alter etwas stumpf gewordenen König Wladislaw Jagello mit dem Banne be-
drohen, als er Hussiten in der Krakauer Vorstadt Kazimierz auf-

---

*) Salig II, 524.

**) Auf dem Reichstage von 1459 legte der hochbegabte und angesehene
Mann seine Meinung über die kirchenpolitischen Verhältnisse seiner Heimat
dar, die er dann in einem besonderen Werke „Pro reipublicae ordinatione"
veröffentlichte, eine Schrift voll tiefeinschneidender Gedanken über das Verhältnis von Kirche und Staat. Von einem Manne seiner Stellung und
seines Einflusses im Lande ist es doch eine gewaltige Sprache, um die Mitte des
fünfzehnten Jahrhunderts Behauptungen wie diese: Polen ist ein katho-ische
Land, aber es bewilligt dem Papst keinen uneingeschränkten Gehorsam, sein
König ist niemandem unterworfen und hat nur Gott über sich. Es kommt
uns nicht zu, an den Papst demütige und unterwürfige Sendschreiben zu
richten, der König ist kein Unterthan Roms; Demut ist nicht schlecht an sich,
aber wenn übertrieben und jemandem erwiesen, dessen Macht sich nur auf
geistige Dinge bezieht, dann wird sie schuldig. Christus hat weltliche Dinge
dem apostolischen Stuhle nicht unterworfen, nach seiner eigenen Erklärung
ist sein Reich nicht von dieser Welt. Die Priester haben dieselben öffentlichen
Lasten zu tragen, wie alle übrigen Bürger. Der König hat die politischen
Ämter zu verteilen, die Geistlichkeit nur über das Heil der Seelen zu wachen.
Beklagenswert ist, daß italienische Anmaßung durch mannigfache Erpressungen
Polen ausbeutet u. s. w. (Vgl. die ausführliche Darlegung bei Kra-
sinski I, 94.)

genommen, um während der Osterzeit 1431 den Gottesdienst nicht zu entbehren, weil der fanatische Bischof die Hauptstadt mit dem Interdikt belegt hatte. Durch das ganze Jahrhundert hindurch können wir wie einen roten Faden die hussitische Bewegung in Polen bald da, bald dort verfolgen. Sie hat wesentlich dazu beigetragen, in weiteren Kreisen aufmerksam das Leben und Treiben der Geistlichen zu prüfen und mit dem Wandel der Männer zu vergleichen, die um der Wahrheit willen ihre Heimat verlassen und in strengem, sittlichen Wandel in der Nachfolge ihres Herrn leben wollten.

Nur in leicht umrissenen Strichen haben wir die Zeichen angedeutet, die langsam, wie um die Maienzeit im hohen Norden die Morgenröte am Himmel erscheint, auch für Polen den Anbruch eines neuen Tages im religiösen Leben der christlichen Völker verkündeten. Nur vereinzelte Laute von Zeitgenossen dringen zu uns wie Prophetenstimmen herüber. Es ist erklärlich. Das Volk in den unteren Schichten, in Unwissenheit und knechtischer Abhängigkeit niedergehalten, lebte schweigend dahin, kaum im Volkslied Atemzüge eines geistigen Lebens verratend, in den oberen Schichten treten nur erst die ersten, scheuen Versuche einer selbständigen, heimischen Litteratur zutage. Die die Feder in der fremden, lateinischen Sprache führten, waren meist treuergebene Diener ihrer Kirche und schrieben demgemäß unter ihren Augen und von ihrem Geiste beseelt. Wo denn doch üble Aussagen über den argen Verfall aus dem Munde derer verlauteten, die sich von der entarteten Mutterkirche losgesagt, da war die einbrechende rückläufige Bewegung der folgenden Jahrhunderte mit scharfer Witterung emsig bemüht, den mißliebigen Laut zu ersticken. Nur hier und da ist ein solch ungünstiger Bericht, in einer entlegenen Bibliothek zu guter Stunde vergraben, dem Spürsinn der Jesuiten entgangen und tritt nun erst in anders gewordener, günstigerer Zeit aus seinem jahrhundertlangen Versteck ans helle Tageslicht. So dürftig und bruchstückartig auch diese bis jetzt veröffentlichten Kundgebungen sind, so legen sie denn doch schon Zeugnis ab, daß das heraufkommende sechzehnte Jahrhundert auch in Polen reichlich das allwärts angesammelte Erbe des Mittelalters vorfand: das dringende Bedürfnis, ja die Notwendigkeit einer Reformation der Kirche an Haupt und Gliedern. Wohl stellte Polen in seinen oben angedeuteten, eigengearteten Verhältnissen der Durchführung einer solchen Reformation besondere und auch erschwerende Aufgaben; es wäre aber falsch, sie als unüberwindliche Schwierigkeiten anzusehen. Denn wer kann dem Geiste Gottes verbieten zu wehen, wo er will, wer ist im Stande, ihm eine Grenze der Wirksamkeit zu ziehen?

In allen Landen der Reformation sehen wir, daß es hochbegnadete Männer gewesen, die der Herr der Kirche berufen, das überkommene Erbe anzutreten. Wie siegreiche Heerführer haben sie die Scharen der Gläubigen in das Heiligtum des Wortes Gottes eingeführt und ihnen darin als das kostbarste Kleinod der Reformation das alleinige Heil in der Gnade Gottes durch Jesum Christum gezeigt. Hat Polen dieser Mann gefehlt? Ist unter seinen mannhaften Söhnen kein Held aufgetreten, bereit auf den Ruf des Herrn zu antworten: „Hier bin ich, sende mich!"?

2.

Familie und Jugend.

———

Bei Petrikau verlassen wir den eisernen Schienenweg, der
heutzutage die alte Hauptstadt Masoviens, Warschau, mit Wien
verbindet. Gewaltsam widerstehen wir der Lockung, einen Gang
in die an historischen Erinnerungen so reiche Stadt zu machen,
in deren Mauern mehr wie ein fesselndes Blatt in die Geschichte
Polens eingeschrieben wurde, denn hier haben in der blühenden
Jagellonenzeit die meisten Reichstage ihre oft so stürmischen, für
ganz Europa bedeutsamen Sitzungen gehalten. Eine andere Aufgabe drängt uns landeinwärts. Wir besteigen das am Bahnhof
bereitstehende offene Gefährt, und rasch geht es mit dem munteren
Dreigespann tiefer ins Land hinein, nach dem etwa sechs Meilen
entfernten Städchen Lask. Durch echt polnische Landschaft geht
wie im Fluge die Fahrt. Die weite Fläche, etwas wellenförmig,
ist wohlangebautes, fruchtbares Gebiet; da und dort am Saume
des Horizontes zeigt sich noch lichtes Gehölz, aber immer weiter
vor der Pflugschar zurückweichend, von der der Ansiedler reicheren
Ertrag dem Boden abzugewinnen hofft. Man begegnet nur wenigen Bewohnern, selten nur geht die Straße durch ein Dorf.
Ungestört können die Gedanken ihren Weg ziehen; sie eilen bei
dieser Fahrt ein paar Jahrhunderte zurück und versuchen die
vergangenen Tage für einen Augenblick in den vorliegenden
Rahmen zu bannen. Damals bot die jetzt im Julisonnenschein
so lachende und von fleißiger Hand wohlbestellte Gegend denn

doch einen anderen Anblick dar. In jener Zeit herrschte noch
der Wald vor und fast noch in unberührter, ursprünglicher Wild-
heit, schwer nur zugänglich dem kühnen Jäger, der aber seinen
Mut in den dunklen Forsten durch die herzerfreuende Jagdbeute
gar manches kostbaren, nun längst schon verschwundenen Wildes
belohnt sah. In den reichlichen Waldsümpfen lagerte in großer
Menge das Wildschwein, längs dem Saum der Heide zog der
Bär und labte sich an dem wilden Honig, der in verlockender
Menge aus den Baumstämmen troff. Auf dem dürftigen, gar
roh behandelten Ackerlande stieß man ab und zu auf Ansiede-
lungen, armselige Hütten, kaum viel mehr als Erdhöhlen, aus
Lehm mit Stroh gedeckt, in denen gedrückt unter schweren Lasten
und Fronden der Kmete sein freudloses, kümmerliches Dasein
hinbrachte, scheu und unterwürfig seinem Herrn, dem er oft weniger galt als der kostbare Biber, dessen Bau er sorgfältig zu
hüten hatte, oder als der zur Jagd begehrte Falke.

Das sind uns Kindern des neunzehnten Jahrhunderts trübe
Bilder, bei denen der Blick nicht gerne haftet. Die flinken
Pferde haben uns auch schon dem Ziele nahe gebracht. Kurz
vor Lask ähnelt der Boden einer Dünenlandschaft, freilich ohne
den labenden Blick auf das Meer: weithin laufen Sandhügel in
das angebaute Land, nur von schwachem Anwuchse bedeckt. Nun
fahren wir in den Flecken, dessen unscheinbare Erscheinung uns
nach seinem Stadtrecht fragen läßt. Den gewöhnlichen Reisenden
kann da nichts fesseln. Dieselben paar breiten Straßen wie auch
wohl anderswo in Polen, eigentlich nur die an dieser Stelle mit
kleinen, einfachen Häuschen auf beiden Seiten eingesäumte Landstraße, an zwei Stellen zu großen, weiten Plätzen sich aus-
bauschend. Der eine, freie Platz ist der Markt, umfangreich,
um an bestimmten Tagen gleichsam eine zweite Bevölkerung des
Städtchens an Menschen und Vieh zu herbergen, die weither
vom Lande hereinströmt zu kaufen und zu verkaufen, was der
einfache Lebensunterhalt bedarf, in der Zwischenzeit aber eine
öde, einförmige Fläche, unsagbar schmutzig in der Regenzeit, ebenso
unsagbar staubig in den heißen Sommertagen. Der langweilige
Platz hat uns, die wir gerne alten, historischen Erinnerungen
lauschen, nichts zu sagen; um so mehr der andere.

Es ist der Kirchplatz. In seiner Mitte der alte, stark ver-
witterte Bau, unter all' den farblosen Häuschen des Tages wie
ein ehrwürdiger Ahne, zu dem gerne eilt, wer die vergangenen
Tage liebt. Es ist auch lauschig da. Das hölzerne Gitterwerk
nach dem Platz hin ist zwar morsch und vielfach schadhaft, aber
gegen solche Verwahrlosung hat sich bald der Blick im heutigen
Polen abgestumpft. Aus dem wilden Graswuchs der Einfriedigung
steigen ein paar prächtige, uralte Bäume auf, die Kirche wie zum
Schutze einschließend. Dem wohl etwas plumpen, wenn auch nicht
in allen Teilen unschönen Bau sieht man an, daß er bessere
Zeiten erlebt, als seine jetzige Umgebung, ja das in der Mauer-
fläche eingefügte alte Wappen unter dem Zeichen der Inful verrät
dem Kundigen, welch' hohe Ehre und bedeutsame Rechte einst
dieser Kirche eingeräumt waren. Das Wappen weist ein altes,
hochangesehenes Baronengeschlecht nach, dem die Kirche wohl Ursprung und solche Auszeichnung dankt. Es ist das Wappen Korab,
ein mittelalterliches Schiff mit hochaufsteigendem Hinterteil dar-
stellend, als Ladung eine Art Wartturm tragend, von dessen Höhe
aus weithin offener Blick über Land und Meer ist. Bald haben
wir den polnischen Priester, dem der Dienst hier anvertraut ist,
ausfindig und willig gemacht, seine Kirche dem Fremdling zu
zeigen: er freut sich, an seinem weltvergessenen Ort einem Reisenden als Führer zu dienen, der wie er selbst Lust hat an den alten
Schätzen, die er in seinem Heiligtume hüten darf. Der Gang
lohnt. So seltsam sticht von der Armut der Bewohner der
Reichtum im Innern ab; man glaubt sich in eine berühmte
Kirche Italiens versetzt. Hier die reichen Altargefäße aus Silber
und Gold kunstvoll gefertigt, dort gar ein schönes Gemälde, und
der Priester zeigt sich noch willig, den beweglichen Rahmen zu
wenden und dahinter der Kirche größtes Heiligtum zu zeigen, ein
schön gearbeitetes Marmorrelief, Jahrhunderte hindurch ein hoch-
gehaltenes wunderthätiges Bild, zu dessen Heiligenschrein Tausende
und Abertausende von Pilgern bis aus Deutschland herüber in
lichten Haufen gewallfahrtet kamen, vermeintlichen Nutzen für ihr
Seelenheil von den vielen päpstlichen Dekreten erhoffend, die das
Heiligtum wie Glorienschein umgaben, oder gar in frommem
Wahn Heilung von mancherlei Gebresten von der wunderthätigen

„lieben Frau zu Lask", die so hold da auf die Menge herab-
blickt, begehrend.

Dem Priester war es schon etwas auffällig, daß der Fremdling ohne Kniebeugung an all' den Heiligtümern vorüberschritt,
immer nur nach dem alten, berühmten Primas fragend, der einst
das wunderthätige Kunstwerk aus Rom von einem Papste zum
Geschenke erhalten und der heimatlichen Kirche damit zu so vielem
Glanze und Reichtum verholfen. Aber noch überwog das eigene
historische Interesse des Priesters alle sich erhebenden Bedenken
vor dem Ketzer, und wir stiegen in lebhafter Unterhaltung hinauf
in das alte Archivzimmer, eine staubige, von dicken Weihrauch-
dünsten, die sich seit Jahrzehnten und Jahrhunderten aus der
Kirche in diesen ungelüfteten Raum zurückgezogen, durchzogene
Rumpelkammer, der Fußboden mit eisernen Truhen, hölzernen
Kisten bestellt, „Urväter Hausrat", für den Forscher ungehobene
Schätze, die mit ihren päpstlichen Insiegeln gar begehrlich einen
anblickten. Ein paar flüchtig angesehene alte Rollen enthielten
nichtssagende päpstliche Vollmachten an die berühmte Kirche. Die
Frage nach Schriftstücken von dem Neffen des Primas blieb unbeantwortet; der Priester wußte von ihm nichts. Nun mußte
mehr von ihm verraten werden, daß er Bischof gewesen und
dann Protestant geworden und nach hohem, im Auslande er-
langtem Ansehen in der alten Heimat schier zum Reformator
Polens sich aufgeschwungen habe. Das war zu viel für den
treuen Sohn seiner Kirche. Nur das Versprechen, selbst nach
Lebenszeichen von dem Abtrünnigen zu suchen, konnte noch erlangt werden. Jahre sind seitdem verstrichen, trotz Nachfrage ist
aber das Versprechen nicht eingelöst. Es mag übrigens dahin-
gestellt sein, ob in den alten Schriftstücken, die so kunterbunt
seit Jahrhunderten dort im Staube begraben liegen, irgendeine
nennenswerte Kunde von unserem Helden aufgefunden werden
kann.

Es blieb noch ein anderer Gang in Lask zu thun übrig, alte
Spuren unseres Helden vielleicht aufzufinden.

Nicht ohne Mühe wurde ein Jude, deren es selbstverständlich
in dem polnischen Landstädtchen recht viele giebt, ausfindig gemacht, der sich noch aus seiner längst vergangenen Knabenzeit der

Überreste eines alten Schlosses in der Nähe entsann. Draußen
vor dem Städtchen haben wir mit seiner Hilfe die Stelle gefunden. Von Ackerland umgeben zeigt sich in einem dürftigen,
verwilderten Obst- und Gemüsegarten eine sehr alte Baumreihe,
die auf eine einstmalige Allee in einem groß angelegten Parke
schließen läßt: Der ursprüngliche Weg ist von Buschwerk und
wildem Graswuchs überwuchert. Ein bescheidenes Häuschen dient
dem Gärtner zur Wohnung. Nicht weit davon steht ein altes
Gemäuer, jetzt als bequeme, feste Rücklage einer Vorratskammer
für Kartoffeln und Feldfrüchte während des Winters dienend.
Das Mauerwerk, 13 Ellen lang, 4 Ellen hoch, ist in großen
Steinen aufgeführt, ein Unterbau, der einst einen mächtigen Bau
getragen haben mag, heute nur noch der einzige, wehmütige
Überrest der Stammburg des einst so hoch angesehenen polnischen
Baronengeschlechts der Laski. Aber niemand in dem Städtchen
wußte mehr etwas von der Familie; der Name selbst wäre verklungen und vergessen, wenn ihn der Ort selbst nicht festhielte.
Es ist ein peinlicher Eindruck! Suchen wir ihn zu verdrängen
durch den Bericht über ein berühmtes Glied der Familie, wie er
sich uns aus weit von einander abliegenden, oft unendlich sparsam
fließenden Quellen zusammengefügt hat.

Weithinauf, dorthin wo im blauen Duft der Ferne alle
Gegenstände verschwimmen, verlegt die Sage den Ursprung der
Familie Laski. Wir ließen uns einen Augenblick von ihr leiten;
aber so oft wir einer Andeutung nachgingen, zumal wo sie mit
größter Entschiedenheit nach England, als die Wiege des Geschlechtes
hinwies, immer kamen wir nach einer Weile enttäuscht zurück.
Was der unzuverlässige Damalewicz*) im trockensten Chronikenstil
bietet, entbehrt jeglichen geschichtlichen Anhaltes. Dieser katholische

---

*) Der noch ungedruckte Bericht findet sich in der Handschriftensammlung
der Petersburger Kaiserlichen Bibliothek (Q. I, nr. 47): Stephan Damalewicz, Historia imaginis B. V. M. miraculosae in oppido Lasko in
Palatinatu Siradiensi in Polonia 1663.

Berichterstatter aus dem siebzehnten Jahrhundert läßt — freilich ohne jede Quellenangabe — den Ahnherrn des Hauses, einen Indelbertus Laski, mit Wilhelm den Eroberer aus der Normandie an die angelsächsische Küste gelangen und als Lohn für seine reckenhafte Tapferkeit in der Schlacht von Hastings (im Jahre 1066) mit dem Schlosse Pounfret und mit dem Gebiete von Blackburnshire beschenket werden. Seinen Großsohn Heinrich macht die sagenhafte Quelle zum Stifter der Abtei Christal. Ein weiterer Nachkomme — so plaudert dieselbe geschwätzige Quelle —, Albert Laski, Baron von Haulton und Connetable von Chester, mußte England verlassen, weil er den König Johann des Mordes an seinem königlichen Neffen bezichtigte. Der Flüchtling wandte sich nach Polen, woselbst er mit offenen Armen von dem mutigen, unternehmungslustigen Boleslaw Krzywousty aufgenommen wurde*). Dem Ahnherrn in England ähnlich, habe der Ankömmling so sehr durch Tapferkeit sich ausgezeichnet, daß er in seinem neuen Heimatlande mit reichen Gütern belehnt wurde. Schon sein Großsohn Robert wird zum Kastellan von Sieradz gestempelt, einer der höchsten Posten des Landes, dessen jeweiliger Inhaber die Rechte des Fürsten in dem betreffenden Gebiete zu verwalten hatte. Hier in Polen — so sagt Damalewicz — wurde dann auch das uralte Wappenbild verändert. Aus ihrer Normannenheimat hatte die Familie das heraldische Zeichen eines Löwen mit nach England gebracht; der wich von nun an dem „Schiff", auf dem der von England flüchtende Ahnherr glückbringende Fahrt nach den gastfreien Gestaden Polens machte.

Diese Nebelgestalten sagenhafter Vorfahren verschwinden im Tageslichte beglaubigter Urkunden. In ihnen taucht — meines

---

*) Kaum lohnt es sich, die Haltlosigkeit der Petersburger Handschrift im einzelnen nachzuweisen. Ein flüchtiger Blick auf die auftauchenden historischen Namen zeigt, wie sehr die Sachen untereinandergeworfen sind. Bei dem König Johann ist nur an den treulosen, grausamen „Johann ohne Land" zu denken, der etwa 1213 seinen unglücklichen Neffen Arthur umgebracht haben soll; Boleslaw Krzywousty dagegen starb bereits 1139, und nun erzählt die Handschrift sogar, daß Robert Laski bereits 1081 Palatin von Siradien und sein Sohn Robert 1143 Bischof von Krakau gewesen sei.

Wissens als der erste des Geschlechtes — auf Johannes, wegen seiner Körpergestalt „der Kleine" genannt, Bischof von Krakau, der 1392 nach vielen Heimsuchungen, die er geduldig ertragen, starb*). Als ein gelehrter Herr wird der Bischof gerühmt, neben bedeutendem theologischem Wissen zeichnete er sich als ein angesehener und von seinem Könige Ludwig hochgeschätzter Arzt aus und sein Bistum hatte sich vieler Vorteile von seiner Seite zu rühmen. Sein Bruder Albert überlebte ihn um ein Vierteljahrhundert. Er war Erbherr von Lask und Krowicz, von 1391 bis zu seinem Tode 1417 Kastellan von Leczyc (Ladensis)**). Er starb in seiner festen Burg Smarszew; sein Sohn hat ihn in der Familiengruft bei den Minoriten in Kalisch beerdigt. Vermählt war er mit Katharina, der adeligen Tochter des Bannerträgers von Sieradz; auf seinen Sohn Johann (1393—1451) ging die hohe Würde des Schwiegervaters über. Als solcher hatte Johann Laski das Banner dieses Palatinates in der Schlacht zu tragen, ein gefahrvoller Ehrenposten, den der mutige Mann in den unruhigen Tagen Wladislaw III. und Kasimirs oftmals inne gehabt haben mag. Unter ihm ward das bei dem Stammschloß Lask gelegene Dorf in eine Stadt umgewandelt (1422). Nach dem Tode seiner Frau Anna (1448) machte sich der streitbare fromme Held, bereits ein starker Fünfziger, auf eine Wallfahrt nach dem heiligen Grabe. Als miles Jerosolimitanus kehrte er zurück; auf der Heimfahrt wurde er in Nicomedien krank und verlor das Augenlicht. Blind brachte man ihn noch bis Lask, wo er bald darauf starb; seine vier Söhne Andreas, Johannes, Matthias und Peregrinus haben den Vater in der Kirche zu Lask beerdigt (1451).

Noch ehe der Vater seine Pilgerfahrt angetreten, hatte er seinen Sohn Andreas mit Barbara aus dem adeligen Hause Rembieszow (Randyeszow) vermählt. Außer ein paar Töchtern,

---

*) Pomniki III, 264. 371.

**) So nach der mir handschriftlich vorliegenden Genealogia familiae Laski de stemmate Korab, oriundae ex oppido Lask in antiquo Palatinatu Siradiensi sito, titulo Comitum in eodem Lask condecoratae conquisita et extracta ex actis terrestribus et castrensibus. Vgl. auch Herbarz VI 207.

von denen aber nur leise Spuren, kaum mehr als Mutmaßungen, auf uns gekommen sind, entsprangen dieser Ehe vier Söhne. Der älteste, nach dem Vater Andreas geheißen, war Custos von Gnesen, Krakau und Cujavien und hatte ein Kanonikat in Posen. Als er 1512 starb, wurde er von seinem Bruder in der Kathedralkirche zu Gnesen beerdigt. Dieser sein Bruder Johannes, 1456 auf dem Stammschlosse in Lask geboren, erlangte die höchste geistliche Würde in Polen und starb als Erzbischof von Gnesen 1531. Wir werden in der Folge oftmals auf ihn zurückzukommen haben. Von dem jüngsten Bruder Michael, der früh gestorben zu sein scheint, ist nichts zu melden. Für uns in den Vordergrund tritt sein älterer Bruder Jaroslaw, der Vater unseres Helden. Er war Erbherr auf Lask. Von 1492—1506 finden wir ihn als Tribun von Sieradz, in welche Stelle sein jüngerer Bruder einrückte, als er selbst Palatin von Leczyc ward. Elf Jahre später ist er Palatin von Sieradz, in welcher Würde er 1523 starb. Als Palatin oder Wojewode war er Anführer der Truppen seines Bezirkes im Kriege; in Friedenszeiten berief er den Provinzialrat des Adels zusammen, bei welchen Versammlungen er den Vorsitz hatte und Recht sprach. Er hatte den Preis der Kaufwaren zu bestimmen, ihm war die Aufsicht über Maß und Gewicht gegeben, die Juden des Bezirkes standen unter seiner Obhut*). — Verheiratet war unser hochangesehener Wojewode (der von Sieradz nahm in der Rangfolge der 31 Palatine des Landes im Senat die siebente Stelle ein) seit 1493 mit Susanna von Bakowa-Gora aus der Familie Nowina oder Ptomicnczyk**). Das Ehepaar hielt sich meist auf der väterlichen Burg in Lask auf, wo auch wohl die meisten Kinder geboren sind. Drei Söhne und vier Töchter entsprangen dieser Ehe. Der Töchter Spuren sind fast verblichen; am Lebensabend unseres Johannes sehen wir einige Neffen den heimgekehrten Oheim begrüßen. Von dem mittleren der drei Söhne handelt unsere Erzählung.

*   *   *

---

*) Cromer, S. 507.
**) Acta Cap. Gnesn. I, 49.

Johannes a Lasco erblickte das Licht der Welt auf der Stammburg seiner Väter, wahrscheinlich um das Jahr 1499*). Hier im schöngelegenen Schlosse verbrachte der Knabe im Zusammenleben mit den Eltern, im Umgang mit den Geschwistern seine Kindheit. In großer Scheu und Ehrfurcht vor Vater und Mutter wurde die polnische Jugend jener Tage erzogen. Es galt als eine Auszeichnung, längere Zeit bei den Eltern verweilen zu dürfen; zumeist waren die Kinder in solchen großen Häusern auf ihre besonderen Zimmer und auf die Obhut von Wärter und Erzieher angewiesen. Nicht selten konnte man auf den Gütern neben dem Herrenhaus, dem eigentlichen Schloß, ein besonderes Gebäude sehen, das für die Kinder zum Wohnen diente und von wo aus sie wie zum Besuche nur zu ihren Eltern kamen.

Die ersten Lebensjahre mögen für die Kinder still und in frischem, fröhlichen Landleben verstrichen sein. Ging es auch im

---

*) Mit voller Entschiedenheit läßt es sich nicht sagen, wenn auch mit größter Wahrscheinlichkeit. In dem sogen. Matthias Drzewickischen Notizbuch, das in dem Kathedralarchiv zu Gnesen aufbewahrt wird, steht als Geburtsjahr eingeschrieben 1496. Die kleine Notiz in dem Hausbuch des unmittelbaren Nachfolgers Laski auf dem erzbischöflichen Stuhle hat etwas Bestechliches. Drzewicki hatte Gelegenheit genaue Nachrichten über seinen abtrünnigen Dekan einzuziehen; die gewonnenen drei Jahre würden bei der Berechnung seines Universitätsbesuches 1513 besser stimmen, auch wenn er 1521 bereits als Delegat des Metropolitan-Domkapitels von Gnesen an der Provinzialsynode zu Petrikau teilnimmt. Aber diese jungen Jahre bieten um jene Zeit keine unübersteigliche Schranke und wir müssen wohl trotz der brieflich gemachten, gewichtigen Einwendungen des mit der Geschichte der Gnesener Geistlichkeit vertrautesten Forschers, Domkapitular Lizent. Korytkowski, bei dem herkömmlichen Datum bleiben. Die später zu erwähnenden Synodal-Protokolle von 1560 sagen ausdrücklich, daß Laski im Alter von 61 Jahren gestorben. Eine in meinem Besitze befindliche Denkmünze mit seinem Brustbilde läßt ihn gar erst 1557 56 Jahre alt sein, ganz gewiß ein Irrtum. (Vgl. den Abdruck bei Raczynski I, 169.) Die gewöhnliche Annahme, die ihn in Warschau geboren sein läßt, ist wahrscheinlich hinfällig. Wiederholt in Warschau gemachte Nachforschungen haben mich keine Spur der Bestätigung entdecken lassen. Die Taufakten in Lask enthalten um jene Zeit keinen Eintrag aus dem Schlosse, vielleicht weil der Oheim die Taufe vollzogen und sie dann in Gnesen oder Posen hat eintragen lassen. Soll ein anderer Geburtsort nun einmal gesucht werden, so würde er eher noch in Krakau als in Warschau zu suchen sein.

Herrenhaus bei der großen Gastfreundschaft des Landes, bei den
zahlreichen Geschlechtsgenossen und der hohen Stellung, die das
Familienhaupt einnahm, oft laut und lärmend her, so drang doch
davon wenig in die Räume der Kinder, die von dem Geräusch
und der Zerstreuung des geselligen Lebens ferne gehalten wurden.
Frühe begann die Unterweisung der Kinder. In den Städten
waren Schulen oder man sandte die heranwachsende Jugend in
die nächste Klosterschule; der wohlhabende Adel nahm einen jungen
Priester oder einen Erzieher ins Haus, dem dann die ganze Leitung anvertraut wurde. Die Unterweisung der adeligen Jugend
war eine sorgfältige in jenen Tagen. Zumal auf die Erlernung
der lateinischen Sprache wurde viel Fleiß verwandt, die Knaben
und Mädchen nahmen gemeinsam daran teil und erlangten beide
Geschlechter eine solche Fertigkeit darin, daß sie sich mit Leichtigkeit im mündlichen und schriftlichen Verkehr dieser fremden Sprache
bedienten, die ihnen heimischer und vertrauter war als der Laut
der Muttersprache.

Selten kamen die Kinder, so lange sie klein waren, aus der
elterlichen Burg. Sie lebten da in ihrer Welt abgeschieden für
sich; eine Berührung mit den Leuten draußen fand kaum statt.
Der Gang zur Kirche, wenn sie in die Jahre kamen, dahin mitgenommen zu werden, führte sie zuerst in das Städtchen, an den
fremden Leuten vorüber. Dann fiel auch für sie die Zugbrücke
am Burgthor, und über den Wall und Graben, der die elterliche
Burg vor jedem plötzlichen Überfall schützte, ging es hinaus in
die fremdartige Welt. Mit einem Graben war das Städtchen
ebenfalls gegen Überfall geschützt. Bei solch einem Kirchgang
hatten die Kinder früh Gelegenheit, die armselige Lage der Bewohner zu sehen, die aus ihren elenden Hütten heraustraten,
wenn die Söhne des Schloßherrn vorübergingen, und in tiefer
Unterwürfigkeit grüßten. Hier waren es die armen, scheuen
Kmeten, Bauern, die ohne Eigentum von Grund und Boden
doch mit einem gewissen Erbrecht an ihren Hof zu Zins und
Dienst an ihren Grundherrn verpflichtet waren, dort die in noch
gedrückterer Lage dahinlebenden Hörigen des Gutes, kleine Handwerker und Dienstmannen, die dem Herrn als Brauer, Bäcker,
Drechsler, Ziegelstreicher, Waldhüter, Hunde- und Pferde-

knechte u. f. w. jeder Zeit zur Hand fein und außerdem noch
fchwere Fron zahlen mußten.

Von den elenden Erd- und Holzhütten des Städtchens hob
fich prächtig die fteinerne Kirche ab, ein faft befremdlicher Schmuck
in der armen Umgebung, ja felbft das Herrenhaus in feiner
äußeren Erfcheinung überragend. Es konnte nicht ohne frühen
und nachhaltigen Eindruck auf das fromme Kindergemüt bleiben,
zu bemerken, wie hochgehalten das Heiligtum des Gotteshaufes
war, mit welcher opferwilligen Sorgfalt fich die Familie die Aus-
fchmückung der Kirche angelegen fein ließ.

Der Großvater Andreas, fo wurde den aufmerkfam lau-
fchenden Kindern erzählt, hatte fchon vor länger als einem halben
Jahrhundert eine fteinerne Kirche, der heiligen Anna geweiht, an
der Stelle gebaut, wo früher ein kleines, armfeliges Kirchlein des
heiligen Michael geftanden. Noch größere Opfer und auch Kunft
verwandte auf die heimatliche Kirche fein Sohn, der Onkel Johann, gerade in jener Zeit. Mit feinem regen Familienfinne,
mit feinem warmen Heimatgefühl ruhte er nicht, bis er der Kirche
feiner Kindheit erhöhten Glanz und Ruhm verliehen. Er fetzte
es 1506 durch, daß der Erzbifchof von Gnefen bei der Kirche ein
Kollegiatftift gründete. Sobald er felbft Erzbifchof geworden und
von feiner Romfahrt zurückgekehrt war, ließ er zum Teil von ita-
lienifchen Baumeiftern in Krakau die Kirche um- und ausbauen.
Der Neubau erhielt den Namen Kirche der unbefleckten Empfäng-
nis der Jungfrau Maria und des heiligen Michael. Als größtes
Heiligtum, außer manchen anderen Reliquien und wertvollen Ge-
fäßen, übergab er ihr die in weißem Marmor ausgeführte Statue
der Maria, die ihm, dem treuen Katholiken, der Papft Klemens VII. gefchenkt hatte und von der es bald — wir haben
es bereits gehört — in der abergläubigen Umgegend ruchbar
wurde, daß fie wunderthätig fei und hilflofe Kranke durch ihre
Berührung geheilt würden. Nicht zum Schaden für Lask. Denn
viele Jahrzehnte hindurch wallfahrtete man aus weiter Umgegend
nach der Statue, die heute nur wenig noch befucht und um Hilfe
angegangen wird, verfteckt wie fie da ift in dem weltvergeffenen
Flecken, und dazu noch hinter dem Altarbild verborgen, daß fie
nur dem Kundigen ihre nicht unfchönen Züge zeigt. Gar manche

andere fromme Stiftung des Onkels, wie jene kostbare Monstranz, konnte dem Knaben in fortwährendes Gedächtnis die treue Anhänglichkeit der Seinen zur Kirche rufen. Bis an sein Ende bewahrte der Erzbischof diese opferwillige Liebe. Noch während der Neffe den Umgang mit Erasmus genoß, erweiterte er das vor zwei Jahrzehnten gestiftete Kolleg zu einem solchen für Prälaten und Kanoniker. In der Kirche pflegte unser Johannes die ersten Träume und Gedanken in seinem frommen Knabengemüte, daß auch er, für die geistliche Laufbahn von den Seinen bestimmt, dermaleinst für die Kirche seine Kräfte willig Gott darzubringen habe und damals auch in kindlicher Lust bereit war, es in den Wegen seiner Väter zu thun. Denn in anderen Formen und Weisen konnte er sich keinen Gottesdienst denken; der füllte seine jugendliche Seele völlig aus. Es zog wohl schon ein anderer Luftzug durch manchen Kirchenraum auch in Polen wie der leise verklingende Ton einer Äolsharfe; wir haben aber keine Andeutung gefunden, daß der wundersam ergreifende Ton auch bereits in der Heimatkirche des Kanzlers in Lask an das Ohr des Knaben gedrungen sei, der z. B. in dem Schreiben des Bernhard von Lublin an Simon von Krakau noch vor der Zeit verlautete, als Luther seine Thesen an die Schloßkirche zu Wittenberg angeschlagen, daß man nur dem Evangelium zu glauben habe und alle menschliche Satzungen auch aufgehoben werden könnten.

Nur ihre Kindheit verbrachten die Knaben in ländlicher Zurückgezogenheit auf dem Stammschloß zu Lask. Vielleicht schon seit der Krönung von König Sigismund (1507), oder aber erst seitdem der Oheim Erzbischof von Gnesen geworden (1510) nahm derselbe seine Neffen in seine erzbischöfliche Residenz nach Krakau zu sich, ihnen da meist unter seinen Augen eine höhere Erziehung angedeihen zu lassen*). Mit großer Liebe hing der Erzbischof

---

*) Walewski (p. 358): „Wyszedłszy z let pacholęcych, które w domu swych rodziców spędzili, byli oddani nadwór kanclerza i prymasa

an seiner Familie, zumal an seinem Bruder, dem Palatin von Sieradz und seinen talentvollen, hochbegabten Söhnen. Gerne ließ der Vater dem Reichskanzler und dann Erzbischof freie Hand in der Erziehung seiner Söhne. Der Erzbischof gehörte in jenen Tagen zu den berühmtesten Persönlichkeiten am polnischen Hofe. Große Verdienste um sein Vaterland hatten ihm die hohe Stellung als Primas des Reichs verschafft und er füllte diese Stellung wie ein Kirchenfürst und hervorragender Staatsmann in glänzender Weise aus. Schon König Kasimir begehrte den Schreiber und Kanzler seines Reichskanzlers in seinen unmittelbaren Dienst, ebenso auch, aber gleichfalls zunächst vergebens, König Johann Albrecht. Einzelne Gesandtschaftsreisen konnte Laski nicht ablehnen. Er war in Rom, als die Truppen Karls VIII. daselbst einrückten (1494), und ein zweites Mal bei dem großen Jubiläum (1500); ebenso sehen wir ihn 1497 in Brüssel. 1502 wird er oberster Sekretär des Königs, im folgenden Jahre schon Reichskanzler. Wir können dem bedeutenden Manne nicht in alle die Arbeiten nachgehen, durch die er sich in dieser Stellung so hohe Verdienste um König und Vaterland erworben, bis er, im Alter von erst 54 Jahren, die höchste Stelle im Reich erlangte.

Es tritt uns in ihm das fesselnde Bild eines einflußreichen Kirchenfürsten damaliger Zeit entgegen. Seine Bedeutung liegt viel mehr auf staatlichem, wie kirchlichem Gebiete. Er waltet seines hohen Amtes mit großer Klugheit und allezeit von warmer Vaterlandsliebe beseelt. In seinen Handlungen läßt er sich in erster Linie von seinen Anschauungen als Pole leiten. So giebt er seinen Rat dem König, so erhebt er seine mächtige Stimme im Senate, auf den einzelnen Landtagen. Die Kirche ist ihm nicht gleichgültig, gewiß nicht. Er ist und will sein polnischer Katholik; fest und treu hängt er an seiner Kirche und auch an ihren so großen Irrtümern, so abergläubigen Bräuchen jener Tage, während seine Standesgenossen in Rom dafür das gleiche mitleidige Lächeln haben, wie für die Wahrheiten des Evangeliums. Es ist nicht nur Klugheit, die ihn für seine Ausgabe der Staats-

---

mieszkającego wówras w Krakowie, ktory chciał zbliska czuwać nad ich początkowém rozwijaniem sie zdolności umysłowych.“

gesetze ein gutheißendes, päpstliches Breve sich erwirken läßt; er will nichts gethan haben, was dem Papst mißfällig sein könnte*). Ebenso wenig ist es bei ihm Nachahmung herkömmlichen Brauches, er ist wirklich der frommen Meinung, in geweihterem Boden zu liegen, wenn er sich Erde von Jerusalem und von dem Grabhügel des heiligen Gregorius mitbringt und sie draußen vor der Kathedralkirche in Gnesen an der Stelle aufschütten läßt, wo einstmals seine Gebeine ruhen werden. Mit wirklicher Andacht nimmt er die Reliquien in Empfang, die man ihm in Rom verehrt: er hat für solche Gabe keinen geistreichen Scherz zur Hand. Er läßt sie sich nicht gefallen, um mit solchem Gaukelspiel eine abergläubige Menge auszubeuten und reichen Gewinn für den eigenen Seckel zu ziehen; er trägt sie als kostbare Andenken heim und ist als der ersten einer bereit ein Knie vor dem Heiligtum zu beugen**). Mit allem Eifer tritt er für die Rechte seiner Kirche ein und will sie vor dem Gift falscher Lehre schützen. Sein frommer, duldsamer, slavischer Sinn bewahrt ihn vor dem Wahne, als ob ein solcher Schutz in dem Scheiterhaufen liege, der den Leib des Ketzers verzehrt.

Als ein polnischer Kirchenfürst lebte der Erzbischof auf großem, glänzendem Fuße. Es ist ein reichhaltiges Verzeichnis von Kostbarkeiten, das er in einem Testamente Freunden und Verwandten vermacht***). Die lange Litanei läßt uns bald vergessen, daß es der Nachlaß eines Knechtes ist, dessen Meister, ärmer wie Fuchs und Vogel, nicht hatte, wo er sein Haupt niederlegen solle. Seine Stellung nötigte ihn, nicht nur in Gnesen Hof zu halten; auch in Krakau hatte er seine Residenz, in der die Höchsten des Reiches aus- und eingingen.

Hierher ließ er seine drei Neffen übersiedeln, als die Jahre

---

*) Vgl. Theiner II, 362; woraus sich ergiebt, daß der Erzbischof das Lateranensische Konzil nicht verlassen, ohne von Leo X. die Absolution für alle etwaigen Versehen erhalten zu haben, die in dieser Gesetzessammlung vorgekommen sein mögen.

**) So hat er auch von seiner Romfahrt 1515 für die Besucher der Kathedralkirche bei Beobachtung bestimmter Vorschriften weitreichende Indulgenzen erwirkt. Siehe Theiner II, 564.

***) Vgl. Zeißberg, S. 708 f.

kamen, daß sie eine höhere Erziehung empfangen mußten, um sie
für die Laufbahn tüchtig zu machen, die er in Beratung mit
ihrem Vater für sie auserwählt. Hieronymus und Stanislaus waren für einen staatsmännischen Beruf bestimmt,
während unser Johannes, wie es scheint auch des Oheims Lieb-
ling, für eine kirchliche Laufbahn von früh an auserwählt war.
Wir haben keinen leisesten Anhalt zu meinen, als ob widerwillig
der Neffe sich solchem Rat unterworfen habe. In hohem Grade
hatte die göttliche Gnade ihn zu dem köstlichen Berufe ausgerüstet,
wenn auch in so ganz anderer Erfüllung als der Oheim, den
man man nicht unverdient des Nepotismus beschuldigt, für ihn
geträumt. Er mag oft in jenen Tagen auf den stillen, sanften
Knaben mit seinen großen, frommen Augen wohlgefällig hin-
geschaut haben als auf den Erben nicht nur des Namens, sondern
durch seinen machtvollen Einfluß nun auch dermaleinst seiner
Stellung.

Es war ein starker Wechsel, zumal für ein empfängliches
Knabengemüt, aus der Stille des Landlebens, aus der Abgeschlossenheit der väterlichen Burg mit einemmale in das geräuschvolle
Krakau und in den Palast des hochangesehenen Erzbischofs versetzt
zu werden. Krakau durchlebte damals seine Glanztage. König
Kasimir der Große, der die Stadt so sehr geliebt, hatte sie
bei seinem Regierungsantritt in Holz und Lehm gebaut vorgefunden, bei seinem Tode aber in Steinen gemauert hinterlassen. In
dem abgelaufenen Jahrhundert hatte der Wohlstand der Stadt
ungemein zugenommen, Hand in Hand damit eine fröhliche
Schaffenslust in großartigen Bauten, die schönes Zeugnis von
regem Kunstsinn ablegen, diesem Reichtum bleibenden Ausdruck zu
leihen. Die so ganz anderen Verhältnisse der letzten Jahrhunderte haben nicht völlig diesen Ausdruck verwischen können. Auch
heute noch fesselt die Stadt in ihren alten, hervorragenden Bauten,
und der Kundige entdeckt noch gar manchen Zug, der ihm jene
Glanztage der Jagellonenzeit vergegenwärtigt. Ein Zug taucht
als besonders bedeutsam auch jetzt noch auf. Die Doppelströmung
nämlich, die das ganze polnische Staats- und Volksleben damals
durchdrang, ist in den Bauten der Stadt zum lebensvollen Ausdruck gelangt. Oben auf dem Wawel, wo das stolze Schloß und

im Schloßhof der Dom steht, da hat der polnische König gebaut,
und ihm sich anschließend am Fuße des Hügels und in einzelnen
angrenzenden Straßen der hohe Adel, die hohe Geistlichkeit; unten
in der eigentlichen Stadt führte der deutsche Kaufherr und Handwerker seine Bauten auf, die beredte Kunde von seinem Reichtum,
aber auch von seinem Gemeinsinn, seinem Selbstgefühl bieten.
Unter den Bauherren oben auf dem Hügel ragt besonders Meister
Bartholomäus aus Florenz hervor, der die jagellonische Kapelle als ein Prachtstück der Renaissance ausführte. Die Deutschen
unten in der Stadt wollten nicht den neu aufkommenden Stil
und auch nicht die fremden Meister aus Italien; sie ließen sich
ihre Künstler aus Nürnberg kommen; jahrelang hat in ihrem
glänzenden Solde der hochberühmte Meister Veit Stoß an
seinem Hauptwerke, dem Hochaltar in der Marienkirche auf
dem Ring, gearbeitet. Sie hatten große Vorrechte erlangt, diese
deutschen Ansiedler in Krakau, besaßen ihr eigenes Stadtrecht, bildeten schier einen selbständigen Staat im Staat. Sie gingen
nicht auf in Polen, sie lebten im Lande ein Leben für sich, so
recht wie es die Physiognomie der Stadt andeutete, unter am
Ring ihre eigenen Herren, nur überragt von dem Königssitz oben
auf dem Wawel und von der gleichen Schutzwehr der Stadtmauer umgeben. Der Fremdling, der Krakau besuchte, glaubte
sich nach Nürnberg versetzt. Die Leute auf den Straßen sprachen
in seinen heimischen Lauten, der gewaltige Handel, der an diesem
damaligen Knotenpunkt des Verkehrs zwischen dem Osten und dem
Westen zu Wasser und zu Land so äußerst lebhaft war, lag in
deutschen Händen; auch das blühende Handwerk war rein deutsch,
mit den alten, festgegliederten Zunftordnungen der Heimat, in
den altgewohnten, streng geregelten Satzungen und Bräuchen der
deutschen Bürger.

Überall auf den Straßen, in den Häusern, in den Zunftstuben
und Hallen herrschte regstes, emsigstes Leben. Was gerade in
einer Stadt wie Krakau günstig in diesen Tagen auffallen mußte,
war neben der leuchtenden Pracht und Herrlichkeit der Residenz
eines Königs, dessen Stimme mächtig war im Ringe der gekrönten
Häupter, das starke Hervortreten des bürgerlichen Elementes, das
sich seiner Bedeutung wohl bewußt war und mit Stolz auch

einem stolzen Adel gegenüber seine Rechte geltend zu machen verstand. Es stimmte so gar nicht zu den übrigen Verhältnissen
im Lande. Damals auch wußte man noch nicht, daß der mächtigere Adel zum Verderben des Landes dieses so wichtige Element allmählich seiner Gerechtsamen berauben und zurückdrängen
werde.

Mit großem Ernste, mit eingehender Sorgfalt überwachte der
Oheim die Erziehung der seiner Obhut anvertrauten Neffen. Er
forderte viel von ihnen und strenge Zucht, weil er gesonnen war,
viel ihnen einst zu bieten, und dies nur Männern bieten wollte,
die durch ihre Kraft und Tüchtigkeit eine Zierde ihres Vaterlandes zu sein berufen wären. Krakau bot in jenen Tagen schon
sehr tüchtige Schulen, der Erzbischof zog aber, wie es bei dem
hohen Adel Brauch war, für seine Mündel die häusliche Erziehung vor, die dann in die Hand eines Pädagogen gelegt wurde.
Es war dies um so mehr hier geboten, da der Oheim oft und
für lange Zeit an anderen Orten sich aufhalten mußte, während
für seine Neffen Krakau der ständige Wohnsitz blieb. Wie ein
Glied der Familie wurde ein solcher Erzieher angesehen. Jahrelang blieb er in dem Hause, begleitete die Söhne auf die Universität und fand dann in der Regel auch in seinen alten Tagen
irgendwelche Beschäftigung, zumeist als Sekretär oder Verwalter
bei seinem früheren Zögling, zuletzt dann eine freundliche Versorgung. Vielleicht dürfen wir schon während der Krakauer Zeit
jenen Johannes Braniczky als diesen Pädagogen der Knaben
bezeichnen, den wir als ihren Begleiter in Bologna wiederfinden,
den dann später der ältere Bruder Hieronymus unter seine
Hausgenossen (familiaris) aufgenommen und dessen sich auch der
Oheim öfters als einer Art Vertrauensperson bedient*).

Es fehlen uns trotz eifriger Nachforschungen unmittelbare Berichte über den Gang des Unterrichtes bei unseren Knaben im
erzbischöflichen Palaste; da wir aber keinen Grund zur Annahme
haben, als ob derselbe sich von dem in Krakau in damaliger Zeit
gewohnten wesentlich unterschieden, dürfen wir die gewonnenen

---

*) Zeißberg, S. 694.

Eindrücke über die herrschende Form der Unterweisung auch bei dem Unterrichte der Neffen voraussetzen. Eine gewiß nicht fehlgreifende Vorstellung gewinnen wir aus den in jenen Tagen in Krakau erschienenen Lehrbüchern, die in ihren Titeln und selten fehlenden Widmungen redseliger sind als unsere heutigen Schulbücher und dem Forscher so in naiver Weise manchen fesselnden Zug verraten. Ein reges Leben herrschte auch auf diesem Gebiete in Polens Hauptstadt am Beginne des sechzehnten Jahrhunderts. Schon bald nach Erfindung der Buchdruckerkunst waren Jünger derselben nach Polen gekommen, selbstverständlich fast lauter Deutsche, wie auch die Namen Haller, Hochfeder, Unger, Scharffenberger u. s. w. verraten. Ihre Werkstätten hatten sie in Krakau aufgeschlagen. Im zweiten Viertel des Jahrhunderts beginnt ihre lebhafteste Thätigkeit in der Bücherausgabe; von 1470—1525 ist es aber auch keine geringe Zahl von Werken, die auf den Büchermärkten in Frankfurt und Leipzig und Thorn und anderwärts auftauchen und als Druckort das ferne Krakau angeben. Wie anderwärts bei dem Wiedererwachen der Wissenschaften nahmen auch in Polen die Drucker und Verleger, in der Regel ein und dieselbe Person, eine hochgeachtete Stellung unter den Humanisten ein; mit der ersten Liebe für die wunderbare Kunst verband sich bei diesen Männern die lebhafteste Begeisterung für das neu erwachte Leben der alten Römer und Griechen; sie wußten sich als die vorzugsweise Berufenen, das in weiten Kreisen als heilig geachtete Feuer anzufachen. Den Aldus Manutius in Venedig, den Frobens in Basel gesellt sich für Polen ebenbürtig an die Seite der Druckherr Haller, dessen Lob noch auf den Titelblättern seiner Bücher in der oftmals anzutreffenden Bezeichnung wiederklingt: gedruckt ist dieses Werk auf Kosten des sehr eblen und humanen Mannes, Herrn Johann Haller, Krakauer Bürger, der gelehrten Männer ausgezeichnetster Schutzwart*). Die große Anzahl in jenen Tagen in Krakau erschienener Lehrbücher, zumal für die klassischen Sprachen, läßt einen

---

*) „Impressum autem, est hoc opus ad impensas optimi humanissimique viri Domini Joannis Haller Civis Cracoviensis virorum doctcrum fautoris excellentissimi." Vgl. Jöcher I, 72 u. ö.

Schluß auf die vorhandene Nachfrage machen, ebenso die frühen
hier angefertigten Ausgaben römischer und auch griechischer Schriftsteller. Besondere Verdienste um solche Ausgaben haben sich hier
erworben Johannes aus Glogau, Lehrer an der Universität*),
und Johannes Sommerfeld, Schüler des Celtes**).

Der Unterricht unserer drei Knaben, als sie von dem Stammschloß in Lask nach der Stadt kamen, bewegte sich in denselben
Gleisen wie bis dahin, nur mit gesteigerten Anforderungen, entsprechend den gereifteren Kräften. Die verschiedenen Fächer, die
ein Jüngling zu erlernen hatte, der in jenen Tagen eine höhere,
klassische Ausbildung sich erwarb, wurden in den beiden Haupt-
abteilungen der Grammatik und Dialektik zusammengefaßt. In
der Rubrik der Grammatik war untergebracht die Erlernung der
lateinischen und dann auch griechischen Sprache und die Lektüre
der dem Alter entsprechenden römischen und griechischen Schriftsteller. Als Grammatik diente den Knaben die kleine Ausgabe
des „Donat", an dessen Hand schon seit einem Jahrtausend die
wißbegierige Jugend in die Halle dieser fremden Sprache eintrat.
Schon 1503 hatte Johannes Glogoviensis die acht Teile
der Sprache des alten Grammatikers für die polnische Jugend
ausgegeben, „damit die Lust der Neulinge und der Geist der
Anhänger von den geringeren zu den schwereren Aufgaben in
fröhlichem Eifer wachse". Ach, er mag daran gedacht haben, wie
sauer es einem fröhlichen Jungen wird, sich in die trockenen Fragen einzuleben, darum ruft der Herausgeber schon auf dem Titelblatt die Hilfe Christi Jesu und seiner Mutter, der Jungfrau
Maria an, daß der Beginn des Studiums von ihnen gesegnet
sei und der ewige Gott mit seinem Segen das Studium bis zum

---

*) Vgl. z. B. Jocher I, 14, wo es in dem Titel eines bei Haller
1504 erschienenen Schulbuches lautet: „ut igitur ingeniosis adolescentibus
ejusdem Porphyrii de quinque universalibus intentio resolutior existat
Ego magister Johannes Glogoviensis almae florentissimaeque universitatis
studii Cracoviensis majoris Collegii artistarum collegiatus pro laude Dei
famaque universitatis nostrae in communemque adolescentum profectum
magistri Johannis Versoris super veteri arte quaestiones in leviorem
modum resolvere institui".

**) Vgl. I Zeißberg, S. 407 u. Jocher I, 111.

Ende begleite*). Nachdem so dem jungen Burschen frommer
Mut eingeflößt ist und er das Büchlein und eine daran sich an-
reihende Syntax, damals der 1504 in Krakau erschienene zweite
Teil des Übungsbuches von Alexander Gallicus**) durchgearbeitet, geht es mit den Jahren weiter, sich die lateinische
Sprache in gebundener und ungebundener Redeform in leichter,
nach dem Muster von Cicero gebildeter Ausdrucksweise für den
schriftlichen wie mündlichen Verkehr anzueignen. Auch da waren
die nötigen Lehrbücher zur Hand. Es gab bereits verschiedene
Briefformulare (modus epistolandi), die an unsere heutigen
„Briefsteller" erinnern, und Anweisungen des Schreibens für
fast alle Lebenslagen in wirklichen oder auch erdichteten Vorbildern
bieten. Außerdem waren auch in Krakau bereits verschiedene
Ausgaben der Briefe Ciceros erschienen, namentlich seiner Familien-
briefe (epistolae familiares), über deren Auffindung einst Petrarca
so sehr sich gefreut und deren eingehendes Studium zur Erlangung
eines guten Stiles er der Jugend aufs wärmste ans Herz gelegt.
Einige dieser polnischen Ausgaben waren mit eingehenden An-
merkungen und mit einer Blumenlese klassischer Wendungen als
Anhang versehen und daß unser Johannes frühe schon in der
Kunst sich geübt haben muß, das zeigt die vorzügliche Schreibweise
seiner späteren Jahre.

Mit diesen trockneren grammatikalischen Studien ging Hand
in Hand die Lektüre der klassischen Schriftsteller. Auch da gewährt
uns ein Blick in die um jene Zeit in Krakau erschienenen Ausgaben einen Fingerzeig für die Einführung der polnischen Jugend
in die lateinische Litteratur. Schon 1510 erscheint der unver-
meidliche „Eutrop". Vito v. Fürst, kaiserlicher Rat, und Johann Kuchenmeister, Rat des Erzbischofs von Mainz, die
sich im Winter 1509 auf 1510 in Krakau aufhalten mußten und

---

*) Jocher I, 59.
**) Als Empfehlung dieser Syntax fügt der Herausgeber Johann
Glogoviensis dem Titelblatt bei: „Alexandri Gallici, quem plurimi
ordinis minorum sacrae paginae professorem excellentissimum catalogoque
sanctorum inscriptum affirmant. Secunda pars doctrinalis sui de arti-
ficiosa dictionum constructione, ordine et regimine cum compendiosa
elucidatione pro juniorum institutione."

eifrig den vor einem Menschenalter zum erstenmale in Rom gedruckten lateinischen Chronisten des vierten Jahrhunderts lasen, veranlaßten Haller zu dieser polnischen Ausgabe. Der Titel hebt hervor, daß während des Druckes der Reichstag in Petrikau gehalten wurde; so wird der Reichskanzler nicht gesäumt haben, die Schrift der Männer, mit denen er persönlichen Umgang gepflogen, seinen lernbegierigen Neffen einzuhändigen. Sallust, Cornelius Nepos wurden auch bereits um jene Zeit in Krakau nachgedruckt; alle Prosaschriftsteller überragte aber an Verbreitung Cicero, der als der unübertreffliche Meister klassischen Stiles, als mustergültiges Vorbild einstimmig gepriesen wurde. Es würde zu weit führen, aufzuzählen, wie viele Krakauer Ausgaben einzelner Schriften des Mannes unsere jugendlichen Lateiner bereits benutzen konnten.

Auch mit den römischen Dichtern wurden sie frühe vertraut. Wir haben uns vergeblich nach einer Krakauer Ausgabe des Dionysius Cato aus dem ersten Jahrzehnt des sechzehnten Jahrhunderts umgesehen; aber die vielen Ausgaben, die im dritten und vierten Jahrzehnt rasch aufeinander folgten, lassen darauf schließen, daß auch unseren jungen Lateinern die während des ganzen Mittelalters von der Jugend vielgelesene Sammlung von Moralsprüchen nicht fremd geblieben. Dafür mag als Beweis auch dienen, daß eine in späteren Jahren (1531) unserem Johannes gebotene Widmung einer Lucianischen Schrift mit einem Catonischen Moralspruch beginnt und der Herausgeber die Sentenz bei seinem Mäcen als bekannt voraussetzt. Gerade an diesem Schriftsteller versuchte sich fast zuerst (1532) polnische und deutsche Übersetzungskunst in Krakau, die dem Schüler die Schwierigkeiten der Sprache mundgerecht zu machen versucht und doch nicht imstande ist, wortgetreu den Spruch im Versmaß wiederzugeben*). Be-

---

*) Vgl. die Vorrede der Ausgabe Catonis Disticha moralia Erasmo Roterodamo Latino castigatore, novissime Polonico et Germanico idiomate exornata. Cracoviae MDXLIIII: „Fideliter interpretantes, nogleximus nonnunquam verbum verbo reddere, tum ob difficilem verborum vulgarium connexionem, tum ob inusitatam et dissonam in similiter cadentem rithmorum conclusionem." Der Spruch „Si deus est animus, nobis ut carmina dicunt, — Hic tibi praecipue sit pura mente colendus" lautet in

kannt ist Luthers Lob des nun ganz verschollenen Moralisten
aus dem sechsten Jahrhundert, daß er es als eine absonderliche
Gnade Gottes preise, dieses Büchlein nebst den Fabeln Äsops,
als zwei nützliche und herrliche Büchlein in den Schulen erhalten
zu haben*). Auch Äsops Fabeln in dem römischen Gewande,
das ihnen Phädrus gegeben, blieb unseren Lateinschülern nicht
fremd; ob ihnen Laski später die gleiche Wertschätzung gegeben,
wie der deutsche Reformator in der angeführten Tischrede, wissen
wir nicht**). Tüchtig mußten die Jungen Virgil und Horaz
treiben. Des letzteren Brief an die Pisonen war schon 1505 in
Krakau erschienen. Die in demselben in lebendiger Darstellung
niedergelegten ästhetischen Grundsätze des hochgepriesenen Dichters
mußten den Knaben als Leitsterne dienen, wenn sie ihre lateinischen
Versuche in gebundener Rede auszuarbeiten hatten.

Die meisterhafte Handhabung der lateinischen Sprache der
drei Brüder, wie sie uns in ihren späteren Leben im mündlichen
und schriftlichen Verkehr von den verschiedensten Seiten gerühmet
wird, ist wohl auf jene frühe Übung zum Teil zurückzuführen.
Der hohen Begabung für fremde Sprache, die alle Laski aus-
zeichnet, trat fördernd zur Seite die holde Mitgift, die gerade
auf diesem Gebiete Polen seinen Söhnen ins Leben mitgab und
giebt. Rasch und leicht lebt sich der Slave in ein fremdes Idiom
ein; in kurzer Zeit gelingt es ihm, die andere Sprache in einem
Grade zu beherrschen, als ob sie ihm Muttersprache geworden
wäre.

Den Studien in der Grammatik ging zur Seite der Unterricht in der Dialektik. Der technische Ausdruck umfaßte damals
mehr als wir heute in engerer Begrenzung unter dem Worte

---

der deutschen Übertragung: „Dieweil Gott ist ein ewig Wesen, — Als wir
in den Geschriften lesen, — So wölst denselben durch sein gut — Eren
vorauß mit lauterm gemut." Die gleiche Wortfülle hat der Spruch in der
beigefügten polnischen Übertragung.

*) Luther LXII, 459.

**) Luther LXII, 459: Äsopus hat feine, liebliche „res et picturas
ac si moralia adhibeantur adolescentibus, tum multum aedificant". Und
als viel ich urteile und verstehen kann, so hat man nächst der Bibeln keine
bessere Bücher, denn das „Catonis scripta" und die „Fabulas Aesopi".

verstehen: außer den philosophischen Studien auch noch Mathematik und Arithmetik. Mit vielen philosophischen Gegenständen wurde damals schon der angehende Jüngling behelligt. Es war der Altmeister Aristoteles, der wie selten ein Menschengeist Jahrhunderte hindurch auf seinem Gebiete als unangefochtener Alleinherrscher galt, dessen Lehrsätze den Schülern frühe schon zu einer geistigen Gymnastik dargeboten wurden. Auch da war der Magister Johannes aus Glogau bemüht gewesen, dem Jüngling das Betreten der geweihten Hallen der Philosophie zu erleichtern; verschiedene Schulbücher weisen auf seine Thätigkeit hin, so sein schon 1499 in Krakau erschienenes Werk „Liber posteriorum analecticorum Aristotelis"*). Das starke Betonen der Aristotelischen Logik geschah, um dem heranwachsenden Jüngling eine tüchtige Vorbereitung zum Studium des Duns Scotus zu bieten, dessen Grundsätze in Polen die herrschenden waren, und so wird sich wohl unser Johannes, der künftige Priester, tüchtig mit den „Fragen der alten und neuen Logik" beschäftigt haben, die Johannes Stobnicensis 1508 in Krakau erscheinen ließ und in deren Widmung an den Vizekanzler von Krakau er bekennt, daß er nach seiner Meinung für die tüchtige Ausbildung eines Jünglings kein nützlicheres Werk kenne als diese auf Grundlage der Aristotelischen Logik von Michael Parisiensis zuerst herausgegebenen „Logischen Untersuchungen". Sie seien so klar, so sachgemäß, so umfassend, kein anderes Werk führe so leicht und sicher in die Ansicht des Dun Scotus ein. Aus diesen Untersuchungen habe er die Anfangsgründe seines philosophischen Wissens geschöpft und den gleichen Nutzen hätten viele andere Jünglinge

---

*) Der volle Titel des Buches (Jocher I, 123) führt uns wie in seinen Inhalt, so auch in die Absicht des Herausgebers fast genügend ein: „Ut itaque Aristotelis in libris posteriorum processus et ars demonstrativa ad intelligendum sit facilis, quaestionumque Magistri Johannis versoris in libros posteriorum Aristotelis intellectus sit planior et addiscentibus levior, ego Magister Johannes Glogoviensis pro laude Dei, gloria famaque universitatis nostrae communemque adolescentum profectum nodosam et perplexam quaestionum librorum posteriorum Aristotelis sententiam in leviorem modum recolligere institui. Egidii romani doctoris, Thomae Aquinatis, Paulique de Venetiis viri doctissimi et aliorum interpretationes et explanationes adducam."

gehabt. Ob sich zu dieser Schar unser Johannes in der Folge gezählt, wissen wir nicht; jedenfalls zeigen seine späteren Werke, daß er alle scholastische Terminologie, wenn er sie sich je angeeignet, gründlich abgestreift hatte. Nur das ist uns berichtet, daß, während der angehende Theologe sich in solche dialektische Studien versenkt haben mag, der jüngere Bruder Stanislaus mit großer Vorliebe und auch mit reichem Erfolg mathematische Studien trieb. Gerade in jenen Jahren, in denen als einer der glänzendsten Sterne der Krakauer Universität Albert v. Brudzewo, der Lehrmeister des Kopernikus, Mathematik und Astronomie vortrug und eine große Zahl begeisterter Schüler zu seinen Füßen versammelt sah, drang die Lust und Liebe zu diesen Fächern auch schon in die Schulstuben und ergriff die Jünglinge, die zu dem Fache Neigung besaßen. Vielleicht auch unseren Johannes, wenn wir unter den Gründen, die 1531 den Joseph Struthius veranlaßten, ihm als seinen hochgepriesenem Mäcen seine Ausgabe der Astrologie des Lucian von Samosata zu widmen, auch den annehmen dürfen, daß ihm das betreffende Gebiet nicht fremd geblieben.

Scharf hielt der strenge und gelehrte Oheim darauf, daß die Neffen in ernster Zucht und Schulung sich die nötigen Kenntnisse erwürben; ihre große Lernbegierde, die frühe sich zeigende hohe Begabung kam leicht und willig den Forderungen nach. Die Zeit ging nicht nur in wissenschaftlichen Studien hin; auf tüchtige körperliche Ausbildung ward gleichfalls bei den Söhnen des polnischen Adels Rücksicht genommen. Frühe schon bestieg der Knabe im väterlichen Schloß das Pferd, das er auch bald in fröhlicher Lust zu tummeln verstand. Der Marstall im erzbischöflichen Palais war geräumig genug, daß die jungen Barone die gewohnte Kunst in der Stadt nicht zu entbehren brauchten. Die Handhabung der Waffe blieb dem freigeborenen Knaben nicht lange fremd, sobald nur die Kräfte, sie zu führen, erlangt waren. Dann aber wurde auch zeitig schon sein drängendes Verlangen, an der Jagd der Großen teilnehmen zu dürfen, erfüllt. Draußen im unwirtlichen Wald mit seinen rauhen Hindernissen oder im feuchten Moorgrunde wurde der jugendliche Körper gekräftigt und abgehärtet und in furchtloser Überwindung gar mancher Gefahr

in der wildreichen Heimat rechtzeitig der Nerv gestählt. Was die
Knaben an Waidvergnügen daheim genossen, darauf brauchten sie
während ihres Krakauer Aufenthaltes nicht ganz zu verzichten.
Die malerischen und wildromantischen Karpathen verlockten zu
manchem Jagdausflug, und nah gelegene Güter der Familie mütter-
licherseits (Lanskoron) boten der Lockung Befriedigung.

So weit es uns möglich ist, aus den spärlichen Mitteilungen
über die Erziehung des polnischen Adels damaliger Zeit ein klares
Bild uns zu entwerfen, erinnert uns dasselbe nicht selten an gar
manchen hervorstechenden Zug der Erziehung heute noch in den
alten Schulen Englands, die kaum von der rasch wandelnden
Zeit berührt werden. Auch darin tritt uns ein verwandter und
bedeutsamer Zug entgegen, daß hier wie dort in den Häusern des
Adels der heranwachsende Sohn vernimmt, was die Väter bewegt.
Noch dürfen die Jungen nicht an der Unterhaltung persönlichen
Anteil nehmen, aber sie sind stille, aufmerksame Zuhörer und erlangen auf diese Weise im geselligen Zusammensein mit dem
reifen Alter fast mühelos einen Teil ihrer besonderen Ausbildung.
Ihre Väter, damals in Polen, heute noch in England, waren
nicht müßige Zuschauer dessen, was in der Welt vorging; sie
wußten sich berufen, thätig miteinzugreifen in die Geschicke des
Vaterlandes, und eines Polen Vaterland war damals mindestens
ebenso bedeutend, ebenso einflußreich auf die Geschicke der Zeit
wie heute die Stellung Englands im Rate der Völker. Im
stolzen Gefühl der Zugehörigkeit zu ihrem Volke stehen sich aber
die Glieder beider Länder wahrlich gleich. Der fast ausschließliche
sogen. klassische Unterricht hat den Söhnen dort des polnischen
Senators, hier des englischen Lords Auge und Ohr geöffnet, nicht
diese geistigen Organe durch eine Überfülle von Gegenständen ge-
schwächt und zerstreut, und mit dem so geweckten Verständnis gewinnt der Jüngling dann durch den Umgang und das Leben selbst
die nötige Erfahrung für seinen besonderen Beruf. Nur in
größerer Scheu und Ehrfurcht vor den Erwachsenen und den gereiften Gliedern der Familie wurde der polnische Jüngling erzogen; bei dem regsten Pietätsgefühl die tiefe Achtung vor dem
Willen der Eltern und derer, die an ihrer Stelle die Erziehung
leiteten. Auch in diesem Zug tritt ein schönes Merkmal slavi-

schen Gemütes mit seiner auf frommer Unterlage sich gründenden
Willigkeit des Gehorsams unter den Vorgesetzten zutage gegen-
über dem ebenso schönen, kraftvollen Unabhängigkeitsgefühl und
Freiheitsdrang des Angelsachsen.

Um seinen Neffen den reichen Gewinn bieten zu können, der
der Jugend aus dem frühen Zusammenleben mit den bedeutenden Männern des Vaterlandes erwächst, deshalb hauptsächlich
hatte der Reichskanzler und Erzbischof die vielversprechenden Knaben vom väterlichen Schloß auf dem Lande zu sich in die Stadt
genommen. Das Haus des hochangesehenen Mannes bildete
einen Sammelpunkt der gewähltesten Gesellschaft. Schon seine
hervorragende Stellung zog nach zwei Richtungen hin die tonangebenden Männer zum geselligen Verkehr heran. Den Erzbischof suchten die Bischöfe des Landes auf, bei dem Primas begegnete man den Staatsmännern des Reiches und den Gesandten
der fremden Höfe. Noch eine besondere Anziehungskraft übte die
Persönlichkeit Laskis aus. Seine große Gelehrsamkeit, sein
reifes Urteil auch auf wissenschaftlichem Gebiete, der hohe Adel
seiner Gesinnung, die ganze Tüchtigkeit seines Wesens im Verein
mit der Lust an geistvollem Umgang zog in das gastfreie, offene
Haus, was an bedeutenden Männern des Wissens und der Kunst
Krakau damals in seinen Mauern barg. Und das war in jener
Blütezeit Polens keine geringe Zahl.

Auch auf geistigem Gebiete hatte das reichgesegnete Land eben
den Höhepunkt seiner Entwickelung erklommen, schickte sich vielleicht
gerade an, von der Höhe wieder herabzusteigen. Die Bildung
des polnischen Adels um jene Zeit zog die staunenden Blicke der
anderen Völker auf sich; was draußen die Geister bewegte, fand
hier regen Nachhall, offene Herberge, freien Schutz. Auch der
durch das Wiederaufleben der Wissenschaften im fünfzehnten Jahrhundert erwachte Humanismus überschritt bei seiner Wanderung
durch die Kulturvölker Europas die polnische Grenze, siedelte sich
in dem auch dafür gastfreien Lande an und ward bald in den
oberen Schichten der Gesellschaft heimisch. Zumal in Krakau,
wohin im Jahre 1400 König Wladislaw die bereits 1364
von Kasimir dem Großen gegründete Universität aus der feuch-

ten Stadt Kasimir verlegte. Es war für die Söhne des Adels
Mode geworden, ein paar Jahre auswärts an den Hochburgen
des Wissens den Studien obzuliegen; lernbegierig und begabt wie
sie waren, nahmen sie offenen Sinnes die gebotene neue, so tiefgreifende humanistische Bewegung auf, und heimgekehrt in ihr
großes Vaterland, auf ihre einsamen Schlösser, pflegten sie die
ihnen gewordene Anregung teilweise gemeinsam mit ihren empfänglichen Schwestern, mit denen zusammen sie ja auch vor
Jahren auf dem väterlichen Schlosse von dem Pädagogen des
Hauses die lateinische Sprache erlernt. Die ruhelose, unstete
Wanderlust, die nicht wenige Humanisten ergriffen und sie von
Ort zu Ort schweifen ließ, in alten Klöstern nach verlorenen
Handschriften zu spüren oder die frisch erworbenen Kenntnisse nach
allen Richtungen hin zu verbreiten, hatte schon manchen von diesen
„fahrenden Leuten" auch nach dem fernen Sarmatenland geführt,
und ihr Staunen war dann nicht gering, wenn sie auf den Burgen,
mitten in rauher Wildnis, so viel Bildung und Verständnis vor-
fanden, wenn sie in Krakau und den anderen Städten mit meist
deutscher Bürgerschaft ein so reges Leben, einen so emsigen Wandel antrafen. Der berühmte Geschichtschreiber Dlugosz kann
dem damaligen (1450) fast allmächtigen Krakauer Bischof Zbig-
neus, dem der Papst den Kardinalshut verlieh, berichten, daß
Äneas Sylvius, der spätere Papst Pius II., als einer der
ersten Schriftsteller seiner Zeit und durch seine lateinische Beredsamkeit berühmt, seine Verwunderung über das Schreiben ausgedrückt, das er aus dem vermeintlichen Barbarenland erhalten.
Die anwesenden Deutschen habe Äneas mit den Worten geneckt,
daß dieser Brief für sie eine Schande sei, denn er sei so schön
und gedankenreich, daß er selbst nicht wisse, ob ihm eine würdige
Erwiderung gelingen werde. Der Brief sei ein Zeugnis, daß es
in Polen ausgezeichnete Köpfe in der Theorie und in der Praxis
gebe und in ganz Deutschland wohl niemand aufgefunden werde,
der es verstände, die Worte gleich wohl zu setzen*). Als der hochangesehene Humanist Filippo Buonaccorsa da Gemignano,
bekannter unter seinem Schriftstellernamen Callimachus aus

---

*) I Zeißberg, S. 217.

Rom, vor dem dem Humanismus abgeneigten Papst Paul II. fliehen mußte, wandte er sich, von Wißbegierde und Reiseluft getrieben, nach Polen (1470), trat in Krakau als Scholar bei der Universität ein und wurde Erzieher und später Vertrauter der königlichen Prinzen. Sein Einfluß, den Humanismus in Polen zu verbreiten, war nicht gering; ein italienischer Bischof verfaßte auf ihn das nicht völlig unzutreffende Epigramm:

„Barben hieß das Geschlecht, das aus Rom Callimachus scheuchte,
Aber zu Römern dafür hat er Barbaren gemacht." *)

Während Callimachus dem Humanismus in Polen Bahn brach, weilte in Krakau Konrad Celtes, dieses echte Bild eines fahrenden Humanisten damaliger Zeit, der in Rom Schüler des Pomponius Lätus gewesen und von dem deutschen Kaiser bereits den Doktorhut erhalten und doch es nicht verschmähte, sich an der polnischen Universität als Scholar eintragen zu lassen (1497). Schüler und Lehrer nun freilich zugleich. Während er heute zu den Füßen des Albert v. Brudzewo saß und seine Vorträge über Astronomie und Mathematik hörte, sammelte er morgen einen Kreis begeisterter Schüler um sich, denen er Gastvorträge über Poetik und Rhetorik hielt. Ja selbst einen Schößling der platonischen Akademie verpflanzte er vom Tiber an die Weichsel, indem er in Krakau die litterarische Weichselgesellschaft gründete (Sodalitas litteraria Vistulana). Auch eine junge, edle Polin, Hasilina v. Rzytonicz, tritt dem deutschen Humanisten nahe, die in seinen Oden gefeierte „norische Elsula", von der er die polnische Sprache lernte, während er sie seine Muttersprache lehrte**). Es ist ein schönes Schreiben, das die über solche Ver-

---

*) Bei Roscoe (I, 54) lautet derselbe: „Callimachus, Barbos fugiens ex urbe furores, Barbara quae fuerant regna, Latina fecit." Paul II. entstammte bekanntlich dem Hause Barbo, das oftmals im Laufe der Zeit in einzelnen Vertretern Anlaß zu ähnlicher geißelnder Rede gegeben.

**) Jocher (I, 467) erwähnt den Spruch des Celtes: „Candidus interpres Hasilinae saepe fuisse — Germanam linguam sprevit ut illa meam. — Tum ego condidici te praeceptore puella — Sarmaticae linguae barbara verba loqui." An derselben Stelle ist auch seine XIII. Ode „ad Hasilinam" abgedruckt.

öffentlichung erzürnte Polin an den Dichter richtete, ein lautredendes Zeugnis von dem zarten Sinn für Ehre und Anstand, der das polnische Weib beseelte und scheu zurückbeben ließ vor jedem Hinaustreten in die Öffentlichkeit*).

Callimachus lebte zwar nicht mehr, als die jungen Laski in Krakau erzogen wurden, und auch Celtes war seit einem Jahrzehnt wieder nach Deutschland gewandert; aber der Einfluß solcher Männer und derer, die mit ihnen gleicher Gesinnung waren, hörte nicht mit ihrem Scheiden auf: weithin erstreckten sich die Ringe geistiger Bewegung, die sie geweckt, und der anregende Wellenschlag berührte frisch und kräftig die Gesellschaft, die in dem Hause des Erzbischofs, der mit Callimachus in seinen kräftigsten Jahren bekannt gewesen und sicherlich der „Weichsel-Gesellschaft" nicht ferne stand, aus- und einging. Die heranwachsenden Jünglinge, selbst mit regstem Eifer dem Studium der Klassiker hingegeben, konnten nur in hohem Grade von solch einer Umgebung gefördert werden.

Das war die geistige Luft, die die jungen Laski während ihrer Ausbildung in Krakau einatmeten. Ihr späteres Leben bekundet, daß diese Atmosphäre sie gekräftigt und für den kommenden Lebensberuf tüchtig vorbereitet. Sie waren im Laufe der Zeit in die Jahre gekommen, wo sie, der häuslichen Erziehung entwachsen, auf einer Hochschule ihre letzte Ausbildung gewinnen mußten. Die polnische Universität wäre wohl imstande gewesen, ihnen dieselbe zu gewähren. Sie zählte die Zahl ihrer Studenten nach vielen Hunderten, und ausgezeichnete Professoren in verschiedenen Fächern trugen zu dem Ansehen der Universität nicht wenig bei. Aber es war Brauch des Adels, seine Söhne nach dem Auslande zur Vollendung ihrer Studien zu senden. Paris, Bologna, Padua übten für die das Reisen in der Fremde liebenden Polen größere Anziehungskraft aus, als die heimische Universität;

---

*) Der Brief ist in böhmischer Sprache abgefaßt, die damals viel in den Schlössern des polnischen Adels auch von den Frauen geschrieben und gesprochen wurde; Aschbach in seinem fesselnden Aufsatz über die früheren Wanderjahre des Konrad Celtes giebt das Original nebst Übersetzung. (Sitzungsbericht der Königl. Akademie der Wissenschaften in Wien. LX, 147.)

früher gehörte auch das stammverwandte Prag zu diesen vorzugsweise beliebten Hochschulen, aber die Hussitenkämpfe, die infolge
davon erschienenen Erlasse wider den Besuch dieser von der
Ketzerei berührten Musenstadt hatten ungünstig auf diese Vorliebe
gewirkt. Für unsere jungen Laski lag die Entscheidung, wo ihre
Studien fortgesetzt werden sollten, in der Hand des Oheims;
seine Amtsgeschäfte in jener Zeit bestimmten die Wahl der Universität.

3.

Die erste Studienreise ins Ausland.

a) In Rom.

Der Anfang des Jahres 1512 brachte Krakau große Festlich-
keiten, einen gewaltigen Zustrom hoher Gäste zumal aus Ungarn
und Polen. Am 8. Februar war die Trauung und Krönung
der Prinzessin Barbara, des Stephan von Zapolya einziger Tochter, mit dem König Sigismund. Die Traurede
hielt Johannes Staphileus, vom Papst Julius II. gesandt,
den König zur Beschickung des Lateranensischen Konzils aufzufordern. Zwei Punkte waren in der Einladungsschrift betont. Einmal sollte es die Aufgabe dieses letzten Konzils vor der Reformation sein, „die Kirche, die ohne Flecken und Runzeln sein soll,
durch eine heilige, in der Liebe zu Gott und dem Nächsten gegründete Reformation zu ihrer früheren Würde und wahren Religion zu erneuern und dann alle Kräfte der gesamten Christenheit gegen die Feinde des christlichen Namens auf das eifrigste
und einmütig zu richten"*). König Sigismund versprach das

---

*) Tomiciana II, 15: „... quo et ecclesia Dei quae debet esse sine
macula et sine ruga, per sanctam reformationem in caritate Dei et
proximi fundatam, ad pristinum decus et veram religionem reformetur
et tandem universae christianorum vires, paccatis inter eosdem rebus,
adversus christiani nominis hostes studiosissime ac unanimiter conver-
tantur ..." Es macht einen befremdlichen Eindruck, ist aber bezeichnend,
wenn ein solch gewaltiges Vorhaben am Vorabend der Reformation selbst

in Aussicht genommene Konzil zu beschicken und berief dazu als geistlichen Sendboten den Erzbischof von Gnesen, als weltlichen aber den Kastellan von Kalisch, Stanislaus Ostrorog. Beide Abgeordnete hatten es, und zwar mit Zustimmung des Königs, mit der Abreise nicht eilig; man war überhaupt nicht sehr beflissen, ein Konzil zu beschicken, das im Grunde genommen zunächst nur eine Demonstration des Papstes gegen das Konzil zu Pisa war und von dessen reformatorischen Bestrebungen die bereits allzu oft enttäuschten und müde gewordenen Völker sich nur wenig versprachen. Es waren nur ein paar fremde Gesandte zugegen, als am 3. Mai 1512 der berühmteste Kanzelredner seiner Zeit, Egidius von Viterbo, die Eröffnungsrede hielt. Und gerade recht viele und folgsame Zuhörer wären dieser wuchtigen Rede zu wünschen gewesen, in der der freimütige Augustinergeneral die Kirche und ihr damaliges gar kriegerisches Haupt aufforderte, um zum Siege zu gelangen, die ihr zukommenden Waffen zu ergreifen: Religion, Wahrhaftigkeit, Gebet als den Panzer des Glaubens und das Schwert des Lichtes*). — Wichtige Verhandlungen, zumal mit dem deutschen Orden und seinem Hochmeister Albrecht von Preußen und wegen drohenden Krieges mit den Russen, Tataren und Türken hielten den Primas des Reiches noch auf dem Reichstage zu Petrikau fest; auch bei dem daran sich anreihenden Generalkonvent von Posen war der Erzbischof auf Wunsch des Königs zugegen; erst Ende März 1513 konnte Laski seine Romfahrt antreten.

Die Reise ging zunächst nach Krakau. Hier traf ihn, vom Könige mitgeteilt, die Kunde von dem Tode Julius' II. Sigismund überließ es dem Gutdünken seines Gesandten, ob er sich von dem unerwarteten Ereignis wolle aufhalten lassen oder nicht; Laski eilte aber nun um so mehr, der Versammlung der Kirchenfürsten in der entscheidungsvollen Stunde beizuwohnen. Er ließ den Kastellan von Kalisch zurück, die neuen Beglaubigungs-

---

von dem kriegerischen Papst und seinem tief in humanistischen Studien versenkten Boten wiederholt auf Gemeinsprüche von Cicero begründet, die heilige Schrift aber mit keinem Worte erwähnt wird. Ja, das waren nicht die Männer, die Kirche zur wahren Religion zurückzuführen.

*) Hardt IX, 1579.

ſchreiben abzuwarten und brach ſelbſt in der erſten Woche des
April auf. Die beiden älteſten Neſſen, Hieronymus und unſer
Johannes, ſollten unter ſeinen Augen in Rom ihre Studien
fortſetzen; der erſt zwölfjährige Stanislaus blieb zunächſt bei dem
Vater zurück. Statt ſeiner erfahren wir von einem anderen
Studiengenoſſen, den der Erzbiſchof auf ſeine Koſten mit den bei-
den Neſſen ziehen ließ. Wir ſind, obgleich uns ein paar Briefe
von ihm vorliegen, über die Perſönlichkeit im unklaren. Laski,
der auf eigene Koſten an der Krakauer Univerſität einen Lektor
der Theologie hielt und in freigebiger Weiſe die Studien und ihre
Jünger unterſtützte, bot zugleich einer Anzahl junger Leute die
Mittel, ihren wiſſenſchaftlichen Studien obzuliegen; aus ihrer
Zahl mag es einer ſein, der ſeinen Neſſen innig befreundet geweſen, vielleicht ein Glied des Geſchlechtes Korab*).

Vielleicht daß die beiden Neſſen reiſefertig waren, mit dem
Oheim die weite und mühſelige Fahrt anzutreten, vielleicht daß
ſie ihn erſt mit ſeinem Reiſebegleiter in Bruck an der Mur ein-
holten, wohin über Olmütz Stanislaus von Oſtrorog mit
den neuen Vollmachten dem Erzbiſchof nacheilte. Von dem ma-
leriſch gelegenen Städtchen in Steiermark ging dann der nicht

---

*) Wir danken die Mitteilung dieſer Briefe dem gelehrten Domkapitular
Korytkowski in Gneſen. Die drei im Gneſener Archiv aufgefundenen
Sendſchreiben an den Erzbiſchof ſind unterzeichnet Joannes Ra. servitor
humilis; der Schreiber bezeichnet den Erzbiſchof als tanquam dominus et
patronus noster gratiosissimus; von ſeinem krank befallenen Bruder ſagt er,
daß er eine Behandlung gefunden habe quasi esset proprius nepos, den
Neſſen und Studiengenoſſen dankt er, weil nach dem Auftrage des Erzbiſchofs ſie ihn mit brüderlicher Liebe behandelten. Der glückliche Finder
glaubt in dem Briefſchreiber den Johann Rybienski, einen Schweſterſohn
des Erzbiſchofs (?), vermuten zu dürfen. Schwerlich! Denn derſelbe war
nach dem Teſtamente des Erzbiſchofs (Zeißberg, S. 643) bereits 1504
Probſt von Kruſchwitz, alſo wohl nicht zehn Jahre ſpäter Student in Rom
und Bologna. Wir könnten nach der Abkürzung an den Sohn einer ſeiner
Schweſtern denken, die an einem Rambießki verheiratet geweſen (Theiner
II, 348 und Tomiciana VI, 59). Wegen eines dieſer Söhne Martin,
deſſen der Oheim mehrmals in ſeinem Teſtamente und auch dem Könige
gegenüber Erwähnung thut, wurde, wie wir ſpäter hören werden, unſer Johannes 1517 in Rom exkommuniziert; wir wiſſen jedoch nicht, ob und wie-
viele Brüder dieſer Martin gehabt.

kleine Reisezug durch die prächtigen Alpengebiete zunächst nach
Venedig, ein ganz neues, ungewohntes Schauspiel für die jungen
Leute, die zum ersten Male aus dem Flachlande Polens in die
Gebirgswelt eintraten. In der Lagunenstadt mußte ein kurzer
Aufenthalt genommen werden; Laski hatte sich eines Auftrages
seines Königs an den Dogen Leonardo Loredano zu entledi-
gen*). Polen und Venedig standen in jenen Tagen gegen den
gleichen mächtigen Feind in Waffen, nur mit dem Unterschiede,
daß, wie Laski dem Dogen auseinandersetzte, Venedig für seinen
Ruhm, die Vergrößerung seiner Macht, wohl auch aus Herrsch-
begierde kämpfe, Polen aber, weil es sich als Schutzmauer der
Christenheit wider die Heiden ansehe und sein höchstes Glück darin
finde, nicht fremde Grenzen zu überschreiten, sondern das Seinige
zu bewahren**). Von Venedig ging dann die Reise ohne Unterbrechung nach Rom, wo man Anfangs Juni eintraf***).

Viele und gewichtige Arbeiten waren für den Erzbischof bei
dem Papste und vor dem Konzil zu lösen. Es würde uns zu
weit von unserer besonderen Aufgabe ablenken, wollten wir die
Kämpfe und Mühen schildern, die der mächtige Primas von Polen während seines mehrjährigen Aufenthaltes sowohl der Kurie
gegenüber, die Wünsche seiner heimischen Auftraggeber zu befriedigen, als diesen selbst gegenüber zu bestehen hatte, wenn es auch
seiner großen diplomatischen Kunst nicht immer gelang, jedes Begehren durchzusetzen. Es war die siebente Sitzung des Lateranensischen Konzils am 17. Juni, der er als der ersten beiwohnte
und in welcher er seine Beglaubigungsschreiben überreichte. Während sein Begleiter Stanislaus von Ostrorog in dem Protokoll unter den Gesandten aufgeführt wird, finden wir Laski in

---

*) Tomiciana II, 178.

**) Zeißberg (S. 540) macht zu dem letzten Teil der Rede die wohl
zutreffende Bemerkung, daß es eine von polnischer Seite oftmals aufgestellte
aber nicht immer den Thatsachen entsprechende Behauptung sei.

***) Laski bezeichnet als den Tag seines Eintreffens in Rom den
5. Juni 1513 (Zeißberg, S. 664). Es mag dies Datum, ein Jahr später
in sein Testament eingetragen, auf einem Gedächtnisfehler beruhen, da Laski
bereits am 3. Juni von dem Papste einer bestimmten Kommission des Konzils
zugezählt wird (Hardt IX, 1681).

dem Verzeichnis der Patriarchen und Assistenten des Papstes. Leo X. empfing den Primas Polens mit großen Ehren; er berief ihn in die wichtige Kommission des Konzils, in der alle Fragen um Herstellung eines allgemeinen Friedens unter den christlichen Regenten und um Ausrottung des Schisma beraten wurden. In der achten Sitzung am 19. Dezember 1513 hatte Laski in seiner Eigenschaft als Assistent des Papstes den Auftrag erhalten, ein päpstliches Schreiben der Versammlung mitzuteilen*). Bezeichnend ist der Inhalt des Schreibens zumal für den Oheim des künftigen Reformators. Es handelt sich um Bekämpfung des herrschenden Unglaubens, des weithin sich erstreckenden Zweifels an der Unsterblichkeit der Seele. Leo, so sehr das glückumstrahlte Kind seiner Zeit, daß er ihr seinen Namen leihen konnte, und ebenso wenig willens, wie sein Freund und Geheimschreiber Bembo, den Wunsch der Gläubigen zu erfüllen und das Werk des namhaftesten Philosophen Pietro Pomponazzo, das die Unsterblichkeit der Seele leugnete, zu verdammen**), wähnte, die Kirche vor dem Gift ungläubiger Lehre dadurch bewahren zu können, daß er ihren angehenden Dienern nur noch ein fünfjähriges Studium der Humaniora gestattete, nach deren Ablauf sie sich ihren Fachwissenschaften zuwenden müßten***). Mit solchen Mittelchen glaubte man in Rom noch zu einer Zeit den unheimlichen Geist beschwören und die Kirche schützen und reformieren zu können, als Luther schon in Wittenberg seine zündenden Vorträge

---

*) Hardt IX, 1719. Die Versammlung fand in der Lateranbasilika in Gegenwart und unter dem Vorsitz des Papstes statt; das päpstliche Schriftstück kam durch Laski erst dann zur Verlesung, nachdem dem Herkommen gemäß alle diejenigen sich entfernt, die nur Sitz, aber nicht Stimme in der Versammlung hatten. Im altgewohnten Kurialstil lautet der Hauptsatz: „contra hujusmodi pestem opportuna remedia adhibere cupientes hoc sacro approbante concilio damnamus et reprobamus omnes asserentes animam intellectivam mortalem esse aut unicam in cunctis hominibus et haec in dubium vertentes . . . . Omnes hujusmodi erroris assertionibus inhaerentes, veluti damnatissimas haereses seminantes, per omnia ut detestabiles et abominalibes haereticos et infideles, catholicam fidem labefactantes vitandos et puniendos fore decernimus."

**) Roscoe IV, 252.

***) Hardt IX, 1719.

über die Psalmen und den Römerbrief hielt und bereits für sich
und die ihn hörten, das Rauschen des Geistes spürte, dem je und
je von Gott die Macht gegeben, die Kirche und die Welt zu reformieren!

Wir haben keine leiseste Andeutung finden können, weder in
Rom selbst noch auch auf allen anderen eingeschlagenen Fährten,
welches wohl der Gang der Studien unserer jungen Freunde in
der Hauptstadt gewesen sein mag. Nur die eine Gewißheit, daß
sie bei dem Oheim in Rom gewesen, danken wir einer zufällig
gefundenen Briefstelle und sind für die etwa 15 Monate ihres
Aufenthaltes nur auf Mutmaßungen beschränkt, die wir nach dieser
Seite hin aus dem geistigen Leben der Stadt schöpfen.

Die letzten zwanzig Jahre waren nicht günstig für die humanen Studien in Rom gewesen. Ein Pesthauch für jede gesunde
Entwickelung ernster Wissenschaft war von Alexander VI. ausgegangen; Julius II. dann hatte für alle Künste des Friedens
nach seiner Weise in großartigem Stile Sinn und Verständnis,
aber doch zog er noch lieber das Schwert für die Befreiung Italiens, für die Vergrößerung des Kirchenstaates, und unter dem
fortwährenden Kriegslärm konnten die Studien nicht gedeihen, die
der Stille und Sammlung bedürfen. Die günstige Zeit brach
unter dem feinsinnigen, geistvollen Mediceer an. Von Anfang an
wandte er dem schon vor über 70 Jahren in Rom gegründeten
Gymnasium seine volle Teilnahme zu. Gerade in dem Jahre
des Aufenthaltes unserer jungen Studenten in Rom besaß diese
Bildungsanstalt gründlicher Gelehrsamkeit beinahe hundert angesehene Lehrer*), die ihre Vorlesungen über Gottesgelehrtheit,
bürgerliches und kirchliches Recht, Arzeneikunde, Sittenlehre, Logik,
Beredsamkeit und Mathematik hielten. Die Hauptaufmerksamkeit
in dem Gymnasium war in jener Zeit auf das Studium der
griechischen Sprache gerichtet. Der berühmte Johannes Las-
karis leitete, von dem Papste alsbald nach seiner Thronbesteigung
dazu berufen, das griechische Kollegium in Rom, an dem dann auf
Einladung des Papstes auch einer seiner vorzüglichsten Schüler,
Markus Musurus, thätig war. Es ist wohl anzunehmen,

---

*) Roscoe II, 109.

daß unsere jugendlichen Freunde an den Vorlesungen sowohl in
dem Gymnasium als auch in dem griechischen Kolleg auf dem
Esquilinischen Hügel teilnahmen, zumal der Papst durch Erteilung
von Vorrechten und Freiheiten eifrig bemüht war, Schüler für
die Anstalt zu gewinnen, denen die Professoren vor- und nachmittags, und dazu noch durch die zahlreichen Festtage nicht unter-
brochen, Vorlesungen halten mußten. Wenn nicht bereits in Krakau
die Anfangsgründe der griechischen Sprache erlernt worden waren,
bot sich nun dazu die reichliche Gelegenheit; wohl ist anzunehmen,
daß hier schon unser vierzehnjähriger Johannes in die Schriften
des Plato eingeführt wurde, zumal die erste Ausgabe seiner Werke
Musurus 1513 bei dem berühmten Manutius hatte erscheinen
lassen*).

Wie gerne doch möchten wir das schweigsame Dunkel durchbrechen und Kunde erhalten, welchen Eindruck der römische Aufenthalt auf die empfänglichen jugendlichen Gemüter ausgeübt. Aber
es verlautet so gar nichts darüber. Und doch war es eine gewaltige, tiefeinschneidende Zeit für Rom, dieser Vorabend der
Reformation, an dem schon Mancher aus der herrschenden Ge-
witterschwüle auf den nahenden Sturm riet. Ist der Aufenthalt
spurlos an unseren jungen Polen vorübergezogen? Haben sie sich
in diesen so empfänglichen Jahren von dem Odem anwehen lassen,
der von der hochgefeierten Kunst ausströmte? Rafael hatte eben
seine wunderbaren Meisterwerke voll ernsten Tiefsinnes, voll reiner
Schönheit in der Camera della Segnatura vollendet; in der six-
tinischen Kapelle waren die Gerüste abgeschlagen und ungehemmt
konnte der staunende Blick die Schöpfungen schauen, die wie eine
Offenbarung auf dem Gebiete der Kunst Michel Angelo an
die Decke gezaubert. Den Neffen des Primas von Polen waren
die nun geweihten Räume zugänglich: haben sie da begeisterungs-
voll der einzigartigen Sprache gelauscht, in der diese beiden Lieb-
lingsjünger der Kunst das Geistesleben der Menschen, die Thaten
Gottes nach der heiligen Schrift dolmetschten? Wir wissen, daß

---

*) Eine griechische Schlußanmerkung der Ausgabe feiert Leo als Be-
förderer wahrhafter Erziehung und Erneuerer griechischer Wissenschaft, als
Arzt des kranken Italiens, als Befreier des geknechteten Griechenlands, als
Wohlthäter des Lebens der Menschen. (Vgl. Roscoe II, 115.)

sprachbegabt die drei Jünglinge sich rasch auch die italienische
Sprache angeeignet. Und welchen Eindruck hat dann auf sie der
süße Wohllaut eines Petrarca, mehr noch die Majestät, die
Gewalt, die erhabene Pracht und Wahrheit eines Dante ausgeübt, dessen Ausleger Ariost kurz vorher die ewige Stadt besucht hatte? Wir erhalten auf diese, auf so manche andere Frage
noch, die sich uns aufdrängt, leider keine Antwort und sind fast
versucht anzunehmen, daß die jungen Leute wenig von dem Geiste
berührt wurden, der uns Nachgeborne sehnsuchtsvoller nach jenen
Tagen und ihren Kunstgenüssen ausschauen läßt, als viele der
Zeitgenossen selbst davon ergriffen waren. Trifft diese Mutmaßung zu, dann dürfen wir auch annehmen, daß unser Johannes
in seinem frommen Gemüte von all dem gottlosen Treiben, das
sich in jenen ungläubigen Tagen nirgends fast schamloser entfaltete,
als unter den Augen des vermeintlichen Statthalters Gottes, unbehelligt geblieben ist. Keine Stelle in seinen späteren Schriften
verrät, daß er damals gesehen und gehört, was Luther auf
seiner Pilgerfahrt nach Rom erfahren, was in der Erzählung des
Boccaccio jenen Juden dazu treibt, sich taufen zu lassen. Die
geheimnisvolle Binde, die Gott selbst um das Auge der Jugend
schützend legt, mag dem Jüngling den Anblick einer gottentfrem-
deten Welt verhüllt haben, in der gerade die Diener des Höchsten
am frechsten das Heiligtum dem Gespötte preisgaben und Greuel
auf Greuel häuften, daß Luther selbst dort aus dem Munde
von päpstlichen Höflingen das Bekenntnis hören mußte: es ist
unmöglich, daß es sollte länger stehen, es muß brechen*).

Der Oheim wünschte nicht, daß seine Neffen in Rom ihre
Studien vollendeten. Zumal für Johannes war die nahgelegene,
weltberühmte Universität Bologna wichtig, seinen Fachstudien im
Kirchenrecht obzuliegen. Der Primas selbst war genötigt, noch
eine Weile den Sitzungen des Konzils beizuwohnen und die vielen
und recht schweren ihm gewordenen Aufträge von der Heimat am
päpstlichen Hofe, der monatelang den Wünschen Polens ungeneigt
war, durchzusetzen, jetzt allein, da bereits am Ende des Jahres
1513 sein Gefährte, der Kastellan von Kalisch, im Auftrage des

---

*) Luther LXII, 435.

Königs nach Spanien gereist und von da unmittelbar in die
Heimat zurückgekehrt war. Gegen den Schluß des Jahres 1514*)
erhielt der Erzieher der Jünglinge, Johannes Braniczki, die
Weisung, mit ihnen nach Bologna überzusiedeln.

Vier Tage brauchte der vornehme Reisezug, um von Rom
wahrscheinlich über den Paß von Furlo nach Bologna zu gelangen. Man zog nur langsam des Weges, der so viel des Sehens-
werten jetzt in den späten, frischen Herbsttagen bot.

b) In Bologna.

Auch in jenen weit zurückliegenden Tagen versäumte nicht leicht
ein Student, der aus der Ferne nach Bologna gezogen kam, den
Torre Asinelli, einen der beiden schiefen Türme auf dem Mer-
cato di Mezzo, zu besteigen. Der Blick von dem 83 Meter hohen
Turm ist so lohnend über die Stadt und weiter über die fruchtbare, wohlangebaute Ebene hin am Fuße der Apenninen. Das
Bild, das von dieser Höhe aus die Stadt bietet, mußte unseren
jungen Polen vom Wappen Korab besonders anheimelnd sein;
es ist ein alter Spruch, daß Bologna von diesem Standorte
einem Schiffe ähnele, von der Höhe des Mastkorbs aus gesehen.
Als ob es ihr eigenes Wappenbild sei, in riesenhafter Vergrößerung ausgeführt, so grüßte die jungen Laskis die Musenstadt,
in der sie ein paar Jahre sich ihrer Studien wegen aufzuhalten
hatten. In Bologna und Padua war es Brauch der studierenden
Söhne des Adels aus aller Herren Länder, beim Wegzug ihr
Wappenschild wie eine Art Weihgeschenk in den Universitätshallen
aufzuhängen; wiederholte, aufmerksame Nachforschung an beiden
Orten hat mich leider das Laskische Wappen unter den Hunderten von Abzeichen nicht herausfinden lassen, und so mußte der
Anblick der Stadt auch wie ein Ersatz für das vermißte Wappenbild dienen.

Die ersten paar Tage des Aufenthaltes brachten unsere Freunde

---

*) Vielleicht dürfen wir die Zeit bis Mitte Oktober hinaufrücken, da
der Beginn der Vorlesungen den Dekretisten in Bologna auf den Tag nach
St. Lucä (19. Oktober) angesetzt war. (Vgl. Savigny III, 232.)

in der öffentlichen Herberge zu, bis sich eine den Bedürfnissen entsprechende Wohnung gefunden. Die Reise und die Wirtshaus-zeche während dieser drei Tage in der Herberge betrug dreizehn und einen halben Dukaten, wie der Erzieher dem genaue Rechen-schaft verlangenden Erzbischof nach Rom meldet: wir sehen, der freigebige Oheim läßt die Seinen nicht auf allzu knappem Fuße leben. Einige zufällig aufgefundene Briefe gewähren uns einen kleinen, fesselnden Einblick in das Still- und Studienleben dieser unserer Freunde.

Wir sehen zunächst ein paar neue Ankömmlinge in den Kreis unserer alten Bekannten eintreten. Im Mai 1514 hatte der Erzbischof seinen Marschall, den Kastellan von Sochawczew Niko-laus Wolski, ihm sehr treu verbunden und später auch durch seine Ehe verwandt, an den König von Polen mit wichtiger Bot-schaft gesandt. Im Herbst (8. September) gelang es dem pol-nischen Feldherrn Konstantin von Ostrorog die Russen unter der Führung des Großfürsten Wassilij Iwanowitsch bei Orsza aufs Haupt zu schlagen*). Damit trat auch für die An-gelegenheiten Polens am päpstlichen Hof eine günstige Wendung ein, die Laski in seinen Unterhandlungen alsbald zu spüren be-kam. Es war ja ein Sieg nicht nur über den drohenden Feind des fernen Polens, für Rom mehr noch ein Sieg des treuen Sohnes der römischen Kirche über den Schismatiker. In der Freude seines Herzens und um die günstige Stimmung in Rom zu nähren, sandte der König den erzbischöflichen Marschall mit einer Anzahl russischer edler Gefangenen, sie dem Papste zum Ge-schenke zu überbringen. Ein königlicher Geleitsbrief sollte dem Kastellan von Sochawczew Schutz auf der Reise nach Rom für sich und seine etwas eigenartige Schenkung an den Papst gewähren. In Wien hatte man nicht Lust, den Geleitsbrief zu beachten; der Sieg bei Orsza hatte die österreichische Politik durchkreuzt, und im Ärger darüber hielt man Wolski mit seinen Gefangenen in Hall bei Insbruck an. Den polnischen Gesandten ließ man

---

*) Der bei den Siegesfeierlichkeiten in Wilna anwesende apostolische Legat Pisa giebt einen ausführlichen Bericht der Schlacht und des glänzen-den Sieges (Tomiciana III, 202.) Vgl. daselbst auch die Siegeslieder des Cricius; ferner Tomiciana III, 6.

nun freilich unbehelligt seine Straße nach Rom weiterziehen; den zehn gefangenen Russen aber nahm man die Kette ab und sandte sie über Lübeck zurück an den Großfürsten von Moskau, um auf diese Weise wenigstens dem unbehaglichen Gefühl über den so unerwarteten Ausgang der Schlacht Ausdruck zu leihen. In Rom billigte man dieses Verfahren des Kaisers in keiner Weise. Leo X. forderte in einem Schreiben an Maximilian, das nun freilich zu spät eintraf, die Herausgabe und Übersendung der Gefangenen, und die zum Konzil versammelten Väter mit dem Papste an der Spitze feierten den glänzenden polnischen Sieg als einen Sieg der Kirche über die Andersgläubigen*).

Die günstige Reisegelegenheit, die den Weg über Bologna einschlug, war benutzt worden, ein paar Studenten unseren Freunden zuzuführen. Zunächst den jüngsten Bruder Stanislaus, der nun von seinem Vater für alt und reif genug gehalten wurde, seine Studien in Bologna fortzusetzen. Mit ihm zugleich kam ein Bruder jenes Johannes, über dessen Familie und Zugehörigkeit zu dem Geschlecht Korab wir vorhin im unklaren geblieben sind; auch er, mit Namen Stanislaus, studierte wie sein Bruder auf Kosten des Erzbischofs. Ferner brachte Wolski zwei junge Radziwill**) mit, Stanislaus und Johannes, die sich schon eine Zeit lang in Wien aufgehalten und nun in Italien ihre Studien fortsetzen sollten. Auch der Lehrer des Stanislaus, Matthias, der wahrscheinlich die Erziehung des auf dem väterlichen Schlosse allein zurückgebliebenen jungen Laski geleitet, war mitgekommen und blieb in Bologna. So bestand der kleine Haushalt aus zehn Personen, den drei Neffen, den beiden Radziwill, den beiden weitläufigen Verwandten, dazu kam der Erzieher Branizki, der ebengenannte Lehrer Matthias und ein Arzt gleichen Namens, den der fürsorgliche Oheim seinen ihm

---

*) Vgl. Tomiciana III, 7. 333.

**) Auch die ausführliche Monographie über die Radziwill (Galerja nieswiezska portretrow Radziwillowskich przez Kotlubaja, Wilno 1857) giebt uns keinen Anhalt über diese Söhne des berühmten Geschlechtes. Der Erzbischof ist, wie aus seinem Testament zu ersehen (vgl. Zeißberg, S. 611), mit der Familie verwandt, und daher ist wohl auch zu erklären, daß ein paar Söhne aus dem Hause in engster Gemeinschaft mit seinen Neffen studieren.

anvertrauten Zöglingen mitgegeben. Auch ein Koch wird noch
genannt, und gewiß wird noch ein und der andere Diener bei den
wohlhabenden jungen Leuten des polnischen Adels angestellt gewesen
sein. Auffallend ist es, daß ein anderer weitläufiger Verwandter,
dem Wappen Korab angehörig, Matthias Sływnicki, der sich
damals und wahrscheinlich auf Kosten des Erzbischofs — denn
Branitzki bringt demselben einmal zwanzig Dukaten in Anrechnung
als Bezahlung einer Schuld des Sływnicki — in Bologna zum
Studium des römischen Rechtes aufhielt, nicht in die Tafelrunde
gemeinsamen Haushaltes aufgenommen ist; vielleicht ist jener Lehrer
Matthias und dieser Sływnicki ein und dieselbe Person, im
knappen Berichte in die zwei Gestalten auseinandergefallen nach
ihren beiden Beschäftigungen als Lehrer und Lernender. Der
Erzbischof hielt auch in den späteren Jahren viel auf diese tüchtige
Kraft, die ihm reichlich die auf ihre Ausbildung verwandten Opfer
vergalt. Als Doktor beider Rechte wurde Sływnicki Domherr
zu Gnesen, Archidiakon in Kalisz, ja zuletzt Kanzler Łaskis und
Propst zu Posen und hat in seinen wissenschaftlichen Arbeiten
nicht wenig zur Verdrängung des Magdeburger Rechtes in Polen
beigetragen.

Da der Aufenthalt in Bologna ein paar Jahre währen sollte,
galt es sich häuslich und wohnlich einzurichten und zwar nach jeder
Seite hin. Genau wird darüber dem Oheim von dem Erzieher
Rechenschaft abgelegt. Zunächst mußte die etwas schadhaft gewordene Kleidung durch neue, dem in Bologna herrschenden Zu-
schnitt entsprechend*), ersetzt werden. Siebzehn Dukaten kosten die
beiden gleichen Obergewänder, die unser Johannes und sein Freund
Stanislaus Radziwill sich anfertigen lassen, um auch schon
auf der Straße in der äußeren Erscheinung als Gleichgesinnte sich

---

*) Die Universitätsstatuten enthalten auch über die Kleidung der Stu-
denten eingehende Verordnungen in dem III. Buch, S. 52. So heißt es
unter anderem: um unnützem Aufwande vorzubeugen, bestimmen wir „quod
nullus scolaris emat alium pannum quam pannum qui vulgariter vocatur
pannus de statuto vel de panno coloris nigri, quem pannum pro habitu
superiori Cappa tabardo vel gabano vel consimili veste consueta pro
tunc longiore veste inferiori et clausa a lateribus ac etiam fibulata seu
maspillata anterius circa collum portare teneantur".

geltend zu machen; auch die Unterkleider, das Schuhwerk wurde
für die ganze Gesellschaft ausgebessert und erneut, das Paar neuer
Schuhe ist mit zwei Dukaten berechnet; der Haarschneider erhält
wöchentlich drei Mark, um den sieben jungen Leuten einmal die
Woche den Bart zurecht zu stutzen. Die gemietete Wohnung,
wahrscheinlich ein einzelnes Häuschen, mußte mit den nötigen Mö-
beln versehen werden; die Bedürfnisse in dieser Beziehung sind
noch gar einfache, aber doch ist die Summe der einzelnen Posten
in dem Ausgabebuch für alle diese Anschaffungen nicht gering.
Bette, Tische, Stühle werden angekauft; jeder der jungen Studenten erhält seinen eigenen Arbeitstisch mit einem verschließbaren
Pulte versehen, auf daß nicht einer den anderen bei seinen Studien störe, und der Erzieher vergißt nicht anzumerken, daß er auch
sieben messingene Lampen angeschafft, auf daß ein jeder seiner Zöglinge seine Arbeit bis neun Uhr des Abends (ad tertiam noctis)
an seinem Pulte ausdehnen könne.

Neben den Wohn- und Schlafräumen wird auch die Küche
nicht übersehen; Tischtücher, Handtücher, Servietten, Messer, Ga-
beln u. s. w. werden, wenn auch nur in erstaunlich geringer Anzahl
angeschafft*). Sie haben ihren Koch von Polen aus mitgebracht
und kaufen sich ihre Speisen selbst ein. Der junge Radziwill zeigt dafür besonderes Geschick. Wenn des Morgens die
Händler kommen, Fleisch und Fische und andere Mundvorräte
zum Kaufe anzubieten, so sieht er ihnen scharf auf die Finger
und wiegt auf der für den Haushalt angeschafften Wage genau
nach, daß ihn die pfiffigen Krämer und Händler nicht übervor-
teilen. Denn sie müssen zusammenhalten, nur etwas über drei
Dukaten wird die Woche zur Beköstigung der ganzen Gesellschaft
ausgesetzt, mit Ausnahme der Kosten für Wein und Holz. Die
ersten sechs Wochen, wo Wolski noch nicht mit den anderen
jungen Leuten eingetroffen war, hatten sie vier Körbe voll Wein
verbraucht, jetzt freilich mehr. Die Wäsche wird außer dem Hause
gereinigt, vier Karolinen empfängt die Waschfrau monatlich.

Es dauerte nicht lange und die jungen Leute hatten sich auch

---

*) „emi autem tres scutellas stagneas, octo talaria, octo coklaria,
duo mensalia, tria manutergia, decem servetas etc."

in ihren wissenschaftlichen Arbeiten am Musensitz eingelebt. Einen
Blick zunächst in ihre häuslichen Arbeiten. Zumeist ist es still
in den Studierzimmern, jeder über seiner besonderen Arbeit.
Nur wenn aufgefordert, dann redet der einzelne und zwar an
abwechselnden Tagen entweder italienisch oder, was ihnen noch
geläufiger war, lateinisch. Die polnische Sprache verlautete gar
nicht, sie schien in Vergessenheit geraten. Selbst während der
Mahlzeit hörte die Belehrung nicht auf. Wie in den Refektorien
der Klöster über dem Essen einer der Mönche eine erbauliche
Betrachtung vorliest, so wurde hier in unserem kleinen Kreise
über Tisch ein Abschnitt aus der böhmischen Geschichte vorgelesen,
hoffentlich mit größerer Aufmerksamkeit, als ich sie in russischen
und römischen Klosterspeiseräumen angetroffen. Selbstverständlich
war das Lesestück in böhmischer Sprache, die an den polnischen
Edelsitzen der damaligen Zeit von Männern und Frauen mit
einer Leichtigkeit gehandhabt wurde, wie heutzutage wohl die
französische Sprache. Nach Tisch halten die jungen Leute Dis-
putatorien über das, was sie am Vormittag gehört oder studiert,
einmal in der Woche prüft der Professor sie in allen den Gegenständen, die er ihnen die Woche über vorgetragen.

Branizki rühmt dem Erzbischof die jungen Leute, sie sind
sehr fleißig und tugendhaft (adolescentes studiosissimi et vir-
tuosi sunt). Ein großer Lerneifer beseelt die beiden Neffen, die
in inniger Liebe an einander hängen. Was der eine, will auch
der andere wissen, obgleich jetzt bei den sich scheidenden Fachstudien sie gesonderte Wege gehen müssen. An Fähigkeit überragt
alle Hieronymus, ihm wird ungeschmälert das Lob eines sehr
begabten Jünglings. Von seinem Herzensbruder, unserem Johannes, lautet das Zeugnis, daß er dem Erzieher der liebste
Zögling sei, von höchster Tugendhaftigkeit. Branizki erklärt,
nie solch einen Jüngling gesehen zu haben, und bricht in den
Wunsch aus, daß ihm langes Leben vergönnt sein möchte. (Caris-
simus dominus Joannes nepos R. P. tuae, ibi est summa
virtus, nunquam vidi hujus modi puerum; utinam esset longe
vivens.) Es ist dies das erste unmittelbare Zeugnis, dessen wir
über unseren Helden habhaft werden konnten: es schlägt die Saite
seines Wesens an, die lebenslang einen so reinen, fesselnden Ton

von sich gegeben, einen Ton, der ein Jahrzehnt später einen Mann wie Erasmus bis in die innerste Seele wie wohllautendster Heimatklang sehnsuchtsvoll ergriffen, dem wir selbst in den folgenden Blättern, wenn ausgereift die edle Gestalt uns in Wort und That näher treten wird, mehr wie einmal mit Wonne lauschen werden. Dieser Adel und Liebreiz des Gemütes, der so frühe in überraschender Weise von dem Jünglinge ausging, übte seine Wirkung nicht nur auf die aus, die fremd mit dem Manne in Berührung traten; ebenso auch auf die nächsten Insassen des Hauses, die im engsten Zusammenleben ungetrübt den gleichen, wohlthuenden Eindruck von der sittenreinen Persönlichkeit empfingen. Als die beiden Brüder eine Zeit lang getrennt waren, schrieb Hieronymus von Bologna aus an seinen Oheim: „Als mein Herzensbruder Johannes hier wieder eintraf, bin ich ein ganz neuer Mensch geworden; durch ihn ward mir aller Lebensüberdruß in weite Ferne verscheucht, alle Langeweile schwand und alle Lust an der Arbeit ist mit ihm gesteigert zurückgekehrt. Sein Geist und sein Wissen, das er in gebundener und ungebundener Rede bekundet, hat er weit über das Maß der anderen jungen Leute während seines Aufenthaltes in Deutschland vermehrt; er hat in der That seine Zeit nicht vertrödelt und den Sand gezählt, sondern die angesehensten Schriftsteller gelesen und gehört. Bewundern muß man, von welcher Gedächtniskraft, von welcher Beharrlichkeit, von welchem Ernst (constantia et severitas) der Jüngling beseelt ist, so daß wir alle mit Scheu und Ehrfurcht gegen ihn erfüllt sind (ut eum omnes facile timemus et veneramur)*); eins erbitten wir auf das flehentlichste, daß ihm viele Lebensjahre vergönnt sein möchten. Ich rühme dies nicht als von meinem Bruder, vielmehr als von einem guten und ehrenhaftesten Jüngling, mit dem ich, so lange wir hier zusammen sind, mit all' meiner männlichen Kraft gemeinsam in den guten Künsten fortschreiten will." Daß auch der Bruder gleichermaßen wie der Erzieher den Wunsch langen Lebens für den seltenen Jüngling

---

*) Dürfte ich an einen Theologen des neunzehnten Jahrhunderts erinnern, der auch von Jugend an die gleiche ehrfurchtsvolle Huldigung an seine Erscheinung fesselte, so tritt die edle Gestalt meines unvergeßlichen Lehrers, Karl Immanuel Nitzsch, mir vor die Seele. (Vgl. Beyschlag, S. 7.)

nicht unterdrückt, flößt uns die Besorgnis ein, daß die körperlichen Leiden, von denen wir den überarbeiteten Mann später
heimgesucht sehen werden, frühe schon hervorgetreten sein mögen.

Doch zurück zu unserem Scholaren und seinen Studien an
dem Musensitz zu Bologna!

Als Polen waren unsere jugendlichen Studenten der Universität der Ultramontani zugezählt, die im Gegensatz der Universität der Citramontani aus Scholaren von 18 verschiedenen außer-
italienischen Nationen sich zusammensetzte, und genossen als solche
volles Bürgerrecht, zugleich mit den großen Rechten, die Bologna
im Gegensatz zu der Sorbonne den Scholaren einräumte. Denn
in Bologna bildeten von altersher die Schüler die Korporation,
die aus ihrer Mitte die Häupter derselben wählten; die Lehrer
waren ihnen unterworfen*). Ursprünglich nur eine doppelte
Rechtsschule, kam schon im Beginne des vierzehnten Jahrhunderts
eine Artistenuniversität hinzu für die Philosophen und Mediziner
und ferner als vierte Universität die von Innocenz VI. in der
zweiten Hälfte desselben Jahrhunderts gegründete theologische
Schule, die eigentümlicherweise nach dem Muster der Sorbonne
eingerichtet war, daß in ihr also nicht die Scholaren, sondern
die Professoren die Korporation bildeten. Sowohl in der Rechtsschule, als auch in der Artisten- und theologischen Schule hatte
unser Johannes Vorlesungen zu hören, da zunächst die humanistischen Studien noch nicht ihren Abschluß gefunden, nun aber die
weiteren Studien über kanonisches Recht und was die theologische
Fakultät bot, hinzutraten.

Gerade in jenen Jahren erfreute sich Bologna eines kleinen
Aufschwunges in den Wissenschaften. Den größten Einfluß übte
die edle Familie Bentivoglio aus. Fast ein halbes Jahrhundert hatte Johann Bentivoglio die Herrscherwürde bekleidet und all' die Zeit hindurch sich namhafte Verdienste um

---

*) Vgl. darüber Savigny (III, 141), auf dessen nun schon 60jährige,
meisterhafte Arbeit wir noch immer zurückgreifen müssen, wenn wir uns ein
eingehendes Bild der Universitätsverhältnisse auch an der Rechtsschule zu
Bologna entwerfen wollen. Wann wohl endlich werden die reichen Archive
er dortigen Universität gesichtet und verwertet?

die Förderung der Wissenschaften erworben; höheren Ruhm noch
erlangten darin seine drei Söhne und Nachfolger Hermes,
Hannibal und Galeazzo. Recht bedeutende Humanisten
wurden an die Hochschule gezogen. In einer flüchtigen Brief-
notiz haben wir ein paar Vorlesungen entdeckt, die 1516 an der
Artistenfakultät gehalten wurden, und wohl dürfen wir annehmen,
daß unsere eifrigen Scholaren aus Polen daran teilgenommen.
Des Morgens in der Frühe (die Morgenvorlesungen endigten
schon um neun Uhr) wurde vorgetragen Cicero ad Atticum und
Virgils Georgica; in den Nachmittagsvorlesungen Thucydides und
Aristophanes, wieder Cicero und Properz*). In einem Schreiben
unseres Johannes aus der Anfangszeit seines Aufenthaltes in
Bologna an seinen Oheim entlehnt der Jünger humanistischer
Studien dem Sallust einen Sittenspruch und der Satz geht in
gebundener Rede zu Ende, vielleicht der leicht dahinfließenden
Feder des Briefschreibers selbst entquollen**). In einem anderen
Schreiben rühmt er den Professor Modestus als den von ihnen
allen verehrtesten.

Leider können wir unseren, angehenden Geistlichen nicht bei
seinen Fachstudien in Bologna begleiten. Alle Versuche, da auf
richtige Fährte zu gelangen, die uns ein Bild damaliger theolo-
gischer Studien gewährt hätte, sind fehlgeschlagen. Ein anziehen-
des Bild würde es nicht geworden sein; Begeisterung für sein
„köstliches Amt" konnte ein Scholar sicherlich nicht in jenen
Tagen aus den theologischen Vorträgen, die sich fast ganz auf
die Kunde des kanonischen Rechtes beschränkten, schöpfen. Coch-
laeus, in den kommenden Jahren ein so erbitterter Gegner
Luthers und in mehr wie zudringlicher Weise bemüht, das ferne
Polen vor dem Gifte der Reformation zu schützen, hielt sich
gleichzeitig studienhalber in Bologna auf; schon nach kurzer Zeit
ist er der theologischen Vorträge an der Hochschule überdrüssig.

---

*) Vgl. Heumann, S. 3.

**) Es ist dem ältesten schriftlichen Dokument unseres Helden entnommen,
das noch unveröffentlicht im Archiv zu Gnesen gefunden wurde. Die betr.
Stelle lautet: „Etenim, ut Salustius inquit, divitiarum et formae gloria
fluxa atque fragilis est, virtus clara eternaque habetur. Idcirco: Nomin·
ante mei venient oblivia in orbem, Pectore quam pietas sit tua pulsa meo

Seinem Wohlthäter, dem berühmten Wilibald Pirkheimer zu Nürnberg, deſſen Neffen er als Erzieher nach Bologna begleitet hat, ſchildert er den Zuſtand der theologiſchen Studien in der denn doch wohl etwas übertriebenen und allzu verdrießlichen Klageepiſtel: „Es iſt ein Elend hier ſich mit der heiligen Wiſſenſchaft zu beſchäftigen, ohne Lehrer, ohne Bücher, ohne Zuflucht. Die Vorleſungen halten bejammernswerte Mönche, mit ihnen will ich meine Zeit nicht verlieren, es ſind reine Sophiſten, ſie jagen Schattenbildern nach. Ich beſuche deshalb keine Vorleſungen, ſondern halte mich eingeſchloſſen zuhauſe."*) Die gleichen Klagen ergehen über die kanoniſchen Rechtslehrer. Der gelehrteſte von ihnen habe keine Lehrgabe, der andere ſpreche ſo leiſe, daß er nicht verſtanden werde, der dritte ſei ſo gelehrt, daß er oft auf die fernliegendſten Gegenſtände abſchweife, ein vierter iſt ein Schwätzer, ein fünfter ein junger Mann ohne Wiſſen.

Stimmen wir auch das anmaßliche, wegwerfende Urteil des gegen die Italiener eingenommenen Deutſchen etwas herab, ſo bleibt doch ein Nachſatz zurück, der auch von anderer Seite beſtätigt wird. Die theologiſchen Studien waren in jenen Tagen weit überflügelt von den humaniſtiſchen. Während hier ein neues Leben anhub, ähnlich dem Regen und Bewegen, das der Prophet ſchaute, als es über die Totengebeine kam, während hier in ungeahnter Schöne die Welt der Griechen und Römer vor dem trunkenen Blicke wie aus einem Grabe emporſtieg und alle geiſtige Regſamkeit der Zeitgenoſſen wie mit Rieſenkraft auf die Hebung dieſes einen ſo wunderbaren Schatzes in faſt krampfhafter Weiſe gerichtet iſt, war die Theologie zurückgeblieben und bewegte ſich in den uralten Gleiſen fort, unberührt von all' dem, was die Gemüter der Zeitgenoſſen wie ein Erdbeben in der Tiefe bewegte, in faſt harmloſer Weiſe ahnungslos dem Punkte zutreibend, wo ihr ſcholaſtiſches Grubenlicht von dem Windſtoß der neuen Zeit ausgelöſcht wird.

Gerade ſolch' alte, berühmte Hochſchulen, wie Bologna, verfallen leicht ſtarrem Feſthalten an dem Überlieferten. Mönche mögen es geweſen ſein, die um die hergebrachten Lehrſätze dieſe

---

*) Heumann, S. 12.

unendliche Reihe von Fragen, von Gründen und Gegengründen, von Definitionen, Distinktionen, Syllogismer und Korrolarien zusammenhäuften, wie der Herbstwind mit welken Blättern ein Grab bedeckt: aber unerträglich muß solche Mühsal einem jugendlichen Gemüte gewesen sein, das nun schon seit Jahren die klare, reine, maßvolle Luft der alten Autoren eingeatmet, doppelt peinlich in einer Zeit, wo sich auf allen Lebensgebieten ein Neues regte und auch die Scholastik an mehr wie einer Stelle den Keim der Selbstauflösung hervortreten ließ. Hatte doch schon der päpstliche Erlaß, den der Oheim vor Jahresfrist den versammelten Vätern des Konzils vorzutragen hatte, mit dem Wesen der Scholastik gebrochen, so sehr er auch noch von dem Selbstgefühl, das sie in ihren Glanztagen erfüllte, durchdrungen ist und aus diesem Gefühle heraus einfach dekretiert, was man zu beweisen sich zu schwach fühlt. Nur den Namen eines Theologen, bei dem unser Scholar sicherlich Vorlesungen gehört, haben wir erhaschen können: es ist Chrysostomus Casalenus. Leo X. hatte dem Petrus Pomponatius eine Verteidigungsschrift seiner schon erwähnten Arbeit über die Unsterblichkeit der Seele nur unter der Bedingung gestattet, daß dieser Professor der Theologie zu Bologna ihr Gegensätze zufügen und beidrucken ließe. Leider konnten wir diese Schrift (defensorium) nicht auftreiben: außer dem Interesse für eine solche seltsame, auf päpstlichen Befehl herausgegebene sic et non Schrift, die den Geist jener Zeit scharf beleuchtet, würde uns noch das Buch wichtig gewesen sein, den Meister kennen zu lernen, zu dessen Füßen unser Laski gesessen.

Für Auslegung der heiligen Schrift besaß Bologna auch eine Professur; aber schon seit langer Zeit war unter dem Einfluß der Scholastik dieser wichtige Zweig ausgeartet oder überwuchert zu einer Auslegung der Auslegung, in der die Spitzfindigkeit der herrschenden theologischen Richtung einen behaglichen, weiten Tummelplatz hatte. Jetzt freilich schon keinen völlig unbeanstandeten mehr. 1516 erschien bereits in Genua ein Psalterium in vier Sprachen; zwei Jahre früher war der erste Band der großen Komplutensischen Bibel des Kardinals Ximenez, dem Papste Leo X. zugeeignet, erschienen, und auch die griechische Ausgabe des Neuen

Testamentes von Erasmus war in Bieler Hände in Italien.
Man las und erklärte das Buch ähnlich wie so manchen anderen
neu aufgefundenen griechischen Schriftsteller, wir würden sagen,
vom rein philologischen Standpunkte aus, ohne die volle Tragweite zu ermessen, die dieses Studium über den Bergen drüben
so bald schon haben werde. Auch das Alte Testament begann
man in der Grundsprache zu lesen. Man konnte sich dabei für
Bologna auf jene Verordnung Klemens' V. auf der Kirchenversammlung zu Vienne 1311 berufen, nach welcher auch auf
dieser Universität sechs Lehrer der morgenländischen Sprachen angestellt werden sollten, nicht um den Geistlichen ein Verständnis
der heiligen Schrift in der Ursprache zu ermöglichen, sondern
um geschickte Kämpfer wider Juden und Muhamedaner heranzu-
bilden. Die Verordnung war im Laufe der Zeit fast vergessen.
Jetzt aber, gerade in demselben Jahre, als unsere Freunde nach
Bologna zogen, war Theseus Ambrogius — eine Art
Mezzofanti des sechzehnten Jahrhunderts, denn er soll achtzehn
Sprachen kundig gewesen sein — von dem Papste als Professor
der morgenländischen Sprachen angestellt worden*). Wir wissen
bestimmt, daß unser junger Theologe die damit gebotene günstige
Gelegenheit nicht benutzte, denn fast ein Jahrzehnt später erlernte
er das Hebräische; der Erzbischof mochte wohl wenig Nutzen aus
der Kenntnis dieser Sprache für die Laufbahn vermuten, die er
seinem Lieblingsneffen in der heimischen Kirche zu öffnen bereit war.

Eine besondere Regsamkeit herrschte während des Aufenthaltes
unserer Freunde in Bologna auf dem Gebiete der Philosophie,
auf dem ein scharfsinniges Auge schon damals am meisten den
Geist sich hätte rühren sehen können, der die mittelalterliche Zeit
abschloß und für Italien seine Umwandelung zur Gestalt der Renaissance mächtig förderte. Wir dürfen kaum annehmen, daß
unser junger Theologe von dem Rauschen dieses Geistes schon
berührt worden sei. Bis dahin hatte Aristoteles und seine
Dialektik Jahrhunderte hindurch in einer Weise das Denken beherrscht, wie wohl kein anderer Weltweiser jemals einen Einfluß
ausgeübt. Der Spürsinn der Humanisten hatte neue Schriften

---

*) Roscoe II, 151.

des Meisters aufgefunden, die den Kreis seiner Kenntnis bedeutend erweiterte. Zumal seit dem Falle von Konstantinopel hatte sich auch die Kunde von Platos Schriften weithin in Italien verbreitet und die begeisterte Liebe für diesen Weltweisen bezeugte so manche „platonische Akademie". Beide Heroen des Geistes fanden ihre glühenden Verehrer, zunächst noch nicht in gegenseitig sich ausschließender Weise, je länger je mehr mit schärferer Betonung der Unterschiede. Es ist doch eine andere Geistesrichtung in den beiden Dioskuren, die uralte Verschiedenheit, die auch in den kräftigsten Tagen der Scholastik zutage getreten ist. Gerade in Bologna lehrten damals Hauptvertreter der beiden Richtungen. Einen bedeutenden Einfluß übte Alexander Achilinus aus, selber ein Bolognese, der 1518 in seiner Vaterstadt starb. Ritter urteilt von ihm, daß seine philosophischen Schriften noch ganz das Gepräge der Scholastik an sich tragen und den Lehren des berühmten Averroes großen Einfluß auf seine Untersuchungen gestatten*). Aber der Zweifel an ihren Sätzen drängt sich doch schon auf; Achilinus wandelt in den Wegen eines Duns Scotus; er nimmt den Realismus wieder auf; Aristoteles redet ihm in diesem Sinne. — Neben ihm lehrte an der Hochschule in jenen Jahren der schon wiederholt erwähnte Petrus Pomponatius, zwar noch in scholastischen Sätzen befangen, aber doch noch entschiedener dem Zweifel zugänglich. Durch den bekannten Platoniker Ficinus ist er mit Platos Schriften vertraut worden; er ahnt wohl, daß die beiden Weltweisen nicht überall übereinstimmen, es fehlt ihm aber der ernste Wahrheitstrieb, den Unterschieden nachzugehen und den für jene Zeit so wichtigen Folgerungen sich zu überlassen. Pomponatius ließ sich oftmals in Bologna mit Achilinus in einen wissenschaftlichen Wettkampf ein. „Es wird erzählt, daß sie in Disputationen sich mit einander maßen und jener dem Gewichte wissenschaftlicher Gründe, welche dieser geltend zu machen wußte, durch witzige Wendungen sich zu entziehen suchte."**)

Daß wir doch mehr wüßten, ob und welchen Einfluß diese

---

*) Ritter IX, 382 f.
**) Ebd., S. 427.

geistigen Kämpfe und wissenschaftlichen Bestrebungen auf die Ent=
wickelung unseres Helden ausgeübt! Aber alle Mühe war um=
sonst, weitere Nachrichten über seinen Studiengang in Bologna
aufzuspüren, und es blieb uns nur der eben gebotene bescheidene
Versuch, die dürftigen, für so viele Fragen ungenügenden, da und
dort zerstreuten Nachrichten zusammenzutragen, um daraus wenig=
stens die Gestalt des Einflusses zu erkennen, dem Laski während
des Aufenthaltes in Bologna bei seinen theologischen Studien
ausgesetzt war oder, müssen wir uns vielleicht vorsichtiger und
bescheidener ausdrücken, hätte ausgesetzt sein können.

Auch keine besonders tüchtigen Vorbilder im Predigtamt scheint
unser junger Theologe auf der Hochschule angetroffen zu haben.
Wir sind wieder nur auf die, wie uns dünken will, Übertreibun=
gen des Cochläus angewiesen, der die Predigtweise in folgenden
drastischen Zügen geißelt: „Die meisten Fastenprediger sind auf
der Kanzel, wenn ich es sagen darf, mehr Possenreißer oder dekla=
mierende Schauspieler als Prediger, als Apostel, als Augustine.
Während viele, wenn sie in Gestikulationen und in der Stimme
sich auf thörichte Weise überbieten, den Paulus oder Cicero nach=
zuahmen meinen, reden und agieren sie doch nur heuchlerisch zum
Volke. Ist es zu verwundern, wenn sie auf diese Art nichts aus=
richten? Wenn sie heftig sein wollen, jagen sie in der Rede da=
hin, ohne ein Komma einzuhalten; ab und zu bewegen sie die
Köpfe wie Krähen, springen auf, laufen auf dem Predigtstuhl
hin und her, schreien, fechten mit den Armen, wenden der Ge=
meinde den Rücken zu, zumal wenn sie zu dem kleinen hinter
ihnen stehenden Kruzifixe für die Gemeinde beten; äußerlich weinen
sie, innerlich lachen sie und gefallen sich selber unendlich.“*)

Nicht ganz ungestört von Außendingen flossen die Studien=
jahre in Bologna dahin. Ein paar Ereignisse müssen ihre Um=
risse auch in das Stillleben unserer Bekannten geworfen haben.
Zumeist zwar lebten sie zurückgezogen für sich. Branizki hatte,
um seine Zöglinge ans Haus zu fesseln, ein paar Zithern an=
geschafft, auf denen die Radziwills und Laskis des Spieles
nicht unkundig waren; eine spätere Briefstelle unseres Freundes

---

*) Heumann, S. 10.

an Beatus Rhenanus zeigt, daß er die Musik herzlich liebte
und auch in ihrer theoretischen Kenntnis nicht unbewandert war.
Aber die Stellung der Familien unserer jungen, polnischen Adeligen war in ihrem Vaterlande eine zu bedeutende, als daß sie
völlig unbemerkt und nur ihren Studien hingegeben ihre Tage in
der Musenstadt hätten verbringen können. Der Kardinal-Erzbischof von Bologna, Achilles de Grassis, war Protektor
Polens bei dem päpstlichen Stuhle, und der Oheim stand in fortwährend vertrautem Verkehre mit der hochangesehenen Persönlichkeit, eine Bekanntschaft, die gewiß auch den Neffen zustatten
gekommen ist.

Bekanntlich hatte im Dezember 1516 Leo X. die berühmte
und folgenschwere Zusammenkunft mit Franz I. in Bologna.
Seit dem ruhmvollen Siege des ritterlichen Helden und Königs
von Frankreich bei Marignano mußte der Papst alle Schritte
thun, mit dem Sieger in freundschaftlichen Verkehr zu treten: die
Zusammenkunft in Bologna sollte diesen Bestrebungen ihren Ausdruck leihen. Große Vorrechte wurden hier dem französischen
Könige eingeräumt. Wohl wurde die vielumstrittene pragmatische
Sanktion aufgehoben, aber die in ihr enthaltenen wichtigsten Vorrechte und Freiheiten durch eine besondere Acte erneuert, die dann
die Grundlage der „Freiheit der gallikanischen Kirche" ward.
Bedeutsam wurden diese Tage für den Lebensgang unseres Helden
dadurch, daß sich hier, wie wir stark vermuten, die Bekanntschaft
des jüngeren Bruders, Stanislaus, mit dem Könige von Frankreich anknüpfte: durch wen vermittelt, dafür fehlt uns der bestimmte Anhalt. Auf manchen Namen könnten wir raten; was
würde es viel nützen, so lange keine Gewißheit geboten wird?

Wenige Wochen nach dieser feierlichen Zusammenkunft waren
unter den Bologneser Studenten ernste Reibungen zwischen den
verschiedenen Landsmannschaften ausgebrochen. Die Deutschen
standen wider die Lombarden auf; rasch griff das junge, feurige
Blut zum Degen, zu den schwerfälligen Büchsen; zwei Tage währte
der blutige Straßenaufstand. Auf der Seite der Deutschen standen unter anderen Landsmannschaften auch die Ungarn und Polen.
Ob auch unsere ritterlichen, waffenkundigen Polen zum Schwerte
griffen, wissen wir nicht; jedenfalls aber hörten sie in den sturm-

bewegten Tagen einen mannhaften deutschen Ritter als Anwalt
der Deutschen und nun auch der mit ihnen verbundenen Polen
die ihnen widerfahrene Unbill kräftig vor dem parteiisch-gesinnten
Gouverneur vertreten; es war niemand Geringeres als Ulrich
von Hutten*). Keine Andeutung ist uns weder bei Laski
noch bei Hutten aufgestoßen, die auf eine gegenseitige, persönliche Bekanntschaft während des gleichzeitigen Aufenthaltes schließen
läßt. So mannigfaltige Berührungspunkte in dem Wesen der
beiden Männer aufgefunden werden können, so tiefgehend sind auch
die Unterschiede und gerade in dem Punkte, von dem aus ein
strahlendes Licht auf die reine Gestalt unseres Laski fällt, der
zudem mehr wie ein Jahrzehnt jünger war als der fahrende
deutsche Ritter. Huttens Name drängt uns die Frage auf, ob
wohl in die Wohnung unserer Polen das Wetterleuchten gedrungen, das von den eben erschienenen „Briefe der Dunkelmänner"
ausgegangen und am gesamten geistigen Horizont grell aufflammte,
der unvergleichliche Hahnruf, daß eine tiefe, dunkle Nacht vorüber
und in dem siegreichen Witz der Humanität die Morgenröte an-
breche, die einen neuen, schönen Tag verkünde. An dem zweiten
Teile dieser Briefe hat Hutten wesentlichen Anteil**) und zwar
von Bologna aus. Die Porträts zu den Briefschreibern hatte
der deutsche Held auf seinen Fahrten und Wanderungen durch
Deutschland zur Genüge kennen gelernt, und würden ihm die Züge
dieser Dunkelmänner im sonnigen Italien verblichen sein, so konnten
ihm Rom und Bologna Ersatzleute bieten, denn diese Dunkelmänner irrten heimatlos über die Welt hin; ihre Züge begegneten
einem in Köln so gut wie in Bologna mit einem Latein, das
uns an das Deutsch der polnischen Juden immer wieder erinnert,
auch so ein fahrendes Volk ohne Heimat, mit einem Kauderwelsch
halb tot und halb lebendig. Wenn wir uns an die Schilderung
der Fastenprediger erinnern, wie sie uns Cochläus giebt, auf
den Hutten mit seinem sprudelnden Witze, seinem Talent zur
Satire einen so starken Eindruck in Bologna machte, so dünkt

---

*) Vgl. den Bericht, den Hutten an Erasmus erstattet in der muster-
gültigen Ausgabe seiner Werke bei Böcking I, 146.
**) Den Nachweis siehe bei Strauß I, 266 f.

es mich, als ob sie uns, mit Fleisch und Blut bekleidet, in den Huttenschen Briefen anstierten.

Der Sommer 1516 war drückend heiß*). Es scheint, daß sich unser Johannes, wie bereits angedeutet, nicht von sehr starker Gesundheit, von der glühenden Hitze nach nördlicheren Gegenden hin hat verscheuchen lassen. Die großen sechswöchentlichen Ferien begannen in Bologna zwar erst am Tage vor Mariä Geburt (7. September)**), aber Johannes mochte wohl um der großen Hitze willen und seines leidenden Zustandes wegen früher seine Studien abgeschlossen und sich zur Reise nach dem kühleren Norden gerüstet haben. Wenigstens beziehen wir auf diese Sommerzeit jene Notiz in dem uns handschriftlich vorliegenden Briefe des Hieronymus, der leider weder Tag noch Jahr seiner Abfassung enthält und in welchem wir den schönen Ausdruck der Freude über die Wiederkehr des geliebten Bruders gefunden haben. Nach welchen Teilen Deutschlands die Reise gegangen, welche bedeutende Persönlichkeiten er da kennen gelernt, davon verlautet nichts trotz aller angestellten Nachforschungen.

Der Aufenthalt in Bologna neigte sich dem Ende zu. In den meisten Fällen blieben die Fremden drei Jahre an der Universität; es war dies so sehr Herkommen, daß jeder Scholar das Recht hatte, drei Jahre in seiner Wohnung zu bleiben, während welcher Zeit ihm der Hauseigentümer nicht kündigen durfte***). Ihr volles Triennium hielten unsere Polen nicht aus. Der Oheim hatte schon in den ersten Tagen des August 1515 Rom verlassen und nach kurzem Aufenthalt in Wien und bei dem Kardinal-Erzbischof von Gran im Oktober seinen Einzug in Krakau gehalten, wo ihn die Prälaten und Kanoniker am Stadtthor zunächst dem Wawel festlich empfingen. Für den Unterhalt seiner

---

*) Heumann, S. 9: „annus gravis fuit, aestas calidissima, hiems frigidissima, qualis in hominum memoria non fuit, nix alta, glacies diuturna, Padus velut Hister concretus, ligna cara, quamquam fumida". Dieser Winter 1516—1517 wird unseren Polen schon mehr und heimatlicher zugesagt haben.

**) Savigny III, 232.

***) Ebd., S. 185.

Neffen und Studenten in Bologna hatte er genügend Geld in dem Bankhause der Fugger in Rom niedergelegt. Er war in fortwährendem geistigen Verkehr mit ihnen geblieben; im Jahre 1517 empfiehlt er in seinem Testamente seinen Neffen Johannes, den Studenten in Bologna, seinem Nachfolger auf dem erzbischöflichen Stuhle. Er nennt ihn lernbegierig, fromm und dankbaren Gemütes*).

Im folgenden Jahre befremdet uns eine abgerissene Stelle in dem gleichen Testament. Sie mag aus dem Anfang des Jahres sein, und der Vorfall sich auf den Ausgang 1517 beziehen. „Unser Neffe Johannes hat sich, ich weiß nicht infolge welcher Verirrung, Überredung oder Veranlassung von der Universität Bologna entfernt, auch weiß ich nicht, wohin er sich begeben hat. Ich fürchte, daß mir aus diesem Falle Unkosten entstehen werden.“**) Lange kann unser Johannes nicht aus Italien abwesend gewesen, denn im Frühjahr 1518 war es, daß er in Rom exkommuniziert wurde. Sein Vetter Martin Rambiewski nämlich hatte in Rom auf den Namen unseres Johannes, ohne daß dieser etwas davon wußte, einen Wechsel auf 670 Gulden ausgestellt. Rambiewski scheint in etwas leichte Kreise in Rom geraten zu sein und in ländlichen Vergnügungen und im Erwerb kostbarer Gemälde mehr Geld ausgegeben zu haben, als ihm seine Mittel erlaubten und so, von seinen Gläubigern gedrängt und auch verführt in einem bösen Augenblick, zu dem bedenklichen, für unseren Johannes so verhängnisvollen Ausweg seine Zuflucht genommen haben***). Da dieser am Verfalltage die Summe, von der er keine Ahnung hatte, nicht zahlen konnte, wurde er mit dieser in solchem Falle gewöhnlichen Strafe belegt und zwar für so lange, bis der Oheim für seinen unschuldigen Neffen die Wechselschuld getilgt†). Für solche Vergehen wurde damals in Rom die Exkommunikation, man darf wohl sagen gemißbraucht. Sie war zu einer einfachen Polizeistrafe herabgesunken, eine Art Schuldhaft, ohne jede weitere ungünstige Folgen selbst

---

*) Zeißberg, S. 679.
**) Ebd., S. 689.
***) Vgl. auch Tomiciana VII, 23.
†) Zeißberg, S. 701.

für einen Priester, sobald nur eben der Anlaß gehoben war. So sah auch der Oheim die Strafe an. In einem ausführlichen Schreiben an seinen König, in welchem er auch diesen Fall berührt, sagt er: „Viele Geistliche sowohl als auch Laien in hoher Stellung sind schon von dieser Strafe betroffen worden, ohne daß sie deshalb als schlechte Menschen bezeichnet werden dürften. Oft sogar schon sind Kaiser und Könige mit dieser Strafe belegt worden, ohne daß dadurch irgendein Makel ihnen anhaftete."*)

Und auch unserem Johannes fügte sie keinen Schandfleck bei, zumal er sie so unschuldigerweise erlitt. Auch als er später, um viel ernsteren Anlasses willen, sich die Strafe der Ausstoßung, wenn auch unausgesprochen, zuzog, war sie doch ohnmächtig, seinen Charakter anzutasten oder ihn durch solchen Machtspruch der Kirche von seinem Herrn und Heiland zu scheiden.

---

*) Tomiciana VI, 68.

4.

Wieder daheim.

Nach fünfjähriger Abwesenheit kehrte unser Johannes in
die Heimat zurück. Wir haben ihm auf seiner Studienreise das
Geleite gegeben und sind ihm, soweit das Dunkel der Geschichte
die Spuren nicht verwischt, auf dem Fuße gefolgt. Wo immer
günstiges Geschick es uns vergönnt, näher ihn ins Auge zu fassen,
erkennen wir die gleichen, fesselnden Züge des Jünglings, der
sittenrein und sittenstreng seine Straße frommen Gemütes zieht,
den seine hohe Abkunft, sein mächtiger, verwandtschaftlicher Schutz
nicht von ernsten Studien abhält, der seine Zeit auskauft wie
einer, der für sein Fortkommen nur auf die eigene Kraft angewiesen ist. Wir hätten an so vielen, vielen Stellen genauere
Einsicht in seinen Studiengang gewünscht, um vielleicht in diesen
Jahren schon und in den Gedankengängen des Jünglings die Ziele
vorschweben zu sehen, die der Mann dann mit so fester Hand
ergriffen. Wir mußten uns für weithin ausgedehnte Untersuchungen an solch geringer Ausbeute genügen lassen. Ob glücklichere
und eingehendere Forschungen uns genaueren Einblick in die Entwickelung des Seelenlebens unseres Helden gewähren werden, ist
fraglich, weil jene Zeit in ihren Mitteilungen über solche innere
Zustände für unser Begehren nur allzu karg ist.

Welche Beweise seiner Reise zum Eintritt in den gewählten
Beruf Laski von der Hochschule heimbrachte, wissen wir nicht.
Vielleicht haben wir die Unkunde nicht ausschließlich auf die Un-

gunst der spärlichen Mitteilungen zu schieben. Prüfungen, in dem Sinne unserer ängstlichen, vorsorglichen Zeit, wurden nicht erfordert, um die Schwelle amtlicher Würden und Bürden betreten zu dürfen. Die Prüfung zur Erlangung des Titels eines Licentiaten oder gar Doktoren des kanonischen Rechtes hat Laski in Bologna nicht bestanden*), wahrscheinlich weil er sie nicht bestehen wollte, da sein voraussichtlicher Lebensweg nach anderer Richtung ging, auf der er solcher Würden entraten konnte. Ihm war nur förderlich, Studien halber sich eine Zeit lang auf einer berühmten Hochschule aufgehalten zu haben: wie diese Jahre dann wirklich ausgebeutet wurden, das verschlug nicht viel, zumal wenn man sich des Schutzes einflußreicher Persönlichkeiten zu erfreuen hatte. An der Hülfe fehlte es nun freilich dem Sohn eines hochange- sehenen Palatin, dem Neffen des Primas und Erzbischofs von Gnesen, nicht, und die ersten reifen Früchte solch einer Verwandt- schaft waren ihm schon in den Schoß gefallen, noch ehe er die Grenzen des Vaterlandes betreten. Von so manchen Vorwürfen, die dem Erzbischof von Gnesen seine vielen und entschiedenen Geg- ner, die meist auch Neider waren, machten, ist keiner begründeter, als daß er dem Nepotismus gehuldigt und seine hohe Stellung benutzt, um seine Verwandten in ihrer Laufbahn zu fördern.

Der Oheim war, wie bereits erwähnt, 1515 von der Lateran- synode nach Polen zurückgekehrt, reich mit Zeichen persönlicher päpstlicher Gunst und Anerkennung seiner hohen Stellung geschmückt. Unter anderem wurde er als der erste und nach ihm alle seine Nachfolger auf dem erzbischöflichen Stuhle zu einem legatus na- tus ernannt, eine hohe Auszeichnung, die nur wenigen Bistümern zuteil geworden und die den jeweiligen Inhaber des erzbischöflichen Stuhles zugleich mit dem Rang und der Würde eines päpstlichen Gesandten belehnt, der auch als solcher unmittelbaren Verkehr mit dem Papste und dem Herrscher des Landes hat. Der wohlwollende Erzbischof war nicht müßig, seinen Neffen auf die erste Stufe der Leiter zu erheben, deren oberste er selber erklommen und die er willens war dem vielversprechenden Jüngling einst bei seinem Tode einzuräumen. Noch während der Scholar in Bologna seinen

---

*) Die Promotionserfordernisse schildert Savigny III, 193 f.

Studien oblag, machte er ihn zum Domherrn (canonicus) an dem Kollegiatstift zu Leczyc, dem Hauptort des Palatinates gleichen Namens, in welchem der Vater von 1506 bis zu diesem Jahre der Berufung seines Sohnes als Kanoniker (1517) die Würde des Palatins bekleidete. So wenig wie der Vater wird sich wohl auch der Sohn an diesem ungesunden, überall von Sümpfen umgebenen Orte aufgehalten haben. Am 30. Dezember 1517 kam schon ein weiterer, höherer Rang hinzu. Der zur Heimreise sich Rüstende wurde zum Koadjutor der Dekanie von Gnesen ernannt*). Und es sollten noch immer nicht genug Würden auf dem jugendlichen Haupte sein, das eben noch in Bologna über den Folianten des kanonischen Rechtes gebeugt war. In dem gleichen verhängnisvollen Jahre, in dem die Hammerschläge an der Schloßkirche zu Wittenberg so mächtig und nachhaltig durch den ganzen Bau der Kirche dröhnten, erteilte Leo X. dem kaum achtzehnjährigen Jüngling die Provision auf die Custodie von Leczyc und außerdem noch die Kanonikate von Krakau und Plock**). Wahrlich genug Pfründen beim Beginne der Laufbahn!

Die päpstliche Bestätigung für diese Stellen des Neffen zu erlangen, kam dem Oheim nicht billig zu stehen. Wir sind kaum mehr überrascht oder erschreckt, wenn wir unversehens auf eine entlegene Stelle stoßen, an der wir den Ausgabeposten für solch eine Provision beim päpstlichen Stuhle jener Tage mit einer Harmlosigkeit gebucht sehen, als ob es sich um den Einkauf eines Hammels handle: es war eben in Rom damals alles feil, und nur wer den Preis zahlte, erhielt die simonistische Ware. 1400 Gulden — so trägt der fürsorgliche Oheim in seinem Testamente unter der Jahresziffer 1517 ein — in tausend Goldgulden umgewechselt, habe ich nach Rom zur Betreibung der Angelegenheit

---

*) Nach den von Domkapitular Korytkowski freundlichst mitgeteilten Auszügen aus den „Acta Capit. Gnesn.".

**) Theiner (II, 378): „Leo episcopus etc. Dilecto filio Joanni Jaroslai de Lasco, custodi eccl. B. Mariae Lancitiensis Gnezn. dioecesis salutem etc. Confert ipsi dictam custodiam necnon canonicatum et prebendam in Cracoviensi et Plocensi ecclesiis. Datum Romae apud Sanctum Petrum. anno etc. MDXVII. Prid. Kal. Decembr. Pontificatus nostri anno quinto."

inbetreff der Custodie von Plock und Leczyc gesandt. Mein Marschall Nikolaus Wolski weiß die Reihenfolge (ordinem; wahrscheinlich deutet das Wort darauf hin, unter welcher Reihe von
Beamten und in welcher Abstufung die Summe zur Verteilung
zu gelangen hat) der Verausgabung dieser tausend Gulden, und
es geschieht dies zugunsten meines Neffen Johannes*).

Auf die Versorgung mit diesen Pfründen und auch Würden
beschränkte sich nicht das Wohlwollen des Oheims. Es galt dem
Neffen ausgiebige Mittel zur Verfügung zu stellen, standesgemäß
leben zu können. Schon das Einkommen aus den eben erwähnten Stellen war nicht gering — die Ansprüche aber, die in jener
Zeit bereits an den angehenden Kirchenfürsten gemacht wurden,
hielten auch einem großen aus Stellenhäufung angestauten Einkommen reichlich die Wage —, genügte aber nicht bei der sorglosen
Freigebigkeit, bei der heiteren, weitherzigen Gastfreundschaft, die
dem Polen eignet und die seinen Adel zu allen Zeiten ausgezeichnet, aber auch allzeit bedenklich geschädigt hat und zwar
nicht nur auf dem Gebiete seines Vermögens. Es galt weitere
Einnahmequellen öffnen.

Die Erzbischöfe von Gnesen hatten im Palatinat Rawa in
Masovien große Besitztümer, zumal in Lowicz und Squierniewice,
welche Städte ihnen gehörten und woselbst sie befestigte Schlösser
innehatten**). Die Einkünfte aus diesen umfangreichen Gütern
waren nicht gering. Schon im Jahre 1517 arendierte der Oheim
die beiden Güter dem Bischofe von Chelm Nicolaus Kosczie-

---

*) Zeißberg, S. 676.

**) In der Collectio magna (II, 482. 483) wird bei Lovicium er-
wähnt: „Archiepiscopi Gnezn. sedes, cujus arx in mediis paludibus sita
est"; bei Squiernievice: „ubi Archiep. Gnezn. palatium habet". Von
diesem alten Palast habe ich keine Spuren mehr vorgefunden; doch waren
mir bei nur flüchtigem Aufenthalt nicht alle Plätze des ausgedehnten Besitzes
zugänglich. Lowicz gehörte im Anfang dieses Jahrhunderts (1807—1814;
vgl. Malte-Brun I, 226) dem Marschall Davoust; die Gemahlin des
Großfürsten Konstantin Pawlowitsch hatte von Alexander I. den Titel einer
Fürstin von Lowicz erhalten; Squiernievice mit seinen prachtvollen, weit
ausgedehnten Parkanlagen war im Besitz des kürzlich verstorbenen Feld-
marschalls Fürsten Bariatinski und sein Lieblingsaufenthalt, wo er am
längsten in seinen letzten Lebensjahren weilte.

leczfy und seinem Neffen Johann, während er noch in Bologna war, für 2000 Gulden jährlich und als im folgenden
Jahre der Bischof starb, ging der frei gewordene Teil der Arende
auf das Gnesener Kapitel über. So war auch nach der Seite
auskömmlicher Einnahme für den geliebten Neffen gesorgt, dessen
Laufbahn unter so günstigen Verhältnissen wie nur möglich begann*).

In späteren Jahren, als unser Johannes im Lichte des
Evangeliums wandelte und seinen höchsten Ruhm darein setzte,
ein armer, aber treuer Knecht seines armen und treuen Meisters
zu sein, da war sein Auge offen und klar für den tiefen Schaden,
den die Kirche durch solche Verteilung und Häufung ihrer geistlichen Stellen erlitten. Es ist nur ein schwacher Trost bei solch
argem Gebrechen, daß in diesem Falle nicht einem Unwürdigen
für das Amt so viele Auszeichnung in solch' jungen Jahren zuteil wurde. Daß sich aber der jugendliche Kanonikus von Krakau
und Plock, der aus seiner Stellung eines bloßen Koadjutors in
Gnesen seit seiner Priesterweihe 1521 zum wirklichen Dekan an
der Metropolitankirche daselbst vorgerückt war, unter seinen Berufs-
genossen bewährt und die Augen des Kapitels auf sich gezogen
haben muß, ist daraus zu schließen, daß er als Vertreter des
Metropolitan-Domkapitels zu Gnesen 1521 an der Provinzialsynode zu Petrikau teilnahm. Eine so ehrenvolle Sendung hatte
er nicht nur seiner Verwandtschaft mit dem Erzbischof zu danken;
das hochangesehene Kapitel achtete darauf, bei solcher Gelegenheit
von einer gelehrten und tüchtigen Persönlichkeit vertreten zu sein.
Die Protokolle der Synode sind mir nicht zur Hand. Von den
mächtigen, reformatorischen Bewegungen, die Deutschland seit fast
vier Jahren erschütterten, war noch kein Ring bis an das ferne
Ufer dieser Synode gedrungen; erst im folgenden Jahre verlautet
in den Versammlungen ein Wiederhall des, was in so manches
adelige Schloß Polens, in so manches Bürgerhaus seiner Städte
bereits gedrungen war. Es waren andere Aufgaben, die die
Gemüter auch dieser Provinzialsynode in Bewegung setzten, darunter eine Kriegssteuer, an der auch die Geistlichen sich betei-

---

*) Zeißberg, S. 689.

Dalton, Laski.　　　　　　　　　　6

ligen sollten. Die schweren Kämpfe mit dem deutschen Herren-
orden waren, obgleich für Polen bis dahin erfolgreich, noch nicht
völlig ausgetragen; auf einem Konvent zu Bromberg (es ist das
polnische Bidgostia) am 4. Dezember 1520 war die Steuer festgesetzt*). Der Erzbischof hatte sich dieser Verordnung gefügt und
seinen Neffen und Dekan schon im März desselben Jahres mit
600 Gulden nach Thorn geschickt, woselbst der König in jenen
Tagen Hof hielt**).

Aber auch in Polen regte sich der Geist, der in der Reformation seinen Umzug durch alle Lande hielt. Wir haben ihn
nicht auf seinem Gange durch das Land zu begleiten, unsere Aufgabe weist unserer Erzählung engere Grenzen an. Der Weg
bereitet war der Reformation auch hier durch gar manche vor-
laufende Thätigkeit, mittelbar wie eben allwärts durch die so
offen zutage tretenden Schäden, an denen die Kirche und ihre
Diener in erschreckender Weise litten, hierzulande unterstützt
durch den frommen, ernsten Sinn, der das Volk und nicht wenige seiner tüchtigsten und hervorragendsten Vertreter des Adels
beseelte. Auf manche andere mittelbare Vorarbeit, die in den
eigentümlichen Verhältnissen des Landes, in dem noch die hussitische Bewegung nachzitterte, begründet war, hat die Einleitung
bereits hingewiesen.

Es fehlte aber auch nicht an unmittelbarer Berührung. Wie
wäre diese zu vermeiden gewesen bei der hohen Stellung, die in
jenen Tagen Polen im Rate der Völker einnahm, bei der Reise-
lust des Adels, der am liebsten seine Söhne auf fremde Hochschulen sandte? Schon frühe sind polnische Jünglinge auch in
Wittenberg unter den Hunderten von Studenten anzutreffen, die
dort von aller Herren Länder zusammenströmten. Dazu trat das
so starke deutsche Element, das in fast allen Städten zumal Groß-
polens tonangebend war und lebendige Fühlung mit den Vorgängen im alten Heimatlande sich bewahrte. Danzig ward der

---

*) Tomiciana V, 338: „a clero, a plebanis, a civibus, a colonis, ab
omni denique hominum ordine grave tributum exactum, quo nunquam
antea majus in Polonia fuisse auditum est". Über die betr. Kriegsläufte
f. Voigt IX, 575 f.

**) Tomiciana V, 366.

Vorort dieser Bewegung im polnischen Gebiete. Schon 1518 erhob daselbst der Dominikanermönch Jakob Knabe seine mannhafte Stimme wider die Mißbräuche der Kirche; festen Mutes löst er sein Ordensgelübbe und ist einer der ersten Mönche, die ein Weib nehmen. Die von ihm angefachte Aufregung teilte sich rasch der Stadt mit, züngelte hinüber nach den anderen deutschen Schwesterstädten Polens: in Thorn, Posen, Elbing, Braunsberg leuchten die gleichen Flammenzeichen auf, wo immer die feurige Sprache eines kühnen Predigers des Evangeliums den in den Städten reichlich vorhandenen Zündstoff berührte. Schon bemerken die polnischen Bischöfe den unheimlichen Feuerschein da und dort und wittern Gefahr. Einer der frühesten Warnungsrufe von ihrer Seite ist, glaube ich, das Schreiben des berühmten Vizekanzlers Peter Tomiczki an den Kastellan von Posen und Generalkapitän von Großpolen*). Aber wie wenig ahnt doch dieser Bischof von Posen den eigentlichen Grund und die Tragweite dieser Bewegung, wie wenig kennt er die Gesinnung des Lukas v. Gorka, wenn er ihm schreibt: „Ich höre, daß die lutherische Sekte von Tag zu Tag im Posener Gebiet weiter um sich greife (pullulare) und ungestraft alles thue. Eure Magnifizenz werden einsehen, wie verderbenbringend dies Gift ist, da solche Vorgänge nicht der Tugend, sondern der Frechheit **entspringen** . . . . solche Übel treffen ein, wenn nicht den **Prinzipien** Widerstand geboten wird." In Krakau, so führt der Bischof an, hat der Palatin im Verein mit den Bürgern und Geistlichen fleißig und mit großer Anstrengung solche Ausschreitung gedämpft. Er kann es nicht fassen, weshalb man in Posen ungestraft die verbotenen Bücher von Hand zu Hand gehen läßt und zusieht, wie in den Kirchen zügellose und gotteslästerliche Reden gehalten werden, die dann bei den Trinkgelagen und in den Gesellschaften ihr bereites Echo finden.

Das Schreiben des Vizekanzlers war ein Vorbote der strengen Maßregeln, zu denen sich die Regierung im folgenden Jahr aufraffte, als immer drohender die Gewitterwolken der Reformation im Lande sich auftürmten. Auch der Erlaß des Königs, der im

*) Tomiciana VI, 87.

Sommer 1523 erschien, trägt die deutlichen Spuren an sich, wie
die Ratgeber Sigismunds auch jetzt noch nicht das Wesen der
Reformation begriffen und deshalb dem König Maßregeln an-
rieten, über deren Ohnmacht, den beabsichtigten Zweck zu erreichen,
uns nur ein Lächeln überkommen kann. Der König, und zwar
gewiß in frommer Gesinnung, will sein Land vor der ketzerischen
Pest, die in dem nachbarlichen Gebiete wütet, unbefleckt und un-
versehrt bewahren. Er meint, daß ihm dieses durch ein strenges
Verbot der Einbringung der Reformationsschriften noch gelingen
werde, und setzt zu diesem Behufe eine Art Inquisitionstribunal
ein, vor das alle darauf bezüglichen Sachen gebracht werden sollen
und dem er das Recht einräumt, in allen Häusern Nachforschungen
nach solchen ketzerischen Büchern zu veranstalten*). In ungewohnter
Strenge wird gegen die Besitzer solcher Bücher, die Verbreiter
solcher ketzerischen Irrlehren, vorzugehen gedroht. Man wird aber
im Hinblick auf den Erfolg der Maßregel, daß die Übertreter
mit dem Tode und dem Verlust ihrer sämtlichen Güter bestraft
werden sollen, an die Wahrheit des Spruches gemahnt, daß allzu
scharf schartig mache.

Die Geistlichkeit, in ihrem behaglichen Dasein durch die unheimlichen Vorgänge im Nachbarland aufgeschreckt, hießen solche
Maßregeln gut und trauten ihnen die nötige Kraft zu. Auch
der Mann, der an der Spitze der polnischen Kirche stand. Wir
müssen uns gestehen, daß der Erzbischof während einer langen
glanzvollen Laufbahn in Staat und Kirche zu sehr Kirchenpolitiker
geworden, als daß er noch an seinem Lebensabend ein Verständnis
für die reformatorischen Ideen hätte gewinnen können. Was davon bis zu seinem so hochstehenden Stuhle drang, das erschien
ihm, dem Kirchenfürsten, wie ein revolutionäres Auffagen des schul-
digen Gehorsams gegen die Kirche und damit, nach seiner festen
Überzeugung, gegen das Haupt der Kirche, Jesum Christum selbst.
Für solches Vergehen konnte ihm keine Strafe zu schwer erscheinen. Bald nach dem königlichen Erlaß, in dem wir gewiß
auch die Stimme des mächtigen Primas anklingen hören, ver-

---

*) Der ganze Erlaß ist abgedruckt Tomiciana VI, 289 und an vielen
anderen Orten.

sammelte er die Geistlichkeit zu einer Synode in Łeczyc (7. Oktober 1523), woselbst die berüchtigte Bulle Leos X. wider Luther und das königliche Manifest zur Richtschnur genommen wurde, auf Grundlage wovon die Synode „ausstößt und verdammt (excommunicamus et anathematizamus) jede Ketzerei, die sich wider den heiligen, orthodoxen und katholischen Glauben und wider die römische Kirche erhebt, zumal die von Luther und Hus ausgegangene"*). — Ja, wenn solche Machtsprüche und Bannflüche imstande wären, den Geist zu dämpfen, der von Gott ausgeht!

Unser Johannes wohnte dieser Synode schon nicht mehr bei. Nicht daß er damals bereits solchem ketzerrichterischem Treiben hätte absichtlich fern bleiben wollen. Wir haben gar keinen Anhalt zur Meinung, als ob er sich in jenen Jahren von den Ansichten seines Oheims losgelöst und die in der Ferne sich vollziehende Bewegung mit anderen Augen angesehen hätte als die Hauptvertreter seiner Kirche. Noch war ihm der Stachel nicht in das Herz gedrückt, gegen den zu löcken auch einem Saulus unmöglich gewesen ist. Er war im vollen Anlauf die Stufenleiter kirchlicher Würden hinan. Kaum war er Dekan in Gnesen geworden und damit im 24. Lebensjahre bereits an die Spitze des Kapitels getreten, als der Oheim schon an neue, höhere Würden für den Neffen, den erhofften Nachfolger, sann. Am 22. September 1522 war der Bischof von Plock, Erasmus Ciolek, einer der erbittertsten Gegner des Erzbischofs, wegen dessen er sich in einem sehr würdig gehaltenen Rechtfertigungsschreiben vor ein paar Monaten an den König gewandt, gestorben. Fast ein Jahr verging, ohne daß die wichtige Stelle besetzt worden, da inbetreff der Besetzung zwischen dem Papste und dem König von Polen Mißhelligkeiten ausgebrochen waren. Der Erzbischof suchte während des Generalkonvents zu Krakau in den Sommertagen 1523 den König dafür zu gewinnen, seinen Neffen zum Koadjutor des Plocker Bistums zu erwählen. Das dünkte denn doch dem Könige zu viel für den, wenn auch vielversprechenden, doch noch so jungen Mann. Indem er diese Bitte seinem Primas abschlug,

---

*) Vgl. Wezyk, S. 273, woselbst auch die Bulle „exurge Domine" abgedruckt ist.

willigte er ein, durch ein Schreiben sich bei dem Papste dahin
zu verwenden, daß dem Neffen bei der nächsten Besetzung die
Propstei Leczyc zuteil werden möchte*).

Für die hohe Stellung, zu der wir den Erzbischof unablässig
bemüht sehen, dem Neffen den Weg zu bahnen, war es förderlich,
auch in staatlichen Geschäften eine gute Vorschule durchgemacht zu
haben. Diese ihm zu eröffnen, dankt wohl unser Johannes
seine bereits 1521 stattgefundene Aufnahme unter die Sekretäre
des Königs. Cromer bezeichnet diesen Posten knapp und zutreffend
als Seminar des Senats**). Die Sekretäre, sobald sie den Eid
abgelegt, durften den Senatsverhandlungen beiwohnen, ohne jedoch
dabei Sitz oder Stimme zu haben.

All' diese Auszeichnungen waren nicht imstande, den jungen
Mann im Lande zu fesseln; kein Ehrgeiz drängte ihn, an Ort
und Stelle nun sich hervorzuthun und rasch die weiteren Stufen
zu erklimmen in einer Zeit, wo alles zu seinen Gunsten sich in
der Heimat fügen zu wollen schien. Es zog ihn mit Macht
wieder hinaus in die Fremde. Wir sind über die Gründe im
Dunkel. Gewiß hatte es ihm das vor Jahren im Ausland ge-
nossene Leben angethan, daß er sich nach dem geisterquickenden
Umgang der Männer sehnte, die an der Spitze der humanistischen
Bewegung stehend auch bei ihm die Liebe zu den Studien, den
Wunsch nach näherem Zusammenleben mit ihnen angefacht. Aber
es war auch manches daheim, was wohl geeignet war ihn weg-
zutreiben und aus einer Gesellschaft zu verscheuchen, in der er
das gehässige Treiben niedriger Intrigue nur allzu scharf zu spüren
bekam. Welch ein Neid, welch' eine Feindseligkeit zwischen den
höchsten, kirchlichen Würdenträgern in jenen Tagen am polnischen
Hofe! Mit welcher schonungslosen Satire, mit welchem giftigen
Hohn und Spott die einen wider die anderen und zwar in einem
Grade der Verbitterung, daß man sich gewaltsam daran erinnern
muß, daß es Geistliche, Jünger des sanftmütigen und von Herzen
demütigen Menschensohnes sind, die sich also befehden. Es sind

---

*) Man vgl. darüber den hämischen Bericht des Krzycki (Tomiciana
VI, 292).

**) Cromer, S. 506. 511.

alte Rangstreitigkeiten, die immer wieder von neuem den Bischof
von Krakau zur Auflehnung geneigt machen wider den mäch=
tigeren Erzbischof von Gnesen und diesen mit Argwohn wider
den vermeintlichen Neider und vermuteten Kürzer der Rechte eines
Primas erfüllen. Es ist der heftige Kampf, den Laski von
neuem wieder erregt, daß die höheren kirchlichen Würden nur
dem Adel vorbehalten sein sollten, und doch hatten sich schon
Männer niederer Herkunft durch eigene hervorragende Verdienste
oder durch mächtige Gunst bis zu der bischöflichen Würde empor=
gearbeitet und bildeten ein gefährliches Element gegen die Vorrechte
des Adels. Dazu trat eine steigende persönliche Verstimmung
zwischen dem Erzbischof und dem sehr einflußreichen Bischof von
Krakau Tomiczki, dem Vizekanzler des Reiches. Wir haben
nicht nötig, den Grund dieser Wandlung einer früheren Freund=
schaft in gegenseitige Verstimmung und Verkennung näher zu be=
leuchten. Alle Neider und Mißvergnügten über den Primas
sammelten sich um den Vizekanzler und verstärkten den Groll.
Keiner scheint mehr Öl in das Feuer gegossen, stärker die Glut
angefacht und unterhalten zu haben, als der geistvolle, ehrgeizige
und im trüben Fahrwasser heuchlerischer Intrige lustig dahin=
segelnde Andreas Krzycki, in jenen Jahren Propst zu Posen,
bald schon Bischof von Przemisl. Vor keiner bittersten Lauge
schrickt der Geistliche zurück, sie in vertrauten Briefen oder in
namenlosen Sinnsprüchen über den Primas des Reiches auszu=
gießen: es ist kaum eine Persönlichkeit unter den tonangebenden
Kirchenmännern des damaligen Polens so geeignet, an ihr den
verderbten Zustand der Geistlichkeit, das Bedürfnis nach einer
Reformation zu zeigen als dieser schonungslose Gegner Luthers,
dessen verschiedene Feindseligkeiten man doch immer wieder geneigt
ist auf persönliche Verstimmungen oder selbstsüchtige Zwecke zurück=
zuführen*).

---

*) Eine ergiebige Quelle für die Kunde auch dieser Feindseligkeit wider
den Erzbischof sind die wertvollen, so oft nun schon benutzten Acta Tomiciana. Ein volles, gerechtes Verständnis der Sachlage bieten sie nicht, da
sie zumeist nur die Aktenstücke aus dem Archiv des Tomicki bringen. Aber
welch schmerzensreichen Einblick in das Leben der Geistlichkeit gewähren diese
vertrauten Sendschreiben, in denen der Posener Propst und Bischof von

Wenn unjerem Johannes, der jich auch in jenen Jahren
meiſt in Krakau aufhielt, Gelegenheit geboten wurde, — und
wie hätte jie jich ihm nicht bieten jollen? — in diejen Schmutz
der Gejinnung jo mancher hervorragenden Geiſtlichen hineinzu-
ſchauen, deren Treiben wahrlich mit Macht die Kirche zu einer
Reformation hinzog, jo kann es uns nicht wunder nehmen, wenn
er aus einer jolchen Umgebung wegverlangte und jehnjüchtig war,
für eine Weile wieder, ferne von all dem häßlichen Getriebe, die
reine Luft humaniſtiſcher Studien einzuatmen und den Umgang
von Männern zu genießen, an denen er achtungsvoll hinauf-
blicken konnte.

Przemiſl von jeinem Obern und Erzbiſchof nur als von einer Hydra redet
(vgl. z. B. Tomiciana VI, 291 u. ö.), oder jenes beißende Pasquill, das
der noch junge Menjch auf die damals hervorragendſten Männer der Kirche
— jelbſtverſtändlich anonym — ſchleuderte und worin jeder nur bei jeinem
Wappen und mit einer Bezeichnung genannt wird, deren Gegenteil gemeint
iſt (Tomiciana V, 160; der Erzbiſchof wird darin gegeißelt als integra
corbita), oder jenes ſchmachvolle Epigramm wider Laski, das mit den Worten
endigt:

> „Singula quid repetam, te major hypocrita et harpax
> Nemo, nec ardelio, nec sycophanta fuit.
> Recte igitur prae te fertur crucifixus Jesus,
> Omne tuum rursus quem crucifigit opus."

Als ein Zeugnis der Sprachgewandtheit diejes Schmähers und Biſchofs
mag endlich noch jenes Diſtichon wider den Erzbiſchof dienen; das rückwärts gelejen die eigentliche Meinung des Dichters enthüllt (vgl. Tarnowski LVI):

> „Eximium decus hoc fecit te scandere regni,
> Lascie Joannes, laus tua non tua fraus."

Ich bezweifelte, ob es deutjcher Sprachgewandtheit und Überjetzungs-
kunſt gelingen würde, den Spruch mit jeiner Pointe wiederzugeben, wandte
mich aber des Verjuches halber an die weitverbreitete Zeitjchrift „Die Gegenwart" (1879, Nr. 47). Schon nach 8 Tagen waren bei der Redaktion
mehr wie 20 Übertragungen eingelaufen. Als die gewandteſte darunter die
Verdolmetſchung von Dr. Schauenburg, Realjchuldirektor in Crefeld
(Gegenwart 1879, Nr. 49):

> „Dich überjchüttete Glanz, Fürſtbiſchof, heiliger Lasko,
> Himmliſcher, heut' triumphiert Treu' über Schelmengezücht."

5.

Die andere Studienreise ins Ausland.

Es waren heiße Tage nach jeder Richtung hin die Zeit des
Reichstages, der etwas verspätet im Juni und Juli 1523 in
Krakau abgehalten worden war, weil zu Beginn des Jahres sich
in Petrikau die Pest gezeigt hatte. Die Besetzung der Plocker
Bischofstelle, die auch in den schwülen Sommertagen in Krakau
zur Sprache gekommen war, wollte und wollte zu keinem Abschluß gelangen; der Primas hatte gar manchen schweren Widerstand zu bestehen. In geschlossenem Gliede stand die mächtige
Gegenpartei wider ihn, auch bei dem Könige konnte er nicht wie
sonst wohl seine Wünsche durchsetzen. Auch dieses Mal wieder
wie noch bei so manchem folgenden Konvent war die lutherische
Ketzerei wie ein Besorgnis erregendes Schreckgespenst in den Verhandlungen aufgetaucht. Die immer weiter um sich greifende
Ketzerei fing an als böser Alpdruck auf Vieler Gemüt zu lasten,
je länger, desto drückender, weil kein gutes Gewissen die nötige
Gegenkraft bot und die Unklarheit über den eigentlichen Grund
der Bewegung ihre Verderben bringende Wirkung auf falschem
Gebiete fürchtete. Geistliche und weltliche Räte beratschlagten
unter dem Vorsitze des Erzbischofs über zu ergreifende Maßregeln wider diese um sich greifende Seuche, wider die man mit
einer so unerbittlichen Entschiedenheit vorzugehen willens war,
wie man heutzutage etwa wider die Pest schonungslos einschreitet.
Mit fast jugendlichem Eifer beteiligte sich der betagte Kirchenfürst

an der in polnischer Lebhaftigkeit geführten Debatte über diese störrische Bewegung, die sich trotz der Machtsprüche im verflossenen Jahre nicht zur Ruhe hatte begeben wollen*).

Nun war der Rückschlag der angestrengten Arbeit gekommen. Der erschöpfte, etwas verdrießlich gewordene alte Herr bedurfte dringend der Erholung. Kaum war der Schluß der Sitzungen herangekommen, so eilte der Erzbischof aus der engen, schwülen Stadt weg, die heißen Augusttage im schattenreichen Park seines Schlosses zu Squierniewice zu verbringen. Hier in der ländlichen Stille und der gemütlichen Zurückgezogenheit wurde auch das Testament wieder einmal vorgenommen, dessen Inhalt an nicht wenigen Stellen den fesselnden Wert eines Tagebuches besitzt. Unter dem Datum des 17. August**) finden wir die Notiz eingetragen, daß sein Neffe, der Dekan, die Absicht hege, studienhalber sich wiederum nach Italien zu begeben. Der Neffe scheint nicht in der Nähe des Oheims gewesen zu sein, um ihm genauer seine Absicht zu entwickeln. Versuchen wir es denn zu thun.

Unseres Johannes Lieblingsbruder, Hieronymus, mit dem er gemeinsam erzogen, zusammen auch in Rom und Bologna studiert, hatte sich wie schon erwähnt der staatsmännischen Laufbahn gewidmet. Eine hohe Begabung, die ihn nach wenigen Jahren schon als einen der befähigtesten und gewiegtesten Staatsmänner des sechzehnten Jahrhunderts erwies, die einflußreiche Stellung der eigenen Familie, verstärkt noch durch seine Vermählung mit der edlen Anna Koscielecka aus dem reichen und angesehenen Hause der Rituani, hatten auch diesem Neffen des polnischen Primas frühzeitig die Wege zu einer glänzenden, hervorragenden Laufbahn geöffnet. Schon 1520 ist er königlicher Vorschneider***). Gleich das nächste Jahr treffen wir ihn bereits als polnischen Gesandten an dem Hofe Karls V. in Brüssel, das folgende Jahr in gleicher Eigenschaft in Köln†). Gern bediente sich der König des adeligen, gewandten und so sprachenkundigen,

*) Tomiciana VI, 291.
**) Zeißberg, S. 692.
***) Über die Bedeutung dieser Stelle vgl. Cromer, S. 508.
†) Böcking II, 399.

in allen feinen Sitten hervorragenden jungen Mannes zu Sen=
dungen an verschiedene Höfe, in steigendem Maße zu den schwie=
rigsten, die in reicher Menge die sehr verwickelte Weltlage jener
Tage, in denen Polens Stimme von so nachhaltigem Gewichte
war, bot. Ein solch schwieriger Auftrag seines Königs führte
den gewiegten Diplomaten im Frühjahr 1523, ein Jahr nach=
dem er Kapitän von Inowlaclaweck geworden war*), nach Paris
und Rom. Laski war sich der Schwierigkeit des gewordenen
Auftrages vollkommen bewußt; bescheidenerweise betont an beiden
Orten der jugendliche Staatsmann, daß er in den Waffen zwar
geübt, aber ungewandt sei in der Führung der Feder**). In
Rom galt es, vor einem Hadrian, der vor Jahresfrist erst
auf Leo X. gefolgt und ernst und rechtschaffen in schwer be=
drängter Zeit die von allen Seiten angefochtenen Rechte der
Kirche zu wahren suchte, die alten Rechte der polnischen Krone
bei Besetzung der Bistümer geltend zu machen. An dem Hofe
von König Franz I. sollte der Fall von Rhodus zur Anbahnung
eines friedlichen Zusammengehens Polens und Frankreichs benutzt
und im Falle des Gelingens dieselbe alsbald ausgebeutet werden,
im geheimen die Möglichkeit zu sondieren, ob nicht durch eine
Heirat innerhalb der beiden königlichen Familien das Band der
anzuknüpfenden Verbindung enger gefaßt werden könnte***).

Hieronymus scheint noch im Sommer des Jahres von
seiner Botschaft zurückgekehrt und bei dem Generalkonvent in
Krakau zugegen gewesen zu sein. Im Spätherbst galt es die in
Paris angeknüpften Fäden weiter zu verfolgen†). Dieses Mal
wurde Rom nicht wieder berührt, dem königlichen Botschafter
aber der Auftrag gegeben, sich auch an den Hof des Kaisers zu
begeben. Vielleicht geschah es, um etwaigen aufsteigenden Arg=
wohn über den lebhaften Verkehr zwischen Polen und Frankreich

---

*) Zeißberg, S. 606 und Cromer, S. 517.
**) Tomiciana VI, 212.
***) Ebd., p. 207. 214.
†) Ich schließe die zweimalige Reise nach Frankreich binnen Jahresfrist
daraus, daß in einer Notiz zu der Instruktion des Gesandten die Herzogin
von Mailand, Isabella, als verstorben bezeichnet wird, deren Tod erst Ende
1523 eingetreten ist.

abzulenken oder gar zu beseitigen. Karl V. befand sich um jene Zeit in Spanien; so konnte der Gesandte des Königs von Polen, ohne viel Aufsehen zu erregen, auf der Hin- oder Rückreise die große Straße über Paris nach den Pyrenäen einschlagen. Im Gefolge eines königlichen Gesandten zu reisen, hatte in jenen Tagen nach mehr wie einer Seite hin verführerischen Reiz; schon der dadurch gebotene Schutz in fremden Ländern, auf den unsichern Landstraßen, auf denen sich so viele „fahrende Leute" zwecklos und ohne Mittel herumtrieben, wurde nicht gering angeschlagen. So bedurfte es denn nicht langer Überredung für den Gesandten, seine beiden Brüder zur Mitreise zu veranlassen.

a) Erster Aufenthalt in Basel.

Wann unsere drei polnischen Freunde Krakau verlassen und auf welchem Wege sie ihre weite Fahrt angetreten, ist nicht mehr ersichtlich. An einer entlegenen Stelle*) sind wir unvermutet unterwegs ihnen begegnet. Ende Dezember 1523 oder Anfang Januar 1524 treffen wir die Brüder, noch auf der Reise zum Kaiser begriffen, in Basel und daselbst im vertrauten Umgang mit Erasmus. Der große Humanist, in jenen Tagen gerade in verdrießlichster Stimmung, weil man ihn offen in der Musenstadt einen zweiten Balaam gescholten, verknüpft den Ursprung dieser ihm sehr ärgerlichen Bezeichnung mit dem Zusammensein mit diesen Polen. Mit Hieronymus war Erasmus schon von Brüssel her bekannt, jetzt sahen sie sich öfters. Eines Tages, während sie in dem Bibliothekzimmer des großen Gelehrten plaudern, kommt die Unterhaltung auch auf den einfachen Prediger, der seit Jahren nun schon die Welt in Bewegung hielt. Der Pole ist mit dem ganzen Feuer seiner Natur wider Luther; die Eindrücke des Generalkonvents in Krakau sind noch lebendig vor ihm, er hat vielleicht bemerkt, daß sein König denn doch nicht rechte Lust hat, mit derselben Entschiedenheit in der Ausrottung

---

*) Bei Böcking II, 399.

der lutherischen Ketzerei in seinen Landen vorzugehen, wie die
Heißsporne des Reichstages. Da schien es dem Diplomaten wichtig,
sich auf ein gleich ungünstiges Urteil des Mannes vor seinem
Könige berufen zu können, auf dessen gewichtige Stimme Papst
und Kaiser und König zu achten gewohnt waren. Aber auf diesem
Punkte tremulierte die zaghafte Stimme des Gelehrten gewaltig.
Auf dem Tische lagen ein paar eben ohne Wissen und Willen
des Briefschreibers von Straßburg aus im Drucke veröffentlichte
Schreiben des Reformators mit Bemerkungen über Erasmus, die
einen hellen, klaren Ton anschlugen. Auch ein Privatschreiben
des Wittenberger soll dagelegen haben*), und bemerkt der Haus-
herr, wie sein polnischer Freund den Brief an sich nehmen
will, um ihn daheim zu benutzen, seinen König zu entschiedenerem
Vorgehen anzustacheln. Erasmus verspricht ihm eine Abschrift
des Briefes und ebenso auch der beiden im Drucke erschienenen
und bittet den Gesandten, ihren Inhalt auch dem Kaiser mitzuteilen.

Die mitgeteilte Notiz gewährt uns einen Eindruck von der
Atmosphäre, in der sich unser Johannes um die Zeit noch bewegte und die so völlig entgegengesetzt ist dem frischen, heilskräf-
tigen Luftzug der Reformation. Erasmus hatte seine lebhafte
Freude an den drei polnischen jungen Männern, die dem höchsten
Adel angehörig mit ehrfurchtsvollem Wohlwollen vor dem Geistes-
adel des Humanisten sich beugten**).

---

*) Erasmus sagt es selbst; bekannt ist mir aus jener Zeit nur der ein
Vierteljahr später geschriebene Brief Luthers an Erasmus (de Wette II, 498),
der in seinem Anfang ein lange vorausgegangenes Schweigen voraussetzt.
Jene beiden im Drucke erschienenen Briefe siehe bei de Wette II, 129. 200.

**) Weil es das erste Urteil des Erasmus über Johannes und seine
Brüder ist, finde es hier seine Stelle. Zunächst heißt es von dem Ältesten:
„Comperi juvenem quum non vulgariter eruditum tum erga meliores
literas favore singulari ac religiosa quadam veneratione affectum. In
hac legatione secum ducebat duos fratres suos, Joannem aliquanto natu
minorem et Stanislaum, utrumque pulchre literatum nec aliter affectum erga bonas litteras quam erat ipse; in quibus quoniam omnes sibi
persuaserant me esse aliquid, ipsis oculis ac fronte, totoque quod dicitur
corpore miram quandam in me spirabant benevolentiam." (Böcking
II, 400.)

Nur kurze Zeit scheinen sich die Brüder auf der Durchreise in Basel aufgehalten zu haben, aber doch lange genug, um in dem höchst anregenden humanistischen Kreise ein paar Bekanntschaften anzuknüpfen, die mächtig genug waren, unseren Johannes nach mehrmonatlicher Abwesenheit für längere Zeit in der freundlichen Musenstadt zu fesseln. Wir werden bei seiner Rückkehr Gelegenheit finden, selbst in den Kreisen heimisch zu werden; nur auf eine Persönlichkeit möchten wir hinweisen, mit der Laski jetzt in Berührung trat, die er bei seiner Wiederkehr aber nicht mehr vorfand; sie hatte dann bereits auch in Basel den oft gebrauchten Wanderstab der Verbannung ergreifen müssen: es war Farel, der feurige Held aus Frankreich, der sein schönes Heimatland drangegeben und in die Fremde gezogen, um seines Glaubens leben zu können. Es ist eine im hohen Grade fesselnde Erscheinung, dieser Mann, der, aus Frankreich flüchtig, seit Monaten sich in der Schweiz, wo die Wellen der Reformation schon hochgingen, aufhielt und in den ersten Wochen des Jahres 1524 Herberge in dem freien Basel gefunden, ein Landsmann von Calvin und sein Vorläufer und Wegebereiter in der Schweiz. Schweigen konnte der thatkräftige Sohn der Dauphinee auch in der Stadt, in welcher er Gastfreundschaft erhalten, nicht lange. Schon am 23. Februar setzte er es trotz der Einsprache der Universität durch, über dreizehn Sätze, in denen in mächtigem Anprall der Geist der Reformation flutete, eine öffentliche Disputation zu halten, bei der ihm Öcolampad als Dolmetscher diente *). Ihr siegreicher Ausgang war ein bedeutsamer Schritt vorwärts zur endgültigen Entscheidung Basels für die Reformation. Dem lebhaften, furchtlosen Franzosen dauerte es denn doch zu lange, bis die entscheidenden Würfel in ruhiger Entwickelung der Dinge gefallen sein würden. Schon nach ein paar Monaten hatte er durch seine rücksichtslose Offenheit, durch sein ungestümes Drängen auf rasche Entscheidung sein Gastrecht in der Stadt verscherzt. Es war denn doch noch zu frühe, ungestraft Eras-

---

*) Die Thesen, bei Adam (S. 13) in ihrem lateinischen Texte, finden sich vielfach nachgedruckt und übersetzt. Der vollständige Abdruck des Aufrufes, wie er damals veröffentlicht wurde, bei Herminjard I, 193.

mus einen modernen Balaam zu nennen. Um Pfingsten schon
wurde dem unbequemen Manne die Herberge gekündigt; der un=
stäte Flüchtling begab sich zunächst nach Straßburg.

Unser Johannes war während dieses ersten Aufenthaltes in
Basel mit dem lebhaften, ernstgesinnten Franzosen in persönliche
Berührung gekommen, ja, ihm nahe getreten. Es kann dies wohl
befremden im Hinblick auf die damals noch so grundverschiedene
Stellung der beiden jungen Männer zur Kirche. Zur Erklärung
mag herangezogen werden die innere Verwandtschaft slavischen und
romanischen Naturells, damals schon in vielen Zügen erkennbar.
Dazu trat der Eifer des Polen, sein Auge für alle Erscheinungen
geistigen Lebens offen zu halten, und wer will bei den dürftigen,
uns aus jener Zeit überkommenen Nachrichten zurückweisen, daß
denn doch vielleicht von den Thesen, wenn sie auch den in so
ganz anderen Anschauungen lebenden Neffen des polnischen Kirchen=
fürsten zunächst stutzig machten, doch die eine, die andere wie ein
Wetterleuchten durch sein Inneres zog, eine bis dahin in dunkle
Nacht noch gehüllte Welt grell aufleuchten zu machen? Wie dem
auch sei, der hinterlassene Eindruck war ein so mächtiger, daß
noch nach einem Vierteljahrhundert, zu einer Zeit, wo oftmals
die Baseler Tage in seiner Erinnerung wieder frisch auflebten,
Laski auch seiner Unterredungen und Beziehungen mit dem herz=
haften Franzosen gedachte und in einem Sendschreiben an Calvin
den unermüdlichen, furchtlosen Prediger des Evangeliums grüßen
läßt *).

Zu dem bitteren Wort Farels über Erasmus, daß er ihn
einen neuen Balaam schmäht, haben die polnischen Brüder
ahnungslos den Anlaß gegeben. Bei ihrem Aufbruch von Basel
machte Hieronymus mit polnischer Freigebigkeit dem hochver=

---

*) Calvin XIV, 42. Leider ist der Originalbrief Laskis nicht mehr
aufzufinden gewesen. Es muß wohl, durch die Länge der dazwischen liegen=
den Zeit veranlaßt, ein Irrtum sein, wenn Laski angiebt: „quum apud
Erasmum degeret". Farel wurde 1524 aus Basel verwiesen, welche Stadt
er erst nach der zweiten Abreise Laskis wieder betrat. Erst bei seinem zweiten
Aufenthalt wohnte Laski bei Erasmus; schwerlich würde er während dieser
Zeit vertrauten Umgang mit dem erbitterten Gegner seines Wirtes gepflogen
haben.

ehrten Humanisten, der wertvolle Gaben zu empfangen gar sehr liebte, das Geschenk eines silbernen Gefäßes. Es hatte sich gerade das Gerücht in Basel verbreitet, als ob Erasmus sich gerühmt habe im Besitz eines Mittels zu sein, mit einem Schlage den lutherischen Brand löschen zu können. Dies Mittel habe er dem polnischen Abgeordneten an den Kaiser mitgegeben und das Silbergeschirr sei der schmähliche Kaufpreis gewesen. Erasmus litt gewaltig unter diesem Gerede; in einem ausführlichen Schreiben an den Konstanzer Rechtsgelehrten Botzemius, vor dem er sein belastetes Herz ausschüttet, deutet er nur leise auf den hin, den er als den Urheber der Schmähung vermutet; er muß später sichere Nachricht erhalten haben, daß das Wort in etwas brüsker Offenheit von Farel geredet worden sei, und dann ruhte er nicht, bis er den Gegner aus Basel entfernt*).

Aber das geschah schon lange, nachdem die Laski die Stadt verlassen. Wir sind ohne Nachricht, wann sie von da aufgebrochen; ja wir tappen noch so sehr über die Zeitfolge im unklaren, daß es nur Wahrscheinlichkeitsberechnung ist, unseren Johannes jetzt nach nur kurzem Aufenthalt in Basel seine Reise nach Paris, wo er sicher gewesen, antreten zu lassen. Kommende glücklichere Forscher stoßen vielleicht noch auf den Fund eines sicheren Datums; bis dahin gewähre man der Mutmaßung ihr bescheidenes Plätzchen.

b) In Paris.

Trifft unsere Mutmaßung zu, dann war es um die Frühjahrszeit 1524, daß unsere drei Polen die Hauptstadt Frankreichs betraten. Nicht als angesehene Fremdlinge, die sich erst ihren Weg in die höhere Gesellschaft bahnen mußten. Hieronymus war schon wiederholt am Königshofe gewesen und dazu namentlich das letzte Mal in einer Sendung, die notwendigerweise den

---

*) Vgl. **Haag V, 61,** woselbst auch das Urteil des Erasmus über Farel: „ nihil **vidi unquam** mendacius, virulentius aut seditiosus" und dieses Urteil voll überschäumenden, ungerechten Ingrimms an eine Magistratsperson in Besançon!

Bevollmächtigten in vertrautere Beziehungen zu dem Könige
brachte. Franz I., dem an einer engen Verbindung mit Polen
viel gelegen war, trat dem hochbegabten Sendboten nahe, zumal
ihn auch die ritterliche Persönlichkeit fesselte. Der jüngste Bruder
hatte entweder schon bei früherer Gelegenheit, wie bereits erwähnt,
die königliche Gunst erworben oder empfing sie jetzt und zwar in
einem Grade, daß er in die Dienste des französischen Königs
trat und in seiner nächsten Umgebung oftmals in der Folgezeit
Proben seiner treuesten Anhänglichkeit an Franz I. auch in den
schwersten Tagen seines Unglückes ablegte. So war es auch für
unseren Johannes leicht und selbstverständlich, daß er bei Hofe
aus- und einging.

Es war eine für einen strebsamen Theologen fesselnde Zeit,
in der Laski in Paris weilte. Die gewaltige Bewegung, die
vor ein paar Jahren von Deutschland ausgegangen war, hatte
am Rhein nicht Halt gemacht; ihre starken Ringe berührten rasch
auch das andere Ufer, und schon konnte man die Wirkung im
Herzen Frankreichs verspüren, ja am Königshofe selbst. Die dort
im Lande als die geistigen Söhne und Erben dieser Bewegung
wohnen, meinen sogar, als ob die ersten Spuren des neu aufsteigenden reformatorischen Lebens in Frankreich selbst aufgesucht
werden müßten. Unseren polnischen Dekan mußte es eigen be-
rühren, von der Sorbonne wider die ketzerische Lehre die gleichen,
wenn auch ohnmächtigen Maßregeln ergriffen zu sehen, zu denen
er selbst das Jahr zuvor auf der Synode zu Leschc seine Zustimmung gegeben. Gerade das Verbot der reformatorischen
Schriften war damals wie heute ein recht dankenswerter Hebel
ihrer Verbreitung. Aber an der Seine war man denn doch
eher als an der Weichsel geneigt, den heftigen Worten auch die
rauhen Thaten folgen zu lassen; man schreckte nicht davor zurück,
eine ketzerrichterische Hand wider die zu erheben, die im nicht un-
begründeten Verdacht standen, der neuen, gefährlichen Lehre bedenklichen Eingang zu gestatten.

Die dem Evangelium wohlgesinnten Männer sammelten sich
hauptsächlich um die ehrwürdige Gestalt des Bischofs von Meaux,
Briçonnet, des geistlichen Beraters der Schwester des Königs,
der Margareta von Valois. Zumal während der ersten

Jahre seines bischöflichen Waltens fühlt sich aus dem Thun des frommen Seelenhirten ein Jammern mit der ihm anvertrauten Herde heraus, ein tiefer Schmerz über den offen zutage liegenden Schaden seiner Kirche. Es ist wie ein Frühlingswehen in der gallikanischen Kirche, zu sehen, wie dieser Hirte in fast evangelischer Predigt seiner Gemeinde das Wort Gottes verkündigen läßt, wie seine Geistlichen, von einem gleichen Liebeseifer beseelt, rastlos zwischen Meaux und Paris hin- und herziehen, in treuer Seelsorge ihres Berufes zu warten, wie aus der Mitte dieses evangelisch-gesinnten Kreises Schriften über das ganze Land hinausgehen, die, wenn auch noch in vorsichtig-ängstlicher Sprache und des aufjubelnden Freiheitstones in den zündenden Worten des deutschen Reformators ledig, doch schon wie Lerchenschlag des Morgens in der Frühe weithin im Lande erklangen, das sich auch in seinen ernsten Gemütern nach dem Anbruch des neuen Tages sehnte.

Unter diesen Männern begegnen wir einer der fesselndsten Gestalten unter den Vorläufern der Reformation. Es ist der damals schon hochbetagte Jakob Faber v. Etaples, der von den Humanitätsstudien ausgehend mutig als einer der ersten sich der Erforschung der heiligen Schrift zugewandt, zunächst freilich nur mit der Teilnahme, die man in jenen Tagen leidenschaftlich jedem Schriftstücke des Altertums entgegenbrachte. Gerade diese nüchterne Betrachtungsweise, die nur das Wortverständnis ins Auge faßte, machte ihn von den Fesseln frei, in die man seit Jahrhunderten das Wort Gottes zu schlagen gesucht, daß es nur noch seine Zustimmung zu allen möglichen Satzungen und Bestimmungen der Kirche geben sollte. Im weiteren, rastlosen Vordringen aber übte der heilige Inhalt des Buches seine notwendige Wirkung auf den frommen Mann aus. Sobald er diese seligmachende Wirkung an sich selbst verspürt hatte, ruhte er nicht, bis er auch den großen Kreis seiner Schüler an der Pariser Universität derselben ausgesetzt hatte. Seine Auslegung einzelner Schriften des Neuen Testamentes ist eine bahnbrechende Arbeit*). Gerade in jenen Tagen (1522 und 1523) waren seine Er-

---

*) Vgl. Graf, S. 24 f.

klärungen zu den vier Evangelien und in rascher, weiterer Folge
zu den katholischen Briefen im Drucke erschienen und hatten das
größte Aufsehen, an der Sorbonne nicht geringen Ärger verursacht. Diese Bücher fielen nun unserem polnischen Freunde in
die Hände. Der Name ihres Verfassers war ihm nicht fremd
von der Schulzeit her. Die Schulausgaben und Erläuterungen
zu den lateinischen und griechischen Klassikern des Faber Stapulensis wurden fast alle in Krakau nachgedruckt und die oft-
maligen Auflagen lassen auf ihre starke Benutzung auch in der
Heimat Laski's schließen*). In jenen Pariser Tagen scheint Laski
dem ernsten, frommen Bibelforscher auch persönlich nahe getreten
zu sein. In der einzigen mir im Gedächtnis gebliebenen Stelle
aus seinen Werken, an der er des französischen Schriftauslegers
rühmend Erwähnung thut, hebt er auch an dem Manne Eigenschaften hervor, die ihm aus persönlichem Umgang bekannt geworden sein mögen**). Faber war damals noch der festen
Meinung, daß er für seine Anschauungen, die freilich von den
Gegnern bereits aufs heftigste angefochten wurden, doch noch
Raum und Duldung in seiner Mutterkirche beanspruchen könne.
Noch war der schwere Augenblick der Entscheidung nicht an den
Greis herangetreten. Scheu wich er der gefürchteten Stunde aus.
Aber noch auf seinem Sterbebett 1536 quälte den 86jährigen
Mann, daß er in der Stunde der Gefahr schwach gewesen und
ihm der Zeugenmut eines Bekenners gefehlt und er so der Lebens-
krone verlustig gegangen sei, die seine heldenhaften Schüler und
Freunde, der edle Pauvant, der furchtlose Bekenner Berquin,
durch ihre Treue bis in den Tod auf dem Scheiterhaufen er-
worben.

Aus der Mitte dieser stark von evangelischem Geiste an-
gehauchten Männer und ihren Gesinnungen und Bestrebungen
ebenbürtig ragt in anmutsvoller Schöne die Gestalt der berühmten Margareta von Valois empor. Sie gehört zu den aus-

---

*) In der fleißigen und sorgfältigen Arbeit von Graf sind in dem
chronologischen Verzeichnis der Schriften Fabers die in Polen erschienenen
Ausgaben nicht erwähnt (vgl. S. 222 f.); die wertvolle Arbeit von Jocher
ist ihm entgangen.
**) Kuyper I, 53.

7*

erwählten Töchtern ihres schönen Heimatlandes und in gleichem
Grade auch zu den Lieblingstöchtern der Renaissance an der
Stelle, wo dieselbe nach der Seite der Reformation einlenkte.
Warm und tief und feinfühliger Empfänglichkeit begegnend schlägt
die Geistesströmung jener großen Tage an ihre fast männlich-
starke Seele an. Mit vollem Verständnis und zu ihrer Er-
frischung liest die hochbegabte, edle Königstochter die lateinischen,
italienischen, spanischen Schriftsteller; des Griechischen und Hebräischen ist sie nicht unkundig. Der gleiche leidenschaftliche Lerntrieb,
wie er die Humanisten jener Tage rastlos aufregt, ist auch über
sie gekommen. Aber mit sicherem, weiblichem Zartgefühl geht sie
in solch unruhigem Forschen nicht auf; ihr frommer Sinn führt
sie im Fortgang ihrer ernsten Studien hinein in die Tiefe des
Wortes Gottes. Sie tritt in Berührung mit den Gottesfreunden
in Meaux. Briçonnet ist ihr mehr wie ein Beichtvater, im
schönen, evangelischen Sinne des Wortes ihr Seelsorger; vor
ihm schüttet sie in ergreifenden Briefen, die uns erhalten sind,
ihr gnadedürstendes Herz aus, wertvolle Zeugnisse ihrer frommen
Seele und auch ihrer Zeit. Sie gilt als Schutzengel der mächtig
sich regenden reformatorischen Bewegung in Frankreich; ihr zum
vollen Durchbruch und zum Siege zu helfen, für solch' hohe,
schwere Aufgabe war sie jedoch zu sehr mignonne, wie der König
am häufigsten und bezeichnendsten seine inniggeliebte Schwester
liebkosend nannte. Jeden Augenblick erwartete man, sie den entscheidenden Schritt thun zu sehen, sich offen für die Reformation
zu bekennen. Sie war so entschieden in den Vordergrund getreten, hatte in verhängnisvoller Weise so bestimmt den Anlauf
genommen, daß die Anderen ehrfurchtsvoll auf das von ihr zu
gebende Zeichen harrten und dadurch selbst unschlüssig zögerten.
Aber auch sie zögert; im letzten Augenblick schreckt sie zurück, wohl
nicht aus Furcht vor dem Leide, das ihr begegnen könnte; sie
hat ein vollgerüttelt Maß ergebungsvoll getragen. Aber sie ist
eben die mignonne ihres Bruders und der König schier ihr Ab-
gott. Seinen Unwillen zu erregen, von ihm sich durch solch
einen Schritt vielleicht trennen müssen, der Gedanke an eine solche
Möglichkeit taucht nicht einmal vor ihrer leidenschaftlich-liebenden
Seele auf. Sie hätte die letzten Strophen unseres deutschen

Reformationsliedes wohl singen können, aber nur nicht, wenn
man statt der dort geforderten Güter von ihr das Opfer ver-
langt hätte, ihren Bruder fahren zu lassen. Traurig wie der
reiche Jüngling im Evangelium wäre sie von dem Herrn, der so
Schweres fordert, weggegangen. Dürfte man dem oft unbegreif-
lichen Gang der Geschichte mit den bei ihrem ehernen Tritt recht
thörichten Wünschen in den Weg treten, so wäre es hier wohl
der, daß doch diese hervorragende Gestalt an der Schwelle der
französischen Reformation statt den geistlichen Beirat des in einem
gewissen Mysticismus sich beruhigenden Briçonnet den ihres
größten Zeitgenossen und Landsmannes empfangen, des großen
Calvin, und von ihm die heilige Wahrheit in das Gewissen gerufen bekommen hätte, daß Christum bekennen auch das Opfer
der treuesten Bruderliebe wert sei! Die Geschichte hat für das
schöne Land einen anderen Weg eingeschlagen. Frankreich hat
gewaltsam die Reformation von seinen reich gesegneten Fluren
verwiesen und mußte dann infolge davon die Revolution erdulden,
deren blutige, verhängnisvolle Zuckungen bis zur Stunde das
schwergeprüfte Land nicht zur Ruhe kommen lassen.

Der Zug der Gedanken hat uns weit von unserem Ausgangs-
punkte weggezogen. Wir kehren eilends in jenes ferne Jahr des
Besuches Laski am Königshofe zurück. Franz I. hielt große
Stücke auf seine hochbegabte Schwester und achtete ihren weisen
Rat. Oftmals geschah es, daß er die fremden Gesandten, nachdem er ihre Botschaft entgegengenommen, auch an seine Schwester
wies und eine endgültige Entscheidung mit ihr beriet, ja sich darin
von ihr leiten ließ*). Zumal um seines geheimen Auftrages
willen wird Franz I. den Gesandten des Königs Sigismund bei
seiner Schwester eingeführt haben; durch ihn erhielt auch unser
Johannes Zutritt bei Hofe. Daß er der hochherzigen Margareta von Valois persönlich in jenen Tagen nahe getreten,
bezeugt jene Stelle in dem Schreiben des Erasmus an die
Prinzessin, worin er der Briefe Erwähnung thut, die sie an ihn
während seines Baseler Aufenthaltes gerichtet**). Der gewiß

---

*) I Merle d'Aubigné III, 383.
**) Erasmus, S. 970.

äußerst wertvolle Briefwechsel scheint verloren zu sein; eigene und
fremde Nachforschungen in Paris und Basel haben keine Spur
auffinden lassen. Leider, denn der Austausch der beiden Schrei-
benden würde sicherlich helles Licht auf das geistige Leben unseres
Laski in jenen Tagen geworfen haben. Wir dürfen wohl annehmen, daß der jugendliche und so ernstgesinnte polnische Geistliche mit seinem warmen Interesse für die Studien, mit seinem
frommen Herzen die Königin gefesselt haben mag, ebenso wie die
machtvolle weibliche Gestalt an ihm nicht eindruckslos vorübergegangen sein kann. Es lassen sich viele wahlverwandte Züge in
der Geistesrichtung der beiden aufführen. Laski damals noch
völlig in der römischen Kirche wurzelnd, Margareta bis an
ihr Ende in ihr verharrend, beide von der Überzeugung beseelt,
daß der erkannte tiefe Schaden noch von der Kirche selbst geheilt
werden könne. Um Kopfeslänge ist sie, die an Jahren auch
ältere, dem Manne auf dem Wege zur Reformation voraus,
endgültig aber wird die Französin doch von dem ernsteren Polen
überholt, der allein von beiden am schönen Ziele anlangt, deshalb, weil er bereit war, ein Opfer zu bringen, vor dem das
Weib zurückschrak.

Wie lange unser Laski sich noch in Paris aufhielt, nachdem
der Bruder in Ausführung des ihm gewordenen königlichen Auftrages weitergereist war, konnten wir nicht ausfindig machen;
ebenso wenig, ob er sich von da unmittelbar nach der Schweiz
zurückbegeben oder sein Studiengang ihn noch nach anderen Orten
geführt. Wir begegnen ihm nur Ende 1524 in Basel und atmen
gleichsam auf, mit ihm daselbst angelangt zu sein, weil wir von
nun an festeren Boden unter unseren Füßen haben und auf diesen
zweiten Aufenthalt denn doch deutlicheres Licht fällt, als der
Dämmerschein, in dem wir bis dahin unseren unsicheren Weg meist
zurücklegen mußten.

c) Der zweite Aufenthalt in Basel.

Das glückhafte Basel auch im sechzehnten Jahrhundert und
gerade in jenen Tagen in seiner schönsten, reichgesegnetsten Blüte-

zeit! An der Grenzmarke zweier Länder gelegen, ja in beiden Landen hüben und drüben dem Rheine mit festem Fuße stehend, hat sich die Stadt in jener Zeit der Entscheidung, wo sie sich der Schweiz anschloß, Bürgerrecht in der geistigen Heimat der beiden Nachbarstaaten zu wahren gewußt. Die Bürger sind in ihrem Wesen deutschen Geistes geblieben und haben das starke Freiheitsgefühl des Schweizers aufgenommen: allzeit hat die Doppelgabe guten Klang bewährt. Schon Äneas Sylvius giebt eine rühmende Schilderung der Stadt und ihrer Bewohner aus der Zeit, als er während des Baseler Konzils in ihren heiteren, lebenslustigen Mauern weilte. Der gesunde, kräftige Sinn, den er rühmt, war im Laufe des Jahrhunderts den Bewohnern nicht abhanden gekommen; hinzugetreten aber war ein größerer Ernst und ein wissenschaftlicher Eifer, eine rege Teilnahme an den Fragen, die nun die Geister bewegten. Basel war eine Hochburg des Humanismus diesseits der Alpen geworden, eine Freistätte und ein Sammelort der Gelehrten, die hier in der Stille ihrer Leidenschaft der Studien nachgehen konnten. Von dem rührenden Eifer, von der fast aufreibenden, verzehrenden Glut der Begeisterung, die die Humanisten für die wiedererwachten Wissenschaften beseelte, bietet uns Basel mehr wie einen fesselnden Beleg. Was ist es doch für eine köstliche Erscheinung, jener Thomas Platter, dessen Züge die Meisterhand von Freytag in dem Bilde eines fahrenden Schülers des sechzehnten Jahrhunderts verwertet hat? *) Wir können uns nicht enthalten einen anderen nicht benutzten Zug hier zu erwähnen. Der arme Hirtenknabe, dann fahrende Schüler, der unstät so weit nach Deutschland hineingezogen war, ist nun beim Seilerhandwerk in Basel nach vielen und mühseligen Irrfahrten gelandet. An den Strick, den er auf der Seilerbahn zu drehen hat, befestigt er eine Holzgabel, die die einzelnen Bogen eines ihm geschenkten Plautus hält. So rückwärts gehend dreht er das Seil und versenkt sich sein Geist unter die lebensvollen Gestalten des römischen Dichtens. So hat er Latein, so Griechisch, ja auch Hebräisch getrieben und als Seilergeselle auch in der

---

*) Freytag II, 2. S. 13 f.

Schule des Dr. Oporinus gelehrt. Und nun erzählt er in seinem Tagebuch: „Im selben jar (es war um die Zeit, wo Laski in Basel sich 'aufhielt) kam ein Frantzoß von der künigin Nowären ußgeschikt Hebraisch zu lernen, der kam ouch in die schull un wie ich inhe ging in minen schlechten kleidren, satzt ich mich hinder den offen, was ein fin sitzlin und ließ die studenten bei dem tisch sitzen, so sagt der Frantzoß ‚quando venit noster professor?‘ Oporinus zeigt uff mich. do gsach er mich an und verwundert sich, vermeint an zwifell, ein sömlicher solt anderst kleidet sin, den so schlecht. do die letzgen uß was, nam er mich by der hand, fürt mich über das brügglin ußhi und fraget mich, wie das zu gienge, das ich so bekleid kämme. sagt ich: ‚mea res ad restim rediit‘. do sagt er, wen ich welt, er welt für mich der künigin von minet wägen schryben, sy wurde mich zu einem gott uff werfen, ich solt im nur volgen; aber ich wolt im nit volgen . . .“ *)

Lieber damals in Basel ein armer Seilergeselle als in Paris wie ein König gehalten sein: es ist die stolze Antwort des freien Humanisten, der an diesem Orte gefunden, was er braucht. Nicht wenig trug zu diesem Ruhm der Stadt bei, daß sie Werkstätte bedeutender Druckherren geworden. Vor allen der berühmte Froben und dann auch Leute wie Amerbach, Oporinus und so mancher andere. Die Druckkunst war noch nicht alt, und die in ihrem Dienste standen, durchlebten die unvergeßliche Zeit der ersten Liebe zu der neuen, staunenerregenden Kunst. Die die wunderbare Erfindung handhabten, achteten sich als Künstler, nicht als Handwerker; sie waren begeisterte Herolde im Dienste der Humanität; nicht wenige unter ihnen die größten Förderer der Wissenschaft, ihre Werkstätte eine Brunnstube der Gelehrsamkeit. Der Erwerb aus ihrem Berufe war diesen Männern die Nebensache; ihre Weihe schöpften sie aus dem befriedigenden Gefühle, ein wesentliches Glied an der Kette zu sein, an der die größten Geister Tag und Nacht standen, den wiederaufgefundenen Schatz zu heben. Sie wußten sich als die königlichen Münzherren, die das gewonnene Gold zum Gemeingut der Gebildeten prägten; auf ihrem ganzen

*) Boos, S. 55.

Thun ruht in jenen Tagen noch der feine Schmelz einer geistigen
That, die in sich selbst ihren Lohn trägt.

Der Druckherr Froben war der mächtige Magnet, der in
jenen Jahren einen Erasmus nach Basel zog, den Freund und
geladenen Gast der Könige und höchsten geistlichen und weltlichen
Würdenträger, der stark genug war ihn auch dann noch in der
stillen Bürgerstadt zu fesseln, als Margareta von Österreich
trotz der kaiserlichen Befehle die Auszahlung der gewährten Pension von der Rückkehr dieses Königs der Wissenschaft an den
Brabanter Hof abhängig machte*).

Erasmus galt, als er nach Basel übersiedelte, für den König
auf dem Gebiete des Wissens und der Humanität. In dieser
schmächtigen Gestalt mit der scharf vorspringenden, spitzen Nase,
mit dem feinen, festgeschlossenen Munde, über dem ein leises, über-
legenes Lächeln schwebt, wie uns der Stift Holbeins den Mann
als das Urbild eines geistvollen Gelehrten gezeichnet, war wie in
einem Brennpunkte gesammelt, was der humanistischen Bewegung
Gestalt und Leben lieh. Was später einmal auf fernabliegendem
Gebiete Zinzendorf von sich bekannte, er habe nur eine Leidenschaft und die sei Christus, das Wort von der einen, alle anderen Regungen des Inneren aufzehrenden Leidenschaft gilt auch
von Erasmus, nur eben mit dem anderen Gegenstand der neu
erweckten Wissenschaft. Scharfen Geistes, mit feinem Verständnis,
der Schranken früherer Zeiten entledigt, so stürzte sich Erasmus
auf das sich eben erst erschließende Gebiet; mit größerer Heftigkeit hat kein Jüngling noch seine Braut umschlungen, als er der
eben erwachten, wiederauflebenden Welt der Alten den Kuß seiner
Liebe und Begeisterung aufdrückte. Es ist ein Riesenfleiß, den der
Mann mit dem siechen Körperbau lebenslang entfaltet; in alle
fernsten Winkel dringt er forschenden Auges vor, nichts bleibt ihm
fremd, überall ist er in dem neu entdeckten Gebiete alsbald heimisch. Der Geist der Alten ist nicht undankbar gegen solche treue
Hingabe: er erschließt dem unermüdlichen Bewerber seine Schönheit,
daß es ist als ob die Alten selbst durch ihn redeten, so rein, so
klar, so maßvoll und lebendig fließt seine lateinische Rede dahin.

---

*) Feugère, S. 113.

Erasmus trägt auch als Humanist deutsche Weise an sich.
Die ist ernster, tiefer, unmittelbarer vordringend an die Lebens-
quellen, als die andere Weise jenseits der Berge im sonnigen,
lebenslustigen Süden. Für einen Boccaccio oder gar Aretin haben wir keine Heimstätte. Die nächste Wirkung der Wieder-
erweckung der Wissenschaften läßt sich in all den Ländern, durch
die sie ihren Umzug hielt, vergleichen mit dem jauchzenden Jubel
einer Knabenschar, die, lange Zeit in der engen Schulstube mit
ihrem Staub und Dunst festgehalten, plötzlich freigelassen wird
und nun hinausstürzt, wo es unterdessen Frühling geworden, und
da in vollen, kräftigen Zügen die wunderbare Maienluft ein-
atmet. Gewiß so groß war der Unterschied zwischen dem frischen
Hauch, der von dem Studium der lebendig gewordenen Griechen
und Römer den Humanisten entgegenströmte im Vergleich zu der
dumpfigen Stickluft, die sich allmählich in den Untersuchungen der
Scholastik angesammelt. Wir werden nicht allzu streng ins Gericht gehen dürfen mit dem ersten Ausbruch eines auch vielleicht
tollen Jubels auf dem wiedergeöffneten Tummelplatze und keinen
allzustrengen Maßstab an die erste Zeit des Austobens legen
dürfen. Aber das Leben darf auf diesem Tummelplatz nicht aufgehen und seine Aufgabe ist nicht vergnüglicher Genuß.

In Deutschland ist es gewesen, wo das Humanitätsstudium
rechtzeitig in ernstere Bahnen einlenkte und unter denen, die auch
in dieser Richtung an der Spitze einherschritten, finden wir
Erasmus. Auf seinen Forschungsgängen, die mit kühnem
Sprunge die ausgetretenen Gleise der Scholastik weit hinter sich
zurückließen, versenkte er sich in die Schriften der Kirchenväter;
staunenswert ist die Menge der Ausgaben, die er von den alten
Zeugen des Glaubens zutage förderte. Froben hatte kaum
Druckpressen genug, dem bienenhaften Fleiße nachzukommen. Bei
den Schriften der Väter hielt der Humanist seinen rastlosen
Schritt nicht ein; bis zur Quelle selbst drang er vor. Seine
Ausgabe des Neuen Testamentes erschien 1516. Es ist eine
eilige Arbeit. Erasmus selbst räumte es ein*); aber daß die

---

*) Berger erwähnt S. 55 die Briefstelle des Erasmus an Pirkheimer:
„novum testamentum praecipitatum fuit verius quam editum".

Ausgabe erschienen, war in jenen Tagen eine That. Es war die
siegreiche Rückkehr zum Worte Gottes, die Freimachung der Bahn
von all dem unsäglichen Gestrüpp der Menschensatzung, die den
Zugang zur Quelle selbst verhindert hatte. Das Neue Testament
galt als nun auch wieder erweckt, wie eine neu aufgefundene Schrift
des Cicero, des Plato, und ward von vielen so auch gelesen. Zunächst war dies ein Gewinn für das Verständnis; alle die unseligen Allegorisierungen der Scholastik lösten sich vor der nüchternen grammatikalischen Behandlung des Schrifttextes wie
Nebelgebilde vor dem durchdringenden Sonnenstrahl auf. Diese
befreiende Wirkung der Humanitätsstudien in ihrem fördernden
Einfluß auf die Reformation läßt sich mit der Bedeutung der
Alexanderzüge auf die erste Ausbreitung des Christentums vergleichen. Ximenez hatte die Vorarbeiten für seine Polyglotte
des Neuen Testaments viel früher begonnen und alle Welt war
auf ihr Erscheinen gespannt; Erasmus hatte sich zu der eiligen
Arbeit durch den Wunsch verleiten lassen, dem Spanier womöglich zuvorzukommen. Der deutsche Humanist ließ sich aber nicht
an einer Textausgabe genügen; frommen Sinnes faßte er zugleich die höhere Aufgabe ins Auge, das Verständnis der heiligen
Schrift den Zeitgenossen zu erschließen. Köstliche, bis zur Stunde
wertvolle Anleitungen dazu lassen sich aus den darauf bezüglichen
Schriften des Erasmus zusammenlesen, mitgeteilt von einer
von dem heiligen Inhalt des Wortes ergriffenen Seele, die sich
dem Eindruck des Gotteswortes hingiebt, noch in einer gewissen
naiven Weise, die die Tragweite dieses Eindruckes nicht ermißt.
Es geht durch diese Stellen ein reformatorischer Zug; niemand
kann es leugnen. In ihnen regt sich ein Geist, der nicht zu
der bescheidenen oder auch ängstlichen Selbstbeschränkung paßt,
die Erasmus in einem Bilde als die ihm gewiesene Lebensaufgabe bezeichnet. Er vergleicht einmal seine Stellung mit den
Merkurbildsäulen des alten Roms, die an den Kreuzwegen
aufgestellt dem Wanderer den Weg weisen, ohne ihn selbst zu
betreten. Der Humanist hat ihn betreten, wich nur leider scheu
zurück, als er bemerkte, was ihm auf diesem Gang begegnen
könnte.

Die den Gang dann furchtlos eingeschlagen, haben oft bitter

über den Zurückbleibenden den Stab gebrochen. Milder und auch
gerechter ist unser Urteil aus mehr als dreihundertjähriger Entfernung. Wir haben den großen Humanisten nicht nur an dem
Maßstab derer zu beurteilen, die von dem Humanismus zur Reformation vorgedrungen sind, wir haben ihn auch zu messen an
dem, wodurch sich der deutsche Humanist von den Bestrebungen
derer jenseits der Alpen so wesentlich und vorteilhaft unterscheidet.
Noch ehe der entschiedene Bruch zwischen dem deutschen Reformator und dem deutschen Humanisten stattgefunden, da äußerte
Luther, bereits im Vorgefühl der nahenden Scheidung, aber
noch im Banne der Hochachtung vor dem gewaltigen Manne,
daß Erasmus wie ein Moses wohl sein Volk aus Ägypten-
lande befreit, aber nicht in das Land der Verheißung hinüber-
geführt. Erasmus hat sich nie um seiner Seele Seligkeit gesorgt wie der Augustinermönch in Erfurt. Er ist in seiner ganzen
Erscheinung der glänzende, unwidersprechliche Beleg, was reine
Humanitätsbestrebungen zu leisten imstande sind, wie unter ihrem
belebenden Hauche eine schöne Welt, für eine Weile von dem
vollen und reinen Zauber der Kunst verklärt, auftaucht, wie ihr
Licht aber nie imstande ist die Nebel der Sünde zu verscheuchen,
uns mit Gott zu versöhnen, uns zu heiligen. Gott aber hat
uns nicht als Aufgabe gestellt ein schönes Leben zu genießen, sondern heilig zu sein, wie er heilig ist. Die Humanität vermag es
vielleicht einen Augenblick die ernste Stimme des Gewissens von
ihren klangvollen Melodieen verdrängen zu lassen, nie aber kann
sie dieser Stimme, die nach Gott ruft wie der Hirsch nach
frischem Wasser, trostvolle Antwort, selige Befriedigung bieten.
Dieses ihr Unvermögen prägt sich tief ihren Schöpfungen ein.
Auch bei Erasmus, der voll ängstlicher Scheu feig vor der
Wahrheit der Reformation gleichsam untertaucht. Wenn die
klaren Wasser dann über ihn hinrauschen und seine Züge etwas
verzerren, ist es uns oft, als ob wir in dem Manne etwas schon
sehen von dem, was später dann die Bayle, die Encyklopädisten,
leise andeutend sogar ein Voltaire an der Stirne trägt: jenen
sarkanten Zug, der sich freut, den Zweifel zu wecken und doch
vorsichtig hinter dem Berge hält, nicht seine letzte Absicht zu verraten, jene Weise, die bezeichnend Sainte Beuve einmal als

Angriff und Verteidigung zugleich genannt hat, die ihren Weg geht unter der Maske der Gelehrsamkeit*).

Erasmus stand, als Laski nach Basel kam, an dem entscheidungsvollen Kreuzweg für oder wider die Reformation, die in Deutschland und der Schweiz schon hinlänglich erstarkt war, um dem Herrscher unter den Humanisten die qualvolle Entscheidung abzuzwingen. Wir wissen, daß er seinen Würfel anders warf als Ulrich v. Hutten, von dem er sich gerade in jenen Tagen so auffällig abgewandt hat. Der Humanist, der durch die offene Lossagung von der Reformation und damit durch die Unterbrechung gesunder Lebensentwickelung seinen Schritt einhält, findet nicht den Rückweg offen in den schützenden Schoß der römischen Kirche. Beide Strömungen werfen ihn auf den heißen Uferland, wo er einsam hinsiecht: es ist schwer zu entscheiden, ob die Pfeile von Wittenberg oder die von der Sorbonne in Paris und von der Hochschule in Löwen verletzender für den einsamen, verwundeten Mann waren.

Wir haben in der Zeichnung der fesselnden Persönlichkeit, die an jenem gewaltigen Wendepunkt auf so hervorragendem Posten steht, daß ihr Geschick typische Bedeutung gewinnt, schon etwas der Zeit vorgegriffen, in der unser Laski ihr nahe trat. Die Zeichnung ist vielleicht für unseren Rahmen zu breit und ausführlich ausgefallen; wir ließen uns von der Lockung verführen, weil der Einfluß des außerordentlichen Mannes während eines ganzen Jahrzehntes sich in dem Lebensgange unseres Helden verspüren läßt. Die endgültige Entscheidung in seiner Stellung zur Reformation wurde wesentlich durch die machtvolle Persönlichkeit des verehrten Meisters aufgehalten: er erschien dem Zaghaften für lange Zeit als sprechender Beleg, daß man sich der schönen, warmen Strömung der Humanitätsstudien voll und begeistert hingeben könne, ohne der Mutterkirche untreu zu werden.

---

*) Feugère (p. 236): „Cette méthode" — selon Ste. Beuve — „d'attaque et de sape, qui va son train sous air d'érudition et que Jansénius definissait si bien en disant: qu'elle consistait à produire les difficultés contre la foi sous forme de questions et à insérer ce qui était soulevé là-dessus."

Wir haben schon gesehen, daß Laski nicht erst bei seinem
zweiten Aufenthalt dem gefeierten Mann nahe trat; der ältere
Bruder hatte ihn bereits bei dem anerkannten Haupt der Wissenschaften eingeführt; die lobende Anerkennung des jungen Polen
vom Jahre vorher gewährte ihm das Recht, nun wieder bei dem
Meister um Einlaß zu bitten. Der günstige Eindruck steigerte
sich von Mal zu Mal und zwar gegenseitig. Dem alten Herrn,
der gerade in jenen Tagen so hart von allen Seiten angegriffen
wurde — wir erinnern daran, daß die aus der Huttenschen Fehde
entstandenen Schläge noch nicht verwunden waren und es nun
schon galt, sich wider den deutschen Reformator und seine Heraus-
forderungen zu rüsten —, dem alten geplagten Herrn mochte es
wohlthun, von diesem feingebildeten, liebenswürdigen Polen, der
daheim den höchsten Kreisen angehörte und hier vor dem Gelehrten
in scheuer Ehrfurcht stand, ein so warmes, hingebungsvolles Wohlwollen zu empfangen. Der bis dahin wie ein König von aller
Welt Gepriesene war seinen Huldigungen und Bezeugungen der
Verehrung nur allzu zugänglich. Die Woge der allgemeinen
Gunst war in bedenklichem Zurückweichen; es ist, als ob der so
lange verwöhnte Mann um so inniger sich an die noch gewährten
Zeichen klammerte und bemüht war, aus der Ferne den Tribut
zu ziehen, den die Nähe ihm zu verweigern drohte.

Erasmus war gewohnt, Pensionäre in seiner Junggesellen-
wirtschaft aufzunehmen. Er hatte in seiner Wohnung, in dem
Hause seines Druckherrn Froben, genügende Räumlichkeiten, ein
Zimmer an einen jungen Gelehrten abzutreten. Da er es that,
um sein Einkommen zu steigern, konnten nur reiche Jünglinge
der Gunst teilhaft werden, Hausgenosse des berühmtesten Gelehrten zu sein. Unser freigebiger Pole, in seinen jungen Jahren
schon im Besitz nicht unbedeutender Pfründen und nach der Weise
seines Volkes in Geldsachen völlig sorglos, mag die Gunst, die
er in der letzten Hälfte seines Baseler Aufenthaltes genoß, teuer
genug bezahlt haben. Drei und einen halben Gulden entrichtete er
monatlich für die Kammer*) und die Küche scheint er ganz mit

---

*) Vgl. das sehr seltene Schriftchen der Privatbriefe des Erasmus
an Amerbach (Bas. MDCCLXXIX), das mir in der Stadtbibliothek zu Basel
in die Hände fiel.

seinen Mitteln bestritten zu haben, so daß Erasmus bei sich
selbst zu Gaste war und lange schmerzlich den freigebigen Wirt
vermißte, als dieser Basel verlassen mußte. In großherziger Weise
kaufte Laski ferner dem bücherreichen Wirte seine Bibliothek ab
mit dem liebenswürdigen Zugeständnis, den Gelehrten bis an sein
Lebensende im Nießbrauch der lange angesammelten Schätze zu
lassen. Den ganzen Kaufpreis hat Laski damals nicht erlegen
können; es blieb noch eine Summe von zweihundert Gulden
darauf haften und bemerkte Erasmus in seinem Testamente*),
daß die Bücher nur dann bei seinem Tode ausgeliefert werden
sollten, wenn die Restsumme zuvor seinem Erben bezahlt worden
sei. Die Zahlung scheint nicht erfolgt zu sein; als Erasmus
starb, war Laski fast mittellos und auf dem Sprunge, die
römische Kirche zu verlassen.

Es waren nicht diese äußeren Vorteile, die Erasmus an
seinen neuen Hausgenossen fesselten. Dem alten Manne trat in
der jugendlichen Gestalt etwas fast Überwältigendes entgegen.
Erasmus geizt nicht mit Worten in seinen Briefen, wenn er
über jemanden etwas Lobenswertes äußern will, zumal dann,
wenn die Aussicht vorhanden ist, daß es dem Gelobten zu Gesicht
kommt. Wenn wir aber die verschiedenen Stellen in seinen Briefen
über den jungen Freunden überblicken, machen sie denn doch den
Eindruck, als ob die Worte nicht nur die leichte Münze geselligen
Verkehrs sei, als ob die ernst-sittliche Persönlichkeit Laskis selbst
über den alten Manne Gewalt gewonnen und nachhaltigen Einfluß ausgeübt habe. Was Erasmus an unserem Freunde rühmt,
sind dieselben Züge, nur jetzt weiter ausgeführt, wie sie uns schon
der Erzieher in Bologna angedeutet, dieselben Züge, wie wir sie
gefestigt in dem gereiften Leben des Mannes selbst wieder erkennen, nun aber besonders wertvoll, weil aus dem Munde des
Mannes, der monatelang in vertraulichster Nähe mit ihm gelebt.
Es ist fast jugendliches Feuer, ergreifende Liebessehnsucht, wenn
der Mann von 60 und mehr Jahren über den Hausgenossen
urteilt: von nicht gewöhnlicher Gelehrsamkeit ist Laski in seinem

---

*) In den eben angeführten Privatbriefen von Amerbach ist auf S. 122
das Testament abgedruckt.

Leben fleckenlos rein wie frisch gefallener Schnee, freundlich,
liebenswürdig, daß jedermann in seiner Nähe auflebt und bei
seinem Scheiden alle ein Gefühl der Verwaisung haben, ein gol-
benes Gemüt, eine wahre Perle und so anspruchslos und so ohne
jede Anmaßung, ob er gleich berufen ist, einst in seiner Heimat
eine der höchsten Stellen einzunehmen*). Der junge Pole mit
seiner altrömischen Unbescholtenheit des Charakters (prisca inte-
gritas) dient dem Erasmus, wie er sich in einer Widmungsschrift an den Wojewoden von Krakau ausdrückt, zum Beleg, daß
„Asträa von der Erde wegfliehend die letzten Spuren ihres Weilens im polnischen Volke zurückgelassen habe". Offen räumt der
berühmte Mann noch nach Jahren ein, daß er im Zusammenleben mit Laski besser geworden sei, von ihm, dem Jünglinge,

---

*) Hier eine kleine Blumenlese erasmischer Aussprüche über Laski! An
den berühmten Ignatius schreibt er (779): „Johannes a Lasco Polonus,
illustri loco natus apud suos, brevique summus futurus, moribus est plane
niveis, nihil magis aureum aut gemmeum esse potest." Dem Thomas
Lupsetus schildert er ihn (780): „Praeter eruditionem haud quaquam vul-
garem moribus est adeo facilibus, candidis et amicis, ut mihi jam vita
coeperit adlubescere, ex ejus domestico convictu veluti repubescenti." An
den Humanisten Leonhard Casimbrotus geht der Bericht (782): „Juvenis
citra arrogantiam eruditus, citra supercilium magnus ac felix, sed moribus adeo candidis, amicis, jucundis, ut per ejus amabilem consuetudinem paene repubuerim, alioqui jam morborum, laborum et obtrecta-
torum taedio marcescens." Seinem Bruder Hieronymus meldet er: „Ejus
convictus quoniam mihi tam fuit jucundus, ut vix aliud in vita jucun-
dius, non potest non esse molestissimus illius abitus. Ejus suavissima
consuetudine propemodum repubueram. Magis libet vestrae Poloniae gra-
tulari, quam meum privatum deplorare incommodum." Dem Bischof von
Plock wird mitgeteilt (783): „Joannes a Lasco multos homines et inter
hos Erasmum hic occidit, tantum sui desiderium reliquit abiens, cum
quibuscunque habuit consuetudinem." Dem Palatin von Krakau wird
die Sittenreinheit und Bescheidenheit gerühmt, „ut parem hactenus non
temere in quoquam alio repererim" (1788). Zum Schlusse endlich dann
noch das schöne Wort, das der große Gelehrte in der Widmungsschrift seines
Ambrosius an den Erzbischof über den Neffen ausspricht (1585): „Illud non
possum non fateri senex juvenis convictu factus sum melior ac sobrieta-
tem, temperantiam, verecundiam, linguae moderationem, modestiam, pudi-
citiam, integritatem, quam juvenis a sene discere debuerat, a juvene
senex didici. O gentem pietati natam."

habe er, der Greis, gelernt, was sonst wohl die Jugend vom Alter
zu empfangen habe, die Nüchternheit, Mäßigkeit, Ehrfurcht,
Mäßigung der Zunge, Bescheidenheit, Keuschheit, Lauterkeit des
Charakters.

Laski hing mit großer Verehrung an dem Meister, dessen
Jünger zu sein er in jenen Tagen sich rühmte. Er ließ sich von
ihm weiter in seinen mit so großer Begeisterung getriebenen humanistischen Studien führen; aber die auf diesem Gebiete erlangte
tiefere und reichere Erkenntnis ist ihm in späteren Jahren nicht
die dankbarste Erinnerung. Höher noch rühmt er an dem Manne,
daß er zuerst seine Seele auf geistliche Dinge gelenkt, er unter
seiner Leitung angefangen habe, sich auf dem Gebiete der wahren
Religion zurecht zu finden*). Seltsames und doch in jenen Tagen nicht überraschendes Bekenntnis aus der römischen Kirche.
Der schon auf der Stufenleiter kirchlicher Würden in jungen
Jahren hoch hinaufgekommen, der vor Jahren lange Zeit in Bologna den theologischen Studien obgelegen, lernt nun erst in Basel
und zu den Füßen des deutschen Humanisten die ersten entscheidungsvollen Anfangsgründe seines Berufes! Und Erasmus ist
auch hier wieder, der den Anstoß zu einer Bewegung giebt, die
mit Notwendigkeit in Bahnen lenkt, die der Meister selbst nicht
gewagt hat zu betreten. So milde und schön urteilt in späteren
Jahren Laski über diese Schwäche und Halbheit s Humanisten,
die er während seines Baseler Aufenthaltes schon genugsam kennen
gelernt hatte: „Ein jeder hat sein Maß der Gaben und nicht vermag der einzelne auf allen Gebieten alles; auch für uns ist heute
noch vieles da, was wir nicht wissen. Unsere Sache ist es, uns
Glück zu wünschen für das, was Gott nach seinem Willensratschluß
gewürdigt hat nach dem Maße unseres Glaubens uns zu verleihen. Deshalb müssen wir uns auch freuen über die Gaben
des Erasmus, die wahrhaftig groß und bedeutend genug gewesen
und sollen Gott in ihnen erkennen. Wenn wir aber glauben,
weiter fortgeschritten zu sein, laßt uns bedenken, daß auch dies

---

*) Kupper II, 569: „Erasmus mihi autor fuit, ut animum ad
sacra adjicerem, imo vero ille primus me in vera religione instituere
coepit."

uns nur von Gott verliehen ist."*) Ja, das ist die maßvolle
Sprache, für die der Jüngling schon dem Greise zum Vorbild
gedient hat.

Erasmus' Schriften und sein lebendiges Wort im persönlichen Umgang waren wohl imstande, ein frommes Gemüt in die
Herrlichkeit des geistlichen Berufes einzuführen, weg von all den
gegrabenen, durchlöcherten Brunnen der scholastischen Schulweis-
heit und an den Kirchenvätern vorüber hin an die lebendige Quelle
des Wortes Gottes selbst. Wie sollte eine Schrift, wie die bereits 1515 erschienene „Handweisung zur wahren Theologie zu
gelangen", ihren Einfluß auf Laski nicht ausgeübt haben?**)
Und welche köstliche und anregende, erquickende Stellen, in des
Erasmus Umschreibungen und Erklärungen einzelner Teile der
heiligen Schrift! Es ist auch bei diesen Gängen exegetischer Untersuchung nicht schwer den scheuen Schritt des Mannes zu bemerken,
der nur bis an die Schwelle des Heiligtums dringt, dann einhält
und sich mit Äußerlichkeiten zufrieden giebt. Es sind die Helden
der Reformation gewesen, die mutvoll nicht außen stehen geblieben
und dann in dem Heiligtum Jesum gesehen haben allein.

Mit einem dieser Helden ist Laski in seinen Baseler Tagen
in persönliche Berührung getreten, wohl nur ganz flüchtig, aber
doch genügend, um von ihm den Gottesstachel in die Seele gedrückt zu erhalten, gegen den kein Mensch, und wäre er ein Saulus,
löcken kann. In seiner Verteidigungsschrift gegen Westphal erwähnt er an zwei Stellen***) des Einflusses, den Zwingli auf
ihn ausgeübt. Auf der Durchreise nach Frankreich habe er ihn
in Zürich getroffen†) und sei von ihm zuerst zum Studium der
heiligen Schriften veranlaßt worden; ihm danke er die größte Anregung. Er verwehrt sich jedoch entschieden gegen die Westphalsche
Behauptung, ein Zwinglianer zu sein, da er auf keines Menschen
Name getauft, auch weder Luther noch Zwingli für ihn ge-

---

*) Kuyper II, 584.
**) Vgl. die eingehende Schilderung bei Feugère, S. 205 f.
***) Kuyper I, 282. 338.
†) Sollte da nicht Laski nach 34 Jahren ein Gedächtnisfehler begegnet
sein, daß es nicht auf der Durchreise nach Frankreich geschehen ist, wohin er
in Begleitung seiner Brüder reiste, sondern von Basel aus?

kreuzigt seien, er auch nicht seine Lehre in allen Teilen annehme.
Alle Versuche scheiterten, nähere Auskunft über diese Berührung
mit Zwingli in Zürich zu erhalten; weder bieten die Briefe
des Reformators darüber eine Andeutung, noch auch konnte eine
solche in den reichhaltigen Briefschaften derer gefunden werden,
die in jenen Jahren mit Zwingli in Verkehr standen. Das
gastfreie Haus des edlen Züricher war allen geöffnet; nicht leicht
versäumte es eine bedeutende Persönlichkeit; bei dem kühnen Manne
vorzusprechen. Aber von unserem Laski verlautet nichts, so daß
wir uns an seiner eigenen, bestimmten Aussage müssen genügen
lassen.

In unvergeßlicher Erinnerung blieben Laski die Baseler Tage,
die er im geistigen Verkehre mit den bedeutendsten Männern ver-
lebte. Durch seinen Wirt kam er selbstverständlich mit dem
Hause in Berührung, das für Erasmus der Grund seines
Wohnens in Basel gewesen. Im Frobenschen Kreise schloß er
sich vorzugsweise an Bonifazius Amerbach an, der 1524
Professor der Rechte in Basel geworden. Wenn wir das von
seinem Freunde Holbein gemalte schöne Bild des jungen Rechtsgelehrten betrachten, ist es uns, als ob wir unseren Johannes in
seinen Jugendtagen sähen*). Nun freilich auch, sollten wir in
dem Bekanntenkreis unseres Freundes in Basel eine Persönlichkeit
nennen, unserem Laski wahlverwandt, so müßten wir auf den
fast gleichalterigen Professor hinweisen, der die ähnlichsten geistigen
Züge trägt. Die Briefstellen des berühmten Malers über diesen
seinen liebsten Freund lauten, wie wenn sie sich auf Laski be=
zögen**). Da wird die Reinheit seines Wesens, seine Redlichkeit,
seine Gewissenhaftigkeit, Pflichttreue, Sittenstrenge gerühmt. Dann
wieder hebt Holbein hervor die anmutsvollen Gaben geselligen

---

*) Einen Augenblick hofften wir, in dem noch unbekannten Bildnis in
der Baseler Sammlung Nr. 10 die Züge unseres Laski entziffern zu können:
es wäre dies für uns ein ungemein wertvoller Fund gewesen: ein Bild
Laskis aus jenen Tagen und von der Meisterhand Holbeins, mit dem er im
Amerbachschen Kreise persönlich bekannt geworden sein muß, meisterhaft aus=
geführt! Eingehende Untersuchung aber hat die Hoffnung zunichte gemacht.

**) Woltmann I, 262.

Verkehrs, seine Lebhaftigkeit, der fröhliche Witz in der Unterhaltung, ein schönes dichterisches und musikalisches Talent. Gerne hörte man dem Professor zu, wenn er auf der Laute ein von ihm selbst gedichtetes Liedchen etwa nach der damals viel gesungenen Melodie „adieu mes amors" vortrug. In solchen Mußestunden geselligen Zusammenlebens hat dann wohl auch unser Laski seine Zither zur Hand genommen und, des Spieles noch von der Universitätszeit kundig, den Freunden seine polnischen Heimatslieder vorgetragen. Günstiges Geschick hat uns eine Anzahl Briefe Laskis an seinen Freund Amerbach bewahrt*). Es sind teilweise nur eilige Zeilen auf einem Papierstreifen; aber gerade der flüchtige, alltägliche Inhalt gewährt uns heute einen fesselnden Einblick in die behagliche Vertraulichkeit des gegenseitigen Umganges. Bei dem wohlhabenden Freunde entleiht der sorglose Pole kleinere und größere Geldsummen, wenn der vorhandene Vorrat aufgebraucht und der Bote noch nicht zurück ist, den er nach Augsburg gesandt, Geld bei seinem dortigen Banquier, dem berühmten Fugger, zu heben. Ein andermal meldet er ihm, daß er bei einem Spiele, um seine Körperkräfte zu üben, mit der großen Zehe an einen Stein gestoßen und nun nur mit Schmerzen die Treppe zu Erasmus hinaufsteigen könne. Auch nach dem Abschiede von Basel wird ein eifriger Briefwechsel von den beiden Freunden unterhalten.

Es war ein ungemein anregender, geistiger Verkehr, der in jenen Tagen in Basel herrschte und in dessen volle Strömung der Stubengenosse des Erasmus eintrat. Die humanistische und reformatorische Bewegung ging hier noch, wenn auch freilich schon in den letzten Schritten, friedlich nebeneinander. Die Häupter, die morgen bereits entschieden Front zu machen gezwungen wurden, verkehrten heute noch mit einander, teilweise in einer Naivetät, die uns gegenwärtig befremdlich dünkt. In einer geselligen Unterhaltung konnten auch von Erasmus Äußerungen, z. B. über das heilige Abendmahl fallen, die ihm eine Stellung weiter nach links anwiesen, als sie selbst Zwingli einnahm. Die Gegensätze

---

*) Noch unveröffentlicht und bis jetzt unbenutzt befinden sie sich im Archiv des Antistariums in Basel.

und Unterschiede waren noch nicht geklärt, hatten sich noch nicht
reinlich herausgearbeitet und von einander abgehoben. So sah
man auch noch in regem, gegenseitigem Verkehr mit dem Altmeister und um ihn geschart hier Männer wie Öcolampad,
Pellikan, dort wie Glarean und Beatus Rhenanus, und
unser Laski empfing und genoß den Segen dieses doppelten Um-
gangs. Einen Blick nur auf ein Paar dieser Männer, deren
Eindruck nicht spurlos an dem regen, empfänglichen Geistesleben
unseres Freundes vorübergezogen.

Wohl schon bei seinem kurzen ersten Baseler Aufenthalt war
Laski mit Öcolampad in Berührung getreten, wahrscheinlich
durch Farel, der Tischgenosse bei dem späteren Reformator Ba-
sels gewesen*). Laski bewahrte dem bedeutenden Manne ehrende
Erinnerung. Noch nach zwei Jahrzehnten urteilt er über ihn,
daß er mit höchster Verehrung seiner gedenke wegen seiner seltenen
Einfalt und Frömmigkeit bei all seiner großen Gelehrsamkeit**).
Des Meisters Werke schmücken seine Büchersammlung; er wünscht
alles zu besitzen, was Öcolampad geschrieben. Ein eingehender
Vergleich würde ergeben, ein wie treuer und eifriger Leser seiner
Werke, zumal seiner Auslegung der heiligen Schriften, unser
Laski gewesen. In der fernen Heimat mögen sie dem römischen
Priester freundliche, einsame Wegweiser gewesen sein, ihn tiefer
und tiefer in das Schriftverständnis einzuführen und damit folge-
richtig und notwendigerweise von dem Banne der römischen
Tradition und Irrlehre langsam, aber sicher loszulösen.

Als in den späteren Jahren oftmals die Baseler Tage in
lockender Schöne vor Laskis Geistesauge traten, war es besonders die Erinnerung an Konrad Pellikan, die ihn herzlich
grüßte. Noch im Ordenskleide eines Minoritenguardians und
mit treuer, rührender Anhänglichkeit an das stille, beschauliche
Klosterleben hat der schlichte, einfache Gelehrte doch schon in jenen
Tagen so helle Heroldsrufe für die Reformation über das Land
hin erschallen lassen! Es ist eine schöne, mild-herzliche und ba-

---

*) Herminjard I, 299 vermutet als Berichterstatter des daselbst er-
wähnten Tischgespräches Peter Toussain. Könnte es aber nicht unser Laski
sein, der vir integritatis rarissimae?

**) Kuyper II, 576.

bei doch entschiedene und ehrliche Erscheinung im Kranze jener hervorragenden Baseler Männer Pellikan, der von dem rührendsten Eifer für die Humanitätsstudien beseelt, immer inniger, immer bewußter auf die Bahn der Reformation einlenkt*). Laski fühlte sich in hohem Grade von dem Manne angezogen, an den ihn gleichgestimmte Saiten seines Gemütes fesselten. Nach einer zwanzigjährigen Unterbrechung knüpft er die alten Beziehungen in einem Schreiben an den Lehrer und Studiengenossen wieder an, durch das ein so inniger Laut der Sehnsucht, fast möchte man sagen, des Heimwehs hindurchklingt, daß man auf das herzlichste Zusammenleben zurückschließen muß**). Pellikan war des polnischen Dekans Lehrer in der hebräischen Sprache geworden; der Reformator in Friesland beklagt es bitter, daß diese Studien damals durch seine schleunige Abreise in die Heimat so frühzeitig abgebrochen seien; seitdem habe er die Kenntnis dieser Sprache verloren. Nicht nur hebräische Sprachkenntnis erwarb sich Laski zu den Füßen dieses Mannes. Schon Ökolampad hatte vor ein paar Jahren begonnen, den Jesaias und Römerbrief in wissenschaftlicher Form vor den Studenten auszulegen, die johanneischen Briefe aber in einer Reihenfolge von erbaulichen Betrachtungen den Bürgern und zwar unter großem Zulaufe des Volkes. Dem anregenden Beispiele der Predigt war unser Minoritenguardian gefolgt und mit ihm der eine, der andere fromme Klosterbruder. Gerade in jenen Tagen legte Pellikan die Genesis aus***). Wir

---

*) Ein welch köstliches Seitenstück zu jenem oben erwähnten Lern- und Lehreifer Platters ist der fesselnde Bericht, wie Pellikan in den Besitz der ersten hebräischen Handschrift gelangt. Vgl. Riggenbach, S. 16: „Post aliquot dies superveniens Paulus Scriptoris, magnum codicem gestaverat in humeris, talis et tantus vir, a Moguntia ad Pfortzen, ut studiis et desideriis meis gratificaretur, quae probabat valde, quum ipse quoque jam antea graeca didicerat, a Reuchlino eatenus instructus, ut epistolium graece eidem scriptum a Paulo viderim et legerim. Nihil in eum diem mihi acciderat gratius, quam ubi eum codicem grandem hebraicum viderem mihi allatum. erat autem volumen in pergameno scriptum, elegantissimo charactere, magnifice, et cum masoreth, tantae amplitudinis, quantum praestare posset cutis integra vitulina . . . ."

**) Kuyper II, 583.

***) Vgl. seinen fesselnden Brief an Pirkheimer bei Heumann, S. 209.

gehen sicherlich nicht fehl, wenn wir Laski unter den zahlreichen Zuhörern vermuten, und dann hat auch er den Herzenswunsch des Lehrers zu spüren bekommen, „daß nur Christi Reich komme, das Evangelium gepredigt und von gläubigen Ohren aufgenommen werden möchte". Der Bischof von Basel, Christoph v. Utenheim, dem der Neffe des Erzbischofs von Gnesen nicht fremd geblieben, war damals solchen Bestrebungen noch nicht feindselig gesinnt; ihre, wir sagen notwendige Tragweite war noch nicht zutage getreten, und Ökolampad durfte dem frommen und auch gelehrten Hirten seine 1524 im Drucke erschienenen Betrachtungen über die johanneischen Briefe widmen.

Waren diese beiden Männer mit entschiedenem Schritte auf die Bahn der Reformation eingelenkt, so begegnen uns in dem anregenden Umgange Laskis in Basel zwei andere fesselnde Gestalten, die sich von dem enger umgrenzten Gebiete des Humanismus in der Hochflut der geistigen Bewegung diesseits der Alpen nicht abdrängen ließen. Auf der Schwebe freilich steht der eine, Beatus Rhenanus. Einst hochbegabter Schüler des Le Fèvre in Paris, in Basel dann innig befreundet mit Erasmus, hat er mit diesem Altmeister der Humanitätsstudien nicht gebrochen, als derselbe mit den Reformatoren zerfiel und sich nach Freiburg wie in eine Art Schmollwinkel zurückzog. Das hinderte aber unseren tüchtigen Elsässer nicht, fort und fort mit regstem Eifer die Schriften Luthers in der Schweiz zu verbreiten und Zwingli in einem inhaltsvollen Schreiben bei dem Antritt seines Pfarramtes in Zürich zu begrüßen*). Seine Hauptkraft lag aber doch im Gebiete des Humanismus. Erasmus schätzte den feingebildeten Gelehrten nicht gering. Ihm hat er die schöne Auslegung des ersten Psalmes mit den Worten im Lapidarstil gewidmet: „Mitto Beatum Beato." Der Mann konnte dem Stubengenossen des Erasmus nicht fremd bleiben. Laski nahm teil auch an des Gelehrten eingehenden Studien, und solche fruchtbringende Teilnahme erheischte genaues und liebevolles Verständnis der römischen Geschichtschreiber. Denn Rhenanus hat nicht unbedeutende kritische Arbeiten über Tacitus, Livius, Plinius den

---

*) Zwingli VII, 57.

Älteren und Velejus Paterculus während der Zeit des Aufenthaltes
von Laski in Basel herausgegeben. Auch nach der Heimreise
blieb er in regem geistigem Verkehre mit dem Humanisten. Der
angesehene Pole galt diesen Männern als ein Mäcen. Rhenanus betont einmal in einem Briefe an Laski ausdrücklich,
daß er dem fernen Freunde nicht um deswillen eine kleine Schrift
gewidmet, um, wie es bei so vielen Humanisten jener Tage in
zudringlicher Weise Sitte oder vielmehr arge, abstoßende Unsitte
gewesen, von dem vielvermögenden, wohlhabenden Gönner eine
Gabe zu erhalten, sondern in dankbarer Rückerinnerung an die
Wohlthaten, die er von ihm in Basel genossen, an die warme
Liebe, die er ihm allezeit erwiesen*).

Die andere hervorragende Gestalt im Bekanntenkreise unseres
Laski, Heinrich Glarean, brach in so entschiedener Weise wie
Erasmus im Fortgange der Entwickelung mit der Reformation.
Ein feingebildeter Humanist war Glarean, anfänglich mit
Zwingli ebenso vertraut wie mit Erasmus. Das hatte sich
aber schon wesentlich geändert, als Laski bei Erasmus einzog.
Ihm war die reformatorische Bewegung eine peinliche Störung
in seinem behaglichem Studiengang. Er ging ihr und damit
selbstverständlich auch ihren Zugführern verdrießlich aus dem Wege,
brach übelgelaunt die alten, freundschaftlichen Verbindungen und
wandelte je länger je mehr abseits Hand in Hand mit Erasmus einsame, verbitterte Wege. Der Einfluß solch einer Persönlichkeit konnte nicht spurlos an unserem Laski vorübergehen.
Einem verheißungsvollen Anlauf zur Reformation hin, wozu unser
Pole bereits nicht geringe Anregung erhalten, mußte solch ein
Umgang einen Hemmschuh anlegen; die großen Männer der Reformation traten ihm nur in der Spiegelung nahe, die ihre Gestalt auf dem Sehfelde dieser einseitigen, engherzigen Humanisten
angenommen und fast von Monat zu Monat wurde in der ge-
reizten Stimmung der so heftig angegriffenen Leute diese Spiegelung eine getrübtere. Den oft verletzenden Stachel einer derben
Außenseite in dem erbitterten, schonungslosen Kampfe ließen die
Getroffenen und auch schwer Verwundeten den feingebildeten, zart-

---

*) Gabbema, S. 10.

fühlenden Polen sehen. Wir dürfen uns dann nicht wundern,
wenn ihm die Lust versagte, von solcher unholden Außenseite unbehelligt zu dem Kern des Angriffs vorzudringen. Er fühlte sich
mit seinen verletzten Freunden von der Art des Kampfes abgestoßen und übertrug dann rasch die gefaßte Abneigung auf den
Angreifer. Seinem ganzen Wesen, bestärkt durch seine Stellung
in der heimatlichen Kirche, mußte die diesen Freunden und Humanisten doch noch hoffnungsvolle Aussicht mehr zusagen, statt eines
offenen, gewaltsamen Bruches mit der Kirche auf eine friedliche
Reinigung der auch von ihnen zugegebenen Mißstände hinzuarbeiten.
Mit Glarean scheint Laski innig vertraut gewesen zu sein.
Noch nach Jahren der Trennung hält der emsige, ungemein
fleißige Humanist den fernen, hochgestellten Kirchenmann auf dem
Laufenden seiner Studien; die eingehende Schilderung derselben
zeigt, wie mannigfaltig der Studiengang unseres Freundes in
Basel gewesen sein muß und wie er sich auch mitten im praktischen Getriebe seiner hohen Stellungen den offenen Blick, das
warme Interesse auch für weitabliegende Gebiete des Wissens bewahrt. Da finden sich Mitteilungen über die Arithmetik bei den
Alten, die schwierigsten Fragen der alten Musik werden erörtert,
dann wieder Bericht erstattet über seine Sammlung von An-
merkungen zum Livius, Studien, die selbst zu unserer Zeit noch
Beachtung bei einem Manne wie Niebuhr gefunden und die
Glarean sicherlich seinem Freunde auch nach jahrelanger Trennung nicht mitgeteilt haben würde, hätte er nicht herzliche Teilnahme bei ihm voraussetzen können*).

Doch es gilt auch für uns nun endlich Abschied zu nehmen von
Basel und den schönen Kreis der Männer zu verlassen, in deren
Mitte sich unser Laski so ungemein wohl gefühlt und bei denen
sich auch unsere Schilderung nur allzu lange aufgehalten. Rascher
noch, als er es erwartet und gehofft, mußte er die liebgewordenen
Bande lösen und die Stadt verlassen, in der er sich heimisch
gefühlt wie in keiner anderen, auch nicht im Vaterlande.

---

*) Vgl. Gabbema, S. 11 f.; Herzog V, 167.

d) Die Heimreise über Italien.

Im September 1525 war es, daß Hieronymus, der viel-
gereiste königliche Botschafter, wiederum auf einer diplomatischen
Sendung begriffen, in Basel bei Erasmus vorsprach. Er
brachte dem Bruder von daheim die entschiedene Weisung mit,
unverzüglich Basel zu verlassen und über Italien in langsamen
Tagereisen die Heimfahrt anzutreten. Die Verhältnisse in Polen
hatten sich derart zugespitzt, daß sie die Rückkehr des jugendlichen
und begabten Propstes wünschenswert machten. Strengere Maßregeln gegen das immer stärker um sich greifende Gift der Reformation waren während der Abwesenheit Laskis ergriffen
worden; man hielt es für dringend geboten, die Streitkräfte zu-
sammenzuziehen, die man im ausbrechenden Kampfe verwerten
zu können hoffte. Auch auf den Neffen des Primas und den
Freund von Erasmus wurde als ein befähigter Kämpe der bedrohten Kirche gerechnet. Seine beiden Brüder hatten bereits
offen Farbe bekannt, es war die entschieden kirchliche, der Reformation entgegengesetzte Farbe des Hauses Laski; sie wurde fast
als selbstverständlich bei dem angehenden Kirchenfürsten voraus-
gesetzt.

Der königliche Botschafter überbrachte an Erasmus die heftige Schmähschrift des uns bereits und zwar unvorteilhaft bekannten Bischofs Krzycki wider Luther und seine Anhänger*).
Sich des Freundes von Erasmus für solch einen Botendienst
zu bedienen, um dadurch in persönlichen Verkehr mit dem gefeierten Haupte der Humanisten zu treten, dafür war dem niedrig
gesinnten Schmäher der Neffe seines verhaßten Erzbischofs denn
doch gut genug. Auf dem Reichstage von 1523 war der geistvolle und schreibgewandte Bischof sowohl vom Könige als auch
von seinen Kollegen zu dieser Schrift veranlaßt worden, wenn
auch gewiß nicht zu der ganzen Maßlosigkeit des Inhalts. Jetzt
bekannte er in einem Begleitschreiben dem Erasmus, daß bei

---

*) Leider ist mir auch in den Petersburger reichen Bibliotheken die
Schrift nicht in die Hand gefallen, ihr Inhalt mir nur aus Auszügen und
Mitteilungen in anderen Werken bekannt geworden.

der Abfassung auch der Wunsch ihn geleitet und die Form beein-
flußt, die Verdächtigung, als ob er selbst den Ansichten Luthers
im stillen huldige, zu entkräften*). Wie es gemeinen Naturen,
die die Wahrheit nicht lieben, zukommt, that er es in gesteigerter
Schmähung. Luther scheint die Arbeit nicht zu Gesicht bekommen zu haben, wenigstens habe ich in seinen Schriften keine
darauf hin bezügliche Stelle gefunden. Hätte er das Lästerbuch
gesehen, so wäre es wohl auch mit dem Worte abgefertigt worden:
„Teufel, du leugest! Hanswurst, wie leugest du! O Hans
Wolfenbüttel, welch ein unverschampter Lugener bist du! Speiest
viel und nennst nichts, lästerst und beweisest nichts."**) Erasmus ist auf eine Kritik der Schrift nicht eingegangen, sie war
ihm denn doch vielleicht zu stark***). Er erwiderte die Gabe
mit dem Geschenk eines Werkes des gegen die Reformation ebenfalls heftig auftretenden Bischofs von London, Tonstall.

Schwerlich hat der polnische Freund und Stubengenosse noch
Zeit gefunden, sich mit diesem Schmähbuch aus der Heimat vertraut zu machen. Die Abreise stand vor der Thüre. Geplant
war, über die Alpen nach Oberitalien zu gehen, sich in Padua
und Venedig eine Zeit lang aufzuhalten und dort nähere Anweisungen abzuwarten, wann und auf welchem Wege er zurückkehren solle. Wie einen lieben Sohn stattet Erasmus seinen
Freund mit Empfehlungsbriefen an die hervorragendsten Humanisten in den Städten aus, wo Laski sich aufzuhalten gedachte.
Und mit welch warmen Worten führte er ihn bei den Egnatius, Lupsetus, Casimbrotus ein, er der gefeiertste Humanist!†)

Den 5. Oktober 1525 brach Laski von Basel auf††). Er
reiste in Begleitung von Karl Utenhove, einem begabten,
jungen Manne aus Gent, der wie eine Art Amanuensis bei

---

*) Vgl. Tomiciana VII, 344.
**) Luther XXVI, 6.
***) Erasmus, S. 783.
†) Ebd., S. 779.
††) Erasmus schildert die Abreise mit den starken Worten: „multos
homines et inter hos Erasmum occidit, tantum sui desiderium reliquit
abiens, cum quibuscunque habuit consuetudinem" (784).

Erasmus lebte, vielfach von ihm, zumal bei wichtigen Brief-
sendungen, benutzt wurde und jetzt auch wieder den Auftrag hatte,
bis nach Rom Botschaft auszurichten. Über sein Latein hat der
Meister wohl zu klagen, der klassischen Sprache bediente sich der
Genter nicht mit der gleichen Leichtigkeit und Gewandtheit wie der
junge Freund aus Polen, aber er freute sich der treuen Hingabe
des Flamänders und das Zusammensein mit ihm gereichte dem alternden Manne zum Troste*). Uns fesselt an dem Reisegefährten
besonders, daß wahrscheinlich bei dieser Romfahrt die Bande mit
der Familie geknüpft wurden, die nach Jahrzehnten den Bruder
des Karl Johann so innig und treu mit Laski zusammen-
hielten. Auch Karl war ihm ein lieber Genosse auf der Fahrt
geworden; er meldete seinem Amerbach über ihn, daß er sich
keinen treueren Führer, noch angenehmeren Begleiter hätte wünschen können.

Der erste uns erhaltene Brief von der Reise ist von Venedig
aus geschrieben den 26. November 1525 voll Heimwehs nach
den Freunden in Basel**). Ob die Reisenden so lange unterwegs sich aufgehalten, ob ein mehrwöchentlicher Aufenthalt in
Padua schon vorausgegangen, ist nicht zu ersehen. Zunächst ist
unser Freund für längere Zeit in der Dogenstadt festgehalten;
er hat einen Boten nach Krakau gesandt, dessen Rückkehr er abwarten muß. Es zieht ihn aber um diese Zeit mit Macht nach
Spanien. In Madrid, in einer engen Stube einer der Be-
festigungstürme mit der trostlosen Aussicht über die öden Ufer
des Manzanares***), siechte in schimpflicher Gefangenschaft
Franz I. dahin, dessen stolzen Einzug in Bologna als Sieger
von Marignano die Brüder Laski mit angesehen, damals ahnungs-

---

*) Herminjard II, 183.

**) „Plane video, Amerbachie clarissime, verum esse comitem volup-
tatis moerorem, qui cum incredibilem semper ex tua consuetudine sim
solitus capere et voluptatem et fructum, nunc tanto ejus desiderio tenear,
ut non litteris modo sed nec verbis quidem explicere satis possum . . . .
Jamque vale amicorum amicissime et me ut coepisti ama et Erasmo
meo subinde commendes, Glareano nunc profecto scribere non narravit.
Eum tuum et Beatum ac etiam Pellicanum meum ex me cupio diligenter
salutari.“

***) Michelet VIII, 251.

los, daß einer von ihnen des Königs treuer Gefährte in der Gefangenschaft sein würde. Seitdem Hieronymus seine beiden
Brüder auf die Gesandtschaftsreise mitgenommen (1523), war
Stanislaus am französischen Königshofe zurückgeblieben; Franz I.
hatte an dem jungen, feingebildeten Polen, der sprachgewandt in
allen ritterlichen Künsten sich auszeichnete, Wohlgefallen gefunden
und ihm eine Stelle in seiner nächsten Umgebung eingeräumt.
Fortan wich Stanislaus nicht mehr von des Königs Seite.
Er begleitete ihn auf seiner Fahrt nach Italien, verbrachte mit
ihm den Winter 1524 in der Lombardei*), erlitt dann aber auch
mit ihm die Schmach von Pavia. Laski gehörte zu den Gefangenen; als Pole erhielt er zwar die Freiheit, aus freien
Stücken aber blieb er in der Umgebung des königlichen Gefangenen. Zunächst eilte er nach Paris, die traurige Botschaft
zu übermitteln, von da ging er nach Madrid, wohin der König
gebracht worden war. In den trüben Wintertagen ward der
König aussichtslos in dem einsamen Turme festgehalten; Johannes wollte seinen edelmütigen Bruder besuchen. Wahrscheinlich aber erhielt er in jenen Tagen die Nachricht von seiner Abreise. Margareta von Valois war im September zu ihrem
leidenden, so innig geliebten Bruder geeilt. Die Reise war denn
doch ein Wagestück, das zu bestehen allerdings die hingebende
Schwesternliebe der königlichen mignonne keinen Augenblick zauderte. Ihre Erscheinung führte den hinwelkenden Bruder zum
Leben zurück. Als sie ein paar Wochen später nach Frankreich
heimkehrte, nahm sie den treuen Polen als Reisegefährten mit**).
Dem polnischen Gesandten in Toledo, dem berühmten Johannes
Dantiscus, war die Abreise des einflußreichen Landsmannes
sehr ungelegen gekommen; er hatte gehofft, durch seine Vermittelung dem Kaiser Briefe zustellen zu können, als dieser die erste
Zusammenkunft mit seinem königlichen Gefangenen hatte, zu der
kein Gesandter zugezogen wurde.

Woche auf Woche verstrich unserem Laski in Venedig, ohne

---

*) Michelet (VIII, 228) führt die Stelle von Guiccardini an: „Le
roi s'amusait, donnant tout au plaisir, rien aux affaires. Un hiver
d'Italie, passé ainsi, lui semblait assez doux.“

**) Tomiciana VIII, 310.

daß der ausgesandte Bote zurückkehrte; noch im Januar des folgenden Jahres war derselbe nicht in Krakau eingetroffen. Laski
beklagte ihn als einen auf der Reise Ermordeten, ein Ereignis,
das in jenen unruhigen Tagen, wo es auf allen Heerstraßen
gährte, nur allzu häufig stattfand. Ein Winter in Venedig verbracht war auch damals schon eine Wonne, die man willig auch
mit der Ungewißheit, was in der nächsten Zukunft zu beginnen,
bezahlte. Die meisten angesehenen Polen stiegen in jenen Tagen
im Fondaco de Tedeschi ab, jenem heute noch fesselnden Baue im
Osten der Rialtobrücke am großen Kanal. Der reichen deutschen
Kaufherren reger Kunstsinn hatte nicht gespart, ihr Eigentum in
einer Weise zu schmücken, würdig der damaligen Königin der
Meere, und Venedig beherbergte in jenen Tagen wie wohl kaum
wieder vorher und nachher eine Fülle von Künstlern, auf jedem
Gebiete solch einem Streben formvollendeten Ausdruck zu leihen.
Tizian und Giorgione wetteiferten, ihrer Kunst beste Hervorbringungen in dem Kaufhaus der Deutschen zur Geltung zu
bringen. Nach der Kanalseite waren an dem Bau noch frisch
die Gemälde, die Giorgione als kunstvolle Dekoration gemalt
hatte, und seine Arbeit hatte Tizian, dessen Genius seinen Hoch-
flug begann, fortgesetzt. Was muß das damals für eine Gondel-
fahrt gewesen sein, längs dem Canale grande, wo alle diese Herr-
lichkeiten, eben erst entstanden, in lebensvoller Gegenwart grüßten,
nicht wie heute, wie aus einer untergegangenen Welt fremdartig
und wehmütig in eine so ganz andere Umgebung hineinschauen.
Ob unser Laski mit Tizian in nähere Verbindung getreten,
wie er Holbein in Basel bei seinem Freunde Amerbach
kennen gelernt, dafür haben wir keine Kunde; fast möchten wir
es bezweifeln. Gerade um jene Zeit machte Tizian die Bekanntschaft jenes niederträchtigen Aretin und so lange diese
währte, konnte der sittenstrenge Laski keine Anknüpfungspunkte
gewinnen.

Wir haben unseren Freund wohl hauptsächlich im Kreise der
angesehenen Humanisten aufzusuchen, bei denen er in so warm-
empfohlener Weise durch Erasmus eingeführt war. Erasmus dankt in späteren Briefen sowohl dem Casimbrotus
als auch dem berühmten Egnatius für die herzliche Aufnahme,

die beide Männer seinem polnischen Freunde geboten haben*).
Der Hausfreund der Frobens und Amerbachs wird gewiß
in Venedig in dem Hause des gleich hoch angesehenen Druckherrn
Aldus verkehrt haben. Die besten Häuser standen dem jungen
Polen offen. Der Doge war zwar nicht mehr am Leben, an
den der Oheim vor länger als einem Jahrzehnt die königliche
Botschaft ausgerichtet. Auch sein Nachfolger, der fast neunzig-
jährige Grimani, dessen feste, charakteristische Züge in den
unvergänglichen Darstellungen Tizians lebensvoll vor unseren
Augen stehen, war bereits gestorben und die stolze Tiara trug
nun Andreas Gritti. Er hatte in früheren Jahren als Ge-
fangener in Konstantinopel geschmachtet, er war Genosse des wechselnden Glückes von Franz I. in Italien und doch schlau und
gewandt genug, sein venetianisches Heer von der Schlacht von
Pavia fern zu halten. Es waren schwere Tage für die See-
macht Venedigs angebrochen; dort im Osten erhob unheimlich
sein siegreiches Haupt der Sultan, beiden Mächten gleich bedenklich, Polen, dessen Grenzen sich mit denen der Türkei berührten,
Venedig, der Königin des Mittelmeeres. In der gemeinsamen
Gefahr für beide Völker wird die Anwesenheit des Neffen des
polnischen Primas nicht unbemerkt verstrichen sein, wenn uns
auch keine Andeutung einer Berührung Laskis mit dem Dozen
erhalten ist.

Schon nahte der Februar, und immer noch war der Bote
aus Krakau nicht eingetroffen, auch keine Meldung von da mit
neuen Verhaltungsmaßregeln angelangt. Bis Pfingsten hoffte
Laski sicher eine Entscheidung, vielleicht, daß sie so ausfällt, wie
er seinem Freunde in Basel meldet, daß er vor seiner Heimkehr
noch einmal die Schweiz und Frankreich besuchen werde. Die
Verzögerung war ihm peinlich. Er hatte von Amerbach für
die Reise Geld aufgenommen und war durch das Ausbleiben des
Boten außerstande, die Schuld innerhalb der gegebenen Frist
zu tilgen. Endlich im März traf die lange ersehnte Nachricht
von zuhause ein und alsbald wurde die Heimreise angetreten.
Schon am 8. April kann er seine Ankunft in Posen melden.

---

*) Vgl. Erasmus, S. 1105. 1107.

Hier hat er bald auch in der gewerbreichen Stadt Handelsleute
ausfindig gemacht, die nach Basel gehen und bereit sind einen
Teil der aufgenommenen Schuld daselbst abzutragen. Auch kostbare Geschenke nehmen sie an die Freunde in Basel mit: zwei
Zobelfelle, und zwei Bund Hermelinfelle.

Nur wenige Tage hält sich Laski in Posen auf und eilte
dann weiter nach Krakau, wo er nach zweiundeinhalbjähriger Abwesenheit in der Mitte des April eintraf.

6.

Das letzte Jahrzehnt als Katholik in der Heimat.

————

a) Schweres Einleben zuhause.

Schwerer als vor zehn Jahren fiel jetzt unserem Laski das Einleben in die alten Verhältnisse daheim. Auch in jenen Tagen, in denen sich Polen anschickte, den Höhepunkt seiner Geschichte und seiner Blüte zu ersteigen, kam es auch ein Landeskind, das ein paar Jahre die andere Luft in den Heimstätten der Humanitätsstudien geatmet, zunächst nicht leicht an, sich zuhause wieder zurecht und behaglich zu finden. Es war eine so köstliche Zeit, die unser Freund draußen verbracht, voll bedeutsamster Anregung, im unvergeßlichen Zusammenleben mit den hervorragendsten Männern, ganz dem Genusse der Studien hingegeben und, wie es die Herzensneigung war, in der behaglichen Stille eines freien, unbeengten Lebens. Der schöne Lebensfaden war wie von unholder Hand zerschnitten und Laski sah sich wieder in die alten Verhältnisse zurückgeworfen, denen er vor fast drei Jahren entflohen und die sich kaum in der Zwischenzeit verändert.

Zunächst waren die Augen rückwärts gewandt, im Geiste wenigstens mit den Freunden fortzuleben. Ein reger Briefwechsel wurde unterhalten; nur vereinzelte Bruchstücke hat ein günstiges Geschick uns bewahrt, mehr Schreiben an Laski, als von seiner Hand. Ein glücklicher Fund von letzteren, die in erfreulicher

Weise die kärglichen Proben der Gesamtausgabe*) ergänzen, läßt
hoffen, daß da oder dort noch in alten Schriftsammlungen Briefe
sich verbergen mögen, einem späteren begünstigteren Forscher angenehmer Lohn für oft so mühselige, vergebliche Nachspürungen.
Auch aus den Briefen der Freunde läßt sich heraushören, was
der Inhalt der Laskischen Schreiben gewesen sein mag. Die
alten Studiengenossen lassen ihn teilnehmen an dem Fortgang
ihrer wissenschaftlichen Arbeiten; auch die scheinbar fernsten Gänge
ihrer Forschungen halten sie nicht für zu abgelegen, durch eingehende Mitteilungen Laski zum Begleiter einzuladen; hier
widmet ihm ein Studienfreund ein Werk über die Geographie,
da wird er von einem anderen auf dem Laufenden erhalten über
seine Ausgabe eines alten Klassikers, dann wieder empfängt er
erbetene Mitteilungen über die Musik bei den Alten: kurz wir
sehen, wie der rege Wissenstrieb des Meisters Erasmus auch
auf unseren Laski übergegangen, der sich begeistert seinen Schüler
nennt. Kürzer und knapper sind die Mitteilungen über die großen,
weltbewegenden Tagesfragen. Fast nur so weit als die hochgehenden Wogen bis in das Arbeitszimmer des Gelehrten dringen, empfängt der Neffe des Primas von Polen Kunde, meist in verdrießlicher Laune abgefaßt, weil von solchen zumal, die sich von
dem gewaltigen Gang der Ereignisse in die Enge gedrängt fühlen
und einen ruhigen Erdenwinkel nur noch begehren, wo sie sich
einspinnen und über den so wesentlich ihren gehegten Erwartungen
widersprechenden Gang der Dinge schmollen können.

Der bloß briefliche Verkehr bot unserem so vereinsamt sich
fühlenden Freunde nicht genügenden Ersatz für den reichen Genuß
persönlichen Zusammenlebens. Als er von einer bedenklichen
Krankheit des Erasmus Kunde empfängt, möchte er am liebsten alles im Stiche lassen und zu dem hochverehrten Meister
eilen, die letzten Stunden gemeinsamen Zusammenlebens mit ihm
zu genießen. Aber die Pflichten des Berufes halten ihn nun mit
unlösbaren Banden fest. So versucht er die Freunde nach Polen

---

*) Kuyper (II, 547. 548) hat nur 2 Briefe von Laski für einen Zeit-
raum von 14 Jahren, streng genommen für die ersten 40 Jahre seines
Lebens. Uns standen 14 weitere zur Verfügung.

zu ziehen. Es fehlte nicht viel und es würde ihm bei seinem liebsten Genossen Amerbach eine solche Übersiedelung geglückt sein. Es ist von diesem noch ein Brief an Zasius aus dem Jahre 1526 erhalten*), worin der Baseler Rechtsgelehrte berichtet, daß er vor ein paar Tagen (der Brief ist am Dienstag vor Bartholomäus geschrieben) von Johannes a Lasco einen Ruf nach Polen unter den glänzendsten Bedingungen erhalten habe. Er war nicht abgeneigt, dem sehr verlockenden Rufe zu folgen; endgültig hielt ihn aber doch in Basel fest, daß er die Seinigen nicht verlassen wolle, und das rege Heimatsgefühl, das uns, wie er so schön sich ausdrückt, den heimischen Rauch zuträglicher erscheinen läßt als fremdes Feuer (dein quod ita nobis natura insitum est, ut fumum patrium igni alieno luculentiorem credamus). In jenen Tagen regte sich überhaupt in Polen der Wunsch, bedeutenden Männern eine Freistätte anzubieten, zumal solchen Gelehrten, die, mit dem lärmigen Gang der Ereignisse unzufrieden, eine ruhige Zuflucht sich wünschten. Krzycki lud in warmen Worten den Erasmus ein, aus der Unruhe draußen nach dem stillen Polen zu flüchten, wo er unbehelligt seinen Studien leben und ungetrübt die hohe Achtung und Huldigung des polnischen Adels, diesem König der Wissenschaft freigebig gezollt, genießen könne. Aber Erasmus, und zwar mit Recht, hielt auch Polen schon nicht mehr für diesen gepriesenen Bergungsort**).

Zu einem genießlichen Stillleben im brieflichen Verkehre mit den Freunden draußen war unser Laski nicht in die Heimat zurückgerufen worden. Der Neffe des Erzbischofs von Gnesen nahm selbst schon eine zu hohe Stufe ein, als daß das Vaterland in den drohenden Notständen nicht auch auf ihn gezählt hätte. Nach der Meinung des Erasmus bedurfte die Kirche gerade solcher Männer, wie er einen in diesem seinem jugendlichen Freunde in so glänzender Weise gefunden. Er schreibt an den Bischof von Plozk, daß niemand der Kirche gegenwärtig nutz-

---

*) Stinzing, S. 373.
**) Erasmus, S. 1127.

9*

bringender sei, als Männer, die zu ihrem Leidwesen von den
holdseligen Studien der Philosophie weg dazu berufen werden,
mit ihrem Rate dem Vaterlande zu helfen*). Dieser Rat, soweit er auf Laski vornehmlich anspielte, war aber verdächtigt
worden und unser Freund hatte sich zunächst von dem Argwohn
zu reinigen, der dunkle Schatten auf ihn geworfen. Als der
Dekan von Gnesen so lange im Auslande weilte, zumal in Basel,
von wo gar manches üble Gerücht nach Krakau gedrungen, daß
auch da bereits die arge Irrlehre immer festeren Boden gewinne,
als die Kunde selbst nachhause gelangte, daß dieser Priester der
heimischen Kirche in Zürich Zwingli besucht, dessen Name zwar
nicht so bekannt und darum auch nicht so verhaßt war wie der
Luthers, da war das Gerücht alsbald geschäftig, vorzüglich in
den dem Erzbischof aufsässigen und feindselig gesinnten Kreisen,
den Neffen des Primas zu einem Ketzer zu stempeln und von
ihm auszusagen, daß er wie so mancher Priester bereits ein Weib
geehelicht. Hätte er nur dem hundertfältigen Beispiele in der
heimischen Kirche nachgeahmt und ein Weib sich zugesellt zur Lust,
dann wäre die Anklage nicht so erschwerend gewesen, aber mit
einem Eheweibe in treuem, gottwohlgefälligem Bunde lebenslang
Leid und Freud teilen zu wollen, das galt den Pharisäern jener
Tage als schmachwürdiges Vergehen. Den eigenen Lieblingsneffen,
in dem er jahrelang seinen einstigen Nachfolger erhofft und erkannt, in den Reihen der Abtrünnigen, die sich von der Mutterkirche losgelöst haben, zu erblicken, das wäre für den alternden
Erzbischof der herbste Leidenskelch gewesen. Von ihm ging wohl
die dringende Weisung aus, unverzüglich das anrüchige Basel zu
verlassen; von Italien hatte der polnische Primas noch nicht vernommen, daß auch da schon reformatorische Bewegungen sich gezeigt. Deshalb sollte die Rückreise nicht über Augsburg, Leipzig,
gar Wittenberg nach Posen gemacht werden, sondern lieber auf
dem Umwege über die Alpen und Italien und zwar langsam mit
längerem Weilen in Venedig, um etwaige bedenkliche Ansätze durch
die Nähe von Rom ausmerzen zu lassen.

---

*) Erasmus, S. 1127: „Orbi christiano nulli sunt magis utiles
quam qui reluctantes a Philosophiae dulcissimis studiis ad patriae con-
sulendum revocantur."

Unser Laski konnte, als er endlich heimgekehrt war, frei und
offen seinem Oheim unter die Augen treten. Eine Frau hatte
er nicht in der Fremde geehelicht, wie seine Neider ausgesprengt
haben mochten, und anders als im ehelichen Bunde begehrte er,
der sittenreine, sittenstrenge Mann, keinen Umgang mit dem Weibe.
Aber auch von der anderen Anklage wußte er sich frei. Merle
d'Aubigné meint in dem Reinigungseide einen Abfall des jungen
Laski von der Höhe annehmen zu müssen, die er im Umgange
mit den Freunden in Basel bereits erstiegen*). Ein so scharfes
Urteil können wir in keiner Weise fällen. In seiner Ansicht über
die Reformation unterschied sich bei seiner Rückkehr in das Vaterland unser Laski noch in keiner Weise von seinem Meister
Erasmus. Mit ihm war er von der Notwendigkeit einer Reformation der Kirche an Haupt und Gliedern durchdrungen; von
daheim her und auf seinen vielen Reisen, die ihn in Berührung
auch mit den höchsten kirchlichen Persönlichkeiten gebracht, hatte er
übergenug Gelegenheit gehabt, die tiefen und schweren Wunden zu
sehen, an denen die Kirche litt. Mit Erasmus war auch er
der Überzeugung, daß der größte Schaden von den Dienern der
Kirche selbst ihr beigebracht und die heftigste Klage über sie und
ihr ungeistliches Leben nur allzu berechtigt sei. Aber mit seinem
Lehrer hegte er dann auch die Hoffnung, daß diese notwendige
Reformation der Kirche ohne den Riß geschehen könne, den er zu
seinem tiefsten Bedauern von Tag zu Tag sich erweitern sah.
Mit der ganzen Innigkeit und Treue seines Gemütes hing Laski
an seiner Mutterkirche, außerhalb deren er sich kein Heil denken
konnte. Für ihn, den Polen, der in den kirchenpolitischen Anschauungen seines Oheims und des Hofes, sowie der gesamten
Geistlichkeit seines Vaterlandes zum Manne herangereift, war jedes
Brechen mit der Kirche ein Bruch mit dem Vaterlande: beides
hätte sein für Kirche und Vaterland glühendes Herz damals nicht
verwinden können. Daß Christus auch ein solches Opfer von
seinem Jünger fordern kann, dafür war ihm bis dahin der evan-

---

*) Merle d'Aubigné VII, 572: „Toutefois ce serment prêté par
de Lasco fut ainsi que sa mondanité une véritable chûte!" Es würde
dem hochverehrten Erzähler der Reformation schwer gefallen sein, auch für
die letztere Behauptung seiner weltlichen Gesinnung den Beweis anzutreten.

gelische Geist, der die Reformatoren beseelte, nicht persönlich nahe genug gerückt.

Zunächst bewegte er sich in der Fremde als Pole, dem ferne steht, was den Einzelnen in seinen heimischen Verhältnissen weiter und weiter auf dem Wege zur Lostrennung trieb. Die Berührung mit Zwingli kann nur eine ganz flüchtige gewesen sein, nachhaltig genug, um ihm den Stachel in die Seele zu drücken, der ihn in die Tiefen des Evangeliums hineintreibt, entscheidend genug, um ihn nach Jahrzehnten noch dankbaren Herzens als den Mann Gottes zu bezeichnen, der ihm mit kräftiger Hand den ersten Anstoß zu jener Bewegung gegeben, die nur in der evangelischen Kirche ausmünden kann, aber doch nicht lange und drängend genug, um damals schon von seinem Gewissen das verhängnisvolle Opfer der Entscheidung zu fordern. Jene bedeutsame Stelle, wo Laski nach dreißig Jahren über seine Berührung mit Zwingli redet, ist in Ermangelung ausführlicherer Nachrichten über den Gang seiner Entwickelung meist auf Kosten der psychologischen Wahrheit ausgenutzt worden. Oecolampad, Pellikan hatten während seines Baseler Aufenthaltes selbst noch nicht den letzten Schritt gethan, der zum offenen Bruch führen mußte. Die Heroengestalt des deutschen Reformators war unserem Polen leider nur in der Strahlenbrechung entgegengetreten, in der sie in der Umgebung des Erasmus sich zeigte. Das war nicht mehr das klare, große Licht, wie es zur Zeit des ersten Aufflammens der Reformation auch der große Humanist noch sah und anerkannte; da war schon der Nebel aufgestiegen, der es dem Erasmus je länger je mehr unmöglich machte, hinter den trüben, schwankenden Umrissen die wahren Züge des Führers der Reformation zu erkennen und zu würdigen. Der verhängnisvolle, unheilbare Bruch zwischen dem Führer der Reformation und dem anerkannten Haupte der Humanitätsstudien war gerade in der Zeit des Zusammenwohnens mit Erasmus eingebrochen. Die heftige, gereizte Sprache des Wittenbergers verletzte auch den Gastfreund, der im Mitgefühl für den so arg angegriffenen Meister ritterlich Partei für ihn ergriff und dadurch sich selbst die Prüfung erschwerte, von der ihn abstoßenden Hülle zu dem goldenen Kern des Reformators vorzudringen. Von der Form abgestoßen, war ihm der Zugang zu dem Inhalte erschwert. Was Erasmus zuerst in dem feinen, überlegenen Ton, den er so leicht und gewandt zu handhaben verstand, auf die Angriffe Luthers erwiderte, das mußte einer Anschauung einleuchten, die im Banne des sogen. gesunden Menschenverstandes noch nicht einen Blick in die unheimliche Tiefe der Sünde, der völligen Verderbtheit der menschlichen Natur gethan, die noch nicht an diesem Abgrund stehend nur nach Gnade geschrieen, wie ein Hirsch schreiet nach frischem Wasser, mußte einer Anschauung zusagen, die noch nicht die Wege eines Augustin und Paulus gegangen bis zu dem Punkte der Erkenntnis, daß wir aus Gnaden selig werden allein durch den Glauben an Jesum Christum. Das war damals unserem Laski noch ein mit sieben Siegeln verschlossenes Geheimnis, und die herbe, schonungslose Sprache des Reformators weckte bei dem feingebildeten Polen nicht die Lust, dies Geheimnis zu entsiegeln. Gott führte ihn in jenen Tagen noch andere Wege, aber auf das gleiche Ziel hin.

Es kam ein weiteres, erschwerendes Moment hinzu. Unser Freund hatte noch in Basel Gelegenheit, den bedenklichen Bund zu sehen, den die Reformationsbewegung mit der revolutionären Aufregung und Gährung im Bauernstand machte, und wer bürgte ihm dafür, daß nicht die auf religiösem Gebiete entsprungene Strömung auf politischem, auf demagogischem Gebiete ausmünden und sich verlaufen werde? Es waren denn doch schon recht unheimliche Stimmen, die bereits 1524 und 1525 von den oberschwäbischen Bauern in ihren zwölf Artikeln verlauteten! Drüben im nahegelegenen Waldshut agitierten Hubmaier und Reublin; im Klettgau regte Münzer die Bauernschaft im Herbst 1524 auf, nachdem er aus Mühlhausen ausgewiesen über Nürnberg und Basel dahingezogen war. Die Männer, die an der Spitze der erregten Volkshaufen standen, waren noch bis vor kurzer Zeit mit den Reformatoren in Deutschland und der Schweiz befreundet. Trotz des offenkundigen Bruches mit ihnen, wie leicht und bequem war für die Feinde der Reformation der Vorwurf, diese Besorgnis erregenden Aufstände als die folgerichtigen Früchte der Reformation zu bezeichnen. Es gehörte schon ein Ergriffensein von dem Evangelium dazu, diesen Vorwurf nicht zu teilen. Für Laski aber hatte solche Meinung etwas Einleuchtendes und er hatte sich hauptsächlich in solchen Kreisen bewegt, die ihn in dieser Meinung bestärkten.

Mit dem Gewinn solcher Eindrücke war unser Freund nachhause und in den Dienst seiner Kirche zurückgekehrt. Er konnte seinen Oheim wohl bald überzeugen, daß die von seinen Nebenbuhlern und Neidern ausgesprengten Gerüchte über seine Hinneigung zur Reformation falsch seien. Das genügte aber dem Erzbischof nicht. Was sich die Gegner ziemlich laut zuflüsterten, mußte offen widerlegt werden, und so forderte er denn von seinem Neffen, daß dieser, was er ihm unter vier Augen bekannt, in Gegenwart eines seiner entschiedensten Gegner, des Bischofs von Krakau, durch einen Reinigungseid bekräftige. Das Schriftstück dieses Eides bewahrt noch das Königsberger Geheimarchiv in der Handschrift Laskis*). Er versichert in diesem Gelöbnis, daß er mit päpstlicher Bewilligung (ex indulto Apostolico) viele Schriften auch derer gelesen, die sich von der römischen Kirche getrennt, aber er habe mit Wissen und Willen keine Meinung, keinen Glaubenssatz angenommen, der der Lehre der römisch-katholischen Kirche widerspreche. Sollte er unklugerweise gefallen, sollte er in einen Irrtum geraten sein, wie es ja auch den gelehrtesten und heiligsten Männern geschehen könne, so widerrufe er dies offen und ausdrücklich und bekenne aus freien Stücken, daß er keine Lust verspüre, jemals Secten oder Lehren zu folgen, welche der Einheit der römischen Kirche und ihren Einrichtungen entfremdet wären, und daß er nur das festhalten wolle, was von der römischen Kirche angenommen und gutgeheißen sei. In gleicher Weise gelobt er dem heiligen Stuhle, seinen Oberen und Bischöfen in allem Erlaubten und Ehrbarem lebenslangen Gehorsam. „Das schwöre ich; so möge mir Gott helfen und die heiligen Evanglien Gottes."

Es war unserem Laski in jenen Tagen heiliger Ernst um diesen Eidschwur, der vollkommen die Stellung zu seiner Kirche abspiegelt, die er ihr gegenüber noch einnimmt. Alles, nur keine Loslösung von der einen, heiligen, apostolischen Mutterkirche. Außer ihr giebt es keine andere. Sie ist wohl reformations-

---

*) Abgedruckt bei Kuyper II, 547.

bedürftig, aber als Trägerin der Wahrheit trägt sie die Heil-
kraft in sich und wird aus ihrem eigenen Vermögen die Schäden
überwinden und heilen, die auch sein frommes Auge erkannt hat.
Wahrlich, es war nicht Furcht, seine Pfründen einzubüßen und
in ein schmerzensreiches Marthrium hinauszuwandern, was ihm
das Wort auf die widerwillige Lippe gelegt, ebenso wenig die
Rücksicht und kindliche Pietät wider den Oheim, es war seine
volle Überzeugung, die als ein Herabsinken, ja als einen Fall
nur der bezeichnen dürfte, der den unwidersprechlichen Beweis zu
führen imstande wäre, daß er vorher bereits innerlich los von
der römischen Kirche die evangelische Höhe erstiegen hätte. Der
Beweis ist bis jetzt nicht erbracht worden und wird es auch wohl
in der Folge nicht, wenn reichlichere Quellen geöffnet sein werden.

Nachdem in so auffälliger Weise alle die hämischen Verdächtigungen zum Schweigen gebracht waren, wandte sich unser Laski
mit regstem Eifer seinen Berufspflichten zu. Krakau wäre wohl
imstande gewesen, den jugendlichen Kirchenfürsten zu fesseln, wenn
sein Sinn auf weltliche Unterhaltung und Genüsse gerichtet gewesen wäre. Hier drängte sich am Königshofe Fest auf Fest.
Bona, die neue Königin, eine italienische Fürstentochter voll
südlicher Lebenslust, aber auch voll Lust an Ränken und Um-
trieben, liebte glänzende Hofhaltung. Dazu kam das rege, bewegte Leben in der Residenz, wie es die fortwährende Befürch-
tung vor schweren, verhängnisvollen Waffengängen erzeugt. Im
Norden standen drohend die Preußen, unwillig das polnische Joch
zu tragen, im Osten lauerten die Russen, im Süden erhob in
ängstlicher Weise der siegreiche Soliman sein Haupt. Wo seine
wilden Horden vordrangen, da war es für Jahrzehnte um den
Volkswohlstand geschehen, und Polens Grenze berührte sich auf
weiter Strecke mit dem unklaren Gebiete des gefahrdrohenden
türkischen Nachbars. Höfische Feste, wilder Kriegslärm waren
aber nicht nach dem Geschmack des Schülers von Erasmus.
Seufzend schreibt er nach Basel: „Hier nur Schlachten, schreck-
liche Schlachten, sonst nichts."*) Er flieht von dem Königshofe

---

*) „Hic bella, horrida bella, praeterea nihil."

und stürzt sich in die Verwaltung seines ausgedehnten kirchlichen Sprengels*). Aber gewaltsam wie ein aufgescheuchtes Reh wird er immer wieder abgezogen und muß den Blick auf den wilden Gang der politischen Ereignisse gerichtet halten; Glieder seines Hauses haben entscheidungsvoll in die Speichen des rollenden Rades gegriffen, die Bruderliebe läßt ihn nicht das Auge vor dem schließen, was die Familie selbst in Mitleidenschaft ziehen kann. Auch wir müssen deshalb einen Blick auf die Vorgänge auf der Weltbühne werfen.

b) Laskis Thätigkeit auf politischem Gebiete.

Machte die Reformation die Grundfesten der Kirche erbeben, so ging gleichzeitig durch das Staatenleben eine Erschütterung, die eine völlige Umwälzung aller bestehenden Verhältnisse nach sich ziehen zu wollen drohte. Das Vorgefühl einer neuen Zeit durchzittert deutlich die Politik der einzelnen Staaten. Vom Osten her schien die Entscheidung zu kommen. Dort an der Grenzscheide zweier Weltteile erhob sich unheimlich wie ein eisernes Verhängnis die mächtige Gestalt Solimans des Prächtigen, unter allen türkischen Herrschern vorher und nachher der größte, bedeutendste. Auf der blutgetränkten Straße, auf der einst die Vandalen, in jüngster Zeit die Tataren ihren Einbruch in Europa gehalten, stieg auch er, der kühne, gewaltthätige, siegestrunkene Moslem herauf, mit Scharen ungezählt wie ein Heuschreckenschwarm, und wo die auch nur einen Augenblick sich niedergelassen, da war zerschmettert und in den Boden gestampft, was lange Jahrzehnte in mühsamem Fleiße errichtet. Auf Rhodus, dem letzten Bollwerk aus den Zeiten der Kreuzzüge, wehte der Halbmond, in Belgrad hatte der Türke schon das Beiramfest gefeiert, im Königschlosse zu Ofen Soliman genächtigt und nach der stolzen, höhnenden Behauptung seiner Veziere gehörte somit Un-

---

*) An Amerbach meldet er, daß er für eine Reise nach Basel gerne die Administration abgeben möchte, „quam in primo huc reditu meo, aulam fugiens, susceperam".

garn dem Sultan, weil, wo das Haupt des Beherrschers der
Gläubigen auch nur eine Nacht geruht, der Ort sein unantastbarer
Besitz sei. Am meisten hatte Polen zu fürchten, auf so lang-
gezogener Linie der Grenznachbar des Vermessenen, der dem König
von Ungarn einst geschrieben: „Ich habe es so beschlossen und will
von einem Ende der Welt zum anderen die Grenzen meiner Herrschaft setzen."*) Um so berechtigter war die Besorgnis, da die
anderen Staaten, im dunklen tappend, welche Politik zu ergreifen sei und argwöhnisch eins auf das andere an diesem Vorabend so verhängnisvoller Wandlung, auch nicht einmal gegen
diesen Erbfeind ihrer aller zu gemeinsamem Handeln vermocht
werden konnten.

Der König von Ungarn, Ludwig, des Polenkönigs jugend-
licher Neffe, hatte sich zu rascher That drängen lassen und, ehe
noch alle Streitkräfte herangezogen waren, sich der drohenden
Lawine an den Hügeln und in den Sümpfen bei Mohacz ent-
gegengestemmt. Sein Häuflein wurde erdrückt, der heldenhafte
König war elendiglich im Morast umgekommen. Zu allem furchtbaren Elende des armen, der Wut des Siegers preisgegebenen
Landes kam als der bitterste Schlag, daß zwei gleichberechtigte
Bewerber um den Besitz der Krone stritten und das Land im
Bruderkampfe noch tiefer in den Abgrund stürzten. Auf der
einen Seite stand Johannes Zapolya, der Wojewode von
Siebenbürgen, der reichsten und mächtigsten Magnaten Ungarns
einer, des Königs von Polen Schwager — denn seine Schwester
war Sigismunds erste Gemahlin gewesen —, der seine Ansprüche
auf seine Eigenschaft als Ungar und auf das Wahlrecht des
Volkes, das er in rascher, entschiedener That zu seinen Gunsten
benutzt, gründete. Ihm stand entgegen Ferdinand von Österreich, der Schwager des umgekommenen letzten Ungarnkönigs, der
seine Rechte sowohl auf die alten Erbverträge, als auf die Ansprüche seiner Gemahlin und auf seine eigene Wahl, die er von
seinen Anhängern hatte vollziehen lassen, stützte**). Um beide
Kronbewerber sammelten sich die anderen Staaten in der Partei-

---

*) Bucholtz III, 148.
**) Die nähere Ausführung siehe bei Bucholtz III, 178 ff.

stellung, die sie in allen politischen Fragen jener Tage einnahmen. Die beiden mächtigsten Faktoren auch hier einander entgegen. Der deutsche Kaiser begünstigte seinen Bruder, F r a n z I. machte kein Hehl aus seiner Parteinahme für Z a p o l y a. Das scharfe und feine Auge Rankes weist in den verwickelten Gängen der Politik auch hier schon, vielleicht zum erstenmale, die Einwirkung und den Einfluß der Reformation nach*): wer aber möchte es heute wohl glauben, daß der österreichische Kronprätendent, wenn er sich auch katholisch hielt, doch eine gemäßigte Stellung bewahrte und bei seiner Wahl zum Könige von Böhmen das Gesuch von ein paar evangelischen Fürsten angenommen (Friedrich von Liegnitz und Georg von Brandenburg), die Religionsirrungen dem Evangelio und Worte Gottes gemäß beizulegen?

Neben K a r l V. und F r a n z I. stand in jenen Tagen in gleichem Grade ausschlaggebend in den Fragen äußerer Politik der mächtige Polenkönig S i g i s m u n d; von dieser Frage noch viel unmittelbarer berührt als die beiden anderen Herrscher. Die beiden Thronbewerber bemühten sich aufs eifrigste um die Zustimmung des einflußreichen Königs, der beiden nahe verwandt war. Gleichermaßen bemühten sich der deutsche Kaiser und der König von Frankreich um das bedeutende Gewicht Polens für die Wagschale ihrer Politik zu gewinnen. Weder bei K a r l V., noch bei F r a n z I. würde die etwaige Parteinahme so verhängnisvoll für das eigene Land geworden sein, wohin so leicht der Krieg sich spielen konnte, als bei S i g i s m u n d. Er entschied sich für Neutralität, aber jedermann wußte, daß sein Herz mit F r a n z I. auf Seiten des Schwagers stand und daß der größte und angesehenste Teil seiner Palatine und Bischöfe gleicher Gesinnung war.

Um seine Neutralität zu bekunden, wurde ein scharfer Befehl erlassen, daß kein Pole außer Landes gehen solle, um nicht seine Hilfe der einen oder anderen kriegführenden Partei zuzuwenden**).

---

*) Ranke II, 337.

**) Interessant über die Vorgänge am polnischen Hofe sind die Berichte des für Ferdinand in Krakau anwesenden Gesandten von Logschau, die in genügenden Auszügen Bucholtz (III, 214) bietet. Daselbst auch der Hinweis, daß Sigismund das Verbot, außer Landes zu ziehen, ohne Ungarn zu

Höchst ungelegen mußte deshalb dem Könige bei der ihm durch
seine Politik auferlegten Zurückhaltung der kühne und eigenmäch-
tige Schritt gerade desjenigen seiner Gesandten sein, der in den
letzten Jahren mit den wichtigsten Botschaften an die verschiedensten Höfe betraut worden war und die Aufmerksamkeit der Regenten auf sich gezogen hatte.

Während die Gesandten des Königs in Olmütz den Versuch
einer friedlichen Vermittelung zwischen den beiden Thronbewerbern,
wenn auch vergeblich, anzubahnen suchten*) — es war im Sommer
1527 —, hatte Hieronymus a Lasco von dem Könige trotz
des kürzlichen Erlasses die Erlaubnis zu einer Reise ins Ausland erhalten. Eine Wallfahrt nach Loretto war der so gar
durchsichtige Vorwand. Unterwegs bog der etwas befremdliche
fromme Pilger von seiner Bahn ab und begab sich nach Ungarn
unmittelbar zu Johannes Zapolya. Sigismund scheint
denn doch um den eigentlichen Reisezweck nichts gewußt zu haben.
Er ließ wenigstens alsbald durch seinen Gesandten am Hofe
Karls V. jede Mitwissenschaft entschieden ablehnen**). Und doch
wollten Tomicki und seine Parteigänger lange schon die Bemühungen und, wie sie meinten, landesverräterischen Absichten der
Laski durchschaut haben***). Tomicki und Krzycki schmähten
auch deshalb wieder über ihren Erzbischof, sie, die sich nicht ent-
blödeten, zu derselben Zeit sich von Zapolya — es bleibt kein
anderer Ausdruck — Bestechungsgelder zahlen zu lassen†). Dem
Zapolya kam der angesehene Pole hocherwünscht. Sein Schritt
mußte ihm als Ausdruck der eigentlichen Gesinnung Polens erscheinen, die denn doch im raschen Verlauf der Ereignisse bald
zutage treten mußte; Hieronymus konnte ihm manches ver-

erwähnen, nur auf die drohende Gefahr vor den einbrechenden Tataren begründete.

*) Vgl. Tomiciana IX, 204. Der eine der beiden polnischen Bevoll-
mächtigten war Krzycki, nun bereits Bischof von Plozk, der so entschiedene
Gegner der Laski.

**) Tomiciana IX, 250.

***) Ebb., p. 249.

†) Die Gelder wurden aus den Fonds des erledigten Bistums von
Vesprim genommen. Vgl. über die schmutzige Sache Tomiciana IX, 253. 280.

trauliche Wort seines Königs berichten, ihm sagen, wie sein
Oheim, der mächtige Primas, seinen kühnen Schritt gutgeheißen
und viele Adelige in Polen seien, die auf den ersten Wink helfend ihm zur Seite stehen würden. Von Siebenbürgen eilte
Hieronymus als Gesandter Zapolyas*) über die Schweiz
nach Paris. Was sich jetzt in Ungarn vollzog, schien dem Plan
förderlich, an dem Franz I. wiederholt schon mit dem gewandten,
polnischen Diplomaten bei seinen früheren Botschaften gearbeitet.
In dem Kronbewerber Ferdinand konnte der verhaßte Karl V.
getroffen werden. Von Paris eilte Laski zu Heinrich VIII.
nach England, zu versuchen, ob es möglich sei, auch diesen König
für Zapolya zu gewinnen. Im Herbst sehen wir Hieronymus wieder in Ungarn bei dem Erzbischof Frangipani in
Coloszar, dem einflußreichsten Anhänger Zapolyas. Einen
höchst interessanten Brief sendet er von da an seinen Verwandten
Johannes Tarnowski, den Palatin von Reußen und Sendomir, den entschiedenen Parteigänger für Zapolya, bei dem
Laski seine eigene Familie untergebracht hatte**).

Nicht lange währte der ruhige Aufenthalt im schönen Siebenbürgen, dessen Bodenreichtum einen so günstigen Eindruck auf
Laski machte. Schon im November eilte er nach Benedig, sich
der Bundesgenossenschaft des mächtigen Staates zu versichern,
der in der Politik der letzten Jahre auf Seiten Frankreichs gegen
den Kaiser gestanden. Über Griechenland wagte sich dann Laski
an seine schwerste, aber auch am glänzendsten durchgeführte Botschaft nach Konstantinopel an den Hof Solimans, ihn um
Hilfe anzugehen. Wir schreiben keine politische Geschichte und
auch keine Geschichte des Lebens von Hieronymus und sind
deshalb der Aufgabe überhoben, diesem verhängnisvollen Schritt
in seinen Ursprüngen nachzugehen, oder auch das Verfahren des
Polen zu verstehen zu suchen oder gar rechtfertigen zu wollen.
Das Urteil von heute wird sich jedenfalls wesentlich von der Ansicht der damaligen Zeit unterscheiden und auch strenger aus-

---

*) Vgl. das interessante Schreiben Laskis an den Bischof von Kamenez,
Tomiciana IX, 219.
**) Abgedruckt Tomiciana IX, 315.

fallen*). Wir haben schon auf die uns unbegreifliche Thatsache hingewiesen, daß gegenüber diesem Erzfeind die christlichen Staaten nicht ihren kleinlichen Parteihader fahren lassen und zu gemeinsamer, mannhafter That sich aufraffen konnten. Auch der andere ungarische Thronbewerber schickte Botschaft an Soliman, wenn auch weniger gewandte und erfolgreiche. Wie immer auch das Urteil ausfallen mag, den Ruhm kann man dem kühnen Boten nicht absprechen, daß er es verstanden hat, völlig furchtlos und allzeit in voller Wahrung seiner Würde den Widerstand Ibrahim Paschas zu überwinden und sein Ziel selbst zur Anerkennung Solimans zu erreichen**).

Mit gespanntester Aufmerksamkeit, mit regster Teilnahme verfolgte unser Laski die gefahrvollen und wichtigen Missionen seines Lieblingsbruders, dessen Parteinahme für Zapolya auch er wie sein ganzes Haus, wir dürfen wohl sagen, wie ganz Polen teilte. Auch infolge der von Hieronymus eingeschlagenen Schritte war im Herbste 1527 vom Könige von Frankreich Rincon als Gesandter nach Krakau geschickt worden. Die Ge-

---

*) Die damalige Zeit urteilte in diesem Punkte viel gelinder. Mailath (III, 66) macht auf die Rede des Großveziers aufmerksam, in der er Briefe erwähnt, die Franz I. aus seiner Gefangenschaft in Spanien an Soliman gerichtet, worin er ihn bittet, ihn in seiner Not nicht zu verlassen. Auch Luther (XXXI, 102) konnte in seiner Heerpredigt wider den Türken vom Jahre 1529 der unheimlichen, drohenden Erscheinung des Soliman den religiösen Zug abgewinnen, daß er erklärte: „gleichwohl ist der Türke Gottes Rute und eine Plage über die Sünde, beide der Christen und Unchristen oder falschen Christen." Neun Jahre früher hat der Reformator sogar in seiner Schrift: „Grund und Ursach aller Artikel, so durch die römische Bulle unrechtlich verdammt worden" ein besonderes Kapitel geschrieben: „Wider die Türken streiten, ist nit anders, denn wider Gott streben, der durch den Türken unser Sünd straft" (Luther XXIV, 141). Der ehrliche, deutsche Mann hat mit Widerwillen auf das päpstliche Treiben hingeblickt, das zuerst mit frommthuendem Geschrei zu einem Krieg gegen die Türken anreizt und dann die auf solche Weise gewonnenen Gelder zu ganz anderen, eigenen Zwecken verwendet.

**) Hieronymus hat über seinen mehrmonatlichen Aufenthalt in Konstantinopel ein äußerst fesselndes Tagebuch geschrieben. Hammer (II, 62) räumt mit Recht der hier gebotenen Schilderung der Reden des Sultans und der Veziere hohen Wert ein. Ausführlicher wie die von ihm gebotenen Auszüge sind die, welche Bucholtz giebt (III, 225—239).

sandtschaftsberichte, die Logschau an seinen Herrn, den König
Ferdinand, nach Wien sandte, geben ein anschauliches Bild wie
von dem bewegten Leben in Krakau, so auch von dem entschiedenen Vorzug, dessen sich der französische Gesandte bei Hofe und
dem Adel gegenüber dem österreichischen zu erfreuen hatte*). Auch
unser Laski war bald mit Rincon innig befreundet. Von
Hause aus Spanier, war er frühe in die Dienste des Königs von
Frankreich getreten, der den fähigen, gewandten Mann mit mancher
wichtigen Sendung betraute. Hieronymus Laski kannte und
schätzte den Kollegen; seine Reise nach Paris im Auftrage Zapolyas war auch Antwort auf eine Botschaft, die im Anfang
des Jahres Rincon über Ragusa nach Siebenbürgen gebracht.
Am 16. September verließ der französische Gesandte Krakau und
begab sich wahrscheinlich über Ungarn nachhause; unser Laski
gab ihm bis weit vor das Kasimirthor hinaus das Geleite und
eilte dann den nächsten Tag zu Sigismund, wohl um ihm die
letzten Mitteilungen zu bringen**). Der vorgebliche königliche
Groll gegen die Laski scheint damals schon gewichen gewesen zu
sein. Auch nach der Abreise blieb unser Laski in freundschaft-
lichem brieflichen Verkehr mit dem französischen Boten. Das einzige Schreiben, das von ihm an Rincon erhalten ist, zeugt für
den vertrauten Umgang, den er mit ihm gepflogen, zugleich auch
wie tiefeingeweiht in die geheimen Gänge der Politik unser römischer Dekan ist und wie sehr der angehende Kirchenfürst, der
weiß, daß er einst berufen sein wird für sein Vaterland mitzu-
thaten und mitzuraten, seinen Blick auch für die Dinge der Politik geschärft hat***). Auch in diesem Schreiben finden wir eine
leise Andeutung von der Hoffnung, die die evangelisch Gesinnten
in Ungarn hegten, bei Ferdinand eher Schutz für ihren Glauben
zu finden als bei Zapolya, der wie Frankreich und Polen als
Hort und Schutzwart der Katholiken galt. Laski erwähnt, daß
die Bewohner von Wraklam eidlich von Ferdinand verlangten,
daß er sie in ihrem evangelischen Glauben bestätige. Der rö-

---

*) Auszüge bei Bucholtz III, 214 f.
**) Tomiciana IX, 298.
***) Kupper II, 548.

mische Dekan fügt bei dem Worte „evangelischen" noch wie in
ärgerlichem Tone hinzu, ut ipsi dicunt, „wie diese Leute wenigstens ihren Glauben zu nennen belieben".

Wir gehen nicht dem auf- und niederwogenden Kriegslärm
nach, der jetzt jahrelang die fruchtbaren Fluren Ungarns mit dem
reichlich vergossenen Blut der wider einander kämpfenden Stammesgenossen und der Türken bis zum Übermaß tränkte; wir verfolgen
auch nicht Hieronymus, wie er bald auf der unglückseligen
Wahlstätte von Mohacz den Zapolya seinem Schutzherrn Soliman vorstellt, der mit seinen wilden Horden sengend und brennend bis unter die Mauern Wiens vordringt, wie er dann wieder
in Regensburg auftaucht, seines Prätendenten Thronrechte geltend
zu machen, mit voller Aufopferung seine Kräfte, seine reichen,
persönlichen Gaben, sein eigenes Hab und Gut für die Sache
daransetzend, die er als die richtige sich zur Lebensaufgabe erwählt. Wir eilen dem tragischen Ausgange zu, bei dem wir unseren Laski wieder in rührender Weise für die Sache seines
Bruders eintreten sehen.

Keinem anderen Anhänger war Zapolya zu so ernstem
Danke verpflichtet als dem Laski. Er hatte dem rastlos thä-
tigen Genossen nun freilich auch gelohnt. Kesmark im schönen
Gebiet der Zips dort am Fuße der Karpathen, damals aber von
der Kriegsfurie mehr wie andere Gegenden verwüstet und aus-
gesogen, hatte er dem hochverdienten Polen zum Lehen gegeben
und seinem Bruder, unserem Johannes, die Bischofswürde in
Vesprim verliehen, so lange noch seine Macht sich so weit erstreckte. Aber nun war es anders geworden. Der Sohn des
Dogen, Gritti, bei dem Sultan so vielvermögend, dessen bedeutsame Hilfe einst Laski in Konstantinopel auf dem bei dieser
Kreatur einzig möglichen Wege der Erkaufung erworben, hatte
im Gefolge des Ibrahim Pascha Besorgnis erregenden Einfluß in den ungarischen Händeln sich erworben. Das Gerücht
ging, er strebe unter türkischer Oberherrlichkeit nach der obersten
Gewalt in Ungarn*). Einer seiner Vertrauten ermordete Czibck,
den Gubernator von Siebenbürgen, auf den der hochmütige Vene-

---

*) Mailath III, 81.

tianer erzürnt war. Gritti freute sich der Unthat; er hatte seine Freude bald mit dem Leben zu zahlen. Laski tadelte den frevelhaften Mord; aber Zapolya hielt den alten, treuen Bundesgenossen für mitschuldig und warf ihn in schmachvollen Kerker zu Ofen (1533). Die Kunde von der Haft seines Bruders erreichte unseren Laski 1534 in Polen. Alsbald setzte er all seinen Einfluß in Bewegung, den Gefangenen seiner ungerechten Bande zu entledigen. Er schrieb an den König Sigismund, diese Schmach von dem Polen abzuwenden; er rief den Senat um seine Hilfe an, nicht zu dulden, daß ein Palatin und Senator Polens solchen Schimpf erdulde. Er bat, man solle eine Gesandtschaft an den König von Ungarn entsenden. Als er sah, daß er mit dieser Bitte nicht durchdrang, begab er sich nach Krakau, sich daselbst von der hohen Geistlichkeit Empfehlungsbriefe erbittend, und mit diesen versehen, eilte er nach Ungarn selbst. Er hielt sich während seines ungarischen Aufenthaltes in dem Schlosse zu Kesmark auf, einer der dreizehn deutschen Städte in der Zips, die Hieronymus zum Lehen erhalten hatte*). Von hier aus richtete er Bittgesuche da- und dorthin an die Mächtigen, ihren Einfluß für den Bruder zu verwenden. Ein Schreiben von ihm vom 16. Oktober 1534 an die Königin Bona von Polen ist noch erhalten**). In warmen Worten fleht er sie um ihre Mithilfe an, weist auf die Schmach, aber

---

*) Während eines flüchtigen Besuches in Kesmark habe ich im Archiv daselbst vergeblich nach Spuren des mehrmonatlichen Aufenthaltes unseres Laski gesucht. Das Stadtarchiv ebenso wie das Geheimarchiv enthalten noch ein paar Schriftstücke von Hieronymus; so z. B. eins von 1535, worin er den Kesmarkern alle ihre alten Rechte gegen eine jährliche in zwei Raten zu zahlende Steuer von 600 fl. bestätigt. Der Lehnsherr unterschreibt sich in der Urkunde: „Hieronymus de Lasco, Palatinus Sieradiensis, sacratiss. et christianiss. francisci regis eques ordinibus S. Michaelis, et consiliarius, dominus in Kyesmark et Dunajecz" (Dunajecz ist das Grenzflüßchen zwischen Ungarn und Polen). 1563 hat Kaiser Maximilian die Witwe des Hieronymus und ihre Kinder in diesem Besitze bestätigt. Jan a Lasco konnte in Kesmark die protestantische Bewegung in voller Thätigkeit sehen. Seit 1528 waren die Priester verheiratet; schon aus den Hussitenzeiten zeigten die Stadtbewohner ihre Zuneigung für eine Reformation.

**) Es befindet sich in der Privatbibliothek der Grafen Zamoiski in Warschau, abgedruckt bei Tarnowski LXIV.

auch auf die Not und das Elend der Familie hin, die ihr ganzes
Vermögen für die Sache des Mannes eingesetzt, der in solcher
Weise dem Bruder lohne. Andere Schreiben gingen von Kes-
mark aus an Franz I., an König Sigismund u. a.

Franz I. verwandte sich schriftlich bei Zapolya für den
Gefangenen, dessen Bruder so treu einst seine Gefangenschaft geteilt und den er selbst als den seinen, gewandten, staatsklugen
Vertreter seiner eigenen Politik betrachten konnte. Auch der
König von Polen schrieb an den Schwager, ihn bittend, Laski
zu begnadigen. In dem Antwortschreiben an Sigismund beruft sich Zapolya in Rechtfertigung seines Verhaltens auch auf
das Wort des Propheten: „Wo sich der Gerechte kehret von
seiner Gerechtigkeit und thut Böses und lebet nach allen Greueln,
die ein Gottloser thut, sollte der leben? Ja, aller seiner Gerechtigkeit, die er gethan hat, soll nicht gedacht werden, sondern
in seiner Übertretung und Sünden, die er gethan hat, soll er
sterben." (Hes. 18, 24.) Zapolya hatte sich fest eingeredet,
der Mann, der für ihn alles, selbst sein Leben in der gefahrvollsten
Mission eingesetzt, habe mit dem hinterlistigen Gritti im Bunde
auf seinen Sturz gesonnen, ja sei selbst bereit gewesen, ihn, wenn
nötig, durch Mord aus dem Wege zu räumen*). Mit Jan a
Lasco war der Palatin von Reußen und Sendomir, Jan
Tarnowski nach Ungarn gekommen, persönlich für seinen Verwandten Fürsprache einzulegen. Er konnte zur Bekräftigung derselben Zapolya an die Wohlthaten erinnern, die er ihm vor
sechs Jahren erwiesen, als er ihm, dem Landesflüchtigen, monatelang Schutz und Zuflucht gewährt; er konnte ihm verbürgen, daß
der Gefangene, sein naher Verwandter, dessen nicht fähig sei,
wessen ihn der argwöhnische Kronprätendent beschuldige.

Endlich sah unser Laski seine eifrigen Bemühungen mit Erfolg gekrönt. Zapolya durfte nicht länger solchen Verwendungen
gegenüber taub bleiben, wenn er sich nicht seine bedeutendsten
Helfer abwendig machen wollte. Nach monatelanger Einkerkerung

---

*) Wenigstens erwähnt der türkische Dolmetscher Jonas Begh, Soliman
habe von Zapolya zwei Schreiben zur Rechtfertigung seines Verfahrens an
Gritti erhalten, worin auch diese Beschuldigung über Laski vorkommt.
(Bucholtz IV, 133.)

wurde Hieronymus aus seiner ungerechten schmachvollen Haft
entlassen. Sie hat dem Zapolya den Verlust eines seiner kraft-
vollsten, erfolgreichsten Parteigängers gekostet; mit fester, entschiedener Hand zerschnitt der aufgeregte Pole das Tischtuch und löste
jede Verbindung mit dem undankbaren Manne, für den er alles
geopfert*). Ja, in seinem Grimme über solch' frevle, ihm an-
gethane Schmach und da ihm im Kerker die Augen über Zapolya und sein Kronrecht aufgegangen war, bot er, nachdem er
für einige Zeit sich in die Stille seiner Besitzung in Kesmark
zurückgezogen hatte, seine Kraft dem Gegner an, der die gebotene
Hilfe nicht zurückwies.

c) Laskis Thätigkeit auf kirchlichem Gebiete.

Wider seinen Willen war unser Laski auch in die Wirren
der Schlachten und in die ganze Unruhe wild wogender Partei-
kämpfe gezogen worden. Er mag oft darunter geseufzt haben,
auf diese Weise von dem stilleren Eiland zurückgezogener Studien,
nach dem seine Sehnsucht ging, jahrelang weggedrängt worden zu
sein. Aber die politisch so hochgehende See vermochte doch nicht
den mutigen Schwimmer in ihre Tiefe hinabzuziehen. Wir sehen
ihn immer und immer wieder emportauchen, bemüht den Anker
seines Lebensschiffleins in den festen Grund fallen zu lassen, in
dem Gott ihn in eigentümlicher Lebensführung festhalten wollte.
Wir müssen wieder ein paar Jahre zurückgehen, um ihm das
fernere Geleit auf dem Wege seiner geistigen Entwickelung geben
zu können, soweit die noch immer nur gar zu vereinzelten Spuren
eine solche Begleitung gestatten.

Die politischen Ereignisse und auch Drangsale des Vaterlandes, zumal durch die fortwährenden tiefgehenden Gärungen und
Kriegsläufte in den Nachbarstaaten, waren wohl stark genug, die
schwerwiegenden religiösen Fragen etwas in den Hintergrund zu

---

*) Bucholz (IV, 63) deutet auf einzelne Thatsachen hin, aus denen
hervorzugehen scheint, daß schon einige Zeit früher (seit 1530) Laski eine
friedliche Auseinandersetzung der beiden Kronprätendenten anzubahnen versuchte.

schieben*); aber auch für Polen drohten dieselben so brennend
zu werden, daß sie sich weder mit Stillschweigen übergehen noch
auch gewaltsam unterdrücken ließen. Standen sie zumal in Deutschland im Vordergrund der ganzen Zeitbewegung, so fielen ihre
Riesenschatten drohend auch auf Polen, das sich für eine so feste
Burg des Katholicismus hielt. Wir haben schon früher gehört,
wie es auch hier in dem alten Baue unheimlich zu dröhnen an-
fing. In den abgelaufenen Jahren hatte man nicht an eine Ausbesserung der schadhaften Stellen gedacht; man glaubte genug
gethan zu haben, wenn man jedes Geräusch zu unterdrücken versuchte. Die geschärfteren Maßregeln, die man ergriff, verschlugen
aber nicht mehr gegenüber dem gewaltsam durchbrechenden Geist
der Reformation. Auch die schärfsten Androhungen erwiesen sich
als Schläge ins Wasser.

Es ist bereits erwähnt, wie die evangelische Bewegung zunächst
in Danzig, damals der wichtigsten Hafenstadt Polens, zum Durchbruch kam. Während unser Freund in der Ferne seinen Studien
oblag, hatte sich der Erzbischof von Gnesen selbst nach der in
heller Aufregung begriffenen Stadt begeben, aber ohne wesentlichen Erfolg. Eine solche Gährung zu dämpfen, dazu war der
Primas ungeeignet, schon um deswillen, weil ihm das Verständnis
derselben abging. Das bekundet deutlich ein Schriftstück, in
welchem er dem König seine Meinung über die Danziger Händel
auseinandersetzt**). Auf der einen Seite steht dem rechtsgelehrten
Kirchenfürst die eine Kirche mit ihrer seit der Apostelzeit unangetasteten Lehre, auf der anderen Seite sieht er Meinungen
von neuerungssüchtigen Leuten (neoterici), denen es beliebt, in
einzelnen Bräuchen und kirchlichen Einrichtungen ihrem eigenen
Kopfe zu folgen. Bei solcher Teilung kann dem in den Satzungen
seiner Kirche ergrauten Manne kein Zweifel ankommen, auf welcher
Seite das Recht und die Wahrheit steht.

Gleich geringen Erfolg hatte die Absendung von vier königlichen Räten, unter denen sich auch **Hieronymus Laski** be-

---

*) Auch der Bischof von Breslau bedauert in einem Schreiben an den
Papst 1531 (Theiner II, 472), daß durch den Türkenkrieg dem Könige
die Zeit gebreche, die kirchlichen Wirren zu heilen.

**) Tomiciana VII, 387.

fand (1525). Auch die gewandteste Staatskunst erweist sich überall ohnmächtig in der Lösung von Fragen, die aus wahrem Glauben entsprungen, von einem in dem Frieden des Evangeliums gefestigten Gewissen vorgebracht werden. Das sind eben Stimmen aus einem Reiche, das nicht von dieser Welt ist, und ihr bleibender Schutzwart ist die heilige Gestalt, die die Welt überwunden. Wohl als Erwiderung auf die Verhandlung dieser Räte sandten die Evangelischen Danzigs eine lange, ausführliche Verteidigungsschrift an den König. Krzycki, dessen scharfer und gewandter Feder man sich gern in den schwierigen Fragen des Glaubens bediente, seitdem er sich durch seine Schmähschrift wider Luther die Sporen erworben hatte, verfaßte die schriftliche Antwort, die dann der Bischof von Krakau den evangelischen Abgeordneten Danzigs vortrug. Beide Schriftstücke sind wertvolle Stimmen aus den ersten Tagen der Reformation, unwillkürlich fordern sie zu einem Vergleich auf*). In dem einen schreiben die Sprache des Gewissens, das sich wider arge Entstellung der göttlichen Wahrheit, wider himmelschreiende Mißbräuche in der Kirche und unter ihren Dienern auflehnt, das klare, feste, furchtlose Wort eines Jüngers, der, zu der überschwenglichen Erkenntnis Jesu Christi durchgedrungen, von dieser freien Warte aus bereit ist auch die Kirche, die er in weltlichem Treiben verderbt sieht, preiszugeben, sich von ihr zu lösen, um fortan nur an den Heiland gebunden zu sein. Man hört aus der Rede heraus, daß diese Gefreiten den bitteren Weg tiefer Sündenerkenntnis bis zu dem Abgrund völligen Verzweifelns an eigener Gerechtigkeit gezogen, daß sie aber an diesem Abgrunde aus Gnaden selig geworden sind. Die bischöfliche Antwort dagegen ist vornehm gehalten, kalt, sich auf den Rechtsboden der Kirche steifend als des einigen Leibes Christi und von der aristokratischen Höhe dieses verweltlichten Standpunktes aus kurzer Hand die Anklagen und Beschwerden der kleinen, ungehorsamen Leute abweisend. Keine Spur eines Jammerns mit ihren Nöten, kein Verständnis für den Angstschrei eines Gewissens, das sich um seine Seligkeit sorgt; als ob sie keine Seelsorger wären, nur Polizeileute des Mannes dort in

*) Tomiciana VII, 358. 400.

Rom. Aber die Zeit für solche Dekrete und daß sie Gehorsam
und Unterwerfung bei denen fänden, die die Freiheit der Kinder
Gottes gekostet, die „gute, alte Zeit" war unwiederbringlich vorüber, auch für die Priester und Bischöfe Polens. Wer den unheilvollen Riß ausfüllen wollte, der mußte eine glaubensstarke,
barmherzige Hand heilend an die schweren Schäden der eigenen
Kirche legen.

Um die Zeit dieser Verhandlungen kehrte unser Laski heim.
Noch während seiner Abwesenheit war er durch die Fürsorge des
Oheims Administrator in Gnesen geworden. Er scheint diese
neue Würde als eine Art Willkommgruß bei seiner Rückkehr in
Posen vorgefunden zu haben; wenigstens fügt er zum erstenmal
und wie in der Freude über diesen Posten den Titel seiner
Unterschrift in einem Briefe von da bei. Es will uns bedünken,
als ob das neue Amt seinen Wünschen entsprochen habe; es bot
ihm die ersehnte Gelegenheit, dem Leben und Treiben am ge-
räuschvollen Königshofe zu entfliehen und in größerer Zurückgezogenheit seinem Berufe zu leben. Mit Ernst griff er in das
kirchliche Leben ein. Wir haben leider keine Spuren, in welchem
Sinne er an den nun sich drängenden Beschlüssen wider die vermeintlichen Aufwiegler teilgenommen und ob er alle ergriffenen
Maßregeln seiner Kirche gebilligt. Für einzelne Erscheinungen,
von denen er vernahm, konnte er jedenfalls auf ähnliche Vor-
kommnisse in der Schweiz mit ihren bereits eingetretenen übelen
Folgen hinweisen.

Der König schwankte noch eine kurze Weile inbetreff der Ergreifung ernsterer Maßregeln, nachdem das bischöfliche Schreiben
wider die Danziger Aufständischen wirkungslos verhallt war. Ein
wirklich frommer Sinn mag ja auch ihm den Arm gelähmt
haben, in Sachen des Glaubens eilig zum Schwerte zu greifen.
Dazu kam die Ungunst der Zeit. Überall die hochgehenden politischen Wirren; drohende Feinde fast längs der ganzen weiten
Strecke seines Ländergebietes, vorzugsweise im Osten und Süden
und dabei die ernsten Verwickelungen mit dem deutschen Hochmeister noch immer nicht befriedigend geschlichtet. Alle Welt spürte,
daß ein entscheidungsvoller Sturm in der gewitterschwülen Zeit
gleichsam in der Luft liege, und man suchte sich möglichst freie

Hand zu schaffen, um im Augenblick des Losbruches mit gesammelter Kraft auf der Walstätte zu erscheinen. Sigismund
wußte, daß bei diesem erwarteten Waffengang sein Reich in erster
Linie bedroht sein werde, die Staatsklugheit mußte ihm an die
Hand geben, nicht nun noch am Vorabend leichten Herzens die
Danziger allzu sehr zu reizen und mit seinem wichtigsten Schlüssel
zum Meer und für seinen Handel zu spielen. Und doch durfte
er nicht säumen, entschieden vorzugehen, als es seiner Umgebung
gelang, ihm vorzuspiegeln, daß der letzte Grund der ganzen widerspenstigen Bewegung nicht religiöser, sondern revolutionärer Natur
sei, das gefahrvolle Auflehnen des Volkes wider die angestammte
Macht des Adels und der Könige. Mit der angegriffenen Kirche
würden gleichermaßen die beiden anderen Schutzpfeiler des Staates
bedroht.

Fast überall war mit der verkündeten Freiheit des Evangeliums in die unteren Stände des Volkes das jetzt um so drücken-
dere Bewußtsein seiner geknechteten, rechtlosen Stellung unter seine
Herren und Gewaltigen gedrungen. Da und dort, durch Ver-
führer und auch Verführte angestachelt, hatten bereits die armen
Volkshaufen gewaltsam versucht, das in seiner vollen Schwere
jetzt ihnen erst recht zum Bewußtsein gelangte unerträgliche Joch
abzuschütteln. Die erregten Bauern waren in wildem Grimme
an den verschiedensten und auch ganz entlegenen Orten fast gleichzeitig aufgestanden: sengend und brennend hatten sie die Fahne
des Aufruhrs entfaltet und waren ausgezogen wider die Burgen
und Schlösser ihrer Zwingherren, wie eine wilde, blutigrote Rache-
schar jahrhundertelanges Unrecht zu sühnen, und hatten sich dabei
vermessen, Ankläger und Richter und Henker zugleich zu sein.
Was die schwäbischen Bauern gethan, das versuchten auch ihre
samländischen Leidensgenossen. Nicht in Nachahmung der Vorgänge im Süden Deutschlands, wenigstens ist dafür der Beweis
noch nicht erbracht. Die gleichen Verhältnisse nur haben das
Ventil geöffnet, und die überall reich angesammelten Dämpfe sind
nun in schrillem Pfiff ihrem engen Verschluß entwichen. Was
dann aber, wenn der grelle Ton noch tiefer in die Wälder und
an die öden Sumpfniederungen Polens dringen würde, wo die
unsagbar elenden Kmetonen ihr knechtisches Dasein hinschleppten,

wenn, wie nicht zu bezweifeln, der Ton auch da wohlverstanden wiederhallte? Der Zündstoff war wahrlich reichlich aufgehäuft. Der Adel, die Geistlichkeit witterten die hohe Gefahr, und so war es ja leicht, auch dem Könige vorstellig zu machen, daß jedes Nachgeben auf kirchlicher Seite Vorschub leisten würde der drohenden Auflehnung des niederen Standes wider die Obrigkeit. Die Vorstellung und ihre Ausbeutung und Benutzung wurde verhängnisvoll für die römische Kirche. Das ist zu den hervorragendsten Zeichen der Gotteswahrheit der Reformation zu zählen, daß sie mit dem gleichen heiligen Ernste, wie sie sich von den rein humanistischen Studien losgelöst, die in vornehmer Abgeschlossenheit keine Sorge für das Volk hatte, nun auch mit dem aufrührerischen Volkshaufen nicht gemeinsame Sache machte, sondern allein dem Evangelium folgend Gott gab, was Gottes ist, und dem Kaiser, was des Kaisers. Aber die römische Kirche, und auch in Polen, hat sich in dem Wahne gewiegt, in der Reformation und in den Bauernaufständen nur ein und denselben revolutionären Geist walten zu sehen und in dieser Täuschung sich beruhigend die Zeit ihrer Heimsuchung, den inneren Schaden zu heilen, ungenutzt vorüberziehen lassen.

Die Geistlichkeit in Polen drängte den von der drohenden Gefahr überzeugten König zu raschen und scharfen Maßregeln. Es war für sie keine Zeit mehr zu verlieren. Was sich in Danzig gezeigt, wiederholte sich, wenn auch in abgeschwächterer Weise, in Thorn, in Elbing, in Braunsberg, in Posen, an noch so vielen anderen Orten damals unter polnischer Herrschaft. Ja selbst in Krakau und tiefer hinein im Lande wetterleuchtete es in unheimlicher Weise. Auf dem Reichstage zu Petrikau, bei dessen Schluß erst unser Laski heimkehrte, bildeten die religiösen Wirren einen Hauptgegenstand der erregten Verhandlung. Schon in der Botschaft an die Provinziallandtage, worin der König unter Mitteilung der zu beratenden Gegenstände zur Beschickung des Reichstages auffordert, war gesagt, daß der König zwar mit dem Herzog von Preußen Friede geschlossen, das ganze Land aber von der lutherischen Sektiererei verwirrt und geschädigt sei. Auch hätten die Bauern bereits nach dem Vorgange der Bauern in Deutschland und unter dem Vorwand der evangelischen Freiheit

die Waffen wider ihre Herren ergriffen, viele von ihnen um=
gebracht und ihre Häuser in Asche gelegt. Nur rasche Gewalt=
maßregeln seien noch imstande, diese weit verbreitete Seuche zu
unterdrücken*). Der erschreckte Reichstag gab seine Zustimmung
für solche Maßregeln. Der König selbst an der Spitze eines
großen Gefolges brach wider Danzig auf. Allein auf sich selbst
angewiesen, wagte die Stadt keinen Widerstand; hilflos mußte
sie sich allen Anordnungen fügen**). Die reformatorische Be=
wegung war somit für ein paar Jahre aufgehalten; unterdrückt,
wie die rasch beruhigten Polen glaubten, keineswegs.

Der Geist, der den letzten Reichstag zu Petrikau beseelt hatte,
pflanzte sich selbstverständlich auch auf die Kirchenversammlung
über, die der Erzbischof von Gnesen für das folgende Jahr (1527)
nach Leczyc berief und an der unser Laski teilnahm. Als
besonders von der ketzerischen Pest angesteckt wurden die Bistümer
Breslau und Cujavien hervorgehoben. Man beschloß thatkräftig
gegen die offenen und auch gegen die nur verdächtigten Ketzer vor=
zugehen, und zwar auf Grundlage der in den früheren Versamm=
lungen aufgestellten scharfen Maßregeln, alle Furcht bei Durch=
führung derselben hintanzusetzen, nur Gott, den Glauben und die
heilige Religion vor Augen zu haben und dabei weder Geld noch
Arbeit zu schonen***). Hier zum erstenmale verlautet auch ein
Versuch, nicht nur barscher Hand die eindringende Ketzerei zu
unterdrücken, sondern auch das Volk zu belehren. Dürfen wir
vielleicht diese Wendung auf den Einfluß unseres Dekans zurück=
führen, der Gelegenheit genug gehabt hatte zu erkennen, daß mit
Gewaltmaßregeln allein der Geist sich nicht mehr dämpfen ließ?
Die Versammlung beschloß nämlich: „Da nun aber auch die
allergenaueste Untersuchung und Bestrafung, um diese Sekte aus=
zurotten, wenig helfen würde, wenn nicht die rechte Weide des
Wortes Gottes, durch wahre katholische Männer, die durch Werke
und Beispiel ansehnlich sind und die durch ihre gesunde Lehre die
Menschen dahin bringen können, angewendet und gelehrt werden,

---

*) Tomiciana VIII, 9.
**) Hartknoch, S. 667 und ausführlicher Tomiciana VIII, 40.
***) Friese, S. 2. 47.

das Böse zu verwerfen und das Gute zu erwählen, so wird verfügt, daß die Herren Erzbischöfe und Bischöfe, vornehmlich der
von Breslau*) und von Cujavien, an ihren Höfen, Metropolitan-,
Kathedral- und Kollegialkirchen, vornehmlich aber bei denen, wo
die lutherische Sekte sich noch auszubreiten scheint, Gelehrte,
Theologen und Prediger des Wortes Gottes halten sollen, welche
das Evangelium Christi, die heilige Schrift, durch gründlichen
Unterricht und einen guten Vortrag den Rechtgläubigen bekannt
machen und auslegen können."

Es fehlen die Nachrichten, inwieweit die einzelnen Bischöfe in
ihren Bezirken dem weisen Rate nachgekommen sind; verschiedene
Andeutungen lassen schließen, daß es bei den guten Vorsätzen geblieben ist. Aber unser Laski ruhte nicht. Wiederholt drängte
er den König der Humanisten, dem Polenkönige Winke und Ratschläge zu geben; endlich gab der vorsichtige Mann nach. Sein
Schreiben ist mit bewundernswerter Kunst abgefaßt, geistreich,
gesättigt mit Erinnerungen aus der schönen, entschwundenen Welt,
die die Humanitätsstudien zu neuem Leben erweckt, graziös und
würdevoll und dabei dem mächtigen Könige in seiner Weise hul-
digend, eine wohlduftende Blüte der Renaissancezeit, aber mit all
ihren schönen Worten unvermögend, tiefgreifend die Schäden aufzudecken und an ihrer Heilung mitzuwirken**). Dazu war Erasmus denn doch nicht der Mann, und tragisch ist die sicherlich
unbeabsichtigte, allein uns bekannt gewordene Wirkung des Schreibens, ein königliches Geldgeschenk an den Humanisten***). Durch

---

*) Der Bischof von Breslau hatte bereits vor zwei Jahren seine Weh-
klage über die einbrechende Ketzerei vor dem päpstlichen Stuhle erschallen
lassen. „Aus dem benachbarten Meißen, von wo das Ungeheuer in Wittenberg seinen Ausgang genomm" — so klagte er seinem Oberhirten, — „habe
diese verfluchte Sekte auch seine Kirchenprovinz betreten, und was dort in
Büchern erscheine, das werde bei ihm im Leben verwirklicht" (vgl. Theiner
II, 431). Auch hier immer und immer wieder nur das Zetern über Veränderung einiger Kirchenbräuche, Vernachlässigung der Zehnten, Verkürzung
der kirchenrechtlichen Gewalt, aber kein Eingehen, weil kein Verständnis auf
die tieferliegenden Ursachen, von denen die einbrechenden Unordnungen doch
nur eben die notwendigen Folgen sind.

**) Tomiciana IX, 180.

***) Erasmus, S. 895.

noch ein weiteres Lebenszeichen bekundete Erasmus in demselben
Jahre (1527) sowohl seine Zuneigung zur Familie Laski, als
auch seinen Wunsch, durch den Erzbischof des Reiches anregend
auf die polnische Geistlichkeit zu wirken. Er widmete dem Primas seine Ausgabe des Ambrosius, nicht allein weil eben gerade
dieser Kirchenvater im Drucke fertig vorlag, sondern weil der
Humanist zwischen dem ersten Präfekten der Mailänder Kirche
einst und dem gegenwärtigen Primas Polens gar manchen Zug
der Ähnlichkeit erkannte und dem frommen zeitgenössischen Erzbischof von Gnesen das geistige Bild des würdevollen Erzbischofs
von Mailand ermunternd vor die Seele führen wollte*).

Bald schon scheinen die kirchlichen Verhältnisse lähmend auf
unseren Laski eingewirkt zu haben. Bereits ein Jahr nach seiner
Rückkehr in die Heimat klagt er seinem lieben Amerbach, daß
auf dem Gebiete des Glaubens so gar keine Änderungen geschehen.
Man habe nur um ein wenig die große Beute der Mönche geschmälert. Der Senat habe nämlich beschlossen, daß kein Kloster-
gut an Private verteilt werden dürfe, daß das Privateigentum
aber der Mönche und Nonnen nach ihrem Tode an ihre Angehörigen zurückfalle. „Sic forte pauciores monachos habebimus" („So werden wir also vielleicht etwas weniger Mönche erhalten"), mit dem Ausrufe sucht sich der über seine Kirche leid-
tragende, ernstgesinnte Dekan zu trösten. Es war nur schwacher
Trost. Je länger, je mehr öffneten sich dem treuen Sohne die

---

*) Der Vorrede entnehmen wir (Erasmus, S. 1584) die darauf hin
bezügliche Stelle: „Quem mihi dabis, qui pari sinceritate tractet sacras
literas, qui cautius vitarit suspecta dogmata, qui sic ubique gerat chri-
stianum episcopum, qui sic spiret paterna viscera, qui summam Prae-
sulis auctoritatem cum summa mansuetudine conjunxerit? Ubique sen-
tias illum hoc affici quod loquitur et adest dictioni modesta quaedam
et pia jucunditas grataque civilitas . . . . Itaque visum est pulchre
congruere ut proficisceretur Ambrosius Praesul ad Praesulem, claris na-
talibus insignis ad nobilissimum, pius ad pietatis antistitem, eruditus
ad eruditionis eximium patronum, virgo et virginitatis praeco facundis-
simus ad omnis pudicitiae exemplar incomparabile, denique pacificator ad
Episcopum pacis ac tranquillitatis publicae studiosissimum, cui rei dicas
Ambrosium divinitus fuisse datum."

Augen, wie die Mutterkirche steif und unbeweglich in ihren alten
Geleisen beharre, und der ärgerlich gewordene Blick schärfte sich
für die Gebrechen dieser Kirche. Es war in jenen Tagen, daß
unser Freund in Krakau einen jungen, angehenden Priester kennen
lernte, damals noch, 23jährig, Baccalaureus der Universität und
auf dem Sprunge, in Padua und Bologna während mehrjährigen
Aufenthaltes seine Studien zu vollenden. Der begabte und
fromme Jüngling hatte bereits die Aufmerksamkeit und Gunst
des Bischofs von Krakau auf sich gezogen, und auch dem Spürauge unseres Laski konnte der Student nicht verborgen bleiben,
der durch seinen ernsten Lebenswandel so hervorstechend sich von
dem Leben und Treiben seiner Studiengenossen abhob. Er hatte
freilich damals keine Ahnung, daß ihm einst aus dem jungen
Manne, dem er jetzt sich freundlich zuwandte, sein und der ganzen
reformatorischen Entwickelung Polens gefährlichster Gegner erwachsen würde: Stanislaus Hosius. Noch nach einem
Menschenalter ruft er dem Widerpart jene Unterhaltungen ins
Gedächtnis zurück, die er mit ihm in Krakau gehabt und in denen
er nicht nur den Lebenswandel vieler falscher Diener seiner Kirche
(pseudoecclesiasticus) getadelt, sondern auch bereits an manchem
ihrer Glaubenssätze Anstoß genommen habe. Damals bestand
zwischen Hosius und Laski über diesen Punkt noch ein freundschaftlicher Gedankenaustausch*).

Sobald Laski in seinem Innerleben in diese Bahnen einlenkte und solchen Überzeugungen nachging, geschah es von selbst,
daß sie ihn immer weiter auf ihre für einen treuen Sohn der
römischen Kirche gefährlichen Abwege verlockten. Er war nicht gewillt, mit seinen ernsten Studien jetzt im praktischen Berufe abzuschließen; er mußte seiner ganzen Gemütsanlage nach, wenn
auch zunächst nur von ferne, der gewaltigen Geistesströmung
draußen in den Heimatländern des Humanismus und der Reformation folgen. Fast unbemerkt nahmen ihn die hochgehenden
Wogen auf, die, wenn auch nach langen Jahren erst, den ernsten
Mann an das Gestade der evangelischen Kirche brachten. Das

---

*) So verstehe ich den Satz: „nec raro mecum sermones suas ea de
re miscebat". Kuyper I, 396.

erste Schreiben von ihm, das die Kuhpersche Briefsammlung enthält, ist an den bekannten Johannes Heß in Breslau, von Kalisch aus, der Hauptstadt des Palatinates gleichen Namens, zu dem auch Gnesen gehörte, geschrieben. Heß war den Humanisten und den Reformatoren in Deutschland und der Schweiz wohlbekannt. Seine berühmten Thesen über das Wort Gottes, das hohepriesterliche Amt Christi und die Ehe, aus dem Jahre 1524, atmen frischen Reformationsgeist; sie drangen bis tief nach Frankreich, und Lefèvre bezeugt in einem fesselnden Schreiben aus Meaux an Farel seine warme Zustimmung zu ihrem Inhalt*). Es scheint fast, als ob Laski während seines Baseler Aufenthaltes nichts von diesem Nürnberger erfahren, dem Polen zu einem zweiten Vaterlande geworden; aber in Polen selbst sprach man in den freisinnigen Kreisen viel von dem berühmten Breslauer Doktor, und so wandte sich auch unser Laski an ihn, zunächst von dem Wunsche beseelt, in geistige Berührung mit dem frischen, aufgeweckten Manne zu treten**), dann aber auch, um durch ihn die Neuigkeiten des Büchermarktes zu erhalten. Für den Gnesener Dekan scheinen die scharfen Bücherverbote inbetreff der Einfuhr lutherischer Schriften nicht bestanden zu haben. Die Hyperaspites des Erasmus wider Luther hat er damals bereits gelesen; er wünscht alle Schriften zu erhalten, die seitdem von Erasmus oder Luther erschienen. Die Hyperaspites waren gerade in den Tagen erschienen, in denen unser Laski von Venedig aufgebrochen war; in ihnen ist der vollständige und unheilbare Bruch zwischen dem Haupte der Reformation und dem Fürsten der Humanisten vollzogen, in einer so bitteren und aufgeregten Weise von dem sonst in der Sprache so feinen, vornehm-ruhigen Erasmus, daß dieser schon formell durch das Aufgeben der gewohnten Mäßigung, in der seine Stärke beruhte, sich eine empfindliche Blöße gab. Auch inhaltlich steht vor der tiefsten und geheimnisvollsten Lebensfrage, über die Freiheit oder Unfreiheit des mensch-

---

*) Der Brief zum erstenmale gedruckt bei Herminjard I, 219, an dessen Schluß auch die Thesen.

**) Zwingli schildert ihn in einem Schreiben an Vadian als „homo tersus sane et alacer" (Zwingli VII, 342).

lichen Willens, der Humanist auf einem niedrigeren Standpunkt
als der Reformator. Dort der Humanist, der seine Waffen der
Kirchenlehre entlehnt, aber es ist doch mehr Pelagian als
Augustin, der dabei zu Worte kommt, hier der Mönch und
Held, der den Riesenkampf wider Rom aufgenommen, und sein
Schild und Schwert ist das Wort Gottes allein. Calvin hat
in späteren Tagen kaum so entschieden die Unfreiheit des menschlichen Willens betont, als Luther in seiner Streitschrift; es
werden viele und auch ernstgesinnte Gläubige dem mannhaften
Recken nicht in alle kühnsten Folgerungen nachzugehen imstande
sein und Erasmus hatte es leicht in scharfer, schonungsloser
Rede den Beifall derer wider den Reformator zu gewinnen, deren
sogen. gesunder Menschenverstand lieber über die ernsten, schweren
Fragen mit einem leichtgeschürzten Machtspruch wegkommt, als
auch nur den Versuch macht, über ihre Tiefe nachzusinnen, geschweige denn an ihre Lösung zu denken. Dorner behält denn
doch mit seinem Urteil über diesen Streit recht, wenn er sagt:
„Erasmus macht den Menschen anfangs reicher als Luther, aber
wie weit ist doch schließlich Luthers Freiheitsbegriff dem des Erasmus überlegen, dem das Höchste und Beste derselben in der Wahl-
freiheit aufgeht, der also folgerichtig eine ewige Möglichkeit des
Fallens lehren muß und die Vollendung ewig unsicher macht.
Luthers Freiheitsbegriff führt zur gottähnlichen realen Freiheit
aus Gnade, für sie könnte es nicht als Vorzug, sondern nur
als Mangel erscheinen, noch in Wahl und Schwanken verwickelt
zu sein. Auch hier wie in der Christologie ist es das Ziel der
vollkommen zu realisierenden Idee, was Luther am klarsten erfaßt
hat, wenn ihm auch weniger gelungen ist, die Stufen der Vermittelung zum Ziele und die Faktoren dazu vollständig und sicher
zu zeichnen. Der Freiheitsbegriff des Erasmus mit seiner ewigen,
doppelten Möglichkeit und mit der Unsicherheit über das Heil
kann ihm nicht beneidenswert erscheinen, und einen Verlust kann
er darin nicht sehen, wenn der Mensch durch die Macht gott-
geschenkter Liebe, wie Gott kraft seiner freien Urliebe einst nicht
mehr anders kann als das Gute wollen."*)

---

*) Dorner, S. 209. Feugère (S. 274) greift als Katholik die

Heß hatte in Erfüllung dieser Bitte unserem Laski außer
dem im folgenden Jahre erschienenen zweiten Teile der angezogenen
Schrift gar manche andere zu senden, denn mit gespanntester Aufmerksamkeit verfolgten die humanistischen und reformatorischen
Kreise den entscheidungsvollen Waffengang der beiden Führer, und
aus den gegenseitigen Heerlagern verlautete die eine, die andere
Stimme. Der Biograph von Erasmus weist auf ein paar vereinzelte Äußerungen solcher hin, die durch die Behauptungen
Luthers sich von einem Anschluß an die Reformation zurück-
schrecken ließen*); der endgültige Ausgang aber zeigt uns nicht
Luther in die Enge getrieben, sondern den Humanisten, der verdrießlich von Basel nach Freiburg sich zurückgezogen und damit
die Walstätte verlassen hat.

Wenn wir doch eine Äußerung unseres Laski hätten, welches die Wirkung dieser Fehde in jenen Jahren auf ihn gewesen! Aber kein Laut aus seinem Munde. Aufgefallen ist uns
nur das eine, daß eine leise Erkaltung der Beziehungen zwischen
Erasmus und Laski schon Ausgangs der zwanziger Jahre eingetreten sein muß. Lange Trennung läßt ja manchen Briefwechsel
allmählich versiechen. In immer größeren Zwischenräumen vollzieht sich der anfänglich so eifrig und warm unterhaltene schriftliche Verkehr zwischen dem Meister und seinem Schüler. Das
ist nicht das Auffallende; bezeichnender noch, daß Erasmus in
den zahlreichen Briefen nach Polen immer seltener Grüße an
seinen einstigen so herzlich verehrten Stubengenossen aufträgt; ja
in dem etwas gar ruhmredigen Briefe des alternden Erasmus
aus seinem Bergungsorte Freiburg vom Jahre 1530, in dem
er von seinen Freunden und Bekannten in Polen redet, ist von
Laski keine Rede*). War es die politische Stellung der Laski,
der Parteigänger des Zapolya, die dem ängstlichen Mann in Rücksicht auf den Kaiser Schweigen auferlegte, oder hatte die religiöse
Gesinnung eine Spannung eintreten lassen?

Darstellung dieses deutschen Protestanten ebenso wie die Sticharts (S. 368),
der sich auf dieselbe berufen, an, aber, wie uns bedünkt, mit nicht stichhaltigen
Gründen.

*) Feugère, S. 273.
**) Erasmus, S. 1383.

Eine andere flüchtige Notiz noch gewährt uns die Möglichkeit, unseren Laski in seinen einsamen Studien zu belauschen. Er hatte seinen Freund Amerbach um Zusendung der Lucubrationen des Sadolet gebeten*) (1527). Wir gehen wohl nicht irre, wenn wir uns Laski in jenen Tagen auf dem Standpunkte des redlichen, klugen und gewandten Bischofs von Carpentras in der Grafschaft Avignon vorstellen. Sadolet, in jungen Jahren bereits, zur Zeit als der Knabe Laski mit seinem Oheim in Rom weilte, mit Petrus Bembus zugleich zum Sekretär Leos X. ernannt, hatte sich, ohne unmittelbar an der Fehde zwischen Luther und Erasmus teilzunehmen, eine mittlere Stellung zwischen den beiden Streitenden in der wichtigen Frage zu bewahren gesucht; er räumte der göttlichen Gnade mehr ein, als Erasmus gewillt war, erklärte sich selbst für die Lehre von der Rechtfertigung allein durch den Glauben**) und stand mit Männern der Reformation, wie Bucer, Sturm, Melanchthon, in achtungsvollem Briefwechsel. Er hielt treu zu seiner Kirche, suchte seinen Sprengel von aller Berührung mit dem Protestantismus zu säubern, aber zu einer Verfolgung der Protestanten wollte er sich nicht fortreißen lassen, viel lieber Hand anlegen, schreiende Übelstände in der Mutterkirche liebevoll und mild abzustellen. Wir können uns doch vorstellen, daß seine Schriften bei wahlverwandten Gemütern wie eine Brücke dienten, einen geistigen Verkehr mit den Männern und der Lehre der Reformation anzubahnen, so entschiedenen Einspruch gegen solche Wirkung der Bischof auch erhoben haben würde. Und betrat unser Laski vielleicht diese Brücke, als er sich von seinem Freunde in Basel die Bücher erbat?

d) Die Trennung von Kirche und Vaterland.

So flossen die Jahre für unseren Laski in der Heimat dahin. Sturmbewegt nach außen, wenn ihn das Geschick der Seinen

---

*) Gabbema, S. 7.
**) Herzog XIII, 299.

Dalton, Laski.

11

zur Teilnahme an den Weltereigniſſen aufrief, ſturmbewegt aber
auch in ſeinem Gemüte, weil er innerlich an dem Geiſterkampf
ſeiner Zeit teilnahm, weil ſeine Seele die Fragen durchlebte, die
die Reformation aufwarf und zwar mit einer Kraft und Ent-
ſchiedenheit, die von einem frommen Herzen Antwort und auch
Löſung heiſchte, und weil er dann im Blick auf ſeine heimiſche
Kirche bemerken mußte, wie ihre Diener ohne Verſtändnis, ohne
tiefere Teilnahme dahinlebten, bereit, mit dem Büttel gegen jede
freiere Regung dreinzuſchlagen, aber unluſtig, an dem eigenen
Leben in ernſter Buße die Heilung der offen daliegenden Schäden
der Kirche zu beginnen.

Mitten in dieſe Bewegung fiel eine ſchwere Heimſuchung. Die
letzten Lebensjahre des Oheims waren mannigfaltig getrübt. Er
hatte die feindſelige Stimmung ſeiner einflußreichen und geſchloſſen
vorgehenden Gegner mehr wie einmal bitter zu koſten bekommen.
Er ſah den unheimlichen Schatten der Reformation auch über
die Grenze ſeines geiſtlichen Sprengels herüberfallen, wußte aber
die ſchwankenden Umriſſe nicht mehr zu deuten und ahnte nur
die große Gefahr, die der ſeiner Führung anvertrauten Kirche
von der Bewegung drohte. Mehr noch laſtete auf dem Greis
der Gang der Ereigniſſe in Ungarn. Sein Herz war mit dem
Neffen auf der Seite Zapolyas, und mit der Glut polniſcher
Vaterlandsliebe hat er mit ſeinem Herzen auch ſeine Worte und
ſeine Mittel zur Unterſtützung des Schwagers ſeines Königs ziehen
laſſen. Auch einen herben Verluſt an irdiſchem Gute konnte der
alte Mann verſchmerzen; nagender aber war es ihm, zu ſehen,
wie auch dieſe ſeine Stellung zu Zapolya, aus der er kaum
ein Hehl zu machen hatte und in der er ſich mit den hervorragendſten Polen in Übereinſtimmung wußte, von ſeinen nimmer
ruhenden Gegnern ausgenutzt wurde, ihn in Rom zu verdächtigen.
Die Arbeit ſcheint nicht vergeblich geweſen zu ſein. Man ſagt,
daß Papſt Klemens VII. den Erzbiſchof und ſeine Familie in
den Bann gethan habe. Der Kardinal von Ancona ſoll den
Legatus natus nach Rom zur Verantwortung geladen haben und
zwar in einer ſo maßlos heftigen Citation, daß er darin Laski
bezeichnet habe als „nur dem Namen nach Erzbiſchof, in Wahrheit aber Erzteufel, auf gleicher Stufe ſtehend mit Datan, Korym,

Abyron, Judas". Ja, während das Schreiben den Neffen Hieronymus als einen zweiten Herostratus brandmarkte, soll der Kardinal vor der Anklage nicht zurückgeschreckt sein, der Primas habe aus dem Erlös veräußerter Kirchengüter Waffen anfertigen lassen, die den Türken nach Ungarn gesendet worden seien.

Die arge Urkunde selbst habe ich nirgends finden können*) und bezweifle ihr Vorhandensein aus vielen gewichtigen Gründen. Aber daß überhaupt ein solches Gerücht sich an den Namen Laskis hat sehr früh heften können, spiegelt die Gesinnung der Gegner ab, die er selbst noch zu spüren bekam und die seinen späten Lebensabend trübten. Im Februar 1530 hat er noch die Krönung des 10jährigen Sohnes seines Königs vollzogen; später auch noch eine Synode in Petrikau abgehalten, was er alles, wenn mit dem Banne belegt, nicht hätte thun können. Am 19. Mai 1531 entschlief er, 75jährig und lebensmüde, in seinem Schlosse zu Kalisch.

Nur unser Johannes scheint bei dem Tode zugegen gewesen zu sein. Stanislaus war bereits 1527 aus Frankreich nach Polen zurückgekehrt; seine Lebensstellung aber hielt ihn meist fern von dem Oheim. Hieronymus befand sich in Ungarn; auf die Nachricht von dem Tode eilte er in die Heimat. Ende Juni kamen die Brüder in Krakau zu einer Art Familienrat zusammen. Das Testament des Oheims war bis wenige Tage vor seinem Ende fortgeführt; es galt die sehr genauen Bestimmungen, die uns auch einen äußerst fesselnden Einblick in den kostbaren Haushalt eines polnischen Erzbischofes des 16. Jahrhunderts gewähren, auszuführen, zugleich auch bei dieser Gelegenheit das väterliche Vermögen zu ordnen und zu teilen. Johannes hatte schon vor ein paar Jahren, unmittelbar nach dem Tode des Vaters, freiwillig zugunsten seiner Brüder auf sein Teil des Erbgutes Verzicht geleistet. Hieronymus als der Älteste erhielt das Stammschloß in Lask, der jüngste Bruder ein paar andere Güter, unter denen das hervorragendste die Stadt Stry-

---

*) Zuletzt noch hat Walewski die Geschichte als historische Thatsache aufgetischt (vgl. Bibliotheca 1872, p. 360); in dem von dem unzuverlässigen Gelehrten angeführten 8. Bande der Tomiciana habe ich die Urkunde nicht gefunden.

kon mit allen Vorwerken und Dörfern. Lange konnten die Brüder nicht zusammen bleiben. Hieronymus begab sich von Krakau unmittelbar nach Linz, um mit Sigismund v. Herberstein, dem Abgesandten Ferdinands, über die Entschädigungs- und Tauschprojekte für Johannes Zapolya zu verhandeln; die Verhandlungen zusammen mit all den gemütlichen Aufregungen der letzten Monate wirkten so aufreibend auf Laski, daß er, kaum nach Siebenbürgen zurückgekehrt, in eine schwere, lebensgefährliche Krankheit verfiel, die ihn sieben Wochen ans Schmerzenslager fesselte. Der arme Mann; und während er noch Leid über den Verlust des Oheims trug, starben ihm rasch dahin ein Sohn und eine Tochter, und aus dem uns aus jener Zeit erhaltenen Schreiben ist nicht zu ersehen, daß einer der Brüder ihn hat pflegen können*).

Am verhängnisvollsten wurde der Heimgang des Erzbischofs für unseren Johannes. Mit seinem Tode war ihm die einflußreichste Stütze für sein Hinaufsteigen auf der hohen Leiter kirchlicher Würden genommen. Noch kurz vor dem Hingang hatte der wohlwollende Oheim ihm die Bestallung zum Propst von Gnesen und Leczyc ausgewirkt. Jetzt aber stand er da als Neffe und Namenserbe des verstorbenen Primas und damit auch teilweise als Erbe feindseliger Gesinnung, die von so vielen Seiten gegen den Verstorbenen gehegt worden war. Ihn konnte man nun ungefährdet den Groll fühlen lassen, daß er so lange der verzogene Gegenstand allzu väterlicher Fürsorge des machtvollen Primas gewesen. Wir hören nicht, daß eine solche Unterbrechung raschen Fortkommens den nun Verwaisten mißmutig gestimmt habe; seine ernste Gesinnung wies ihm andere und höhere Aufgaben und an denen konnte ihn die Mißgunst der Neider nicht stören. Sein Schmerz über die Kirche schöpfte bereits lange die Nahrung aus ganz anderen und tieferen Quellen, als aus den armseligen Lachen nichtbefriedigten Ehrgeizes! Mit dem Hingang der ehrwürdigen Gestalt aber war das Band gelöst, mit

---

*) Bucholtz, Urkundenbuch, S. 48; aber es ist ein unentwirrbarer Widerspruch zwischen den Daten S. 48 (Wysko, 31. Oktober 1531) und 49 (Wien, 2. November 1531).

dem eine innige, kindliche Pietät den Neffen an seinen Oheim mit seiner treuen väterlichen Liebe, den Dekan an seinen Erzbischof knüpfte: er konnte nun ungehinderter dem Zuge der Gedanken folgen, die ihn immer tiefer in das Wort Gottes und damit immer weiter ab von den Satzungen seiner Kirche führten.

Rasch vollzog sich der Wandel nicht. Wir sind um Laskis willen froh, daß noch ein paar Jahre bis zum völligen Bruch verstrichen, denn damit ist der Vorwurf hinfällig, den ihm seine Gegner gemacht, als ob er doch wie eine Art verkappter Abtrünniger seit seinen Baseler Tagen heuchlerisch den Anschluß an die römische Kirche bewahrt, so lange ihm die hohe Stellung des Oheims Aussicht auf gleich hohe Nachfolge geboten. Nicht das Scheitern dieser ihm untergeschobenen Hoffnung trieb ihn, mißmutig die Schiffe hinter sich zu verbrennen. Er kämpfte noch den Riesenkampf, in seiner Mutterkirche bleiben zu können, er kämpfte ihn treu, ernst, mit dem Wehegefühl, daß es ein Kampf auch um sein Vaterland, sein teures Polen sei, immer mehr aber auch mit der Ahnung, mit dem aufleuchtenden Bewußtsein, daß die ringende, geheimnisvolle, nächtliche Gestalt der Herr selber sei, und von dem Augenblick an mit dem flehenden Wunsche: „Herr, ich lasse dich nicht, du segnest mich denn." Als der Gesegnete des Herrn dann beim Anbruch der Morgenröte hatte er keinen Klagelaut, daß und wie ihm die Hüfte verrenkt ward.

Zunächst brachte der Tod des Erzbischofs dem jungen Propste von Gnesen eine Reihe dienstlicher Arbeiten, noch ehe seine häuslichen Angelegenheiten mit den Brüdern geordnet waren. Das Gnesener Domkapitel ordnete ihn an den Bischof von Cujavien, Matthias Drzewicki, ab, ihm seine Wahl zum Erzbischof zu melden*). Er benutzte die Gelegenheit, mit diesem Nachfolger die Vereinbarungen zu treffen, die den Erben des Primas zufallenden Einkommen aus dem Erzbistum nach den Bestimmungen des Testamentes zu regeln. Es mögen diese Auseinandersetzungen nicht ganz leicht gewesen sein. Der Bischof von Cujavien gehörte zu den Gegnern des verstorbenen Primas. In der Ver-

---

*) Die päpstliche Bestätigung der Wahl bei Theiner II, 478.

stellung*), die die Häupter der Gegenpartei einst (1527) an die
Königin Bona gerichtet, sie um ihre Unterstützung wider Laski
ersuchend, finden wir auch Drzewicki. Die schwierigen Aus-
einandersetzungen fanden jedoch einen friedlichen Abschluß. Es
scheint überhaupt, daß der neue Erzbischof seinen langjährigen
Groll nicht auf den Neffen übertrug, daß dessen Tüchtigkeit, auch
nachdem sein mehr wie väterlicher Schutz dahingesunken war, sich
Anerkennung und Achtung zu verschaffen wußte. Noch fast sieben
Jahre nach dem Tode des Oheims wurde ihm die Stelle eines
Archidiakonus von Warschau übertragen (21. März 1538)**);
das Patronat über diesen hohen Posten hatte noch vor seinem
Tode Laski für den jeweiligen Erzbischof von Gnesen von dem
Könige ausgewirkt, zum großen Ärgernis der Königin Bona,
die dafür sorgen zu wollen versprach, daß Zeit ihres Lebens er
keine seiner Praktiken mehr bei dem Könige durchsetzen solle***).
So griff die ränkesüchtige Königin mit weibischer Hand in die
kirchlichen Fragen, so wogte am Hofe auf und nieder das In-
triguenspiel mißgünstiger Prälaten, und dies alles, während
ringsum bereits die Feuer der Reformation hoch aufloderten und
es gegolten hätte, allen häuslichen Zwist hintanzusetzen und die
gesamte Kraft gegen den von Tag zu Tag wachsenden Gegner
zu verwenden! Die Würde eines Archidiakonus von Warschau,
die der Oheim sicherlich seinem Neffen zugedacht hatte, als er
das Patronat erwarb, war die letzte Auszeichnung, die die römische Kirche diesem ihrem begabten, aber halb schon abtrünnigen
Sohne zuteil werden ließ.

Wir irren nicht, wenn wir bei den so äußerst spärlichen Mitteilungen gerade aus jener entscheidungsvollen Zeit unseren Freund
schon mit einem Fuße aus der Hütte seiner Mutterkirche hinaus-
geschritten sehen. Bereits 1536 hatte sich das Gerücht verbreitet,
als ob Laski die Heimat verlassen und sich zu Luther und
Melanchthon nach Wittenberg begeben habe. Die Kunde erwies sich als falsch, zeigt aber, wessen man sich ihm gegenüber

---

*) Vgl. Zeißberg, S. 588.
**) Acta capit. Gnesn. et Posn. Lib. install. I, 49.
***) Zeißberg, S. 589.

damals schon in Krakau, von wo die Nachricht stammt, versehen zu müssen glaubte. Es ist ein fesselndes Schreiben erhalten, das auf ·dieses Gerücht eingeht*). Der Brief, von einem gewissen Andreas Fr. an Laski gerichtet — in welcher Abkürzung ich den auch litterarisch bekannt gewordenen, in der Folge der evange= lischen Kirche angehörigen Polen und Staatsmann **Andreas Fricius Modrzewski** vermute**), dem wir später noch ein paarmal begegnen werden —, hält das durch **Sbigneus** in Krakau mitgeteilte Gerücht für keineswegs unwahrscheinlich oder gar ver= wunderlich. Wir können dem entnehmen, wie spruchreif bereits den Freunden die Wandlung Laskis erschien. Es hatte sich da= mals schon in Krakau ein kleiner Kreis geistesverwandter Naturen zusammengefunden — wir werden am Schlusse unserer Erzäh= lung um Einlaß bei ihm bitten —, die bittere Klagen — der Brief selbst ist ein Beleg dafür — über das Staats= und Kirchen= wesen führten und mit den Fortschritten der Reformation und ihren Führern vertraute Fühlung hatten. Wohl war seit Jahres= frist durch einen sehr strengen königlichen Erlaß der Besuch von Wittenberg untersagt***); daß ein solcher notwendig geworden, läßt schließen, wie zahlreich polnische Studenten nach der Hoch= burg der Ketzerei schon gezogen waren, und wie die menschlichen Verhältnisse nun einmal sind, wissen wir, daß auch die streng-

---

*) Gabbema, S. 19.

**) Über ihn siehe die paar Notizen bei Wengierski, S. 451.

***) Vgl. Kautz (S. 18) und daselbst aus dem an Peter Kmita erlassenen Befehl die bezeichnende Stelle: „quod attinet ad eos, qui apud Lutherum vel quoscunque alios factionum istarum principes vitam degunt, iis omnino aditum ad quas vis dignitates et magistratus praecludemus in posterum. Qui autem post publicatum hoc edictum nostrum vel sua voluntate vel jussu suorum amicorum ad istos ipsos sectarum novarum auctores, ut eorum dogmata imbibant, proficiscerentur, eos vel extorres esse jubemus vel severius e consiliariorum nostrorum sententia castigabimus, ne illis quidem parcendo, qui ipsis auctores ejus rei fuerint." — Freilich acht Jahre später hat Sigismund dies drakonische Gesetz gemildert und seinen Unterthanen das Reisen ins Ausland wieder gestattet. Bereits 1539 meldet der Bischof von Chelm dem apostolischen Nuntius in Deutsch= land, Moroni, daß der königliche Erlaß wegen des Besuches von Wittenberg wenig gefruchtet habe. Seine Gründe dafür sind nicht völlig stichhaltig. (Vgl. Theiner II, 527.)

sten derartigen Erlasse nur wenig fruchten und auch damals fruchteten.

Modrzewski schildert in dem Schreiben ausführlich die Wittenberger Tage der Konkordie (21.—29. Mai 1536). Was während dieser Woche Bucer und seine Oberdeutschen mit Luther verhandelt, das war ganz nach dem Sinn unseres späteren Laski und es ist wie eine schöne Weissagung, daß das Gerücht ihn gerade in den Tagen bereits in Wittenberg gewesen sein läßt. Eine so versöhnliche Hand hat der deutsche Reformator den Leuten von Straßburg, Augsburg und den anderen oberdeutschen Städten niemals entgegengehalten, wie an jenem 23. Mai, wo er in „hochgehobener, freudiger und freundlicher Stimmung, die ihm aus Augen und Antlitz strahlte"*), nicht zanken will mit den Leuten, die im heiligen Abendmahl die Gottlosen den Leib des Herrn nicht genießen lassen. Die Verschiedenheit der Anschauungen war innerlich nicht überwunden, aber über sie hinweg konnte in jener einen Stunde Luther die Bruderhand reichen. Viel freiere Ansichten über das Abendmahl, als sie hier zugelassen wurden, hatte Laski zwölf Jahre früher bereits von Erasmus vernommen, mündlich zwar nur, beim Symposion mit einer kleinen, auserwählten Schar; aus der Art der Schilderung bei Modrzewski ist ersichtlich, daß unserem Laski die Entwickelung der Abendmahlslehre seit jenen Tagen nicht fremd geblieben.

Nicht 1536 schon vollzog sich der Bruch mit der Mutterkirche**). Zwei Jahre später, bald nachdem Laski Archidiakonus von Warschau geworden, verließ er, für unser Auge plötzlich, sein Vaterland und zwar in der bestimmten Absicht, damit zugleich aus der römischen Kirche zu scheiden. Aber den ernsten Schritt that er nicht heimlich wie ein Flüchtling. Seine

---

*) Köstlin II, 342.

**) Trotz der bestimmten Äußerung von Utenhove (S. 234: „porro Joannes a Lasco 1556 tandem in patriam revocatur, unde viginti amplius annos nomine religionis sponte sua jam exulaverat") bezweifle ich die Richtigkeit der Zeitangabe, da Laski unmöglich noch zwei Jahre nach dem auffälligen Verlassen der heimatlichen Kirche zum Archidiakonus von Warschau hätte ernannt werden können. Wir dürfen in jenen Tagen derartige Zeitangaben nicht ungeprüft hinnehmen.

hohe Lebensstellung, gesellschaftlich wie kirchlich, hatte ihn oft in
nahe Berührung mit dem Könige gebracht, und Sigismund
blieb dem ernsten, so bedeutenden Manne bis zuletzt wohlgewogen.
Des ein Zeugnis ist Laskis Berufung zum Archidiakonat noch
1538; ja dem reiht sich das weitere, glänzende an, daß der
König ihm in demselben Jahre noch den erledigten Bischofsstuhl
von Cujavien anbot. Die Thatsache ist denn doch nicht wegzu-
leugnen; der Freund, der ihm zweiundzwanzig Jahre später die
Grabrede hielt, bezeugt sie laut in Gegenwart derer, die Einsprache hätten machen können*). Sobald nur Laski von der
Absicht Kunde erhielt, ging er zum Könige und setzte ihm offen
die Gründe auseinander, die ihn eine solche Gunst auszuschlagen
nötigten. Ehrgeiz lockte ihn nicht, sicher wenigstens nicht mehr;
am Vorabend seines Übertrittes konnte ihn auch die Bischofswürde nicht mehr fesseln; das Kreuz Christi und die Schmach
und Verfolgung eines evangelischen Predigers dünkte ihm be-
gehrenswerter. Es ehrt auch den König, daß er solch' offene
Aussprache zu würdigen verstand und alle seine strengen Maßregeln vergaß und übersah in Gegenwart der Hoheit einer Gesinnung, die die Armut um Christi willen dem üppigen Leben
eines Bischofs vorzog. Der König mußte, daß er nicht viel
solche Männer in seinem Lande hatte. Er verwehrte der seltenen Erscheinung die Reise ins Ausland nicht, ja er stattete
Laski huldvoll mit Empfehlungsbriefen an auswärtige Fürsten
aus. Bis an sein Ende konnte Sigismund den Mann nicht
vergessen**).

---

*) Statorius, S. 6: „Ipse Johannes a Lasco . . . instar magni
illius Israelitarum ducis probrum Christi ferre maluit quam adoptivus
Pharaonis filiae gnatus appelari. Cum enim sibi a serenissimo rege
Sigismundo Cujavensem episcopatum traditum audivisset, ipse principem
adiit et cur id munus suscipere non posset, palam ostendit, quo sapien-
tissimus ille rex non modo non est offensus, sed et ultro commendati-
tias litteras ei ad omnes principes concessit.“

**) Laski selbst schreibt dies dem Sohne des Königs: „abii ex mea pa-
tria et sciente et clementer id mihi permittente divo olim Majestatis
tuae patre, id quod tuae etiam majestati incognitum non esse puto, qui
me ubi jam in Frisia considissem, honorifice etiam, pro Regia sua in
me clementia, in patriam rursus literis suis revocabat, egoque illius

Es mag denn doch ein schwerer Abschied gewesen sein, als unser Freund an der Landesgrenze, die nach Deutschland führt, das letzte Lebewohl seiner Heimat zugerufen und noch einmal einen Blick rückwärts nach dem Vaterland geworfen, das er mit der ganzen feurigen Glut eines Polen liebte und von dem er sich jetzt vielleicht auf Nimmerwiedersehen losriß. Einen Schritt noch und der entscheidungsvolle Würfel ist gefallen. Und er thut ihn, gehorsam der Gottesstimme in seinem Herzen, die er bald schon als Gottes Gnade rühmt. Sie hat ihn wie einst den Vater der Gläubigen geheißen, wegzugehen aus seinem Vater-lande, aus seiner Freundschaft, aus seines Vaters Hause, weg in eine ihm noch unbekannte Ferne, von der er nur wußte, daß es das Land sein werde, das ihm sein Gott zeigen wolle. Gott hat ja von Vielen in jenen Heldentagen der Reformation das gleiche, schwere Opfer gefordert und die Schar der Verbannten in Genf, in Zürich, an so manchem anderen gastfreien Herde der Refor-mation, die daheim in hoher Stellung ihre behaglichen Tage ver-bracht und nun das kümmerliche Brot der Fremde aßen, bezeugt es, daß sie willig um des heiligen Kleinods ihres Glaubens willen das Opfer brachten und auch ihren Herrn darüber priesen. Aber unter den lichten Heldengestalten sind doch nicht viele, die aus so mächtig lockenden Umarmungen sich auf ihres Herrn Geheiß los-reißen mußten, als unser Pole dort an der Grenze seines Vater-landes. Noch lange klingt es in seinen Briefen nach, was er damals hat darangeben müssen, nicht freilich im wehmütigen Ton eines Verbannten, der sich nach den verlassenen Heimstätten zurück-sehnt, in dem Jubelton vielmehr, durch solch ein Opfer zur Frei-heit der Kinder Gottes durchgedrungen zu sein. So schildert er nach sechs Jahren seinem Glaubensgenossen Bullinger jene Zeit mit den schönen Worten: „Kurz um auch dir die Wohlthat und Güte Christi des Herrn gegen mich zu verkünden, ich war einst ein angesehener Pharisäer, mit vielen Titeln und Würden aus-geschmückt, mit vielen und reichen Pfründen von meinen Knaben-jahren an herrlich beladen; jetzt aber, nachdem ich all dies aus

---

majestati pariturus eram, si id fidei meae professio ministeriique mei in Frisia suscepti ratio passa fuisset" (Kuyper II, 30).

freien Stücken durch die Gnade Gottes dahinten gelassen, nachdem ich mein Vaterland und meine Freunde darangegeben, weil ich sah, daß ich in ihrer Mitte nicht in Christi Sinn und Geist leben könne, jetzt bin ich in der Fremde nur ein armer Knecht meines armen, für mich gekreuzigten Herrn Christus, seit kurzem hier (in Friesland) Diener der Kirche, zu verkündigen die Lehre des Evangeliums nach dem Willen des, der mich nach seiner Barmherzigkeit aus den Netzen der Pharisäer zu seiner Herde berufen hat."*) Einem anderen Schweizer Freunde meldet er um die gleiche Zeit den entscheidungsvollen Schritt in der Weise: „Auf elende Weise hatte ich alle meine Zeit verbracht und verloren in Laufereien, in der Unruhe des Kriegslärms, im Getriebe bei Hofe. Aber der gute Gott hat mich mir selbst wieder zurückgegeben und mich mitten aus dem Pharisäertum auf wunderbare Weise zur wahren Erkenntnis seines Wesens berufen, — ihm sei Ruhm in Ewigkeit. Amen. So mir nun selbst durch Gottes Gnade zurückgegeben, wage ich es, der Kirche Christi, die ich in meinem Pharisäertum aus Unwissenheit haßte, nach meinem geringen Vermögen zu dienen, und bete zu Gott, er wolle in seiner Barmherzigkeit mein bescheidenes Scherflein neben den glänzenden Gaben der anderen nach dem Beispiel der Witwe im Evangelium nicht verachten, sondern wohlwollend es zur Erbauung seiner Kirche dienen lassen."**)

So hat auch unser Freund wie alle seine Vorgänger, wie alle seine Nachfolger auf dem gleichen schweren Gang in Gottes Namen niemals ein Bedauern, ein Schmerzgefühl über solche Führung seines Herrn empfunden. Im Gegenteil, er wie alle die übrigen Helden haben die Wahrheit ihres Meisters zu kosten bekommen: „Wer verläßt Häuser oder Brüder oder Schwestern oder Vater oder Mutter oder Weib oder Kinder oder Äcker um meines Namens willen, der wird es hundertfältig nehmen und das ewige Leben ererben."

---

*) Kuyper II, 569.
**) Ebd., S. 583.

II.

Johannes a Lasco

als Protestant

in Deutschland und England.

———

7.

Auf der Wanderschaft.

Am Ausgang des Sommers mag es gewesen sein, im Jahre 1538, daß Johannes a Lasco die Grenze seiner Heimat über-schritt und den deutschen Boden betrat. Es war nicht nur ein Dahintenlassen des Vaterlandes und ein Ziehen in ein fremdes Gebiet, viel mehr noch ein Verlassen der alten Kirche, eine Los-lösung von den innigsten Familienbanden und ein Wandern in eine blaue Ferne, in die ihn mächtig und unwiderstehlich die Gottesstimme rief, die ihm das noch unbekannte Land seines Wohnens zeigen wird. Unser Pilgrim dort an der heimatlichen Grenze stand in der Vollkraft seines Mannesalters; bald hat er sein viertes Jahrzehnt überschritten, ein schöner, wohlgestalter Sohn seines Vaterlandes, mit hoher Stirne, großen, offenen Augen, mit scharf geschnittener Nase, um den geschlossenen Mund der feste Ausdruck ungebeugten starken Willens, die ganze kräftige Erscheinung voll Adel, eine fesselnde, ernste Mannesgestalt. Die ihn in jenen schweren Tagen zuerst gesehen, die rühmen an der männlichen Erscheinung die ernste Würde im Antlitz, verbunden mit einem Zuge liebenswürdiger Anmut, die ganze Hoheit des Wesens, das alsbald einen Held verkündete*).

Sein Geistesauge fand das Land der Reformation wesentlich verändert seit den nun freilich auch schon zwölf Jahre zurück-

---

*) Gerdes III, 83.

liegenden Tagen, wo er dort auf dem Grenzgebiete und von der
stillen Stube aus bei Erasmus in die hochgehende Bewegung
hinübergelugt. Damals war die ganze Bewegung noch in voller
Gärung begriffen und nur erst der brodelnde Schaum lag vor
der Pforte des großen Humanisten in Basel. Erasmus hatte
seinen entscheidungsvollen Waffengang mit Luther eben an=
getreten; dem Hausgenossen des in jenen Tagen allgemein an=
erkannten Führers der Humanisten konnte es noch zweifelhaft er=
scheinen, ob der so derb dreinhauende Reformator als der end=
gültige Sieger hervorgehen werde — und von dem Sieg hing der
Bestand der Kirche ab. Der mächtig anstürmende Reformations=
geist, dem Gemüte entspringend und nun auch die ganze Volks=
seele in ihrer Tiefe erfassend, hatte auch andere, lange, lange
angesammelte Kräfte gelöst, und die brachen sich stürmisch Bahn
und heischten unerbittlich Lösung, auch von der Reformation, und
doch lag ihre Quelle fernab auf anderem Gebiete. Es war noch
sehr fraglich, welches der Ausgang sein und ob es der Refor=
mation gelingen würde, sich den verschiedenen fremdartigen An=
forderungen zu erwehren und die stürmischen Streitgenossen von
sich auszuscheiden, die kühn und radikal auch den Boden des
Evangeliums verließen und auf eigener Fährte einhergingen.

Die Verhältnisse hatten sich in der Zwischenzeit wesentlich
geklärt. Licht und entschieden war aus dem Kampf widerstreiten=
der Elemente die festumrissene Gestalt der, wie sie damals hieß,
reformierten Kirche hervorgetreten. Man sah ihren Zügen den
heißen Kampf an, in dem sie sich ihr Recht erkämpft, zugleich
auch die heilige, freudige Begeisterung, die jeder Kampf um das
Evangelium dem Bekenner einflößt. Die jugendliche Kirche der
Reformation, im Hoch= und Selbstgefühl dieses ihres göttlichen
Rechtes, konnte nun ruhiger die Folgerungen ihres Sieges ziehen.
Im Retscher zu Speier hat sie 1529 gegen den Reichstagsabschied
ihre Protestation eingelegt, ihre Anhänger waren nun Protestanten
geworden, Gegenpart wohl, aber auch ebenbürtiger Part wider
die römische Kirche. Ein Jahr später überreichte die jugendliche
Streiterin bereits auf der Reichsversammlung zu Augsburg dem
Kaiser und Reich ihre Konfession, noch etwas gar sehr die Über=
einstimmung mit der alten Mutterkirche betonend, noch nicht lieber

die doch schon klar zutage tretenden Unterschiede scharf hervor-
hebend. Aber es war so vielleicht klüger; der Gegner fühlte sich
nicht veranlaßt, seine Feder, wie einige Heißsporne wünschten, in
Blut zu tauchen; seine klägliche Tintenschrift darwider hob nur
den Mut der jungen Helden. Wieder ein Jahr später sehen wir
die protestierenden Stände im Schmalkaldener Bund enger sich
zu Schutz und Trutz zusammenschließen; es waren mannhafte,
tüchtige Fürsten, die dieser Bund zu seinen Hauptleuten erwählte.
Der Kaiser und seine Leute hatten fortan mit diesem Bunde zu
rechnen; der Religionsfriede zu Nürnberg 1532 zeigt, daß Karl V.
sich zu einer solchen Rechnung entschloß. Beide Teile gelobten
Frieden bis zum Austrag der ganzen Angelegenheit auf einem dem-
nächst zu berufenden Konzil. Die protestantischen Stände waren
in jenen Tagen schon so erstarkt, daß sie nach der Meinung der
Kundigsten noch viel bedeutsamere Zugeständnisse dem von vieler
Seite her bedrängten Kaiser hätten abringen können. Der tief-
religiöse Zug der deutschen Reformation hielt sie zumeist ab, sich
die günstigere politische Stellung zu erwerben.

Aber die gewaltigen politischen Bewegungen, die wie in einem
Strudel alle Länder Europas zu ziehen drohten, förderten in un-
erwarteter Weise den festen Bestand der nach Gottes Wort reformierten Kirche. Wir haben schon einmal an der Stelle gestanden,
wo dieser Strudel seine heftigsten Wellen aufwarf. Auf den
weiten, fruchtbaren Ebenen Ungarns schien es einen Augenblick,
als ob das Los Europas für Jahrhunderte entschieden werden
sollte, und zwar in dem blutigen Kampf der beiden dortigen Kronprätendenten, ein Kampf, der auf der einen Seite den siegreichen
Soliman mit seinen blutdürstigen Horden bis unter die Mauern
von Wien führte, der auf der anderen Seite die feindselige Politik
von Karl V. und Franz I., und die sich im wechselnden Waffen-
glück um sie scharten, zum Austrag zu bringen schien. Kaiser
Karl durfte bei dem ernsten Waffengang die deutschen protestantischen Stände nicht seinen Feinden zudrängen und mußte deshalb auf ihrer Seite gar manches geschehen lassen, was er gewiß
unter anderen Umständen mit Feuer und Schwert unterdrückt
haben würde; König Franz, selbst Katholik und nicht gewillt,
in seinem Reiche der evangelischen Bewegung Vorschub zu leisten,

warb um die Gunst, im letzten Grunde um die Waffengenossen-
schaft der protestantischen Fürsten. Sie entging ihm wohl, aber
der Vorteil dieser politischen Strömung kam den Protestanten in
jenen Jahren zugute.

Dem Protestantismus in seiner staatlichen Stellung waren
die politischen Ereignisse auf der Weltbühne in diesem vierten
Jahrzehnt nur förderlich gewesen. Das Hindernis, den vollen
Ertrag seiner Aufgabe zu gewinnen, trat in einer für die ganze
Folgezeit verhängnisvollen Weise in seiner eigenen Mitte zutage.
Die Zusammenkunft zu Marburg hatte klar die andersgeartete
Geistesrichtung der beiden Häupter der Bewegung, Luther und
Zwingli, auf einem entscheidenden Punkte gezeigt; die Schatten
dieser beiden Gestalten lagerten sich fortan auf die Scharen, die
ihrer Führung folgten, und gaben ihnen verschiedene Umrisse.
Das Recht, ihre persönliche Überzeugung geltend gemacht zu haben,
bleibt beiden Männern gewahrt; die größere und herzlichere Zuneigung muß sich dem Handeln des Führers zuwenden, der über
den unverglichenen Streitpunkt hinüber dem deutschen Reformator
die Bruderhand reicht und mit Thränen sehen mußte, daß sie
zurückgewiesen wurde. Wie unsagbar viel Leid ist seitdem über
die evangelische Kirche gekommen, die in der zurückgewiesenen Hand
die Spaltung in das eigene Innere getragen sah. „Ihr habt
einen anderen Geist als wir!" Das verhängnisvolle, beklagenswerte Wort wurde zu einer Art Parole, die die Streitgenossen
in zwei Feldlager teilte, zwischen die dann der gemeinsame Gegner
in gewandtester Weise seinen gefährlichsten Keil eintrieb. Wohl
fühlte man hüben und drüben das Bedürfnis, die leise Spaltung
eher auszufüllen, als zu erweitern, um nicht selbst der römischen
Kirche durch die eigene Zwietracht in die Hände zu arbeiten;
lebendiger war das Bedürfnis bei den Städten in Oberdeutschland und in den schweizerischen Gebieten; bei den anderen blieb
das Gefühl rege, sich vor der Vermischung mit dem vermeintlichen
anderen Geist zu hüten. Aber auch Luther sah die Notwendigkeit einer Annäherung ein und überwand eine Zeit lang seine
Bedenken wider jede Berührung mit den Sakramentierern. Der
dafür unermüdlich thätige Bucer fand in Wittenberg an Melanchthon eine wesentliche Stütze für seine schönen Bemühungen;

Luther sah schweigend zu und ließ der Sache ihren Lauf, ja
— wir haben schon daran geredet, man glaubte Laski an dem
bedeutsamen Tage bereits in Deutschland, der für einen Augenblick ins Leben gerufen zu haben schien, was dann später unseres
Freundes eifrigste Lebensaufgabe geworden war —, ja, am 29. Mai
1536 wurde in der Wittenberger Konkordie eine Art Union hergestellt und auch von Luther mit unterzeichnet.   Welch' eine
Freude hat dieser Schritt und die sich ihm weiter anreihenden
Schreiben Luthers in der Schweiz, in ganz Oberdeutschland
verursacht! Zürich sandte einen obrigkeitlichen Läufer in den Züricher Farben und Ehrenzeichen im Sommer 1538 nach Wittenberg mit einem Schreiben von dem edlen Bullinger, das mit
den schönen Worten schließt: „Gott unser himmlischer Vater, der
da ist der Herr der Heerscharen, der Vater aller Barmherzigkeit
und alles Trostes, entzünde in uns beiden Teilen durch seinen
heiligen Geist das Feuer seiner göttlichen Liebe, damit wir dies
christliche Werk dieser Konkordie zur Heiligung und Ehre seines
heiligen Namens, auch zur Seligkeit vieler Seelen, der Satan
und der Welt und allen ihren Anhängen zuwider durch die Gnade
Gottes zugerichtet, seliglich erhalten mögen."

Um diese Zeit betrat Laski das Heimatland der Reformation.
Als ob in seiner Lebensführung der Augenblick von Gott ab-
gewartet worden wäre, in welchem die Persönlichkeit auf den
Schauplatz der Handlung treten sollte, die in ihrer ganzen Ver-
anlagung das auserwählte Rüstzeug zu sein schien, auf der Grundlage dieser Konkordie an dem Bau der Reformation weiter zu
arbeiten! Aber Gottes Wege sind doch nicht unsere Wege. Der
Fremdling, der Polen und der römischen Kirche den Rücken gewandt, wurde auf weiten Umwegen erst an seine Arbeit geführt.
    Laski lenkte seine Schritte zunächst nicht nach Wittenberg,
wo ihn schon vor zwei Jahren der Freund vermutet hatte. Er
scheint geflissentlich dem großen Reformator ausgewichen zu sein,
sei es, daß die Erinnerung an das in der Umgebung von Eras-

mus einst gewonnene Bild von Luther noch nicht ganz verwunden war, sei es, daß er seinem Könige, der das hochangesehene
Landeskind hatte ziehen lassen, das Versprechen gegeben, den unmittelbaren Umgang mit diesem gefürchtetsten Ketzer zu meiden.
Aber auch den Reformatoren auf der anderen Linie ging er zunächst noch aus dem Wege persönlicher Berührung. In der
Schweiz hätte er rasch die alten Verbindungen wieder anknüpfen
können. Der kampfesmutige Zwingli war freilich schon auf der
blutigen Walstätte, ein tapferer Schweizer, gefallen, und auch
Ökolampad, der wackere Reformator in Basel, war von seinem
Herrn und Meister bereits aus der streitenden Kirche in die
triumphierende emporgerufen. Aber Pellikan stand noch treu
und fest auf der Wacht dort am Rhein und Basel, unserem
Freunde einst so lieb geworden wie einem Studenten seine Musenstadt, war ohne vielen Kampf ruhigen, gemessenen Schrittes in
die Bahn der Reformation eingelenkt, während in Zürich Bullinger waltete, der so innig nahe Geistesgenosse Laskis in
den späteren Jahren. Weiter im Süden an den reizenden Ufern
des Genfer Sees wirkte unermüdlich und in der Kraft eines alt-
testamentlichen Propheten Farel, den als Flüchtling unser Pole
einst in Basel kennen gelernt, neben ihm aber auch schon sein
Meister Calvin, beide Helden eben aus Genf vertrieben, weil
sie zu groß und herb waren für das Volk, das dort in äußeren
Lustbarkeiten seines Lebens froh werden wollte, beide ungebeugt,
denn sie hatten ihr Geschick im treuen Dienste ihres Herrn erfahren. Farel stand schon wieder mit der gleichen rücksichtslosen
Strenge, mit demselben feurigen Liebeseifer am anderen Ufer des
Sees, eifrig bemüht, den Wandel der Christen in Neuenburg
Gott zu heiligen. Calvin war weiter gezogen; in Straßburg
hatte er eine Kanzel gefunden, das Evangelium zu verkünden.
Welch einen Eindruck müßte er auf den Flüchtling aus Polen
gemacht haben! Und noch so manche andere hervorragende Gestalt würde dort in der schönen, deutschen Reichsstadt unseren
Laski in jenen Tagen gefesselt haben, geistesverwandte Naturen,
die wohl bald seinem Sinnen und Trachten ihre besondere Marke,
nicht weit verschieden von dem eigenen dereinstigen Gepräge, eingedrückt haben würden.

Wir kennen leider die Beweggründe nicht, die unseren Freund
veranlaßten, einen anderen Weg einzuschlagen. Auf den ersten
Anblick will der Weg wie ein Spiel des Zufalles erscheinen, das
neckische Verschlagenwerden eines Schiffbrüchigen; bei tieferem Eindringen erkennen wir die Führung des Herrn, der der Menschen
Geschicke lenkt wie die Wasserbäche. Zuerst sehen wir die Umrisse
unseres Wanderers in Frankfurt a. M. auftauchen, um die Zeit
etwa, wo im Spätherbst von allen Endpunkten die Druckherren
mit ihren neuen Büchervorräten in die damals schon so wichtige
Handelsstadt zur Messe zusammenzukommen pflegten. Auch von
Krakau, von Thorn, Posen und Breslau zogen die Leute nach
dem Main hin, zumeist in engerem Zusammenschluß, um sich und
ihre Ware auf den unsicheren Landstraßen leichter schützen zu
können. Sein Absteigequartier nahm Laski in dem Hause eines
gewissen Habrianus, der ein Buchhändler auf dem Liebfrauen-
berg gewesen sein soll und ihm auch in späteren Jahren noch
Büchereinkäufe vermittelte und auch sonstige Aufträge besorgte, ein
Niederländer von Hause aus, der aber Frankfurter Bürger geworden war*). Vielleicht hatte gerade die Büchermesse den Polen
nach der Mainstadt verlockt. Es hatte denn eben doch nicht jede
neue Erscheinung der Reformationslitteratur die scharf gehütete,
heimatliche Grenzsperre durchdringen können und bot eine solche
Messe die günstigste Gelegenheit, die eine und die andere daheim
verbotene und entbehrte Frucht zu genießen und sich mit dem
gegenwärtigen Stand der geistlichen Dinge vertraut zu machen.
Ob und mit welchen hervorragenden Persönlichkeiten der Stadt
Laski bei diesem seinem ersten Aufenthalt in Frankfurt zusammentraf, darüber bieten die wohlgeordneten Archive der Stadt keine
Auskunft. Die freie Reichsstadt mit ihren kräftigen Söhnen voll
regen Unabhängigkeitsgefühls hatte sich in ihrer Mehrheit der
Reformation angeschlossen, damals noch mit starker Bevorzugung
der von Zwingli und den oberdeutschen Städten ausgehenden
Richtung. Einen Fremdling lernte er in den Mauern der Stadt
kennen und schloß engen Freundschaftsbund mit ihm, einen Bund,
der in gewisser Beziehung für die ganze Folgezeit seines Lebens

---

*) „Religionshandlungen" II, Beilage S. 50.

entscheidend wurde. Auf der Reise nach Italien war an einem hartnäckigen Fieber schwer krank befallen Albert Hardenberg aus den Niederlanden. Er lag wohl in derselben Herberge wie unser Freund. Um ein Jahrzehnt jünger wie Laski, mit dem Papst Hadrian nicht allzu weitläufig verwandt, war Harden=berg als Knabe schon in das berühmte Bruderhaus zu Grö=ningen, das der edle, hochbegabte Johann Wessel ins Leben gerufen und ihm langewährendes Ansehen verschafft, eingetreten; zum ernsten Jüngling herangewachsen, vertauschte er das fromme Bruderhaus mit dem nahegelegenen, in jenen Tagen auch hoch gefeierten Bernhardinerkloster zu Aduard. Sein Lehrer Goswin van Halen hatte ihm wohl den Rat gegeben, da einzutreten, wo Männer wie Rudolf Agricola, Johann Wessel u. a. einst gewirkt und von welchem Kloster er selbst geäußert: „Wenn du früher einen Gelehrten in Friesland gesucht hättest, so wür=dest du ihn in Aduard oder nirgends gefunden haben."*) Mit zwanzig Jahren begab sich Hardenberg, in die weiße Mönchs=kutte mit dem schwarzen Skapulier der Bernhardiner gehüllt, nach Löwen, den achtjährigen Kursus eines Theologen bis zu dem Baccalaureat durchzumachen. Er war wegen seiner freieren An=schauungen den strenggläubigen Professoren verdächtig geworden und hatte die Absicht, zur Zeit der Herbstmesse 1538 über Frank=furt nach Italien zu ziehen. Die hartnäckige Krankheit ließ ihn seinen Plan ändern. Statt nach Italien zog er nach Mainz, an der dortigen Hochschule sich die höchste Würde seines Berufes, den Doktorhut, zu erwerben. Der neuerworbene Freund begleitete ihn in die nahegelegene Stadt, die in jenen Tagen zumeist durch die Bedeutung ihrer Universität den Beinamen „das goldene Mainz" erhalten.

Es waren gerade bewegte, lärmige Tage für Mainz an=gebrochen. Nach jahrelanger, geflissentlicher Abwesenheit hatte endlich Kurfürst Albrecht von Mainz dem immer stürmischeren Andringen nachgeben müssen und war von Halle aus in seine Bischofstadt gekommen. Vom Februar bis Juni 1539**) hielt er

---

*) Spiegel, S. 11.
**) May II, 331.

in Mainz Hof, nicht als ein geiſtlicher Hirte, der ſich um das
Seelenheil der ihm anvertrauten Herde ſorgt, wie ein weltlicher
Fürſt vielmehr, in dem Hohenzollernblut rollt, eifrig bemüht,
Söldner zu werben und für baldigen Kriegsdienſt einzuüben.
Trifft die mehrfach auftauchende Angabe zu, daß Laſki bei ſeiner
Reiſe mit Empfehlungsbriefen von ſeinem Könige verſehen worden
ſei, dann war darunter gewiß auch ein Schreiben an des Königs
Verwandten, den Kurfürſten und Kardinal, in deſſen Hand mehr
wie einmal das endgültige Geſchick Deutſchlands gelegen haben
würde, hätte ſeiner Macht der ſittliche Ernſt, die religiöſe Tiefe
des Charakters entſprochen. Um jene Zeit konnte der genußſüch-
tige Kirchenfürſt unſerem Laſki, wenn er ihm überhaupt nahe
getreten, keine Wegweiſung mehr bieten. Ein Vierteljahrhundert
früher vielleicht. Das war noch die ſchöne Zeit, wo der wiſſens-
eifrige und kunſtſinnige Fürſt, ein Freund von Hutten war und
in inniger Verehrung und Hingabe ſich vor dem königlichen Geiſte
des Erasmus beugte. Damals beſeelte den hochgeſtellten
Kirchenfürſten der innige Wunſch, ſeine Mainzer Hochſchule zu
einer Muſterſchule für die Humanitätsſtudien umzugeſtalten und
zugleich auch, ganz im Geiſte des großen, deutſchen Humaniſten,
reformatoriſch auf die Kirche einzuwirken. Der Humanismus
erwies ſich auch unter ſeinen machtvollen Händen ohnmächtig ſolch
großes Werk auszuführen. Auch dieſem ſeinem begeiſterten Jünger
mangelte dazu der ſittliche, heilige Ernſt, ſich um der eigenen
Seele Seligkeit zu ſorgen, auch er mußte in ſeinem Vorhaben
ſcheitern, weil er vergaß, daß das Heiligtum nicht von gelehrten
oder humanitären, ſondern nur von heiligen Händen gereinigt
werden kann. Der prunkliebende Kurfürſt wollte das Leben genießen in der Weiſe, wie es in jenen Tagen der Mediciäer auf
dem päpſtlichen Stuhle es that, vielleicht mit etwas mehr deut-
ſchem Ernſte, aber die Grundrichtung iſt die gleiche. Kurfürſt
Albrecht und unſer Laſki waren von der Humanität und ihrem
Hochmeiſter ausgegangen; der weitere Lebensweg ihrer geiſtigen
Entwickelung führte ſie aber immer mehr auseinander, in jenem
Frühjahr 1539 war ſchon kein Berührungspunkt mehr da. Der
eine von ihnen war bis zur Würde eines Kardinals emporgeſtiegen,
ja bis in den heißerſehnten Beſitz der goldenen Roſenſtaude vom

Papste, aber auch abgelenkt bis in den offenſten Bruch mit der
Reformation. Er ſtarb, tief verletzt über den Gang der Geſchichte
und unerbittlich in ernſtem Gerichte von ihr auf die Seite ge=
ſchoben, bis ins Sterben hinein von ſeinen Gläubigern gedrängt,
und dazu fällt auf ſeine entſeelte Hülle der unholde Schattenriß
des unglückſeligen Ablaßkrämers in ſeinem ſchmachvollen Dienſt,
deſſen halber Gewinn in den Geldkaſten des prunkſüchtigen Kur=
fürſten fiel und ihn doch nicht füllen konnte. Den anderen führte
ſein Weg in die evangeliſche Kirche. All' ſeiner kirchlichen Pfründen
und Würden — und er hätte vielleicht in ſeiner Heimat ſo hoch
ſteigen können wie Albrecht in Deutſchland — aus freien Stücken
und in heiligem Gewiſſenszwang los und ledig, ein armer Knecht
ſeines einigen Herrn, allzeit fortan fertig und bereit, ſich als ein
Streiter Chriſti zu leiden, bis zuletzt freudigen Geiſtes im ſeligen
Beſitz der freien Gnade in Chriſto Jeſu.

Faſt ein Jahr ſcheint Laski fern von dem, was in den
biſchöflichen Prunkgemächern getrieben wurde, und ernſten Studien
hingegeben, in Mainz geweilt zu haben, wenn wir ihn nicht in
der Zeit auch ſchon bereits in den Niederlanden aufſuchen müſſen.
Unſere Quellen verſiechen in dem Jahre; der Aufenthalt in Löwen
ſcheint aber allen Andeutungen nach länger geweſen zu ſein als
die übrig bleibende kurze Friſt, wenn wir Laski bis zur Promotion ſeines Freundes in Mainz vermuten, nicht lieber ihn zu
der Feierlichkeit aus den Niederlanden dahineilen laſſen. Sein
Freund hielt in der Bewerbung um den Doktorhut Vorleſungen
über die Bücher der Sentenzen und einige Briefe Pauli. Zumal
die letzteren mußten mit Notwendigkeit die beiden Männer in ihren
reformatoriſchen Anſchauungen feſtigen. Das Jahr ging nicht zu
Ende, ohne daß Hardenberg die erſehnte Würde errungen
hatte. Laski war bei der Promotion zugegen. Die Emdener
Bibliothek beſitzt noch das Buch, das er bei dieſer Gelegenheit
dem mit dem Doktorhut Gekrönten ſchenkte, es ſind Reuchlins
Anfangsgründe der hebräiſchen Sprache. Einſt war das wertvolle
Buch dem Erasmus eigen, deſſen Handſchrift (sum Erasmi nec
muto dominum) es noch trägt. Es hatte doch ſeinen Beſitzer
gewechſelt, als der freigebige Pole in ſo großherziger Weiſe dem
berühmten Gelehrten ſeine Bücherſammlung abgekauft. Auch

Hardenberg hielt das Geschenk um des Gebers willen doppelt
wert und hat acht Jahre später auf das Titelblatt eingeschrieben:
„Deshalb" (weil er es von Laski bei der feierlichen Gelegenheit
geschenkt erhalten) „wird dieses Buch seinen Herrn, so lange ich
lebe, nicht wechseln, was ich durch diese meine eigenhändige Unterschrift bezeuge."*) Als im folgenden Jahre die Ketzerrichter in
Löwen wenigstens die Bücher des Hardenberg verbrannten, im
Grolle darüber, daß ihnen der Ketzer entwichen, war dieses von
ihm hochgehaltene Buch dem Feuer entgangen.

Schon bald nach der Promotion brach Hardenberg nach
seiner Heimat auf. Der treue Freund gab ihm rheinabwärts
das Geleite. Sie wollten sich nicht von einander trennen; die
Niederlande selbst besaßen gar manchen Anziehungspunkt, der
unserem Laski im Fortgang seiner geistigen Entwickelung an-
locken konnte. Die Heimat des Erasmus war ihm in seinen
Humanitätsstudien und im Zusammenleben mit des Landes da-
maligem gefeiertsten Sohne nicht fremd geblieben; er hatte
manchen Sprossen dieses Volkes — wir erinnern uns beispiels-
weise seines Umganges mit Utenhove — kennen und schätzen
gelernt. Der eigene Bruder, Hieronymus, hatte mehr wie eine
schwierige diplomatische Sendung in Brüssel auszurichten gehabt,
und sein Name hatte auch da in den höchsten Kreisen guten
Klang.

Statthalterin der Niederlande war die Schwester des Kaisers,
Maria, die Witwe des unglücklichen Königs von Ungarn, der
auf so klägliche Weise sein junges, hoffnungsvolles Leben in den
Sümpfen bei Mohacz eingebüßt. Noch als Jungfrau hatte sie,
die hochbegabte, wissenseifrige Schülerin des Humanismus, Erasmus hoch geschätzt und auch gepriesen. Ihr frommer Sinn hatte
die junge Königin in das Studium der heiligen Schrift geführt;
sie stand nicht abhold den evangelischen Bewegungen nun auch in
Ungarn gegenüber und Luther hoffte Großes von ihr sich versehen zu dürfen. Als er die Kunde von der schweren Heimsuchung
erfuhr, die die fromme Witwe getroffen, sandte er ihr gleichzeitig

---

*) Spiegel, S. 19.

mit der Auslegung von vier Pfalmen jenen bekannten schönen
Troftbrief nach Wien, wohin sie vor den wilden Scharen Soli-
mans geflüchtet*). Es war eine falsche Stellung, in die Kaiser
Karl seine Schwester durch ihre Berufung zur Statthalterin der
Niederlande gerückt, weil mit dieser Stellung von ihm die Aufgabe verknüpft war, den Protestantismus im Geburtslande des
Kaisers auf alle Weise zu unterdrücken. Und der Kaiser zeigte
auf diesem Punkte seine ganze rückfichtslose, herrische, unbulbfame
Natur, die wenigstens im geliebten Stammlande durchfetzen wollte,
was ihm in Deutschland trotz aller Versuche nicht gelang. Bis
zur Dienerschaft herab fäuberte er die verdächtige Umgebung der
Schwester, die sich dem harten Willen des Bruders fügte und zu
ohnmächtig war, die furchtbare Aufgabe zurückzuweisen, oder aber
um ihretwillen auf den Glanz der Hofhaltung, dann auch auf
die Freundschaft des Bruders zu verzichten**). In welch' schmerzliche Stellung doch wurden in jenen großen, aber auch herben
Tagen die gerückt, die schwach auf halbem Wege stehen blieben
und darum bitter unter das Gericht des Wortes fielen: „Wer
nicht für mich ist, ist wider mich.“ Laski wäre der Statthalterin
kein fremder Name gewesen. Kein anderer Name wurde in den
blutigen Händeln, die ihr schönes Ungarnland zerfleischten, öfter
von Freund und Feind genannt als dieser und sie würde gewiß
auch dem edlen Polen glänzende Aufnahme an ihrem Hofe gewährt haben. Aber nicht um Hofleben und Hofgunst zu genießen
hatte Laski dem heimischen Königshof den Rücken gewandt und
war in die arme Verbannung gezogen. Er mochte auch keine

---

*) Vgl. Luther XXXVIII, 370 f. Die ausgelegten Pfalmen find
37. 62. 94 u. 109.
**) Vgl. das Schreiben des Kaisers an seine Schwester bei Lanz I, 418:
„sy vous en (unter ihren Dienern) dysoyent ou congnissiez, quils en fus-
sent attaches, que les chatyssiez ou chassyssiez, envoye a ceste heure,
ma soeur, non pour ce, mais pour ce que en Allemagne ce souffre ou se
tient pour legier, es pays bas ne ce convient en fason du monde souffrir,
et ce tient pour pesant; et croys que en Allemagne y en y a plus que
besoyng seroyt, que en fait, en dit ou en pensee en sont attaches; et
que, sy daventure en y amenyez quelque ung qui ce fut et qui infecta
lesdits pays de nouveautes quils lont cuyde ja estre, mais a force de
chastoy sont estes gardes et remedyes . . . .“

Luft haben, ein Weib zu sehen, das sich an der unnatürlichen
Aufgabe müde rang, deren Erfüllung nur mit dem Opfer der
Verleugnung ihrer besseren Bestrebungen einst erkauft werden
konnte. Solche Menschen mied er, suchte sie nicht auf. Auch
andere glänzende Angebote wies er entschieden zurück. Als er in
den Sommertagen 1540 sich kurze Zeit in Antwerpen aufhielt,
besuchte ihn der Erzkanzler und auch der dort weilende Markgraf
von Brandenburg; im Namen des Kaisers sowohl als auch des
Königs Ferdinand wurden ihm vergebliche Anerbietungen gemacht*).

An Brüssel und seiner glänzenden Hofhaltung vorüber zog
sich a Lasco nach Löwen zurück. Der freundliche Musensitz sollte
ihm für Jahresfrist erwünschter Bergungsort sein, in der Stille
innerlich auszureifen. Schon Erasmus hatte ihm einst die so
berühmte Universität und ihre schöne Lage gepriesen. Nirgends
könne man stiller und ungestörter den Studien obliegen, dazu sei
die Gegend lieblich und gesund, ein italischer Himmel breite sich
über ihr aus**). Mehr wie dreitausend Studenten aus aller
Herren Länder, in jener Zeit zumeist aus Frankreich und auch
nicht wenige aus Spanien, sammelten sich in den verschiedenen
Hörsälen; der großen Zahl entsprach die Menge der Professoren
und auch ihre wissenschaftliche Bedeutung; eine reiche Büchersammlung bot erwünschte Mittel für eingehende Studien. Aber
Löwen war damals in seiner theologischen Fakultät und durch
ihre Stimmführer Hochburg wider die protestantische Kirche und
Lehre geworden, der würdige, ja selbst überlegene Streitgenosse
der Sorbonne und von Köln wider jede evangelische Regung.
Was in jenem Jahre schon Geltung hatte, wurde 1545 durch
das Gesetz bestimmt, daß kein Student zur Universität zugelassen
würde, der sich nicht durch einen feierlichen Eid als Feind aller
Glaubenssätze von Luther und Calvin bekräftigte***). An der
Spitze dieser ausgesprochensten und streitbarsten Gegner stand

---

*) Kupper II, 552. Über die Chronologie dieses Briefes vgl. die ein-
gehenden Notizen bei Böhmer I, 166, der schlagende Beweise für die
Kuppersche Zeitangabe im Gegensatz zu Scrinium I, 478 und Spiegel,
S. 30 giebt.

**) de Ram, S. 12.

***) Ebd., S. 62.

Latomus, der von Luther als Löwener Sophist und Jesbi (2 Sam. 21, 16) gebrandmarkte Wortführer der Fakultät, den eine in meinem Besitze befindliche Flugschrift als anmaßenden Sykophanten bezeichnet*).

Nicht um als Student in späten Jahren noch einmal zu den Füßen von Gelehrten zu sitzen, die abgelebte, scholastische Theologie vortrugen, war Laski nach Löwen gekommen. Nichts verrät, daß er auch nur irgendwelchen Umgang mit Männern gepflogen, mit deren kirchlichem Standpunkte er bereits völlig gebrochen und die bald schon herausgewittert, welch' eine verdächtige Person dieser Fremdling aus Polen gewesen. Wenigstens wird uns berichtet, daß sie dem Hardenberg seinen vertrauten Umgang mit ihm verdacht und ihm Schwierigkeiten aus demselben erwachsen seien. Unter den Studenten, die teilweise viel bejahrter waren als unsere Universitätsjugend zu sein pflegt, konnte schon eher die eine, die andere strebsame Persönlichkeit entdeckt werden, die des unnatürlichen Zwanges auf dem heiligen Gebiete des Glaubens leidig der Lehre des reinen Evangeliums sich zuneigte. Verstohlen ging so manches reformatorische Buch von Hand zu Hand und gierig wurde von den jugendlichen, frommen Gemütern das freie, seligmachende Wort aufgenommen. Wir wissen von ein paar Jünglingen, die, wenn auch mit großer Scheu und Hochachtung vor dem edlen Polen, doch ihm in Löwen schon nahe getreten. Unter ihnen ragt besonders Francisco de Enzinas hervor, der als 17jähriger Jüngling schon 1537 in seiner spanischen Vaterstadt Burgos protestantische Anregungen erhalten und zwei Jahre später bereits ganz dem Evangelium gewonnen, gleichzeitig mit Laski nach Löwen gekommen war, seine Studien fortzusetzen. Er hatte bald von dem edlen Polen gehört, der um des Glaubens willen die Heimat verlassen und von der glänzenden Höhe eines Kirchenfürsten freudig in ein so unscheinbares, stilles Leben hinabgestiegen

---

*) „Epistola de magistris nostris Lovaniensibus quot et quales sint, quibus debemus magistralem illam damnationem Lutheranam." Das Sendschreiben ist an Zwingli gerichtet, ein fesselnder Beleg, einen wie frühen, freudigen Wiederhall die kühne That Luthers selbst in Löwen gefunden. Das Heft ist fünf Monate, nachdem Luther seine Thesen angeschlagen, erschienen; der Schreiber hat sich nicht genannt.

war. Ein Brief von ihm an Laski — nach zwei Jahren geschrieben — schildert in beredter, schöner Weise, einen wie nachhaltigen, tiefen Eindruck der Pole auf den empfänglichen, feurigen
Spanier gemacht*). Enzinas war damals schon mit der Übersetzung der heiligen Schrift in seine Muttersprache beschäftigt, eine
hochgepriesene Arbeit, die dem gläubigen Jüngling standhaft ertragene, schwere Kerkerhaft verschaffte. Auch unter den Flamän-
dern war mancher fromme Jüngling von dem neuen Geisteswehen
des Evangeliums berührt und trat dann auch in freundschaftliche
Beziehung zu Laski. Wir denken an den milden Cassander,
der weniger entschieden wie Enzinas in der Folge zeitlebens sich
abmühte, die schmerzliche Kluft zwischen den beiden losgerissenen
Kirchen zu überbrücken, ein vergebliches Bemühen, keiner der beiden
Parteien zudanke.

Die Kreise, in denen sich Laski in Löwen vorzugsweise bewegte und in denen er die meiste Förderung für sein Seelenleben
fand, haben wir nicht im Schatten der Hörsäle der Universität
zu suchen. Sie lagen abseits, damals noch vornehm übersehen
und unbehelligt von den Führern der Kirche, verborgene Brunn-
stuben, in denen das lebendige Wasser sich sammelte, das den
Durst stillet ewiglich. Es ist uns ein fesselnder Einblick in diese
kleinen, bescheidenen Kreise gewährt; wir treten gerne einen Augenblick mit unserem Freunde bei ihnen ein.

Schon seit anderthalb Jahrhunderten war in den Niederlanden ein Feuer angezündet, dessen Licht und Wärme wohlthuend
weithin und auch über die Landesgrenze hinüber segensvoll empfunden wurde. Der das Feuer im Tempel angezündet, war
Gerhard Groot, dieser „echt christliche Volksmann, eine cha-
raktervolle, tief-ernste, bei aller Milde und Freundlichkeit einer
die Seelen suchenden Liebe kräftige, entschiedene, schneidige Persönlichkeit, ohne Menschenfurcht und Menschengefälligkeit, ein Mann
von umfassendstem Wissen und vielseitiger Menschenerfahrung,
von großem Scharfsinn und ergreifender, erschütternder Bered-

---

*) Gerdes III, 82; vgl. auch Böhmer I, 134.

famkeit"*). Wäre es nicht mißlich, hervorragende Gestalten ver=
schiedener Zeiten, die den Stempel ihrer Zeit an sich tragen, mit
einander zu vergleichen, man könnte Groot wohl den Spener
der römischen Kirche zur Zeit ihrer Neige nennen. Groß war
die Anregung, die er gab; man erkennt, wie sehr er einem Be=
dürfnis der Besten seiner Zeit und auch seines freien, frommen
Volkes entsprach, als er die Brüder= und Schwesterhäuser stiftete
gegenüber den arg verrotteten Klöstern mit ihren bettelhaften,
verkommenen Insassen. Die sich in diese neu gegründeten Häuser
zurückzogen, das waren wahrhaft fromme Seelen, die mit der
Welt und was sie an Lust und Ehre bieten mag, friedevoll ge=
brochen hatten und still und verborgen, fast wie ein pietistischer
Konventikel, dem Frieden des eigenen Herzens leben wollten. Aber
doch nicht ausschließlich in beschaulicher, müßiger Ruhe. Es ging
ein tiefes Mitleid mit den Notständen der Zeit durch ihre Seele
und sie setzten den Hebel ihrer Arbeit, dem herrschenden Verderben
zu steuern, am liebsten in der Jugenderziehung ein. Wo ihre
Brüderhäuser standen, und das war bald fast überall im Lande,
da sah man auch die friedfertigen, fleißigen Insassen alsbald in
den Schulen thätig, und der Segen ihrer Wirksamkeit ließ sich
überall verspüren, zumal unter den Bürgern, die um jene Zeit die
blühenden Städte der Niederlande mit Wohlstand erfüllten. Eine
Stimme aus diesen Brüderhäusern hat dem eigentümlichen Ge=
präge der Gesinnung, die da umging, so wunderbar klassischen
Ausdruck verliehen, daß sie seitdem nicht mehr verstummen konnte
und ihre lauschenden andächtigen Zuhörer in der evangelischen und
römischen Kirche in ungezählter Menge findet, es ist die innige,
süße, fromme, tief=beschauliche Rede des Thomas a Kempis,
die es in einziger Art verstanden hat, wie eine einsame Stimme
zwischen den beiden Kirchen sich vernehmen zu lassen, eine Nach=
tigall im Dämmerschein des anbrechenden Tages. Wir können
den Heimatlaut unserer teuren evangelischen Kirche nicht voll=
kräftig in dem Worte des frommen, stillen Mannes vom Agneten=
berge bei Zwolle wiedererkennen; wir spüren an mehr wie einer
Stelle, daß sich seine Sprache nicht völlig mit der Predigt eines

---

*) In der 2. Aufl. von Herzog I, 680.

Paulus deckt: jene Geistesrichtung war eben die Reformation nicht und konnte auch nicht ihr Ersatz sein, eine wie wesentliche Vorarbeit in den Niederlanden sie auch immerhin bleibt.

Auch in Löwen läßt sich in der Jugenderziehung der machtvolle Einfluß dieser Brüderhäuser verspüren. Auch hier war der freie Sinn der Bürger geweckt und der tiefe, fromme Ernst, der an der Quelle die göttliche Wahrheit zu erforschen suchte, wirksam angefacht. Gerade in den bürgerlichen Kreisen regte sich kraftvolles Selbstgefühl, das sich nicht mehr blind allen willkürlichen Satzungen der Kirche und ihren herrschsüchtigen Priestern, deren sittenloser Wandel den ehrbaren Bürgersleuten so vielen ärgerlichen Anstoß bereitete, fügen wollte. Besonders war die Gilde der Tuchweber auch in Löwen stark vertreten; flämisches Tuch stand überall hoch im Werte; bis nach Krakau hin sandten die reichen Kaufherren die Ballen der geschätzten Ware und nun auch schon über die See hin nach den fernsten Küsten. Auch die anderen Gewerbe blühten in der stark bevölkerten Universitätsstadt: es war ein reger, strebsamer Eifer vorhanden, der nun den großen, religiösen Fragen sich zuwandte, die vernehmlich an die stillen Bürgerhäuser klopften, auch da Einlaß und Lösung begehrten. Treten wir in ein solches Haus, in dem unser Freund viel verkehrte, ja selbst längere Zeit wohnte.

Das schlichte Bürgerhaus liegt nicht im Mittelpunkt der Stadt und ihres geistigen Lebens, dort wo damals frisch in reicher, heiterer Pracht der Monumentalbau des Rathauses stand, heute noch der schöne Zeuge regsten, lebendigsten Bürgersinnes jener Tage; wir haben es am Ausgang der Stadt zu suchen, dicht an der Umwallung, wo der kleine Bach la Voer sich mit dem Flüßchen der Stadt la Dyle verbindet. Dort am Volleborre wohnte Antoinette van Rosmers, mit den besten Familien der Stadt nahe verwandt. Das Jahr zuvor (1539) hatte sie bei einer herrschenden Seuche den Mann und ein paar Kinder verloren, nur die eine, erwachsene Tochter, Gudula, war ihr geblieben. Auch ihr Vermögen hatte die fünfzigjährige Witwe eingebüßt; sie mußte bescheidenere Wohnung aufsuchen; vielleicht, daß sie auch durch das Vermieten von Zimmern geringen Erwerb sich verschaffte, denn wir wissen von Enzinas, daß Laski bei ihr gewohnt und ein- und ausgegangen*). Die schwere Heimsuchung hatte die fromme Witwe und ihre ebenbürtige Tochter nur tiefer in das Wort Gottes eingeführt; was ihr die Kirche mit ihren Priestern nicht bot, reichte ihr der Herr in dem Evangelium dar, dessen deutsche Übersetzung sie sich heimlicherweise zu verschaffen gewußt. Das gute Wort Gottes ward ihr Tröster und auch ihr einziger Lehrmeister, zu dessen Füßen sie saß, andächtigen Geistes das eine zu lernen, was not ist. Und Gott ließ sie die kostbare Perle finden. Ihr Haus wurde Mittelpunkt einer Reihe von Glaubensgenossen, die sich in oft wunderbarer Weise zusammenfanden, als ob Gott selbst sie zusammenführte. Nur ganz im geheimen, verstohlen traf man sich im Hinterstübchen der Witwe, bei verschlossenen Thüren, wie die Apostel um die Osterzeit aus Furcht vor den Juden. Vor uns brauchen die stillen, gläubigen Leute keine Scheu zu haben, und ungestört dürfen wir mit Laski eines Abends an ihrer kleinen Versammlung teilnehmen.

Es sind immer nur wenige, die sich in dem Häuschen am Bolleborre versammeln, um jedes Aufsehen zu vermeiden, denn nicht weit vom Hause steht die Quintinskirche und wer weiß, ob nicht die argwöhnischen Priester Verdacht schöpfen oder in der Nähe ihre Zuträger haben. Heute haben sich bei der Witwe versammelt zunächst der selten fehlende Josse van Ousberghen, ein Kürschner dem Gewerbe nach, tief gegründet im Evangelium, voll Friedens der Seele, stillen Wesens, aber unerschütterlich fest und stark in seinem Glauben. Mit ihm tritt ein der Bildhauer Jan Beyarts mit seiner schon betagten Frau Katharine Metsys und auch der Hausgenosse Jan Schats fehlt diesen Abend nicht. Würden wir ein andermal wieder eintreten, so würden wir neuen Gesichtern begegnen: als nach ein paar Jahren die Feinde ihre blutgierige Hand nach diesem Häuflein Gläubiger ausreckten, nahmen sie eine Schar von 43 Glaubensgenossen fest.

Die Erbauung beginnt damit, daß Josse eine Stelle des

---

*) Campan I, 102: „Antoinette était presque de la plus honeste et principale famille de toute la ville; Monsieur Jan Laski avait quelquefois logé en sa maison."

Neuen Testamentes vorliest und zu erklären versucht. Die An=
wesenden beteiligen sich an der Auslegung, eins fördert das an=
dere im Erfassen des Wortes Gottes, und man merkt der tief=
erbaulichen Rede ab, daß die Anwesenden nicht mehr Kinder am
Verständnis sind. Darauf wird die Postille herbeigeholt, ihnen
schon lange ein besonders liebes Erbauungsbuch. Sie wissen
nicht viel von dem, der das Buch geschrieben, dem großen deut=
schen Reformator, und stehen auch in keiner Beziehung zu ihm;
aber was sie da lesen, das stimmt so völlig mit dem ihnen
teuren Worte Gottes und erquicket in seiner kräftigen Sprach=
weise so mächtig ihre Seele. Das Buch ist den Spüraugen der
Zensoren und Priester denn doch entgangen; drüben in Amster=
dam fanden sich schon manche Buchhändler, welche die verbotenen
reformatorischen Schriften hielten und an den Mann zu bringen
wußten, und gar mancher zündende Traktat hatte seinen Weg bis
in die Werkstube selbst in Löwen gefunden. Auf listigen Schleich=
wegen war er den Spähern entgangen. Ein stark und mit Er=
folg benutzter Gang war der, daß man die begehrte evangelische
Flugschrift einem dickleibigen Buche gleichgültigen Inhalts beiband,
dem das flüchtige Auge des Zensors das Privileg der Verbreitung
sorglos gestattete*).

An diese Vorlesung aus der Postille oder einem sonstigen Er=
bauungsbuche reihte sich dann noch die freie Unterhaltung über
den einen, den anderen Glaubensartikel. Einig war man in=
betreff der Verwerfung des Fegfeuers. Das heilige Abendmahl

---

*) Vgl. Campan II, 338: „Seet voirts (Jean Schats in dem Pro=
tokoll seiner Verurteilung vom 22. März 1543; er endete sein Leben auf
dem Scheiterhaufen) in zyn huys gehat te hebben, ten tyde van deser
zynder apprehensien, de duetsche bible cum gratia et privilegio, item en
boeken de vinea custis in duytschen cum gratia et privilegio, item noch
een boexken geintituleert Fasciculus merre in duytsen, beyde by een
gebonden, item noch een boexken, geintituleert d'leven ons heeren, in
duytschen cum gratia et privilegio, item noch een cleyn boexken gein=
tituleert: Hier beghint een nyeuw denoot boexken van merre, hoe een
menssche hen selven sal reguleer te leven ende te sterven, ende een
ander geintituleert: Der sondaren trost, es dit boexken genaemt, ende
noch een andere geintituleert ortulus anime in duytschen, al t'samen
gebonden in een lere cofferture."

wollten die meisten nur als ein Gedächtnismahl angesehen wissen;
sie konnten keine Stelle in ihrem Neuen Testamente finden, die
sie zur Annahme der wirklichen, leiblichen Gegenwart des Herrn
in dem Zeichen des Brotes und Weines oder nun gar der Verwandlungslehre der römischen Kirche nötige. Laski waren diese
Anschauungen nicht fremd. Er hatte sie bereits in Basel im geschlossenen Kreise von Erasmus und seinen vertrauten Freunden
vernommen. Man hörte sie an verschiedenen Orten damals, auch
da, wo man keine Ahnung von ihrer fester umrissenen Gestalt
bei Zwingli hatte. Vielleicht daß man zum Schlusse der Versammlung nach dem Gebet leise einen Psalm sang, den ein Geistlicher an der Kathedralkirche, Paul von Rovere, ins Flämische übertragen, ein alter, frommer Herr, schwach am Leibe,
aber geistesfrisch und den Evangelischen in Löwen wohlwollend zugethan*).

Mit heiligem Ernst hielt man diese Besprechungen. Als einst
einem Anwesenden ein Wort des Spottes über die Lehre des
Fegfeuers entschlüpfte, von deren Falschheit alle überzeugt waren,
zog sich der Spötter herben Tadel zu. Man wollte nicht mit
der Kirche brechen, man wollte mit ihr in Frieden bleiben, so
lange sie nur nicht in ihrem Bibelforschen und Erbauen gehindert
wurden. Sie waren ja freilich schon über das von der Kirche
gesteckte Grenzgebiet hinausgezogen, weiter auch schon wie die
Brüder des gemeinsamen Lebens, von deren geistiger Anregung
sie sicherlich ausgegangen waren; aber man wollte die ganze, entscheidungsvolle Frage unberührt lassen, wenn sie nur im stillen
ihres Glaubens leben konnten. Und sie lebten auch unter einander dieses Glaubens in so schöner Weise, wie die ersten kleinen
Gemeinden der apostolischen Zeit. Wo einer krank wurde, da
hielten die andere treue Wacht, und mit der gewährten Seelsorge
ging Hand in Hand rastlose leibliche Pflege des kranken Bruders.
Sie hatten ihre kleine Kasse aus freiwilligen Almosen gesammelt
und unterstützten dann die in ihrer Mitte, die in Not waren;
suchten auch andere Hilfsbedürftige und Notleidende in der Stadt
auf, ihnen das gern gewährte Almosen zu reichen. Sie lebten

---

*) Campan II, 466.

und webten im Worte Gottes. Wenn sie sich am Feierabend
beim Gang über den Festungswall begegneten, oder wenn sie an
warmen Sommertagen vor die Thore hinausgingen, etwa nach
dem nahegelegenen Rosselberg, und sie begegneten einander und
glaubten sich unbemerkt, so zog der eine, der andere sein sicher
gehütetes Testament aus der Ledertasche, ein paar Verse wurden
gelesen, die dann den in Wahrheit Lustwandelnden reichlichen
Stoff begehrter Unterhaltung boten. Man merkt den eingehenden Berichten die Wonne von Leuten ab, die lange in der Irre
umhergezogen, nun aber von dem Herrn, ihrem Hirten, sich auf
grüne Aue und zu frischen Wassern geführt sehen.

Laski, der mit Hardenberg und Enzinas mit diesem
evangelischen Kreise in Berührung getreten war, fand hier verwirklicht, was er gesucht: eine kleine, gläubige Gemeinde des
Wortes Gottes, die mit Ernst nach der Heiligung des Lebens
ringt; treue, glaubensstarke Gestalten, bereit, morgen schon den
Scheiterhaufen zu betreten und mit dem Tode ihren Glauben zu
besiegeln. Das Frühlicht dieses morgenden Tages lag schon auf
ihren geistigen Zügen, die Morgenröte ihres Marthrums: es ist
das allzeit ein erfrischender, belebender Anblick. Die wir vorhin
bei der edlen Antoinette zur frommen Erbauung haben eintreten sehen, die haben alle nach drei Jahren schon die Freude
gehabt, mit ihrem Tode den Namen des Herrn zu preisen. Die
genannten Männer erlitten standhaft den Tod durch Feuer und
Strang; die heldenhaften Frauen wurden lebendig begraben. So
züchtigte die römische Kirche das Verbrechen, das Wort Gottes
zu lieben und nach seiner Wahrheit ein geheiligtes Leben zu führen.
Die grausame Züchtigung hat das heilige Feuer nicht erstickt, im
Gegenteil, die Funken sind durchs ganze Land geflogen und haben
die Flammen nur weiter getragen.

Wie wohl sich unser Freund inmitten dieser frommen Leute
fühlte, ist auch daraus zu ersehen, daß im Zusammenleben mit
ihnen der Entschluß reifte, die letzte Planke eines Rückzuges ins
alte Priesterleben niederzutreten und das Cölibat zu durchbrechen.
Der Schritt war die offenbare, endgültige Lossagung von den
Satzungen der römischen Kirche, der fortan unheilbar gewordene
Bruch mit ihr. Aus den einfachen Bürgerstöchtern der Stadt

wählte er sich die Lebensgefährtin. Es thut uns leid, trotz vielen Suchens keine leiseste Spur über ihre Familie und ihre Vergangenheit gefunden zu haben; selbst der Mädchenname ist uns fremd geblieben. Wir dürfen nur annehmen, daß der schöne Schattenriß des geistlichen Lebens dieses frommen Kreises voll und fest auch in ihr Seelenleben gefallen; wir dürfen in ihr vielleicht eine Freundin und Jugendgenossin der Gudula vermuten, ihr auch ähnlich in der Blüte der Jahre, von der gefeierten Schönheit der Flamänderinnen, voll Adels in der Erscheinung*). Angehörige scheint sie in Löwen besessen zu haben. Als Laski bereits ein Jahr die Stadt verlassen, kehrt sie für kurze Zeit zum Besuche in die Vaterstadt zurück, mit ihr das erstgeborene Töchterlein, ganz des Vaters Ebenbild, voll Mutterfreude wohl, den Großeltern das Enkelkind zu zeigen. Enzinas kannte die Frau des Laski noch von ihren Mädchentagen her. Kaum hört er von ihrem Besuche in Löwen, als er auch in ihr Haus eilt, sie zu begrüßen und Nachricht von ihrem Manne zu erhalten, den er gerade willens war in seiner neuen Heimat in Friesland aufzusuchen**).

Nicht mehr lange nach der Trauung hielt sich a Lasco in Löwen auf. Den Rat, den er ein paar Jahre später dem im Kloster zögernden Freunde erteilte, erfüllte er nun rasch entschlossen selbst. „Ich glaube, daß es vom Geiste Gottes eingegeben ist, was Jes. 52 und 2 Kor. 6 geschrieben steht: ‚Gehet weg aus ihrer Mitte und scheidet euch von ihnen.' Wenn du dies Wort auf die Flucht im Geiste beziehst, sicherlich wer dieselbe nur einmal wahrhaft und innerlich vollzogen, der mag dann auch nicht mehr freiwillig unter denen verkehren, die er fortwährend das Verdienst Christi entehren sieht."***) Es brachen harte Zeiten an. Drüben in Gent waren Aufstände ausgebrochen; die evangelisch Gesinnten der Stadt hatten versucht, das schwere Joch der unduldsamen Kirche gewaltsam abzuschütteln. Kaiser Karl war auf die Kunde davon in sein Geburtsland geeilt,

*) So schildert wenigstens der Spanier die Tochter der Witwe Antoinette.
**) Gerdes III, 82.
***) Kuyper II, 557.

gewaltsam die gefährliche Ketzerei zu unterdrücken. Von allen
Seiten der herrschenden Kirche wurde er gedrängt, scharf und
rücksichtslos vorzugehen, und es bedurfte dazu bei ihm nicht starker
Nötigung. Strenge Gesetze wurden erlassen. Alle in den letzten
zwanzig Jahren in Deutschland erschienenen Bücher wurden unterdrückt, niemand solle geistliche Lieder in der Landessprache dichten
oder auch singen, die Konventikel*) wurden untersagt, selbst die
Gedanken sollten nicht mehr zollfrei sein**). Man zögerte in
Löwen nicht mit der Ausführung der drakonischen Gesetze. Einer
der ersten, der sie zu spüren bekam, war Hardenberg. Mit
Freimut und Beredsamkeit hatte der junge Doktor der Theologie
nach seiner Rückkehr aus Mainz die Briefe Pauli unter großem
Zulauf der Studenten erklärt; auch die Bürger lauschten gerne
der offenen Sprache des beredten Mannes, der „nicht redete wie
die Löwener Schriftgelehrten“. Er wurde bei Hofe verklagt.
Gefangen sollte er nach Brüssel gebracht werden, damit wäre
auch sein Urteil gefällt gewesen; die Hauptstadt des Reiches hatte
sich damals den traurigen Beinamen erworben, daß man sie
„Schlachtbank der Christen“ nannte. Die Löwener Bürger traten
für ihn ein; es gelang, daß man sich dieses Mal daran genügen
ließ, seine ketzerischen Bücher zu verbrennen und ihm die Prozeß-
kosten aufzubürden. Auch wurde er der Stadt verwiesen; er begab sich in sein Kloster Aduard.

Es hielt nun auch Laski nicht mehr länger in dem unwirtlichen Löwen und unter Männern, die, statt die Wahrheit zu erforschen, lieber Spürhunde der Inquisition sein wollten. Er suchte
ein Land, wo er unbehelligt in größter Zurückgezogenheit seines
Glaubens leben konnte. Dicht an der Grenze der Niederlande
lag wie ein verborgener Erdenwinkel ein kleines, freies Gebiet,

---

*) Der Name scheint hier zum erstenmale in dieser Bedeutung aufzu-
tauchen: „prohibentur congressus hominum de religione loquentium, quae
ab illis (den Teilnehmern) conventicula appellantur“ (Campan I, 130).

**) Ebb.: „praecipiunt leges, ne quicquam aliud homines aut sen-
tiant, aut loquantur aut faciant sive in articulorum fidei sententia,
sive in ceremoniarum et legum observatione, quam quod Ecclesia Romana
statuit, leges sanciverunt, et magistri nostri ac monachi in suis syna-
gogis profitentur“.

das in jenen Tagen der Verfolgung freundliche Zuflucht bot, Ostfriesland. Dahin lenkte unser Freund, den Wanderstab wieder in der Hand, seine Schritte.

Der Weg dahin ging nordwärts über Gröningen. Mehr wie wahrscheinlich ist es, daß a Lasco von da einen Abstecher nach dem nur drei Stunden entfernten Kloster Aduard machte, das in seinen Mauern Hardenberg aufgenommen hatte. Das Kloster war weitherziger, nachsichtiger als die Hochschule. Der von Löwen Verwiesene hatte nicht nur Schutz in der freundlichen Zelle des Klosters gefunden, man ließ den freisinnigen Mönch nicht nur unbehelligt in seinen evangelischen Anschauungen; der Abt gewährte ihm sogar das Recht der Predigt und der Vorträge, und begierig lauschten nun die Mönche einer Rede, die den Studenten zu hören verboten war. Hardenberg dankte diese Freiheit dem hochbegabten Abte des weithin berühmten Klosters. Seit zwölf Jahren nun stand es unter der Leitung von Johannes Reekamp, in der Reihenfolge der Äbte der angesehenste*). Auch unser hochgebildete Pole ward von der geistreichen, edlen Persönlichkeit gefesselt. Er wünscht allen Klöstern solche Äbte, die sich mit gleichem Eifer und Geschick der Jugenderziehung widmen, ja er liebt den freundlichen Abt aufrichtig und rühmt die Reinheit und Lauterkeit seines Charakters**). Aber kein Kloster kann ihn mehr fesseln; es währt nicht mehr lange und er hält dem Freunde vor, daß ein Bleiben auch in dem weitherzigsten Kloster für einen Mann seiner Gesinnung Heuchelei sei, die mutig abschütteln muß, wer in der Wahrheit bestehen will. Wie dies Kloster dort hart an der Landesgrenze in seinem Thun und Treiben schon das Grenzgebiet der römischen Kirche hinter sich hatte, so wäre es nicht schwer, viele ähnliche anderwärts zu finden, den mattherzigen Geistern in den unholden

*) Koppius, S. 37: „vir haud dubie quin unus omnes superiores longe antecelluerit et naturae dotibus et eruditione, quaeque res in gubernando plurimum possunt, gratia et eloquentia; naturae quodam privilegio adeo eximius, ut quae praestantissima universo hominum generi dona erogari a summo Deo solent, in hunc unum velut augustissimum sapientiae adytum collata, omnes uno ore affirmarent".

**) Kuyper II, 553.

Tagen bequeme Bergungsorte, in denen man die evangelische Gesinnung, die man unmutig war zu bekennen, im stillen pflegen
und dabei doch die Behaglichkeit sorgenfreien Daseins genießen
konnte. Solche schwache Naturen sind denn auch keines besseren
Loses wert, als hinter Klostermauern weltvergessen in jeder Weise
langsam zu verdorren und unterzugehen.

Unserem Freunde hatte sein Herr lieblicheres Los bereitet.
Er zog am Kloster vorüber, um seines Bekenntnisses willen weiter
in die Fremde, tiefer in den Kampf und in schweres Leid, aber
damit zugleich auch in die holde Erkenntnis, daß solch ein Leben
ein Preisen Gottes sei.

8.

Am Ziele in Ostfriesland.

Eala fria Fresena, Willkommen freier Friese: das war
der Gruß, mit dem sich die Abgesandten aus den sieben See-
landen Ostfrieslands in alten Zeiten begrüßten, wenn sie am
Dienstag der Pfingstwoche jeden Jahres bei Upstallsboom, der
Anhöhe in der Nähe von Aurich zusammenkamen, die Rechte zu
beraten, die zu halten jeder Friese verpflichtet sein sollte (anda
thet ma thene ther birethe alle tha riuchte ther tha Fresa
haelde scolden). Ja, ein freies Volk dort im Schatten uralter
Eichen und wohl wert, den Willkommgruß ihm zu bieten! Sie
haben sich Jahrhunderte hindurch mannhaft gewehrt wider Welle
und Woge des gierigen Meeres, das die niedriggelegenen Land-
striche zu verschlingen drohte und auch trotz Wehr und Deich und
Damm so manches Stück Erde dort im Laufe der Jahrhunderte
verschlungen hat; sie haben sich ebenso mannhaft und tapfer
gegen alle die erhoben, die das starke, trotzige Geschlecht unterwerfen wollten: ihre stehende Antwort, mit den Schwertern im
blutigen Manneskampf gesprochen, war die stolze, schöne Rede:
„Wir wollen bleiben frei und friesisch." Jakob Grimm giebt
dem Namen die Deutung, daß er ähnlich wie der Frankenname
ein freies Volk bezeichne. Eifersüchtig waren die Leute auf dies
ihr Kleinod: selbst die Höhe der Häuser war vorgeschrieben, auf
daß nicht einer im Volke sich erhebe und höher hinauf wolle.
Mit Wohlgefallen schildert schon Tacitus dies Geschlecht zwischen

Weser und Ems und Maas hoch im Norden an der Meeresküste. Sie sind ihm ein edles Volk unter den Germanen, gerecht,
ohne Gier nach fremdem Gute, nicht gewaltthätig, aber heldenhaft und schier unbezwingbar, wenn sie ihre Freiheit und ihren
Boden angetastet sehen. Karl der Große hat all' seine Kraft
einsetzen müssen; es war auch ein dreißigjähriger Krieg, den er
wider dies Volk geführt hat, und der Sieger mußte doch dem
starken Stamm seine alten Gesetze und Gleichheiten zugestehen.

Ein halbes Jahrtausend und mehr war seitdem verflossen.
Das Volk duldete keinen Herrn, jedes Dorf fast hatte seinen
Häuptling, die sich Burgen bauten und die Dorfinsassen zu
schützen versprachen. Aber diese Hovetlinge suchten nun einer den
anderen an Macht und Einfluß zu überbieten. Es brachen schwere
Zeiten an, wo in endlosen inneren Fehden die Volkskraft er-
lahmte und untüchtig wurde, sieghaft dem äußeren gemeinsamen
Feinde sich entgegenzustellen. Befreundete Häuptlinge schlossen am
Martiniabend 1430 unter dem Upstallsboom einen Bund der
Freiheit und wählten zum Oberhaupte des Bundes den Sohn des
edlen Enna Cirksena, der selbst seines Alters wegen die Wahl
abgelehnt. Es war eine glückliche Wahl. Rasch war die Familie
Cirksena emporgestiegen; klug, voll warmer Hingabe an das Volk,
seine Rechte und Freiheiten in Schutz und Trutz wahrend, hatten
sie damit zugleich das Ansehen ihres Hauses gefestigt und die
Häuptlinge in ihrem Einfluß gelähmt oder bezwungen, die sich
ihrer gebietenden Macht nicht fügen wollten. Die beiden Söhne
des ehrwürdigen Enna, Edzard und Ulrich, hatten nach einander die Herrschaft inne; nach des letzteren Tode ergriff seine
Witwe — eine Großtochter von Foko Ukena, einst des alten
Enna machtvollster Gegner — Theda, eine echte frysan vife,
mit starker männlicher Hand das Ruder der Regierung bis zur
Mündigkeit ihres Sohnes Edzard.

1494 starb Theda, die hochgefeierte Landesmutter. Die Prälaten und Häuptlinge des Landes traten zusammen und erkannten
mit Zustimmung der Volksgemeinden ihren Sohn, den Grafen
Edzard, als Regenten an. Über dreißig Jahre ruhten die Geschicke des Landes in seiner Hand und zwar so sicher und gut,
daß das dankbare Volk ihn den Großen genannt und sein An-

denken heute noch lebendig im Lande ist. Stark im Kriege, stark im Frieden war er allzeit fester Schutzwart seines Volkes, selber ein echter Friese, treu, mäßig, klug, gerecht, voll glühender Vaterlandsliebe, fromm von ganzem Herzen und voll Wohlwollens auch gegen die Geringsten im Lande. 1528 entschlief er friedevoll, mit den Worten Simeons auf den sterbenden Lippen. Er hatte gläubigen Sinnes den Heiland gesehen, wie er durch die Reformation kund geworden und die deutschen Lande segnend, begnadend durchwandelte. Nun wollte er als sein Diener in Frieden dahinfahren. Sein Sohn Enno II. folgte ihm in der Regierung; dem Vater nicht in allem gleich und dem Genußleben mehr ergeben als der ernsten Arbeit für des Vaterlandes Glück. Den schweren Zeiten, in die seine zehnjährige Regierung fällt, mit ihren großen und entscheidungsvollen Anforderungen war er kaum gewachsen; er griff nicht sicher und seiner Aufgabe klar sich bewußt und ihr von Herzen ergeben opferfreudig ein; er ließ den Dingen lieber ihren Lauf und geschehen, was er müßig und unlustig war zu überwinden. So hatte sein Volk viele Brandschatzungen und das Land auch unersetzbare Einbuße zu erdulden: es war ein Tummelplatz der verschiedensten Anschauungen geworden, es gärte in allen Schichten, man fühlte, wie eine starke Hand fehlte, die in der gewaltig erregten Zeit geweckten Geister zu zügeln und sie den rechten Weg zu führen. 1540 starb Enno, erst 35 Jahre alt, gerade in den Tagen, als a Lasco nach Emden gezogen kam. Seine Witwe, Gräfin Anna, aus dem Oldenburger Hause, der wackeren Theda in mehr wie einer Beziehung ähnlich, übernahm als Vormünderin ihrer Söhne die Regierung.

Des Friesenvolkes freier, ungebeugter Sinn tritt licht auch zutage in seinem religiösen Leben. Es ist ein frommes Volk, das sich seinem Gott im Himmel beugt, aber unmutig ist, den Nacken unter Menschensatzung zu bringen. An der Schwelle seiner Geschichte steht in festumrissener Gestalt seiner Denkweise sein

König Rabbod. Gegen Karl Martell hatte er die Freiheiten seines Volkes mutig verteidigt, die Übermacht aber war zu groß; der Frankenherzog hat den Friesenkönig besiegt. Mit dem Sieger waren die Missionare ins Land gezogen, die Heldengestalten, wie Sendboten des Herrn selber anzuschauen. Der unterworfene Rabbod muß der Predigt vom Kreuze zuhören, und ist endlich willig geworden, sich taufen zu lassen. Schon steht er im Fluß, die Weihe zu empfangen. Da fragt der Friesenkönig den Bischof: „Wo mögen meine Vorfahren sein, im Himmel oder in der Hölle.“ — „Deine Vorfahren starben als Heiden und sind demnach alle zur Hölle hinabgefahren.“ In trotzigem Mute steigt Rabbod aus dem Wasser und sprach: „Dann will ich lieber bei meinen Stammesgenossen in der Hölle sein, als bei den wenigen Christen im Himmel.“ Keine fernere Überredung konnte ihn zur Taufe bewegen.

Schon nach wenigen Jahren konnten seine Stammesgenossen der Predigt vom Kreuze nicht ferner widerstehen. Bereits ein Greis, zog Winfried wieder in das Land seiner Jugendarbeit und nun fing an ihm unter den Friesen zu gelingen, was ihm vor Jahrzehnten nicht glücken wollte. Liudger und Willehad waren Schüler Winfrieds und auch schon Söhne des friesischen Volkes, denen die Christen des Landes zugethan waren; in immer größeren Scharen kamen die Leute zur Taufe heran. Einmal Christ geworden, hielt das Volk fromm und treu an seinem Glauben fest; nirgends fast sonst ist das Heidentum in so dunkle Nacht der Vergessenheit zurückgesunken als bei den Friesen. Aber auch auf kirchlichem Gebiete errang sich das Volk besonderes Gepräge und schützte und bewahrte sich durch die Jahrhunderte seine Gerechtsame. Kein Bischofssitz war im Lande; die eine Landeshälfte stand unter dem Krummstabe des Bischofs von Bremen, die andere unter dem des Bischofs von Münster; ein Einfluß dieser Kirchenfürsten auf die Geschicke des Landes war nicht bemerkbar. Den Forderungen eines Gregor VII., das Cölibat einzuführen, setzten die Friesen ihren Spruch entgegen: „Die Priester sind ebenso gut Menschen wie wir“ und auch die päpstliche Macht scheiterte an dem unbeugsamen Sinn des Volkes, das sich keine zur Ehelosigkeit verurteilten Priester aufdrängen lassen wollte. Von den Stürmen, die die Kirche in Rom und an ihren Hauptsitzen so oft bis in die Tiefe aufwühlten, drang nur noch ein leiser Wellenschlag an die ferne Nordküste, und die Gemüter wurden kaum mehr davon berührt. Man lebte in der frommen Weise der Väter dahin; da und dort und recht zahlreich im Lande erhoben sich die Kirchen und dann auch Klöster. Diesen mächtigen Steinbauten allein war willig das Recht eingeräumt, die einfachen Wohnhäuser der Bürger weithin zu überragen, denn höher als der Friese darf nur sein Gott wohnen!

Anders wurde es in den Tagen Luthers. Frühe fielen dem wackeren Grafen Edzard I. die zündenden Schriften des deutschen Reformators in die Hände und mit steigender Lust und Zustimmung versenkte er sich in den frommen, kühnen Geist, der ihn da in ungeahnter Weise berührte. Das furchtlose Manneswort Luthers klang so kernig-frei, als ob es ein Friese gesprochen. Der Graf begehrte von Luther einen Prediger des Evangeliums. Im Lande selbst fand sich schon die geeignete, tüchtige Persönlichkeit, ein Schüler von den Brüdern des gemeinsamen Lebens in Zwolle, Magister Aportanus. Er blieb nicht lange allein. An den verschiedensten Orten des Landes regte sich das Verlangen nach der Predigt des Evangeliums; dann fanden sich auch Männer, meist freisinnige Priester, die von dem Geiste der Brüder des gemeinsamen Lebens in ihrer Jugend ergriffen worden waren und in der neuen Bewegung die Erfüllung dessen sahen, wofür sie einst in ihren Schulen die Anregung erhalten. An eine Scheidung dachte man noch nicht. In derselben Kirche konnte es geschehen, daß von der Kanzel die lautere Predigt des Evangeliums verkündet wurde, während vielleicht eine Stunde früher ein anderer Priester am Altar die Messe gelesen. Das Herz des Volkes aber wendete sich bald und entschieden von dem Manne am Altar zu dem auf der Kanzel und zu dem heiligen Inhalt seiner Predigt. Denn der Friese ist ernst in allen Dingen und nicht am wenigsten auf dem Gebiete des Glaubens. Die Rede ist bekannt: „Friesland singt nicht", aber seine Leute von tüchtiger Art, fest und ausdauernd, mutvoll und thätig sinnen über die höchsten Lebensfragen und was sie sich von ihnen abgerungen, das wahren sie wie ihr Land wider jedes fremde Ele-

ment, wider jede bedenkliche Brandung. Außerem Schaugepränge
sind sie auch in der Kirche abhold, geneigt dagegen das Wort
der Wahrheit zu betrachten und von ihm sich zur Buße und
Sündenvergebung leiten zu lassen. Sein verschlossenes, fast un-
zugängliches Wesen, wie es uns vielfach unter den wettergebräunten
Gestalten in den Marschlanden begegnet, hält zäh und treu fest,
was es sich nicht leichten Kaufes auch auf geistigem Gebiete erworben.

Bei dem Tode Edzards war die evangelische Predigt durch
das ganze Land verbreitet, der scheidende Graf in treuer Liebe
ihr zugethan. Noch auf dem Sterbebett ermahnte er seine Söhne,
bei dieser Lehre zu beharren. Sein Nachfolger hielt Wort. In
seiner Ausübung aber benutzte er das Versprechen hauptsächlich
dazu, die reichen Klöstergüter einzuziehen und mit ihren Mitteln
sich die Genüsse zu verschaffen, die sein Herz begehrte*). Er hat
in vielen Fällen eigenmächtig und widerrechtlich gehandelt. Die
unholden Züge der gewaltsamen Bewegung offenbarten sich wie
an so vielen anderen Orten auch in des Friesengrafen unrecht-
mäßigen Eingriffen in das Kirchengut. Aber doch war die ganze
Bewegung in ihrem tiefsten und innersten Kerne zu rein und
wahr, als daß sie durch solche Gewaltakte hätte verzerrt oder in
mißgestaltete Entartung gedrängt werden können. Auch nicht in
Friesland.

Den ersten Anstoß zur reformatorischen Bewegung hatten entschieden auch in diesen niederdeutschen Gauen die einzigartigen,
ersten reformatorischen Schriften Luthers und sein anstürmend-
kühnes, in der Gebundenheit allein unter das Evangelium des
Herrn so heldenhaft freies Auftreten wider Kaiser und Reich und
Papst gegeben. Unbestritten. Aber der gegebene Anstoß blieb in
Ostfriesland nicht eng und knechtisch an der Riesengestalt des deutschen Reformators haften. Der freie Friese wandelt gern eigene
Wege; der fast übermächtige Einfluß des Wittenbergers brach sich
jenseits der Weser und Ems. Man hat nicht mit Unrecht den
Rhein manchmal die Pfaffengasse gescholten und dabei der dunklen

---

*) Über diese Säkularisationen und Beraubungen der Klöster vgl. auch
Archiv, S. 5. 139.

Männer gedacht, die in Mainz und Trier und Köln seit Jahrhunderten ihr lichtscheues Wesen getrieben. Es wäre denn doch
allzu traurig, wenn dem Laufe des freien deutschen Rheines entlang nur diese fremden Gestalten ziehen sollten. Fast von den
ersten Tagen der Reformation sehen wir an den lachenden Ufern
auch andere Geister ihres Weges ziehen, die sind uns heimisch
und traut als echte Stammesgenossen. Die tragen frei das
Banner des Evangeliums von der Schweiz her, wo der Rhein
seinen Lauf anhebt, an den deutschen Städten des Oberrheins
entlang, bei Straßburg und Speier und dann Heidelberg vorüber, durch die Pfälzer- und Nassauerlande weiter den schönen
Strom hinab ins reichgesegnete Wupperthal, weiter hinein in die
Niederlande zur linken und zur rechten, dort unten hinüber in die
Niederungen der Ems, der Weser, ins Land der freien Friesen.
Das sind urecht deutsche Gebiete, eigengeartet auch hinlänglich,
um das Recht der eigenen Anschauung wider jede Gewalt zu
schützen.

Es ist nicht leicht mehr die Namen der Boten zu nennen, die
die Träger dieser Geistesrichtung nach Friesland hin gewesen.
Oft will es einem bedünken, als ob spontan dieselbe Anschauung
längs dem weiten Weg zutage getreten, deshalb für unser Auge
vielleicht so, weil die Forschung noch nicht überall die Spuren
der Wegebereiter aufgefunden und in ihrem inneren Zusammenhang nachgewiesen.

Auch bei dem Magister Aportanus, dessen mächtige Persön-
lichkeit entschieden seinem Lande das Gepräge ihrer theologischen
Richtung eingedrückt, zum Teil auch, weil er selbst ein echter
Friesensohn gewesen, treten frühzeitig auf dem einen, entscheidenden Punkte Anschauungen zutage, die Luther als Irrlehre der
Sakramentierer bereits entschieden zurückgewiesen. Schon 1526
schreibt der Prediger in Emden Sätze, wie: Gott, der seine
großen Werke und Wunderthaten stets mit einem Zeichen oder
Siegel im Gedächtnis hat halten lassen, hat, wie dem Noah den
Regenbogen, dem Abraham die Beschneidung, den Kindern Israels
das Essen des Osterlamms, so die Taufe und das Abendmahl
den Christen gegeben. Wie jenes nur Zeichen und Siegel sind,
so sind auch Taufe und Brot und Wein nicht die göttliche Rei-

nigung und Heiligung, sondern allein gewisse und unbetrügliche
Zeichen und Siegel Gottes der genannten Dinge . . . Christum
erkennen und aus ganzem Herzen durch den Glauben annehmen,
d. h. sein Blut wahrhaftig trinken und sein Fleisch wahrhaftig
essen. Das auswendige Brot essen und den auswendigen Kelch
trinken ist anders nichts gewesen, als vor allen Christen bezeugen, was wir inwendig glauben, essen, trinken. Da Christus
leiblich im Himmel ist zur Rechten seines himmlischen Vaters,
so ist er in dem Brote nicht leiblich, sondern geistlich." Was
Aportanus in dieser Form in Emden lehrte, das dichtete und
sang 1527 in Norden sein wackerer Glaubens- und Streitgenosse
Heinrich Rese in dem geistlichen Liede, das rasch von Mund
zu Mund ging und in dem es heißt: „Der glove is dat rechte
ethen, — Sus mogen wy uns nicht vermethen, — Tho nutten
lyflyker wyze — Sulck eyn heylzame spyze. — De glove nimt
Christum sulvest an — Unde allent dat he heft vor uns ge-
ban, — Syn vlesch unde bloth, syn lyf unde sel, — Ja in em
Godt sulvest alhel."*) Das ist aber das laute Echo hoch im
Norden der Lehre Zwinglis; sie fand wohl Widerrede von römischer Seite sowohl, als auch von evangelischen Predigern, die sich
enger an Luther angeschlossen; sie bringt aber doch siegreich
und vernehmlich durch das älteste Glaubensbekenntnis, das die
evangelischen Prediger Ostfrieslands gleich nach dem Tode des
Grafen Edzard 1528 herausgaben**), dem sich dann noch in
demselben Jahre eine ausführliche Erklärung dieses Bekenntnisses
anreihte.

Entsprechend dem regen Freiheitsgefühl seiner Bewohner ward
Friesland bald das Asyl aller um ihres Glaubens willen in den
Nachbarstaaten Verfolgten. Der Zufluß war ein sehr bedeutender.

---

*) Cornelius, S. 20.

**) Über die Entstehung der wichtigen Bekenntnisschrift siehe Em-
mius, S. 346. Das Bekenntnis selbst ist mit seinen 33 Artikeln abgedruckt
bei Meiners I, 53. Der 11. Artikel lautet: „Het Avondtmaal des
Heeren dient tot des Heeren gedachtenisse en tot verkondiginge van
zynen doodt, zo lang tot dat hy wederkomt. Ook om't gelove te be-
tuigen, welk gelove is het rechte, enige eten en drinken van Christus
vleesch en bloedt. Het dient mede tot de broederlyke liefde."

Das kleine Ländchen bot eine bunte Musterkarte von Vertretern
der verschiedensten religiösen Anschauungen, in jenen Tagen eine
einzigartige Erscheinung, als ob dort am Meere eine Insel emporgestiegen sei mit Gesetzen, wie sie anderwärts erst die neueste Zeit
aufgestellt. Von den Niederlanden strömten die Evangelischen
herein in die gastliche Herberge der Gewissensfreiheit, zwischen
ihnen und mit ihnen vermischt kamen die Wiedertäufer, Heinrich
Niclaes trieb hier eine Zeit lang sein Wesen, dann wieder
David Joris; überall verfolgt, ruhte sich Karlstadt eine
Weile hier aus: ein rechter Sammelort der mannigfaltigsten
Schwarmgeister. Ihre Wirkung auf das Volk blieb nicht aus,
zumal unter der Regierung Ennos, der den Dingen gern ihren
Lauf ließ. Von Bremen aus waren Prediger gekommen, die der
einbrechenden Verwirrung und anhebenden Zuchtlosigkeit durch
engen und alleinigen Anschluß an Luthers Lehre einen Halt entgegensetzen zu können meinten: aber mit Heftigkeit erhob sich die
Gemeinde wider solches Ansinnen. Auch Gesetze der Regierung
im Anschluß an die Marburger Artikel verschlugen nicht, zumal
denselben auch anderwärts keine Folge gegeben wurde. Dann
wurde von dem Grafen nach ein paar Jahren ein Versuch gemacht, durch ein paar Lüneburger Prediger dem Luthertum die
Oberhand zu verschaffen. Ebenfalls umsonst! Schon 1538
mußten die vermeintlichen Retter das Land wieder verlassen;
alle ihre Bemühungen, unterstützt von der Macht der Obrigkeit,
scheiterten an dem freien Sinn des Volkes. Aber die Verwirrung nahm auch bedenklich zu; es zeigte sich niemand stark
genug, Ordnung zu schaffen und Friede dem Lande zu geben.

Das war die Lage Ostfrieslands, als Johannes a Lasco
von Gröningen herüberkam, hier in der Stille seinen Studien
zu leben.

a) Die Wartezeit.

Es muß im Spätherbst des Jahres 1540 gewesen sein, daß
unser Freund, müde der anhebenden Verfolgung in Löwen und
dem ganzen Gebiete der Statthalterin, ruhebedürftig seines Glaubens zu leben, die gastfreie Herberge des Friesenlandes betrat.

Genau ist die Zeit kaum mehr zu ermitteln. Der kundige Geschichtsschreiber seines Volkes läßt den Polen sogar schon im An-
fange des Jahres nach Emden gekommen sein und berichtet, wie
noch Enno vor seinem Scheiden dem hochangesehenen Manne die
Leitung der friesländischen Kirche habe anvertrauen wollen, dieser
aber den ehrenvollen Ruf ausgeschlagen, zum Teil die Unkenntnis
der Landessprache, die Unkunde der fremdartigen Verhältnisse vorschützend*). So lange keine zwingenden Beweise für diese Annahme
erbracht werden, ist sie nicht gegen jeden Zweifel geschützt. Enno
starb bereits im September 1540, zu einer Zeit, wo alle anderen
Berichte mit Sicherheit darauf schließen lassen, daß Laski noch
in Löwen war. Es ist kaum anzunehmen, daß, wie Emmius
berichtet, Laski dem Grafen statt seiner den Freund Hardenberg für den wichtigen Posten vorgeschlagen, den Mann, der
damals noch in der Bernhardinerkutte steckte, gerade eben von
der Hochschule hinter die schützenden Klostermauern geflüchtet war,
von wo ihn hervorzuziehen unserem Freunde erst im nächsten
Jahre nach vieler Überredung gelang.

Einen unwirtlichen Aufenthalt bot in jenen Tagen Emden dar.
Das Meer spülte damals noch seine Wasser bis unmittelbar an
die Stadtmauer, und in den kalten Herbststürmen, in den dunklen
Winternächten schlug unheimlich die hochgehende Flut wider die
Stadt an. Feucht und kalt lagen die Nebel auf der niedrigen
Landschaft. Die engen Straßen, die kleinen bescheidenen Wohnhäuser boten kaum den von frühester Jugend wider all' solche
Unbill rauhen Wetters abgehärteten Bewohner genügenden Schutz;
gar ungastlich aber mußten sie dem Fremdling erscheinen, zumal
einem Polen, der an die Behaglichkeit Krakauer Patrizierhäuser
gewohnt war. Wenn wir heute durch die reinlichen, schmucken,
so stillen Straßen Emdens gehen, wird es uns zumute, als
ob die Stadt einen dreihundertjahrelangen Schlaf gethan und
wir durch dieselben Straßen zögen, in denen auch Laski einst
gewandelt. Dann müßten wir wohnlicher die Häuser schildern.
Aber der Aufschwung, dessen beredter Zeuge in den alten Häusern,

---

*) Emmius, S. 915.

zumal im schönen Rathause uns grüßen, fiel erst in die zweite
Hälfte des sechzehnten Jahrhunderts, war nicht zum geringsten
Teil Folge und auch dankbare Frucht des Geistes, den Laski
mächtig anzufachen allzeit bemüht gewesen. Denn Emden bekam
von ihm tiefer noch das schöne Siegel eingedrückt, Herberge der
um ihres Glaubens willen Verfolgten zu sein und die flüchtenden
Niederländer und Engländer lohnten solch Asylrecht durch ihren
Fleiß und ihre Betriebsamkeit reichlich.

Auch die Mittel unseres Verbannten scheinen in jener Zeit
zu knapp gewesen zu sein, durch größere Bequemlichkeit sich vor
der Unbill von Wind und Wetter zu schützen. Er hat nachhause
geschrieben, daß man ihm seine Büchersammlung über Frankfurt
nach Emden sende, und schickt nun dem Freunde in Aduar ein
Verzeichnis seiner Doubletten zur Ergänzung der reichen Kloster-
bibliothek, dann aber auch wohl zugleich, um den Erlös für den
Lebensunterhalt zu gewinnen. Den Bewohnern in Emden stand
er als Fremdling gegenüber. Den Gebildeten unter ihnen konnte
er sich in der Muttersprache der Humanisten leicht verständlich
machen; aber von dem Volke trennte ihn wie eine unübersteig-
bare Kluft die niederdeutsche Sprache, so ganz anders lautend,
als was er in Basel einst von der deutschen Sprache sich angeeignet. Das war aber hier in Friesland ein Volk, das man
nicht unbeachtet wie einen polnischen Kmetonen abseits liegen
lassen konnte, und Laski hätte es jetzt gewiß auch nicht gewollt.

Zu all diesen Erschwernissen des Einlebens in der rauhen,
unwirtlichen Gegend trat bei unserem Freunde peinigendes, körper-
liches Gebrechen hinzu. Wir haben ihn uns nach dieser Seite
wie Paulum vorzustellen, mit einem Pfahle im Fleisch; dürfen
ihn aber auch dem großen Apostel ähnlich halten, der in der
Schule des Leidens und in der Unterweisung des Evangeliums
gelernt hat, sich an der Gnade seines Herrn genügen zu lassen.
Schon die ersten Nachrichten, die wir in Bologna über ihn gehört, lassen auf eine schwache Gesundheit schließen, die den nächsten
Angehörigen Besorgnis einflößte. Die letzten dreizehn Jahre in
der Heimat hatte er sich körperlich wohl gefühlt*). Aber nun in

---

*) Kuyper II, 552.

den feucht-kalten Niederungen waren die Fieber mit erneuter Heftigkeit aufgetreten. Die ungewohnte Nahrung behelligte den Magen,
der in noch größere Mitleidenschaft durch die Heilmittel gezogen
wurde, die ihm die Ärzte wider das heftige Fieber verschrieben.
Fortwährendes Erbrechen quält den Leidenden, der kurze Gang
nach der Kirche bringt ihn der Ohnmacht nahe; liest er nur ein
wenig, so dunkelt es ihm um die Augen; ein paar Briefzeilen
kosten ihm tagelange Mühe und dazu dann noch die fortwährenden, peinigenden Hämorrhoidalbeschwerden. Aber all dies Leiden
preßte ihm kein Murren aus. „Gott die Ehre, der mich durch
solche leibliche Mahnungen an meine Schuld und Verpflichtung
wider ihn in Gnade erinnert." Er glaubte schon, dem Andrängen
der Seinigen folgen und um seiner Gesundheit willen Emden verlassen zu müssen. Als aber der Winter vorüber zog und der
Frühling Besserung brachte, blieb er. Emden hatte es ihm schon
angethan; er hatte hier gefunden, was er gesucht, einen abgelegenen Bergungsort, wo er unbehelligt seinen Studien leben
konnte.

Es ist uns leider nicht vergönnt, einen Blick in diesen Studiengang während des stillen folgenden Jahres zu werfen. Wir sehen
nur, wie ihm neue, bedeutsame Erscheinungen auf dem theologischen
Büchermarkte nicht lange verborgen bleiben. Er rühmt einmal
den Freimut der Sprache in dem 1539 erschienenen Schriftchen
Melanchthons: „Die fürnembste Unterschied zwischen reiner
christlicher Lehre des Evangeliums und der abgöttischen papistischen
Lehre", eine Schrift, die auch, wie er seinem Freunde im Kloster
mitteilt, der Kaiser mit lebhaftem Interesse gelesen und in welcher
in bewundernswerter gedrängter Kürze Melanchthon die hauptsächlichsten Glaubenspunkte berührt habe. Von seiner fernen
Warte am Meere folgte Laski dem Gang der Ereignisse auf
dem kirchlichen Gebiete. Es war an der Tagesordnung damals,
über die schwierigsten und dunkelsten Fragen der Theologie in
langen Versammlungen zu verhandeln. Wer auch nur wie einem
Tagesereignis dem Gang einer solchen Verhandlung folgen wollte,
wurde unversehends vor die wichtigsten Probleme gestellt und unwillkürlich mit hineingezogen, ihnen Rede und Antwort zu stehen.
Um wie viel mehr unser Freund, dessen ernste Studien ihn fort

und fort nötigten, an der Beantwortung der aufgeworfenen Fragen
für seine eigene Aufklärung und Befestigung im Glauben zu ar=
beiten. Im November 1540 waren Abgeordnete der verschiedenen
Stände zu einem Gespräch in Worms zusammengekommen. Ranke
macht auf den außerordentlichen Fall dabei aufmerksam, daß hier
die Vertreter des Papsttums entzweit, die des Protestantismus
aber einig gewesen*). Die Wittenberger Konkordie hielt die
Geister noch zusammen; Calvin und Melanchthon, beide an=
wesend, schlossen sich in innigem Vertrauen an einander an. Die
Hauptfrage bewegte sich auf kirchenrechtlichem Gebiete, welche der
beiden Kirchen denn in der Gemeinschaft der wahren, alten Kirche
verharre und somit auf den Namen der katholischen Anspruch er=
heben dürfe. Die Frage mußte Laski mächtig fesseln und zu
Studien anregen, deren Frucht seiner späteren bedeutenden Wirk=
samkeit zugute kam. Diesem Wormser Gespräch reihte sich schon
im Beginne des folgenden Jahres das Religionsgespräch zu Regens=
burg an, dieses sogar in Gegenwart des Kaisers. Seit Jahren
waren sich die beiden Kirchen nicht so versöhnlich nahe getreten
wie hier. Die Granvella, Contarini auf der einen Seite,
Bucer, Melanchthon auf der anderen waren zu Zugeständ=
nissen geneigt, die heutzutage die einen auf die Bank der Alt=
katholiken, die anderen in die Nähe der Zentrumspartei gerückt
hätten; drüben war man zur Freistellung der Priesterehe und
des Laienkelches für Deutschland willig, hüben waren einige
Fürsten nicht ungeneigt, unter gewissen Bedingungen den Primat
des Papstes anzuerkennen. Ja selbst in dem Herzpunkte der
Lehre von der Rechtfertigung fielen von Contarini und seinen
Geistesverwandten Äußerungen, die als nicht fernstehend von der
Lehre des Evangeliums bezeichnet werden müssen. In der Trans=
substantiationslehre trat zuerst der nicht zu verdeckende Gegensatz
wieder grell zutage, der aufgebrochene Spalt klaffte weiter. Auch
dieses Religionsgespräch hatte nicht erzielt, wofür von beiden
Seiten die versöhnlichste Bereitwilligkeit sich gezeigt hatte. Eine
Ausgleichung war eben nicht mehr möglich.

Unserem Freunde in seinem fernen Asyl brachte auch dieses

---

*) Ranke IV, 156.

Gespräch, von dem die Kunde ja rasch ganz Deutschland durch-
flog, die Nötigung, alle die Trennungspunkte noch einmal vor
dem eigenen Gewissen ernstester Prüfung zu unterziehen. Der
Ausgang konnte nicht fraglich sein; das Ergebnis war für ihn
eine noch entschiedenere Lossagung von der römischen Kirche, ein
noch kraftvolleres Betonen des protestantischen Standpunktes.

Je stärker und entschiedener das Betonen des Protestantismus
bei Laski hervortrat, um so mehr drang er bei seinem Freunde
im Kloster auf Entscheidung. Laski muß den Freund mündlich
zum Austritt aufgefordert haben; Hardenberg schwankte noch, aber
den Stachel, gegen den er nicht löcken konnte, hatte ihm der
Freund in die Seele geworfen. „Was du über Scham, Schmerz,
Trauer und all das Elend, das dich fortwährend peinigt, schreibst,
wie in aller Welt soll ich das glauben, da du selbst versicherst,
daß Christus den Gründen deines Vorhabens unzweifelhaft bei-
stimme. Ihm gegenüber bist du also deiner Sache gewiß, mir
gegenüber errötest du und ängstigst dich. Was, bin ich denn
größer wie er? Wer seine Ruhe in Christo heiligt, dem können
Menschen sie nicht mehr rauben. Wenn du dies in deinem Innern zugiebst, brauchst du dich deines Vorhabens mir gegenüber
nicht zu schämen, mein Albert; wenn aber nicht, dann hast du
dich wahrhaftig viel mehr vor Christo zu schämen, und kund wäre,
warum du dich in deinem Herzen so ängstigst, hauptsächlich wenn
du nicht sicher bist, daß vor Gottes Gericht dermaleinst die Gründe
deines Verhaltens fest bestehen können, so daß dann jetzt schon
nach der Zusage des Herrn deine Seele darinnen gestärkt ruhen
darf. Diese Ruhe will Paulus, daß wir sie pflegen, und auch
ich wünsche es dir von ganzem Herzen. Aber da du selbst zugiebst, daß du so unsagbar viel nach verschiedenen Seiten gezogen
werdest, so fürchte ich, daß du noch weiter von dieser Ruhe entfernt bist als du meinst und immerfort bald da, bald dorthin
gezerrt werdest. Du überlegst noch, ob euer Leben eine Gotteslästerung sei und läßt inzwischen die ärgsten Mißbräuche geschehen,
als ob Mißbräuche, durch die der Name und das Verdienst
Christi geschändet werden, keine Gotteslästerung sei. Aber du
machst sie nicht mit und tadelst sie auch, so Gott will, ungescheut.
Mein Albert! So willst du uns deine Freiheit rühmen, als ob

wir nicht wüßten, in welchen Schranken sie gehalten sei. Du verwirfst das Beispiel des Hiskia, als wegen der verschiedenen Stellung deinem Amte fremd. Aber was er, der Hüter äußerer Zucht, mit dem Eisen gethan, das mußt du nicht mit allgemein gehaltenen Vorwürfen in deinen Vorträgen thun, sondern mit dem außerordentlichen Hammer, der auch die Felsen zerschlägt. Eines Gottesgelehrten Aufgabe ist es, jeden an seine Schuld und Pflicht zu gemahnen. Leistet der Mahnung deine Obrigkeit keine Folge, ja, läßt sie sich nicht ermahnen, zwingt sie dich sogar zu vertuschen und zu verheimlichen und du giebst ihr nach, heißt das noch freimütig tadeln? Du vergleichst auch nicht recht Babylon mit Babylon. Denn wir haben kein Götzenbild, das wir ver- ehren, ihr aber verehrt wie Gott jenen Greuel, den ihr an hei- liger Stätte im öffentlichen Gottesdienste ausstellt und seit solchen Götzendienstes Diener. Wenn noch Götzenbilder bei uns übrig- geblieben sind, so liegen sie ganz offenbar verachtet und vernach- lässigt da. Auf welchen Zug des Geistes du noch wartest, weiß ich nicht. Ich glaube, daß der Geist Gottes spricht (Jes. 52, 11. 2 Kor. 6, 17): ‚Gehet aus von ihnen und sondert euch ab.‘ Und derselbe Geist redet das ähnliche Wort in der Offenbarung (18, 4): ‚Gehet aus von ihr, mein Volk, daß ihr nicht teilhaftig werdet ihrer Sünde.‘ Wenn du dieses auf die geistige Flucht beziehst, so steht fest, daß, wer nur einmal wahrhaft im Geiste diese Flucht erwogen, nicht bei denen haften bleiben will, die er fortwährend die Tugend und das Verdienst Christi verunehren sieht. Was mich betrifft, so liebe ich dich, mein Albert, wie nur je; aber dein Zaudern liebe ich nicht." *)

Das ist die offene, männliche Sprache eines echten Streiters Christi, der sich des Evangeliums nicht mehr schämt und frei und unumwunden den Herrn bekennt und freudig und fest um seinet= willen alle Bande gelöst hat, die ihn an die Welt fesseln könnten, um sich nur von dem einen Bande gehalten zu wissen, das die erlöste, frei gewordene Seele mit ihrem Heilande verknüpft. So rein ab und unerbittlich entschieden würde Laski in dem Kreise der evangelischen Bibelleser in Löwen noch nicht geredet haben;

---

*) Kuyper II, 557.

mit ſtarken Schritten ſtürmt er auf der Wettbahn vorwärts, ver-
geſſend, was dahinten iſt, ſich ſtreckend nach dem, das vorne iſt,
ſeine Stärke darinnen wiſſend, daß er von Chriſtus ergriffen.

Und er ruht nicht, bis er den zaudernden Freund zu dem
gleichen, entſcheidungsvollen Schritte gedrängt. Eine Reihe von
Bedenken ſtellt Hardenberg auf, die uns den ſchweren Kampf
ſeiner Seele zeigen*); in dem eben vernommenen Briefe haben
wir wohl die Widerlegung einzelner Punkte, die vielleicht münd-
liches Zwiegeſpräch in Emden noch nicht völlig erledigt hatte.
Hardenberg mochte in der Emdener Kirche die noch nicht
weggeräumten Heiligenbilder geſehen haben; daher die Meinung,
ob der Wechſel nicht doch nur der Zug von einem Babylon in
ein anderes Babylon ſei, eine ſo leicht bei einem Zögernden
ſich darbietende Meinung. Der Briefwechſel ſetzte ſich Monate
hindurch fort: es iſt ein rührender Kampf, den Laski unermüdlich mit dem Freunde kämpft. Vielleicht iſt es die Sorge
um das Fortkommen in der Welt, um des Leibes Nahrung,
das den Mönch nicht von den Fleiſchtöpfen der Kloſterküche weg-
ziehen läßt? „Es kann nicht geſchehen, mein Albert, daß, wo
Chriſti Reich ſich erhebt, Satan ruhen könne. An dir ſelbſt
kannſt du jetzt ſeine große Macht und Liſt kennen lernen. Aber
du mußt bedenken, daß, was du nun leideſt, dir von Gott ge-
ſandt wird, ſeine Stimme es iſt, die dich aus deinen gegenwärtigen Banden zu ſeiner Freiheit ruft. Darum thue, was
du zu thun verpflichtet biſt, und verachte die Stimme Gottes
nicht. Erkläre dich ſo raſch wie möglich und ſchüttle das phari-
ſäiſche Joch ab. Glaube mir, es ſoll dir an nichts gebrechen.
Was mich betrifft, ſo werde ich alles mit dir gemein haben, und
nicht früher ſollſt du Mangel leiden als ich, nur durchbrich endlich dein Zaudern. Manche Pläne habe ich mit dir vor und keine
nebelhaften, durch die ſo für dich geſorgt wird, daß du ein ehr-
bares und deiner Stellung entſprechendes Leben führen kannſt.
Nur bitte und beſchwöre ich dich bei Chriſto, zaudere nicht mehr
länger, und was du thun mußt, thue es ſo bald wie möglich,

---

*) Die Münchener Bibliothek beſitzt das wertvolle Schriftſtück von
Hardenbergs eigener Hand; Spiegel (S. 27) giebt es im Auszuge wieder.

aber so, daß alle erkennen, daß was du thust, um Christi willen
geschieht und aus Haß gegen deine jetzige Lebensweise*).

Dem männlich-starken Andrang konnte der zaudernde Hardenberg auf die Dauer nicht widerstehen. Freilich erst im Frühling
1543 war es, daß der Mönch in seiner Bernhardinerkutte bei
Laski anklopfte. Das Mönchskleid wurde hier abgelegt und aufbewahrt, und Laskis Frau trug Sorge, daß die Motten nicht
das wollene Gewand verzehrten**). Von Emden zog Hardenberg bald weiter nach Wittenberg, sich unter der Leitung Melanchthons in den Lehren der evangelischen Kirche zu festigen.
Ein inniges Freundschaftsverhältnis verknüpfte rasch die beiden
Männer, die einander noch mehr geistesverwandt waren als der
entschiedene, kraftvolle, zu keinen Kompromissen geneigte Pole.

Auch die Nonnenklöster wurden um die Zeit von unserem
Laski nicht günstiger beurteilt, auch nicht die der mildesten Observanz, wie sie uns in jenen Tagen am Niederrhein in den
Beghinenhäusern entgegentreten, Gemeinschaften, deren Glieder
ohne irgendwelche lebenslange Gelübde in gemeinsamen Häusern,
in einfacher, schlichter Hausordnung ein frommes Leben führten.
Im nahgelegenen Gröningen lebte im ersten Beghinenhof die
Tochter einer alten, angesehenen Gröninger Familie als eine
domicella mantellata, d. h. der vornehmen Abteilung des Hauses
angehörig, die geistvolle, fromme Gertrude Syssinge. Laski
hatte sie kennen gelernt und stand im Briefwechsel mit ihr, den
die gebildete Beghine in lateinischer Sprache zu führen verstand,
gleichzeitig auch in häuslichen Arbeiten geübt, daß ihr Spinn-
rocken und Webestuhl nicht fremde Hantierung war. Laski dringt
auch auf sie ein, das Frauenstift zu verlassen; sein Haus in
Emden soll ihr Zufluchtsstätte sein. Anhaltender wird die Bitte,
als der Kriegslärm sich nach Gröningen zu verziehen drohte.
„Gott wird dich nicht verlassen, wo immer du bist, wenn du
ihm nur in Wahrheit und von ganzem Herzen folgen willst, und
ich zweifle nicht an deinem Wollen. Mit meinem männlichen
Schutze werde ich dich nicht im Stiche lassen.“ In einem wei-

*) Kuyper II, 555.
**) Ebd., S. 577.

teren Schreiben*) lautet es schon andringender: „Wenn ich auch nicht Herr und Richter fremden Gewissens sein kann und will, so begreife ich doch nicht, wie jemand, der einige Erkenntnisse der Wahrheit hat und die Geheimnisse der Gottlosigkeit der Klöster kennt, sein Gewissen vor Gott rechtfertigen kann, wenn er in- mitten derer bleibt, von denen er täglich sieht und hört, daß das Verdienst und der Ruhm unseres Herrn Jesus von ihnen geschmäht werde." Die endgültige Entscheidung zog sich bei un- serer Beghine länger hin als bei dem Bernhardiner aus dem Aduardkloster; manche Umwege, die zu verfolgen uns ferne liegt, machte der zögernde weibliche Fuß, bis er die Schwelle des Klo- sters für immer verlassen. Deren beide Klöster nicht weit von einander gelegen, die fanden sich dann für ihr ferneres Leben unter demselben Dache zusammen: 1547 führte Hardenberg seine „Trutje"**) als Lebensgefährtin in sein Bremer Pa- storat heim.

Die zwei Jahre Wartezeit, die noch in Emden verstrichen, bis Laski dem Rufe folgte und thatkräftig und entscheidungsvoll in den Gang der Ereignisse eingriff, verliefen denn doch nicht so ruhig und ungestört, als er wohl gewünscht haben mag. Nach dem nahgelegenen Grenzgebiete der Niederlande wurden ab und zu Ausflüge gemacht. Ein kurzer Aufenthalt in Amsterdam brachte ihm manches versuchliche Angebot. Auch eine Reise in seine alte Heimat, sein liebes Polen, fällt in diese Wartezeit. Es ist ein schmerzlicher Anlaß. Schon einmal vor ein paar Jahren hatte die bedeutsame Wirksamkeit seines berühmten Bruders Hierony- mus und sein tragisches Geschick tief auch in das Leben unseres Johannes eingegriffen: wir erinnern uns, mit welchem rastlosen Eifer unser Johannes alle Welt in Bewegung gesetzt, bis er den geliebten Bruder aus den schmachvollen Banden, in die ihn der eine Thronbewerber Ungarns geworfen, befreit. Die schimpfliche

---

*) Kuyper II, 562. Den ganzen Verlauf der Geschichte berichtet aus- führlich Spiegel, S. 91—105.

**) So lautet in der einzig erhaltenen Adresse eines Briefes der Vor- name Gertrude in seiner lokalen Färbung; in den lateinischen Briefen selbst nennt Laski die Freundin immer Drusilla.

Behandlung vonseiten dessen, dem er alles geopfert und der
ihm schier alles zu danken hatte, hatte den tiefgekränkten Polen
ins Lager des anderen Thronbewerbers gedrängt. Sein ganzes
Bemühen war fortan darauf gerichtet, dem wie aus tausend
Wunden blutenden, so schönen Ungarlande endlich doch Heilung
und Friede zu verschaffen. Und er hat redlich daran mitgearbeitet.
Kaiser Karl bezeugt selbst in einem uns erhaltenen Sendschreiben
an Hieronymus*), einen welch wesentlichen Anteil Laski an
der Beilegung des jahrelangen Streites der beiden Thronbewerber
und an dem Abschluß des Friedens zwischen Ferdinand und
Zapolya genommen. Dieser Friede war ohne Kenntnis und
Zustimmung Solimans zustande gekommen. Man hielt niemanden für geeigneter, zugleich für mutiger als Laski, nach
Konstantinopel zu gehen und dem gefürchteten Soliman die
Nachricht mitzuteilen. Der tapfere Pole übernahm die Botschaft
auf Leben und Tod. Furchtlos hielt er die Schmähreden des
empörten Sultans aus; der Krieg wurde erklärt, Laski ein-
gekerkert; es sollten ihm Nase und Ohren abgeschnitten werden.
Ein günstiger Zufall nur schützte ihn vor solch arger Verstümm-
lung und verschaffte ihm die Möglichkeit der Rückkehr**). So
groß und uneigennützig war die Hingabe des Polen für das
Wohl Ungarns, daß er trotz der eben erst bestandenen Lebens-
gefahr im folgenden Jahre (1540) sich bereit erklärte, in die
Höhle des Löwen mit neuer, ebenso gefährlicher Botschaft zurückzukehren. Zapolya war nämlich, 53 Jahre alt, gestorben; ein
paar Wochen vor seinem Tode hatte seine jugendliche Frau Isabella, des Königs von Polen schön gestaltete Tochter, einen Sohn
ihm geschenkt. Seine Geburt fachte die alte Lust am Regiment
eines Teils der Treugebliebenen frisch an und ließ sie die bestimmt
gefaßten Abmachungen der Friedensverhandlungen vergessen. Ein
Bote eilte nach Konstantinopel den eben geborenen Erben in den
Schutz Solimans zu stellen; Laskis schwerer Auftrag war,
den Sultan dem Könige Ferdinand geneigt zu machen. Hätte
doch der Habsburger mit der Eröffnung der Feindseligkeit wider

---

*) Abgedruckt im Kerkhistorisch Archief 1855, S. 171.
**) Vgl. Hammer II, 167.

Isabella so lange gewartet, bis Laski seinen Auftrag ausgerichtet
und sicher den Klauen des gefährlichen Gegners entronnen gewesen wäre! Die mutvolle Treue des Boten wäre wohl eine
solche Berücksichtigung wert gewesen! So aber entflammte der
Angriff wider die Witwe, die sich und ihren Sohn in den Schutz
des Sultans geflüchtet, die Wut des wilden Siegers, der sich
als Herr von Ungarn fühlte. Der Krieg wurde an Ferdinand
erklärt; die erste Folge war die Einkerkerung des Botschafters.
Auch der Feind hatte Achtung vor dem kühnen Manne und
schätzte seine bedeutende Begabung wert. Man bot dem Gefangenen hohe Stellung, wenn er in den Dienst des Sultans
treten würde; aber Laski war kein Renegat und auch kein
Söldner, der für Geld und Ehre jedem Schwert und Feder zur
Verfügung stellt. Er blieb standhaft den ganzen Winter hindurch 1540 auf 1541. Der Bruder im fernen Emden scheint
davon in jenen Tagen nichts erfahren zu haben, er vermutet ihn
in der Nähe Ferdinands*). Langsam verstrich der Winter dem
Gefangenen, der im Hause des Großveziers eingesperrt und nur
am Sonntage der Messe in der Kirche des griechischen Patriarchen beiwohnen durfte**). Mitte Juni 1541 endlich brach
Soliman zum Kriege wider Ungarn auf; seine wilden Horden
ergossen sich wie eine unheilvolle Woge über die Lande, alles
vernichtend, wo sie sich niederließen. Der arme Gefangene
wurde mitgeschleppt bis nach Belgrad. Krank schmachtete er
dort im Kerker, während siegreich Soliman in Ofen einzog.
Er war unwillig von Belgrad aufgebrochen, denn er hatte die
Kunde erhalten, daß die beiden Botschafter, die König Franz
an ihn gesandt, meuchlings auf dem Po durch von dem Mar-
chese Guasto gedungene Banditen ermordet worden seien. Der
eine von ihnen war Rinçon, der bereits erwähnte Freund
unserer Laski, der so kläglich sein Leben enden mußte, während
der frühere Kollege in den Kerkern zu Belgrad schmachtete***).

---

*) Kupper II, 554.
**) Hammer II, 169.
***) Sleidan (I, 344) läßt Laski erst in Belgrad in Gefangenschaft
geraten als Repressalie des ergrimmten Sultans für den Meuchelmord an
Rinçon, weil er vermutete, daß Karl V. und Ferdinand nicht unbeteiligt

Als Soliman von Ofen nach Belgrad zurückkehrte, entließ er
mitleidig den gefangenen Botschafter seines eben aufs Haupt geschlagenen Gegners. Gebrochen, elend von der Haft und von
Krankheit, zog Laski heim in sein altes Vaterland, nach Krakau.
Er fühlte den Tod nahen und sehnte sich, den geliebten Bruder
noch einmal zu sprechen*). Unmittelbar auf die Kunde von dem
traurigen Geschick eilte Johannes aus Emden herbei an das
Sterbelager seines Bruders. Niemand hinderte ihn, von dessen
Heirat und vollem Übertritt man daheim wohl wußte, die Landes-
grenze zu überschreiten und sich in der Hauptstadt und in der
Nähe und Pflege des Sterbenden aufzuhalten. Man hielt das
Leiden für ein langsames Gift, das Türkenhände dem gefürchteten
Botschafter in Konstantinopel schon oder in Belgrad gereicht, um
ihn auf solch' feige, elende Weise aus der Welt zu schaffen.

Wie gerne würden wir die Zwiegespräche belauschen, die Johannes mit dem sterbenden Bruder geführt haben mag! Mehr
wie eine Andeutung läßt schließen, daß Hieronymus nicht ferne
von dem Evangelium gestanden und, hätte nur günstiges Geschick
größere Stille und Geistessammlung ihm gewährt, er vielleicht
den gleichen Schritt gethan haben würde. Melanchthon kannte
den bedeutenden Diplomaten; er soll über ihn eine Rede gehalten
haben**). Hieronymus grollte dem Bruder nicht, weder über
seine Heirat, noch über seinen Übertritt, durch welches beides er
sich jede gegenwärtige Stellung in seiner Heimat verwirkt habe.
Er ist nicht wider eine Stellung in der Fremde, bittet ihn aber
nur unter der Bedingung eine solche anzunehmen, daß, wenn das
Vaterland seiner bedürfe und unter eingetretener Veränderung
der kirchlichen Lage er seines Glaubens ungehindert daheim leben

---

an dieser That seien. Viele sind dieser Angabe des berühmten Schriftstellers
gefolgt, jüngst noch Feßler. Aber Hammer (II, 171) hatte genauere, un-
umstößliche Quellen für seine Angabe zur Verfügung, der wir gefolgt sind.

*) Kupper II, 30: „ipsa id (den Besuch) a me petente".

**) Scrinium I, 480. Sie ist nicht in den Gesamtwerken Melanch-
thons aufgenommen und mir leider so wenig zu Gesicht gekommen, wie der
an der gleichen Stelle erwähnte Brief, in welchem Melanchthon den Hieronymus bezeichnen soll als „virum illustrem, magnificum et reverendum,
nobilitate generis, virtute et sapientia praestantem, patronum suum
colendum".

könne, er jeder eingegangenen Verpflichtung ledig sei und seine
Kraft dann wieder Polen zuwende*). Die Bitte des Sterbenden
begegnete sich mit seinen eigenen Wünschen, mit seiner glühenden Vaterlandsliebe, die das große Opfer der Verbannung um
seines Glaubens willen uns um so bedeutender und wertvoller
erscheinen läßt.

Nach dem Tode des Bruders hielt es unseren Laski nicht
mehr lange in Krakau. Im Frühjahr 1542 ist er bereits wieder
in Emden. Eine flüchtige Briefstelle läßt darauf schließen, daß
er ernstliche Verhandlungen mit den heimischen Bischöfen gehabt
habe**). Es war seine Absicht, dieselben zu veröffentlichen;
leider führte er sie nicht aus, wenigstens ist bis jetzt kein darauf
hin bezügliches Schriftstück gefunden worden. a Lasco meint,
seinem Freunde Hardenberg würde der Inhalt dieser Verhandlungen ein Lächeln abnötigen; jedenfalls war durch sie nun auch
in dem anderen Lager offenkundig der Bruch mit der alten Kirche
vollzogen. Der Bruch scheint auch die Folge gehabt zu haben,
daß ein paar kleine Einkünfte, die ihm bis dahin ungeschmälert
und unbehelligt geblieben waren, fortan beanstandet wurden. So
wenigstens möchte ich jene Angabe des unzuverlässigen Walewski
deuten; die Ausdehnung, die er, auf schwache Stellen sich grün-
dend, der Sache giebt, ist entschieden übertrieben***).

Mit dem Tode des Bruders war ein starkes Band, das ihn
mit der Heimat verknüpfte, gelöst; die Verhandlungen mit den
polnischen Bischöfen konnten ihm gezeigt haben, daß einer freien
Verkündigung des Evangeliums so bald noch kein Zugang in sein
Vaterland geöffnet sein werde, und nur unter dieser Bedingung
dachte er an die Möglichkeit einer Rückkehr. Er richtete sich auf
ein längeres Weilen in der Fremde ein und war ihm die gastfreie Stätte hoch oben an der unwirtlichen Meeresküste doch schon
recht geworden. Seine Gesundheit hatte sich etwas gehoben und
war besser imstande, die Unbill des rauhen Wetters zu ertragen.

---

*) Kuyper II, 587. 588 und die schöne Stelle auch II, 30, über-
haupt den ganzen Brief an seinen König.
**) Kuyper II, 556.
***) Biblioteca, p. 361.

Die Luft zur Thätigkeit regte sich. Das war ja von Anfang an vorauszusehen, daß eine Natur wie die unseres Freundes nicht lange müßig am Markte stehen konnte, sobald sie sich nur innerlich durch alle andrängenden Fragen durchgearbeitet und der Herr ihr die Festigkeit bestimmten Standpunktes gegeben.

Und er sollte auch nicht lange müßig dastehen; der Herr beburfte seiner als eines auserwählten Rüftzeuges.

Wir haben bereits in kurzen Strichen ein Bild der ostfriesländischen Verhältnisse zu entwerfen gesucht. Graf Enno war 1539 in kräftigem Mannesalter gestorben; seine Witwe, die Gräfin Anna aus dem oldenburgischen Hause, hatte als Vormund der jugendlichen Söhne die Regierung übernommen. Es war ein schweres Wagestück, zumal für ein Weib und dazu in solch brangsalvoller Zeit die Leitung der ungeordneten Verhältnisse des Landes, in welchem es überall gärte, zu übernehmen. Die Gräfin Anna schreckte frommen, ernften Sinnes vor der Schwierigkeit nicht zurück; in männlich-starker Hand hielt sie die Zügel, jener Theda ähnlich, die vor 70 Jahren als Witwe des Ulrich Cirkfena in so reichem Segen anstatt ihrer unmündigen Söhne über das Land geherrscht. Die Arbeit wurde Gräfin Anna durch besondere Umstände erschwert. Ihr Schwager, Graf Johann, ein Bruder des verstorbenen Regenten, forderte die Übernahme der Vormundschaft der minderjährigen Neffen, trotzdem er bei Gelegenheit seiner Verheiratung mit einer natürlichen Tochter des Kaisers Maximilian feierlich mit Brief und Siegel für sich und seine Nachkommen auf die Nachfolge in Ostfriesland Verzicht geleistet hatte. Die Verbindung mit der Kaisertochter hatte er eines kläglichen Rückfalls in die römische Kirche wert gehalten; durch beides schien er Karl V. würdig, ihn als Lehnsträger der Grafschaft Ostfriesland anzuerkennen. Um so unwürdiger hielten ihn die Friesen, die der gräflichen Witwe bereits die Treue zugesagt; mit schweren, für das durch die vielen Kriege und Brandschatzungen ausgesogene Ländchen fast unerschwinglichen Geldopfern suchten sie sich von dem ihnen läftigen, aufgedrungenen Regenten loszukaufen. Das Geld hatte Graf Johann wohl eingezogen; das hinderte ihn aber nicht, ein lauerndes Auge auf das

Land gerichtet zu halten und die Aufmerksamkeit des grollenden
Kaisers, der argwöhnischen Statthalterin der Niederlande unausgesetzt auf den kleinen Erdenwinkel zu lenken, der in jenen Tagen
die schöne Eigenschaft besaß, Zufluchtsstätte aller um des Glaubens
willen Verfolgten zu sein. Es war gut, daß die Gräfin in ihrem
wackeren Bruder, dem bekannten Grafen Christoph von Oldenburg, einen treuen Berater, einen männlichen Schutzwart besaß,
der allzu starken Anmutungen des Renegaten, hinter dem der
Kaiser wie eine drohende Gewitterwolke stand, die Spitze bot.

Graf Christoph war wie seine Schwester von ganzem Herzen
der Reformation zugethan, ein schönes Erbe ihrer frommen Mutter.
Beide erkannten, daß für das schwergeprüfte Ländchen die Hebel
kraftvollerer Ordnung zunächst auf kirchlichem Gebiete eingesetzt
werden müßten. Der in Emden weilende polnische Baron war
ihnen wohl bekannt; ihn für die Kirche zu gewinnen, ihr eifrigstes
Bemühen. Es sollte eine neue Predigerstelle an der Kirche zu
Emden gegründet werden. Laski schlug das Angebot aus, seine
mangelnden Kenntnisse der Landessprache vorschützend; es würde
dieses die zweite abschlägige Antwort sein, wenn sich jene Meinung
bewahrheitete, daß er bereits dem verstorbenen Gemahl der Gräfin
nahe getreten und seine Bitte, die Landeskirche zu leiten, zurückgewiesen. Statt seiner wurde eine tüchtige, fromme Kraft, die
auch unser Freund wertschätzte, gewählt, Thomas Bramius*).
Herzog Christoph ruhte nicht, die so bedeutende Persönlichkeit
doch noch für die Kirche zu gewinnen. Auf sein Anraten machte
ihm die Gräfin mit Zustimmung der angesehensten Männer in
Emden den Antrag, die Leitung aller Kirchen des Landes (ἐφορείαν
ecclesiarum omnium totius regionis) zu übernehmen. Laski
glaubte diesem dritten Rufe nun nicht mehr widersprechen zu
dürfen: er meinte jetzt die Stimme des Herrn zu hören. Unter
einer Bedingung erklärte er sich bereit, das schwere Amt zu übernehmen, daß sowohl die Gräfin als auch die gesamte Kirche nur
die Ehre Gottes bei seiner Berufung im Auge gehabt habe**).

---

*) Emmius, S. 916 und auch Meiners I, 218.
**) Emmius, S. 916: „sed addidit conditionem, si experiretur
ipsa re, gloriam Dei et ab ecclesia et a principe in hac sui vocatione

Das geſchay im Beginn des Jahres 1543 zur Freude aller Wohl-
geſinnten des Landes, wie der Chroniſt anmerkt.

Es war eine mühſame, verantwortungsſchwere Arbeit, die
Laski übernahm. Er war ſich ſelbſt deſſen gar wohl bewußt.
Wir dürfen wohl ſagen: es war aber eine Arbeit, für die unſer
Freund wie nur wenige von Gott ausgerüſtet war, daß man unwillkürlich dem Zagenden zurufen möchte: fürchte dich nicht, denn
dazu biſt du in dieſe Stunde gekommen. Seine beſondere und
hohe Begabung gelangte gerade in dieſer Arbeit zu ihrer vollen
Entfaltung, und die Art, wie ſie ſich entfaltet, weiſt ihm unter
den Vordermännern der Reformatoren zweiten Aufgebotes einen
hervorragenden Platz für alle Zeiten an. Wir folgen gerne dem
Freunde, dem wir ſo lange das Geleite gegeben, nun auch zur
Mittagshöhe ſeines Schaffens. Es hob für ihn in Oſtfriesland
eine Thätigkeit an, bei der er wie die Bauleute beim zweiten
Tempelbau unter Nehemia gerüſtet ſein mußte (Neh. 4, 17).
Mit der einen Hand förderte er den Bau, mit der anderen hielt
er Schild und Lanze wider die, die den Bau zu hindern ſuchten.
Beides geſchah gleichzeitig. Wir müſſen in der Darſtellung ge-
ſondert die wuchtige Doppelleiſtung betrachten. Zunächſt denn der
Teil der Abwehr.

b) Die Arbeit mit dem Schwerte in der Hand.

Wie anderwärts ſo geſchah es auch in Oſtfriesland, daß der
Bruch mit der alten Kirche nicht jedes Mal ein ſo gewaltſamer,
auffälliger war, daß man klar und deutlich die Grenzlinie des
vergangenen Alten, des an ſeine Stelle getretenen Neuen ziehen
könnte. Es fand ſich nicht ſelten, und wir könnten es für Friesland mit Beiſpielen belegen, daß in derſelben Kirche der eine
Prediger wie mit neuen Zungen das Evangelium verkündete und
begeiſtert das heilige Banner der Reformation — unſere Gerechtigkeit aus Gnaden allein durch den Glauben an Jeſum

---

spectari, tum se in munere mansurum, caeteroqui dimissionem esse ab
utraque flagitaturum".

Christum — entfaltete, während unten am Altar nach wie vor
der Priester seine herkömmliche Messe las, die dann nur unterblieb, wenn sich niemand mehr zu ihrem Vollzuge bereit fand.
So auch in Emden. Seit zwei Jahrzehnten nun schon hatte sich
Stadt und Land der Predigt des Evangeliums zugewandt; das
hinderte aber nicht, daß die Franziskanermönche der Stadt, so
viele ihrer dem Kloster treu geblieben waren, ihre kirchlichen Ge-
schäfte in altgewohnter Weise fortsetzten. Sie predigten noch bei
sich, sie tauften Kinder, sie gaben Sterbenden die letzte Ölung,
sie hüteten und pflegten die Heiligenbilder: genau als ob die
ganze, große Bewegung spurlos an ihnen vorübergezogen wäre.
Und es fanden sich nicht wenige, die unentschlossen den Dingen
ihren Lauf gewähren und diese seltsame Unklarheit, dies doppel-
züngige Wesen beibehalten wollten. Doch nur zum Schaden der
jungen evangelischen Kirche, wie sich jetzt zeigte. Durch den Grafen
Johann angestachelt und im sicheren Gefühle, an ihm einen geschützten Hinterhalt zu haben, erhoben die Mönche höher ihr Haupt.
Was man die Jahre hindurch stillschweigend bei ihnen übersehen
hatte, darauf pochten sie nun als auf einem Rechte.

Der neue Superintendent trat alsbald mannhaft ihnen entgegen; ihr Verhalten erschien ihm wie ein Anachronismus. Er
untersagte ihnen Predigt und Taufe und erließ einen strengen
Befehl, die noch in der Kirche bis dahin geduldeten Heiligenbilder
zu entfernen. Die kühn gewordenen Mönche widersetzten sich. Zunächst verdächtigten sie Laski als einen Fremdling, der neue
Bräuche einführen wolle. Sie seien ihm, dem Polen mit dem
bis zur Brust reichenden Barte, keinen Gehorsam schuldig. Die
schlauen Franziskaner kannten den Wert der Karte, die sie damit
wider den verhaßten Gegner ausspielten, gar wohl, denn der
Friese ist schier unzugänglich dem Fremden, und zu den größten
Zeichen der Bedeutung unseres Freundes zähle ich, daß diese Rede
nicht verfing und man sich dem Einfluß dieses „Fremdlings"
willig in dem Lande hingab. Laski will die Mönche in einem
öffentlichen Zwiegespräch ihrer falschen Lehre überführen; die
Mönche fühlen sich aber dem bedeutenden Theologen nicht gewachsen und wissen geschickt das Zwiegespräch bis zum Herbst
hinzuhalten, hoffend, daß dann ihr Schutzwart Graf Johann

zurückgekehrt sein und sie der mißlichen Disputation überheben
werde.

Auch unter den Evangelischen selbst waren nicht wenige müßig,
mit den päpstischen Bräuchen entschieden zu brechen. Ihre Ansicht
hören wir vernehmlich aus einer Schrift heraus, die a Lasco
wahrscheinlich um diese Zeit veröffentlichte: über die Fernhaltung
von den päpstlichen Gottesdiensten*). Der fesselnde Traktat führt
uns mitten in die damalige Bewegung und zeigt uns, für wie
viele es äußerst schwer gewesen, sich von halbverstandenen, aber
aus frühester Jugend liebgewordenen Bräuchen loszulösen. Man
forderte für diese Schwachen Geduld, man könne ja auch in den
Formen christlichen Sinn finden und solle sie sich nur ungestört
ausleben lassen. Schlagend weist Laski das Unhaltbare, Zwitterhafte solcher landläufigen Anschauungen zurück und deckt den tiefen
Schaden für das religiöse Leben auf, der durch Anteilnahme an
einem Gottesdienste geschieht, der im Grunde fern von dem Worte
Gottes sich aufbaut. Er beruft sich in seiner Beweisführung einmal auf das schöne Wort Calvins: daß uns in unserem Leben
nichts so teuer und wert erscheinen dürfe, um um seinetwillen
uns mit irgendeiner Götzendienerei zu beflecken. Es beseelte unseren Laski auf diesem Gebiete der heilig-ernste Geist des Genfer
Reformators, der nicht unterhandeln, nur für Gottes unbefleckte
Ehre kämpfen will. Der Traktat schließt mit den Worten: „Ich
bin bereit auf jede Gegenrede zu achten, wenn ich nicht richtig
die Sache behandelt zu haben scheine, denn ich suche nicht meine
Ehre, an der nichts gelegen, vielmehr nur die Ehre des, dem sich
alle Kniee beugen jetzt und in Ewigkeit. Amen."

Es war ungewohnte Sprache, die die Leute in Emden in
männlich-fester Entschiedenheit hier vernahmen. Sie mundete
nicht allen; sie widersprach zu entschieden der herkömmlichen, liebgewordenen Weise, verlangte einen Bruch im Leben, den nur

---

*) „Het ghevoelen Joannis a Lasco of het den Christenen, nadien
zy het word Godes ende de godloosznheit des Pauwstdoms bekent hebben,
eenighszins verorloft is, dat zy zick in den Pauwstlicken godsdiensten,
ende in zonderheit inder Misse vinden laten"; Kuyper I, 64, woselbst
auch der überführende Nachweis geliefert ist, daß diese Schrift in die früheste
Zeit seiner Wirksamkeit gehört.

herzhaft die vollziehen, welche die Gewohnheit nicht mit der
Wahrheit verwechseln und ihr allein folgen wollen. Es schien
diesen Zwittergestalten das Ansinnen des Fremdlings auch eine
Beschränkung der Freiheit und auf dem Punkte ist der Friese
fest. Sie mußten aber doch fühlen, daß das vernommene Wort
vielmehr ein kraftvoller Hinweis auf eine noch nachgeschleppte
Kette sei, nur fehlte ihnen der Glaubensmut, sie zu sprengen.
Auch die Gräfin schwankte. Das zagende Weib sah die Gefahr,
die ihr und ihrem Volke von den benachbarten Niederlanden, von
dem Kaiser drohte, wenn sie allzu entschieden wider die Mönche
und ihre ungöttlichen Satzungen angehen würde. Sie wollte als
Landesmutter mit den Schwachen Geduld haben, wie es Paulus
fordert, übersah aber, daß dieses Recht und diese Pflicht von dem
Apostel nur dem eingeräumt wird, der stark ist in Christo, nicht
dem, der selber aus seiner Schwäche nicht herauskommt. Die
Bilder sollten nach wie vor bleiben und daran nicht gerührt
werden. Für Laski handelte es sich bei diesem Erlaß nicht um
die Bilder allein; er sah in dem schwächlichen Nachgeben ein An=
tasten der evangelischen Freiheit; es war für ihn ein Pakt, in
dem menschliche Rücksichtnahme mit dem lauteren Worte Gottes
verhandelte. Das aber dünkte ihn ein Greuel im Heiligtum.
Offen, kühn, mit dem ganzen Freimut einer Seele, die in Christo
frei geworden nur sein Diener sein will, trat er auch wider die
Gräfin in die Schranke. Das Schreiben selbst, das er an sie
richtete, ist uns nur noch in ausführlichen Auszügen erhalten*):
ein wertvolles, kostbares Blatt der Reformationszeit, das an
Luthers weltüberwindenden Glaubensmut in seinen besten
Hervorbringungen erinnert. Laski erinnert die Gräfin daran,
wie für ihn Anlaß zur Übernahme seines schweren Postens die
Überzeugung gewesen, daß die Gräfin gottesfürchtig sei und be=
gierig, Christi Ehre allerwege zu fördern. Aber das habe er an
ihr auszusetzen, daß sie sich in Sachen der Religion allzu leicht
nach der einen oder anderen Seite ziehen lasse und glaube, eher
der Meinung ihrer Ratgeber als dem Willen Gottes folgen zu

---

*) Bei Emmius, S. 910, von dem es dann Kupper (II, 558) ent=
nommen.

15*

müssen. Und doch sei nur Gott der oberste Richter auch der
Könige und sie als seine Diener berufen, Gottes Recht, nicht der
Menschen Satzung auszuüben. Gott fordert uns auf, die Götzen-
dienerei zu fliehen, wie dürfen wir dann die Götzendienerei der
Mönche in unseren Kirchen dulden? Wie lange sollen wir auf
beiden Beinen hinken? „Ich bin bereit, nicht nur das Meinige,
so gering es auch ist, ohne irgendwelche Aussicht auf Ehre oder
Lohn hinzugeben, sondern auch mein Leben zur Ehre Christi allen
Gefahren auszusetzen, unter der einen Bedingung jedoch nur, daß
Ihr, Gräfin, offenes Zeugnis ablegt, Euch vom Worte Gottes
allein leiten und ihm gehorsamen zu wollen. Wollt Ihr das
nicht, haltet Ihr es für ratsamer, menschlichen Satzungen und der
Weisheit dieser Welt lieber als dem göttlichen Willen zu folgen,
dann kann und will ich fernerhin nicht mehr meine Arbeit in
Euren Dienst stellen. Der Lehre des Evangeliums und der Apostel
Diener bin ich und da scheue ich mich auch nicht von dem geringsten Bruder Belehrung anzunehmen; menschlicher Weisheit und
Gepflogenheit, die sich neben Gottes Wort einführt, Diener will
ich wahrhaftig nicht sein. In menschlichen Dingen hat menschliche Weisheit ihren Platz, in göttlichen aber geht allem voraus
Gottes Majestät, sein heiliger Wille .... Ich kenne wohl
meine Lage, ich bin Fremdling, habe Familie, bedarf eines festen
Sitzes, zu dessen Bewahrung ich Wohlwollen vonnöten habe;
nicht Feindschaft, nicht Beleidigung und wahrhaft steht auch mein
Trachten danach, mit allen auf freundlichem Fuße zu stehen und
mich ihrer Lebensweise anzubequemen, aber nur bis zum Altar:
diese Schranke auch noch aus Klugheit in solcher Gesinnung überschreiten, das kann ich nicht, und wenn ich auch alle Freundschaft
darüber einbüße und wenn ich auch meine Familie in der tiefsten
Not und Armut zurücklasse; der Herr, der alle speist, der wird
auch die Meinigen versorgen, wenn ich ihnen nichts hinter-
lasse" .... Er würde — so schließt unser Laski sein
denkwürdiges, schönes Schreiben — nicht so geschrieben haben,
wenn er nicht der Gräfin frommen Sinn kännte, ja er sei auch
überzeugt, daß sie verstehe, wie es seines Amtes sei, treu zu dem
zu ermahnen, was er als zu ihrem und der Kirche Heil gehörig
erkannt habe, und daß sie nachsichtig auch diesen seinen Freimut

im Schreiben aufnehmen werde. Treulos wäre er, wenn er es
nicht gethan; er ziehe es vor, lieber undankbar als untreu zu
sein, und hoffe, daß, wenn er auch weniger den anderen Menschen
zusage, weil er nicht angenehm genug schreibe, er doch nicht in
ihren Augen als ein Undankbarer erscheine. Gethan habe er,
wozu er verpflichtet, wenn vielleicht nicht in glückbringender Form,
so doch in rechtschaffener Gesinnung; seine Arbeit stehe der Gräfin
zudiensten, aber nur unter der Bedingung, Gott mehr zu gehorchen
als den Menschen; sei die Bedingung unausführbar, dann fordere
er seinen Abschied. Er flehe von Gott auf sie seinen heiligen
Geist herab, daß er ihre Gedanken und Thaten zu seines Namens
Ehre und zur Erbauung der Kirche lenke.

Und Gott erhörte das Gebet seines frommen Knechtes. Die
Gräfin beugte sich dem ernsten und auch tadelnden Worte des
kühnen Mannes; das Schreiben flößte ihr Mut ein, selbst auf
die Gefahr hin, den kaiserlichen Groll auf ihr armes Ländchen
herabzubeschwören, alle ängstlichen Rücksichten fahren zu lassen
und der Stimme Gottes, die sie in dem Schreiben zu vernehmen
glaubte, zu gehorchen. Die Antwort, die sie Laski zustellte, ehrt
beide. Sie lautet — lassen wir sie unentstellt in ihrer treu-
herzigen, ursprünglichen Sprachweise —: „Onze groetenisse voor
af, waardige, Lieve, Aandachtige. Gy hebt ons onlangs
door uw' Schryven dapper en ernstig erinnert, wat ons van
wegen de ere Godts en onze Regeringe te doen betaamt,
namelyk dat wy de afgodische beelden nar het voorbeeldt
van vele Christelyke Koningen uit de Kirken zouden weg-
doen etc. Wy hebben nu zulk ene vermaninge wel opge-
nomen, en willen Godt bidden, dat hy ons zulk een hart en
geest geve, om alles te doen, wat hem welgevallig is. Wat
de beelden aangaat, mogen we lyden, datge die by nacht, doch
niet alle tegelyk, uit de oogen wegzet; en dat men het dolle
volk daar niet laat bykomen; maar datge den Burgermeesteren
en Kerkvoogden zulk bekent maakt, en dat het zonder ge-
schreeuw worde uitgevoert: dus geschiet onze welgevallige
meininge." *)

---

*) Meiners I, 249.

Der Befehl der Gräfin gelangte zur Ausführung. Noch gaben die Mönche nicht alle Hoffnung endgültigen Erfolges auf. Ein paar Wochen nach dem Erlaß traf ihr Schutzwart, der rückfällige Graf Johann, wieder in Emden ein, froh, eine Gelegenheit zu haben, sich in die Angelegenheit des Ländchens mischen zu können. Die Gräfin aber blieb standhaft. Auch Drohungen verschlugen nicht; der fromme Reformator hat ihr starken Mut eingeflößt, den heiligen Mut, Gottes Willen auszuführen, und der macht auch ein Weib allzeit dem Manne gewachsen. Ja selbst Graf Johann spürte die wunderbare Kraft, die von dem in Gottes Willen gefestigten Laski ausging. Er hatte eine Unterredung mit ihm; wir kennen nur den Erfolg, daß schweigend wie überwunden der Graf den Dingen ihren Lauf ließ. Die Stütze der Mönche war gebrochen. Sie mußten geschehen lassen, was sie zu verhindern unvermögend waren. Grollend zogen sie sich zurück, — wie Alte auf Leibzucht im eigenen Hause, wenn die Kinder selbständig geworden. Den Mönchen wurde nur noch ein Asylrecht im Kloster zugestanden; ohne Einfluß, ohne Wirksamkeit brachten sie ihre Tage dahin, wenig behelligt sie selbst, aber auf den Aussterbeetat gesetzt. Die Zeit schleppte sich ihnen langsam dahin; nach fast zwei Jahrzehnten (1561) erst duldete es die letzten sieben Pfründner nicht mehr in den Räumen, wo in allen Teilen ein anderer Geist umging. Sie wurden abgefunden un suchten sich dann ein anderes Plätzchen aus, im Glauben ihrer Väter, den sie selbst auf keine Kinder als Erben gelangen lassen konnten, zu sterben.

Der Renegat freilich war nicht gewillt, für alle Zeit die Waffen vor dem Manne zu strecken, der ihn wohl zum Schweigen bringen konnte, in dem er aber auch das stärkste Bollwerk erkennen mußte, das ihn hinderte, seine eigennützigen Pläne durchzusetzen. So lange der Mann unangefochten der evangelischen Kirche in Ostfriesland vorstand, das konnte sich der Graf leicht sagen, lag die römische Kirche daselbst gebrochen auf der Erde. Mit offenem Visier gegen ihn vorzugehen, dazu fehlte dem Abtrünnigen der sittliche Mut; er flüchtete in den Schutz der Ränke und Hinterlist. An dem Hofe der Statthalterin der Niederlande fand er dafür geneigtes Gehör! Die arme, einstige Königin von

Ungarn, damals so nahe der Erkenntnis der Wahrheit, jetzt ein bereites Werkzeug in der Hand des Kaisers, auch mit den furchtbarsten Mitteln diese Wahrheit des Evangeliums in den ihrer Leitung anvertrauten Landen zu unterdrücken! Ein schweres Ärgernis war es ihr, daß die von ihren Schergen aufgehetzten und von Haus und Hof um ihres Glaubens willen Verdrängten drüben in Ostfriesland eine Zufluchtstätte fanden. Und dieser Pole war es hauptsächlich, der die Gräfin in solchem Thun bestärkte! Es galt also, ihn zu entfernen und damit der unterdrückten, römischen Kirche zu ihrem Rechte zu verhelfen. In den Mitteln brauchte man nicht wählerisch zu sein. So erschien im August 1544 auf Anstachelung des Grafen Johann ein Gesandter der Statthalterin bei der Gräfin, die Vertreibung Laskis fordernd als eines Meineidigen und Ruhestörers*). Leicht war es dem Angeklagten seine Unschuld zu beweisen. Die Gräfin bat ihn dringend, sich durch solche Verdächtigungen nicht abschrecken zu lassen und nur ja bei ihr zu bleiben; den hinterlistigen Schwager bedeutete sie, daß sie den Rat und die Mitarbeit dieses Mannes nicht entbehren könne. „Aber ich weiß", sagt Laski, „daß diese Leute mit ihren Anschlägen nicht ruhen werden, bis es ihnen gelungen, mich von hier zu vertreiben."**)

So rasch, wie diese übermächtigen Gegner wähnten, sollte ihnen die Verdrängung dieses Streiters denn doch nicht gelingen. Er erwies sich je länger je mehr als ein auserwähltes Rüstzeug des Herrn für dieses Ländchen. Er hatte noch manchen Strauß zu kämpfen, das Gebiet für seine aufbauende Thätigkeit von Gegnern frei zu halten.

Fesselnd ist es, seinem Kampfe mit einem anderen, in jenen Tagen recht bedenklichen Gegner zuzusehen. Es würde uns zu weit führen, zu zeigen, wie gerade die Niederlande schon seit länger als einem Jahrhundert tief- und weitwirkende Gärstoffe bargen, Männer, die in frommem Ernste sich wider die verkommene Kirche und ihre argen Diener auflehnten, mit innerer Ent-

---

*) Vgl. Emmius, S. 926 und was Laski selbst darüber seinem Freund Hardenberg mitteilt, Kuyper II, 574.
**) Kuyper II, 581.

rüstung den Greuel der Verwüstung im Heiligtum sahen und nun in mannigfaltiger, oft seltsam verzerrter Weise auf Abhilfe sannen oder aber abseits der Kirche ihr stilles, beschränktes Leben gottselig in ihrer Weise unbehelligt führten. Sie waren noch eingegliedert in die Kirche, erschienen zu unbedeutend, um ein aufmerksames Auge wenn auch nur der Seelsorge auf sie zu richten: leichten Herzens gingen die, die ihre Hirten sein sollten, an den kleinen, geringen, unbeachteten Häuflein vorüber. Das änderte sich von den Tagen der Reformation an. Der scharfe Hahnschrei des Augustinermönches hatte alle Geister wachgerufen; das lange geschlossene Ventil war geöffnet, und in schrillem Tone traten nun auch diese bis dahin verhaltenen Kräfte zutage. Sie sind nicht kurzweg Kinder der Reformation zu nennen, und was sie oft in blutig-verzerrtem Fanatismus verbrochen, darf nicht, so wenig wie die allerorts auflodernden Bauernunruhen, in ihr Schuldbuch geschrieben werden. Sie sind Kinder der wüsten, verkommenen Kirche, wider die die Reformatoren ihre heilige Einsprache erhoben, nicht selten in entschiedener Auflehnung wider die aus all den gärenden, verzerrten Elementen siegreich im Lichte der Wahrheit jugendlich-schön emporsteigende evangelische Kirche. Die meisten gärenden Elemente sammelten sich in der Wiedertäuferei. Es war nicht in erster Linie die Einsprache wider die Berechtigung der Kindertaufe, was die verschiedenen Spielarten in diesem Punkte einigte, vielmehr das Streben nach einer heiligen Gemeinschaft als erzürnte Einsprache wider die in Laster versunkene Kirche, das ihnen in der Taufe nur der Wiedergebornen einen Schutzwall wider solche Verweltlichung zu bieten schien. Aber wie wenig bot! Und welche Greuel entfesselten Fanatismus', der in dem Schlamm tiefster Unsittlichkeit ausläuft und verkommt, vollzogen sich hinter diesem vermeintlichen Schutzwall! Die blutig-roten Schandthaten der nahgelegenen Stadt Münster leuchteten bis nach Ostfriesland hinüber.

Wir haben bereits darauf hingewiesen, wie die freien Bewohner Frieslands ihr Ländchen zu einer schönen Heimstätte aller um ihres Glaubens willen Verdrängten in jenen argen, unholden Tagen umgewandelt. Es ist das nicht hoch genug zu preisen. In hellen Haufen kamen sie gezogen, die ernsten, glaubensstarken

Gestalten, die Haus und Hof und Heimat um ihres Herrn und
Heilands willen verließen und hier im mildherzig geöffneten Asyl
ein ruhiges Plätzchen suchten und fanden, von den geschlagenen
Wunden zu heilen und gottselig in Stille und Ehrbarkeit ihres
Glaubens zu leben. Dazwischen aber auch andere, unruhige,
fanatisch erregte Köpfe, die wie echte Schwarmgeister von einem
Lande zum anderen eilten, hier im Kerker schmachtend, dort dann
wieder ungebeugt von aller Verfolgung ihre Lehre in Konventikeln und Häusern verkündeten und arge Wirrnis unter der ur-
teilslosen Menge anrichteten. Auf ihren Kreuz- und Querzügen
machten sie gerne in Ostfriesland Halt, nicht um zu ruhen, sondern das gewährte Gastrecht auszunutzen, den Gastfreund zu
einem Genossen der Sondermeinung umzuwandeln. Und das oft
in gar lauter, herrischer Weise in einer Zeit, wo die Verhältnisse der evangelischen Kirche im Lande noch so ungefestigt und
ungeordnet waren.

Immer drängender forderte die Statthalterin der Niederlande
Entfernung der aus ihrem Gebiete Geflüchteten. Sie konnte
ihren Groll nicht verwinden, daß sie an ihrer Landesgrenze die
Thür für alle die geöffnet sah, für die sie nur die Gefängnis-
pforte und den Gang zum Scheiterhaufen offen gehalten wissen
wollte. Es trafen kaiserliche Befehle in Emden ein, die die Entfernung der Sektierer gebieterisch forderten. Im Falle der Weigerung wurde die Unterdrückung des gesamten Handels mit Ostfriesland in drohende Aussicht gestellt, eine Art Kontinentalsperre
zu Wasser und zu Land für das arme, unwirtliche Ländchen.
Die Drohung verfehlte nicht ihre Wirkung, zumal unter den
Hofleuten, die eine Kürzung ihres Wohllebens fürchteten. Aber
sie verfing nicht bei unserem Laski, und sein Glaubensmut drang
auch bei der Gräfin durch. Er hat scharf die Furchtsamen gegeißelt, die er Epikuräer schilt, die sich mehr von dem Erlaß
eines Kaisers einschüchtern lassen, als von den Drohungen Gottes,
der eine nachlässige Obrigkeit züchtigt. „Sie sind bereit, wenn
Gott es zuläßt, Sekten zu verbannen, nicht um Gottes, sondern
des Kaisers willen."*) Früher hätte es nur rechtzeitiger Milde

---

*) Kuyper II, 574.

beburft, um die Leute in Schranken zu halten; da ließ aber die Obrigkeit alles geschehen, nun aber sind sie bereit, mit solcher Strenge vorzugehen, daß sie ohne auf Schuld oder Unschuld Rücksicht zu nehmen gegen alle Fremdlinge heftig einschreiten. Laski vermochte die Gräfin, dem Treiben dadurch einen Damm entgegenzusetzen, daß zunächst in der Beurteilung ein Unterschied zwischen gefährlichen und ungefährlichen Sekten und Sektierern gemacht und nur die letzteren entfernt würden. Die Geistlichkeit hatte die Einzelnen zu prüfen; wen sie als für Kirche und Staat harmlos und unschuldig erkannte, der durfte ungehindert auch fernerhin das Gastrecht des Landes genießen. Ein schöner Sieg des tief= christlich gesinnten Reformators, der Gott und darum keinen Menschen, auch keinen Kaiser mehr fürchtet, gegenüber der Intoleranz der Weltleute, die bereit sind, jeder Gewalt sich zu beugen!

Es war eine große, mühsame Arbeit, die damit auf die Schultern Laskis und seiner Kollegen gewälzt wurde. Unser Freund trug sich mit der Hoffnung, daß in milder, versöhnlicher Stimmung doch mit der einen, der anderen Richtung eine Verständigung erzielt werden könne. Er hatte sich den klaren, offenen Blick bewahrt, auch bei den verschiedenen Sekten ein Gemeinsames zu finden, das dem Wesen der evangelischen Kirche stammverwandt sei. Von der Betonung dieses gemeinsamen Besitzes aus glaubte er durch Überredung die Irregeführten zur Abstoßung ihrer sektiererischen Lehren bringen zu können; der Adel seiner Gesinnung, die Lauterkeit seines Wesens durften als Bürgschaft günstigen Erfolges dienen, seine heilige Liebe zu dem Erlöser, sein sehnsuchtsvolles Verlangen jeder Zerklüftung innerhalb der evangelischen Kirche vorzubeugen und sie in geschlossener Einheit stark zu machen wider den gemeinsamen, immer drohenderen, weil einheitlich geführten Feind, flößten ihm den Mut ein, vor der Größe der Arbeit nicht zurückzuschrecken. Seinem Gesinnungsgenossen Bucer war kürzlich in Straßburg ein ähnliches Bemühen, die wiedertäuferischen Elemente jener Gegend durch versöhnliche Milde für die evangelische Kirche zu gewinnen, gelungen: warum sollte es nicht auch in Ostfriesland möglich sein?

Einer der ersten Versuche der Anbahnung einer Verständigung

richtete sich auf die zahlreich im Lande verbreiteten Anhänger des
David Joris, eines der wunderlichsten und bedenklichsten Sekten-
häupter der damaligen Zeit. Der uns aus dem Wirrnis wider-
sprechendster Berichte das anschaulichste und wohl auch zutreffende
Bild dieses in maßloser Selbstverblendung grell aufleuchtenden
Malers und Propheten von Delft herausgearbeitet hat, faßt die
Eigentümlichkeit dieser befremdlichen, schwer zu fassenden Erscheinung in den Worten zusammen: „Im höchsten Grade schwärme-
risch entflammt, in dem der Herrschaft überspanntester Phantasie
untergebenen Nachtleben des Geistes über alle äußere Not er-
haben und trotzdem zugleich von unsittlicher Wollust geknechtet,
so in dem merkwürdigsten Gemisch der erhabensten und der ver-
worfensten Gedanken, beginnt Joris in immer festerer Überzeugung von seiner göttlichen Sendung sich seine Sekte zu bilden.
Nichts ist ihm zu hoch, zu entfernt, zu schwierig, um den Versuch
nicht zu wagen, für Anerkennung seiner Prophetenwürde zu werben.
Fanatische, ihm blindlings ergebene Jünger vermehren sein Selbst-
vertrauen, und so wagt er sich denn wie an die verschiedenen Parteien der Wiedertäufer, so an die Heroen der Reformation, so
selbst an die ersten, weltlichen Machthaber seiner Zeit. Es ist
vergebens, daß ihm von allen Seiten Zurückweisung, Spott, Verfolgung zuteil wird; er tritt immer feuriger, immer fanatischer
als Weltreformator auf, und immer blinder folgen ihm die Seinen
auf schlüpfrigem Pfade, sie wie er bald von der höchsten Begeisterung trunken, bald von niedriger Sinnenlust geknechtet. Keine
Mühe, keine Gefahr, keine Verfolgung scheut der Prophet, noch
scheuen sie seine Jünger, aber die tollkühne Herausforderung der
Gefahr hält doch bei solcher geist-leiblichen Schwärmerei nicht
lange Stich, macht bald dem Gegenteil Platz; als die anfängliche
drückende Armut plötzlichem Reichtum Platz gemacht hat, ver-
schwindet der, der sich jedenfalls in nächste Beziehung zum Christus
David gesetzt, spurlos vom Schauplatze des Kampfes."*)

---

*) Nippold, Zeitschrift 1863, S. 163. Joris verbrachte bekanntlich
seine letzten Lebensjahre unter falschem Namen völlig unbekannt, aber in der
Weise eines ehrbaren Bürgers und wohl im Heuchelschein eines frommen,
reformierten Gemeindegliedes unbehelligt in Basel. Erst an seiner Leiche

a Lasco, in Ausführung des ihm gewordenen Auftrages der
Prüfung der Sektierer, hatte mit einigen hervorragenden Anhängern des Joris in Ostfriesland eine Besprechung im Hause
eines seiner Amtsgenossen. Der Ausgang des Gespräches schien
günstigen Erfolg zu verheißen. Die Joristen stimmten dem Superintendenten bei, daß als Richter aller die Lehre des Evangeliums
Christi aufgestellt werde, nach der endgültig alle Menschen gerichtet
würden*). Auf dieser gemeinsamen Grundlage erfolgte ein Zugeständnis nach dem anderen, so daß zuletzt nur ein unaus-
geglichener Punkt übrig blieb, die für ihren Meister beanspruchte
übernatürliche Autorität, die auf seiner außergewöhnlichen Sendung beruhe. Laski hoffte diesen schriftwidrigen Punkt von dem
Sektenhaupt abgelehnt zu sehen. Joris selbst hielt sich wahrscheinlich um jene Zeit unstet und flüchtig im Lande auf; wenigstens zeigt man heutzutage noch in der Stadt Norden das Haus,
in dem er gewohnt haben soll. Laski wandte sich schriftlich an
Joris: sein Schreiben ist ein schönes Zeugnis tief-christlicher
Überzeugung, auch der Form nach in dem vollen Adel einer humanen Gesinnung abgefaßt, die den Gegner noch zu ehren weiß
und ihm gerecht sein will. Er betont die erzielte Einigung, räumt
ein, daß Christus verschiedene Gaben den Seinen verleihe, aber
er fordert von dem Sektenhaupt, daß er seine vorgebliche besondere Berufung entweder mit klaren Zeugnissen der heiligen Schrift
belege oder aber sie drangebe, auf daß nicht die Kirche gespalten
werde. „Um Jesu Christi willen bitten wir dich, mein Bruder,
daß du ernstlich erwägest, was du thust. Die letzten Zeiten sind
da, in denen der brüllende Löwe umgeht und sucht, wen er ver-
schlinge, er wandelt sich in einen Boten des Lichtes, daß er auf
alle einen Eindruck mache, und fügt seiner List noch die Vorspiege-
lung des Wunders bei, um zu seinem Lügenglauben die zu ver-
locken, die der von Christo und seinen Aposteln geoffenbarten
Wahrheit nicht glauben wollen. Wir erwarten den Nachweis
deiner besonderen Berufung aus dem Worte Gottes, verlangen

---

wurde das Strafgericht vollzogen, dem der Lebende in den Tagen Servets
wohl kaum entgangen wäre.

*) Kuyper II, 567.

aber diesen Nachweis in schlichter Rede, mit klaren Worten, nicht in Allegorieen."

Das Schreiben Laskis kreuzte sich mit einem gleichzeitigen von Joris an ihn. Kaum hatte der Schwärmer von der Unterredung Kunde erhalten, als es ihm keine Ruhe mehr ließ, mit dem hochangesehenen Haupte der Landeskirche in unmittelbare Beziehung zu treten; der sich mit allen Reformatoren, mit dem Kaiser, mit dem Reichstag in anmaßlichster Weise zu schaffen gemacht, wie sollte er die günstige Gelegenheit unbenutzt vorüberziehen lassen, sein Netz auch nach dem edlen Reformator Frieslands auszuwerfen? Sein Brief schien verloren; dem Spürsinn seines letzten Biographen glückte es, ihn zu finden. Er bietet einen vorzüglichen Vergleich zwischen der frommen, ernsten und auch demütigen Denkweise Laskis und des verblendeten Schwärmers maßloser Selbstüberhebung, die in widerwärtig=verworrener Weise im Gewande der Demut einhergeht. „Wenn mein Verstand" — so ruft Joris dem hochgebildeten Laski zu — „den Eueren übertrifft und ich der Wahrheit näher bin als Ihr, so wollet Euch dann ohne Ansehen der Person beraten und leiten lassen. Wenn aber der Euere den meinigen übertrifft, will ich mich unter Euer Wort, Lehre und Rat freiwillig begeben und alles widerrufen, was ich falsch gelehrt oder geschrieben habe. Ja, ich bin damit zufrieden, wenn alle Schriftgelehrten und evangelischen Lehrer Euch zuhilfe kommen, denn ich weiß und baue fest darauf, daß die ewige Wahrheit und Weisheit Gottes mit mir ist und ich mit ihr." *)

Umgehend erwidert Laski den Brief des Joris. Wir besitzen nur noch einen Auszug seines ausführlichen Schreibens in der Schrift Blesdyks, des Schwiegersohnes und einstmaligen warmen Anhängers von Joris, wider seinen Schwiegervater **). Noch hat sich der edle Laski von dem anmaßenden Ton des Gegners nicht abschrecken lassen, er bewahrt die seine, würdevolle Sprache, den ganzen Ernst der Verhandlung. Es ist sein Wunsch,

---

*) Zeitschrift 1863, S. 154.
**) Vgl. Kuyper II, 570 und die Charakterisierung dieser Hauptschrift über und wider Joris (Zeitschrift 1863, S. 5).

die Joristen in der kirchlichen Gemeinschaft zu behalten, wenn sie
nur lauter und schlicht und ohne jegliche Heuchelei die Übereinstimmung mit der Kirchenlehre befolgen. Das aber kann er nicht
gutheißen, daß Joris sich eine neue und ganz eigentümliche Art
der Berufung anzumaßen scheine, kraft welcher er weder selbst
irren noch getäuscht werden könne. Anmaßend sei auch seine Behauptung, als ob ganz gewiß die Wahrheit ihm einwohne, und
er ihr; die Wahrheit ist nur soweit in uns allen, als Christus
durch seinen Geist in uns lebt und uns beseelt. Er weist den
Stolzen auf die Macht der Sünde in uns, die uns täuscht und
andere in die Irre führen läßt. Soweit die in uns herrscht,
können wir nicht in der Wahrheit sein. Trotzdem sind wir nicht
von der Wahrheit völlig ausgeschlossen, weil Christus unser Herr
durch seinen Tod uns versöhnt hat . . . Nicht deshalb hat
Christus unsere Schwachheit auf sich genommen, daß er uns ihrer
in diesem Leben völlig entledigte, sondern daß er sich uns bis
ans Ende unseres Lebens als der Hohepriester erweise, der durch
sein Blut unsere Sünde sühnt . . .

Wir können nicht dem ganzen Briefe folgen; das Angezogene
mag genügen, zu zeigen, mit wie sanftmütigem Ernste Laski dem
Schwarmgeiste nachgeht. Es traf später noch die Antwort von
Joris auf das erste Schreiben ein, von Basel aus schon, wohin
sich der verblendete Mensch im geheimen begeben hatte. Dies
zweite Schreiben ist für die Charakterisierung des Joris von
höchster Bedeutung*); kaum irgendwo anders entpuppt sich die
rätselhafte Gestalt so vollständig in ihren eigentümlichen, verzerrten Zügen. Laski hatte auf diesen Brief keine Antwort
mehr; es war ihm aus der ganzen Verhandlung und auch durch
die genauere Bekanntschaft mit dem Hauptwerke des Joris, das
er ihm zustellen ließ, klar geworden, daß mit ihm und seinen Anhängern strenger Observanz eine Vereinigung nicht erzielt werden
könne, auch ruhiges Gewährenlassen ihres Treibens unzulässig sei.
Die 1545 von der Gräfin erlassene Polizeiordnung, die ganz im
Geiste und mit der Zustimmung a Lascos verfertigt ist, verfügt
deshalb, daß, da den Daviten (es sind die Anhänger des Joris

---

*) Den ausführlichen Gedankengang siehe in Zeitschrift 1863, S. 158 f.

gemeint) in ihrer Lehre nicht zu vertrauen ist, so hält man es
für unnötig, sie vor dem Superintendenten zu examinieren. Durch
dieses Gesetz waren sie des Landes verwiesen. Strenge Strafe
traf die Junker, Amtleute und Beamten, die einen solchen Verwiesenen aufnahmen; wer von den Verwiesenen im Lande ergriffen wurde, der sollte „am Halse korrigiert" werden*).

Anders und freundlicher konnte sich das Verhalten gegen die
zahlreichen Mennoniten gestalten. Bereits 1528 waren Wiedertäufer ins Land gekommen und hatten gastfreundliche Herberge
gefunden. Anfänglich wenig beachtet. Sie lebten still dahin,
mieden jede Berührung mit der Welt, es that ihnen meist nach
eben erst überstandener Verfolgung in ihrer Heimat wohl, eine
Weile auszuruhen. Das änderte sich, als 1531 Melchior
Hofmann nach Emden kam, eine rohe, aufgeregte, fanatische
Natur, der sich seit acht Jahren bereits als Kürschnergeselle und
Prediger überall herumgetrieben. Auf seinen unstäten Wander-
zügen war er bis Dorpat gekommen; der rasch dort gewonnene
kleine Anhang löste sich nach seiner Entfernung bald wieder auf,
keine Spur seiner Wirksamkeit ist an diesem fernen Vorposten der
evangelischen Kirche geblieben. Bald stand Hofmann an der
Spitze der Wiedertäufer in Ostfriesland; seine Sendboten durchzogen das Ländchen und verbreiteten seine Lehre bis in die ent-
ferntesten Dörfer. Nach seiner Abreise nach Straßburg nahm
Jan Matthiesen seine Stelle ein, der bald darauf als Prophet
Henoch die berüchtigte Rolle in Münster spielte. Das Trauer-
spiel von da leuchtete wie blutiger Nordlichtschein auch nach Ostfriesland hinüber. Da war es ein Glück für die friesischen
Wiedertäufer, daß an ihre Spitze Menno Symons trat, selber
ein Friese und wie sein Volk kräftig, verständig, freiheitliebend.
Ernsten, nüchternen Wesens war er ein Gegner der Schwärmerei,
des Fanatismus; mit großer Weisheit lenkte er den aufgeregten

---

*) Zeitschrift 1864, S. 535. Wie aber kann Laskis Brief an die
Gräfin Anna als Belegstück angezogen werden, daß a Lasco der Vertreibung
der Sektierer beigestimmt habe, wie es die 76. Anmerkung thut? Etwas
anders lautet der angezogene Artikel der Polizeiordnung bei Bertram,
S. 180.

Sinn seiner Genossen auf den Herzpunkt ihrer Gemeinschaft, auf die völlige Absonderung der reinen, gläubigen Gemeinde von der Welt, den Ungläubigen und der mit Unglaube und Unsittlichkeit allzu verquickten evangelischen und römischen Kirche. Die Taufe der Wiedergeborenen gliederte in diese gläubige Gemeinde ein, die strengste Kirchenzucht suchte die Reinheit der Gemeinde zu bewahren. Wir haben hier nicht das Falsche und Irrtümliche dieser Absonderung zu zeigen, das Widerchristliche, das sich in diesen Sonderlehren abspiegelt; das muß betont werden, daß auch gesunde, wahre Elemente diese Gemeinschaft in sich aufgenommen hat, denen sie ihren Bestand bis zum heutigen Tage dankt.

Diese mennonitische Gemeinde war in den Tagen Laskis in einem blühenden Zustande. Fast gleichzeitig mit ihm war Menno nach Emden gekommen. Brave, ruhige, sittenstrenge Bürger zählte die Gemeinde in ihrer Mitte. Gegen sie die ganze Strenge der kaiserlichen Gebote zur Anwendung zu bringen und das Land dieser seiner fleißigen, braven, frommen Leute zu berauben, dazu würde Laski nie die Hand geboten haben. Er stand ihnen gegenüber auf dem schönen Standpunkte, den Luther in jenen Glanztagen seiner Wirksamkeit inne hatte, als er die Wartburg verließ und nach Wittenberg eilte, den bedenklichen Brand daselbst zu löschen. „Durch das Wort ist Himmel und Erde geschaffen, dasselbe Wort muß es auch hier thun; durch das Wort ist die Welt überwunden. Darum predigen, sagen, schreiben will ich's; aber zwingen, dringen mit Gewalt will ich niemand."

Und Laski ward nicht müde, in diesem echt evangelischen Sinne mit den Mennoniten zu handeln. Mit Zustimmung der Gräfin und Gutheißung seiner Amtsgenossen hatte er in vieler Gegenwart eine längere Besprechung mit Menno. Die Verhandlung war fruchtlos; es waren hauptsächlich drei Punkte, über welche keine Einigung erzielt werden konnte: über die Menschwerdung Christi, die Taufe und die Berechtigung, den Dienst am Worte in der Gemeinde zu übernehmen. Jede der beiden Parteien, wie das zu geschehen pflegt, sprach sich den Sieg zu. Besonders unter den Mennoniten wurde die Siegesfreude laut geäußert, und es scheint nicht an recht gehässigen Urteilen über die evangelische Kirche und ihre Geistlichen gefehlt zu haben. Menno gab noch in demselben Jahre ein Sendschreiben an Laski heraus, in der er den ersten strittigen Punkt ihres Gespräches ausführlich behandelte. Laski, der bis dahin geschwiegen hatte, glaubte dieser Herausforderung begegnen zu müssen, zumal Menno Schmähungen wider ihn, seine Amtsgenossen und die ganze evangelische Kirche auch hier reichlich vorgebracht hatte und seine Anhänger das bis dahin bewahrte Schweigen als Eingeständnis des Unterliegens ausgaben. Trotz des schmähenden Tones des Gegners bewahrt Laski seine milde, seine Ruhe. „Ich werde dann recht geantwortet zu haben glauben, nicht wenn ich Schmähung für Schmähung zurückgegeben oder dich und die Deinigen bloßgestellt habe, sondern wenn ich nach meiner geringen Kraft meines Herrn Jesu Ruhm irgendwie gefördert und einen Schritt vorwärts zur Beilegung des strittigen Punktes in einer Lehre gethan zu haben scheine, durch die die Kirche Christi gespalten wird, auf die wir doch viel mehr Rücksicht zu nehmen haben als auf uns selbst."*)

Der streitige Punkt bildete in der Lehre der Wiedertäufer eine gewichtige Rolle. Die münsterischen Wiedertäufer hatten eine Münze schlagen lassen mit der Umschrift: ‚verbum caro factum habitavit in nobis‘, das Wort ward Fleisch und wohnte in uns. Die zweite Hälfte des Satzes wurde von nicht wenigen unter ihnen in pantheistischer Weise verwertet, die erste Hälfte diente ihnen zur Hauptstütze ihrer tiefgreifenden Sonderlehre, daß nicht der Sohn Gottes Menschengestalt an sich genommen, sondern daß das Wort Gottes Mensch geworden sei. Hofmann bereits hatte die himmlische Abkunft des Fleisches Christi stark betont, Menno dieselbe Lehre wieder aufgenommen und besonders vonseiten der Lehre von der Sünde zu stützen versucht. Christus könne nicht unsere schuldige, fluchbeladene, sündige Natur angenommen und zu eigen gehabt haben, sonst hätte er uns gar nicht erlösen können. Er mußte eine reine, göttliche Menschheit, nicht die verderbte, adamitische Natur haben, damit er der zweite Adam würde**). Laski in seiner Gegenschrift***) faßt den

---

*) Kuyper I, 7.
**) Dorner II, 637. Vgl. auch Erbkam, S. 571.
***) Vgl. Kuyper I, 1—62. Bei Calvin XII, 50 die Angabe, daß

Gegensatz in der beiderseitigen Lehre in dem Wort zusammen: „Das ist aber unser Streitpunkt. Wir, die wir dem Herrn Christo wahre Gottheit und zugleich auch wahre Menschheit zuschreiben, wir sagen: jenes anbetungswerte Wort, das seinem Wesen nach von Ewigkeit zu Ewigkeit Gott ist und auch Geist, ist auch jetzt was es war, aber nun hat es sich für uns also mit dem Herrn Christus verbunden, nachdem es unser Fleisch an sich genommen, daß es in Wahrheit ist, was sein Name bekundet, Immanuel, Gott mit uns. Du aber lehrst: das Wort, das einst Geist war, ist durch irgendwelche Verwandlung Fleisch geworden, aber es ist nicht unser Fleisch, sondern aus dem heiligen Geiste empfangen und abgeleitet."[*])

Wir stehen der Streitfrage heute zu ferne, um Lust zu verspüren, die ganze weitläufige Auseinandersetzung im einzelnen wiederzugeben. Laski hielt, was er in der Einleitung versprochen. Sobald der Hauptsatz der Streitfrage aufgestellt war, versuchte er in ernster, würdevoller Weise, der es nur um die Sache zu thun ist, das Recht seiner Auslegung gegenüber der gegnerischen Meinung zu begründen. Seine einzige Waffe entnimmt er der heiligen Schrift. Er greift nicht willkürlich die eine oder andere Stelle aus dem Zusammenhange heraus, wenn sie ihm geeignet scheint, seine anderwärts gewonnene Ansicht zu stützen, als geeigneten Beleg für dieselbe auszunutzen. Mit großer Schriftkenntnis weist er seine Ansicht als nur geschöpft aus der heiligen Schrift nach, aus ihrer Fülle heraus. Seine Auslegung ist ruhig, verständig, zugleich wie bei dem großen Ausleger Calvin in einem Geiste der Erbauung, der man den heiligen, frommen Ernst abspürt, mit dem sein Geist in die Betrachtung des Wortes Gottes versenkt ist. Fern von aller salbungsvollen Rede, mit der mehr wie ein Jahrhundert später so manche sonst tüchtige Schriftauslegung nicht gerade zu ihrem Vorteile verquickt ist, führt hier eine Sprache das Wort, die von der hehren Majestät des Wortes

---

auf Anraten Hardenbergs der Erzbischof von Köln, der sich meist auf seinem Jagdschloß bei Bonn aufhielt, den Druck der Schrift habe besorgen lassen; deshalb ist auch wohl der Druckort Bonn.

[*]) Kuyper I, 10.

Gottes völlig erfaßt ist und ernst, männlich, kraftvoll von der erkannten Wahrzeit zeugt. Es ist eine Erquickung für jeden echten, gesunden Sinn, eine Labung, wie sie uns Calvin, wie sie uns die anderen Reformatoren und Kirchenväter ersten Ranges in unvergänglicher Frische bieten.

Die Schrift fand vielen Beifall unter den damaligen Gelehrten*). Melanchthon nannte sie in einem Schreiben an den Herzog Albrecht in Preußen eine löbliche Schrift**), ja er empfahl sie selbst Luther zu lesen. Das that er um diese Zeit (es war im Sommer 1545) nur dann, wenn er ganz sicher sein konnte, dem alten Herrn durch eine solche empfohlene Schrift nicht neues Ärgernis zu bereiten. Denn der Sakramentsstreit war ja vor kurzem, von Luther neu angefacht, in ungeahnter Stärke wieder ausgebrochen, und Melanchthon und seine Freunde hatten lange Zeit in der Angst geschwebt, daß die Zornesschale des gewaltigen Mannes auch über ihr Haupt ausgegossen würde, und welch ein unsagbares Elend würde ein solch offener Zwist für die evangelische Kirche heraufbeschworen haben. Luther scheint die Arbeit nicht gelesen zu haben; auch in seinen Briefen verlautet kein Urteil darüber, und doch hätte ihm der eine, der andere Satz wohl bedenklich erscheinen können. a Lasco streift ein paarmal jenes Grenzgebiet, wo die Gefahr eines Auseinanderfallens der beiden Gestalten in Christo droht; Luther hielt da scharfe Wache und glaubte nicht ernstlich genug vor dem schmalen Grenzgebiete warnen zu müssen.

Ursprünglich hegte a Lasco die Absicht, auch die beiden anderen Streitpunkte Mennos in gleicher Ausführlichkeit zu behandeln. Im scharfen Gedränge anderer Arbeiten, die von allen Seiten auf ihn anstürmten, fand er nicht die nötige Zeit dazu, und auch die Lust mag ihm allmählich erloschen sein. Es gebrach denn doch dem Gegner an der Vor- und Durchbildung, solche ernste, tiefgehenden Fragen wissenschaftlich zu erörtern; seinen Meinungen und Behauptungen gebrach es an der nötigen Begründung aus der heiligen Schrift, und es fehlte ihm das Bewußtsein solchen

---

*) Vgl. Bertram, S. 163.
**) Melanchthon V, 791.

Gebrechens. Einem solchen Unvermögen gegenüber erlahmt aber
auch der redlichste Eifer zu belehren.

Menno blieb nach diesem Schriftwechsel nicht mehr lange
in Emden. Er war das anerkannte Haupt der aus den blutigen
Verfolgungen geläutert und gereinigt hervorgegangenen Sekte,
deren Glieder fortan nach seinem Namen genannt wurden und
die es hauptsächlich seiner frommen Betriebsamkeit zu danken
haben, daß sie aus den ihnen so unholden Tagen in eine Zeit
größerer Duldung hinübergerettet wurden. Wie ein Sohn dieser
duldsameren Zeit gewährte ihnen unser Laski schon in den
Tagen der Reformation milde Fürsorge. Nur wenige wider-
spenstige, lärmige Glieder wurden des Landes verwiesen; die Mehrzahl kühn und fest auch dem drohenden Kaiser gegenüber geschützt.
Unbehelligt haben diese Mennoniten bis zur Stunde zumal in
Emden ihres Glaubens gelebt, stille, friedliche Leute, die sich
möglichst von der Berührung mit der argen Welt ferne halten,
sie selber doch nicht mehr so streng in den Fußtapfen ihrer Alt-
vorderen wandelnd und die Kirchenzucht nicht mehr so unerbittlich
handhabend, der sich einst auch fast widerwillig Menno selbst
hatte beugen müssen.

c) Die Arbeit mit der Kelle in der Hand.

Wir wenden uns nun dem anderen bedeutsamen Teil der
Reformationsarbeit a Lascos zu, was er zum Aufbau des ihm
übertragenen Werkes in seiner zweiten Heimat gethan. Dieser
Teil hebt sich nicht in der Weise reinlich von dem anderen ab,
daß er ungehindert auf dem von der Reformation gelegten Grundstein nur weiter zu bauen gehabt habe: auch hier galt es in
mannhafter Entschlossenheit sich Bahn zu brechen und die nur
allzu losen Zügel in fester Hand stramm anzuziehen.

Es waren für die Kirche Ostfrieslands schwere Zeiten vorausgegangen; das unsichere Gefühl aus lauter Versuchen nach verschiedenen Seiten hin noch nicht zum entschiedenen Betreten einer
klaren, festen Richtung gelangt zu sein, hatte seinen Höhepunkt
erreicht; überall zeigten sich die verderbenbringenden Spuren der

Haltlosigkeit, der Zerfahrenheit der kirchlichen Verhältnisse: Zucht
und Ordnung fehlten, der Einzelne wirtschaftete nach Gutdünken,
die Gemeinden wurden in den Wechsel der aufeinanderfolgenden
Meinungen mit hineingezogen. Der alte, wackere Graf Edzard
war von ganzem Herzen der Reformation geneigt und anhänglich;
die wunderbaren ersten Schriften Luthers und sein kühnes, glaubens-
starkes Auftreten hatten es seiner echten Friesennatur angethan.
Der zuerst in zündender Beredsamkeit von der Kanzel aus der
Reformation Eingang verschafft, Aportanus, neigte in seinen
theologischen Anschauungen vorwiegend auf Seiten der ober-
rheinischen Städte und der Schweiz; seine bedeutende Persönlichkeit drückte dies ihr Gepräge seinem Heimatlande fest ein; die
Friesen fühlten sich stark und frei genug, sich des übermächtigen
Einflusses des deutschen Reformators zu erwehren und das älteste
Bekenntnis des Landes zeigt, wie sehr in entscheidenden Hauptpunkten es ihnen gelungen war. Dann kamen aber Geistliche,
die ihre Ausbildung in Wittenberg erlangt und zu den Füßen
Luthers und Melanchthons gesessen und was sie da gelernt,
mit Ernst und Eifer daheim geltend zu machen suchten. Graf
Enno zog wohl gern die reichen Klostergüter ein, aber ihm
fehlte die starke, fromme Kraft eigener Überzeugung. Er ließ
lieber den Dingen ihren Lauf und verschiedene Strömungen
brachen sich Bahn. Auch einmal eine, die den engsten Anschluß
an Luther forderte. Sie fiel zusammen mit dem Einfluß, den
Herzog Karl von Geldern durch seinen Sieg über Enno
1534 auf die Geschicke des Landes gewonnen. Unter den herben
Forderungen des Siegers stand die Herstellung der alten Kirche
in Ostfriesland; einstweilen nur gewährte der katholische Herzog
das Zugeständnis, sich noch für Jahresfrist die Einführung des
Augsburgischen Bekenntnisses mit dem sächsischen Kirchenwesen gefallen zu lassen*). Infolge solch harten Beschlusses sollten die
sakramentiererischen Prediger das Land verlassen, und der streng-
lutherische Herzog von Lüneburg, der Schwager des römischen
Herzogs von Geldern, Prediger senden, das Luthertum in Ostfriesland einzuführen. Wie ein Danaergeschenk erschien den Friesen,

---

*) Cornelius, S. 42.

was die Lüneburger in schroffem Eifer zuwege zu bringen suchten; zähen, ausharrenden Widerstand setzten sie den fremden Predikanten entgegen, die unter dem Schutze des katholischen, harten Siegers standen. 1538 starb der Herzog; gleichzeitig mit ihm sank der Einfluß der Lüneburger zu Boden. Ihre Kirchenordnung, die nie Wurzel geschlagen, verfiel; aber nun war die Verwirrung noch größer und der stolze Freiheitssinn in Zügellosigkeit ausgeartet. Es war die allerhöchste Zeit — sollte das schwergeprüfte Ländchen nicht ganz verkommen —, daß dem Unwesen gesteuert werde und eine machtvolle Hand in die Speichen des abwärtsrollenden Rades greife.

a Lasco war auch ein Fremdling, wie jene unbeliebten Lüneburger Prädikanten, aber kein Fremdling im Schutze eines römischgesinnten, harten Siegers, sondern aus der Heimat verbannt, arm, schutzlos, nur in der Rüstung seines Herrn, dem er alles freudig geopfert. Die Friesen hatten den fremden, freien Mann liebgewonnen, der mutvoll seine Stimme für des Volkes Gerechtsame auch gegen den Mächtigsten erhob, der dies Recht anzutasten wagte. Die verrotteten Zustände lagen klar zutage, die Notwendigkeit ihrer Abhilfe drängte sich jedem auf, dem des Landes Wohl zu Herzen ging. Es war ein Sehnen da, Abhilfe zu schaffen und das feste Vertrauen, wie bei der Gräfin, so auch bei dem Volke, daß der fromme edle Pole, der seit ein paar Jahren still und ernst im Lande lebte, die geeignete Persönlichkeit sei.

Das war keine Täuschung. a Lasco hatte erkannt, was der Landeskirche vonnöten war, und mit staunenerregendem Geschick gab er ihr festes Gepräge, so daß er mit Recht als der Reformator Ostfrieslands dasteht. Er trat nicht unvorbereitet an die schwere Arbeit heran, und wir können kaum bemerken, als ob er erst über der Arbeit für sie die volle Reife erlangt hätte. Fest, ohne Schwanken, wie einer, der sich seiner Aufgabe und der zu ihrer Erreichung nötigen Mittel von Anfang an klar bewußt ist, tritt er auf den Plan, einem Baumeister gleich, der den Riß vollendet hat und nun an die Ausführung geht. Keine ungünstige Vorschule mag ihm die hohe Stellung gewesen sein, die er in der alten Kirche jahrelang bereits inne gehabt, sein Auge war für die

Leitung einer Kirche in höherem Grade geschärft, als ein einfacher
evangelischer Prediger den Blick dafür gewinnt. Die gewonnene
Übung war aber nun die Handhabe eines ganz anderen Geistes.
Laski steht auf fester, evangelischer Unterlage; was die Reformation bis dahin in der Lehre von der Kirche aus dem Schachte
der göttlichen Wahrheit gehoben, hat er verwertet, den Schatz erweitert und ihm das Gepräge seines Geistes eingedrückt. Wir
können die Spuren der Anregung von Zwingli noch nachweisen,
stärker noch die nahe Berührung mit Calvin. So sehr aber
auch seine Leistung in Ostfriesland an die Wirksamkeit des großen
Reformators an der Grenzmarke der Schweiz erinnert, daß man
nicht selten in früheren Tagen Emden das nordische Genf genannt,
so wird uns der Gang der Ereignisse zeigen, wie selbständigen
Geistes doch auch wieder a Lasco auf dem ihm zugewiesenen
Gebiete gearbeitet hat*).

Die vorliegenden Notstände der kirchlichen Verhältnisse Frieslands drängten a Lasco vor allen Dingen auf dem Gebiete der
Kirchenzucht die Hebel seiner reformatorischen Thätigkeit einzusetzen.
Die Mißstände langer, zuchtloser Zeit waren erschreckend. Das
Lästern und Schelten der Prediger auf den Kanzeln, ihr nicht
von jedem Vorwurfe freier, oft ärgerlicher Lebenswandel, die ein-
gerissene Sorglosigkeit in den Gemeinden inbetreff der Schulen,
der Armenversorgung hatten viele und ernste Gemüter der Kirche
entfremdet. Sie lebten eine Weile stille für sich, nur dem Studium des Wortes Gottes in ihren Häusern hingegeben; für die
Wiedertäufer, die so strenge Kirchenzucht unter den Ihrigen hielten,
zu gelegener Zeit dann eine leichte, sichere Beute. a Lasco erkannte scharfen Auges den Schaden. „Ich sagte den Ratsleuten,
es würde uns an Sektierern nie gebrechen, so lange wir gegen

---

*) In seiner sehr fleißigen und eingehenden Dissertation: „Disquisitio
historico-theologica exhibens Joannis Calvini et Joannis a Lasco de ecclesia sententiarum inter se compositionem" (Amstelodami 1862, 188 S.)
hat Kuyper die Übereinstimmung sowohl wie den Unterschied der beiden
Reformatoren in diesem Lehrpunkt hervorgehoben. Wir können hier nur auf
die tüchtige Arbeit verweisen und müssen uns für unseren Zweck daran
genügen lassen, im Laufe der Schilderung den einen oder anderen Punkt
hervorzuheben.

andere streng seien, dagegen aber nachsichtig gegen die Laster in
unserer eigenen Mitte. So lange die unter uns herrschten, müßten
wir auch in unserer Kirche einen Unterschied machen zwischen
denen, die sich den kirchlichen Ordnungen fügen, und denen, die
die Kirche Gottes und ihre Zucht verachten."*) Es erhob sich
großes Geschrei über solche Zumutung; man hielt die Freiheit
für angetastet, wo doch nur der Zügellosigkeit Schranken angelegt
werden sollten, um der wahren Freiheit Schutz zu gewähren.

Endlich drang doch a Lasco durch, zunächst in der Hauptstadt des Landes. Er fand alte Bräuche vor, die seinen Bestrebungen entgegenkamen und die er in kluger Weise zu verwerten verstand. Schon seit den Tagen des Mittelalters hatten
sich die Friesen eine viel größere Teilnahme an den kirchlichen
Angelegenheiten zu bewahren gewußt, als die römische Kirche
anderwärts unter gefügigeren Völkern den Laien einzuräumen noch
gewillt war. Die Gemeinden wählten sich von altersher ihre
Prediger selbst, die sie vor den Zumutungen des Cölibats länger
wie irgendwo sonst zu schützen wußten. Sogenannte Kirchgeschwo-
rene hatten Anteil an der Ausübung der Kirchenzucht; auf Synoden
begegnete man stimmberechtigten Laien**). Das Bewußtsein einer
Berechtigung, ja auch Verpflichtung an Gemeindeangelegenheiten
thätig teilzunehmen, war rege erhalten. Auch die Lüneburger
Kirchenordnung hatte sich genötigt gesehen, auf diese fest ein-
gebürgerten Verhältnisse Rücksicht zu nehmen***).

Auf dieses alte Herkommen fußend setzte a Lasco es im

*) Kupper II, 574.
**) Kirchenzeitung 1870, S. 346.
***) So heißt es z. B. bei Meiners I, 592: „und up dat de ge-
mene zik nicht to beklagen hebbe, alze wolde men ze oerer gerechticheit
gar und gantz beroven in der wale der Kerkendeneren, zo zehen wy vor
guedt an, dat ock etliche ut der Gemene, to welke de examinandus schal
togelaten werden, nömelick de Godtfruchtichste und ervarentste, dre oder
veren, de dar toe erwelet schoelen werden mit weten der Overricheit,
ock jegenwoerdich zyn, dat he ziner vocation ein gewisse tuichnisse
hebbe." Aus dieser und so mancher anderen Stelle der Kirchenordnung
(opstel) der Lüneburger Prädikanten ist leicht zu ersehen, daß die Heranziehung von Gemeindegliedern nur eine Anbequemung an vorgefundene leidige
Verhältnisse, nicht aber dem Wesen der Ordnung selbst entstammt ist.

Sommer 1544 durch, daß den Geistlichen an der Hauptkirche in
Emden vier Männer aus der Gemeinde zugesellt wurden, ernste,
würdige, fromme Leute, mit der ihnen von der ganzen Gemeinde
(ecclesia) gestellten Aufgabe, gemeinsam mit den Pastoren den
Lebenswandel der Bürger zu beaufsichtigen, jeden an seine Pflicht
zu gemahnen und mit der Macht auch, im Namen der ganzen
Kirche diejenigen aus der Gemeinde auszuschließen, die solche Vermahnung verachteten*).

Der vorgefundene Notstand hatte a Lasco diese Einrichtung
an die Hand gegeben; sie war ihm aber wesentlich Ergebnis seiner
Studien des Wortes Gottes, ebenso wie bei Calvin. Er war
der festen Überzeugung, daß es ohne Kirchenzucht keine wahre
Gemeinde Christi geben könne**). Darum machte er auch sein
Bleiben in Emden abhängig von dem Bestand dieser segensreichen
Einrichtung. „Wenn die Unsrigen sich die Kirchenzucht gemäß
dem Worte Gottes gefallen lassen, so bleibe ich ihr Prediger;
wenn nicht, dann werden sie wahrscheinlich auch mich vertreiben.
Denn mit Wissen und Willen werde ich niemanden schonen und
glaube deshalb wohl, daß sie mich nicht lange ertragen werden.
Ich aber überlasse alles dem Herrn und bitte ihn nur um das
eine, daß er mein Amt zum Ruhm seines heiligen Namens und
zur Erbauung seiner Kirche dienen lasse."***)

Kräftig und ohne sich durch die mannigfaltigen Schwierigkeiten
und Hindernisse aufhalten zu lassen, wurde auf der eingeschlagenen
Bahn vorwärts gegangen. Laski und seine Amtsgenossen machten
Visitationsreisen im ganzen Lande. Genau wurde auf denselben
untersucht, wie die Vermögensverhältnisse und der Zustand der
einzelnen Kirchen, wie die Lehre, der Wandel, der Eifer der Geistlichen sei. Nachdem auf diese Weise ein genauer Einblick in die
oft recht traurigen Verhältnisse gewonnen war, legte auch da
Laski alsbald thatkräftig eine reformierende Hand an. Seiner
ganzen Richtung nach war er zumeist beflissen, alle Streitigkeiten

---

*) Kuyper II, 575.
**) So hebt mit Recht Lechler S. 57 hervor.
***) Kuyper II, 575. Laski mochte wohl bei obiger Stelle an seinen
großen Geistesverwandten Calvin gedacht haben, der, ein paar Jahre früher
aus Genf vertrieben, nach Straßburg gezogen war.

beizulegen und um die Kirchen des Landes und ihre Geistlichen ein Band segenbringender Eintracht zu schlingen. Auch hier mit dem ganzen heiligen Ernste des Reformators, der die Kirchenzucht als den Lebensnerv des Kirchenwesens bezeichnet und die Kirche ihrem Wesen nach für die freie und brüderliche Genossenschaft der Kinder Gottes hält, die das ganze Menschengeschlecht zur Heiligung führen soll. Deshalb war sein Augenmerk darauf gerichtet, den Lebenswandel der Geistlichen in gesetzlichen Schranken zu ordnen, Ärgernisse unter ihnen zu verhüten, Unwürdige von dem Amte auszuschließen und die rechte Lehre unter ihnen zu fördern*).

Um dies Ziel zu erreichen, richtete er mit Gutheißung der Gräfin und des obersten Senates die Predigerversammlung, den sogen. coetus, ein, wohl die bedeutsamste und tiefgreifendste Satzung Laskis, die glänzendes Zeugnis seiner reformatorischen Begabung ablegt. Wohl lohnt es, einen genauen Einblick in diese eigengeartete „Synode" zu gewinnen. Von Ostern bis Michaelis hatten die Geistlichen des Landes sich alle Montag Vormittag in Emden zu versammeln. Die Versammlung wählte für die ganze Sommerzeit einen Vorsitzenden und einen Schriftführer aus ihrer Mitte. Die Sitzung wurde mit einem Gebet eröffnet, das der Vorsitzende hielt. Sein Wortlaut ist uns noch erhalten**); es ist nicht schwer, Laskis Stimme aus den kraftvollen, innigen pastoralen Worten herauszuhören, zumal wenn wir dies Gebet mit den zahlreichen seiner später zu erwähnenden Liturgie vergleichen. In der Weihe solchen Gebets schritt dann die Versammlung zur Sittenprüfung der einzelnen Geistlichen. Was über das Leben und den Wandel der einzelnen bekannt geworden war, wurde in amtsbrüderlicher Offenheit zur Sprache gebracht und genau untersucht. Erwiesen sich die Klagen als gegründet, dann erfolgte ernste, brüderliche Vermahnung. Niemand war von dieser censura morum befreit, jeder war ver-

---

*) Emmius, S. 927.

**) Meiners I, 284. Daß doch solche Gebete auf unseren Predigerzusammenkünften recht oft vernommen werden möchten!

pflichtet vorzubringen, was ihm Ungünstiges zu Ohren gekommen und auch den Gemeindegliedern war es gestattet, ihre etwaigen Klagen an den coetus gelangen zu lassen. Nachdem dieser wichtige Punkt erledigt, schritt die Versammlung zur Prüfung der Predigtamtskandidaten. Niemand wurde zum Amte zugelassen, der nicht genügende Zeugnisse seines gottseligen, ehrbaren Lebenswandels vorbringen konnte. Der als tüchtig erfundene Kandidat mußte darauf vor dem coetus eine kurze Rede halten, um daraus seine Predigtgabe zu ermessen. Von dem Urteil der Versammelten hing dann ab, ob man dem Kandidaten ein Zeugnis seiner Reife ausstellen könne oder nicht.

Nach Beendigung dieser praktischen Sachen kamen Verhandlungen über die vornehmsten Punkte der christlichen Lehre, hauptsächlich über Streitfragen des Tages. Der coetus stellte die zu behandelnden Gegenstände auf, zwei Prediger wurden zu Referenten und Korreferenten bestimmt und ihre Thesen acht Tage voraus bekannt gemacht, auf daß ein jeder Gelegenheit hatte, sich auf die Verhandlung vorzubereiten.

Leider sind die Protokolle aus dem ersten Jahrhundert des Bestandes verloren gegangen*), ein sehr beklagenswerter Verlust. Denn von welcher Bedeutung doch wäre es gewesen, wenn wir gerade die Anfänge einer Einrichtung hätten verfolgen können, die sich durch die Jahrhunderte hindurch erhalten und von der aus zumal in der ersten Zeit ein so reicher Segen auf die Kirche des Landes ausgegangen! Der französische Prediger in Emden, Pastor Fremaut, bezeugte noch im siebzehnten Jahrhundert von diesem coetus: „Diese Versammlung dient zur Bewahrung der Eintracht und des Friedens unter den Geistlichen und Gemeinden. Sie ist eine gute Schule für junge Prediger, die Lust an ihrer weiteren Ausbildung haben; ich bekenne, mehr da gelernt zu haben als auf der Hochschule."**) Der Einblick in diese ersten Protokolle würde uns aber auch ein anschauliches Bild von dem Walten Laskis im Kreise seiner Amtsgenossen geboten haben. Denn unser Freund war, was Ostfrieslands bedeutender Geschichtschreiber

---

*) Das älteste vorhandene Protokollbuch beginnt mit dem 18. April 1642.
**) Meiners I, 283.

an ihm rühmt*), offenen Wesens, der seine Ansichten, zumal über
göttliche Dinge, in klarer und offener Rede darzulegen pflegte.
Aus den zu seiner Zeit noch vorhandenen Protokollen hat Emmius wohl das Urteil geschöpft, wie a Lasco in diesen Versammlungen gewohnt gewesen, alle zur Eintracht aufzurufen. In
vollgültigen, runden Worten habe er seine Meinung vorgebracht,
ihre Wahrheit mit tüchtigen Gründen gestützt; die Zweifelnden
oder Andersmeinenden habe er ruhig angehört, belehrt, auch ertragen, wenn er sie nicht überzeugen konnte, und als Brüder anerkannt, wenn sie nur den Frieden gewahrt, und daß man so
handeln müsse, die Übrigen belehrt, um nur ja nicht wegen verschiedener Meinung die Eintracht aufzulösen oder die Einheit zu
gefährden. — Auf solche Weise gewann unser Reformator in dieser
mustergültigen Predigersynode die meist übersehene, so wesentliche
Ergänzung jeder wahrhaft gesegneten Kirchenzucht: die mit den
Kirchenältesten über den Lebenswandel der Gemeindeglieder zu
wachen berufen waren, sah die Gemeinde als fortwährend selbst
unter ernster Kirchenzucht stehend.

Wenn auch nicht als einen Ersatz für die verlorenen ältesten
Protokolle, so doch als einen gedämpften Nachhall der theologischen Besprechungen im coetus dürfen wir vielleicht die Abhandlung über die Lehre der Kirchen Ostfrieslands von Laski an-
sehen**). Jedenfalls giebt uns die bedeutsame Arbeit einen fesselnden Anhalt für den theologischen Standpunkt unseres a Lasco
in jenen Tagen, dem er zugleich bemüht war Geltung in der
seiner Leitung anvertrauten Kirche zu verschaffen. Alleinige Quelle
der christlichen Lehre ist Gott und was er in klaren Worten in
der heiligen Schrift verkündet hat. Menschliche Meinung hat
nur insoweit Geltung, als sie sich der Analogie des Glaubens

---

*) Emmius, S. 927.

**) Bei Kupper I, 481 zum erstenmale im Drucke erschienen unter
dem Titel „Epitome doctrinae ecclesiarum Phrisiae orientalis. Autore
Joanne a Lasco, 1544." Vgl. dazu des glücklichen Finders Erzählung
seiner mühseligen Nachspürungen IX—XII, und seine einleitenden Notizen
XLVII—LIII.

und dem Worte Gottes unterordnet. Zwei Hauptpunkte sind es, um die sich die ganze christliche Lehre dreht: die Erkenntnis Gottes und unserer selbst. Gott kann richtig nur aus dem Worte Gottes, welches ist Christus, erkannt werden. Es lehrt uns Gott als unseren Herrn, als gerecht und wahrhaftig und barmherzig erkennen. An die Gotteserkenntnis reiht sich die Selbsterkenntnis; jene bietet dieser den Spiegel dar. Gott hat den Menschen nach seinem Ebenbilde geschaffen, und zwar gut, wenn auch im Unterschiede von ihm selbst mit der Möglichkeit des Sündigens. In Adam haben wir alle gesündigt; von da an sind wir behaftet mit angeborener und wirklicher Sünde. Dem ewigen Tode sind wir verfallen, wenn wir keinen Arzt haben, der unser Leben von dem furchtbaren und anderswie unvermeidlichen Untergang erlöst. Gott hat uns in seinem Sohne erlöst, nicht um unsertwillen, noch weniger wegen unserer Verdienste, sondern allein um seines heiligen Namens willen. Alle Verheißungen zielen auf Christum. Er allein ist Weg und Wahrheit und Leben, der einige Mittler zwischen Gott und den Menschen; ohne ihn gelangt niemand zum Vater. Der Glaube ist ein Affekt unseres Geistes, durch den heiligen Geist in uns vermittelst der Predigt des Wortes Gottes bewirkt, durch welchen wir Gott glauben, ihn lieben, ihm fortan allzeit anzuhangen uns vornehmen, obgleich wir wegen unserer Schwachheit fortwährend sündigen. Um dieser unserer Schwachheit zu begegnen, giebt uns Gott Mittel, durch die wir unseren Glauben stärken und erneuern. Als solche Mittel stehen da die Predigt des Wortes Gottes und die sichtbaren Zeichen seiner Gnade, durch die er in unseren Herzen besiegelt, was er durch das Zeugnis seines Wortes uns verheißen hat. Zwei Sakramente im Neuen Bunde, Taufe und Abendmahl, entsprechend der Beschneidung und dem Passa im Alten Bunde. In weiter Ausführlichkeit handelt darauf Laski von der Kindertaufe und weist die Angriffe der Gegner zurück, die ja in Emden so stark und entschieden sich verlauten ließen.

Kürzer wird von dem Abendmahl bei dieser Gelegenheit geredet; vielleicht, weil Laski fast um dieselbe Zeit sich veranlaßt gesehen hatte, ausführlicher darüber in einem offenen Sendschreiben einem Freunde gegenüber sich auszusprechen *). Der Brief ist ein wertvoller Beleg für seine Anschauung über diesen umstrittensten Lehrpunkt, mehr noch ein köstliches Zeugnis der weitherzigen Gesinnung unseres Freundes. Die Abfassung fällt in das Jahr 1544, in eine Zeit also, in welcher der unglückselige Abendmahlsstreit, von neuem angefacht, überall in Deutschland hell aufloderte. Luther hatte in Anlaß des Kölner Reformationsentwurfes, an welchem, wie wir sehen werden, Laski nicht unbeteiligt gewesen, und bei Ausführungen dieser Schrift über das Abendmahl geäußert: „Das Buch ist den Schwärmern nicht allein leiblich, sondern auch tröstlich, viel mehr für ihre Lehre, als für unsere."**) Dem scharfen Urteil folgte bald die tiefbeklagenswerte Schrift des Reformators: „Kurz Bekenntnis Dr. Martin Luthers vom heiligen Sakrament", in der er sich bis zu der Äußerung fortreißen läßt: „Denn ich, als der ich nun auf der Grube gehe, will dies Zeugnis und diesen Ruhm mit mir vor meines Herrn Richterstuhl bringen, daß ich die Schwärmer und Sakramentsfeinde, Karlstadt, Zwingel, Öcolampad, Stenkefeld (Schwenkfeld) und ihre Jünger zu Zürich und wo sie sind, mit ganzem Ernst verdammt und gemieden habe nach seinem Befehl (Tit. 3, 10)."***) Von solch unchristlichem Grolle des großen Reformators, der sich von da wie ein verhängnisvoller Schatten über seine nächsten Jünger gelagert und dem Wiederaufkommen der römischen Kirche den größten Vorschub geleistet, davon in Laskis Schreiben kein leisester Wiederhall, von dem neu entbrannten Streite bringt kein Lärm in die Stille des Schreibers; kein Vorwurf, keine Klage, überall die schöne, feierliche Ruhe, die Erbauung, die das Sein im Heiligtum der Geheimnisse Gottes wirkt. Er schreibt dem

---

*) Kuyper war so glücklich, auch diesem Schreiben, das verloren gegangen zu sein schien, auf die Spur zu kommen; es hat den Titel: „Epistola ad amicum quendam doctum scripta dum aegrotarem de verbis coenae Domini, ut vocant, qui nostram de Coena doctrinam ex Patrum et Conciliorum autoritate impugnare, amice tamen, conabatur" (vgl. Kuyper I, 557).

**) Luther LVI, 121.

***) Ebd. XXXII, 396.

Freunde, daß es keine innigere, aufrichtigere, dauerndere Liebe gebe, als die, welche aus der Betrachtung der göttlichen Gaben in uns entspringe. Eines jeden Christen Pflicht ist es, alle seine Gaben zum Ruhme des Gebers zu verwenden. Aber nicht leicht ist die Aufgabe, nach dem alten Spruch: „Schwer ist das Schöne (χαλεπα τα καλα)." Die Erkenntnis des Göttlichen hängt nicht so sehr von der Schärfe unseres Geistes, von der Geschicklichkeit unseres Urteils, von der Unverdrossenheit der Arbeit ab; das alles hat auch dabei sein Gewicht und seine Stelle, denn es sind ja Gottes Gaben, aber sie nehmen doch nur eine untergeordnete Stellung ein gegenüber der frommen Gesinnung, der Gottesfurcht (θεοσεβεια), wie die Griechen sagen . . . Fest müssen wir im Gedächtnis bewahren die Lehre des Herrn, der nur die Kirche für die Seine anerkennt, die auf sein Wort allein hört. So müssen alle gesinnt sein, die in dem Heiligtum des Wortes Gottes verkehren wollen. Denn auf einen nur bezieht sich jene göttliche Stimme: „Den sollt ihr hören", nämlich Christum; außer ihm und neben ihm hat keinen Raum das Wort der Pythagoräer: „Er hat es gesagt (αυτος εφα)."

Doch wir müßten den ganzen Brief wiedergeben, wollten wir die schöne, lautere, milde Gesinnung Laskis mitten im Gelärme des so heftig entbrannten Streites zu ihrem vollen Ausdruck gelangen lassen. In der weiteren Ausführung seiner Aufgabe berücksichtigt a Lasco nur den Chrysostomus, mit dem unser Freund so manchen geistesverwandten Zug hatte, zumal in der fesselnden Vereinigung verständiger Klarheit der Schriftauslegung mit der Innigkeit frommen, christlichen Herzens, die begeistert und begeisternd seine Schriften durchzieht. Hauptsächlich die bekannte 82. Homilie über das Evangelium Matthäi wird herangezogen, zu zeigen, daß auch der Bischof von Konstantinopel an der Wende des vierten Jahrhunderts von einem nur geistigen Empfangen des Herrn im heiligen Abendmahle geredet habe. Aber Laski will seine Auffassung auch nicht auf Chrysostomus gründen: „Wenn auch alle Kirchenväter und alle Konzilien gegen uns wären, so ist uns die heilige Schrift ausreichend zur Begründung unserer Lehre, auf sie stützen wir uns allein; allein auf sie haben sich alle zu stützen, sie allein ist es, die alle Gewissenskämpfe beilegen und

stillen kann und soll.'' Auch Karlstadt und Zwingli sieht er
nicht als seine Lehrer oder Autoritäten an. Milde anerkennt er
bei beiden so heftig vom Gegenpart Angefochtenen die Frömmigkeit ihrer Gesinnung, bei dem Schweizer dann noch im besonderen die mit größter Gelehrsamkeit verknüpfte ungewöhnliche
Urteilsgabe: aber ihrer Abendsmahlslehre kann er nicht bei-
pflichten. Gerade seine entschiedene Durchführung, sich nur auf
das Wort Gottes zu gründen, macht a Lasco so unabhängig
von Menschensatzung und so gerecht und anerkennend doch auch
wieder in der Beurteilung auch des Gegners.

In der Aufstellung seiner eigenen Anschauung taucht auch
schon in dieser frühesten Kundgebung der Lieblingsgedanke auf,
das Wörtlein „dies ist", nicht zu beschränken auf „Brot", sondern auf die ganze vorangegangene Handlung des Brotbrechens,
der Danksagung und Austeilung, eine geistvoll-sinnige, aber denn
doch (vgl. die Worte der Kelchspendung 1 Kor. 11, 25) unhaltbare Auslegung, so bedeutsam und richtig auch die Betonung der
engen Zusammengehörigkeit der Worte „das Brot, das wir
brechen" ist. Dem paulinischen Worte „Gemeinschaft des Leibes
und Blutes Christi" räumt Laski im Zusammenhang der Stelle
nur die passive Anwendung ein, so daß dies der Worte Sinn sei:
„Wir, die wir das Brot des Herrn bei seinem Mahle essen,
haben dadurch auch zugleich Gemeinschaft an dieses Brotes Geheimnis (mysteria), d. i. an dem Leibe des Herrn." *) Die
Zeichen des Mahles sind, weil Sakrament, Siegel und zwar
Siegel unserer Gemeinschaft mit dem Herrn, also daß, wenn wir
sie gemäß der Einsetzung des Herrn nehmen, sie in der heiligen
Handlung (mysterium) uns diese Gemeinschaft mit dem Herrn
vor Augen rücken und in unseren Seelen erneuern und uns durch
Wirkung des heiligen Geistes ganz in festem, ungezweifeltem
Glauben ihm versiegeln, wenn sie uns auch keine physische und
reale Einschließung des Leibes und Blutes des Herrn bieten **).

---

*) Kuyper II, 569.
**) Ebd., S. 571. Ebrard (II, 534) weist noch im besonderen auf
jene Stelle im Zwiegespräch Laskis mit Brenz, wovon später die Rede sein
wird, hin, wo Laski sagt: „Wir glauben und bekennen, daß Christus der
Herr, ebensowohl wahrer Gott als wahrer Mensch, wahrhaftig und wirk-

Das Sendschreiben über das Abendmahl ging von Hand zu
Hand und wurde am Rhein, in der Schweiz und anderwärts
gelesen. Eine viel größere Beschränkung in der Mitteilung erfuhr die vorhin erwähnte Abhandlung und zwar aus einem höchst
ehrenhaften Beweggrund. Laski wußte wohl, daß er hier in
wichtigen Punkten mit Sonderanschauungen auf die Walstätte
trete. Er scheute davor zurück, das Getöse der gerade in diesem
Augenblicke so hochgehenden theologischen Wogen durch neue strit-
tige Punkte zu vermehren, und wollte deshalb vor der Veröffentlichung erst die Ansicht derer hören, deren Urteil ihm von Gewicht war. Nur drei oder vier Abschriften wurden angefertigt.
Die eine erhielt sein Freund Entfelder in Königsberg*); eine
zweite auf seine Bitte der Herzog Albrecht von Preußen, der
in jener Zeit Laski in seine Dienste zu ziehen suchte**), eine
dritte Abschrift wurde dem in Straßburg gerade weilenden Hardenberg zur Mitteilung an die Freunde Bucer und Bullinger zugestellt***). Das Urteil war kein günstiges, weder in
Wittenberg, wohin Herzog Albrecht sein Exemplar an Melanchthon gesandt, noch auch in Zürich. Von da kam die Antwort: „Ich bezweifle nicht, daß du in der heiligen Schrift so
sehr bewanderter Mann, rechtgläubige Anschauung hegst; aber ich
muß offen gestehen, daß ich nach Durchsicht deiner neuesten Schrift
keine Ansicht finde, die ich mit fester Zustimmung mir aneignen,
bekennen oder verteidigen könnte, noch auch eine solche, die klar
von dem Worte Gottes überliefert wäre."†) Noch abfälliger
lautete Melanchthons Urteil††). Es ist ihm nicht recht, daß

---

lich uns im Abendmahl gegenwärtig ist", um zu zeigen daß auch a Lasco
gleichzeitig mit dem Essen des Brotes und Trinken des Weines einen realen,
neuen Mitteilungsakt Christi an den Gläubigen stattfinden läßt. Sehr bezeichnend und wahr ist der hier gebrauchte Ausdruck: „gegenwärtig im Abendmahl", eine Art Richtigstellung und Verklärung der oben angegebenen Laskischen Auslegung von „das ist".
*) Kuyper II, 765.
**) Ebd., S. 575.
***) Ebd., S. 569. 582.
†) Gabbema, S. 59.
††) Melanchthon V, 574. 790.

Dalton, Laski.   17

Laski eine frühere Warnung*) inbetreff seiner Lehre von der
Taufe unberücksichtigt gelassen; er übertreibt zwar, wenn er den
Worten Laskis die Lehre entnimmt, als ob die Kinder aller
Völker sündlos seien und gerettet würden, aber allerdings hat
sich Laski an diesem Punkte, wie bei der Unterscheidung der
verzeihlichen und der Todsünden Blößen gegeben, die ein Beleg
sind, daß seine Hauptkraft nicht auf dem spekulativen Gebiet
ruhe, zugleich aber auch von seinem lebhaften Wunsch, durch
keine strenge, dogmatische Schulung gezügelt, den ihn umgebenden
Sekten so nahe wie möglich entgegenzukommen, um sie dann zu
der Lehre des Evangeliums herüberzuziehen und für die Kirche
zu gewinnen. Laski hörte auf die Ratschläge der Freunde von
da und dort; die Schrift erschien nicht im Drucke. Jetzt erst
nach über 300 Jahren, wo von einem bedenklichen, verwirrenden
Einfluß auf die Gemeinde keine Rede mehr sein kann, ist sie,
glücklich in ihrem Versteck aufgefunden, den Gesamtwerken einverleibt worden.

Die besprochene Abhandlung gewährt uns einen Einblick in
die Bemühung a Lascos, durch die theologischen Beratungen im
coetus möglichste Einheit der Lehre unter den Geistlichen des
Landes anzubahnen. Aber diese Übereinstimmung in der Lehre
der Diener am Worte sollte vor allen Dingen der Gemeinde
zum Segen gereichen, dem Teil der Gemeinde auch, dem die
evangelische Kirche von Anfang an besondere Aufmerksamkeit zugewandt, der Schuljugend.

Ostfriesland erfreute sich frühe des Segens guter Schulen.
Es war ja die Hauptthätigkeit der „Brüder vom gemeinsamen
Leben" das Schulwesen ihrer Zeit umzugestalten, und unser
Ländchen lag zu nahe der Heimstätte dieser Brüder, um nicht
ihren wohlthätigen Einfluß auf diesem Gebiete wie aus erster
Hand zu erhalten. Schon zur Zeit des großen Edzard waren
selbst auf den Dörfern Schulen, und die ersten evangelischen Pre-

---

*) Der betr. Brief Melanchthons, auf den diese Stelle anspielt, ist
leider bis jetzt nicht gefunden worden, vielleicht gänzlich verloren; aber die
Antwort a Lascos ist erhalten (vgl. Kuyper II, 563).

diger des Landes, zum größten Teil bei den Brüdern in Zwolle, Deventer, Gröningen erzogen, nahmen sich mit rechtem Ernste des Unterrichtes an. In ihre Fußtapfen trat a Lasco. Die berühmte Polizeiordnung der Gräfin Anna vom Jahre 1545, auf deren Fassung der Superintendent und einflußreiche Ratgeber der Gräfin so wesentlichen Einfluß ausgeübt, bestimmt inbetreff der Schulen:

„Wy willen jum Pastoren und Kerken=Diener ok ernstlik vermahnt hebben, dat ji eene flietige Upsicht hebben up ju hus=sittende Armen, die in juwer Stadt, Fleck oder Dorp gebohren und wohnhafftig sinnen, die sick des Brodes schamen tho bidden, und die durch Oltheit und Kranckheit mit ihren Leven nichts vordenen können. Wor ak die Oldern mit Kinder beladen, be vyf offte söß Jahr oldt sindt, tho der Scholen gesettet werden, dat die den Geloven, die tein Gebade Gades und dat Vater Unse lehren; so die Oldern dajegen streven und nicht wolden, schölen von die Vorgemeesteren und Amt=Luiden, so ghy öhne dat verstendigen, darhen gedrungen werden, und dat Schole=Geld, so denn de Olderen so vermögen nich sind, gy vor se schölen uht geven. Und wenn sie dat Vader Unse, die tein Gebade und den Geloven gelehret, und se oldt und starck sind, beyde Fentckens und Mägdekens, dat sie die Kost verdeenen können, so schall man sie in einen Dienst brengen, und nicht lenger ver=günnet werden, by dem Huse so te bedelen laten. So dann ock van den Oldern geschehe, dat se de Kinders nicht wolden in einen Dienst tehen laten, datselviges schall der Overigheit an=geseht werden, dat die Olderen darum gestrafft werden. Man soll ock sodanige Oldern geene Handreeckinge doen, se hebben denn öre Kinders in einen Dienst gebracht, ein jeder na syner Starckheit und Gelegenheit. Worde ock van den Pastoren und Karken=Deenern in Wahrheit befunden, dat under den armen Kindern 1, 2 oder 3 weren, de dorch den Almechtigen mit ein sonderlyck Verstand begavet, de schall men na Gelegenheit der Stadt, Flecken oder Dorp, mit Hülpe der Gemeine bey der Schole holden, und blyven laten tho der Thydt, dat se so oldt, und ein Fudament tho lehren erlanget, und vor nütte wert an=gesehen, buten Landes se in andere Scholen tho senden, dat men

alsdenn der Obrigkeit tho erkennen geven schall, up dat sy wieder
mit Nothdurfft versehen werden."*)

Als Hauptaufgabe dieser Schulen wird angegeben, die Kinder
das Vaterunser, die zehn Gebote und den Glauben zu lehren.
Es sind die alten, bekannten Stücke der christlichen Unterweisung.
Die Fassung der Worte läßt darauf schließen, daß zur Zeit der
Bekanntmachung dieser Polizeiordnung (1545) a Lasco einen
Katechismus noch nicht ausgearbeitet hatte. Das Bedürfnis eines
solchen mußte aber von Tag zu Tag dringender werden. Die
Veröffentlichung seines „Auszug der christlichen Lehre" hätte wohl
für eine Weile dem Bedürfnis nach der Seite hin genügen können,
daß wenigstens die Geistlichen einen gemeinsamen Faden der Lehre
gehabt hätten; da aber der Druck des Buches unterblieb, war
die Herausgabe eines Katechismus um so dringender. Laski
machte sich 1546 gemeinsam mit seinen Amtsbrüdern, doch so,
daß er als der geistige Urheber anzusehen, an die Aufgabe und
löste sie auch mit bedeutendem Geschick. Die Verbreitung war
zunächst nur eine handschriftliche; es ist, als ob Laski, zumal
nach den eben gemachten Erfahrungen, scheu geworden wäre, in
den Wirren der Zeit mit einem Werke hervorzutreten, in welchem
er klar und offen seine Ansicht kundgethan und das hätte beitragen können, die Wirrnis zu vermehren. Es wurde angeordnet,
daß an den Sonntag-Nachmittagen die Geistlichen über diesen
Katechismus in fortlaufender Reihenfolge derart predigen sollten,
daß zweimal binnen Jahresfrist der ganze Inhalt der Gemeinde
ausgelegt und der Schuljugend eingeprägt würde. Die Beweggründe, die ein Jahrzehnt später der coetus als für diese Einrichtung maßgebend bezeichnete**), galten auch bereits 1546. Mit
allem Ernste wollen die Geistlichen zur Heilung des Sabbats in
den nachmittäglichen Gottesdiensten den Katechismus erklären, um

---

*) I Bartels, S. 7. Wir haben um ihrer Wichtigkeit willen die ganze
Stelle ausgezogen; Bartels macht mit Recht darauf aufmerksam, daß hier
wohl eins der frühesten Beispiele des Schulzwanges vorliege. Bedeutsam ist
auch, daß die ganze Gemeinde die Verpflichtung hat, für die Schule auf-
zukommen, und ferner die obrigkeitliche Weiterhilfe bei den besonders Begabten.

**) Kuyper II, 496.

eine Gemeinde Gottes zu sammeln und sie von Jugend, ja von
der Kindheit an in dem Willen Gottes in Christo Jesu zu unter=
weisen und sie dadurch vor der Nichtigkeit und der Lust dieser
Welt zu bewahren *). Von jenen handschriftlichen Exemplaren ist
uns keins erhalten; die Arbeit wäre somit verloren, hätte nicht
Utenhove, der Freund unseres Laski, für die Fremblings=
gemeinde in London eine flamändische Übersetzung angefertigt, die
1551 in London im Druck erschien **).

Der sehr ausführliche Katechismus — enthält er doch 250 Fragen
und Antworten, letztere oft von einem Umfange, daß auf ein Aus=
wendiglernen bei den meisten Verzicht geleistet werden muß — zer=
fällt in 4 Teile, die Gebote (1—103), der Glaube (104—193),
das Gebet (194—214), die Sakramente (215—250). Die Tei=
lung ist die alte, vielfach zur Anwendung gelangte; es wäre fes=
selnd, zu erfahren, was Laski veranlaßte, die Einteilung Cal=
vins, der in seinem Katechismus zwischen die Lehre vom Gebet
und den Sakramenten als Hauptstück noch die Lehre vom Worte
Gottes einschob ***), zu verlassen und doch auch nicht die Drei=
teilung zu erwählen, die noch in der Polizeiordnung vom Jahre
zuvor anklingt und die dann der Heidelberger Katechismus in
selbständiger und so mustergültiger Form aufgenommen hat.

---

*) Kuyper II, 496: „Bidden derhalven, gy willen unsen flyth juw
gefallen laten unde dessen Catechismum am sabbath Dage in juwer Ge=
mene, den kinderken unde einföltigen tho güde, mith flyte lehren unde
dryven: up dat ja de kinder, dem Heren in der Dope thogedragen, mögen
in reyner unde rechter Lehre, tho aller Godtsalicheit dem Heren upgetogen
werden, unde de gemene Man sick van der enthilligenge des sabbath
dages, van drunken drinken, spelen, lopen, kopen, arbeyden, unde andern
knechtlicken wercken entholde, unde den sabbath in dem dehl nha dem
befele Gades hillige."
**) Über ihre Entstehung, sowie über das Verhältnis des Londoner
Katechismus zum Emdener vgl. die meisterhafte Untersuchung von Kuyper
I, LXXXI—XCVIII. Von einem solchen Forscher hätte man gerne auch eine
weitere Untersuchung über das Verhältnis des Laskischen Katechismus zum
Calvinschen und Heidelberger Katechismus angestellt gesehen.
***) Vgl. über diese auch in andere reformatorische Katechismen über=
gegangene Eigentümlichkeit Zezschwitz II, 298, dessen konfessioneller Stand=
punkt leider seine meisterhafte Arbeit in der Beurteilung der nichtlutherischen
Katechismen trübt; er vermag ihnen nicht in allen Teilen gerecht zu werden.

Schon in London machte sich das Bedürfnis fühlbar, zumal für
den Gebrauch der Jugend einen Auszug aus diesem Katechismus
herzustellen, eine Arbeit, mit der der dortige Prediger Micronius betraut wurde*). In 41 Fragen wird der große Katechismus zusammengezogen, in selbständiger Behandlung, die nicht
wortgetreu die gemeinsamen Punkte wiedergiebt — von einer
solch ängstlichen Gebundenheit an den Text einer Bekenntnisschrift wußte man in den großen, freien Tagen der Reformation
nichts —, aber in voller Übereinstimmung mit dem Geiste und
der Gesinnung, die den großen Katechismus durchdringt. Das
starke, lautere Gefühl dieser Einheit durchbrach leicht und gern
die Schranke der genauen Übereinstimmung in der Form: überall
frischquellendes Leben, das sich immer wieder von neuem seine
Gestalt in kühnem Vertrauen, in fröhlicher Schaffenslust giebt.
Der Auszug war nicht bestimmt, die weitere Ausführung des
großen Katechismus zu verdrängen; er bildete nur eine Art Vor-
halle, die die Jugend durchschreiten sollte, um zur tieferen und
gründlicheren Erfassung der Heilswahrheit geführt und angeregt
zu werden.

Die gleiche Absicht veranlaßte auch die Embener Geistlichkeit

---

*) Sie ist in die Werke Laskis mit Recht aufgenommen (Kuyper
I, 478, in flamändischer Sprache). Sie findet sich ein zweites Mal in lateinischer Sprache aufgenommen in dem Werke Laskis Fides ac ratio (Kuyper
II, 127). Die beiden Texte stimmen nicht wörtlich überein; Kuyper bezeichnet den durchgehenden Unterschied zutreffend: „in universum observatu
dignum est in editione belgica omnia magis ad eum, qui respondere
debeat, ipsum, — in ed. latina magis ad universam Ecclesiam referri".
Ein weiterer, wesentlicher Unterschied ist, daß die lateinische Ausgabe 45 Fragen
enthält, die flamändische nur 41. Hinzugefügt sind in der lateinischen die
wichtige Frage 11 „quid est fides?" und 12 „quidnam igitur nobis est
credendum, ut servari possimus?" mit ihren zutreffenden Antworten, die
ein so schönes Echo im Heidelberger Katechismus gefunden; ferner die 36ste:
„quomodo est coena domini christi institutio etc.?" und endlich die 41ste:
„est igitur Magistratus minister gladii in ecclesia christi, perinde atque
Doctores ac Pastores sunt verbi Divini ministri, ut quemadmodum isti
flagitia omnia verbi divini autoritate ex ecclesia profligare debent juxta
disciplinae apostolicae usum, ita Magistratus quoque per gladii ministe-
rium illa puniat et publicam tranquillitatem cum omni pietate conjunc-
tam tueatur?"

zur Anfertigung eines solchen Auszuges im Jahre 1554. Scharfsinnig hat der verdienstvolle Herausgeber der Werke Laskis nachgewiesen, wie diese Arbeit, wenn sie sich auch in der schönen
Vorrede an die Geistlichkeit Ostfrieslands als eine gemeinsame
ausgiebt, doch hauptsächlich aus der Feder Laskis geflossen sein
muß*). Der Embener Auszug mit seinen 94 Fragen ist reich-
haltiger als der Londoner; er bewegt sich noch freier und selbständiger in der Wiedergabe des Stoffes, wie richtig bemerkt
wurde, als sprechender Beleg, daß er von Laski angefertigt,
weil sich leichter und ungehinderter der Verfasser beider Werke
bewegen kann, als der Fremde, der pietätvoll ein Vorhandenes
in gedrängter Form wiederzugeben versucht.

Eine sehr bedeutende Stellung in der einschlägigen Litteratur
nimmt der Katechismus unseres Laski ein, zumal in dem Embener Auszug, der für lange, lange Jahre Landeskatechismus in
Ostfriesland wurde, ein wertvolles Kleinod, an dem Geschlecht
um Geschlecht sich erbaute und die Waffenrüstung seines Glaubens
besaß. Er hat tief und entscheidend in das Leben des Volkes
eingegriffen; neben dem Bibelbuch und dem Gesangbuch fand es
sich in jedem Hause, aber nicht als „Urväter Hausrat" verstaubt
und unbeachtet in der Ecke, vielmehr in lebendigem Besitze der
Einzelnen. In der Kirche legte des Sonntags Nachmittags der
Diener am Worte das Buch aus, daheim unterwies der Hausvater sein Ingesinde in dem Bekenntnis seiner Kirche, und der
Lehrer in der Schule fing frühe an, den Kindern einzuprägen,
was sie dermaleinst zu bekennen hatten, um als rechte Glieder
der Gemeinde zu gelten. Denn nur der durfte der Kirche sich
anschließen und am Abendmahle teilnehmen, der die Fragen des
Katechismus genau beantworten konnte**). Es war dies eine
ernste, heilsame Zucht, ohne welche nie eine kraftvolle, lebendige
Kirche, die auch um ihres Glaubens willen leiden kann, entstehen
und bestehen wird. Denn eine christliche Gemeinde ist nicht eine

---

*) Kuyper I, xc ff. Der Text selbst unter dem Titel: „Catechismus,
effte Kinderlehre, tho nütte der Jöget in Ostfrieslandt dorch de Deners
des hilligen Godtlicken Wordes tho Embden, uppet korteste vernatet"
bei Kuyper II, 496 f.

**) Kuyper II, 135.

Vereinigung tausendfältiger Meinungen und Ansichten über die Wahrheit, sie ist Haushälterin über Gottes Geheimnisse, die sie in ihrem gemeinsamen Bekenntnis bewahrt und unter das sich freudigen Geistes als unter Gottes Wahrheit alle die beugen, die dieser Gemeinde lebendige Glieder sind. Das hohe Ansehen, das sich nach ein paar Jahrzehnten in raschem und wohlberechtigtem Siegeslaufe der Heidelberger Katechismus in fast allen reformierten Landen erwarb, drängte den Emdener Katechismus in den Hintergrund zurück; es bleibt ihm aber unbestritten der Ruhm, nicht unwesentlich auf die Fassung einzelner Punkte des jüngeren Meisterwerkes eingewirkt zu haben*).

Es war Laskis Absicht, die verschiedenen Einrichtungen zur Herstellung eines nach evangelischen Grundsätzen geregelten Kirchenwesens in einer „Kirchenordnung" zu begründen und festzustellen**). Er kam in Emden im Gedränge der vielen Arbeiten, bei den mühseligen Bestrebungen, seinen Einrichtungen in Ostfriesland Heimrecht zu erstreiten, nicht dazu; viel später erst und nach den weiteren Erfahrungen, die er auf diesem Gebiete anderwärts gemacht, fand er die Muße zu dem wichtigen Werke; wir werden von dieser seiner vollendetsten Arbeit deshalb erst später ausführlich reden.

Ja, es war mühsame Arbeit, diesen so segensreichen kirchlichen Ordnungen in Ostfriesland den Boden zu ebnen und sie fest einwurzeln zu lassen. Des ganzen Aufgebotes seiner starken Glaubenskraft, in der er die Arbeit als einen Auftrag Gottes mit begeisterter Hingabe trieb, seiner Milde und Geduld bei

---

*) Seisen (S. 177 f.) bietet eine solche Nebeneinanderstellung einzelner Fragen, aus denen sich die Benutzung auf das schlagendste ergiebt. Ausführlicher geht Sudhoff (S. 89) auf diese Benutzung ein, aber auch seine Ausführung entspricht den gegenwärtigen Anforderungen nicht mehr. Wir haben bereits unser Bedauern ausgedrückt, von Kuyper keine eingehende Behandlung der interessanten Frage zu besitzen. An dieser Stelle ist es nicht möglich, genauer den wichtigen Punkt zu beleuchten; wir müssen uns die lockende Aufgabe für eine andere Gelegenheit aufbewahren.

**) Kuyper II, 575.

aller unerschütterlichen Festigkeit der Überzeugung bedurfte es, nicht zu erlahmen und den heftigen Anläufen der Gegner mannhaft gegenüber zu stehen. Oft glaubte unser Freund von dem Kampfplatze weichen zu müssen und er war geneigt, diesem und jenem Rufe in die Ferne zu folgen; denn das stand ihm fest, daß er mit dem Gegner in keiner Weise mit Preisgabe auch nur eines Punktes von dem, was er als göttliche Wahrheit erkannt, in Unterhandlung zu treten Willens war.

Die Züge eines Teiles der Gegner sind denen nicht unbekannt, die den Kämpfen Calvins in Genf zugeschaut. Es sind die satten Gesichter der Weltleute — Epikuräer nennt sie unser ernster Streiter um die Ehre Gottes*) —, denen jede Hemmnis des gewohnten behaglichen Lebens ein Ärgernis dünkt und die durch keine in Gottes Wort gegründete Zucht in ihrem Wohlleben eingeschränkt sein wollen. Die Leute waren auch zahlreich in Ostfriesland vorhanden, durch die Unordnung und Zügellosigkeit auf kirchlichem Gebiete der letzten Jahre verwöhnt und in ihren Anschauungen durch das Treiben am benachbarten niederländischen Hofe bestärkt. Unvermögend mit ernsten, gewichtigen Waffen wider die anzugehen, die in der Kraft wahren Glaubens den guten Kampf kämpfen, sind sie willige und darum nicht unbedenkliche Troßknechte zur Verfügung derer, die aus ernster Gewissensüberzeugung ihre Lanze wider solche Einrichtungen einlegen zu müssen glauben.

Auch solche Gegner erwuchsen unserem Freunde. So lange wir nicht aus klaren Zeugnissen des Gegenteils überführt werden, hüten wir uns bei diesen Gegnern die Lauterkeit ihrer Überzeugung anzutasten, so sehr wir auch den Streit um der evangelischen Kirche willen auch heute noch beklagen. Wir haben schon wiederholt auf die verschiedenen kirchlichen Strömungen hingewiesen, die sich in dem Ländchen und im Wechsel auch seiner politischen Geschicke in den letzten Jahren Bahn gebrochen. Die Lüneburger Periode mit ihrem Eifer, die reine lutherische Lehre zur Geltung zu bringen, war nicht ganz spurlos vorübergezogen; in der einen oder anderen Kirche war ein Pastor geblieben, der ein treuer

*) Kuyper II, 574.

Anhänger Wittenbergs war und sich im Gewissen verpflichtet
fühlte, seine Anschauung, unabgesehen davon, ob nicht sein Vorgänger im Amte anderer Richtung gewesen und die Gemeinde ihr
seit Jahren gefolgt, auf der Kanzel und im Leben zur Geltung
zu bringen. Keine feste Kirchenordnung wehrte solchem Beginnen.
So lange die milde Wirkung der Wittenberger Konkordie in den
deutschen Landen anhielt, trat die verschiedene Richtung auch in
Ostfriesland nicht grell hervor. Aber jetzt war durch Luthers
Auftreten in seinen letzten Lebensjahren der unglückselige Sakramentsstreit, der eine Zeit lang nur im stillen fortgeglimmt
hatte, von neuem angefacht, und die helle Lohe leuchtete überall
auf. Auch in Ostfriesland hielten sich die, die in den alten Lüneburger Gleisen gingen, berufen, als Wächter für die gefährdete
Lehre aufzutreten und gegen die neuen, presbyterialen Ordnungen
vorzugehen. Ihr Stimmführer war der Prediger in Norden
Lemsius, aus Antwerpen gebürtig, und in der Lüneburger
Zeit 1536 ins Land und auf die Kanzel gekommen, von der ein
Jahrzehnt früher das oben erwähnte Abendmahlslied*) des damaligen Prädikanten, oder wie ihn seine Gemeinde lieber nannte
„Norder Evangelisten" Hindrik Rese erschollen. Drei oder
vier andere Pastorate, wie Aurich, Strickhausse, Friedeburg,
Brockmer**), schlossen sich dem eifrigen Gegner an. Zunächst
weigerte man sich entschieden, an dem coetus teilzunehmen; dann
ging es zu einem offenen Angriff wider die Lehre Laskis, der als
Sakramentierer verschrieen wurde, — in jenen aufgeregten Tagen
ein schwerwiegender Parteiruf. Es erging ein gräflicher Befehl
an die säumigen Pastoren, dem coetus beizuwohnen, dem jedoch
von den Widerspenstigen keine Folge geleistet wurde. Sie wußten,
daß sie unter den Hofleuten keinen geringen Anhang von über
die Kirchenzucht Unzufriedenen hatten, der ihnen in ihrem Widerstand wider den lästigen, so ernsten Zuchtmeister erwünschten Rückhalt bot. Schriftlich setzte sich der Kampf weiter fort; leider
sind die darauf bezüglichen Urkunden verloren gegangen: in welcher
Form dieser Streit von a Lasco geführt wurde, dafür haben

---

*) Vgl. S. 194.
**) Bertram, S. 209.

wir gar manchen schönen Beleg in den zahlreichen Briefstellen jener Tage. Ein Beispiel nur hier. So schreibt er in der schwersten Zeit der Angriffe an seinen Freund Bullinger: „Pellikans Sohn hat hier die noch nicht geordnete Gestalt unseres Kirchwesens gesehen und war Zeuge des heftigen Widerstands einiger, die es wagen, Verwirrung in die Übereinstimmung unserer Lehre zu bringen. Ich glaube, daß solche Leute deshalb uns zugesellt sind, um uns zu üben und geschickt zu machen, die wahre Lehre zu verteidigen. Wir suchen unsere Widerparter so viel wie möglich durch Milde und Geduld zu besiegen und erbitten ihnen eine bessere Einsicht."*)

Aber unerbittlich war Laski, wo es sich ihm um den Schwerpunkt seiner Lehre handelte. Er wußte wohl, daß zumal von den Weltleuten am widerwilligsten seine Forderung der Kirchenzucht ertragen wurde. „Der letzte Grund aller Angriffe, ich weiß es, ist kein anderer, als daß die, welche bis dahin ohne jegliches Gesetz sich alles erlauben zu dürfen glaubten, wonach ihnen gelüstete, nun es sich nicht wollen gefallen lassen, von uns getadelt und zur Ordnung gewiesen zu werden, was ich doch thun muß, wenn ich meinem Dienste genügen will. Von allem ist mir das aber das Gewisseste, daß ich Christi Diener bin, gegen den mit so vieler Anstrengung Welt und Teufel anlaufen, und ich danke Gott meinem Vater durch Jesum Christum meinen Erlöser, daß er mich in solche Schule schickt, und bitte ihn nur, daß er mich tüchtig mache, sei es im Leben oder im Sterben, seinen Ruhm zu verherrlichen."**) Seinem Freunde Hermann Lenthius, dem Sekretär der Gräfin, schüttet er während der drangsalvollsten Zeit in den männlich-schönen Zeilen sein übervolles Herz aus: „Mein Hermann! Fast muß ich annehmen, daß es aus Haß wider mich kommt, daß ich keinen Fortschritt auf kirchlichen Gebiete machen kann. Denn was in aller Welt ist denn in der ganzen Zeit meiner Amtsführung vor sich gegangen außer einer größeren Einheit in der Lehre! Und nun unterfangen sich einige, wie ich höre, auch diese wieder zu verwirren. Wenn die Gräfin

---

*) Kuyper II, 595.
**) Ebd., S. 588.

oder der Magistrat oder irgendwer sonst mich für untauglich oder
untreu in meinem Amte hält, so sage man mir doch nur das
einzige Wort: lege es nieder! Wenn die Sache der Gräfin nicht
am Herzen liegt und sie meint, daß es nicht ihres Amtes sei,
den wahren Gottesdienst in ihrem Berufe zu befördern, wozu
bedarf sie dann meines Dienstes? Wahrhaftig dieses Magistrats,
den ich jeder Frömmigkeit ledig sehe, Diener will ich nicht sein.
Meine Hoffnung hatte ich auf die Gräfin gesetzt, die mich hier
auch festgehalten hat; aber auch sie sehe ich nachlassen, und wenn
sie nicht bald andere Beweise ihres Eifers für die Religion an
den Tag legt, so werde ich gezwungen, zu glauben, was ich nicht
möchte. Ich wenigstens, mein Hermann, will ein verachteter
Diener des Wortes Gottes nicht sein. Wenn andere in ihrem
Amte es geschehen lassen wollen, daß die Würde des Wortes
Gottes der Verachtung preisgegeben werde, so muß ich das ja
wohl ertragen; aber daß aus Feindseligkeit wider mich die Geltung des Wortes Gottes in meinem Dienste verachtet werde,
wahrlich das kann ich nicht ertragen. Ist es nicht eine Schande,
daß ich es nicht erlangen kann, daß eine gerechte Berücksichtigung
der Armen statthabe, daß die Bilder entfernt werden, deren An-
betung wir mit unseren eigenen Augen wie zum Spott unserer
Amtsführung sehen müssen? Unsere Sache sei es nur, so höre
ich, zu predigen. Darauf erwidere ich, daß wir keineswegs
Schweinen und Hunden zu predigen haben, d. h. Leuten, die
ihre schlecht verdaute Speise irgendwohin ausbrechen. All' die
Jahre hindurch ist gepredigt worden, welcher Erfolg solcher Predigt kann denn nun aufgewiesen werden? Wir sehen nach wie
vor den offenen, verabscheuungswürdigen Götzendienst der Mönche,
und niemand darf ihn antasten. Wir sehen abgeschafft und unterdrückt jegliche Kirchenzucht. Wir sehen geplündert und verschleu-
dert fast alles, was zum Unterhalt des öffentlichen Gottesdienstes
und zur Aufmunterung der Studien bestimmt war. Wir sehen
eine Zufluchtstätte aller Sekten; die Mücken unter ihnen haben
wir verfolgt, die Wespen aber und Hornissen füttern, wir und die
Raben lassen wir unbehelligt. Ja wir sehen eine solche Nachsicht
gegen die Laster, daß, wer nur ein wenig enthaltsamer lebt, für
einen Sektierer gehalten wird. Das sind die sichtbaren Früchte

des so lange nun schon gepredigten Evangeliums, und immer
wird uns noch gesagt: predigt nur. Wir sollen lehren, so höre
ich, daß die Bilder keine Götzen seien. Aber werden wir das
wohl denen beibringen, die das Heil des Vaterlandes von dem
Bewahren oder der Entfernung der Götzen abhängig sein lassen?
Welch größerer Götzendienst giebt es als die Satzung, daß sicher
alles sei, wenn die Bilder beibehalten werden, das Vaterland
aber zugrunde gehe bei ihrer Entfernung? Können das die Bilder
bewirken, daß ihre Bewahrung unser Schutz, ihre Entfernung
unser Verderben ist? Ist das nicht alles Unfrömmigkeit, ja
Gotteslästerung? Und dabei noch zu behaupten, daß niemand
die Bilder verehre! Wenn das sie nicht verehren heißt, was in
aller Welt ist denn Bilderdienst? Doch ich muß schließen; auch
kann ich nicht weiter vor Herzeleid und Leibesschwachheit. Das
aber wünschte ich, mein Hermann, daß du die Gräfin unter vier
Augen und zwar recht ernstlich an ihre Pflicht gemahnest. Denn
das steht bei mir fest: wenn ich nicht andere Zeichen der Frömmigkeit bei der Gräfin sehe, dann werdet ihr mich nicht mehr lange
haben." *)

Es war unserem Streiter vollkommener Ernst mit dieser
Drohung. Noch ein paar Monate sah er zu; aber als er bei
den Pastoren weder die erstrebte Einheit in der Lehre noch auch
die Aufrechterhaltung irgendwelcher Zucht unter sich bemerkte und
auch den Magistrat säumig nach dieser Seite hin fand, legte er
zu Beginn des Jahres 1546**) seine Stelle als Superintendent

---

*) Kupper II, 596.
**) Es muß Ende Februar oder Anfang März gewesen sein, denn am
23. März schreibt er an Bullinger: „Mit schwerem Herzen habe ich endlich
gethan, was zu thun ich all' die Zeit hindurch mich gesträubt habe. Ich
habe das Bischofsamt wegen der unfrommen Gesinnung (impietas) des
Magistrats und einiger falscher Brüder niedergelegt. Der Magistrat wünschte
wohl, daß ich den Namen des Bischofs (der Ausdruck wechselt, bald episcopus, bald superintendens, hier nun wieder inspector) beibehalte, gestattete
mir aber keine Anwendung der Kirchenzucht gegen offenbare gottlose und
gotteslästerliche Mietlinge, um nicht zu sagen: Hirten. Da ich nun die
Würde unseres Herrn Christus in meinem Amte nicht länger der Verhöh-
nung preisgeben wollte, so habe ich das Amt, das ich nicht rechtmäßig verwalten kann, freiwillig niedergelegt. Meine Stelle als Prediger habe ich

nieder und blieb nur einfacher Pastor an der großen Kirche zu
Emden und auch dieses nur unter der einen Bedingung, daß ihm
da völlig freie Hand gelassen würde. Lange freilich konnte dieser
Zustand nicht währen. Alle Welt erkannte, welch' eine bedenkliche
Einbuße die Kirche durch diesen Entscheid erlitt. Eben hatte sie
begonnen, sich zu kräftigen, den reichen Segen einer solch starken
Leitung zu genießen, und nun fehlte die bewährte Hand am Steuer.
Schon im Mai beginnen Unterhandlungen. Nur wenn man
willig ist, mit beiden Füßen dem Herrn nachzufolgen, nur dann
will unser Freund wieder nach seinem Vermögen der Landeskirche
dienen. Mitte Juni waren die Unterhandlungen zu einem glücklichen Abschluß gelangt*): dem heftigsten Gegner Lemsius wurde
von der Gräfin Schweigen auferlegt, allen Geistlichen unter Androhung ihrer Absetzung die Teilnahme an dem coetus befohlen;
kein Prediger durfte in sein Amt eingeführt werden, der nicht mit
seiner Unterschrift seine Zustimmung zu der Lehre der Kirche
gegeben. Die Widerspenstigen beugten sich dem strengen obrigkeit=
lichen Erlaß; sie waren denn doch nicht willens, für ihre Anschauung den hohen Preis der Verzichtleistung auf ihre Stelle zu
zahlen. Völlig sich gebunden geben, dazu hatten sie nun freilich
auch keine Lust. Was ihnen im Lande verwehrt war, versuchten
sie durch Druck vom Auslande her durchzusetzen. Von Bremen,
Hamburg, Braunschweig und Wittenberg, das noch über dem
frischen Grabe Luthers trauerte, sammelten sie Urteile wider
das Reformationswerk Laskis. Ohne Erfolg. „Unüberwunden
ist die Wahrheit und sie weicht nicht menschlicher Weisheit, wenn
auch der ganze Erdkreis erschüttert wankt" (etiamsi fractus illa-
batur orbis), meldet mit glaubensstarker Siegesfreude unser hu-
manistisch gebildeter Freund seinem Hardenberg**).

Fast gewinnt es den Anschein, als ob der ernste Kampf und
das scheinbare Unterliegen nur dazu gedient habe, zu zeigen, wie

---

nicht niedergelegt und werde es auch nicht thun, es sei denn, daß ich von
hier vertrieben werde, woraufhin freilich die Ereignisse zielen. Übrigens
überlasse ich alles völlig Gott und bin mit Gottes Gnade nicht willig, der
Wut der Welt zu weichen." (Kuyper II, 602.)

*) Ebd., S. 607.
**) Ebd., S. 608.

sehr die reformatorische Bestrebung auch in dieser bestimmten Fassung
bereits im Lande Wurzel gefaßt und heimischen Boden gewonnen; so
zeigen sich nun nach der siegreichen Überwindung die lange ent-
behrten Früchte der ganzen tiefgreifenden Neuordnung. Die Gegner weder im Lager der Geistlichen noch auch unter den Weltleuten waren überwunden — darüber täuschte sich auch a Lasco
nicht —, sie waren nur zurückgedrängt und in den Hintergrund
geschoben von der machtvollen Persönlichkeit, die durch die Hoheit
ihrer Bestrebung, durch die Lauterkeit ihrer Gesinnung, die rücksichtslose Thatkraft in der Durchführung dessen, was sie als den
Willen Gottes und zu seines Namens Ehre für notwendig
erachtete, den größten Einfluß ausübte. Unwillkürlich und fast
auf Schritt und Tritt ruft uns a Lascos Wirksamkeit Calvin
vor die Seele. Es ist, als ob der Schattenriß dieser Riesengestalt von der fernen Schweiz bis hierher an die Meeresküste
falle und in dem Fremdling Fleisch und Blut angenommen habe.
Was unserem a Lasco im Vergleiche mit dem großen Geistesverwandten an Schärfe und Tiefe spekulativen Erkennens abgeht,
in die Lücke tritt, ohne sie freilich auszufüllen, ein reicheres Maß
von Milde und Empfänglichkeit, auch anderem Standpunkte gerecht
zu werden, und dies rückt unseren Freund uns menschlich näher.
Aber beide Männer beseelt bei dem verschiedenen Maße der anvertrauten Pfunde der einzige Gedanke voll und ganz: die heilige
Majestät Gottes, wie sie in der Dahingabe des eingebornen
Sohnes sich verherrlicht hat, mit dem Einsatz der ganzen Persönlichkeit, in der Gemeinde des Herrn, die Christus durch sein
Leben und Sterben sich erlöst und erkauft hat, durch ihre Heiligung zur Geltung gelangen zu lassen. Beide Männer waren
bis dahin in keine persönliche Berührung getreten; sie stehen auch
nicht zu einander in dem Verhältnis von Meister und Jünger,
wie etwa Calvin zu Knox. Wohl ist der Einfluß zu bemerken,
den die Schriften Calvins voll religiösen Tiefsinns auf alle
Welt und auch auf a Lasco ausübten, aber selbständigen Geistes
doch sind beide, der so viel größere Picarde und unser Pole, im
Gange der Reformation auf die gleiche, notwendige Arbeit hingewiesen worden, die unter dem gemeinsamen Banner der Rechtfertigung allein durch den Glauben gesammelte evangelische Kirche

der Reformation auszugestalten zu einer Gemeinde, die sich heiligen will ihrem Herrn.

Die Kunde von dem, was unter der Führung a Lascos
die Kirche Ostfrieslands erstrebte und mälig ward, drang weithin
und auch nach Genf. Mit reger Teilnahme sah Calvin einer
Entwickelung zu, die mit seinen eigenen Bestrebungen so nahe
sich berührte. Er hatte von der Bildung des coetus Nachricht
erhalten*); einige Geistliche desselben hatten ihn aufgefordert,
einen Katechismus für die Jugend zu schreiben; der Genfer Reformator willfahrte dem Wunsch und widmete seinen Katechismus
der ostfriesischen Geistlichkeit**). In weiten Kreisen sprach man

---

*) Ich schließe dies aus den Worten (Calvin VI, 7): „nonnulli ex
vestro coetu", ein Ausdruck, der, wenn er nicht gerade an die ostfriesische
Geistlichkeit gerichtet wäre, gewiß nicht notwendig auf diese besondere Art
der Vereinigung zu deuten wäre. In dem Briefwechsel Calvins sind uns
noch einige Stellen erhalten, die uns die Quellen seiner Kunde über Ostfriesland und a Lasco, abgesehen von sicherlich empfangenen mündlichen
Nachrichten, aufweisen.

**) Vgl. Calvin VI, 7. Das Datum der gedruckten Widmung ist
vom Dezember 1545; handschriftlich war derselbe bereits im Juli 1545 in
Emden, wie der Freund Lastis Gerard zum Camph an Bullinger meldet
(vgl. Calvin XII, 154). Das Bedürfnis eines Katechismus war alsbald
rege geworden, nachdem a Lasco seine reformatorischen Bestrebungen zu verwirklichen begonnen; die ungünstige Beurteilung seiner handschriftlich nur
versandten Epitome hatte ihn ängstlich gemacht, unmittelbar an die Herausgabe einer so bedeutsamen Arbeit zu gehen (für wie bedeutsam sie in den
Augen der Reformatoren galt, dafür bietet die Widmung Calvins einen
fesselnden Beleg, als ob sie den zögernden a Lasco in seiner Scheu bestärken
wollte); nun bot sich Calvins Katechismus dar, nicht wohl um die schmerzlich empfundene Lücke auszufüllen — denn es liegt kein Zeugnis vor, daß man
beabsichtigt habe, diesen Katechismus in Ostfriesland einzuführen —, vielleicht
aber, um als Vorbild zu dienen bei der Anfertigung eines eigenen Katechismus. Calvins Katechismus mag als Vorbild dienen, inwieweit auch
Hauptpunkte der Lehre zurückzutreten haben, wenn es gilt, eine zarte Jugend ihrem Verständnis entsprechend in die Heilswahrheit einzuführen. Calvin versuchte durch die Herausgabe dieses Katechismus die Erinnerung an
seinen Katechismus von 1537 zu verdrängen; es gelang auch so völlig, daß
selbst die unermüdlichen Forscher Reuß und Baum für ihre meisterhafte
Ausgabe der Werke Calvins kein Exemplar der französischen Original-
ausgabe ausfindig machen konnten. Vor 2 Jahren erst hat ein günstiges
Geschick ein solches Exemplar in der Nationalbibliothek zu Paris zutage ge-

in anerkennendster Weise von dem, was in Ostfriesland geschah;
die Kirche dort übte eine starke Anziehung, zumal auf die um-
liegenden Lande aus, und grade die tüchtigsten jüngeren Kräfte
strebten danach, in den Verband dieser Kirche aufgenommen zu
werden*).

d) Der Reformator in seinem Privatleben in Ostfriesland.

Es sind nur spärliche Nachrichten, die wir mühsam und oft
an recht entlegenen Punkten über das Privatleben unseres Freundes haben auflesen können. Man war in jenen großen Tagen
karg an solchen Mitteilungen; hinter den gewaltigen Ereignissen
auf der Weltbühne trat das Privatleben auch der hervorragenden
Zeugen in bescheidenen Hintergrund; es dünkte den Männern
selbst, so lieb und traut ihnen ihr Heim auch gewesen sein mag,
zu gering, um von ihm gegenüber den hohen Aufgaben ihres
öffentlichen Lebens viel verlauten zu lassen. Nur hie und da und
fast zufällig mehr eine eilige Notiz in dem Privatschreiben an
einen Freund und dann auch meist so flüchtig; so unvermittelt
auftauchend, daß sie den größeren Ansprüchen unserer Tage auch

---

fördert und Albert Rilliet und Theophile Dufour haben durch
vorzügliche Einleitungen den Wiederabdruck dieser Schrift bereichert. („Le
catéchisme français de Calvin." Genève 1878. CCLXXXVII u. 143 S.)

*) Kuyper II, 595: „Recht übel nehmen es die Brabanter Theologen
auf, daß tagtäglich viele von dort zu uns herüberkommen und meinen Namen
für solchen Entschluß vorschützen. Sie mühen sich deshalb auf alle Weise
um meine Vertreibung ab, denn sie fürchten, daß das Groninger Gebiet und
ganz Westfriesland durch meine Gegenwart zu unserer Ketzerei herübergezogen
werde. Denn die tüchtigsten Pastoren von da verlassen ihre Götzendienerei
und flüchten zu mir, und hier bemühe ich mich, sie in unseren Kirchen an-
zustellen. Sie ziehen nicht wenige andere mit sich herüber. Durch regen
fortwährenden Briefwechsel decken sie ihren heimischen Gemeinden, die sie verlassen haben, die Höhe der herrschenden Götzendienerei und Gottlosigkeit auf
und drängen sie, sich davon loszusagen. Ich aber werde für dies alles ver-
antwortlich gemacht, und sie glauben, durch meine Vertreibung würde solches
alles aufhören."

Dalton, Laski.   18

nach dieser Seite hin so gar nicht recht genügen wollen. Es ist dies kein Vorwurf gegen jene große Zeit, nur ein Bedauern der vielleicht ungerechtfertigten Wünsche unserer Tage.

Wir wissen bereits, daß auch bei a Lasco das erste öffentliche Zeichen seines endgültigen Bruches mit der römischen Kirche seine Verheiratung mit der ihrem Mädchennamen nach uns unbekannt gebliebenen Löwener Bürgerstochter gewesen. Den für die evangelische Kirche so bedeutsamen Schritt haben in jenen Tagen fast alle Reformatoren und Prediger des Evangeliums gethan: die Anfänge des evangelischen Pfarrhauses und damit die Quelle reichen, tiefen Segens für das ganze Gemeindeleben der Folgezeit, stehen dicht an dem Beginn der Reformation, sind aufs engste mit ihrem ganzen Wesen verknüpft. Zwölf Jahre nur währte dieser Treubund. Im Jahre 1551 traten in London die ersten Spuren der Schwindsucht auf, wahrscheinlich Folge kurz vorher bestandenen Faulfiebers, das in der Themsestadt um jene Zeit so furchtbar wütete. Ein Jahr später erlag die Dulderin ihren Leiden in der Fremde. a Lasco hat sie herzlich lieb gehabt; ihr Heimgang beugte ihn tief nieder, das Leid um sie gefährdete einen Augenblick seine eigene, so schwache Gesundheit. Er nennt sie sein anderes Teil, das der Tod von seiner Seite gerissen; und rühmt an ihr zumal ihre Frömmigkeit, die ganze Rechtschaffenheit ihres Wesens*).

Der Ehebund war reich mit Kindern gesegnet. Das erste Kind, sein Töchterchen Barbara, haben wir schon bei einem Besuche der Großeltern begrüßt**); der Spanier Dryander hat in den Zügen der Kleinen ganz das Ebenbild des Vaters wiedererkannt; 1558 begegnen wir ihr wieder und zwar in Krakau, sie und ihre jüngere Schwester Ludovica, beide verlobt***). Hocherfreut ward a Lasco 1546 durch die Geburt eines Sohnes. „Ich habe den wunderschönen Jungen noch nicht getauft" — schreibt er dem Freunde Hardenberg —, „indem ich noch auf deine in Aussicht gestellte Ankunft warte. Kommst du nicht bald,

---

*) Kuyper II, 675.
**) Vgl. S. 196.
***) Gerdes III, 140.

dann wird der Knabe getauft und empfängt den Namen Paulus; o daß er doch in die Fußtapfen Pauli treten möchte, aber jenes Paulus aus Tarsus, nicht des anderen, der jetzt in Rom auf dem Throne Satans sitzt."*) Schon nach einem Vierteljahr starb das Knäblein, in einer Zeit schweren körperlichen Leidens unseres Freundes. „Er ist uns vorausgegangen zu Christus, und wir werden ihm, so Gott will, bald folgen, denn meine Krankheit ist mir ein sicheres Anzeichen, daß ich meine Wohnstätte hier auf Erden zu verlassen habe, um mit Christo, wie ich hoffe, in der Kürze schon zu sein."**) Es blieben ihm noch zwei Knaben von dieser Frau, Johannes und Hieronymus, in deren Namen sich wie in dem seiner beiden Töchter traute Familienerinnerungen von daheim wiederspiegeln. Als die beiden Jungen so weit waren, daß sie einen gründlichen Unterricht bedurften, nahm er einen tüchtigen Erzieher, Wengius, zu sich ins Haus. Bei der später zu berichtenden schmachvollen Vertreibung aus Dänemark sind diese beiden Knaben, denen anfänglich um ihres zarten Alters willen das Recht der Überwinterung in Dänemark zugesichert war, die aber dann doch mitten in der größten Kälte das traurige Los der übrigen teilen mußten, beinahe im Packeis des Meeres ums Leben gekommen.

Als a Lasco mit seinem jungen Weibe 1539 von Löwen nach Emden übersiedelte, wohnte er die ersten Jahre in einem Privathause. Er glaubte nicht, daß sein geschwächter Körperzustand die Unbill des feuchten, kalten Klimas in diese sturmgepeitschten Niederungen der Ems und dazu die Unwirtlichkeit der bescheidenen, fast dürftigen Wohnungen auf die Dauer ertragen würde, und lange Zeit war er wie auf dem Sprunge, nach einer gesunderen Gegend überzusiedeln. Aber es zeigte sich keine, die zugleich seinem Glauben das schöne geschützte Asylrecht geboten hätte. Sobald er dann den Bitten nachgegeben und Superintendent des Landes geworden, erhielt er seine Wohnung im Franziskanerkloster angewiesen, das hinter seinen starken Mauern schon besseren Schutz wider Sturm und Kälte bieten konnte. In

---

*) Kuyper II, 607.
**) Ebd., S. 609.

den Kämpfen der erſten Jahre glaubte er oft das Land verlaſſen
zu müſſen, und jeder Gedanke, ſich eine eigene Heimſtätte zu erwerben, blieb ihm fremd. Als aber auch der letzte, ſchwere Angriff der Gegner, ihn von ſeiner Stelle zu verdrängen, ſiegreich
zurückgewieſen war und ſomit gegründetere Hoffnung ſeines Bleibens im Lande ſich einſtellte, da entſchloß er ſich — es war im
Herbſte 1546 —, ein kleines Landgütchen in der Nähe von Emden
zu kaufen.

Unweit der Straße, die von Emden nach Aurich geht, dicht
bei Lopperſum, liegt das Gehöfte Ahbingwehr*), ein einfaches
Landhaus mit umliegendem Ackerland und Wieſe. Viertauſend-
fünfhundert Thaler war der Kaufpreis**). a Lasco war unvermögend, die ganze Summe ſelbſt zu bezahlen. Wir wiſſen,
daß er, der in den glänzendſten Verhältniſſen geboren und groß
geworden, arm Kirche und Vaterland dahinten gelaſſen. Von dem
Bruder war ihm wohl ein kleines Erbteil zugefallen, aber auch
dieſes war ihm durch Unredlichkeit eines Verwandten verkürzt
worden, daß ihm nur höchſtens 1500 Thaler geblieben waren.
„Was ſoll ich thun?" — rief er bei der Kunde aus. „Ich will
mit Hiob ſagen: Der Herr hat's gegeben, der Herr hat's genommen, ſein Name ſei gelobt!"***) Er mußte alſo, um den
geforderten Kaufſchilling zu bezahlen, fremdes Geld aufnehmen.

---

*) Es iſt von der Straße aus ſichtbar; im Morgengrauen zeigte es
mir der Poſtillon; einen Abſtecher dahin zu machen lohnt nicht, da keine
irgendwelche Erinnerungen an den einſtigen berühmten Beſitzer mehr nach
Ausſage der Ortskundigen vorhanden ſind und auch die baulichen Veränderungen ſeitdem die Spuren der damaligen Einrichtung verwiſcht haben.

**) Kupper II, 609. Wie groß das Gut geweſen, iſt aus den vor-
handenen Nachrichten nicht mehr erſichtlich; der Wert des Kaufpreiſes läßt
ſich vielleicht daraus entnehmen, daß für dieſe Summe um jene Zeit (1545)
150—170 Paar Ochſen hätten erſtanden werden können. (Vgl. Klopp
I, 411.)

***) Kupper II, 593. Von den meiſten wird die Frau des a Lasco
als arme Bürgerstochter aus Löwen bezeichnet; weder bei Emmius (S. 915)
noch auch bei Gerdes (III, 147) wird ihre Armut beſonders hervorgehoben,
zuerſt wie mir ſcheint, bei Bertram (S. 9) und nach ihm Meiners
(S. 229); aber läßt nicht vielleicht die Stelle bei Kupper II, 597: „etiamsi
uxor mea in sua navi partem quandam habeat", auf etwas Vermögen
ſchließen?

Nach viel Mühe und Beschwernis kam der Handel so zustande, daß er noch mehrere Mitkäufer fand, denen gegenüber er nur das Vorrecht hatte, sich von ihnen durch frühere oder spätere Bezahlung ihres Einsatzes lossagen zu dürfen. Hier auf dem freundlichen Gütchen richtete er sich nun häuslich ein. Die Landluft, der Aufenthalt im Freien, die reichlichere Bewegung thaten seinem geschwächten Gesundheitszustand wohl. Gerade die letzte Zeit in der Stadt war er wieder, mitten unter den schwierigsten Kämpfen, so sehr von seinem alten Übel geplagt worden, daß er im Mai 1546 infolge eines Augenübels fast erblindet war; auch nachdem dasselbe gehoben, war ihm alles wie in Nebel gehüllt. Nur mit Hilfe einer Brille vermochte er es, mühsam ein paar unleserliche Zeilen aufs Papier zu bringen, nur mit großer Vorsicht und in längeren Pausen durfte er lesen und schreiben, der arme Dulder, der in jenen Tagen seine Superintendur niedergelegt hatte! Ein Jahr, nachdem er Gutsbesitzer geworden, war seine Gesundheit soweit erstarkt, daß er in den kalten Wintertagen ein paarmal den Weg von der Stadt nachhause zu Fuße zurücklegen konnte. Die treue Lebensgefährtin besorgte daheim die nun so sehr erweiterte Wirtschaft. In der Milchkammer weiß sie guten Bescheid; ein Töpfchen Butter, selbstgefertigte Käse wird dem alten Hausfreund, der nun in Bremen Pastor geworden, zugestellt*); es scheint, als ob die emsige Hausfrau den Ertrag des Feldes und die Arbeit der Spinnstube auf den Markt gesandt und so mitgeholfen habe, die auf dem Gute lastende Schuld zu tilgen. Ganz freudig und scherzend unterschreibt a Lasco seine Briefe vom Landgut: „ex regno nostro Abbingweerensi" — aus unserem Reiche Abbingwehr.

Zum Sparen freilich war unser a Lasco so gar nicht veranlagt. Das kommt ja einen Polen bei seiner von altersher gewohnten sorglosen Freigebigkeit doppelt schwer an, und unser Freund verleugnete auch in dieser Beziehung seine Heimat nicht. Auch jetzt bei so wesentlich veränderten Verhältnissen, die ihm bei seiner wachsenden Familie nur ein kümmerliches Auskommen gewährten, büßte er seine edle Uneigennützigkeit, seine hochherzige

---

*) Kuyper II, 617.

Opferwilligkeit nicht ein. Sein alter Freund Hardenberg war säumig in der Rückzahlung einer Schuld. „So sende ich dir weitere 20 Thaler" — schreibt ihm unser Laski —, „mehr habe ich augenblicklich nicht zur Hand. Wenn du uns besuchst, wollen wir die nötige Berechnung anstellen. Wenn ich dich einmal reich weiß, dann will ich von dir fordern, was du mir schuldest. Wenn du es aber nicht bist, dann will ich auch noch weitere Gaben zufügen. Denn längst schon habe ich dir den Mitbesitz all' meiner Habe zugesichert; du hast nur, wo immer du bist, zu sagen, wann du es bedarfst."*) Vertrauensvoll hat er einem Adeligen Empfehlungsbriefe in die Schweiz und namentlich an Calvin mitgegeben, die dieser schnöde mißbraucht und zu Gelderpressungen ausgenutzt hatte. Sobald nur a Lasco davon Kunde erhält, erklärt er sich zur Wiedererstattung bereit: „Sei versichert" — so schreibt er Calvin —, „daß es mir in hohem Grade dankenswert wäre, wenn ich dir bei diesem Verlust irgendwie helfend beispringen dürfte, laß es mich nur um unserer brüderlichen Liebe und gegenseitigen Offenheit willen wissen. . . . Leichter ertrage ich es, daß der Heuchler mich getäuscht, als daß er, um andere zu täuschen, meinen Namen gemißbraucht und selbst meine Handschrift; ich kann nicht sagen, wie sehr es mich schmerzt."**)

Mit dieser liebenswürdigen Uneigennützigkeit ging Hand in Hand eine ergreifende Demut inbetreff der eigenen Wertschätzung. Das schöne Bekenntnis ist ihm voller Ernst: ich unterfange mich mit meinem kleinen Pfunde der Kirche Christi zu dienen und erbitte mir Gottes Erbarmen, daß er unter all' den großen Darbringungen der anderen nun auch mein geringes Opfer nach dem Beispiel jener Witwe im Evangelium nicht verschmähen wolle***).

Alle diese Züge seines Wesens und die übrigen auch, die noch hervorgehoben zu werden wohl verdienten, waren bei ihm verklärt und geweiht, ja erst zu ihrer vollen, schönen Entfaltung

---

*) Kuyper II, 577.
**) Ebd., S. 650. 654.
***) Ebd., S. 583.

gelangt durch seine völlige Hingabe an Christum als seinen Heiland. Nur sein Knecht will er sein. Das giebt ihm den freien, frohen Mut allen Menschen gegenüber, das verleiht ihm die Ruhe und Selbständigkeit in all den schweren Drangsalen seines wechselvollen Lebens. Von dieser hohen, sicheren Warte aus, daß ihm Christus allein sein Meister und das Wort Gottes die einzige, aber auch unbedingte Richtschnur seines Lebens, seines ganzen Denkens war, sah er unbefangener wie so mancher Zeitgenosse in die hochgehenden Wellen und Wogen der Tageskämpfe, nicht wie ein müßiger Zuschauer, der vom geschützten Ort aus dem Streite zuschaut, mit dem heilig-ernsten Verlangen vielmehr, soviel er nur kann, zur Beilegung beizutragen, auf daß nur Christus und sein Reich gefördert werde. Eine Reihe fesselnder Gestalten treten um jene Zeit auf, deren ganzes edles Streben darauf gerichtet ist, den klaffenden Riß in der evangelischen Kirche auszufüllen: wir kennen kaum einen anderen unter diesen Helden, der uns in solchem köstlichen Thun liebenswerter und auch zugleich hervorragender erschienen wäre. Mit scharfem Blick — die folgenden Ereignisse werden manchen bedeutsamen Beleg dafür bieten — sah er den tiefen Schaden der Teilung der einen Reformationskirche; keinem anderen ist im Gange seiner besonderen Lebensführung das Schwert dieser Zerklüftung so tief und schmerzensreich in die Brust gedrungen wie ihm, daß er sein heißestes Sehnen für die Kirche und sein Vaterland an dieser furchtbaren Klippe scheitern sah, und dennoch wollte er nicht Frieden um jeden Preis. Er stand in seiner friedensvollen Gesinnung dem befreundeten, edlen Bucer in Straßburg sehr nahe, aber er konnte dem vielgeschäftigten Manne nicht überall die Hand bieten in der unverdrossenen Rastlosigkeit, Formeln aufzufinden, Worte zusammenzustellen, die mehr geeignet waren, für den Augenblick den Riß zu überdecken, als ihn für die Dauer auszufüllen. „Für die Aufhebung des Streites in der Lehre, für den Frieden innerhalb der Kirche" — so kann er dem Freunde in voller Überzeugung zu einer Zeit schreiben, wo er vonseiten konfessioneller Heißsporne die allerschwerste Drangsal zu erdulden hatte —, „dafür bin ich und war ich allzeit so sehr eingenommen, daß ich darin keinem nachstehe, aber doch nur in der Weise, daß die Wahrheit

zutage tritt, nicht daß sie verdunkelt oder irgendwie um Menschengefälligkeit willen entstellt werde. Ich will nicht, soweit ich es
vermag, Menschen zulieb aus der Zahl der Knechte Christi ausgeschlossen werden."*)

Bezeichnend für diese seine edle Gesinnung sind die Urteile,
die er da und dort über die Tageshelden gefällt hat. Nur ein
paar aus reicher Fülle. Seine ganze Führung hatte a Lasco
nicht in nähere Berührung mit Luther gebracht. Die in Basel
im Zusammenleben mit Erasmus gewonnenen Eindrücke mögen
lange bei seiner Beurteilung dieser Heldengestalt des deutschen
Reformators mitgewirkt haben, und als er dann selbst in reifen
Jahren in die Arbeit eintrat, war es fast wie von selbst geboten,
daß er der Richtung folgte, der die Fortentwickelung der reformatorischen Gedanken wie ein schönes Erbe zugefallen. Von 1543
an hielt die evangelische Kirche der Reformation ihren ferneren Erobe-
rungszug in der von Calvin gewiesenen und geführten Richtung.
Auch unser Freund hielt selbständigen Geistes diese Richtung inne.
Aber er warnt die Gesinnungsgenossen, sich durch Parteinahme
gerechtes Urteil nicht trüben zu lassen. Wie schön seine Bitte an
Bullinger, dessen Lehre gerade wieder in der allerheftigsten,
schmerzlichsten Weise Luther, als er den Sakramentsstreit von
neuem entzündet, verdammt hatte. „Beim Durchblättern eurer
Bekenntnisschrift" — es ist die Antwort der Züricher auf „Kurz
Bekenntnis Dr. Martin Luthers vom heiligen Sakrament" —
„habe ich eine herbere Sprache wider Luther gefunden, als ich
wohl gewünscht. Ich leugne nicht, daß sich Luther allzu sehr in
Schmähungen wider euch hat gehen und die Grenzen christlicher
Liebe weit überschritten hat, aber solches muß ihm wegen seiner
hervorragenden Verdienste um die Kirche Christi verziehen werden
und damit wir nicht an denselben Stein geschleudert werden, den
wir an Luther tadeln. Es genügte den Irrtum anzuzeigen, den
ihr meiner Meinung nach zutreffend hervorgehoben habt, aber es
bedurfte dazu nicht der Schmähung, durch die wir nichts anderes
bewirken, als daß wir die Lehre und den Dienst des Evangeliums

---

*) Kuyper II, 699.

in unseren Gemeinden bei den Gegnern in üblen Geruch bringen. Meiner Meinung nach wäre es genug gewesen zu sagen: hier irrt sich Luther, oder Derartiges, was unsere Unschuld beschützt, wenn es Zustimmung erhält und dabei doch den Namen und die Ehre des anderen unangetastet läßt."*) Als dann wenige Monate später die Nachricht von dem Heimgang des großen Mannes eintrifft, schreibt unser Freund an die Schweizer, er hoffe — ach wie hat er sich in dieser Hoffnung, ihm selbst zum tiefsten Leide, zur bittersten Erfahrung in der Folge, getäuscht! —, daß nach dem Hingang Luthers ein Ende des Sakramentsstreites eintreten werde. „Wunderbar ist es, daß der so fromme und ewigen Lobes in der Kirche Christi würdige Mann (vir ille sanctissimus et aeternis prorsus laudibus in Christi ecclesia dignus) doch in Sachen der Zeichen des Sakramentes also fabuliert hat. Das mag uns zum Beweis dienen, daß wir allesamt nur Menschen sind, d. h. voll Irrtum und Lüge, was uns betrifft, auf daß wir uns auf keines irgendwelchen Menschen Ansehen hier auf Erden stützen, sondern daran festhalten, daß Holz, Heu und Stoppel menschlichen Irrtums von dem Feuer des göttlichen Wortes verzehrt, wir aber selig werden, wenn wir uns nur auf den einen Grundstein stützen, von dem niemand leugnen kann, daß Luther sich mit ganzem Herzen darauf gestützt hat, abgesehen von dem Gold und Silber und Edelstein seiner Lehre. Gewiß hat er die Sache unserer Rechtfertigung durch Christum zuerst vor allen in unserem Jahrhundert mit seltenem Glück beleuchtet (mira felicitate illustravit), hat die Geheimnisse der Ungerechtigkeit des Antichrist in einer Weise enthüllt, daß sie auch den Knaben offenbar sind, die vor ihm, als ob sie Gott selbst wären, von dem ganzen Erdkreise verehrt wurden, hat unzählige Gemeinden nach dem ihm anvertrauten Pfunde eingerichtet, hat den Gegnern des Evangeliums Christi mit so viel Geist, mit so großer Beharrlichkeit bis zum Tode widerstanden, daß er nicht unverdient so hohes Lob allen anderen voraus sich erworben: aber dabei war er denn doch Mensch, was wir nun auch durch ein solches Beispiel daran wieder ge-

---

*) Kupper II, 595.

mahnt inbetreff unserer eigenen Wertschätzung immer vor Augen haben müssen. Ob er zuletzt noch etwas gegen euch geplant, weiß ich nicht, denn ich habe nichts darüber gehört; aber, wenn auch etwas Derartiges vorliegen sollte, wird vielleicht darauf hingearbeitet, daß es nicht erscheine. Ob nun mit Erfolg oder nicht, mein Wunsch wäre es, daß ihr durch öffentliches Lob solch großen Mannes die Reinheit eurer Gesinnung und eure christliche Liebe diesem Manne gegenüber bezeugt mit bescheidener Ausnahmestellung eures Sakramentsstreites. Ihr würdet durch ein so seltenes Beispiel der Bescheidenheit den Mund vieler Gegner verschließen, bei allen Frommen aber würdet ihr großen Dank ernten, und was die Hauptsache ist, ihr würdet der ganzen Kirche Christi ein außerordentliches Zeugnis eurer rechtschaffenen Gesinnung geben. Und auch das würdet ihr vielleicht dadurch bewirken, daß irgendein Ausweg zur Beilegung dieses Sakramentsstreites mit größerem Eifer als je vorher gesucht würde, was allein schon den Ausschlag geben müßte, euch zu solch einem Schritte anzuregen. Denn was kann es Erwünschteres geben, als die Beilegung dieses Streites?"*)

Melanchthon hatte bereits in der veränderten Augsburger Konfession, deren Fassung auf dem entscheidenden Punkte Luther stillschweigend hingenommen, gezeigt, welch mächtigen Einfluß Calvin, zumal auch nach seinem persönlichen Verkehr mit ihm in Frankfurt am Main 1539, auf ihn ausgeübt. Der Genosse Luthers kam damit auch a Lasco geistig näher. Wir haben zwar von seinem Tadel über jene Laskische Schrift bereits Notiz genommen; das hinderte aber nicht, daß die beiden Männer je länger je mehr immer innigere Berührungspunkte fanden und die gegenseitige Achtung stieg. Aber Laski war doch freier, selbständiger, mannhafter in seiner ganzen Wirksamkeit, er hatte sich viel entschiedener von jedem menschlichen Einfluß losgelöst, als es dem Freunde Luthers gelingen wollte; darum war er auch ungehinderter und nicht von dem vielen Rücksichtnehmen in seinen Einschließungen behelligt, wie der arme Mann dort in Wittenberg, der mitten in die Wut der Theologen wie in ein

*) Kuyper II, 603.

Wespennest und dazu mit seiner zarten, empfindsamen Haut hineingeraten war. 1543 schreibt a Lasco dem hochverehrten Manne: „Je länger ich die vielen und ausgezeichneten Gaben Gottes an dir betrachte, um so mehr halte ich dafür, daß du der eine bist, vor dem ich ausschütten kann, was in meiner Seele von Zweifeln entsteht. Und ich will es thun wie mit dem größten Vertrauen so auch mit der höchsten Offenheit in der Hoffnung, daß ich nicht zweifle, du werdest nach deiner humanen Gesinnung und christlichen Liebe Gutes raten."*) Zehn Jahre später nach manchen mißlichen Erfahrungen mit dem schwankenden Manne lautet sein Urteil weniger günstig: „Den Philippus (Melanchthon) erkenne ich in dem ihm ähnlichen Verfahren. Ich schätze seine Gelehrsamkeit, ich anerkenne seine Frömmigkeit, ich lobe seine Bescheidenheit; aber seiner ängstlichen Gesinnung (μικροψυχίαν) kann ich keinen Beifall schenken."**)

Es würde uns denn doch zu weit führen, die Blumenlese seiner zutreffenden, maßvollen und auch dem Gegner gegenüber milden Zeugnisse über seine Zeitgenossen weiter auszudehnen***). Aus allen tritt uns das Urteil eines hochgebildeten Mannes entgegen, der mit Ernst jedem Einzelnen gerecht zu werden wünscht und von dem glühenden Verlangen beseelt ist, um Christi willen lieber die Einheit zu betonen, als in Menschendienst der Partei zu gefallen.

In hoher Achtung stand a Lasco bei den Tüchtigsten unter seinen Zeitgenossen. Freund und Gegner, so lange letztere nicht ganz blind waren, zollten der Lauterkeit und Reinheit seiner Gesinnung vollen und warmen Beifall; auch da, wo man der besonderen Ausprägung seiner Lehre die Zustimmung versagen zu müssen glaubte, anerkannte man den Ernst und die Redlichkeit der Forschung, die Höhe der Anschauung, die furchtlose, offene

---

*) Kuyper II, 565.
**) Ebd., S. 707.
***) Dem Wunsche danach mögen die folgenden Hinweise Befriedigung bieten: über Bullinger II, 568. 585; über Erasmus II, 569. 583f.; über Ökolampad II, 576; über Schwenkfeld II, 577; über Pellikan II, 582; über Osiander II, 663. 679; über Albrecht von Brandenburg II, 666.

Sprache, das fieghafte Walten eines Geiftes, der nur Chrifti
Knecht zu fein begehrt. Was er mit ftarker und fefter Hand in
den verwirrten und zügellos gewordenen kirchlichen Verhältniffen
Oftfrieslands unter all den heftigen Angriffen zuftande gebracht,
fetzte auch die Zeitgenoffen fchon in gerechtes Staunen, rückt ihn
uns in die vorderfte Reihe der Männer, die umgeftaltend auf
das Leben der evangelifchen Kirche eingewirkt. Sein Einfluß ift
nach diefer Seite bis zur Stunde nicht erlofchen, wir haben an
vielen Punkten in feine Schule zu gehen, um den ernften Forderungen der Gegenwart gerecht werden zu können.

Es konnte nicht fehlen, daß der Einfluß folch einer Perfön-
lichkeit weit über die Grenze feines nächften Berufes reichte, daß
fein Urteil und feine Hilfe auch auswärts erbeten wurde. Wir
reden hier nicht von den bis zum Jahre 1544 bemerkbaren Ver-
fuchen, ihn in fein Vaterland unter der Bedingung des Rück-
trittes zur römifchen Kirche zu locken. Selbft mit dem Köder
auf einen hohen Bifchofsfitz! „Aber ich habe diefe Leute fo abgefertigt, daß fie mir wohl damit nicht mehr kommen werden.‟
Es verdient hervorgehoben zu werden, daß Laski, der damals
bei nicht wenigen fo ftark hervortretenden Neigung, überall hin zu
wandern und feinen Rat an den verfchiedenften Orten zur Geltung zu bringen, mannhaft widerftand: er kann bei gebotener
Gelegenheit feinem König Sigismund von Polen bezeugen, daß
er während eines Jahrzehntes nur notgedrungen die Stätte feiner Wirkfamkeit verlaffen und den Wanderftab dann erft ergriffen,
als ihm keine Möglichkeit der Weiterarbeit mehr fich bot.
Zu den um der Kirche Chrifti willen unabweisbaren Arbeiten
außerhalb Oftfrieslands gehört in erfter Linie fein Aufenthalt bei
dem Erzbifchof von Köln, dem Kurfürften Hermann von Wied.
Eine ungemein anfprechende Erfcheinung diefer edle Kirchenfürft,
den Ranke in den knappen Strichen meifterhaft zeichnet: „Hermann von Köln bemerkte endlich, wie er fagt, daß er mit diefen
Beratfchlagungen (die er im Jahre 1536 mit feinen Suffraganen
hielt) darum nicht weiter komme, weil fich doch alles auf menfch-
liche Satzung, nicht auf Gottes Wort gründe. Indem er fich
dann der Schrift näherte, aus welcher allein die gottfelige Lehre

zu entnehmen, überzeugte er sich, daß ihr Sinn in der Augsburgischen Konfession enthalten sei. Je älter er ward, desto tiefer
durchdrang ihn die Macht der gereinigten Lehre. Er befleißigte
sich, sie in seinem Leben und Wandel darzustellen. In den
Schriften der Zeitgenossen erscheint er als der gute, fromme Herr
von Köln, als der alte, Gott liebende Kurfürst, der treffliche Greis
(er war 1477 geboren). Er war ein langer Mann, mit schnee-
weißem Bart, von würdiger Erscheinung und einem Ausdruck, in
welchem sich Gutmütigkeit, Ernst und Ehrlichkeit durchdrangen.
Nachdem er eine Zeit lang gezögert, entschloß er sich endlich auch
für seine Diözese zu thun, was, wie er sich ausdrückt, einem
Gottesmenschen gezieme."*) Schon seit 1536 war der Erzbischof
in mannigfaltige freundliche Beziehungen zu Protestanten getreten,
darin von einem Teil seiner Kölner Stiftsherren freudig unterstützt. Zu diesen Stiftsherren gehörte auch noch der Bruder unserer
Gräfin Anna und ihr wackerer Schutzwart gegen die Zumutungen
ihres katholischen Schwagers, Christoph von Oldenburg**).
Nach dem Reichstag zu Regensburg (1541) und auch in rascher
Ausnutzung der daselbst zutage getretenen Stimmung übertrug
der Kurfürst Bucer und Melanchthon, die beide zu dem Behufe nach Bonn gekommen waren, die Ausarbeitung eines Reformationsentwurfes. Zugrunde gelegt ist diesem „einfältigen
Bedenken", wie der Titel lautet***), die Nürnberger Kirchen-
ordnung des bekannten Osiander. Bucer arbeitete „das Bedenken" aus, Melanchthon billigte es in all seinen Teilen. Es
ist diese uneingeschränkte Zustimmung ein fesselnder Beleg, wie
Melanchthon auch in der Lehre der Gemeindeverfassung und
Kirchenzucht in die Bahnen einlenkte, die von Straßburg und der
Schweiz mit so großem, weitreichendem Erfolge betreten waren.
Bekannt ist, daß die Artikel über das heilige Abendmahl, auf die

---

*) Ranke IV, 260.
**) Varrentrapp, S. 88. Die tüchtige Arbeit gewährt den ersten
eingehenden Einblick in diesen interessanten Reformationsversuch; für unseren
Zweck hätten wir eine größere Berücksichtigung a Lascos gewünscht; es ist
denn doch zu wenig der eine kleine Hinweis auf eine Laskische Briefstelle
S. 199.
***) Varrentrapp, S. 178.

Amsdorf durch ein ausführliches Gutachten die Aufmerksamkeit
Luthers gelenkt, diesem den beklagenswerten Anlaß bot, von
neuem den kaum beigelegten Sakramentsstreit und zwar nun in
einer für den Fortgang der evangelischen Kirche verderben-
bringendsten Weise wieder aufleben zu lassen. Angstvolle Tage
verbrachte Melanchthon, daß der zürnende Reformator vielleicht
auch das Tischtuch zwischen ihm zerschneiden würde.

An den geistlichen Mitgliedern des Kölner Domkapitels scheiterte dieser Versuch einer friedlichen Reformation. Während das
„Bedenken" bis in weite Ferne wertvolle Anregung bot*), gelang es den Gegnern im Erzstifte selbst jede Wirkung des „Be-
denkens" zu unterdrücken; die anhebende mißliche Lage der
Protestanten im Reiche leistete dem Gelingen entschiedenen Vorschub. Aber der Erzbischof blieb seiner Anschauung treu; die von
ihm ins Land gezogenen evangelischen Prediger behielten an ihm,
so lange er lebte, festen Schutz. Auch Hardenberg hielt sich an
seinem Hofe auf. Wohl auch durch ihn wurde der Kurfürst auf
Laski aufmerksam gemacht. Im Januar 1545 war Hardenberg in seiner Heimat gewesen und auf der Rückreise einen
Monat in Emden geblieben**). Die beiden Freunde hatten lange
nicht ein solches Zusammensein genossen. Kaum war Hardenberg bei dem Kurfürst wieder eingetroffen, als von diesem eine
dringende Einladung an a Lasco erging, der er mit Zustimmung der Gräfin Folge leistete. Mancherlei wichtige Gegenstände
hatte der greise Kirchenfürst mit dem Reformator zu besprechen;
nur von einem Gegenstande ist uns Kunde geworden: über den
Austritt von Nonnen aus dem Kloster, der im Erzstift starke
Verhältnisse angenommen hatte***). Nur ungern sah der Erz-

---

*) Die von demselben beeinflußten Kirchenverfassungen verschiedener prote-
stantischer Länder sind aufgeführt bei Varrentrapp, S. 199. Ihre Benutzung wird daselbst auch für Ostfriesland mit Berufung auf die Stelle
Kuyper II, 575 in Anspruch genommen; es kann dies jedoch nur mit
großer Einschränkung angenommen werden; die Absicht spricht a Lasco unmittelbar nach Empfang der Druckschrift aus, ihre Ausführung aber ist eine
sehr fragliche. Dagegen werden wir im weiteren Verlauf der Erzählung
Polen den angeführten protestantischen Ländern beizufügen haben.

**) Scrinium III, 687.

***) Ebd., S. 681 und auch Spiegel, S. 58.

bischof Laski scheiden, er hätte ihn gerade in den Tagen, wo sich seine Verhältnisse dem Kaiser und dem Domkapitel gegenüber so sehr verschlimmerten, gern ganz bei sich festgehalten. Das Versprechen wenigstens erwirkte er von ihm, als einer seiner Räte dem Reichstag in Worms beizuwohnen.

Am 16. Mai traf Karl V. in Worms ein, andern Tages der Kardinal Farnese*). Um die gleiche Zeit auch, wie er dem Kurfürsten versprochen, a Lasco. Auf der Fahrt dahin hatte er in Heidelberg sich ein paar Tage aufgehalten, den Pfalzgrafen Otto Heinrich zu besuchen**). Es war aber in Worms eine Wendung eingetreten zwischen den Tagen auf dem Reichstag zu Regensburg (1541) und noch das Jahr zuvor in Speier. In Trient tagte nun endlich das Konzil; die Protestanten waren dazu nicht geladen. Zwischen Papst und Kaiser war noch Kampf inbetreff der kaiserlichen Kompetenz auf dem Konzil. Schon taucht die Gestalt des ersten deutschen Jesuiten in Worms auf. Der Kaiser war von Köln aus zum Reichstag gekommen; Domkapitel, Universität, der ganze Klerus hatte sich wider den reformationseifrigen Erzbischof aufgelehnt zur großen Genugthuung Karls V. Alles trug dazu bei, die Religionsangelegenheiten nur laß zu betreiben: man hielt es kaum mehr der Mühe wert zu unterhandeln, da man des Ausbruches des Krieges gewiß war und auf seinen günstigen Erfolg rechnete. Laski klagt in einem Schreiben aus Worms über die nachlässige Weise, in der die religiösen Angelegenheiten betrieben würden, und wie man voraussichtlich die Entscheidung wieder einem kommenden Reichstag zuschieben wolle***), wahrscheinlich in der Erwartung daß bis dahin die blutigen Würfel der Entscheidung auf einem Schlachtfelde gefallen sein würden. Noch vor Schluß des Reichstages, bereits am 10. Juni, verließ a Lasco Worms und war so eilig, heimzukommen, daß er nicht einmal seinen Vorsatz in Straßburg die Freunde zu besuchen, ausführte. Die Sache des Kurfürsten war verloren. Im Juli erhielt er von den

---

*) Sleidan, S. 431.
**) Kuyper II, 718.
***) Ebd., S. 591.

Papste eine Vorladung, sich binnen 60 Tagen in Rom zur Verantwortung zu stellen; die gleiche Vorladung erhielt unter anderen auch der Bruder der Gräfin Anna, der Kölner Stiftsherr Christoph von Oldenburg*). Nicht mehr lange hatte der glaubenstreue Erzbischof das Scheitern seines Reformationswerkes zu überleben: 1552 starb er, standhaft bis zuletzt in dem, was als seinen einzigen Trost im Leben und im Sterben er freudig auch noch im Scheiden bekannte. Es hat Hermann und seinen Freunden an der Kraft des Glaubens gefehlt, die wie Varrentrapp zutreffend hervorhebt, „den Mut giebt, nicht nur zu dulden, auch zu handeln und zu wagen; sie mußten nicht mit Schwärmers Ernst des Weltmanns Blick zu paaren"**). a Lasco war der Kunst nicht unkundig, aber er trat dem Kurfürsten zu spät näher und würde vielleicht auch nicht ausgereicht haben, mit seinem Maße den Mangel der übrigen zu ergänzen.

Noch von zwei anderen Reisen, die in die Emdener Zeit fielen, wäre hier in zeitlicher Folge zu reden: nach England und Preußen; wir verlegen die Schilderung in passenderen Zusammenhang. Ehe wir aber diesen Abschnitt schließen, sei noch einer kleinen Arbeit Erwähnung gethan, die zwar erst im Jahre 1551 durch den Druck veröffentlicht wurde, deren Abfassung aber und handschriftliche Verbreitung im Kreise der ostfriesländischen Geistlichkeit um fünf Jahre früher fällt.

Als a Lasco nach seinem Ausfluge an den Hof Hermanns von Wied nach Emden zurückgekehrt war und in der Zwischenzeit, ehe er nach Worms aufbrach, im April 1545, fühlte er das bringende Bedürfnis, seine Anschauung über das heilige Abendmahl in klaren, offenen Worten niederzulegen. Wir erinnern uns daran, daß der Sakramentsstreit von neuem ausgebrochen war; gerade in Bonn am Hofe des Erzbischofs, dessen „Bedenken" den ersten Grund zum Kampfe geboten, hatte er Muße und Anlaß, seine eigene Anschauung an der brennenden Tagesfrage zu

---

*) Sleidan, S. 436.
**) Varrentrapp, S. 279

prüfen und zu rechtfertigen. Zunächst vielleicht nur gegenüber sich
selbst. Der Streit drang aber so sehr überall hin ein, forderte
so bestimmt in allen Kreisen Entscheidung, daß der coetus
in Emden auch Stellung dazu nehmen mußte. Wir haben ge=
sehen, daß auch solche Elemente im Lande waren, die entschieden
in dieser Frage auf Seite Luthers standen und, seitdem der
Meister mit solch unerbittlichem Zorne gegen die Schweizer sich
erhoben, Mut schöpften, in ähnlicher Weise auch hier entschiedene
Sprache zu führen. a Lasco glaubte nicht schweigen zu dürfen,
aber er wollte doch nicht seine Anschauung als eine Bekenntnis=
schrift ausgehen lassen und dadurch in seiner einflußreichen Stel=
lung einen gewissen Druck ausüben; er wählte deshalb die
harmlosere Form, seine Überzeugung in einem Briefe an einen
Freund niederzulegen, den er den seiner Leitung anvertrauten
Kirchen zustellte*). Fünf Jahre später schien ihm die Zeit ge=
kommen, den Inhalt des Schreibens zu veröffentlichen. Die erste
Hitze des Streites war vorüber, er konnte jetzt eher auf eine
ruhige Erwägung hoffen. Bis zuletzt hat a Lasco an der hier
niedergelegten Anschauung festgehalten. Noch im Jahre 1555
bezeugt er dem König Sigismund von Polen, daß er zu dieser
Lehre, wie er sie zehn Jahre lang in Ostfriesland bekannt, auch
heute noch stehe**).

Das Sendschreiben durchdringt ein Hauch wohlthuenden Stre=
bens, die streitenden Parteien zu versöhnen, über dem reichlich
vorhandenen Gemeinsame die trennenden Punkte zurückzustellen.
Es ist eine wahre Erquickung, nachdem man eine Weile dem
lauten Lärm und Hader zur rechten und zur linken gelauscht,
nun mit einemmale diese friedfertige Stimme zu vernehmen.
„Weil über das Geheimnis (mysterium) des Sakraments des
Abendmahls" — so schließt a Lasco sein schönes, von echter
Unionsgesinnung durchdrungenes Schreiben — „bei allen Ge=
lehrten kein Streit ist, denn alle anerkennen, daß das Abendmahl
des Herrn die Gemeinschaft Leibes und Blutes Christi sei, alle

---

*) Kuyper I, LXXI f.; woselbst auch die betr. Belegstellen.
**) Kuyper II, 22.

wahrhaft frommen laſſen ſich an dem Weſen des Sakramentes
genügen, wenn ſie auch die Art und Weiſe nicht genau darlegen
können; deshalb glaube ich, daß es in unſerer Zeit genügt, das
Volk über das Weſen der Sakramente zu belehren, d. h. über
die uns vermittelte Gemeinſchaft an dem Leibe und Blut Chriſti,
um eine einſtimmige Gemeinſchaft in der Lehre zu erzielen, uns
aber im Streit über die Elemente im Sakrament zu mäßigen,
um nicht Öl ins Feuer zu gießen. Wir müſſen eingedenk ſein,
daß wir all' unſere Macht in unſerem Berufe nicht zum Streit,
noch viel weniger zur Zerſplitterung, wohl aber zur Auferbauung
der Gemeinden empfangen haben. Jede Gelegenheit müſſen wir
deshalb aufſuchen, nicht die ſchon mehr als genug erregten Fragen
noch zu verſchärfen, ſondern zu mildern und zu beſänftigen. Wo
immer hier von irgendwem geirrt worden iſt: es iſt doch nur
ein menſchlicher Irrtum. Sicher iſt, daß alle dieſe Lehrer, die
ſich in dieſem Punkte von einander unterſcheiden, ſo geſinnt ſind,
daß, wenn ſie durch die offenbare Macht des Wortes Gottes ihres
Irrtums überführt worden zu ſein merken, mit der höchſten
Willigkeit bereit ſind ihre Meinung zu ändern. Allen iſt ihre
Frömmigkeit bekannt, allen auch ihr Eifer in der Ausbreitung
des Evangeliums Chriſti. Wenn Gott, um die Wahrheit ſeiner
Geheimniſſe klarer zutage zu fördern und den ſchmählichen pa-
piſtiſchen Götzendienſt deutlicher zu zeigen, ſeine Kirche noch durch
die Mannigfaltigkeit der Meinungen üben will, ſo iſt es unſere
Pflicht, daß wir uns und unſere Irrtümer gegenſeitig in chriſt-
licher Geduld und Sanftmut tragen."*)

Das iſt die köſtliche Sprache des Leiters der oſtfrieſiſchen
Kirche: wie hebt ſie ſich rein und lauter ab von der Redeweiſe
damals in Wittenberg und auch in Zürich! Laski ſtellt zunächſt
im allgemeinen über die Sakramente den Satz auf, daß ſie Ein-
ſetzungen Chriſti ſind, zu dem Behufe vorzugsweiſe ſeiner Kirche
übergeben, daß durch ihren rechtmäßigen Brauch die ganze Kirche
in der heilſamen Gemeinſchaft mit dem Herrn Chriſtus, durch
die allein wir, wenn wir ſie im Glauben ergreifen, gerecht ſind,
verſiegelt werde (obsignetur). Dann aber auch, daß ſie deſſen

*) Kuyper I, 479.

erinnert werde, es sei ihre Schuldigkeit, ein Bild der Gemeinschaft mit Christo auszudrücken, im *Glauben an den sie das
Siegel empfängt. Auf das heilige Abendmahl nun angewandt,
besiegelt uns der Brauch desselben unsere Gemeinschaft mit Christus in seinem Leibe und Blute und damit auch nach seiner Einsetzung unsere Gerechtigkeit, die im Glauben ergriffen wird.
„Willig räumen wir auch die Gegenwart unseres Herrn Christus
in seinem Abendmahl ein, wirksam zum Heile allen, die durch
den Brauch des Abendmahles in seiner Kirche ihre Gemeinschaft
mit ihm und seine mit uns bezeugen. Über die Art seiner
Gegenwart machen wir uns keine Sorgen, wir müssen uns nur,
so lange noch die Meinungen der Gelehrten darüber auseinander-
gehen, vor jeder neugierigen Untersuchung vor dem Volke mäßigen,
weil es uns genügt Christum zu haben." Bei dieser Anschauung
sind nur die drei Meinungen entschieden abzulehnen, die päpstliche
Verwandlungslehre, die örtliche und natürliche Einschließung des
Leibes und Blutes Christi und endlich die andere Lehre, die die
Sakramente nur leere Zeichen sein läßt.

Der Standpunkt a Lascos ist klar. Er berührt sich am
nächsten mit der calvinisch-melanchthonischen Auffassung, wie sie
ihren gültigen Ausdruck in dem veränderten Augsburger Bekenntnis von 1540 gefunden, eine Änderung, die ja auch Luther,
stillschweigend wenigstens, hatte geschehen lassen.

Aber die friedevollere, stillere Zeit in dem Leben und der
Wirksamkeit unseres Freundes eilte ihrem Ende zu. Nur drei
Jahre durfte er sich seines Landsitzes ungestört erfreuen, dann
zogen die unholden Zeiten auch durch das von dem Mittelpunkt
so fern abgelegene Ländchen. Die Persönlichkeit Laskis dort am
Meere ragt zu hoch wie eine mächtige deutsche Eiche empor, als
daß ihn bei dem gewaltigen Gewittersturm, der durch das Land
tobte, der Blitz nicht in erster Linie getroffen hätte. Sich dem
kaiserlichen Drohen zu fügen wider das Gewissen, das trauten
auch die Gegner dem glaubensstarken Manne nicht zu. So mußte
er wiederum zum Wanderstab greifen, hinaus in eine unbekannte
Ferne, getrosten Mutes auch dieses Mal, denn sein Auge schaute
glaubensvoll auf die Wege, die Gott ihm zeigte.

19*

e) **Das Interim in seiner Wirkung auf Laskis Geschick.**

Was zu dem Scheitern des Kölner Reformationsversuches so
wesentlich beigetragen, das Unvermögen „mit Schwärmers Ernst
des Weltmanns Blick zu paaren", das machte sich in schwer
verhängnisvoller Weise nun auch im Fortgang der evangelischen
Bewegung geltend. Als ob diese Ungeschicklichkeit unentäußerlicher
Zug im deutschen Wesen sei! Und Deutschlands tüchtigste Kraft
stand damals bereits im Heerlager der Protestanten. Auch das
ungeübte Auge mußte erkennen, daß unabwendbar die Geschicke
sich in einer Weise zusammendrängten, die nur durch die Waffen
ausgetragen werden konnten. Wie leicht wäre es dem Schmalkaldener Bunde auch noch im Sommer 1546 gewesen, die schlaue,
mit feinster Berechnung alles zu dem einen Ziele verwertende
Politik des Spaniers zu durchkreuzen, mit nur geringer diplo-
matischer Kunst die arge Spannung zwischen Kaiser und Papst
zu eigenem Vorteil auszunutzen! Aber harmlos, fast ohne Ahnung der Sachlage und ihrer Verwertung trieben die protestantischen Fürsten in ihr Geschick. Auch als der Schmalkaldensche
Krieg schon ausgebrochen war, lag die Entscheidung noch in ihrer
Hand. Im Thüringer Wald hatten sie bei 20,000 Mann gerüstet zur Hand, im Württemberger Lande lagen 12,000 Mann
im Felde und der Kaiser mußte noch mühsam seine weitzerstreuten
Truppen zusammenziehen. Dem wackeren Schärtlin wäre es in
jenen Tagen nicht schwer gefallen, den Zuzug kaiserlicher Truppen
aus dem Süden zu hindern; der protestantische Kriegsrat aber
war vor lauter Rücksichten wie mit Blindheit geschlagen. Dazu
dann noch die durch ihre Folge zur Frevelthat an der evangelischen Kirche gewordene Besetzung Kursachsens durch Herzog Moritz.
Also auch auf politischem Gebiete die Erhebung der Sonder-
interessen über die gemeine Wohlfahrt, die Spaltung im Bunde,
welche wie die so bald schon zutage tretende kirchliche Trennung
nur dem Gegner zugute kam. Auf der Lochauer Heide bei Mühlberg traf im Frühjahr 1547 der entscheidende Schlag. Der

Kampf war nicht so furchtbar blutig, aber doch fielen in ihm die Würfel von weltgeschichtlicher Bedeutung und sie fielen zugunsten des Kaisers: er hatte den protestantischen Mächten einen fast tödlichen Schlag versetzt. Der Kurfürst von Sachsen war gefangen. Seinen Kurhut empfing Moritz, in die Stadt Luthers zog eine kaiserliche Besatzung; in weiterer Folge dieses Sieges mußte sich sieben Wochen später (19. Juni) der Landgraf von Hessen auf Gnade und Ungnade ergeben.

Das Geschick der evangelischen Kirche lag, menschlich geredet, in der Willkür des Kaisers. Nur in Niedersachsen waren noch ein paar Zuckungen zu verspüren, sich wider die Gewalt des Spaniers aufzulehnen. Christoph von Oldenburg, der streitbare Degen und kampfesmutige Anwalt der Protestanten, — wir sind diesem Freunde Laskis oft schon begegnet — stellte sich mit Albrecht von Mansfeld an die Spitze einer Schar von Reitern und Landsknechten. In der Gegend von Dronkenborg stieß man auf die Kaiserlichen unter Führung des Herzogs Erich von Braunschweig. Hier wenigstens siegten die Protestanten; freudig ward das Pfingstfest in Bremen gefeiert. Aber der kleine Gewinn verschlug nicht bei dem unersetzlichen Verlust: der Kaiser hielt es nicht einmal für geboten, weiter den Erfolg der Niedersachsen zu beachten; der geringfügige Erfolg der Protestanten mußte von selbst verschwinden, wenn ihm das Glück hold blieb, alle Früchte seines Sieges bei Mühlberg zu pflücken.

Es war doch nicht ein Kampf ausschließlich zwischen Rom und Wittenberg, der hier zum endgültigen Austrag gekommen war, auch nicht einmal in politischer Beziehung. Für den evangelischen Teil war ein glückverheißendes Zeichen der tiefe Zwiespalt, die scharfe Spannung, die jetzt zwischen dem Kaiser und dem Papst offen zutage trat. Es lag Paul III. mehr daran, sein weltliches Ansehen dem Kaiser gegenüber geltend zu machen, als im Bunde mit ihm der evangelischen Kirche in diesem günstigen Augenblicke Gewalt anzuthun, und Karl V. war eher bereit, den Gewinn des Sieges daranzugeben und die Sache der römischen Kirche zu opfern, als auch nur im geringsten seine kaiserliche Macht sich schmälern zu lassen. Dem Papste soll damals in seiner Wut das gotteslästerliche Wort entschlüpft sein: er werde

sich helfen so gut er könne, und sollte er die Hölle zur Hilfe
rufen*). Ein Bund des Papstes mit dem Sultan hielt man
nicht für unmöglich, während der kaiserliche Gesandte in Rom
daran dachte, sich im Namen des Kaisers der Engelsburg zu be-
mächtigen. Diese Sachlage wirkte wesentlich und man darf trotz
der schmerzlichsten Schädigung, die das Interim der evangelischen
Kirche zufügte, sagen günstig bei der Regelung mit den unterworfenen Protestanten ein. Denn es machten sich Stimmen in
der Umgebung des Kaisers geltend, die kurzer Hand die letzten
dreißig Jahre aus der Geschichte wegwischen wollten, und jedermann fühlte, daß Deutschland in diesem Augenblick wieder einmal
ein Oberhaupt von durchgreifender Gewalt besaß. Freilich wer
will leugnen, daß dann nicht vielleicht die allzu gespannte Sehne
des Bogens zerrissen und das kleine Häuflein dort in Bremen
zur Lawine angeschwollen wäre, die das ganze Reich über-
zogen hätte?

Unter solchen Verhältnissen trat im Herbst 1547 der Reichstag in Augsburg zusammen. Ein Vierteljahrhundert trennte ihn
nur von dem denkwürdigen Reichstag von Worms, aber welch
eine Geschichte in dieser Spanne Zeit! Und dieses Mal hatten
die Protestanten keinen Luther mehr, dem Kaiser und Reich mutvoll allein in der Kraft Gottes gegenüberzutreten! Karl V.
selbst war zugegen, im Vollgefühl seiner Macht bereit, die Früchte
seiner siegreichen Politik einzuernten. Als seine dringendste Aufgabe sah er den Erlaß einer religiösen Ordnung für Deutschland
an. Die kirchliche Spaltung sollte beigelegt werden, in der Form
freilich, wie sie dem katholischen Machthaber beliebte. Ein christliches Konzil sollte die Ausgleichung zuwege bringen. Das Konzil
hatte nun freilich schon begonnen; in welchem Sinne es diese
Arbeit ausführen würde, das konnte den Protestanten aus den
bereits vorliegenden Protokollen nicht zweifelhaft sein. Ein Glück

---

*) „Que hara lo que pudiere y se ajutara con el diablo." Ranke
V, 10 entlehnt das Wort aus den wichtigen Depeschen des kaiserlichen Gesandten Diego de Mendoza, des gewiegtesten Staatsmannes der spanisch-
kaiserlichen Politik. Mit welcher Schärfe, mit welchem Hohne tritt Mendoza
dem Papste und seiner Politik entgegen und dabei doch an den Lehrsätzen
seiner Kirche fest hangend!

noch, daß gerade dieses Tridentiner-Bologneser Konzil der Streit-apfel zwischen Papst und Kaiser war und somit unfähig, den erwarteten Einfluß auszuüben. Bis das Konzil eine Entscheidung getroffen haben würde, sollten unterdessen (interim) gewisse Verein-barungen zwischen der Mutterkirche und den Sekten gelten: hier das gewährte Zugeständnis der Priesterehe, des Laienkelches, der Fastenerleichterung, dort das geforderte Zugeständnis des päpst-lichen Primates, der sieben Sakramente und Transsubstantiation, der Fürbitte der Heiligen, der Prozessionen und anderen Zere-monieen.

Es ist ein schmerzensreicher Gang, der Einführung dieses In-terims in den einzelnen protestantischen Gebieten Deutschlands zu folgen. Mit nur ganz geringen Ausnahmen beugten sich, wenn auch widerwillig, die Fürsten; schwer bedroht von dem kaiserlichen Zorn auch mit oft ergreifendem Widerstreben die Stadtmagistrate. Leider war selbst Melanchthon gefügig, im sogen. Leipziger In-terim eine Hand zu bieten, die als Unwesentliches sich gefallen lassen wollte, was Tausenden eine schwere Verletzung ihres evan-gelischen Glaubens dünkte. Aber viele Pastoren wollten lieber Stelle und Unterhalt preisgeben als ihre evangelische Freiheit eines Christenmenschen. Von Haus und Hof verjagt sind sie ins Elend gezogen; es dünkte ihnen der bittere Gang doch noch besser, als unter schweren Gewissensnöten im behaglichen Amte bleiben.

Auch in unser vom Weltverkehr so entlegenes, halb vergessenes Ländchen am niedrigen Meeresstrand drang die Wirkung dieses Interims und zwar verhängnisvoll für unseren Freund. Mit gespanntester Aufmerksamkeit war er dem Gang der Ereignisse gefolgt. Der Aufenthalt in Bonn, dann in Worms hatte ihn dem Mittelpunkt der Bewegung nahe gebracht; dann waren die schweren Tage des Krieges gekommen, sein beklagenswerter Aus-gang. Es muß ihn in der schwülen Zeit erfrischt haben, das Land, das er lieb gewonnen, denen zugesellt zu sehen, die das protestantische Banner in allem Wogendrang hoch hielten. Er war Zeuge von dem, was Ranke in den schönen, wahren Worten zusammenfaßt, „daß der Norddeutsche erst ein großes Mißgeschick

erleben muß, um sich der tieferen Antriebe seines geistigen Lebens
vollkommen bewußt zu werden."*) Als sein Gönner, Herzog
Christoph von Oldenburg, als Sieger in Bremen einzog und
dort Pfingsten hielt, war Freund Hardenberg bereits, nachdem er seine Stellung bei dem Kurfürsten niedergelegt, Pastor
am Dom zu Bremen geworden. Auch dem Fortgange der Ereignisse konnte unser Freund wie aus der Nähe folgen. Dem
Reichstag zu Augsburg wohnte als Botschafter Polens Stanislaus Laski bei**). Das brüderliche Verhältnis der beider
war, wenn auch freundlich, doch kein so inniges wie mit dem verstorbenen Hieronymus. Der Briefwechsel war in den letzten
Jahren ins Stocken geraten. Melanchthon meldet unserem
Freunde, daß ein Sohn des Stanislaus von seinem trunkenen
Diener am Hofe des Herzogs Moritz von Sachsen umgebracht
worden sei. Laski bezweifelt die Meldung, weil er nicht weiß,
wie sein Neffe an den deutschen Hof gekommen sein sollte***).
Die Augsburger Tage frischten den Briefwechsel wieder auf;
Stanislaus hält den Bruder auf dem laufenden. Seine
Stellung sowohl als auch seine persönliche Bedeutung gewähren
dem polnischen Gesandten einen Einblick auch in die verborgeneren
Strömungen der herrschenden Politik. Dem fesselnden Berichte
eines hervorragenden Zeitgenossen, der auch in Augsburg gewesen,
entnehmen wir die kurze Schilderung, daß der Botschafter Polens
„ein prächtiger, weit versuchter, gelehrter, wohlberedter, ansehn-
licher, im vertrauten Umgang lieblicher und holdseliger Mann
gewesen."†) Die uns bei den Laskischen Brüdern bereits bekannte hohe Sprachengabe erweckte auf dem Reichstage Staunen.
Man sah den Bei von Tunis, Muley Hassan, der in Augsburg kaiserliche Hilfe begehrte, fast immer in der Nähe und Ge-

---

*) Ranke IV, 420.
**) Eichhorn I, 94. Dem polnischen Gesandten war von seinem König
der Auftrag geworden, für die Befreiung der beiden, so schmählich gefangen
gehaltenen deutschen Fürsten zu wirken, ebenso für die Herstellung der kirchlichen Einheit in Deutschland durch das ökumenische Konzil und auch für
eine kräftige Unterstützung wider die drohenden Türken.
***) Kuyper II, 593.
†) Grote, S. 240.

sellschaft des polnischen Gesandten, weil dieser mit ihm in seiner Muttersprache verkehren konnte. Auf solche Weise bedient, besaß unser Laski Nachrichten, wie niemand, auch die Gräfin nicht, sie so zuverlässig und rasch erhalten konnte. Er hatte bald erfahren, daß der vom Kaiser an den Papst gesandte Kardinal von Trident — es war Madrucci — nichts bei Paul III. habe durchsetzen können und so die Entzweiung der beiden Mächte in offene Feindschaft ausgeartet sei; er wußte schon im Februar, daß der Papst Piacenza belagere, das nach der Ermordung von Pier Luigi Farnese, eines Sohnes des Papstes, vom kaiserlichen Befehlshaber in Mailand, Ferrante Gonzaga, besetzt worden war*). Nicht viel Hoffnung flößten trotzdem diese Nachrichten unserem Laski ein, der ein scharfes Auge für das Verständnis weltlicher Dinge besaß und, was wichtiger, zugleich die Grenze ihres Einflusses auf geistliche Dinge zu ermessen vermochte. Gerade in jenen Tagen schrieb er das prophetische Wort, für alle Zeiten gültig: „Wie immer so denke ich auch heute noch über die Reichstage inbetreff religiöser Angelegenheiten. Wenn wir es unternehmen, Religionssachen durch menschliche Vorsicht und Klugheit zu leiten und zu fördern, geht es mit ihnen von der Zeit an bergab, wo wir sie mit menschlichem Schutze stärken zu können meinen."

a Lasco hatte sich über den endgültigen Ausgang der kirchlichen Angelegenheit auf dem Reichstag nicht getäuscht. „Möge der Herr seine Kirche in seinen Schutz nehmen!" ruft er wehmütig nach Erlaß des Interims aus. Das Leipziger Interim, „dem die Züge Philipps eingeprägt sind", bereitet ihm tiefen Schmerz. Er will wohl aus Achtung gegen Melanchthon auch im vertrauten Freundesbrief nicht ausdrücken, was das Buch bei ihm geweckt; nur der eine Stoßseufzer entringt sich seiner müden Seele: „Aber wenn alles das, was in der Schrift als Adiaphoron nicht getadelt wird, derart ist, daß man es wieder annehmen kann, wo hinaus soll es mit denen, die gelehrt haben, man müsse auch mit Darangabe des Lebens das bekämpfen, was sie nun nicht bekämpfen, und für wie viele war es doch Anlaß,

---

*) Kuyper II, 615.

daß sie um deswillen hingeschlachtet wurden. Ach komm Herr
Jesu!"*)

Auch nach Emden kam Ende August 1548 der kaiserliche
Bote, der die Unterwerfung unter das Interim gebieterisch forderte. Die Gräfin war gerade außer Landes, als der Bote eintraf, in Heidelberg bei dem Pfalzgrafen Otto Heinrich, sich
mit ihm über kirchliche Dinge zu beraten; a Lasco war auf
dem Sprunge, einer dringenden Einladung nach England, bei der
Ordnung der dortigen kirchlichen Verhältnisse mitzuwirken, Folge
zu leisten. Die Gräfin hatte ihm bereits den nötigen Urlaub
bewilligt, vorbehaltlich jedoch seiner Rückkehr in den ferneren
Dienst der ostfriesischen Kirche. Laski hielt es für das ge-
ratenste, wenn auch schweren Herzens, seine Zusage der schleunigen
Abreise auch jetzt nicht zurückzunehmen; konnte er doch hoffen,
durch seine und der Gräfin Abwesenheit die Entscheidung hinaus-
zuziehen, und das schien in jenen drangsalvollen Tagen schon gewinn. Wie schwer die Zeit auf allen lastete, welche Gefahren
den Häuptern der evangelischen Kirche drohte, ist daraus zu entnehmen, daß unser Freund nur verkleidet und unter fremdem
Namen die Reise auszuführen wagte. Schon auf der Reise von
Antwerpen aus, später dann wiederholt im Laufe des Winters
von England, richtete a Lasco aufmunternde Trostschreiben an
seine Kirche unter dem Kreuze. Leider sind diese Sendschreiben
bis jetzt noch nicht wiedergefunden worden; Emmius scheint
sie noch vor Augen gehabt zu haben, wenn er ihnen entnimmt,
daß die Prediger doch nur ausharren und guten Mutes sein
möchten. Werden sie von Haus und Hof weggejagt, dann hat
ihnen ihr treuer Superintendent in England eine Zufluchtstätte
bereitet, da können sie mit vielen um ihres Glaubens willen
Flüchtigen ungestört und gastfrei leben. Aber nur treu sollten
sie ausharren. Das sei das Los der Frommen in diesem Jahrhundert, Verfolgung zu leiden. Die letzten Zeiten seien angebrochen, Satan wüte, um das Reich Christi zu zerstören, aber
Christus werde siegen und den Seinen aushelfen, er sei ja der
starke Löwe vom Stamme Juda. Groß und mächtig sei wohl

---

*) Kuyper II, 617.

der Kaiser, der gebietet, größer und mächtiger aber Gott, der
verbietet. Dem Kaiser müsse man wohl gehorchen, aber nur
bis an die Schwelle des Altars *).

Die Gräfin war unterdessen heimgekehrt, niedergebeugt und
ratlos, denn auch in Heidelberg war man unschlüssig, was zu
thun, und bleiern lag die Angst auf allen. Es war ein gefährliches Spiel für Land und Leute, den Zorn des Kaisers durch
Unbotmäßigkeit auf sich herab zu beschwören. Und der Kaiser war
in bedenklicher Nähe. Von Augsburg war er nach Brüssel gegangen, seinem Sohne Philipp, den er von Spanien hatte
kommen lassen und der durch Deutschland eben die, fast möchte
man sagen, Brautreise auf Wunsch des kaiserlichen Vaters gemacht, um im voraus um die Liebe dieses Landes bei der künftigen Kaiserwahl zu werben, die Leitung der Niederlande zu übergeben **). Zunächst versuchte es die Gräfin, durch Bitten und
Flehen der Unterwerfung unter das Interim zu entgehen. Der
Kaiser möchte doch Geduld und Nachsicht mit einer hilflosen
Witwe haben und gestatten, daß bis zur Entscheidung eines
Konzils die kirchlichen Angelegenheiten in ihrem armen Ländchen
unberührt bleiben. Der Kaiser wollte aber auf diesem Punkte
auch das Weib nicht schonen und forderte unbedingte Unter-
werfung. Noch ein Versuch von Emden aus im Februar 1549.
So lange war es denn doch schon geglückt, die Durchführung des
Interims hintanzuhalten. Der Staatsmann Friedrich ter
Westen wurde nach Brüssel an den Kaiserhof gesandt und mit
der Führung der schwierigen Angelegenheit betraut. Er war nicht
der Mann dafür im Geiste Laskis. In seinem eingesandten
Bericht führt ein Staatsmann das Wort, der sich von dem
Kaiser hat einschüchtern lassen und dem nichts peinlicher dünkt,
als um Glaubenssachen willen sich und sein Land der Heimsuchung preiszugeben. Ja, er ist denn doch der Sadducäer, als
welchen ihn Ostfrieslands Geschichtsschreiber schildert ***). Er weiß
geschickt der Gräfin ihre Angst zu verstärken, den Gewissenszwang,

---

*) Emmius, S. 936.
**) Maurenbrecher, S. 241.
***) Emmius, S. 937.

den das Interim ausübte, abzuschwächen, fälschlich ihr vorzuspiegeln, wie sich mit nur verschwindenden Ausnahmen alle Welt
demselben gefügt und es dann doch befremdlich erscheinen müsse,
daß sie als Weib und für ihr Ländchen Anstand nehme zu thun,
was die mächtigsten protestantischen Regenten bereits gethan.

Während die Gräfin, durch die geschickt abgefaßten Berichte
ihres Gesandten am Brüsseler Hofe eingeschreckt, ins Schwanken
inbetreff ihrer Haltung dem Interim gegenüber geriet, traf
a Lasco in Ostfriesland wieder ein. Nur ein paar Tage hält
er sich um seines Reisegefährten aus England willen (Graf
Mansfeld) in Emden auf, dann eilt er (20. März 1549)
hinüber nach Aurich, wo sehnsüchtig die Gräfin ihn erwartet. Er
fand sie im Banne des Hofmannes und weltlichen Ratgebers,
der auf Unterwerfung unter den unbeugsamen Willen des Kaisers
drang. a Lasco hatte rasch die Sachlage begriffen und war
auf das Äußerste gefaßt. „Wir erwarten hier" — so schreibt
er einem Freunde in England Mitte April — „aufs gewisseste
Kreuz und Verfolgung und muntern uns gegenseitig zur Er-
tragung desselben in dem Herrn durch Anrufung seines heiligen
Namens auf, damit wir durch Geduld und Treue im Ertragen
alles das überwinden, was der Herr gegen uns zuzulassen zu
seines Namens Ehre und zu unserer Besserung beschließen mag.
Sicherlich sorgt sich der Herr um uns und ist so mächtig, daß
er all' unsere Feinde, wie viele ihrer auch sind, mit einem einzigen Worte aus seinem Munde zu Boden werfen kann; der
Herr ist aber auch so gut, daß auch nicht ein Haar von unserem
Haupte ohne seinen Willen fallen kann und wenn auch die ganze
Welt wider uns anstürmen wollte. Gott vermag so wenig jemals
uns Übles zu wollen, wie eine Mutter ihrem Kinde oder das
Augenlid dem Auge, ja so wenig wie er jemals nicht Gott zu
sein vermag. Er ist in allem zu preisen, was er gegen uns zuläßt, weil er nichts anderes jemals gegen uns zuläßt, als was
zu unserem Heile dient. Ihm haben wir insgesamt unsere
Sache befohlen; mit aller Geduld erwarten wir, was er gegen
uns zuzulassen willens ist."*)

---

*) Kuyper II, 621.

Den schönen Worten heldenhaften Gottvertrauens fühlt man ab, daß es unserem Freunde rasch gelungen war, den gesunkenen Mut seiner Geistlichen mit frischer Kraft anzufachen. Nicht auf unfruchtbaren Boden fiel die Anregung des Führers: wir werden es bald erkennen. Rührig, nach allen Seiten hin thätig, schaute er aus, wie er dem verderblichen Interim begegnen, wie er die evangelische Kirche vor der Vergewaltigung des Kaisers schützen könne. Wenn auch nur erst noch im blauen Duft der Ferne und in schwankenden Umrissen schien eine Rettung vor der fast übermächtigen Gewalt des kaiserlichen Gegners der Reformation sich zu zeigen: begierig wendete a Lasco den Blick darauf hin, bereit zur Mithilfe, wenn man seiner dabei bedürfe. In dieser Bereitschaft entschloß er sich noch einmal für ein paar Monate Ostfriesland zu verlassen, in der Hoffnung, durch den etwaigen Erfolg der Reise von größerem Nutzen der evangelischen Kirche zu sein, als wenn er in Emden müßig dem schleppenden Verlauf der Dinge zusehen würde.

Wie eine eiserne, schwere Decke lag die Macht des Kaisers und sein Interim auf dem protestantischen Deutschland; aber darunter wogte und wühlte ungebrochen und auch in grimmer Auflehnung wider die maßlose Gewalt des Spaniers und Katholiken die deutsche und evangelische Gesinnung des Volkes. Es konnte den schnöden Hohn nicht verwinden, mit dem der Kaiser die beiden gefangenen deutschen Fürsten behandelte; um so weniger, da man darin zugleich eine Drohung erkannte, wessen man sich diesem Machthaber gegenüber in seinen heiligsten Interessen zu versehen habe. Es gärte in der Tiefe. „Lieber Beil als Feder, lieber Blut als Tinte": das entschiedene Wort des Markgrafen Johann von Brandenburg, mit welchem er die Unterschrift zum Interim ablehnte, fand bei manchem Fürsten Wiederhall. Und es blieb nicht bei solchem Worte. Der edle Herzog Otto von Braunschweig machte schon im Anfang des Jahres 1548 den ersten Versuch zur Schließung eines Fürstenbundes wider die Zwingherrschaft des Kaisers*). Es galt im weiteren Fortgang

---

*) Raumer (1857), S. 19.

besonders den Herzog Albrecht von Preußen für den Bund zu
gewinnen, weiter dann England, Polen, den alten Erbfeind
Karl V. und andere Mächte. In Polen hatte Sigismund
August vor kurzem den Thron seiner Väter bestiegen. Große
Hoffnungen setzten die Protestanten auf den König, der dem
Evangelium zugethan schien. Auch Laski teilt diese Hoffnung.
Kaum erfuhr er, daß der ganz evangelisch gesinnte Prediger des
Königs, Lorenz Prasnicius, die Absicht hege, seine Stelle
niederzulegen, als er ihn in einem Schreiben aufs dringendste
bat, von diesem Vorhaben abzustehen. „Du weißt, mein Bruder, wie groß die Ernte und wie wenige Arbeiter sind. Du
schrickst vor dem gottlosen Treiben am Hofe zurück; du brauchst
nicht zu schmeicheln, stelle die Sünde an den Pranger, aber so,
daß man erkennt, daß du nicht die Personen, sondern ihre Laster
hassest. Denn so auch urteilt Gott über unsere Fehler, während
er uns selbst liebt und als seine Kinder anerkennt, so lange nur
eben nicht wir mit Wissen und Wollen ihn und seine gnaden-
volle Wohlthat in Christo verachten."*) In Riesenburg kam Herzog
Albrecht von Preußen mit dem Woiwoden von Marienburg,
Achatius von Zemen, zu einer Beratung zusammen. Der
eifrige Graf Volrad von Mansfeld war nach England gegangen,
um den Anschluß des Lord-Protektors zu gewinnen. Laski
hatte auf demselben Schiffe mit ihm von da die Rückreise gemacht; er war in die Pläne des Grafen völlig eingeweiht, sei es
durch ihn selbst, sei es durch den Herzog Christoph von Oldenburg. Unmittelbar nach seiner Heimkehr nach Emden kann er
dem Erzbischof von Canterbury ausführlichen Bericht über den
Stand der Dinge zur Übermittelung an den Herzog von Somerset mitteilen.

Nun war es, als ob die berühmte Laskische diplomatische
Ader auch bei unserem Johannes zu schwellen angefangen. Zum
erstenmale und auch nur veranlaßt von der Aussicht, auf diesem Wege der Vergewaltigung der evangelischen Kirche steuern zu
können. Die Reise geschah im geheimen. a Lasco war nach
Bremen gegangen, nach ein paar Tagen weiter nach Hamburg,

---

*) Kuyper II, 623.

von wo er bald eine Schiffsgelegenheit nach Danzig fand. Es ist uns leider verborgen geblieben, was er die folgenden acht Wochen hier in der berühmten Hafenstadt seiner Heimat gethan. Es scheint hauptsächlich eine Wartezeit gewesen zu sein. Laski sah sich allzeit als Pole an, dem Willen seines Königs unter= worfen. Er war nach Danzig gekommen, die königliche Erlaubnis zu erhalten, einem Rufe Heinrichs VIII. Folge leisten zu dürfen, wenn nicht vielleicht das Vaterland selbst seine Mitarbeit bei einer zu erhoffenden Reformation beanspruche*). Der König von England hatte selbst deshalb an den König von Polen ge= schrieben**), von der Meinung ausgehend, daß unter dem neuen Regenten das Evangelium in Polen einziehen werde und mit dem Wunsche, daß dann eine so bedeutende Kraft wie Laski seinem Vaterlande nicht verloren gehen möchte. Auch Laski hatte an den König geschrieben und sich ihm zur Verfügung gestellt, wenn er sich seiner in einem der Lehre Christi entsprechenden Kirchen= dienste bedienen wolle. Mitte Juli begegnen wir Laski in Königsberg, wo er ein paar Wochen weilte.

Der Name à Lasco war dem Herzog Albrecht von Preußen kein fremder. In all den blutigen Kämpfen und Sträußen, die der wackere Hohenzoller als Hochmeister des deut= schen Ritterordens seit 1512 mit Polen führte, weil er sich wei= gerte, seinem Oheim, dem mächtigen König von Polen, den Lehnseid zu leisten, fast immer wenn es zu Friedensverhandlungen oder zum Abschluß eines Waffenstillstandes kam, stand im Vorder= grund der Leitung auf Seiten Polens der hochangesehene Erz= bischof von Gnesen. Als 1525 — es war am Palmsonntage — Herzog Albrecht in Krakau Friede schloß und mit Darangabe der Hochmeisterwürde und mit Verlusterklärung des Landes Preußens für den Orden das Land als erbliches Lehen aus der Hand des Königs von Polen empfing, da legte er den Lehnseid über dem Evangelienbuch ab, das der Erzbischof von Gnesen dem Könige in den Schoß gelegt hatte***); ein anderer Laski hielt

---

*) Kupper II, 31.
**) Ebd., S. 624.
***) Hase, S. 33.

während dieser glänzenden, weltgeschichtlichen Feier den vier-
jährigen Königssohn und Thronerben, Prinz Sigismund August,
auf den Armen. Mehr wie einmal dann befand sich Hieronymus a Lasco als Botschafter in Königsberg. Aber auch unser
Laski war dem Herzog nicht fremd. Der ernste, fromme Herzog,
in seiner Jugend von dem Erzbischof Hermann von Köln erzogen, hätte, durch Predigten des Osiander in Nürnberg für
das Evangelium gewonnen und mit Ratschlägen Luthers unterstützt, der Reformation freie Bahn in seinem Lande geöffnet. In
Königsberg predigte und dichtete Paul Speratus; hier im
Lande traten die Bischöfe Georg von Polentz und etwas
später Erhard von Queis offen der Reformation bei. Dem
Schulwesen wandte der thatkräftige Herzog große Sorgfalt zu.
Der Gründung eines Gymnasiums (Partikular genannt) reihte
sich bald die Stiftung der Universität an (eingeweiht am 17. August 1544). Rektor des Partikulars und auch Lehrer an der
Universität war ein Freund Laskis, Wilhelm Gnapheus,
um des Evangeliums willen aus seiner holländischen Heimat wie
viele andere seiner Landsleute nach dem Asyl flüchtig, das sich in
dem neugegründeten Herzogtum Preußen den um ihres Glaubens
willen Verfolgten alsbald geöffnet hätte; mit Entfelder, Professor der Theologie, auch aus den Niederlanden, stand Laski
seit Jahren in Briefwechsel*). Es war von Anfang an unseres Freundes geheimer Wunsch, in Preußen eine geeignete
Thätigkeit zu finden. Seiner glühenden Vaterlandsliebe wäre
es süßer Trost gewesen, wenigstens an den Thoren Polens
zu leben und ganz in der Nähe sein Geistesauge auf den
Fortgang des Evangeliums in der Heimat gerichtet zu halten.
Auch Herzog Albrecht wünschte die bedeutende Kraft seinem
Lande zu gewinnen. Er schätzte ihn hoch wegen seiner hervorragenden Geistesgaben, ebenso sehr auch wegen seiner heldenhaften Gesinnung, wegen seines tugendhaften Wandels. Einst
äußerte der Herzog, er könne sich nicht genug wundern, wie von
denselben Eltern leibliche Brüder (er meinte Stanislaus und Jo-

---

*) Es ist uns — meines Wissens — nur noch ein sehr interessanter
Brief erhalten (Gabbema, S. 49).

hannes) so verschiedener Geistesrichtung entsprungen seien, der eine lobenswert in den Werken des Friedens und der Frömmigkeit und im Kirchendienst so hervorragend und bedeutend, der andere dagegen ein rechter Krieger, ruhelos, in Verachtung der Gefahr der Tapfersten einer*).

Schon frühe wurden Unterhandlungen mit dem ostfriesischen Superintendenten angeknüpft**). Sie fallen sogar bereits in die Zeit, als er noch als Privatmann in Emden zurückgezogen lebte und von der Unbill des rauhen Klimas schwer leidend seine Blicke nach einer anderen Zufluchtsstätte richtete. Mehrmals hatte sich schon Herzog Albrecht brieflich an ihn gewandt; die Verhandlungen scheiterten aber, wahrscheinlich wegen Verdächtigungen seines theologischen Standpunktes, welcher mit der in Preußen damals herrschenden Richtung nicht stimmte. Die Niederländer, die sich vor den Verfolgungen Karls V. in Preußisch-Holland friedlich unter dem gewährten Schutze des Herzogs niedergelassen, waren von Speratus in seiner Schrift „Ad Batavos vagantes" (1536) heftig angegriffen worden; gleiches Los würde auch unserem Laski von den Königsberger Hoftheologen widerfahren sein. Wir erinnern uns, wie a Lasco seinen Auszug der ostfriesischen Kirchenlehre dem Professor Entfelder handschriftlich zustellte und wie Melanchthon den Herzog vor dieser Schrift warnte***). Trotzdem tauchte der Wunsch einer Übersiedelung auf beiden Seiten noch ein paarmal auf; in greifbarerer Gestalt gerade jetzt, wo Verhandlungen mit Polen stattfanden und die Hoffnung frisch auflebte, die Heimat nicht nur auf Seiten derer zu sehen, die einen Bund wider den Kaiser zu schließen bemüht waren, sondern auch in kirchlicher Beziehung mit diesen Gegnern Karls V. gleicher Gesinnung.

Es waren heißbewegte Tage für das kirchliche Leben, die paar Wochen, die a Lasco in Königsberg verbrachte. Vor einem halben Jahre (27. Januar 1549) war Osiander, um des Interims willen aus Nürnberg vertrieben, bei dem Herzog eingetroffen und Pfarrer an der altstädtischen Kirche an Stelle des

---

*) Gabbema, S. 51.
**) Kuyper II, 575.
***) Vgl. S. 257.

Dalton, Laski.

20

Magister Funk geworden, den der Herzog zu seinem Hofprediger gemacht hatte. Schon im April brachen die Streitigkeiten aus. Osiander hatte in den Thesen, in welchen er den Antritt seiner Professur an der Universität feierlich beging, seinen Gegensatz wider die durch Luther eingeführte Lehrweise von der Rechtfertigung als einem nur gerichtlichen Akte Gottes über den Gläubigen scharf hervorgekehrt. „Rechtfertigen kann heißen" — so lautet es in diesen Thesen — „für gerecht erklären; nach dem Evangelium ist es zu verstehen gerecht machen. Wenn die Rechtfertigung geschieht durch den Glauben, so ist die Ausdrucksweise eine verkürzte, denn nicht der Glaube als etwas Formales, sondern Christus, an den wir glauben, als der Inhalt des Glaubens ist's, der gerecht macht. Niemand wird gerechtfertigt, ohne zugleich auch lebendig gemacht zu werden."*) Der disputierlustige Professor Lauterwald griff ihn heftig an und nun tobte der Streit herüber und hinüber und zog alle Welt in Mitleidenschaft, während die Pest in grauenerregender Weise in der schwer heimgesuchten Stadt wütete. a Lasco wohnte bei Lauterwald während seines Königsberger Aufenthaltes**); an dem Streite nahm er keinen Anteil. Er teilte Osianders Lehre nicht***). Schmerzlicher berührte ihn die zwei Jahre später von Osiander wider die Wittenberger, zumal wider Melanchthon erlassene kleine Schrift. „Es ist jetzt Mode geworden, neue Lehrzwistigkeiten auszusäen und die Wittenberger Schule anzugreifen, durch die doch der ganze Erdkreis in der Erkenntnis des Evangeliums gefördert wurde, ja der auch Osiander, wenn er wie billig es eingestehen wollte, zu gar großem Dank verpflichtet ist. Aber ach, so sind nun einmal die Geschicke unserer Tage!" seufzt der edle Mann mit dem klaren, tiefen Blick in die schmerzlichen Wunden, die die evangelische Kirche sich selbst in diesen heftigen Fehden schlug†). Während dieser theologischen Streitigkeiten unter-

---

*) Hase, S. 133.
**) So vermutet wenigstens Kuyper II, 627.
***) Kuyper II, 663: „Osiandri neque doctrinam neque institutum probo quod quidem ad causam justificationis attinet."
†) Kuyper II, 663 und noch ausführlicher in schönem Freimut in dem Schreiben an den Herzog: II, 666.

hält sich a Lasco mit dem Herzog über ernste Gegenstände des Glaubens. „Ich kann nicht sagen, welche Freude mir die Schreiben Eurer Hoheit gewährten, aus denen leicht zu ersehen ist, wie sehr Dir die Religion am Herzen liegt und wie Du sorgest, die Reinheit der christlichen Lehre zu bewahren. Daß doch solch ein Eifer nicht nur auch bei den anderen Fürsten, sondern auch bei den meisten Theologen, die doch für Säulen der Kirche gehalten sein wollen, angetroffen würde, und zwar zugleich im schönen Bunde mit der Bescheidenheit, die liebevoll den Grund jeglicher Lehre aufsucht und in christlicher Liebe erst anhört, ehe sie ihr Urteil, um nicht zu sagen Vorurteil, fällt. Weil Eure Hoheit in großer Milde und Humanität also handelt, darum müssen alle wahrhaft Frommen solche Bescheidenheit und Menschenfreundlichkeit lieben.‟*) Warum doch konnte es nicht geschehen, daß a Lasco eine Stellung in der Nähe des Herzogs gefunden! Es ist ein schmerzliches Verhängnis. Denn die beiden wahrhaft frommen Männer haben so viele kostbare Berührungspunkte, und eine Kirchengestalt wie a Lasco würde wahrhaftig dem Lande zu höherem Segen gereicht haben, als die Junk und Staphilus und Mörlin und wie immer sie heißen. Die ganze Geistesrichtung und Sinnesweise unseres Freundes schien wie zubereitet zu einem Hohenzoller-Hofprediger!

Während a Lasco in Königsberg auf Schreiben seines Königs, wie es scheint, vergeblich wartete und von dem Herzog auch in die geheimen Gänge der Politik des Fürstenbundes eingeweiht wurde**), trafen Briefe aus Emden ein, die seine schleunige Abreise erheischten. Am 1. August befand er sich in Danzig, nach 13 tägiger Seefahrt von da zuhause. Der Herzog war gespannt über den Fortgang der Dinge in Ostfriesland; ein ausführliches Schreiben a Lascos führt den fernen herzoglichen Freund und auch durch ein günstiges Geschick uns Spätgeborne in den raschen Verlauf der Ereignisse ein***). Gleich nach der Abreise Laskis

---

*) Kuyper II, 624.

**) Ebd., S. 628, in welchem Briefe er sich der Chiffrenschrift bedient, die auch die Kunst von Kuyper nicht ganz entziffern konnte. Unter dem Chamäleon möchte ich ter Westen vermuten.

***) Ebd., S. 628.

waren drängende Befehle zur unverzüglichen Einführung des Interims in Emden eingetroffen. Die Gräfin sah keinen Ausweg.
Einige Hofleute setzten eine neue Formel auf; man ist versucht,
sie das Emdener Interim zu nennen. Es ist ein Sammel-
surium: das Augsburger Interim, verquickt mit Anklängen an
die längst schon hinfällig gewordene Lüneburger Kirchenordnung
aus den Tagen Ennos*). Die Emdener Geistlichen verweigerten
die Zustimmung zu dem hinter ihrem Rücken gefertigten Formular,
auch zu einem anderen, das man mit ihnen beraten wollte; die
Bürgerschaft stellte sich auf Seiten der Geistlichen. Den Widerspenstigen wurden die Kirchthüren verschlossen. „Das stehe wohl
in der Macht der Gräfin", erklärten die treuen Bekenner, „die
Kirchthüren zu öffnen oder zu schließen, aber um ihrer Berufung
willen dürften sie nicht auf den Befehl der Regentin schweigen."
Der Gottesdienst wurde auf dem Kirchhofe gehalten, unter noch
größerem Zulaufe als früher in der Kirche. Hier auch, zwischen
den Gräbern der Verstorbenen, wurden die Kinder getauft, die
Ehepaare getraut. Nur in Norden hatte sich Lemsius und
die übrigen lutherisch gesinnten Pastore dem Interim gefügt.

So war der Stand der Dinge bei der Rückkehr Laskis.
Es war ihm eine Herzensfreude, den opferwilligen Glaubensmut
seiner treuen Pastoren, den festen und regen Eifer der Bürgerschaft zu sehen. Sehr ernst redete er der Gräfin ins Gewissen
wegen ihrer Fügsamkeit unter den kaiserlichen Befehl. Auf diesem
Punkte kannte der strenge Christ keine Schonung, er redete ohne
Menschenfurcht als Anwalt und Diener des Herrn. „Sie habe
sich durch ihre Botmäßigkeit an dem Herrn Christus und dem
heiligen Geist versündigt und Hand angelegt an die ihrer Leitung
anvertraute Kirche Christi. Habe sie solches aus Unklugheit gethan", so tröstete er dann wieder die Gräfin, „so sei größer
noch als ihre Sünde die Barmherzigkeit Gottes dann, wenn sie
dieselbe anrufe, nachdem sie ihre Sünde erkannt und mit der
Kirche, die sie in Verwirrung gebracht, sich ausgesöhnt. Thue sie

---

*) Meiners (I, 308) giebt dieses Formular vom 16. Juli 1549; der
Vergleich mit der Lüneburger Ordnung (ebenfalls bei Meiners I, 143)
zeigt, daß das neue Formular denn doch, wie Meiners sagt, gar sehr
„met het paapsche zuurdeeg doorkneedt is".

das aber nicht, dann werde der Zorn Gottes sie und alle die Ihrigen treffen" u. s. w. u. s. w. Wahrlich unter dem Drucke des Interims eine kühne, furchtlose Rede eines evangelischen Seelsorgers auch gegenüber dem Regenten! Er erklärt der Gräfin, so lange sie nicht Buße thue, könne und wolle er ihr Seelsorger nicht mehr sein; er lege aber deshalb sein öffentliches Amt nicht nieder, zu dem er nicht durch sie, auch nicht durch die oberste Behörde, sondern durch die ganze Gemeinde in öffentlicher Wahl berufen worden sei. Nur wenn diese Gemeinde aus freien Stücken ihn entlasse, nur dann erst werde er gehen; sonst nur offener Gewalt weichen.

So hielt a Lasco noch eine Weile die gewohnten Gottesdienste auf dem Kirchhof, und allwöchentlich auch trat der coetus zusammen, worin der Superintendent seine Mitstreiter, die mit Verzichtleistung auf ihren Gehalt treu im Dienste ausharrten, kraftvoll stärkte. Aber am Hofe des Kaisers war man nicht gewillt, den gefürchteten Mann länger in Ostfriesland zu dulden. Zwei schwere Anklagen brachte man gegen ihn vor: durch Privatschreiben verbreite er seine Irrlehre auch in dem Stammlande des Kaisers, und die Reise nach England und Polen habe keinen anderen Zweck gehabt, als irgendwelche Praktiken gegen kaiserliche Majestät auszurichten. Was half ihm seine Verteidigung, daß seine Lehre keine Irrlehre sei und daß aus allen vorliegenden Schreiben deutlich hervorgehe, daß seine Reise ganz andere Zwecke verfolgt habe? Der Argwohn war am kaiserlichen Hofe geweckt und die gegenwärtige Zeitlage günstig, sich des hervorragenden Mannes in der Nähe zu entledigen. Namentlich die letzte Anklage wurde wieder und immer wieder von Brüssel aus betont und die Gräfin, die sich zu ohnmächtig fühlte, den gewaltigen Bußprediger zu schützen, bat ihn, um der Wohlfahrt des Landes willen, ihr Gebiet zu verlassen. a Lasco gab endlich der Bitte nach. Er verließ Mitte Oktober die Stätte seiner fast zehnjährigen Wirksamkeit, die ihm zur zweiten Heimat geworden war. Es war keine Dienstentlassung, wir werden es später sehen, keine eigentliche Amtsniederlegung, nur ein Weichen aus dem Lande, bis bessere Zeiten angebrochen sein würden.

Der ehrenhafte Abschied, den die ganze Gemeinde a Lasco

bereitete, legte glänzendes Zeugnis von der hohen Achtung ab, die man dem frommen, furchtlosen Manne zollte. Hundert gottesfürchtige Männer und ebenso viele Frauen wurden von der ganzen Gemeinde erwählt, dem scheidenden Superintendenten und den Geistlichen, die sich dem Interim nicht gefügt und die man unbehelligt ihre Gottesdienste auch fernerhin auf dem Kirchhofe halten ließ, ein Festmahl am 24. September zu bereiten. Ein Ehrengeschenk der ganzen Kirche schlug der selbstlose, unbemittelte Mann aus. Nachdem das Mahl genommen und die Tische weggeräumt waren, verbrachte man den übrigen Teil des Tages in ernsten Ermahnungen zum Ausharren im Bekenntnis des Glaubens und im Gebet. Darauf gab man unter viel Thränen dem Superintendenten das Geleite nachhause und verabschiedete sich mit dem Friedenskusse von ihm. Auch die Gräfin wandte sich nicht von dem Manne, der mit so erschütterndem, fast rücksichtslosem Freimut ihre Sünden ihr vorgehalten. In einer uns noch erhaltenen Urkunde stellte sie a Lasco das Zeugnis aus, daß er sich länger als sieben Jahre hindurch an der Spitze der ostfriesischen Kirche, sowohl in Förderung der reinen Lehre des Evangeliums Jesu Christi als auch in seinem öffentlichen Lebenswandel tadellos erwiesen, so daß sie ihn um seines Glaubens, seiner Frömmigkeit, Gelehrsamkeit, Rechtschaffenheit und Unermüdlichkeit willen — welchem Zeugnis alle ihre Unterthanen, so weit ihnen die christliche Religion und Frömmigkeit wahrhaft am Herzen liegt, beipflichteten — am liebsten all' die Zeit ihrer Regierung behalten hätte. Aber der Kaiser habe ihn nicht ferner im Lande geduldet und da ein längeres Verweilen ihm, seiner Familie, dem ganzen Lande gefahrdrohend geworden sein würde, so habe sie ihn vermocht, anderswohin zu ziehen, wozu er sich auch unter der Bedingung entschlossen, daß die Kirche ihm die Erlaubnis dazu erteile. Mit schwerem Herzen habe sich die Kirche angesichts der drohenden Gefahr dazu entschlossen*), jedoch mit der Bitte zu-

---

*) Emmius erzählt (S. 939), daß die Gemeinde einstimmig die Entlassung abgewiesen und ihm nur gestattet habe, zeitweilig wegzugehen und der Wut des Antiochus zu weichen, bis zu gelegener Zeit sie ihn wieder zurückrufen würden.

gleich, zurückzukehren, wenn Gott seiner Kirche wieder ruhigere Zeiten gewähren würde*).

So mußte denn unser Freund wiederum den Wanderstab ergreifen und zum zweitenmale um seines Herrn Christus willen in die Verbannung ziehen. Es mag ihn hart angekommen sein, ähnlich wie vor zehn Jahren, als er von seinem Polen Abschied nahm. Aber es entschlüpft keine Klage dem ergebungsvollen Helden. Er zieht weg, nach seinem Herrn schauend, welches Land er ihm wohl nun zeigen werde. Zunächst lenkte er seine Schritte nach Bremen, im gastfreien Pastorate des alten Freundes zu ruhen und in der Nähe des Landes zu sein, das er während eines Jahrzehntes so lieb gewonnen. Er sah sich doch noch als der verwaisten Kirche Seelsorger an und fühlte sich verpflichtet, tröstend ihr in schwerer Zeit beizustehen. Ein köstlicher Trostbrief an seine Emdener Amtsbrüder ist uns erhalten**). Sorge und Teilnahme für sie und die ganze ostfriesische Kirche kann und will er zeitlebens nicht aufgeben. Er bittet sie treu zu bleiben, die Gemeinde zusammenzuhalten, sie zum Ausharren in ihrem Bekenntnis, aber auch zur Duldung in Milde und Danksagung zu ermahnen. Das Schreiben schließt mit den Worten: „Laßt uns den Herrn bitten, daß er sich seiner so in Verwirrung gebrachten Kirche erbarme und uns in seinem Dienste also mit seinem heiligen Geiste lenke und leite, daß wir einst, mit unserer Gemeinde auferweckt, jenes ersehnteste Wort vernehmen können: kommt her ihr Gesegneten meines Vaters." Auch an andere Privatpersonen in Emden gehen ernste Mahnschreiben ab. Ein sehr beachtenswertes z. B. an seinen Freund, den Sekretär der Gräfin, Lenthius. „Ich bitte Dich, mein Lenthius, harre aus in Deiner Stellung, aber sei dabei immer eingedenk jenes ‚bis an die Schwelle des Altars‘. Es ist ein Schweres, sich an dem Leib und Blut des Herrn zu verschulden. Von der Schuld dieses Verbrechens kann sich einst vor dem Gerichte Gottes niemand befreien, wer sich irgendwelchen Ratschlägen wider die Kirche

---

*) Kuyper II, 635.
**) Ebd., S. 637.

Christi und sein Amt so zugesellt, daß er nach dem Maße seiner
Berufung sein Mißfallen daran nicht bezeugt, geschweige denn,
wenn er mit Wissen und Wollen seine Hand dazu bietet."*)

Seine Familie hatte er auf dem Landgute zurückgelassen; er
wollte sie wohl den Wechselfällen eines noch unstäten Umherziehens
mitten im Winter entheben. Sie blieb der treuen Obhut seiner
Gemeinde befohlen**). Es hatte sich wirklich ein Mensch gefunden, der sich trotz aller Warnungen Laskis, daß seine Entfernung nur eine zeitweilige sei, trotz aller Mahnbriefe von den
verschiedensten Seiten, Mühe gab, die Stelle eines Superintendenten in Emden zu erlangen und damit Laski als seines Postens endgültig enthoben der kaiserlichen Partei zur Freude hinzustellen, Nicolai Buscoducensis***), dessen Bruder, den
Hofprediger in Dänemark, wir leider bald schon Gelegenheit
haben werden kennen zu lernen. Laski will solch ein Verfahren
eines evangelischen Predigers nicht für möglich halten. „Sollte
er doch es wagen, so wird ihn Gott strafen, auf daß die anderen
abgeschreckt werden."

Über den Aufenthalt Laskis in Bremen ist uns nur wenig
bekannt. Bezeichnend ist, daß unser Freund während seines
Weilens in der Stadt das heilige Abendmahl aus der Hand
des strengen Lutheraners Timann empfing. Es erregte dies
damals keine Mißstimmung, obgleich die Bremer Geistlichen genau
über die Anschauung Laskis unterrichtet waren. Denn er hatte
zu derselben Zeit in einem leider verloren gegangenen Sendschreiben an die Bremer Geistlichen diese seine Anschauung, vielleicht in Anlaß einer Besprechung, ausführlich entwickelt†). Aber
man dachte 1550 denn doch noch nicht inbetreff der Zulassung
zum Tische des Herrn so streng und herb, wie wenige Jahre
später††).

In den ersten Tagen des April 1550 begab sich a Lasco
nach Hamburg. Er war im Laufe des Winters zu dem Ent-

---

*) Kuyper II, 640.
**) Ebd., S. 638.
***) Über ihn vgl. auch Wolters, S. 97 u. a. a. O.
†) Kuyper I, LIII.
††) Vgl. Spiegel, S. 140.

schlusse gelangt, da an eine günstige Wendung der Dinge in Ostfriesland so bald nicht zu denken war, einen Ruf nach London
anzunehmen. An der Elbe hoffte er eher eine Schiffsgelegenheit
zu finden als an der Weser. Einen Monat etwa hatte er hier
zu warten, während welcher Zeit er viel bei dem Hauptpastor
der Stadt, Aepinus, verkehrte. Was a Lasco um des Interims willen erduldet, ließ den streng lutherischen Pastor an dem
Verbannten die Lehrunterschiede übersehen, die sie trennten; war
doch Aepinus einer der entschiedensten Gegner des kaiserlichen
Erlasses. Auch mit Westphal verkehrte in den Tagen unser
Verwiesener freundlich. a Lasco hat ein Jahrzehnt später diesen
seinen heftigsten Gegner, den wir als den für die evangelischen
Kirche verhängnisvollsten Vertreter lutherischer Orthodoxie halten
und dem wir leider auf den folgenden Blättern noch so oft zu
begegnen haben werden, an jene Hamburger Tage erinnert. Offen
habe er vor ihm bei gar mancher traulichen Unterhaltung die
Lehre entwickelt, die er allzeit in Ostfriesland verkündet; aber
damals sei sie Westphal nicht gotteslästerlich erschienen, wie er
sie ein paar Jahre später schmähte, und er habe um ihretwillen
den Umgang mit ihm nicht gebrochen*).

Hier in Hamburg trafen unseren Freund wichtige, lange erwartete Schreiben. Von dem Könige von Polen erhielt er das
erbetene schriftliche Zeugnis, daß er niemals etwas wider Karl V.
mit ihm geplant habe. Leider nur dieses Zeugnis; an der anderen Hoffnung, in seine Heimat zurückgerufen zu werden, um
das Evangelium zu verkündigen, geht das königliche Handschreiben
stillschweigend vorüber. „Er will, daß ich noch warten soll.
Deshalb will ich auch noch nicht die Hoffnung aufgeben."**)
Wann kann denn ein Pole in seiner ergreifenden Vaterlandsliebe
eine solche Hoffnung der Rückkehr aufgeben? Die Schreiben aus
England enthielten wichtige politische Nachrichten, die er sich beeilt,
dem Herzog Albrecht mitzuteilen. Die Absender sind uns unbekannt, aber sie müssen hohe Staatsstellungen inne gehabt haben
und es ist ein Zeichen des großen Vertrauens, das sie a Lasco

---

*) Kuyper II, 639.
**) Ebd., S. 22.

zugewandt, ihm solche Mitteilungen zu machen, die er teilweise nur in Chiffern dem Herzoge zu übermitteln wagt.

Die Briefe waren aber auch die Boten, a Lasco zu melden, wie sehr man in London auf seine Mitarbeit zähle, und sobald nur das Fieber gewichen — in den ersten Tagen des Mai — segelte er hinüber in das Land, das ihm so gewiß wie Ostfriesland sein Herr Christus zur Stätte reichgesegneter Wirksamkeit angewiesen.

9.

In England.

Welch einen so ganz anderen Gang doch nahm die Reformation auf dem Kontinent als in England in ihren Anfängen!

Es war die ruhelose Sorge um seiner Seele Seligkeit, die den Augustinermönch in die Tiefen der heiligen Schrift geführt, und sobald er der Schrift Herzpunkt gefunden, Jesum Christ als unsere einige Rechtfertigung vor Gott, da war es der Stachel der Gotteswahrheit, die ihn in herzlichem Erbarmen hinaustrieb unter sein Volk, zu zeugen von dem, was er selbst ihm zum Heile erfahren, die ihn in frohem, freiem Mute vor Kaiser und Reich treten ließ, sein Kleinod zu schützen vor aller Welt. Sein Wort wirkte wie eine Erlösung auf das deutsche Volk, das für ihn aufstand und seine Sache zur eigenen machte, unbekümmert um alle Folge, sorglos, welchen Gewinn oder Schaden aus solchem Thun für das Ganze entspringe, sich an dem Frieden genügen lassend, den das Evangelium dem Gemüte bot. Drüben in England ist es ein gewaltthätiger, streitfertiger König, der zunächst wider Luther die Lanze einlegt und sich freut, von Leo X. für seinen litterärischen Waffengang den Beinamen „Verteidiger des Glaubens" (defensor fidei) erhalten zu haben. Derber wohl, aber zutreffender war der Name, mit dem der deutsche Reformator das gekrönte Haupt von England belehnte, indem er ihn in übermütiger Laune den „tollen Heinz"

schalt. Der König schien die Bezeichnung schier rechtfertigen zu
wollen. Die Lust, sich der Katharina von Arragonien, mit
der er seit langen Jahren verheiratet, zu entledigen, um ihre
Hofdame, Anna Boleyn, zur Königin und Gemahlin erheben
zu können, gab den ersten Anstoß, sich von der Macht des Papstes,
der die Einwilligung zur Scheidung verweigerte, loszulösen. Wäre
nur dies der Grund gewesen, er hätte doch nicht ausgereicht,
einen so tiefeingreifenden Schritt mit Erfolg auszuführen. Aber
schon vor Heinrich VIII. und zumal mit glänzendem Erfolg
unter dem thatkräftigen Eduard IV. war die Macht des Reiches
und Hand in Hand damit auch die des Regenten gefestigt worden.
Um Englands Gunst bewarb sich Franz I. und fast gleichzeitig
Karl V. (1520 und 1521); in dem einflußreichen Ratgeber des
Königs, dem in jungen Jahren schon zum Kardinal erhobenen
Thomas Wolsey, vermuteten nicht wenige, und er selbst unter
den Vordersten, den künftigen Papst. Welch' kühne Pläne knüpfte
der ehrgeizige Kandidat, der ungeduldig den Tod Hadrians erwartete, an die Erfüllung seines Wunsches, der sich ihm nun doch
nicht erfüllen sollte! Als, der päpstlichen Würde müde, schon nach
Jahresfrist der redliche Hadrian VI. starb, wurde Julius
Medici Papst und blieb es, bis in England die entscheidungsvollen Würfel gefallen waren. Klemens VII. zögerte, die Ehe
Heinrichs VIII. für ungesetzmäßig und damit die Cousine des
Kaisers, Maria, die aus dieser Verbindung entsprungen, zu
einem unehelichen Kinde zu stempeln. Heinrich VIII. fühlte
sich stark genug, das Zögern mit der entschlossenen Entscheidung
zu beantworten, daß die Gewalt des päpstlichen Stuhles über
England erloschen sei. In der berühmten Suprematsakte von
1534 besiegelte das Parlament die königliche Bestimmung, daß
der König das einzige Haupt auf Erden der Kirche von England
sei. Es war zu spät, daß Paul III., der eben den päpstlichen
Stuhl bestiegen und alsbald die ganze Gefahr für die römische
Kirche erkannte, einzulenken versuchte. Der Beschluß entsprach
so ganz den Wünschen des Königs und auch seines Volkes, der
englische Klerus selbst hatte zum Teil in Hoffnung, durch diese
Zustimmung das ihm größer dünkende Übel der Reformation von
England abzulenken, dem Beschlusse seinen Beifall geschenkt: in

England war erreicht, was die Päpste vergeblich erstrebt, auf einem Haupte die Doppelgewalt vereint. Für sein Reich war Heinrich VIII. König und Papst.

An eine Reformation dachte Heinrich VIII. zunächst nicht. Er hatte erreicht, was er wollte. Jede Verbindung mit dem Bischof in Rom war abgebrochen, kein Peterspfennig durfte mehr in die päpstliche Kasse fließen; alle kirchlichen Fälle, die bis dahin nur in Rom ihre Erledigung finden konnten, wurden fortan in England zum Abschluß gebracht. Die Kirchenordnung war geändert, die Kirchenlehre ließ der defensor fidei unangetastet. Mächtiger aber wie ein König, wie ein ganzer Klerus, ist der Geist, der eine Zeit beherrscht und ihr sein königliches Siegel wie ein Gotteszeichen eindrückt. Es konnte in jenen Tagen nirgendwo an eine kirchliche Frage gerührt werden, und hätte sie auch am äußersten Umkreis der Kirchenpolitik gelegen, ohne daß sie in den Strom der Reformationsbewegung hineingezogen worden wäre, der die ganze christliche Welt durchdrang. So herrisch und gewaltsam, ja auch blutig Heinrich VIII. als Papstkönig seine Kirche vor dem Eindringen der reformatorischen Lehre zu schützen suchte: er selbst geriet auf diesem Punkte zum Teil durch die Gewalt der Politik, zum Teil durch den wechselnden Einfluß der Familien, aus denen er so rasch hinter einander seine Frauen wählte, ins Wanken; und auch ohne dasselbe: die Reformation drang trotzdem ein, weil von dem Geiste Gottes beseelt, der weht, wo er will. Anknüpfungspunkte zeigten sich da und dort im Lande. Wycliffes Predigt, wenn auch schon seit fast zweihundert Jahren verstummt, war doch nicht völlig im Volke verklungen. Das hat überall für solche Worte ein wunderbar treues Gedächtnis. Der Einfluß der Lollarden war im Laufe der Zeit und unter ihrem unholden Druck ins Dunkel zurückgedrängt, trat aber nun wieder an Stellen zutage, wo man ihn kaum mehr vermutete. Das Volk griff begierig zur Bibel; das Wort des Doctor evangelicus, welchen Beinamen Wycliffe erhalten, war ihm vorzugsweise in der Erinnerung geblieben, daß allein in der heiligen Schrift Gewißheit zu finden sei. Und nun empfing es die Bibel in seiner Muttersprache wieder, und zwar nicht wie bei Wycliffe aus der Vulgata übertragen, sondern wie die anderen Völker der Reformation unmittelbar aus dem lebendigen Born der Ursprache geschöpft. In der Verbannung in Antwerpen arbeitete der fromme Tyndale an der Vollendung der großen Arbeit, doppelt eifrig, seitdem sein treuer Mitarbeiter Fryth daheim den Tod eines Märtyrers gestorben*) (1534). Jedes Schiff fast, das von der Schelde nach England segelte, hatte die verbotene Frucht an Bord, und dort wanderte das Buch von Hand zu Hand, überall das heilige Samenkorn ausstreuend, das ausrichtet, dazu es gesandt ist**).

Es waren seltsame, verwirrte Zeiten unter dem Regimente des gewaltthätigen Papstkönigs über das Land gekommen. Ein Ringkampf zweier Mächte: auf der einen Seite der König, der keinen Widerspruch duldete und doch einen scharfen Widerspruch in seinem eigenen Innern trug, daß er mehr wie einmal für seinen Gegenpart zu streiten schien, auf der anderen Seite das ermahnende Gewissen des Volkes im Morgenschein der Reformation, aber es fehlte noch der Dolmetscher und Führer, kühn und klar und unumwunden mit heiligem Zorn die Sache des Evangeliums zu vertreten. Kam es doch vor, daß auf demselben Scheiterhaufen Evangelische und Katholiken als Märtyrer ihrer Überzeugung ihr Leben lassen mußten***). Den bedeutendsten Einfluß hatte nach dem Hingange Wolseys Thomas Cranmer gewonnen, wie unser Laski in seiner Jugend eifriger Schüler von Faber Stapulensis und Erasmus. 43 Jahre erst alt, wurde der hochbegabte Humanist, der bereits ein Weib gewonnen — die Nichte des Nürnberger Reformators Osiander —, Erzbischof von Canterbury; er war dem König wert geworden, seitdem er bereits 1528 in einem schriftlichen Gutachten die Ehe des Königs

---

*) Die Schilderung des Märtyrertodes, zusammen mit einer zeitgenössischen Abbildung siehe bei Foxe V, 16, der auch für den Märtyrertod Tyndales in Antwerpen Schilderung und Zeichnung bietet (V, 127).

**) Wie scharfe Wache man auf das gefährliche Buch hatte, zeigt, daß von der ersten, in 3000 Exemplaren erschienenen Auflage der Tyndaleschen Übersetzung nur ein einziges Exemplar bis jetzt aufgefunden wurde (vgl. I Hardwick, S. 196).

***) I Ranke, S. 164.

mit der Schwägerin für ungültig erklärt hatte. So an die Spitze der englischen Kirche gerückt wurde Cranmer infolge der Suprematsakte Primas von ganz England; mit seiner Überzeugung gehörte er der Reformation an; aber es fehlte ihm noch an der durchschlagenden Kraft des Glaubens, der alles vermag. Das Antlitz war den Reformatoren zugewandt, die Füße aber waren noch bei Erasmus wie festgewurzelt. Und doch hat die englische Kirche ihren Bestand vielleicht nur dem zu danken, daß gerade solch' eine Persönlichkeit lange Jahre hindurch das Steuer führte; er war in schwerer, sturmbewegter Zeit Meister in der Kunst, zu kreuzen, zu lavieren und dadurch das Schiff vor dem Scheitern an dem Riff solch eines Königs zu bewahren. Für Cranmer war die Überzeugung, daß der König Gottes Statthalter und innerhalb seines Reiches Stellvertreter Christi sei, eine Art Glaubensartikel. Das läßt gar manches befremdliche Thun des Mannes in milderem Lichte erscheinen, denn es ist nicht der Ausfluß der Feigheit, sondern die furchtlose Geltendmachung seiner Überzeugung, ehrenhaft, auch wenn wir die Überzeugung selbst nicht teilen können. Seinem Könige sah er eine Aufgabe zugewiesen, wie einst beim Volke Gottes dem Könige Josias; ihm bei dieser Aufgabe zu helfen, dünkte ihn fromme Pflicht. Er hat es nicht selten klug verstanden, aus den widerwärtigen Ehesachen des Königs doch noch Gewinn für die protestantische Kirche zu ziehen, er wurde nicht müde, auch dem Eigensinn des Königs Vorteile für seine religiöse Überzeugung abzuringen. Seine zur Vermittelung stark neigende Natur ließ ihn sich auch in manche Laune des Königs fügen; er rettete dadurch die von ihm vertretene Sache in günstigere Zeiten hinüber.

Die günstigere Zeit brach mit dem Tode Heinrich VIII. an (1547). Viel länger hätte auch England sein Regiment nicht auszuhalten vermocht: nun mußte das Land sich entscheiden, ob es dem Protestantismus oder Katholicismus angehöre. Die Zwittergestalt, in der Heinrich VIII., darin dem Wunsche des Volkes nun freilich begegnend, es festgebannt, konnte nicht mehr vorhalten. Nächster Erbe des Thrones war nach der Verfügung des Königs sein neunjähriger Sohn Eduard VI., über dessen Geburt die junge Mutter, Jane Seymour, des Königs dritte und liebste Gemahlin, dahingestorben war. Als unmittelbar nach dem Tode das Testament des Königs geöffnet wurde, ergab die Wahl der 16 Männer, die bis zur Volljährigkeit des Königs den Regierungsrat bilden sollten, daß die der Reformation günstige Partei das Übergewicht habe. Noch entscheidender machte sich dasselbe geltend, als diese Männer fast einstimmig den Oheim des Königs, den Grafen Hertford, bald schon in Ausführung eines Wunsches des verstorbenen Königs zum Herzog von Somerset erhoben*), zum Lord-Protektor des Reiches erwählten. Die Hauptgewalt lag nun in den Händen zweier Männer, die offen der protestantischen Sache huldigten und stark und ungehindert genug waren, ihre Überzeugung auch gegenüber der Einsprache der Gegenpartei durchzusetzen. Sie hatten vollen Einfluß auf den König, der seinen Jahren weit voraus willig und mit Freuden solchem Einfluß folgte. Denn von früh auf war er in diesen Anschauungen unterwiesen und seine Erzieher gehörten der gleichen Richtung an. Bei seiner Krönung schon stellte der Primas dem Knaben Josias zum Vorbilde auf; ihm ähnlich solle auch er in seinem Reiche den Bilderdienst zerstören und die wahre Verehrung Gottes einführen. Cranmer selbst hielt es für seine heilige Pflicht, dem Minderjährigen nach dieser Seite hin den Weg zu ebnen.

Ungesäumt machte man sich ans Werk. Die altgläubigen Bischöfe wurden zurückgedrängt, allmählich entfernt; frische Kräfte traten an ihre Stelle, teils solche, die um ihrer evangelischen Überzeugung unter dem früheren Könige kerkerhaft erduldet, teils solche, die, um ihr zu entgehen, auf den Kontinent geflüchtet und nun in Straßburg, Zürich, Genf und anderswo freundliche Herberge gefunden. Den Dank für das gewährte Asyl, in jenen Tagen nicht überall willig und schonend geboten, erstatteten die heimkehrenden Flüchtlinge dadurch, daß sie den Anschauungen in ihrem Vaterland den Sieg verschafften, in denen sie selbst während ihrer Verbannung gefestigt worden waren. Die Bilder, an denen die abergläubige Menge wie an Hauptartikeln ihrer Religion hingen, wurden aus den Kirchen entfernt, nicht selten in

---

*) Burnet II, 9.

unholder, bilderstürmerischer Weise*); die Totenmesse wurde ebenso
wie die Kelchentziehung an die Gemeinde untersagt, bald auch
schon die Transsubstantiationslehre verworfen, eine Kirchenvisitation
durch das Land hin angeordnet. Ihr Ergebnis war wie überall
ein höchst beklagenswertes: das Volk in Dingen des Glaubens
in erschreckender Unwissenheit erhalten; die Geistlichen unfähig,
das Evangelium zu verkündigen und das Licht des Wortes Gottes
in die dunkle Nacht des Aberglaubens dringen zu lassen. Der
Erzbischof ließ eine Sammlung von Homilien über die wichtigsten
Lehrgegenstände erscheinen**), die zum Vorlesen auf den Dörfern
benutzt werden sollten; außerdem wurden die tüchtigsten Prediger
den Kirchenvisitatoren zur Hand gegeben, an den verschiedensten
Orten zu predigen. Es waren dies nur Aushilfsmaßregeln; zu
einer gründlichen Besserung mußte tiefer gegriffen werden. Es
galt, schon auf der Universität für geeignete Lehrkräfte zu sorgen,
einen tüchtigen Predigerstand zu bilden. England konnte diese
Kräfte noch nicht selbst heranbilden; auf dem Kontinent war man
bereit, helfend einzutreten. Bereits ein paar Monate nach der
Thronbesteigung Eduards sehen wir hervorragende Männer wie
Peter Martyr Vermigli***), Bernardino Ochin †)
und andere in England thätig, jener in Oxford das Wort Gottes
in seiner klaren, tiefen Weise den Studenten auslegend, dieser zunächst als Prediger der italienischen Flüchtlinge in London und
in reger, litterarischer Thätigkeit in der unmittelbaren Umgebung
des Erzbischofs.

Im glücklichen Fortgang dieser wesentlichen Neuerungen erweiterte sich bei dem Lord-Protektor und dem Primas das Gebiet
ihrer anzustrebenden Wünsche. Cranmer sah den Augenblick
nahen, wo die Reformation ihren vollen Einzug in England halten würde; er mochte sich nicht ganz sicher fühlen, die dann zur
Entscheidung drängenden Fragen allein oder nur in Beratung mit

---

*) Vgl. Foxe V, 697 f.; hauptsächlich auf ihn gestützt Burnet
II, 17 f.

**) Von diesen 12 Homilien, die 1547 erschienen, sind drei von Cranmer
selbst (vgl. I Hardwick, S. 211).

***) Vgl. Schmidt, S. 75 f.

†) Vgl. Benrath, S. 209 f.

den ihm geistesverwandten Mitarbeitern im Lande zu beantworten
und sehnte sich nach dem Rat und der Mithilfe der hervorragendsten Reformatoren des Kontinents. Die dortigen drücken-
den Verhältnisse infolge des schmerzlichen Ausganges des Schmalkaldener Krieges, noch mehr des Interims erschienen dem Erzbischof günstig, seinen Plan auszuführen. Den von Haus und
Hof Verjagten konnte er im gastfreien England sicheres Asyl verheißen. Wer war in jenen Tagen seiner Wirksamkeit sicher, soweit die gewaltige Macht des Kaisers reichte? Nach allen Seiten
erfolgten Einladungen nach England zu kommen. In welch
herzlich-dringender Weise, dafür nur eine Stelle aus einem Schreiben Cranmers an Bucer vom 2. Oktober 1548: „ . . . Inzwischen müssen alle die, die bei dem herrschenden Sturm [des
Interims] mit ihrem Schiff nicht auf die hohe See ausfahren
können, Schutz in einem Hafen suchen. Euch, mein Bucer, wird
deshalb ein ganz sicherer Hafen unser Reich sein, in welchem
durch die Gnade Gottes der Same der wahren Lehre glücklicher-
weise ausgestreut zu werden begonnen hat. Komm deshalb herüber zu uns und werde mit uns ein Arbeiter hier im Weinberge
des Herrn. Du wirst, so lange du unter uns bist, zu keinem geringeren Segen für die Gesamtkirche Gottes sein, als wenn du
deine gegenwärtige Stellung inne behältst. Dazu kommt, daß du
noch besser imstande sein wirst, aus der Ferne die Wunden deines
unglücklichen Vaterlandes“ — Straßburg hatte damals noch die
Unterwerfung unter das Interim verweigert*) — „zu heilen, als
du es durch deine persönliche Gegenwart thun kannst. Schiebe also
alle Zögerung auf die Seite, komme herüber zu uns so bald wie
möglich.“**) Über den Plan, den Cranmer bei Berufung
dieser bedeutenden Männer im Auge hatte, belehrt uns sein
Schreiben an a Lasco: „ Wir wünschen unseren Kirchen die
wahre Gotteslehre zu bieten und eine wahre, deutliche, der Norm
der heiligen Schrift entsprechende Lehrform unseren Nachkommen
zu hinterlassen, um sowohl allen Völkern ein ruhmwertes, durch
das gewichtige Ansehen von gelehrten und frommen Männern

---

*) Baum, S. 542.
**) Original I, 20.

gestütztes Zeugnis unserer Lehrer zu geben, als auch unseren Nachkommen eine Lehrregel zu bieten, der sie nachfolgen können. Um solch' eine Absicht auszuführen, achten wir die Anwesenheit gelehrter Männer für nötig, die, ihr Urteil mit dem unsrigen verbindend, alle Lehrzwistigkeiten heben und ein vollständiges System (integrum corpus) der wahren Lehre aufstellen."*)

Bei der Ausführung solch eines weitgreifenden, wichtigen Planes dünkt es uns fast selbstverständlich, daß auch unser Freund zu dieser Tafelrunde und zwar in erster Linie zugezogen wurde. Sein Name hatte guten Klang. Er hatte in wenigen Jahren ein Werk in Ostfriesland ausgeführt, das in weitesten Kreisen staunende Bewunderung weckte**). Zwei Männer waren es hauptsächlich, die den Primas von England auf Laski aufmerksam machten: Peter Martyr, der unseren Freund in Straßburg kennen und achten gelernt, und der Leibarzt Dr. Turner. Derselbe hatte vor Jahren um seines Glaubens willen England verlassen müssen und lebte während der Zeit in Emden, in nahem und warmem Umgang mit a Lasco. Von dem Lord-Protektor als Leibarzt des Königs in die Heimat zurückberufen und hier an dem Fortgang der Reformation regen Anteil nehmend, unterließ er es nicht, wiederholt auf die bedeutende Kraft in Ostfriesland aufmerksam zu machen. Schon im Frühjahre 1548 kamen die ersten Anfragen aus London, wiederholt dann im Sommer, mit der dringenden Bitte zugleich, alle Überredungskunst anzuwenden, daß auch Melanchthon an der Arbeit teilnehmen möchte. a Lasco hat es nicht an Bitten in Wittenberg fehlen lassen. „Da du nun siehst, mein Philippus, wozu und wohin du berufen wirst und zugleich mit welchem Eifer von allen Menschen, die dich und die wahre Religion lieb haben, so weiß ich nicht, mit welchem Gewissen du diesen Ruf übersehen kannst, besonders wenn du im Auge hast, daß du keine sichere andere Berufung hast, welche du mit Recht dieser entgegensetzen könntest. Wenn

*) Das Original bei Gabbema, S. 108; eine englische Übersetzung in Original I, 17.
**) Welch rühmendes Zeugnis seiner Befähigung für diese Arbeit stellt Emmius unserem a Lasco bei dieser Gelegenheit aus (Emmius, S. 935).

du bei einer ähnlichen Berufung unſerem ehrwürdigen Greiſe, dem Kölner Biſchof, keine Schwierigkeit machteſt, ſo wird es dir wahrhaftig jetzt in einer ſo viel wichtigeren Angelegenheit nicht geſtattet ſein. Ich weiß, wie ungern dich die Deinigen gerade in dieſer Zeit dahin entlaſſen werden, und wie ungern auch du ſie verläſſeſt, aber ich fürchte, daß nicht alle dort, ſo wie wir möchten, auf dich hören."*)

Melanchthon reiſte nicht. Es waren ja ſchwere Tage für ihn angebrochen. Dem Landtage zu Meißen (1. Juli 1548), auf dem er eine ſo gründliche und ſcharfe Kritik des Interims ge= liefert**), hatten ſich in raſcher Folge ein paar Konvente an= geſchloſſen, deren endlicher Ausgang das Leipziger Interim war. Wäre er nach England gegangen, ſein Name würde nicht mit dieſem „Flickwerk"***), um keinen ärgeren Ausdruck zu gebrauchen, verknüpft ſein. a Lasco erkannte die hohe Bedeutung der Be= rufung nach London; die Gründe, mit denen er Melanchthon zu gewinnen ſuchte, waren für ihn maßgebend. Es fiel ihm auch nicht leicht, wenn auch nur für ein paar Monate, ſein Oſt= friesland gerade jetzt zu verlaſſen. Aber mit dem ſchweren Opfer hat er bei ſeinem weiten, großen Blicke für die Geſamtkirche des Herrn einen Einfluß auf die Entwickelung der engliſchen Kirche gewonnen, der bis zur Stunde nachhält.

Cranmer und der Lord=Protektor wollten beraten ſein; Wittenberg verſagte den Rat in entſcheidungsvoller Stunde. Wundern wir uns deshalb nicht, wenn die Lehre der engliſchen Kirche ein Gepräge erhalten hat, das nicht aus der Schule Lu= thers ſtammt. Sie hätte es damals noch erhalten, vielleicht müſſen wir uns im Hinblick auf Anbahnungen im Jahre 1538 genauer ausdrücken, auffriſchen und bewahren können.

a) Erſter Aufenthalt in England.

Drei Tage, nachdem der kaiſerliche Bote in Emden ein= getroffen war, Ende Auguſt 1548, verließ mit Zuſtimmung der

---

*) Kuyper II. 619.
**) Vgl. Melanchthon VII. 13 f.
***) I Schmidt, S. 508.

Gräfin a Lasco Ostfriesland. Die Reise war eine gefährliche;
überall fahndeten kaiserliche Häscher auf die hervorragenden Häupter
der Protestanten; gerade a Lasco würde ihnen eine willkommene
Beute gewesen sein. Und dazu mußte er seinen Weg durch feind-
liches Land nehmen. Während der Kaiser bereits in Brüssel sein
Hoflager aufgeschlagen, ritt unser Pole verkleidet und unter fremdem Namen durch Holland, Brabant, Flandern. Niemand erkannte ihn; ungefährdet gelangte er an die See nach Calais, damals noch im Besitze der Engländer. Hier fand sich immer
leicht Schiffsgelegenheit nach der englischen Küste. Anfangs September traf unser Freund wohlbehalten in London ein.

Einen fesselnden Kreis geistesverwandter Männer des Kontinents, der sich fast von Woche zu Woche erweiterte, fand Lasci
bei seiner Ankunft bereits vor, alle von dem ernsten Wunsche
beseelt, dem Erzbischof und den ihm gleichgesinnten Männern
Englands ratend und thatend bei seinem großen Reformations-
werke zur Seite zu stehen. In Oxford wirkte mit bedeutendem
Erfolge nun schon seit fast Jahresfrist Peter Martyr, gleichzeitig mit ihm war Ochino eingetroffen (20. Dezember 1547);
er war zum Domherrn von Canterbury ernannt worden; Arbeit
fand er unter seinen zahlreichen, aus Italien flüchtigen Landsleuten.

Später waren Bucer und sein Gesinnungsgenosse Fagius
als Gäste bei Cranmer, eifrig bemüht, die heilige Schrift aus
dem Urtext in die lateinische Sprache zu übertragen*). Auch
Franzisco de Enzinas (Dryander) war auf warme Empfehlung von Melanchthon nach England gekommen, und rasch
wurde die alte, innige Bekanntschaft aus Löwen mit a Lasco
erneuert**). Ein ruheloses Leben hatte der evangelische Spanier
seit einem Jahrzehnt führen müssen; schon wollte er nach der
Türkei in der Hoffnung wandern, dort irgendwo größere Duldung zu finden als im weitem Gebiete des kaiserlichen Spa-
niens***). Er hatte sich kurz vor seiner Abreise nach England
in Basel mit Margareta Elter verheiratet, — eine Wahl, zu

*) Vgl. Cranmer, S. 423.
**) Kuyper II, 619.
***) Böhmer I, 151.

der ihn Laski herzlich beglückwünscht. Noch zwei Gestalten vom
Kontinent begegnen wir in London, deren Leben fortan eng mit
dem Geschicke Laskis verknüpft bleibt. Zunächst Johann
Utenhove*), ein uns schon bekannter Name, Sprosse einer
hochangesehenen, alten Familie in Gent, ein Bruder jenes Karl,
den a Lasco bei Erasmus kennen und lieben gelernt und mit
dem er die Reise nach Oberitalien gemacht**). Johann war
frühe für die Sache des Evangeliums gewonnen; damit war seine
Heimat ihm verschlossen (seit 1544)***). Auf vielen Reisen begriffen taucht seine nur leicht umrissene Gestalt bald in der
Schweiz, bald unter den Straßburgern auf; von nun aber sehen
wir ihn als treuesten Gefährten im Gefolge von Laski. Durch
des Genters warme Empfehlung wurde Valérand Poulain
nach England berufen, ein Edelmann aus Lille, der sich der
Reformation angeschlossen und Theologie studiert hatte. Wie
Ochino unter seinen Landsleuten in London seelsorgerlich thätig
gewesen, so Poulain in gleicher Weise unter den Franzosen, die
ihre der evangelischen Bewegung so unholde Heimat verlassen,
um in dem willig geöffneten Asyl an der Themse ihres Glaubens
leben zu können. Durch ihre beiden Frauen waren Enzinas
und Poulain in nahe verwandtschaftliche Verhältnisse getreten†).
Es sind dies nur die hervorragenderen Namen der evangelischen Tafelrunde, die der englische Erzbischof zu sich geladen, eine
schöne Musterkarte aus fast aller Herren Länder, aus Deutschland, Polen, Spanien, Frankreich, Belgien und der Schweiz, in
der Muttersprache der Gelehrten das bequeme Mittel des Gedanken-
austausches besitzend, aber in dem Evangelium das schöne Heimatland, das sie als Brüder und eines Stammes im Glauben sich
erkennen ließ. Sie hatten fast alle ihr Vaterland um ihres

---

*) Es ist uns unbekannt, ob der schon vor einem Vierteljahrhundert aus=
gesprochene Wunsch Kists (Kerkhistorisch Archief II, 419) in Erfüllung
gegangen, daß doch von diesen beiden Brüdern eine ausführliche Biographie
erscheinen möchte! Eine Reihe interessanter Briefe von ihnen und an sie im
Scrinium IV, 429 f. 662 f. u. s. w.

**) Vgl. S. 123.

***) Calendar. Domestic., p. 144.

†) Böhmer I, 151.

Glaubens willen verlassen, viele waren flüchtig vor dem mächtigen
Grimm des römischen Kaisers, hier aber an der freundlich geöffneten Zufluchtstätte bereit ihr Bestes zu bieten, um der jüngsten
evangelischen Schwester den Segen zur Feuertaufe zu geben. Die
Taufe nahte bald schon, nach kaum mehr als einem Lustrum,
aber ihr Segen ist geblieben und auch bis zur Stunde das schöne
Malzeichen an jene Männer aus der Fremde erkennbar, daß es
der evangelischen Kirche Englands heilige Lust ist, das Evangelium
aller Welt zu verkünden!

Als a Lasco in England eintraf, war Cranmer gerade
abwesend von London. Er erwartete ihn in seinem Schlosse, in
den ersten Tagen noch etwas im unklaren, was er sich von den
Absichten des Primas inbetreff der Aufrichtung der Kirche hierzulande versprechen kann. „Aber es ist schon ein Großes, zu
dieser Zeit eine Zufluchtstätte zu wissen, wo wir für uns und die
Unsrigen, die das Band desselben Geistes mit uns in dem Herrn
verbindet, in dem Bekenntnis unseres Glaubens leben können."*)
Man fühlt diesen ersten Zeilen aus England das Wohlgefühl ab,
nun geborgen an einem Ufer zu stehen, an das die hochgehende Brandung des Interims nicht anschlägt. Nach ein paar
Tagen traf der Primas von England ein und nahm den
Neffen des einstigen Primas von Polen in seinem gastfreien
Hause, im Schlosse Lambeth, auf. Er blieb sein Gast während der fast acht Monate seines Aufenthaltes in England, und
bald bildete sich eine innige Freundschaft zwischen den beiden
Männern. Auf die Zeit ihres Zusammenlebens zurückblickend,
bezeugt später Cranmer dem Melanchthon, daß er all' diese
Monate hindurch mit a Lasco, diesem vortrefflichsten Manne,
auf dem vertrautesten und liebevollsten Fuße gestanden**). Viele
geistige Berührungspunkte besaßen die beiden hervorragenden Persönlichkeiten. Waren sie einmal durch dieselben vertrauensvoll
einander nahe getreten, dann konnte es nicht anders geschehen,
als daß Laski einen Einfluß auf den Erzbischof ausüben mußte.

---

*) Kuyper II, 620.
**) Cranmer, S. 425: „Johannes a Lasco, vir optimus, mecum
hosce aliquot menses conjunctissime et amantissime vixit."

Cranmer war wohl ein Jahrzehnt älter (geb. 1489); seine
Stellung im Staate und in der Kirche überragte auch an Bedeutung weit die bescheidenere des Reformators in Ostfriesland.
Aber a Lasco war der stärkere, unbeugsamere Charakter; er
stand festgewurzelt in seiner evangelischen Überzeugung, die er
mit dem schweren Opfer der Verweisung aus seinem Vaterlande
sich rein bewahrt und besiegelt; von menschlichen Rücksichten ließ
er sich, frei allein in seinem Herrn, nie beeinflussen; mit un-
erschütterlichem Mute lebte er ohne Menschenfurcht, sorglos im
festen Vertrauen auf seinen Gott nur seiner Überzeugung, von
dem feurigen Drange beseelt, ihr wie in einem heiligen Dienste
des Herrn Geltung zu verschaffen. Heinrich VIII. würde nicht
lange gezögert haben, solch einer Gestalt den Stempel eines Blutzeugen aufzudrücken. Dazu kam, daß sich der ostfriesländische
Reformator, wenn auch innerhalb engerer Verhältnisse, in einer
Arbeit bewährt und reiche Erfahrung in ihrer Ausführung gesammelt, die der Erzbischof gerade eben für England erst in Angriff nehmen wollte und für die er Mithilfe begehrte.

Daß man schon nach ein paar Monaten diesen nachhaltigen
Einfluß Laskis auf den Primas auch in weiteren Kreisen verspürte, dafür sind Belege zur Hand. Ein Brief eines Schweizers,
Johann von Eschen (ab Ulnis), aus England vom 18. August
1548 meldet, daß der Erzbischof träge geworden und die Protestanten in ihren Erwartungen sehr herabgestimmt seien. Als
Beweis wird die unter seinem Namen erschienene Übersetzung
eines Katechismus angeführt, in dem noch sehr bedenkliche Zugeständnisse an die römische Kirche sich befänden*). Etwas über

---

*) Der Titel des Katechismus lautet: „A short Instruction into the
Christian Religion; for the syngular commoditie and profite of children
and young people. Set forth by the most Reverend Father in God,
Thomas, Archbyshoppe of Canterbury." Es war mir leider nicht möglich,
ein Exemplar dieses Katechismus aufzutreiben; in die beiden von der Parker
Society herausgegebenen Bände der Werke Cranmers ist er nicht auf-
genommen; nur der Brief ist vorhanden, mit welchem der Erzbischof ein
Exemplar an König Eduard sendet (Cranmer, S. 418). Eine kleine
Notiz nennt daselbst den Katechismus von Justus Jonas als Original. Die
Andeutungen unseres obigen Briefschreibers und die unklaren Auszüge bei
Burnet II, 113 lassen nicht erkennen, inwieweit Cranmer sich an einer

vier Monate später berichtet derselbe Schreiber freudig nachhause, daß England kräftige Schritte vorwärts thue, sich aus Schwäche und Irrtum herauszuarbeiten. „Auch Thomas Cranmer", so fährt der Schreiber fort, „hat sich in starkem Grade von seiner gefährlichen Lethargie erholt by the goodness of God. and the instrumentality of that most upright and judicious man, master John a Lasco."*) Auch anderen Zeitgenossen fiel der Wandel in den Anschauungen Cranmers in diesem Winter (1548 auf 49) auf**). Englische Forscher sind geneigt, die auf-

---

bloßen Übersetzung hat genügen lassen, inwieweit er selbständig gearbeitet. (Vgl. auch I Hardwick, S. 211.) In jener Briefstelle lautet das resche und absprechende Urteil: „I would have you know this for certain, that this Thomas (Cranmer) has fallen into so heavy a slumber, that we entertain but a very cold hope, that he will be aroused even by your most learned letter. For he has lately published a Catechism, in which he has not only approved that foul and sacrilegious transsubstantiation of the papists in the holy supper of our Saviour, but all the dreams of Luther seem to him sufficiently well grounded, perspicuous and lucid." (Original, p. 381.) Cranmers heftiger Gegner Stephen Gardiner, Bischof von Winchester, bezieht sich mehrmals in seinem Werke „An explication and assertion of the true Catholic faith touching the most blessed sacrament of the altar" auf diesen Cranmerschen Katechismus, und Cranmer in seiner Erwiderung muß seine Zuflucht dazu nehmen, daß die aufgegriffene Stelle geistlich verstanden sein will (s. z. B. in Cranmers „Answer to a crafty and sophistical cavillation", p. 227 u. a.). — Bereits 1525 wurden Justus Jonas und Agricola von Luther beauftragt, einen Katechismus auszuarbeiten. Die Arbeit scheint Luther nicht befriedigt zu haben (Pressel, S. 129 und Zezschwitz II, 320); denn sie hielt ihn nicht ab, bald darauf seine eigene klassische Arbeit des kleinen Katechismus anzufertigen. Ob dieser Jonassche Katechismus von 1525 derselbe ist, wie der sogen. Brandenburg-Nürnbergische, den Jonas 1539 ins Lateinische übersetzte, weiß ich nicht; nur das ist gewiß, daß Cranmer diese lateinische Übersetzung seiner Arbeit zugrunde legte. Interessant wäre es wohl zu wissen, was den Erzbischof bewogen hat, gerade diesem Katechismus Eingang in England zu verschaffen. Nach den Ausführungen von Kawerau (S. 41. 70) ist die Jonas-Agricolasche Arbeit gar nicht im Drucke erschienen; 1527 hat Agricola dann während seines Aufenthaltes in Eisleben eine Art Katechismus herausgegeben: „Eine Christliche kinder zucht ynn Gottes wort und lere. Aus der Schule zu Eisleben 1527."

*) Original, p. 383.
**) Vgl. I Hardwick, S. 215.

fallende Wendung auf den Einfluß des damaligen Bischofs von
Rochester, Dr. Ridley, zurückzuführen. Es sei ferne, auch auf
diesem Punkte das hohe Verdienst dieses hervorragenden Führers
der Reformation in England schmälern zu wollen; aber so lange
nicht thatsächliche Beweise dafür vorgebracht werden, spricht denn
doch eine größere Wahrscheinlichkeit für den Haupteinfluß a Lascos
auf den Primas des Reiches. Warum sollte der Bischof von
Rochester diese Wirkung gerade in den Monaten ausgeübt haben,
in denen Laski täglicher und innig befreundeter Hausgenosse des
Erzbischofs in Lambeth gewesen?*) Es mag nicht wenigen heutigen Engländern die Thätigkeit der Fremden und ihre Bedeutung
auf die Gestaltung ihrer heimischen Kirche peinlich sein und daher
dann der Wunsch, sie auf ein bescheidenstes Maß zurückzuführen;
in jenen großen Tagen aber der Reformation zog man noch nicht
die engen nationalen Schranken auch auf dem Gebiete der Kirche.
Das Wiederaufleben der Wissenschaften, das Humanitätsstudium
hatte eben den Blick geweitet und den Gelehrten ein gemeinsames
geistiges Vaterland geöffnet; vertieft und erweitert wurden die
Grenzen dieses heimatlichen Gebietes durch die Reformation, die
ein inniges, brüderliches Band um die verschiedensten Völker
schlang.

Der Winter, den a Lasco im Schlosse zu Lambeth und im
Mittelpunkt der geistigen Bewegung verbrachte, war für den Fortschritt der Reformation in England ein sehr bedeutsamer. Schon
im vorangegangenen Frühjahr war eine lebhafte Bewegung inbetreff des Abendmahls entstanden**). Nicht lange vor der Ankunft Lastis hatte Calvin sich an den Lord-Protektor, den
Herzog von Somerset, in ein paar Schreiben gewandt, ihn zur
Reformation der anglikanischen Kirche aufmunternd. Er hatte
ihm eben seinen Kommentar über die Briefe an Timotheus ge-

---

*) Auch von auswärts kamen Briefe, die den zögernden Erzbischof zu
größerem Eifer anstachelten. Ich bin geneigt, den datumlosen Brief Calvins an Cranmer (Calvin XXIII, 682) in diese Zeit zu verlegen; die
dort angegebenen 3 Jahre sind nicht notwendig auf den Regierungsantritt
Eduards VI. zu beschränken und lassen das Jahr 1545 als Zeit a quo zu.
(Vgl. Froude IV, 196 f.)
**) Kuyper II, 616.

widmet*). Im November trat das Parlament zusammen. Cran=
mer konnte demselben ein Gebetbuch zur Begutachtung vorlegen,
durch welches die lateinischen Gebete in der englischen Kirche ab=
geschafft und die Kirchenlehre aufgestellt werden sollte. Bemerkens=
werte Parlamentssitzungen! „Das Parlament verhandelte über
den Glauben Englands, und Laien entschieden über die Lehren,
welche die Geistlichkeit fortan zu lehren hatten."**) Die Arbeit
war die Frucht langer und reiflicher Verhandlungen. Schon vor
längerer Zeit war eine Kommission von 16 Bischöfen, die beiden
Erzbischöfe von Canterbury und York an ihrer Spitze und unter=
stützt von 6 Laien, zusammengetreten, die verschiedenen Gottesdienst=
ordnungen im Lande einer Prüfung zu unterziehen und aus ihnen
eine geeignete neue zusammenzustellen***). Die Sitzungen wurden
in Windsor gehalten†). Unmittelbaren Anteil an diesen wich=
tigen Arbeiten nahmen die fremden Theologen nicht; es ist uns
leider kein Schriftstück zu Gesicht gekommen, aus welchem wir
entnehmen könnten, ob und einen wie großen mittelbaren Anteil
an diesen Vorverhandlungen unser Freund genommen. Aus einem
flüchtigen Briefchen an Calvin können wir nur entnehmen, daß
Laski auch in Windsor mit Cranmer gewesen, an schwerer
Krankheit freilich daniederliegend††).

So in der unmittelbaren Umgebung des Erzbischofs fort=
während lebend, war unserem Laski reichlich Gelegenheit geboten,
mit den hervorragendsten Männern der evangelischen Partei in
nahe und befreundete Beziehung zu treten. Voll Hochachtung
und mit lauter Anerkennung begegnete man dem Manne, von
dem es bekannt war, daß er daheim die höchsten Stellen in der

---

*) Calvin XIII, 18.

**) Froude IV, 382. Der älteste Titel dieses Common prayer book
lautet: „The booke of the common prayer and administracion of the
sacramentes and other rites and ceremonies of the Churche: after the
use of the Churche of England. Londini in officina Edouardi Whit=
churche. Cum privilegio ad imprimendum solum." Anno dom. 1549,
Mense Maji. (Vgl. „Two liturgies", p. 10 sq.)

***) Vgl. Burnet II, 98 f. und IV, 272 f.

†) Burnet II, 204.

††) Kuyper II, 620. Mit Recht hat der Herausgeber das Vomsor ia
des Originals in Windsoriae verbessert.

Kirche um des Evangeliums willen niedergelegt, dessen glänzende
Leistung in Ostfriesland allen vor Augen war. Als der berühmte
Hugh Latimer am 22. März 1549 seine dritte Predigt vor
dem jungen König hielt, erwähnte er darin auch Laskis: „. . . ein
großer, gelehrter Mann und, wie man sagt, in seinem Vaterland
vom Adel, der war hier und ist wieder weggezogen. Ich wünschte,
daß Männer wie er in unserem Lande wären; das Land würde
gedeihen, wenn es sie fesselte. ,Wer euch aufnimmt, nimmt mich
auf', sagt Christus, und der König sollte seine Ehre darein setzen,
solche Männer aufzunehmen und warm zu halten."*) Ein paar
Namen, an die Laski nach seiner Rückkehr Grüße sendet, führen
uns etwas in den Kreis seiner englischen Freunde. Das Schreiben ist an William Cecil gerichtet, der erst 27 Jahre alt
Privatsekretär des Lord-Protektors wurde. Laski scheint viel und
vertraut mit ihm verkehrt zu haben: seine Verhandlungen in
Angelegenheit des Fürstenbundes betrieb er durch Cranmers
und Cecils Vermittelung mit dem Herzog von Somerset**).
Auch seine Frau läßt er grüßen. Der junge Cecil war bereits
zum zweitenmale verheiratet mit Sir Anthony Cooks ältester
Tochter Mildred***). Im Hause Cecils hatte Laski auch
Sir John Cheke kennen gelernt, Cecils Schwager aus erster
Ehe, mit Cook zusammen die beiden Erzieher des Königs, die
völlig auf Seiten des Evangeliums standen†). Dazu dann
noch Sir Morison, der gerade um jene Zeit einer der sechs
königlichen Visitatoren war, die dem Oxforder Gespräch über das
Abendmahl zwischen Peter Martyr und Fresham beizuwohnen
hatten (28. Mai 1849)††). Viel verkehrte Laski auch mit dem
berühmten Dr. William Turner, der ihn schon in Emden
schätzen gelernt und hauptsächlich zu seiner Berufung nach England beigetragen.

Der a Lasco gewährte Urlaub war im Frühjahr 1549 ab-

---

*) Sermons, S. 141.
**) Kuyper II, 621.
***) Froude IV, 344.
†) Interessante Briefe der beiden, wenn auch aus späteren Jahren,
siehe Original, p. 139—147.
††) Schmidt, S. 92 und Foxe VI, 298 f.

gelaufen. Cranmer und mit ihm der große Kreis der in England erworbenen Freunde drang in ihn zu bleiben und den
ruhigen Hafen, in dem sich ihm ein so reiches Feld der Thätigkeit öffnete, nicht wieder mit dem Sturm draußen auf hoher,
brandender See zu vertauschen. Aber unser Freund kannte keine
Furcht vor Gefahr, nur die Pflicht, an dem Posten bis zuletzt
auszuharren, auf den er sich von seinem Herrn gestellt wußte.
England hatte es aber auch ihm angethan; oftmals war ihm im
Gespräch mit Freunden der Gedanke gekommen, daß, wenn er in
Ostfriesland der Gewalt weichen müsse und Polen ihm noch verschlossen bliebe, dann wohl England die erwählte Zufluchtsstätte
des zwiefach Verbannten sein würde. Aber jetzt trieb es ihn mit
Macht zurück zu der seiner Leitung anvertrauten Kirche. Die
Stunde der Entscheidung nahte; sie sollte ihn auf der Walstätte
gerüstet vorfinden.

Mitte März verließ a Lasco London. In äußerst günstiger
Segelfahrt lief das Schiff schon am dritten Tage, nachdem es die
englische Küste verlassen, wohlbehalten in der Ems ein. Mit an
Bord war der Graf Mansfeld gewesen, der die Unterhandlungen
wegen Beitritts Englands zum Fürstenbunde mit dem Lord-
Protektor geführt. Wohl um seinetwillen hatte der Protektor
als Schiffsführer einen sehr tüchtigen und zuverlässigen Mann
gegeben, der den Grafen weiter noch von Emden nach Bremen
führte*).

b) Zweiter Aufenthalt in England.

Am 13. Mai 1550 traf unser Freund wieder in London ein,
etwas über Jahresfrist, seitdem er die Stadt verlassen**). Die
Fahrt war keine so günstige, als die Heimfahrt nach Emden im
verflossenen Jahre. Dreimal war das Schiff aus Hamburg
ausgelaufen und dreimal mußte es wieder, kaum auf die hohe
See gelangt, wegen furchtbarer Stürme nach dem schützenden

---

*) Kuyper II, 621.
**) Original, p. 560.

Hafen zurückeilen. Dazu kam, daß das alte Fieber Laski wieder tüchtig schüttelte und ihn so unfreiwillig ein paar Wochen in Hamburg zurückgehalten hatte. Diese Unbill war aber nun bald vergessen: mit offenen Armen wurde der ersehnte Mann aufgenommen. „Seine Ankunft bereitete allen gottesfürchtigen Menschen große Freude": so heißt es in einem Briefe aus jenen Tagen*). Sein Absteigequartier nahm er zunächst für 6—8 Wochen wieder in dem gastfreien Lambeth-Schloß bei seinem Freunde, dem Erzbischof von Canterbury.

I. Einleben und kirchliche Thätigkeit in London.

Es galt eine geordnete Thätigkeit für die Jahre ausfindig zu machen, die a Lasco voraussichtlich in London verbringen werde. Die nächste Absicht war, die zahlreichen deutschen Protestanten zu einer Gemeinde zu sammeln und ihnen das Wort Gottes zu verkündigen. Die deutschen Kaufleute besaßen seit Jahrhunderten in ihrem prachtvollen Stahlhof an der Themse etwas stromaufwärts von der Londoner Brücke ihre großartige Faktorei. Die bedeutenden Gerechtsame, durch welche diese Hanseaten lange Jahrzehnte hindurch fast den ganzen Handel an sich gerissen, waren ihnen gerade um diese Zeit recht sehr geschmälert worden; aber trotzdem bildete ihre Gilde noch eine ansehnliche, hervorragende Körperschaft. Nicht wenige unter diesen Kaufleuten huldigten dem Protestantismus; schon im Anfang der zwanziger Jahre konnte man im Stahlhof Luthers Schriften finden und Hunderte von Tyndales Bibeln hielten durch diese deutsche Faktorei ihren verbotenen Einzug in England. Dazu kam jetzt eine große Menge deutscher Flüchtlinge. Man zählte im englischen Heere über dreitausend deutsche Landsknechte, meist Protestanten, die infolge des traurigen Ausgangs des Schmalkaldener Krieges nach England geflüchtet waren und da zum Teil aus Not Kriegsdienst genommen hatten**). Auch aus den Niederlanden waren nicht wenige

*) Original, p. 560.
**) Burnet II. 133.

gekommen, ferner Wallonen und Franzosen, unter Eduards Schutz ruhig ihres angefochtenen Glaubens leben zu können*). Wir haben schon gesehen, daß Poulain seine französischen, Ochino seine italienischen Landsleute und Glaubensgenossen seit 1548 in Privatwohnungen zum Gottesdienst sammelten und seelsorgerlich bedienten; die Hanseaten im Stahlhof waren in der nahgelegenen Allerheiligenkirche eingepfarrt, der alten Seemannskirche, wo sie in den katholischen Zeiten ihren eigenen Altar hatten und dann auch blieben, als sie und die Kirche der protestantischen Lehre Herz und Thüre öffneten**). Die Niederländer und Nord-deutschen, soweit sie nicht Insassen des Stahlhofes, waren noch in geistlicher Beziehung unversorgt. Und sie durften nicht mehr lange so bleiben, sollten sie nicht den auch zahlreich herüber-gekommenen eifrigen Sektierern anheimfallen. Eine bunte Muster-karte derselben trieb sich bereits in den Straßen Londons herum, zum Teil alte Bekannte, Wiedertäufer, versprengte Anhänger von David Joris***), ja selbst schon Antitrinitarier†).

---

*) Aus jener Zeit ist mir keine Tabelle über die Ziffer der protestanti-schen Flüchtlinge zu Gesicht gekommen; die früheste, mir bekannt gewordene ist die vom Bischof von London 1567 aufgestellte, die vielleicht mit der Ziffer vor der Verfolgung unter der blutigen Maria übereinstimmen mag. Der Bischof giebt folgende Zahlen der in London ansässigen Fremblinge an: „Venetians 10, Frenche 512, Duche (darunter auch die Deutschen) 2993, Portingalls 23, Skottes 36, Blackmores (Neger) 2, Spaniards 34, Gre-tians 2, making 3760 to be the sum total of all the strangers afore-said." Dazu kommen dann noch 1091 in den Vorstädten Londons, somit eine Gesamtziffer von 4851. (Burn, S. 6.)

**) Pauli, S. 166.

***) Vgl. darüber die interessanten Ausführungen bei Barclay, S. 25 f.

†) Es verdient wohl hervorgehoben zu werden, daß die Katholiken da-mals schon einen Plan im Auge hatten, ähnlich dem jetzt (während diese Zeilen geschrieben werden, feiert die deutsche Heimat den zehnjährigen Jahres-tag von Sedan) vor einem Jahrzehnt in Frankreich von einzelnen Chauvinisten aufgestellten, durch infizierte Kleider Seuche in das deutsche Heer einzuschmuggeln und so einen Feind zu bewältigen, den man sich ohnmächtig fühlte in offener Heeresschlacht zu besiegen. Der katholische Bischof Gardiner erhielt aus Delft am 12. Mai 1549 ein Schreiben „acquainting him that, in conse-quence of the projected organisation of the Reformers, it became neces-sary to introduce divisions among them, and that this would be best effected by preaching up the Anabaptists doctrines" (Hardwick, S. 88).

Vor dem Einfluſſe dieſer Sektierer wollte Laski die Deutſchen und Niederländer dadurch ſchützen, daß er ſie zu gemein-
ſamem Gottesdienſte ſammelte. Sein Vorhaben fand in höheren
Kreiſen Beifall. Cranmer und die ihm gleichgeſinnt zur Seite
ſtanden, ſahen die täglich wachſende Zahl der fremden Proteſtanten,
erkannten die drohende Gefahr für die evangeliſche Landeskirche,
wenn die regſamen, unruhigen Sektierer über kurz oder lang
Eingang und dann auch Einfluß bei ihren in der evangeliſchen
Lehre noch nicht feſtgewurzelten Landsleuten finden würden.
a Lasco ſchien ihnen nach ſeinen Leiſtungen in Oſtfriesland die
geeignetſte Perſönlichkeit dieſer Gefahr vorzubeugen. So erweiterte ſich ſchon nach wenig Wochen der urſprüngliche Plan
Laskis bei den engliſchen Machthabern dahin, ſämtliche Proteſtanten fremder Zunge zu einem kirchlichen Organismus zuſammen-
zuſchließen und den wohlbewährten Superintendenten Oſtfries-
lands zum Superintendenten dieſes Kirchenweſens der fremden
Proteſtanten in London zu machen. Es fiel dem Primas und
dem königlichen Rat nicht ſchwer, für dieſen auch den engliſchen
Proteſtanten zugute kommenden Vorſchlag die Beſtätigung des
Königs zu erwirken*).

Den 4. Juli 1550 erſchien der Erlaß des Königs, durch
welchen die Deutſchen (Germani) und anderen Fremdlinge als
eine evangeliſche Gemeinde anerkannt wurden. Sie erhielten eine
Kirche zum Eigentum, ein Superintendent und vier Geiſtliche
zunächſt ſtanden der Gemeinde vor, die für ihre kirchlichen Angelegenheiten die größte Selbſtändigkeit empfing und in keiner
Weiſe der Landeskirche eingegliedert war**). Damit nicht genug,

*) Wie ſehr der Gedanke an den Einfluß der Sektierer bei dem Könige
den Ausſchlag gab, hebt a Lasco in einem Schreiben an Eduard VI. hervor
(Kuyper II, 289); der König ſelbſt trägt bereits unter dem 29. Juni in
ſein Tagebuch die Mitteilung der Gabe mit der Bemerkung ein: „it was
appointed that the Germans should have the Austin-Friars for their
Church to have their Service in, for avoiding of all Sects of Anabaptists
and such-like“ (Burnet IV, 210).
**) Die Charter abgedruckt bei a Lasco am Schluſſe ſeiner „Forma ac
ratio“ (Kuyper II, 279) und ſonſt häufig (vgl. auch Burnet IV, 308).
Lasco wird in der Akte näher bezeichnet als „homo propter integritatem
et innocentiam vitae ac morum et singularem traditionem valde cele-

setzte der junge König aus seiner Privatschatulle unserem un-
bemittelten Freunde einen Jahresgehalt von 100 Pfund aus*).
Es ist aus der Stelle nicht ersichtlich, ob die nicht unbedeutende
Summe dem von dem Könige hochgeachteten Polen persönlich
zugute kam oder dem ganzen unter seiner Aufsicht stehenden
Kirchenwesen.

Die reiche, königliche Gabe eines eigenen, großen Grund-
stückes war das Augustinerkloster (Austin Friar), gegenwärtig in
gewinnbringendster Geschäftslage mitten in der City unfern von
Cornhill- und Bishopsgate-Straße, mit der schönen Klosterkirche,
Jesustempel damals genannt**). Das Kloster war um die
Mitte des dreizehnten Jahrhunderts von Humphrey Bohun,
Earl of Hereford and Essex, erbaut und blieb unter dem Schutze
dieser alten Familie, bis Heinrich VIII. auch dieses reichgewordene
Kloster und seine Güter einzog. Der prachtvolle Kirchenraum
blieb nicht ganz unbenutzt; schon vor der Schenkung scheinen die
in London anwesenden Holländer hier ihre ersten Gottesdienste
gehalten zu haben***). Bereits nach ein paar Monaten (16. Oktober 1550) erwarben die Wallonen, um ungestörter ihren Gottesdienst zu jeder beliebigen Zeit halten zu können, ganz in der Nähe

---

bris." Ein paar bemerkenswerte Stellen der wichtigen Urkunde: „Quod idem
superintendens et ministri in re et in nomine sint et erunt unum corpus
corporatum et politicum de se per nomen ‚Superintendentis et ministrorum Ecclesiae Germanorum et aliorum peregrinorum ex fundatione Regis
Eduardi Sexti in civitate London‘ per praesentes incorporamus ac corpus
corporatum et politicum per idem nomen realiter et ad plenum erigimus,
ordinamus, facimus et constituimus per praesentes et quae successionem
habeant . . . dedimus totum illud templum habendum et gaudendum,
tenendum de nobis, haeredibus et successoribus nostris in puram et libe-
ram eleemosynam . . . damus et concedimus praefatis ministris et successoribus plenam facultatem, potestatem et auctoritatem ampliandi et
majorem faciendi numerum ministrorum et nominandi et appunctuandi
de tempore in tempus tales et hujusmodi subministros ad serviendum
in templo praedicto, quales praefatis Superintendenti et ministris neces-
sarium visum fuerit etc. etc."

*) Vgl. den jetzt zum erstenmale veröffentlichten, sehr eingehenden Brief
Utenhoves an Calvin vom 23. August 1550. (Calvin XIII, 629.)

**) Burn, S. 186.

***) Malcolm II, 346.

Dalton, Laski.   22

in der Threadneedle-Straße eine eigene Kirche, die zu dem Antonius-hospital gehörte*). Nur ein paarmal im Jahre hatten die Wallonen, um ihre Zusammengehörigkeit mit der Mutterkirche zu bekunden, Gottesdienst in der Jesuskirche, dagegen trug Austin Friar aus seinen auch damals schon nicht unbeträchtlichen Einkünften die Hälfte der Ausgaben der Wallonen für ihre Kirche. Um dieselbe Zeit auch schlossen sich die italienischen protestantischen Flüchtlinge zu einer kleinen Gemeinde, ebenfalls unter der Superintendur Laskis, zusammen**). Sie benutzten für ihre Gottesdienste die Jesuskirche; ihr erster Prediger war Michael Angelo Florio.

So hatte denn a Lasco nach kaum einem Vierteljahre in London wieder eine Stellung gefunden, wie sie seiner besonderen Begabung nicht angemessener sein konnte und die günstige Gelegenheit bot, diese seine Gabe nach einer neuen und — wie wir sehen werden — bemerkenswerten Seite hin zu entfalten. Er verließ nun die freundlich gewährte Herberge im Schlosse des Erzbischofs, um näher der Stätte seiner Wirksamkeit und dazu auch wieder am eigenen häuslichen Herde zu sein. Der Abstand in der Wohnung war wohl ein greller. Das prachtvolle Lambeth-Schloß lag weit vor der Stadt themseaufwärts mitten in schöner, gesunder Parkanlage, fern von dem Lärm und auch schon Dunst der engen Straßen. Und gerade in einem recht schmalen, verkehrsreichen Gäßchen hatte sich unser Freund seine bescheidene Wohnung genommen in Bow Lane, einem Seitengäßchen, das von Cannonstraße nach Cheapside führt. Er scheint keine Dienstwohnung in Austin Friar gefunden zu haben. Bow Lane bildete damals — der flüchtige Blick in die alte Stadt meiner Väter mag um des längeren Aufenthaltes willen unseres Freundes wohl gestattet sein — ziemlich den Mittelpunkt Londons, gleichweit fast entfernt von dem Aldgate-Thor an der Festungsmauer im Osten, wie im Westen vom Ludgate-Thor am Fuße des Hügels von St. Paul. Wohl eine gute Viertelstunde Weges hatte der Su-

---

*) Burn, S. 24.
**) Kuyper II, 645.

perintendent bis zu seiner Kirche zurückzulegen, damals schon
die Hauptader des Verkehrs, längs den Straßen die unteren
Geschosse mit reichhaltigen Kaufläden versehen. Galt es einen
Gang oder Ritt zu dem Erzbischof — eine kleine Reise für un=
seren Freund —, so führte ihn sein Weg über den St. Pauls=
Hügel mit seiner herrlichen alten Kathedrale und dem in edelster
Gotik ausgeführten Kapitelhaus*). Da konnte es wohl damals
schon geschehen, daß a Lasco Zuhörer einer evangelischen Straßen=
predigt war; eine dort angebrachte Art Kanzel wurde an Sonn=
und Festtagen oft benutzt, den Vorübergehenden das Evangelium
zu verkündigen. Gelehrte bogen dann gern in Paternoster Row
ein; die engen dumpfen Kaufläden boten nicht bloß Rosenkränze
und Heiligenbilder feil, seit Wycliffes Zeiten bereits auch
Flugblätter und Bücher, und wer mit den Händlern gut bekannt
war, der konnte dort zu Heinrichs Zeit im Hinterstübchen sich
auch eine Tyndalesche Bibel erwerben; jetzt aber unter Eduard
war man sicher, was die Frankfurter Messe an neuen Schätzen
bot, hier alsbald vorrätig zu finden**). Nicht weit vom Aus=
gange des Gäßchens, damals noch enger, weil es Sitte war, über
dem steinernen Erdgeschoß die oberen Fach= und Holzstockwerke
weit vorspringen zu lassen, gelangte man durch das Stadtthor
über die Fleetbrücke hinaus ins Freie. Eine alte, mir vorliegende
Karte von 1560 zeigt freilich bereits durch die Fleetstraße und
den Strand bis nach Westminster eine ununterbrochene Linie von
Häusern; aber man hatte doch das Gefühl, der Stadt entronnen
zu sein und frische Landluft zu atmen. Denn auf der Südseite
dieser Linie lagen die herrschaftlichen Prachtbauten der höheren
Geistlichkeit und des Adels (man denke an die gewaltigen Bauten,

---

*) Pauli, S. 367.

**) So schreibt Laski einmal seinem Freunde Hardenberg (Kuyper
II, 652): „Hic magna est librorum advectitiorum copia, sed est summum
omnium pretium. Est Calvinus in totum Paulum et omnes canonicas
epistolas, sunt Bullingeri quinque decades sermonum utilissimae et Mus=
culus in totum Psalterium, opus ingens, Calvinus in Esajam, item de
scandalis, Brentius in Esajam, Bibliander de ratione temporum. Brevi
habebimus Martyrem in Corinthios, sed haec incompacta non minoris
emuntur undecim taleris juxta monetae nunc hujus elevationem." (über
das Sinken des Geldwertes in jener Zeit vgl. Froude IV, 350.)

die sich in jenen Jahren gerade der Herzog von Somerset aufführen ließ und die heute noch als stumme Zeugen jener Zeit
dastehen) mitten in Parkanlagen, die bis zum Themse-Ufer reichten,
und auch auf der Nordseite standen Landhäuser, deren Gärten,
zum Teil alte Klostergärten (St. Martins Lane), weit hinauf
bis zu der Landstraße reichten, die bei Holborn und dem Dorfe
St. Giles angebaut zu werden begann. Dichter zusammen drängten sich dann wieder die Häuser und bildeten mehrere Straßen
zwischen Charing Croß, Whitehall nach Westminster hin*). Dort
stand schon dicht bei der Kathedrale das Parlamentsgebäude. Die
Straßen hier konnten auch den Superintendenten nicht lange
fesseln: es hatten sich in dieser vom Verkehr und Erwerb so
fernen Gegend nur wenige Fremde niedergelassen. Der weitaus
größte Teil seiner Gemeindeglieder wohnte in der Stadt (city)
und gegenüber auf dem anderen Themse-Ufer in Southwark. So
eilte denn Laski rasch durch diese angebaute Gegend hinunter
an das Themse-Ufer, wo der Fährmann ihn etwas stromaufwärts
nach dem gegenüberliegenden erzbischöflichen Palast brachte. Den
Heimweg nahm a Lasco dann schwerlich auf der rechten Themse-
seite. Die Gegend war bis zum Hetzplatz für Bär und Stier
(Bear-Baiting, Bull-Baiting) in Southwark sehr öde und in
jenen rauflustigen Tagen nicht recht geheuer. Hatte a Lasco,
wie es häufig geschah, drüben in Southwark zu thun, so wählte
er den sicheren Weg am Stahlhof vorbei über die Londonerbrücke,
der einzigen stehenden Verbindung nach der anderen Flußseite.
Der Gang über die Brücke gewährte keinen offenen Blick strom-
auf- und abwärts; zu beiden Seiten erhoben sich Häuser, in
ihrem Erdgeschoß mit Kaufläden aller Art besetzt.

Für einen Augenblick noch wollen wir mit unserem Freunde
an seinen eigenen warmen Kamin in Bow Lane einkehren. Da
waltet nun schon die tüchtige Hausfrau, um sie die frohe Kinderschar, die wohl rascher als die Bürgerstochter aus Löwen in die
neuen, fremden Verhältnisse sich eingelebt haben mag. Sobald nur
Laski etwas festen Boden unter seinen Füßen hatte, ließ er seine
Familie, von der er seit Monaten getrennt, nachkommen, mit ihr

*) Knight VI, 260 f.

zugleich wie ein unzertrennliches Familienglied seine Bücherei, bei ihrem starken Umfang ein sicheres Zeichen, daß er auf einen langen Aufenthalt in England rechnete. Mit den Freunden in Deutschland wurde reger Verkehr unterhalten, der mit Bremen sogar bei so günstiger Schiffsgelegenheit die Gestalt eines Tausch= handels annahm. Hardenberg sendet Leinenzeug und Mehl, Laski dagegen ganze Stücke von dem damals schon geschätzten englischen Tuch*). Aus letzterer Zusendung erwuchs unserem Freunde ein recht verdrießlicher Handel. Ein vor zwanzig Jah= ren erlassenes, für unsere modernen Anschauungen etwas befremd= liches Gesetz untersagte den Verkauf solchen Tuches an Fremde; die verbotene Ware wurde im Zollhause an der Themse entdeckt und als Schmuggelware angehalten, zum nicht geringen Ärger der Kaufleute, die so wenig etwas von dem Inhalte der Kisten wußten, als unser harmloser Theologe und Fremdling von dem alten Gesetze.

Nicht lange sollte sich a Lasco hier am fremden Orte un= getrübten Familienglückes erfreuen. In den heißen, dumpfigen Sommertagen 1551 wütete zum letztenmale**) in London die furchtbare Seuche des sogen. „englischen Schweißes". König Eduard berichtet in seinem Tagebuch darüber, daß am 10. Juli 100 Menschen daran starben, am folgenden Tage gar schon 120 und er sich infolge davon aus London weg nach Hampton Court begeben habe***). Auch in die Familie unseres Freundes brach die unheimliche Krankheit ein. Zuerst ward von ihr die Frau befallen, anderen Tages bereits, durch ihre Pflege angesteckt, Laski selbst, und zwar so heftig, „daß wir alle an seinem Leben verzweifelten. Aber er hat sich wieder erholt; denn der Herr hat Mitleid mit uns gehabt. Wäre er uns entrissen worden, so haben wir Grund, zu fürchten, daß die Fremblingsgemeinde mit seinem Scheiden zu=

---

*) Kuyper II, 652. 664.

**) Northouck, S. 125.

***) Burnet IV, 218: „At this time came the Sweat into London, which was more vehement than the Old Sweat; for if one took cold, he died within three hours and if he escaped, it held him but nine hours or then at the most: also if he slept the first six hours, as he should be very desirous to do, then he roved and should die roving."

grunde gegangen wäre."*) Auch dem Primas bangte für das
Leben des Freundes; sein Verlust würde ihm in den Tagen eine
bittere, fast unersetzbare Einbuße in der raschen Entwickelung der
kirchlichen Angelegenheiten Englands gewesen sein. In zuvor-
kommendster, liebenswürdiger Weise ließ er den wiedergenesenden,
so unentbehrlichen Mitarbeiter mit seiner ganzen Familie auf
seinen schön gelegenen erzbischöflichen Landsitz Croydon**) kommen,
sich da fern von den engen, infizierten Gäßchens Londons in den
prachtvollen Parkanlagen zu erholen. Die Frau bekam trotz der
reinen, gesunden Luft im Schloß einen Rückfall der heimtückischen
Krankheit; sie genas zwar wieder, aber ein fieberischer Zustand mit
schleichendem Charakter blieb zurück, der langsam in Auszehrung
überging. Sie erholte sich seitdem nicht mehr; im August 1552
erlag sie ihrem langen, mit frommer Geduld getragenen Leiden***).
Der Heimgang der Lebensgefährtin schlug unserem Freunde eine
tiefe Wunde. Er selbst an seinen alten Übeln schwer leidend,
vier Kinder, die alle noch der Erziehung und mütterlicher, sorg-
fältiger Pflege bedurften, der Vater in ernstem, schwerem Berufe
fast Tag und Nacht beschäftigt und der Dinge der Haushaltung
völlig unkundig und unlustig: wir können es begreifen, wenn er
seinem Freunde Bullinger gegenüber auch nicht einmal versucht,
die schweren häuslichen Sorgen zu schildern, können es aber auch
verstehen, daß er nach Jahresfrist eine neue Lebensgefährtin heim-
führt. „Niemals hätte ich bei meiner geschwächten Gesundheit
den Forderungen des Hauswesens und gleichzeitig des Berufes
genügen können. Aber wie mich Gott durch den Tod meiner
ersten Frau prüfen wollte, so hat er nun nach seiner göttlichen

---

*) So meldet der treue „Achates", wie er vielfach genannt wird,
Martin Micronius, an Bullinger (Original, p. 576).

**) An der sehr alten Stadt eilt jetzt der Jagdzug vorüber, der von
London aus nach dem beliebtesten Seebad Brighton geht. Selten nur macht
ein Reisender in der lachenden, freundlichen Gegend Halt. Der Palast, in dem
Laski sich erholt, ist heute nur noch eine Ruine; wo er in den schönen
Räumen mit dem Primas und seinen zahlreichen Gastfreunden gespeist, da
ist jetzt eine Waschanstalt und die alte Hauskapelle dient einer Schule zum
Aufenthalte.

***) Kuyper II, 653. 664.

Güte den Schmerz meiner Seele durch die zweite Frau gelindert. Denn er hat mir wiederum eine fromme und, wie ich hoffe, treue Lebensgefährtin geschenkt, an der ich bis jetzt nichts von ihren Obliegenheiten vermisse."*) Die Hochzeit hatte den 29. Januar 1553 stattgefunden. Nur der Vorname dieser zweiten Frau ist uns erhalten geblieben, dank dem einzigen Briefe, den wir von ihrer Hand besitzen: Katharina**). Die Freunde billigten den Schritt; Peter Martyr, der um dieselbe Zeit in Oxford seine Frau verloren, schreibt an Utenhove, daß, wenn er so viele Kinder in so zartem Alter hätte, wie a Lasco, „der Mann Gottes", er den gleichen Schritt der Wiederverehelichung thun würde, welchen Schritt er durchaus empfehle und billige***). a Lasco scheint seine zweite Frau herzlich geliebt zu haben; auch ein Kosenamen entschlüpft einmal seiner sonst so ernsten Feder. Er dankt dem Landgraf von Hessen für die Wohlthaten, die er seinem Weibchen erwiesen (uxorcula nostra)†).

Fast ein halbes Jahr noch verstrich, bis die Fremdlings=gemeinde in den thatsächlichen Besitz des von dem Könige ihr ge=währten Grundes und Bodens gelangte: ein doppelter Festtag für unseren Freund; denn an demselben Tage schenkte ihm seine Frau den ersten Sohn in ihrer kindergesegneten Ehe††). Der Grund der Verzögerung lag in den großen Schwierigkeiten, die nament=lich der Bischof von London, Ridley, der Bildung dieser Ge=meinde entgegensetzte und die zu überwinden es der ganzen Klug=heit Laskis, aber auch seiner bereits in den höchsten Kreisen erworbenen Achtung und Bedeutung bedurfte. Der Bischof von London beanspruchte Aufsichtsrecht nun auch über diese Gemeinde seines Sprengels und forderte von ihr, ihren Gottesdienst der

---

*) Kuyper II, 675.
**) Ebd., S. 766.
***) Scrinium III, 667.
†) Kuyper II, 751.
††) Ich schließe den Kinderreichtum aus einer Briefstelle des Pastor Stanislaus Lutomirski, ein halbes Jahr nach dem Tode Laskis geschrieben, wo von neun überlebenden Kindern die Rede ist, von denen vier von der ersten Frau sind (vgl. Scrinium III, 546).

englischen Liturgie entsprechend einzurichten; Laski wies die Forderung mit größter Entschiedenheit zurück — ihre Erfüllung wäre
ein Todesstoß seiner Gemeindeordnung gewesen — und berief sich
auf die königliche Charter. Diese sprach deutlich zu seinen Gun-
sten*). Aber sollte man diesen Fremdlingen gewähren, was
man den eigenen Landeskindern abschlug und wofür ein Mann
wie Hooper augenblicklich im Gefängnis schmachtete? Man griff
zu Nergeleien. Weil die Kirche ein königliches Geschenk, so
sollte sie auch in einem königlichen Zustand übergeben werden;
aber wie langsam schleppte sich die Ausbesserung hin. Laski
forderte den Kirchenschlüssel, um wenigstens Sonntags einen
Gottesdienst halten zu können. Es wurde abgeschlagen. Entweder solle man sich den Zeremonieen des englischen Gottesdienstes
unterwerfen oder nachweisen, daß sie unbiblisch seien**). Laski
gab nicht nach. Es bedurfte des Machtspruches des Königs, der
ihnen die Pforte ihres Eigentums öffnete; freilich war es der
Gegenpartei gelungen, eine Klausel durchzusetzen, daß der Gebrauch
der Sakramente ihnen in ihrer Kirche verwehrt wurde. Jahr
und Tag ging noch vorüber, bis sich unser Freund auch dieses
Recht erstritten und so erst volle Selbständigkeit seiner Gemeinde
erworben***). Auch später muß Laski noch manchmal seinen
Freund Lord Cecil um Schutz angehen, wenn z. B. der Bischof
von Ely drüben im Southwark-Stadtteil Glieder der Fremdlingsgemeinde zur Teilnahme am Abendmahl in der nächsten englischen
Parochialkirche unter Androhung von Gefängnisstrafen nötigen
wollte†).

a Lasco wartete nicht mit der Ordnung der Gemeinde-
verhältnisse und der Sammlung der durch die ganze Stadt zerstreut lebenden Fremdlinge bis zur Beilegung dieses Streites.
Unmittelbar nach Erlaß der königlichen Charter begannen die
regelmäßigen Gottesdienste; einige englische Bürger hatten bis zur
Eröffnung der Jesuskirche die Mitbenutzung einer anderen ermög=

*) Vgl. hierzu auch Kuyper II, 10.
**) Original, p. 569.
***) Die fesselnden Briefe von Micronius und Utenhove (Original,
p. 557—604) führen uns auch lebhaft in diese Kämpfe ein.
†) Kuyper II, 672.

licht*). Gleichzeitig auch arbeitete der Superintendent mit seinen
vier Gehilfen die Gemeindeordnung aus; Johann Utenhove
wurde der erste Kirchenälteste. Es waren denn doch andere Verhältnisse hier, als vor acht Jahren in Emden. Die jetzigen
Gemeindeglieder waren aus verschiedener Herren Länder zusammen-
geströmt, nicht einmal die gleiche Sprache bildete ein Band der
Gemeinschaft, nur das Evangelium, um dessentwillen sie meist
Haus und Hof verlassen mußten. Sonst keine gemeinsamen Sitten und Bräuche, nicht einmal in ihrem kirchlichen Leben alt-
gewurzelte, übereinstimmende Gewohnheiten. Diesen Fremblingen
in London, sich selbst fast auf allen Gebieten fremdartig gegen-
überstehend, war die größte Selbständigkeit in der Ordnung ihrer
kirchlichen Angelegenheit gewährleistet; die Kehrseite dieser bedeutenden Vorrechte war nun anderseits, daß a Lasco die weltliche Obrigkeit in keiner Weise zur Durchführung seiner Kirchenzucht heranziehen konnte, wie es in Ostfriesland möglich und
wirklich war. Aber er hatte gerade dort auch die unendliche
Schwierigkeit — sagen wir lieber Unmöglichkeit — einer reinen,
vollständigen Verwirklichung der Kirchenzucht mit staatlicher Hilfe
reichlich kennen gelernt. Wie oft war er bis zur äußersten Er-
schöpfung und Mutlosigkeit durch die saumselige oder widerwillige
Mithilfe der Obrigkeit oder gar das völlige Ausbleiben gekommen!
Hier in London war ihm auch die Möglichkeit eines erneuten
Versuches genommen. Und man darf wohl sagen, zum Glück.
Die Gemeinde, allein auf sich selbst angewiesen, hatte nun aus
eigener Mitte die Wege zu einer gesegneten Kirchenordnung,
Kirchenzucht einzuschlagen: wir werden im weiteren Verlauf erkennen, welche richtigen Wege a Lasco eingeschlagen, daß die Einrichtung seiner Fremblingsgemeinde einen wesentlichen Fortschritt
in der Entwickelung der Presbyterialverfassung bildet und ihr
großer Einfluß heute noch sowohl in der schottischen Kirche als
auch bei den Independenten deutlich sichtbar ist.

Zunächst stellte a Lasco in Gemeinschaft mit seinen vier Mitarbeitern ein Bekenntnis auf, das jeder unterzeichnen mußte, der
in die Fremblingsgemeinde aufgenommen werden wollte. Denn

---

*) Original, p. 570.

mit Recht betonte er, daß zum Begriffe einer lebendigen Gemeinde
die Übereinstimmung in der Lehre das Hauptmoment bilde. Nur
dadurch auch konnte er einen wirksamen Damm gegen die Sek=
tierer errichten, die von allen Seiten herandrängten. Interessant
wäre es, zu erfahren, ob den Fremdlingen, die sich weigerten, das
vorgelegte Bekenntnis zu unterschreiben und damit Gemeindeglied
zu werden, das Asylrecht gekündigt wurde. Wir haben leider
keine daraufhin bezügliche Notiz aufspüren können. Die Unter=
schrift fand vor den Presbytern statt; nur nach ihrem Vollzug
wurde die betreffende Familie in das Gemeindebuch eingetragen.
Dem staunenswerten Spürsinn Kuypers ist es geglückt, die erste
Ausgabe dieser confessio Londinensis in der Bibliothek des Tri=
nity college in Dublin ausfindig zu machen und seiner meister=
haften Gesamtausgabe der Werke Laskis einzuverleiben*).

Diese „Londoner Bekenntnisschrift“, die bereits 1551 im
Drucke erschien, ergeht sich nicht über alle Punkte der Lehre;
einige wesentliche, wie die Lehre über die Sakramente, sind ab=
sichtlich übergangen. Der Inhalt faßt sich in dem Hauptgedanken
zusammen, der am Schlusse dem Aufzunehmenden in aller Kürze
die weitere Auseinandersetzung der Schrift wiederholt. Der Satz,
eine Ausführung des Wortes, daß Jesus ist der Christ, der Sohn
des lebendigen Gottes, ist wichtig genug, um ihn hier vollständig
wiederzugeben. „Die Kirche Christi ist die Gemeinde (coetus)
der Menschen und ihres Samens, die von unserem Urvater Adam
an bis ans Ende der Welt durch das Wort Gottes, das durch
die Engel, Propheten, Christum und seine Apostel verkündigt, aus
dem ganzen Menschengeschlecht auf dem weiten Erdenrunde berufen
ist und noch wird, glaubt und im stillen und öffentlich mit
ihrem Munde und durch Haltung der gottesdienstlichen Bräuche
(caeremoniae), die von Christus eingesetzt sind, sowie durch Dar=
bietung der Leistungen, wie sie eines jeden Berufung erfordert,
bekennt, daß jener Sohn der Jungfrau Maria wahrhaftig Jesus
sei, das heißt, Mensch von einem Menschen, nämlich der jung=
fräulichen Mutter, durch Mitwirkung des heiligen Geistes em=
pfangen und geboren, auf daß er unser Bruder in unserem

---

*) Kuyper I, LXXIV u. II, 285.

Fleische sein und endlich an unserer Statt für unsere Sünde sterben könne, auf daß er auch außerdem in ebenderselbigen Gemeinschaft unseres Fleisches der vollgenügende Erlöser*) der ganzen Welt und somit auch Gott sei, denn niemand außer Gott selbst kann Erlöser sein. Ferner glaubt und bekennt diese Gemeinde, daß dieser selbige Jesus jener wahrhaftige Christ sei, der durch die Weissagungen der Engel und Propheten von Anbeginn der Welt an verheißen wurde, das ist, jener einige und höchste und ewige König, Prophet und Hoherpriester der ganzen Welt, der durch das Licht seiner Ankunft alle Vorbilder des fleischlichen Gesetzes verscheucht und fernerhin aufgehoben hat**). Endlich glaubt und bekennt diese Gemeinde, daß dieser selbige Jesus Christus der wahre, natürliche und eingeborne Sohn Gottes des Vaters sei, aus Gott selbst dem Vater in derselbigen Wesenheit (existentia) seiner Gottheit entstanden (genitus), wie er als Mensch aus einem Menschen empfangen und geboren werden wollte, nämlich aus der jungfräulichen Mutter, auf daß er Mensch würde und die Sünde der ganzen Welt sühnete, zu preisen zusamt mit dem Vater und dem heiligen Geist als der wahre und einige Gott von Ewigkeit zu Ewigkeit, Amen."***)

Einzelne Stellen auch in dieser knappen Zusammenfassung weisen auf die Einsprache hin, die er seinerzeit wider Menno und seine Anhänger erhoben und nun in London zu erneuern sich veranlaßt sah. Der weitere Gegensatz gegen alles sektiererische Treiben tritt in der Betonung der Zusammengehörigkeit dieser Lehre und somit auch der Gemeinde mit der wahren, katholischen, einen Kirche Gottes und Christi zutage. Gerade auf diese Über-

---

*) Der lateinische Originaltext hat servator, die von Johann Utenhove bereits in demselben Jahre gefertigte flämische Übersetzung hat in ihrer in Emden 1565 gedruckten 3. Auflage das Wort übersetzt: „Voorts, dat hy oock is in de ghemeynschap ons vleeschs volgenoechsaem Salichmacker der gätscher Werelt" (Kuyper II, 333).

**) „Qui adventus sui luce typos legis Carnalis omnes dispulerit prorsusque aboleverit." Flämisch: „die door de toekomste zyns Lichts, alle de bedieningnen des vleeschelicken Wets gantschelick te niet gedaë heeft".

***) Kuyper II, 332.

einstimmung in ihrer Lehre haben die Reformatoren gegenüber den Sektierern ein Hauptgewicht gelegt. Es handelte sich für sie um eine Reformation, nicht um eine neue Kirche, losgelöst von dem historischen Zusammenpunkt. Wie scharf betont dies a Lasco in diesem Bekenntnis!*) Auf einen wichtigen Punkt in der näheren Ausführung des Hauptsatzes sei noch hingewiesen. An der Stelle des Bekenntnisses, an welcher Laski das königliche Amt des Herrn näher ausführt, heißt es: „Weil der Herr Jesus als der Christ (sub Christi titulo) der oberste, ewige und bleibende König der Gemeinde Gottes ist, so müssen alle seine Gesetze für uns in diesem Leben bleibend und unveränderlich sein, daß wir sie anders nicht, als sie gegeben sind, vor aller Menschen Gesetze und Satzungen allzeit beobachten und in keiner Weise auf die hören, die entweder wer weiß was für eine neue Kirchen= ordnung auf Erden erwarten, welche die uns von unserem Chri= stus gegebenen Gesetze aufhebt, oder die sich für Stellvertreter seiner Herrschaft in diesem seinem Reiche (qui se Regni in Regno hic suo vicarios fingunt) vorgeblich halten, als ob er selbst nicht allzeit bei uns gegenwärtig wäre, oder die sich unterfangen, ihren Gesetzen und Anordnungen eine gleiche, um nicht zu sagen größere Autorität als den Gesetzen Christi zuzusprechen."**) Der Satz führt in noch entschiedenerer Weise das königliche Amt Christi aus, als wir es selbst bei Calvin finden. Die besonderen Ver= hältnisse der Fremdlingsgemeinde haben diese Ausgestaltung nahe

---

*) Vgl. Kuyper II, 300: „Una est igitur atque eadem semper Dei Ecclesia, et quae Christum futurum adhuc expectabat expectationemque hanc suam contestabatur typicis suis symbolis atque elementis et quae jam Christum sibi exhibitum esse re vera credit, fidemque hanc suam rei exhibitae symbolis atque elementis contestatur et exercet. Quare longe absunt ab hac vera ac una Dei Ecclesia, qui suarum Ecclesiarum nescio quam diversorum temporum originem atque progressum imagi= nantur adeoque et scindunt unitatem hanc aeternam verae atque indi= viduae Ecclesiae Christi. Hic ruit malignans Turcarum Ecclesia, quae suam originem ad Mahumetem refert 600 post Christum annis. Nec Papae Ecclesia consistere potest, cujus initium longe post Christum coepit. Nec Anabaptistarum, quae adhuc est recentior in sua separa= tione. Nec Davidis, quae in postremis temporibus originem suam ponit.'

**) Ebd., S. 306.

gelegt; sie ist von hier aus zu grundlegender Bedeutung zumal
in der schottischen Kirche und bei den Independenten Englands
gelangt*).

Diejenigen Fremdlinge nun, die ihre Unterschrift zu diesem
Bekenntnisse vor den Presbytern der Gemeinde gegeben, wurden
erst dann öffentlich in die Gemeinde aufgenommen und zu dem
heiligen Abendmahle zugelassen, wenn sie sich am Schlusse des
vormittäglichen Gottesdienstes vor dem Prediger und den Presbytern einer kleinen Prüfung unterwarfen. Der Inhalt dieser
Fragen und Antworten ist uns noch erhalten: es sind 41 kleine,
leicht dem Gedächtnis einzuprägende Sätze über die Gebote, das
Glaubensbekenntnis, die Sakramente, das Gebet**). Hat der
Kandidat die Fragen beantwortet, so wird er aufgefordert, vorzubringen, wenn er über irgendeinen Lehrpunkt noch Zweifel hegt.
Sind auch diese ihm berichtigt und hat er endlich auch verheißen,
bei dieser Lehre beharren, der Welt absagen und ein christliches
Leben fortan führen, sich auch der Kirchenzucht unterwerfen zu
wollen, dann erst nach dieser langen und eingehenden Prüfung
wurde er völlig in die Gemeinde aufgenommen.

Es ist nicht unsere Absicht, jetzt schon einen eingehenderen Blick
in das Leben der Fremdlingsgemeinde zu werfen, die mit so tiefem Ernst über die Aufnahme in ihrer Mitte wachte. Wir
lassen erst ein paar Jahre verstreichen, während welcher Zeit sich
die einzelnen Ordnungen ausgestalteten und festwurzelten. Hier
sei nur noch auf ein paar Punkte hingewiesen.

Mit dem Unterschreiben jenes „Londoner Bekenntnisses", mit
der wohlbestandenen Prüfung in der Heilslehre bei der Aufnahme in die Gemeinde war der Forderung des Bleibens in der
guten Lehre des Evangeliums lange nicht genuggethan. Durch
das ganze Leben setzte sich in dieser Mustergemeinde die Arbeit
der Bewahrung und Vertiefung in der christlichen Lehre fort.
Nach zwei Seiten hin trat dies deutlich und in anerkennenswerter
Weise zutage. Laski wies mit tiefem Ernst und in schöner, über-

---

*) Vgl. die nähere Ausführung bei Ritschl (S. 78) und dem daselbst
in der Anmerkung gegebenen Hinweise.
**) Kuyper I, XCIX u. II, 477 f.

zeugender Weise nach*), daß mit der Kindertaufe für die Ge=
meinde die heilige Verpflichtung erwachse, die Täuflinge als
Glieder Christi, als Bundesgenossen und Kinder Gottes in der
christlichen Lehre zu unterweisen. Das ist aber in jungen Jahren
Aufgabe der Eltern. Sie haben, sobald ihre Kinder 5 und 6
Jahre geworden, denselben die Hauptstücke des kleinen Katechismus
zu lehren, und zweimal im Jahre finden Prüfungen über das Gelernte
in der Kirche statt. Zu diesem Behufe ist die ganze durch die
Stadt zerstreut lebende Gemeinde in drei Teile geteilt; der eine
Teil umfaßt die Glieder, die innerhalb der Stadtmauer, der an=
dere Teil, die außerhalb der Thore in den Vorstädten und um=
liegenden Dörfern, und der dritte Teil, die jenseits des Flusses in
Southwark wohnen; nach diesen Stadtteilen gesondert, finden die
Prüfungen an verschiedenen Sonntagen statt. Vom elften Jahre
an beginnt der Unterricht im großen Katechismus**), entweder
von den Eltern oder von besonders dazu angestellten Lehrern er=
teilt, der dann weiter seine Fortsetzung oder Ergänzung in den
sonntäglichen Katechisationen in der Kirche während des Nach=
mittagsgottesdienstes hat. Haben die Kinder das 14. Lebens=
alter erreicht und genügende Probe bestanden, daß sie die Haupt=
lehren der Religion innehaben, so legen sie vor versammelter
Gemeinde ihr Gelübde ab, daß sie mit Gottes Gnade in diesem
Bekenntnis ihres Glaubens beharren und demgemäß ihr Leben
der Kirchenzucht unterwerfen wollen. Nur wenn sie feierlich mit
Ja auf diese Fragen geantwortet, werden sie zum heiligen Abend=
mahl zugelassen***).

Aber auch nach der Konfirmation hört die Unterweisung und
die Möglichkeit der Fortbildung in der Lehre für die Erwachsenen
nicht auf. Dafür sorgt die sogen. „Prophetie"†), doppelt gestaltet

---

*) Kuyper II, 93.
**) Vgl. über ihn S. 261.
***) Wohl eins der ältesten Zeugnisse der Konfirmation in der evange=
lischen Kirche!
†) Wenig bekannt dürfte sein, daß diese „Prophetieen" in weiteren
Kreisen der englischen Kirche Anklang fanden. Gefährlicher Mißbrauch kann
sich leicht einschleichen, zumal wenn der Geistliche nicht selbst die Führung in
seiner Hand behält; interessant ist, daß im Jahre 1577 die Königin Elisabeth

in der deutschen und in der französischen Gemeinde. In der deutschen Gemeinde darf an jedem Sonntage nach der Predigt, aber noch vor versammelter Gemeinde, jedes Gemeindeglied etwaige Zweifel oder Bedenken, die ihm im Laufe der Woche bei den verschiedenen gottesdienstlichen Versammlungen aufgestoßen sind, vorbringen, und die Geistlichen und Kirchenältesten haben sie zu widerlegen. Um jedem etwaigen Mißbrauch vorzubeugen, müssen die betreffenden Fragen zuvor besonders dazu ausgewählten frommen Männern zur Entscheidung vorgelegt werden, ob sie sich zu einer gemeinsamen Besprechung eignen. Die Prophetie in der französischen Gemeinde fand Mittwochs statt und bestand in der fortlaufenden Erklärung ganzer Bücher der heiligen Schrift, nicht in Form der Predigt, mehr unseren Bibelstunden entsprechend, nur mit dem wesentlichen Unterschied, daß auch die Gemeindeglieder zur Erklärung der Schriftstücke zugelassen sind. Es wird dabei in der Auslegung so lange fortgefahren, als noch irgendeiner in der Versammlung sich inbetreff des vorliegenden Schriftstückes zum Worte meldet*).

Wir danken dieser „Prophetie" eine der hervorragendsten Schriften Laskis, die nach zwei Seiten hin tief in die Entwickelung der evangelischen Kirche in England und Deutschland eingreift. a Lasco hatte im Frühjahr 1551 in seinen Bibelbesprechungen an den Montag-Abenden begonnen, das Evangelium Johannis auszulegen. Bei der Taufe Johannis des Täufers war er mehrere Male auf die Sakramente zu sprechen gekommen. Seine Zuhörer — darunter auch viele Engländer, denn er hielt die Erklärungen in lateinischer Sprache — baten ihn um eine zusammenhängende Darstellung der Sakramente. An fünf Abenden entsprach er diesem Wunsche**). Was die Zuhörer nun

diese Prophetieen, die etwas an das „Stundenhalten" in Württemberg, an die „Stundisten" in der russischen Kirche erinnert, untersagt. (Vgl. Grindal, S. 467. In dem betr. Reskript heißen sie: „which manner of invasions they in some places term prophesyings, and in some other places exercises".)

*) Kuyper II, 105.
**) Kuyper I, 108.

„mit großer Bewunderung und vielem Gewinne" — wie einer
von ihnen berichtet*) — gehört, wollten sie im Drucke bewahren. Auch diesem Wunsche glaubte sich Laski nicht entziehen
zu dürfen. 1552 erschienen sie im Drucke, fast die umfangreichste
Abhandlung, die wir von seiner Hand haben**).

Die Abhandlung ist in freudig-hoffnungsvoller, gehobener
Stimmung geschrieben. Drei Jahre früher — im Mai 1549 —
war zwischen Calvin und Bullinger die berühmte „Züricher
Übereinkunft" (Consensus Tigurinus) abgeschlossen worden:
Zwinglis einseitige Abendmahlslehre war hier innerlich über-
wunden und die so viel tiefere Auffassung Calvins siegreich an-
erkannt. Eine um wie viel wahrere, fruchtbringendere Konkordie,
als die Wittenberger vor länger als einem Jahrzehnt! Sehr
bald nach Abschluß derselben, noch in Abschrift, da man mit der
Drucklegung zögerte, sandte Bullinger ein Exemplar seinem
Freunde Laski, der mit herzlicher Freude die stattgefundene
Vereinigung begrüßte. „Zunächst danke ich dem Herrn unserem
Gotte, daß er das Reich seines Sohnes durch euren Dienst dort
in Zürich fördert und mehrt, und wünsche ich euren Kirchen von
Herzen Glück zu der zwischen euch und Calvin hergestellten Übereinstimmung in der Lehre von den Sakramenten und hoffe, daß
von Tag zu Tag noch mehr Kirchen dieselbe unterschreiben werden. Wir hier folgen ganz derselben Lehre, wenn wir ihr auch
in den Worten einen anderen Ausdruck geben."***) Laski teilte
Bullingers Zuschrift Cranmer mit, auf den sie einen bedeutenden Eindruck machte und der ihr seine volle Zustimmung
schenkte†). Bereits 1546 hatte Bullinger handschriftlich an
Calvin und an Laski in Erwiderung der heftigen Ausfälle

---

*) Original, p. 587.

**) „Brevis et dilucida de sacramentis ecclesiae Christi tractatio."
Bei Kuyper I, 97—232.

***) Kuyper II, 646.

†) Die Herausgeber der Werke Calvins haben in der berühmten
Simmlerschen Sammlung in Zürich das wichtige Schreiben von Laski an
Bullinger aufgefunden, das dem Spürauge von Kuyper entgangen war
und in welchem er ausführlich seine Bemerkungen über den Consensus Tigurinus mitteilt. (Vgl. Calvin XIII, 578.)

Luthers wider die Züricher im Jahre 1544 einen Aufsatz „von
den Sakramenten" gesandt, der freilich erst 1548 in seine Hände
gelangte. Laski hatte das Schriftstück, nachdem es mit seiner
Büchersammlung aus Emden eingetroffen war, Cranmer mitgeteilt und es auf seinen dringenden Wunsch im Drucke herausgegeben. Auch die „Züricher Übereinkunft" fügte Laski seiner
Abhandlung über die Sakramente bei; die Schriften haben am
meisten dazu beigetragen, die darin vorgetragene Abendmahlslehre
in der englischen Kirche einzubürgern.

Laski widmete seine Abhandlung dem Könige von England.
Das Sendschreiben ist nach mehr wie einer Seite hin wichtig und
wohl wert, auch heute noch gelesen zu werden. In kurzen, klassischen Worten giebt unser Freund seiner Überzeugung Ausdruck.
„Die römische Kirche ist zu Falle gebracht. In unserem Jahrhundert ist dies hauptsächlich mit Gottes Hilfe durch die Arbeit
eines Menschen geschehen, eines von der ganzen Welt wohl verachteten und heftig angegriffenen, aber in den Augen Gottes
zweifellos ein auserwähltes Rüstzeug, ich meine nämlich Martin
Luther." Laski zeigt dann, wie trotzdem die Schlange mit
ihrem Schwanze noch ausschlage darin, daß sie Zwistigkeiten zwischen den Protestanten ausstreue und nähre. Aber an ihrer Beilegung werde eifrig gearbeitet. Am meisten habe dafür gewirkt
Martin Bucer, „seligen Angedenkens" (dieser Freund Laskis
war vor kaum Jahresfrist — 28. Februar 1551 — in Cambridge gestorben). „Dasselbe Ziel verfolgten noch mehrere andere
ebenso gelehrte wie fromme Männer, und Gott gab Gnade, daß
die Hauptkirchen der Schweiz, welche früher entgegengesetzter Ansicht waren, nun zuerst von allen übereinstimmen. Diese Übereinstimmung in der Lehre hub an weithin sich auszubreiten, wenn
sie auch nicht in den gleichen Worten ihren Ausdruck findet, und
drang bis nach Ostfriesland vor, ja selbst bis zu dem in voller Blüte
stehenden England, und wird hier mit beiden Armen festgehalten."*)
Der Widmung an den König reiht sich noch eine sehr beherzigens-
werte, erbauliche Vorrede an den frommen Leser an, in der unser
Freund mit aller Entschiedenheit betont, daß ihm allzeit der

---

*) Kuyper I, 102.

Sakramentsstreit zu gering erschienen sei, als daß um seinetwillen die Kirchen, die das Evangelium Christi bekennen, auseinander- gerissen werden sollten.

Es würde uns zu weit führen, der gehaltvollen Schrift Schritt für Schritt nachzugehen; wir müssen uns selbst eine Blumenlese der bezeichnendsten Stellen versagen. In der Kürze nur dies. Laski giebt zunächst eine Darstellung der Entwickelung der Sa- kramentslehre in der römischen Kirche und zeigt bei großer Be- lesenheit in den Kirchenvätern, wie sich leise der Irrtum angesetzt, bis er sich zur Irrlehre ausgebildet, die eine völlige Verbindung des Zeichens mit der Sache, ja ein Aufgehen und Verschwinden des Zeichens in der Sache behauptet. Nach der Lehre der hei- ligen Schrift aber ist das Sakrament im allgemeinen eine gött- liche Einsetzung, die aus zwei Teilen besteht, aus einem sichtbaren Zeichen und aus einem unsichtbaren Geheimnis (mysterium), da- durch es dem Zwecke, dazu es eingesetzt ist, entspricht*). Im Sakramente ist die bezeichnete Sache oder das mysterium, welches durch die Zeichen der Sakramente bezeichnet wird, die uns ge- schenkte Vereinigung mit dem Herrn Christus in seinem Leibe und Blute. Alle stimmen nun darin überein, daß das mysterium der Sakramente unsere Vereinigung mit dem Herrn Christus sei, alle auch darin, daß sie diese unsere Vereinigung mit dem Herrn Christus in die Teilnahme an seinem Leibe und Blute setzen. Nur erst in der Festsetzung der Weise unserer Vereinigung mit Christus gehen die Ausleger auseinander; die Einen dichten eine zauberhafte Verwandelung in den Elementen des Herrenmahles, die anderen stellen eine neue Verbindung (connexio) außer der natürlichen auf, die zwischen dem Zeichen und der bezeichneten Sache besteht. Diese Auffassung hatte ihre Zeit und damit auch ihre Berechtigung, als man die Irrlehre der Verwandlung ab- schüttelte und doch auch nicht dabei beharren konnte in den Sa- kramenten bloße Zeichen zu erkennen. Gott beugt sich ja barm- herzig nieder zu unserer Schwäche und offenbart sich uns nicht plötzlich nach allen Seiten hin, sondern stufenweise nach dem Maße unserer steigenden Kraft. Laski will da keine Namen

---

*) Kuyper I, 128.

nennen, er betont aber mit mildem Ernste, daß er außer den
Lehrern der Transsubstantiation alle übrigen in dem Herrn verehre und ihr Andenken, wenn ihnen auch da und dort etwas
Menschliches widerfahren sein sollte, heilig halte als von Männern, die von ganzem Herzen die Ehre Gottes suchten und mit
bewundernswerten Gaben von Gott in ausgezeichneter Weise geschmückt waren. Eine für jene Tage in der That selten maßvolle, objektive Sprache.

Inbetreff nun der bei den Sakramenten statthabenden geheimnisvollen Gemeinschaft mit dem Herrn betont a Lasco,
wie schon früher erwähnt, daß der Ausdruck communio passiv
zu nehmen sei und die Teilnahme an etwas bezeichne, nicht aber
die Austeilung selbst. Bei dieser communio giebt und empfängt
jeder etwas, Christus und wir die Genießenden und zwar jeder
das ihm Eigentümliche. Das mysterium der beiden Sakramente
in der Anteilnahme unserseits an Christo, daß Christus aus
Gnaden uns mitteilt, was das Eigentümliche an seinem Leibe
und Blute ist, nämlich seine Unschuld, Gerechtigkeit, Heiligkeit,
das ganze Verdienst seines Leidens und Sterbens, den Ruhm
seiner wunderbaren Auferstehung. Wahrhaftig und heilbringend
ist diese Mitteilung des Leibes des Herrn, real und substantiell
aber nicht.

Zu dem doppelten Zwecke hat Gott die Sakramente eingesetzt,
daß wir volle Ruhe des Gewissens durch diese unsere Kommunion
mit unserem Herrn Christus haben und wir gewiß sind, daß nun
nichts Verdammliches mehr an uns ist, seitdem wir durch die aus
Gnaden uns gewordene Gemeinschaft an seinem Leibe und Blute
mit unserem Herrn Christus vereinigt sind. Der andere Nutzen
dieser sakramentalen Versiegelung ist die Umwandlung und Erneuerung unseres Gemütes, die Folge der durch das Sakrament
erlangten Gewissensruhe. — Was a Lasco in dieser Weise im
allgemeinen über die Sakramente gesagt, das weist er dann ausführlich an den beiden von dem Herrn eingesetzten Sakramenten
nach; um zuletzt mit den schönen Worten zu schließen: „Und nun
flehe ich demütig Gott an, er wolle allen Zwist der Lehre durch
seinen heiligen Geist beilegen und uns alle, die wir seinen eingeborenen Sohn als den einigen, wahren, obersten und ewigen

23*

König, Prophet und Hohenpriester gläubig bekennen und lehren und für das Bekenntnis seines hochheiligen Namens in dieser Welt ganz sicher, wie Schafe, die zur Schlachtbank bestimmt sind, Marter erwarten, uns alle, sage ich, wolle er durch das Band seines Geistes also vereinigen, daß wir ihn allein, mit Unterdrückung aller selbstischen Empfindung, mit Hintansetzung jeglichen nichtigen Eigenruhmes, einstimmig preisen und durch unsere Vereinigung bezeugen, daß Gott wahrhaft unser Gott und wir sein Volk seien, durch das Blut seines Sohnes erkauft, dem allein mit seinem ewigen Vater und dem heiligen Geiste sei Ehre, Lob und Preis in Ewigkeit. Amen."*)

Die klare, maßvolle und milde Behandlung dieser schwierigen und nun auch für England brennenden Frage verfehlte nicht einen tiefen und nachhaltigen Einfluß auf die Ausgestaltung der Kirchenlehre auszuüben. Immer ernster und aufmerksamer hörte man auf den Rat dieses Mannes, „so lauter, feingebildet, fromm und gelehrt"**), der furchtlos vor hoch und niedrig seine Überzeugung enthüllte. Das Gewicht seines entschiedenen Wortes machte sich auch in den englischen Kreisen bald nach seiner Ankunft in einer entscheidungsvollen Angelegenheit geltend.

Zwei Tage nämlich nach seinem Eintreffen in London war zum Bischof von Gloucester Johannes Hooper erwählt worden, fast ein Altersgenosse unseres Laski, jedenfalls aber ein völliger Gesinnungsgenosse von ihm. Der frühe schon durch Zwinglis und Bullingers Schriften für das Evangelium gewonnene fromme und kühne Prediger mußte um seiner Überzeugung willen unter Heinrich VIII. sein Vaterland verlassen: er gehörte zu der großen Schar derer, die die Unduldsamkeit des Königs in die Fremde getrieben, die aber daselbst Gottes Hand so wunderbar gefestigt, dermaleinst in besseren Tagen ihrer Heimat das Wort vom Kreuze zu bringen. Der Zug dieser flüchtigen Söhne Englands ging in jenen Tagen selten mehr nach Wittenberg; ihre

---

*) Kuyper I, 232.
**) Original, p. 572.

Etappe war Straßburg geworden und dann weiter Zürich und Genf, wo ihnen liebevollste Herberge bereitet war und noch viel mehr. Auch für Hooper. Die Jahre seiner Abwesenheit war die reichgesegnete Sommerzeit seiner Ausreifung im Glauben. Bald nach der Thronbesteigung Eduards kehrte er heim; es währte nicht lange, so war er neben Latimer der volkstümlichste Prediger, der auch vor dem Könige furchtlos die Gebrechen seiner Zeit und auch des Hofes an den Pranger stellte und klar und unumwunden seine Ansicht verkündete*). Die Antwort des jungen, frommen Königs auf das freie Wort war die Berufung des evangelischen Predigers auf den eben erledigten Bischofssitz. Hooper nahm an, aber was er gepredigt, hielt er nun auch entschlossenen Mutes, er weigerte den herkömmlichen Eid zu leisten und in den Bischofs= gewändern aus der römischen Zeit aufzutreten**). Gewaltigste Auf= regung im ganzen Lande darüber. Hooper beharrte bei seiner Weigerung, auch als sie ihm statt des Bistums Gefängnis eintrug. Die anstößige Stelle im Eid wurde zwar alsbald auf besonderen Befehl des Königs entfernt***); schwieriger war der andere Punkt inbetreff der Bischofsweihe, der sich rasch zu einer Prinzipienfrage

---

*) Ich denke dabei an seine sieben Predigten über den Jonas, die er im Frühjahr 1550 vor dem Könige hielt und in denen er auch offen und aus= führlich seine Anschauung über die Sakramente entwickelte. Er hatte in der dritten Betrachtung unmittelbar den Eid angegriffen, den nach der Verord= nung des Königs vom Jahre zuvor die Bischöfe abzulegen haben (vgl. Hooper I, 479). Es ist die Stelle: „So helfe mir Gott, alle Heiligen und das heilige Evangelium". (Two liturgies, p. 169: „So help me God, all saints and the holy Evangelist.")

**) Vgl. Original, p. 187: „He will not allow himself to be called Rabbi, or my Lord, as we are wont to say, he refuses to receive the tonsure, he refuses to become a pie and to be consecrated and anointed in the usual way, with many other things." — Die Wahl Hoopers zum Bischof hatte der Lord=Protektor, Herzog von Somerset, durchgesetzt trotz der Einsprache sämtlicher Bischöfe, die wußten, wessen sie sich auf diesem Punkte ihrem neuen Kollegen gegenüber zu versehen hatten. (Original, p. 410).

***) Das Book of common prayer von 1552 schließt im Unterschied mit der vorhin angegebenen Stelle der Ausgabe von 1549 mit den Worten: „So helfe mir Gott durch Jesum Christum". (Two liturgies, p. 339: „So help me God through Jesus Christ." Vgl. auch Original, p. 416. 566.)

zuspitzte. Der thatkräftige und edle Bischof von London (Ridley) hielt streng an der äußeren Form und duldete nicht, daß irgendein Teil an der bischöflichen Kleidung und Weihe geändert würde; seine Anschauung würde ihn heute auf diesem Punkte in die Reihe der Ritualisten rücken*). Ihm war es ein tiefer Schmerz, innerhalb seines Bistums die Ausgestaltung des Gottesdienstes in der Fremdlingsgemeinde dulden zu müssen und er fürchtete in Hooper einen Mann, fähig und bereit gleicher Anschauung in der englischen Kirche Bahn zu brechen. Nicht wenige stimmten ihm bei, auch unter den hohen Würdenträgern der Kirche. Eine Mittelstellung nahm Cranmer und mit ihm ein großer Teil Gleichgesinnter ein. Sie hielten den Gegenstand für gleichgültig und waren ärgerlich, daß Hooper ihn zu einer so ernsten Angelegenheit aufbausche. Statt Streit darüber zu erheben, sei es klüger, an dem durch Jahrhunderte geweihten Herkommen nicht zu rütteln und sich einem Brauche zu fügen, der so fernab von den Heiligtümern des Glaubens liege. Unter denen, die dem Erzbischof zustimmen, befindet sich auch — man ist versucht zu sagen, selbstverständlich — Bucer**), und auch Peter Martyr, die hauptsächlich das Unzweckmäßige eines Streites über solche Geringfügigkeiten in einer so ernsten Zeit rügten.

Aber mit voller Entschiedenheit auf Seiten Hoopers steht unser Freund. Für ihn, wie für den neugewählten Bischof war die Angelegenheit eine tief ins ganze Glaubensleben eingreifende Gewissenssache; beide mochten auch davon überzeugt sein, daß in

---

*) Zwischen Ridley und Hooper blieb eine Spannung bestehen, bis zu der Zeit, wo beide glaubenstreue Männer unter der blutigen Maria im Kerker schmachteten und ihre evangelische Überzeugung mit dem Märtyrertode besiegelten. Es ist uns noch der köstliche Brief erhalten, in welchem Ridley aus der einsamen Zelle im Tower seinem Mitgefangenen im Fleetturm die Bruderhand der Versöhnung reicht (vgl. Ridley, S. 355; über den streitigen Punkt aber Original, p. 567).

**) Vgl. Hooper II, XIII. — Der Streit erinnert etwas an die Frage von den Bildern in der Kirche. Luther wünschte sie ja auch aus den Kirchen hinaus (vgl. in der Walchschen Ausgabe III, 1566; XX, 35. 193), aber dem bilderstürmerischen Wesen abhold, wollte er zu seiner Zeit der Sache noch Raum lassen, eine Besserung und Änderung von der Zukunft erwartend.

solchen Fällen nicht allzu viel von einer kommenden, aufgeklärteren Zeit zu erwarten sei und es in der Zeit des Kampfes gilt, die vielleicht unholde Streitfrage rasch und entschieden bis zum Ende auszutragen. Sie stehen da wie Propheten, unverstanden in ihrer Zeit, aber die Gegenwart giebt ihnen recht: die damals als gleichgültig erklärten Bräuche sind zu Brückenpfeilern geworden, von der Hochkirche den Rückweg in die römische Kirche zu ermöglichen. a Lasco hielt mit Bucer über diesen Gegenstand eine eingehende Verhandlung, deren Hauptpunkte, worin sie übereinstimmen und auseinander gehen, uns erhalten sind*). Auch Bucer räumt das Wünschenswerte der Entfernung der bischöflichen Gewänder als römischer Überbleibsel ein, aber er bemerkt, weil es zuvor noch so viele andere, schwerwiegendere Mißbräuche abzustellen gelte, sei die Zeit noch nicht gekommen, auch mit diesen gleichgültigeren Dingen aufzuräumen. Laski dagegen betont, daß diese Äußerlichkeiten nun eben doch im innigsten Zusammenhang mit dem ganzen römischen Unwesen stünden und, sobald dieser Zusammenhang erkannt, eine Beibehaltung derselben ohne Verletzung der Frömmigkeit nicht mehr möglich sei. Von anderer Seite wurde mit Recht hervorgehoben, daß, wenn diese Sachen wirklich so gleichgültig an sich seien, dann die christliche Liebe es erheische, das Gewissen derer zu schonen, denen sie anstößig sind.

Es ist für uns hier nicht nötig, den weiteren Verlauf der Hooperschen Angelegenheit in den Einzelheiten zu schildern, bis zu dem Austrag, daß der neugewählte Bischof, durch Gefängnishaft mürbe gemacht, zu dem Kompromiß seine Zustimmung gab, bei seiner Einführung wohl die verhaßten Bräuche schweigend geschehen zu lassen, mit dem Rechte jedoch, fernerhin in seiner Diöcese es damit nach Belieben halten zu dürfen**). Bedeutsamer für uns ist der treue Wächterdienst, den auch in der Folge in Anlaß dieser Streitfrage Laski für die seiner Leitung anvertraute Fremdlingsgemeinde übte. Nachdem die Sache mit dem englischen Bischof

---

*) Kuyper I, LV.

**) Die häufige Bezugnahme auf die Streitsache in dem königlichen Tagebuch (vgl. Burnet IV, 209 f.) zeigt, wie die Teilnahme daran bis in die königlichen Gemächer gedrungen war.

leidlich friedlich beigelegt war, setzten sich die ärgerlichen Angriffe
wider die Gemeinde in Austin Friar fort. Warum doch den
Fremden gewähren, was man den Landeskindern verweigerte!
Und immer wieder sind es die Amtskleider und als weiteres
Ärgernis, daß diese Gemeinde sitzend das heilige Abendmahl empfängt. Mannhaft verteidigt sich Laski wider die, die ihm
solche nach seiner Überzeugung apostolischen Bräuche wehren wollen.
Er wendet sich um Schutz vor diesen fortwährenden Quälereien
in einem ausführlichen Schreiben an seinen Freund, den Erzbischof,
gerade in der Zeit, wo er auf seinem Landsitze in Croydon in
frischer Luft von seiner schweren Krankheit sich zu erholen suchte.
Das interessante Schriftstück ist uns erhalten*). Noch ein halbes
Jahr später klingt der gleiche Gegenstand in einem Schreiben
Laskis an den jungen König an. Denn auch auf diese römischen Überbleibsel bezieht sich das schöne und zutreffende Gleichnis,
das Laski dem jungen Könige von dem Vater erzählt, der seine
Tochter, der Verführung nahe und schon mit den Kleidern einer
Buhlerin angethan, aus dem Hause der Schande noch rechtzeitig
rettet und in das Elternhaus heimholt, nun aber auch ihr nicht
gestattet die Gewänder zu tragen, die an die furchtbare Gefahr
erinnern, in der sie geschwebt**). — Und es gelang Laski,
seine Kirche vor diesen Zumutungen zu bewahren und mitten in
der Hauptstadt selbst eine blühende Gemeinde herzustellen, die all'
jene Erinnerungen an die römische Zeit abgethan.

---

*) Kuyper II, 655.

**) Auch Calvin trat für die von Hooper und Laski verfochtene Sache
ein. Vgl. Original, p. 710: „It is true, sire, that there are certain
things indifferent, which we may lawfully bear with. But we must al-
ways observe this rule, that there must be sobriety and moderation in
ceremonies, so that the light of the gospel be not obscured; as though
we were still under the shadows of the law, and then, that there be
nothing inconsistend with and unconfortable to the order established by
the Son of God and that the whole may tend and conduce to the edifi-
cation of the church." (Das Original dieses Briefes bei Calvin XIV, 38.)
Calvin war durch Utenhove mit der ganzen Sachlage bekannt gemacht
worden (Calvin XIII, 658). Die Schilderung der Hooperschen Händel
bei Froude (IV, 556) in übertriebener Weise parteiisch; weniger einseitig
bei Burnet II, 243 und die Nachträge III, 299f.

Die hier offen zutage getretene entschiedene Stellung Laskis entfremdete ihn nicht von Cranmer, noch weniger drängte sie ihn in eine einflußlose Nebenstellung. Im Gegenteil, sein Ansehen und seine Geltung wuchs und in demselben Maße als der großartige Plan seiner kirchlichen Organisation der Fremblingsgemeinde je länger je mehr sich ausgestaltete, ward das Verlangen nach seinem Rate und seiner Mithilfe bei der Feststellung der kirchlichen Verhältnisse Englands reger und lebendiger.

Diese endgültige Ordnung der evangelischen Kirche in England war 1552 in lebhaften Fluß gekommen. Im Frühling dieses Jahres hatte der König eine Kommission eingesetzt, die sich mit der Ausarbeitung eines Kirchenrechtes auf evangelischer Grundlage zu befassen hatte. Man hatte bis dahin, obgleich von Rom seit fast zwei Jahrzehnten losgelöst, doch noch sich an die alten päpstlichen Dekrete gehalten; den immer greller zutage tretenden Mißstand sollte die erwählte Kommission heben. Sie bestand aus 32 Mitgliedern, unter ihnen auch zwei Fremde, Peter Martyr und Laski*). Der Anteil unseres Freundes war nicht gering; einzelne Punkte in dem von der Kommission ausgearbeiteten Entwurf, der dann unter der Königin Elisabeth unter dem Titel Reformatio legum veröffentlicht wurde, bin ich geneigt unmittelbar auf ihn zurückzuführen. So in erster Linie den 30. Artikel, der von der Kirchenzucht resp. der Exkommunikation handelt und ganz in seinem Geiste abgefaßt ist, hier nur im Unterschiede von dem in seiner Gemeinde herrschenden Brauche, wo jedes Rückgreifen auf die weltliche Obrigkeit durch die besonderen Verhältnisse zum Glücke abgeschnitten war, während für die englische Kirche eine Inanspruchnahme der weltlichen Macht als zulässig und erforderlich erkannt wurde**). Auch der dritte Artikel inbetreff der Behandlung von Häretikern erinnert an Einrichtungen,

---

*) Original, p. 503. 580. Die Namen sämtlicher Mitglieder hat König Eduard in sein Tagebuch unter dem 10. Februar mit der Bemerkung eingetragen: „Commission was granted out to 32 persons to examine, correct and set forth the Ecclesiastical Laws." (Burnet IV, 227.)

**) Burnet (II, 314) giebt eine kleine Analyse der Artikel, die mir in ihrem Wortlaute nicht vorliegen.

wie sie Laski in Emden getroffen hatte. In anderen Artikeln erkennt man den Kampf zweier verschiedener Grundanschauungen, die eine vertreten durch die ritualistischen Bischöfe von London und Ely, Ridley und Goodrick*), die andere unter der Leitung von Hooper, der auch in die Kommission gewählt war, kräftig unterstützt von Laski. Nicht überall konnten die letzteren siegreich durchdringen, aber sie erschwerten doch den Gegnern ihren Sieg, den sie mit dem einen und anderen Zugeständnis erkaufen mußten.

Gleichzeitig tagte eine andere Kommission, zumeist aus denselben Mitgliedern zusammengesetzt, die Lehrartikel für die englische Kirche zu beraten und festzustellen. Unmittelbaren Anteil an den Beratungen nahm kein Fremder; der geistige Einfluß aber Laskis und der von ihm vertretenen Anschauung ist ersichtlich. Am Sonntag nach Ostern 1549 war bereits das Common prayer book fertig gestellt und eingeführt worden. Die Aufstellung einer gemeinsamen Liturgie, den alten Gottesdienstordnungen der englischen Kirche entnommen und den neuen Verhältnissen angepaßt, hatte nicht viel Zeit gekostet. Nur eine leise Einwirkung Laskis ist in ihr zu verspüren**); sie war schon fast fertig gestellt, als er und die übrigen geladenen Gäste und zwar nicht um ihretwillen nach England kamen. Anders und schwerer gestaltete sich die Aufstellung einer für das ganze Land geltenden Kirchenlehre. 1543 war das Königsbuch erschienen „Notwendige Lehre und Erkenntnis jedes Christen" (Necessary doctrine and erudition for any christian man), im Grunde nur eine revidierte Ausgabe

---

*) Über diesen Mann, der im Zusammenhang mit dem Sturze des Herzogs von Somerset neben seiner Bischofswürde Lord-Kanzler wurde, siehe das scharfe, aber zutreffende Urteil bei Burnet II, 291.

**) Vgl. Procter, S. 49. Dieser genaue Geschichtsschreiber des Common prayer book, nachdem er den vermeintlichen Einfluß von Bucer, Peter Martyr, Valleranbus Pollanus auf die Revision des Buches zurückgewiesen, räumt einen solchen unter den fremden Theologen in England nur unserem Laski ein: „The friendly intercourse of this truly influential person with Cranmer would naturally lead to an inquiry as to the form of his worship. In his book (Forma ac ratio) is a form of Confession and of Absolution, in which some phrases resemble the corresponding portions which were added to the Second book of Edward VI."

des Bischofsbuches von 1536*). Bei dieser Aufstellung war es
bis dahin geblieben, obschon in den abgelaufenen fünfzehn Jahren
die Lehrentwickelung auch in England so gewaltige Fortschritte,
zumal seit der Thronbesteigung Eduards, gemacht hatte. Cranmer zögerte anfänglich, die noch im Flusse begriffene Lehre kirchlich zu fixieren; er, selbst noch schwankend in den Hauptlehren,
sehnte sich nach Gehilfen und Lehrern aus den Heimatländern der
Reformation. Wir haben bereits gesehen, in welcher Weise seinen
drängenden Einladungen Folge geleistet wurde. Die erschienenen
Gäste gaben den Ausschlag, unterstützt von denen, die unter
Heinrich VIII. flüchtig am Rhein und in der Schweiz in ihren
evangelischen Anschauungen befestigt worden waren und nun zur
ernsten Mitarbeit in ihrem Heimatland zurückkehrten. In vor-
derster Linie der Einflußreichen haben wir Laski gesehen, den
Freund und Hausgast des Erzbischofs gerade in der Zeit, in
welcher Cranmer nach eigener Klärung rang. Dieser Einfluß
war nur noch gestiegen, seitdem Laski unter den Augen der
kirchlichen Würdenträger seine Lehre der eigenen Gemeinde vortrug, in Wort und Schrift mit klarer Beredsamkeit und mit
warmer Überzeugung für sie eintrat. Viele Briefstellen aus jener
Zeit bezeugen, wie mächtig dieser Einfluß auf den Erzbischof
wirkte. Bucer hatte versucht, namentlich in der Abendmahlslehre, seine, wenn auch etwas unklare, so doch entschiedener nach
der lutherischen Seite hin gerichtete Anschauung zur Geltung zu
bringen; Laski, den Schaden erkennend, wenn nun auch in
England der Sakramentsstreit anheben würde, setzte sich mit dem
dem Tode schon zueilenden alten Freunde in Cambridge in lebhaften
schriftlichen Verkehr; der rastlose Bucer starb darüber hin. Aber
die schriftlichen Verhandlungen, die die beiden Männer geführt,
lagen auf dem Schreibtische des Erzbischofs, gleichzeitig mit der
„Züricher Übereinkunft" und Bullingers Aufsatz über die
Sakramente. Diese Anschauung in der vielumstrittenen Lehre gewann die Oberhand bei Cranmer; sie ist seitdem der englischen
Kirchenlehre fest eingeprägt**).

---

*) Vgl. Hardwick, S. 50.

**) Es wäre wohl lohnend, auf Grundlage der gegenwärtig reichlicher er-

Schon 1549, vielleicht bereits zu der Zeit, wo Laski noch als Gast bei ihm weilte, hatte Cranmer einzelne Lehrartikel aufgestellt. Die Sache ruhte dann wieder eine Weile, um im folgenden Jahre frisch aufzuleben. 1551 wurden die Artikel den Bischöfen zur Begutachtung zugestellt. In der Zeit, wo unser Laski sich in dem Sommerpalast des Erzbischofs in London von seiner Krankheit erholte, prüfte Cranmer die eingelaufenen Gutachten und sandte eine infolge davon aufgestellte genauere Fassung den Freunden Laskis zur Prüfung zu, dem Sir Cecil und Sir Cheque, „den großen Laienpatronen der Reformation am Königshofe"*). Von ihnen erhielt der König die Artikel. Es verstrichen dann noch Monate, bis sie endlich als die sogen. „42 Artikel von 1553" (1552**) Gesetzeskraft erhielten. Unter der

---

schlossenen Quellen den Fortgang in der Abendmahlslehre bei Cranmer einer genauen Untersuchung zu unterwerfen. Des Erzbischofs große Arbeit über das Abendmahl gegen Gardiner müßte den Ausgangspunkt bilden. (Vgl. die Notizen bei Stryppe, S. 254 über die Entstehung des Buches.) Auch noch in äußerlich erkennbarer Weise hatte Laski bei dieser Hauptschrift des Erzbischofs seine Hand im Spiele. Als das ursprünglich in englischer Sprache geschriebene Werk durch Sir Cheque ins Lateinische übersetzt wurde (1553), veränderte er die lateinischen Ausdrücke des nicht theologisch gebildeten Übersetzers in die gangbaren Schulausdrücke. (Stryppe, S. 261.) Ridley war es wohl zuerst, der Cranmer über die Verwandlungslehre Zweifel beibrachte, kurz vor der ersten Ankunft Laskis in England. Als er noch Vikar in Herne war, fiel Ridley das berühmte Werk des Ratramnus über das Abendmahl in die Hand, worin der kühne Mönch von Corvey im neunten Jahrhundert selbst die leibliche Gegenwart des Herrn im Abendmahl verwirft. Er teilte den Inhalt seinem Freunde Cranmer mit, der an der Kirchenlehre fortan irre wurde.

*) Hardwick, S. 73. Es ist ja eine sehr verdienstvolle Arbeit, das angezogene Buch von Hardwick, wenn auch in einzelnen Auffassungen sein Standpunkt nicht der richtige zu sein scheint. Zu bedauern ist, daß der fleißige Forscher vor dem Erscheinen der Gesamtausgabe der Werke Laskis aus dem Leben abgerufen wurde (1859); er würde dann bei dem Nachweise von den Quellen zu den einzelnen Artikeln sicherlich auch sowohl auf den Katechismus, als auch die Sakramentslehre dieses Freundes von Cranmer hingewiesen haben. Hardwick bezieht sich zum öfteren (vgl. Hardwick, S. 391) auf die Reformatio legum, zu deren Mitarbeitern ja Laski gehörte und zwar als deren Gelehrtesten einer.

**) „Articles agreed on by the Bishoppes and other learned menne

Königin Elisabeth wurden bekanntlich diese Glaubensartikel einer erneuten Revision unterworfen, aus der sie dann in den sogen. „39 Artikeln" als die Bekenntnisschrift der englischen Staatskirche hervorgingen.

Was sich in den Verhandlungen über das Kirchenrecht gezeigt, wiederholte sich bei der Feststellung der Artikel. Die Spuren sind ihnen, wenn auch nur leise, eingeprägt: es ist der Kampf der beiden Richtungen, die in Ridley und Hooper ihren persönlichen Ausdruck finden. Peter Martyr und Laski unterstützten Hooper in seinen Bemühungen, der von ihm vertretenen Anschauung Geltung und Ausdruck in den Artikeln zu verschaffen*). Nicht überall drang dieselbe durch; man beruhigte sich in Hoffnung kommenden besseren Erfolges. Es würde uns zu weit abführen, zu zeigen, wie in den ersten Jahren der Königin Elisabeth diese Hoffnung gar sehr an Boden verlor**), wie dies aber mit dazu beitrug, die „Puritaner" — in gewisser Beziehung die geistigen Söhne und Erben Hoopers — in ihrem Ärgernis, das sie an manchen Bräuchen der Staatskirche nahmen, zu stärken.

II. Politische Thätigkeit in London.

Nicht auf dem kirchlichen Gebiete allein sehen wir Laski während der Zeit seines Aufenthaltes in England an den Vorgängen in dem Lande teilnehmen: er wurde auch bei der Hochflut jener Tage mit hineingezogen in politische Strömungen, deren er sich nicht erwehren konnte, — vielleicht auch nicht einmal wollte. Denn das Politische war mit den kirchlichen, das Kirchliche mit den politischen Vorgängen in jenen aufgeregten Tagen in einer Weise verquickt, daß an ein schiedlich-friedliches Auseinanderhalten der beiden Gebiete nicht gedacht werden konnte, und wer immer

---

in the Synode at London in the yere of our Lord Godde MDLII. for the auoiding of controuersie in opinions and the establishment of a godlie concorde in certeine matters of Religion." (Vgl. den Abdruck bei Hardwick, S. 289).

*) Hardwick, S. 96.

**) Einen genaueren Einblick in diese Vorgänge gewähren Annals I, 53. 174 sq.

eine einflußreiche Stellung auf der einen Seite einnahm, der auch unversehens sich in die Bewegung der anderen Seite gezogen sah. Zumal das Glied einer Familie, die in hervorragendster Weise im Vordertreffen der politischen Vorgänge Europas mehr wie einmal gestanden und deren Name auf diesem Gebiete in den verschiedensten Ländern bewährten Klang hatte. Es war nicht ganz ungegründet, wenn Karl V. gegen den Träger dieses Namens, den Superintendenten in Ostfriesland, Argwohn hegte; Laski konnte wohl in gutem Gewissen die daraufhin bezüglichen Verdächtigungen des Brabanter Hofes bis in die Zeit des Interims zurückweisen. Nachher aber dürfte es ihm doch schwer fallen. Von dem höchsten Interesse würde uns der, wie es scheint, leider verloren gegangene Brief des Königs von Polen sein, in welchem Sigismund August seinem Landsmann bezeugt, daß derselbe bei ihm niemals etwas gegen den Kaiser verhandelt habe*). Wohl nicht persönlich mit ihm; aber Laski wußte gar wohl um die Verhandlungen, den Polenkönig für den Fürstenbund zu gewinnen, und er scheint auch an denselben nicht ganz unbeteiligt gewesen zu sein.

Wir haben bereits erwähnt, wie Laski die erste Rückreise von London nach Emden gemeinsam mit dem Grafen Volrad von Mansfeld gemacht, der gerade in dem unserem Freunde nächsten Kreise Versuche angestrengt, England zur mittelbaren oder unmittelbaren Teilnahme am Fürstenbunde zu gewinnen. Wahrscheinlich schon in diesen Kreisen wurde Laski in die geheimen Verhandlungen eingeweiht; denn von Ostfriesland kann er bereits über ihren Fortgang auf dem Kontinent dem Primas Mitteilungen für den Herzog von Somerset machen. Die dann im Sommer 1549 noch nicht völlig aufgeklärte, rätselhafte Reise in seine Heimat nach Danzig, der wochenlange Aufenthalt in Königsberg, während man hätte glauben sollen, daß sein Posten in jenen heißen Tagen nur in Ostfriesland sein konnte, das Vertrautsein mit den Chiffern, deren sich die Häupter des Fürstenbundes zur größeren Geheimhaltung ihrer Bestrebungen bedienten, so manche entzifferte Briefstelle aus jenen Tagen lassen darauf schließen, wie

---

*) Kuyper II, 639.

er aller dieſer geheimen Vorgänge kundig war, wie ſehr man auf
ihn fernerhin zählte. War er doch ein Bruder des berühmten
Diplomaten Laski und mußte deshalb wohl mit der Politik des
polniſchen Hofes vertraut ſein; hatte er ſich doch jetzt ein halbes
Jahr in der nächſten Nähe der Männer in England aufgehalten,
in deren ſtarker Hand die Leitung des Landes ruhte!

Als nun Laski zum zweitenmale wie eine Art Landesverwie=
ſener nach England ging, reiſte er mit beſtimmten Aufträgen der
Häupter des Fürſtenbundes. Schon während ſeines Aufenthaltes
in Königsberg am 3. Juni 1550 hatte ihn der Herzog Albrecht
von Preußen bei dem Lord-Protektor als ſeinen Geſandten be=
glaubigt*). Im Dezember 1551 ſandte der Herzog Johann
Albert von Mecklenburg, der eifrige Förderer des Fürſtenbundes,
den Baron Joachim Maltzan als ſeinen Geſandten an
Eduard VI.; da heftige Stürme die Ausfahrt des Geſandten
von Harburg verhinderten, betraute dieſer Sendbote unſeren
Laski mit der Führung ſeiner Botſchaft**). Zunächſt galt es,
die engliſche Regierung inſofern für die Beſtrebungen des Fürſten=
bundes zu gewinnen, daß ſie willig wäre, durch Geldmittel für
den Unterhalt einer beſtimmten Truppenzahl zu ſorgen, die
Herzog Albrecht ohne Aufſehen zu erregen werben und für den
Ausbruch des Krieges bereit halten würde. Laski verhandelte
darüber mit dem Primas, er bat um 50000 Thaler für drei
Jahre. Der im Juli 1550 bereits gegebene Beſcheid lautete für
dieſes Jahr abſchläglich***). Der König habe bereits dem Grafen
Volrad von Mansfeld und Hans von Heideck für gleichen
Zweck Gelder gegeben†). Aber dennoch erklärte ſich der König
bereit, das kommende Jahr eine recht bedeutende Hilfe zu leiſten,

---

*) Calendar. Foreign., p. 48. In dem betr. Schreiben nennt der
Herzog unſeren Laski einen ebenſo lauteren und reinen, wie durch hervor=
ragende Tüchtigkeit ausgezeichneten Menſchen, dem der Lord=Protektor volles
Vertrauen ſchenken und mit ihm in einer Weiſe verhandeln könne, als ob
er ſelbſt zugegen ſei.

**) Ib., p. 205.

***) Kuyper II, 642.

†) Auch durch dieſe Unterſtützung war es möglich geworden im Stifte
Bremen einen Streithaufen von 4000 Mann Fußvolk und 300 Reitern zu=
ſammenzubringen. (Vgl. Raumer [1857], S. 90.)

wenn der Herzog von Preußen und der Markgraf von Brandenburg gemeinsam den König von England bei seiner Bewerbung
um die deutsche Kaiserkrone bei der nächsten Wahl begünstigen zu
wollen versprechen würden*). Weitere Verhandlungen im Laufe
des Herbstes ließen Laski erkennen, daß eher auf ein geneigtes
Gehör gerechnet werden könne, wenn das Gesuch nicht von einem
einzelnen Fürsten gestellt würde, sondern von dem Fürstenbund
gemeinsam und zwar schriftlich und im geheimen, nicht durch eine
Gesandtschaft. Als solche verbündete Fürsten bezeichnet Laski
seinem Auftraggeber außer ihn selbst den Markgraf von Brandenburg, die Herzöge von Pommern, die Seestädte und etwa auch
noch den König von Dänemark, von dem er wußte, welch' große
Mühe sich namentlich Herzog Johann Albrecht von Mecklenburg gab, ihn für den Fürstenbund zu gewinnen. Der Rat
Laskis, gemeinsam vorzugehen, fand Beifall; der unerwartete
Gang der Ereignisse aber hatte im Frühjahr 1551 eine so entscheidungsvolle Wendung genommen, daß wir unter den gemeinsam vorgehenden Fürsten den Mann im Vordergrund sehen, an
den Laski und überhaupt wohl niemand im vorigen Jahre
gedacht.

Im Februar 1551 waren Kurfürst Moritz und der Markgraf Hans von Brandenburg zur Zwiesprache in Dresden zusammengekommen. Der Markgraf hatte die Aufforderung anfänglich für unglaublich gehalten und in ihr eine ihm bereitete
Falle vermutet; aber am 20. Februar war bereits eine Ver-
bindungsschrift zwischen den beiden hergestellt. Kurfürst Moritz

---

*) Kupper (II, 643) weist darauf, daß nur an dieser einzigen Stelle
solch ein Wunsch des Königs oder vielleicht auch nur seiner Räte auftauche,
daß aber der Bericht selbst durchaus glaubwürdig sei. Ranke (V, 160)
führt die Geldunterstützung, die Johann Heideck und Graf Volrad von
Mansfeld von England erhielten, auf die Vermittelung Laskis zurück und
bezeichnet sie als die erste Rückwirkung der Religionsveränderung daselbst.
Den Nachweis dafür kann ich nicht finden. Die Gelder wurden bewilligt
gerade, als Laski zum zweitenmale nach England kam. Die vorbereitenden
Schritte dazu hatte ein halbes Jahr früher mit Erfolg Graf Volrad selbst
bei dem Lord-Protektor gethan; Laski mag dabei behilflich gewesen sein; in
welchem Grade, ist aber nicht aufgehellt; keine Stelle in seinen Briefen giebt
auch nur eine leise Andeutung.

hat seine Sache von der des Kaisers losgelöst; nun will er wieder frank und frei zur Erhaltung der Religion laut der Augsburger Konfession Land und Leute wagen. Und er war nicht müssig und die ganze Sache so recht nach seines Herzens Lust, denn an geheimen Plänen arbeitete seine Seele unaufhörlich*). Ein Vierteljahr später sehen wir die beiden Verbündeten zu einer weiteren Beratung in Torgau, mit ihnen zusammen der Herzog Albert von Mecklenburg und des noch immer gefangen gehaltenen Landgrafen ältester Sohn Wilhelm von Hessen. Frankreich und England sollten um Hilfe, zunächst in Gestalt von Unterstützungsgeldern, angegangen werden. Wegen der Unterhandlung in England wurde, um möglichst jeden Argwohn des bereits Verdacht schöpfenden Kaisers zu verhüten, ein ziemlich unbedeutender Mann nach London gesandt, einer der Sekretäre des Kurfürsten Moritz, Fueß, ihm aber in seinen Verhaltungsmaßregeln aufgegeben, nur nach den Anordnungen Laskis die Verhandlungen mit dem Könige zu führen. Dieses „Bedenken" der Torgauer Verbündeten vom 14. Juli ist uns erhalten**). Das Schwergewicht sollte am englischen Hofe, anders wie in den gleichzeitigen Verhandlungen mit Heinrich II. von Frankreich, dem gegenüber die politischen Bedenken in den Vordergrund gerückt wurden, auf die durch die Politik des Kaisers bedrohten kirchlichen Verhältnisse und die durch den Spanier angetastete Freiheit des deutschen Volkes gelegt werden***). Ohne Gutdünken,

---

*) Ranke V, 175.
**) Abgedruckt bei Langenn II, 328.
***) „Nemlich es solle der Geschickte (Fueß) sich bei dem Herrn Lasco angeben, und Ime von unser der Chur und Fürsten wegen, neben geburender unsers gunstigen und genediges grus vormeldung, ufs vertraulichste und In hochster Geheim vormelden, Nachdem Ime unverborgen, was gestalt nun eine lange Zeit her unsere heil. christliche Religion der Augspurg. Confession und die vorwandten stende derselben, durch die widerwertigen unserer Lehr und bekenntnuß verfolget, betrübt und In viel wege zum Hochsten beleidigt worden, auch der augenschein und tegliche erfarung gibt, das man ferrer damit umbgehe, dieselben Evangelischen Stende soviel deren noch der Augspurgischen Confession vorwannt und durch Gottes Gnade darbey zuvorharren gedenken, sollents zu befriegen und gentzlichen auszureutten, darzu auch nebendeme die Hochlöbliche hergebrachte freiheit der Teutschen Nation unsers

Dalton, Lasti.   24

Wiffen und Willen Laskis solle der Gesandte nichts unternehmen, ja wenn Laski es für geratener halte, solle ihm Fueß
seine Vollmachten abtreten und dieser dann entweder persönlich
mit dem König oder durch den Lord-Protektor in Verhandlung
treten. Das Gesuch richtete sich auf Subventionsgelder für
Truppenwerbung; die Berechnung war für 8- bis 12000 Mann
aufgestellt, für die monatlich 56- bis 88000 Gulden beansprucht
wurden*). Eine Summe von 300000 Kronen, oder wenn dies
nicht möglich, dann doch von 200000 Kronen als Vorschuß für
ein paar Monate möge dann in Hamburg oder Danzig erlegt
werden. Finde aber Laski den Vorschlag für vergeblich, so solle
der Gesandte die ganze Sache im tiefsten Geheimnis auf sich beruhen lassen.

Am 14. September traf Johannes Fueß in London bei
Laski ein; fast gleichzeitig mit ihm Briefe des Herzogs von
Preußen, in denen unser Freund um seine Mithilfe in Privat-
angelegenheiten des Herzogs mit der englischen Regierung gebeten
wurde**). Laski war nicht dagegen, das Gesuch der Fürsten dem
Könige vorzustellen; Cranmer riet ihm, des Herzogs von
Preußen Angelegenheit bis zur Erledigung dieser wichtigeren Sache
ruhen zu lassen. Nach vier Wochen war die ernstliche Betreibung
so weit gediehen, daß das Gesuch der Fürsten dem jungen Könige
vorgebracht werden konnte. Die Audienz fand durch Vermittelung
des Lord-Protektors und wohl auch in seiner Gegenwart am
13. Oktober in Hampton Court statt, dem prachtvollen Königs-
schloß, das erst vor wenigen Jahren Kardinal Wolsey erbaut
und seinem Könige geschenkt und wo König Eduard noch seit
dem Ausbruch der furchtbaren Seuche im Hochsommer residierte.

---

vaterlandts In ein knechtische Servitut und Dinstbarkeit zu bringen das man
also der christlichen Religion und der freiheit zu gleich, in Hochster und
eusserster gefahr stehen muste."

*) Vom Könige von Frankreich werden 100000 Kronen monatlich er-
beten (Langenn I, 479).

**) Kuyper II, 665. Es ist nicht klar ersichtlich, welchen Inhaltes
das herzogliche Gesuch war; Kuyper sagt: „aut simpliciter de nummis
mutuandis aut de petitione quadam intellige, ut duci Prussiae Consi-
liarii Angliae regis titulus cum stipendio deferretur, ut haud ita raro
tunc fieri solebat."

Es ist nicht genau zu ersehen, ob Laski bei der Audienz zugegen gewesen oder gar, was jedoch nach einigen Andeutungen nicht wahrscheinlich, von seinem Rechte Gebrauch gemacht und die Sache allein vor dem Könige verhandelt habe; nur das steht fest, daß die schön stilisierte lateinische Rede des Gesandten ganz aus der nun auch staatsmännisch gewandten Feder Laskis geflossen*). Die Rede betont zum Beginne die gemeinsamen religiösen Interessen und die daraus entspringende Pflicht gegenseitiger Hilfe, um alle Unternehmungen des Fürsten dieser Welt in der Gestalt des römischen Antichristen zuschanden zu machen**). Es wird im weiteren Fortgange nicht versäumt, den königlichen Jüngling an sein von Cranmer ihm aufgegebenes und lieb gewordenes Vorbild, den König Josias, zu erinnern. Es gelte gegenwärtig, die gemeinsamen Interessen durch einen gegenseitigen Bund sowohl zu bezeugen als auch zu bekräftigen; die weite Entfernung der Genossen dürfe nicht als Hinderung angesehen werden; die bestehe nicht, wo es sich um die lebendigen Glieder ein und desselben Leibes Jesus Christus handle, ja gerade die gegenwärtige Erschürung an dem Bundesverhältnis der Perser mit dem Kaiser wider die Türken lehre, daß solche ferne, freundschaftlichen Verbindungen von Nutzen sein könnten. Deshalb wünschten die Fürsten ein christliches Bundesverhältnis mit dem Könige zu schließen. Der König unterbrach hier den Redner und erwiderte, daß ihm selbst nichts erwünschter und angenehmer wäre, da sein ganzes Bestreben darauf gerichtet sei, durch die wahre Religion die Ehre Gottes und den Frieden der Kirche Christi und ihres lauteren Gottesdienstes wiederherzustellen und zu schützen. Darauf fuhr der Gesandte fort, daß es zu dem Behufe gelte, einen festen, gründlichen Bund zu schließen; dazu sei er geschickt, entweder daraufhin bezügliche Vorschläge des Königs entgegenzunehmen oder die seiner

---

*) Das Original der Rede, von Laski selbst geschrieben, aber mit kleinen Zusätzen von fremder Hand versehen, bewahrt in einem interessanten Aktenfascikel das Staatsarchiv in Berlin; sie ist meines Wissens noch nirgends veröffentlicht, scheint auch, so weit meine Kenntnis reicht, noch von keinem Geschichtsforscher benutzt worden zu sein.

**) Den anderen oben erwähnten Punkt von der bedrohten Freiheit der deutschen Nation hat Laski für zweckmäßig gehalten wegzulassen.

24*

Auftraggeber vorzubringen. Im letzteren Falle sei es nicht zweifelhaft, daß, wenn man zu einem Kriege um des Glaubens willen bereit sei, zwei Dinge erforderlich seien, eine gewaltige Kriegsrüstung und dabei doch ihre Geheimhaltung. Es bedürfe vieler Tausende von Truppen und recht bedeutenden Kriegsmaterials. Trotzdem verlangen die Fürsten, um nicht unbillig zu erscheinen, von dem Könige nur 400000 Thaler als ausreichend, um 12000 Mann Fußvolk vier Monate zu unterhalten; anderseits versprechen die Fürsten die gleiche Truppenzahl dem Könige zur Verfügung zu stellen, wenn er angegriffen würde, und sind bereit, darüber genügende Bürgschaft zu stellen. Inbetreff der Geheimhaltung des Zweckes der Rüstung beziehen sich die Fürsten auf die Abmachungen, die vor 3 Jahren der Herzog von Preußen mit Laski abgeschlossen*).

Der König schenkte auch dem Schlusse der Rede seinen Beifall und erklärte, daß er einen Bevollmächtigten erwählen werde, weiter die Sache zu verhandeln; die gemachten Vorschläge mußte der Gesandte schriftlich hinterlassen. Die Verhandlung hatte aber dennoch den raschen und glücklichen Verlauf nicht, wie nach der so sehr günstigen Aufnahme bei dem Könige zu erwarten war. Es war eine der letzten Amtshandlungen, mit der der in Sachen der Regierung fast allmächtige Lord-Protektor und so starke Schutzwart der Protestanten betraut wurde. Vier Tage nur später, am 17. Oktober, war es den Gegnern des Herzogs von Somerset, — an ihrer Spitze der Earl of Warwick, vor kurzem erst zur Würde eines Herzogs von Northumberland erhoben — geglückt, den Oheim des Königs zu stürzen. In den Tower geworfen, vertauschte der große Mann sein Gefängnis nur noch mit dem Schafott; am 22. Januar 1552 ward er enthauptet**). Mit dem Herzog von Somerset war ein mächtiger und warmer Fürsprecher für die angebahnte Verbindung gefallen. Aufgegeben war sie freilich noch nicht. Der König notiert in seinem Tagebuch,

---

*) Es sind nicht völlig drei Jahre (Juli 1549; vgl. übrigens auch Calendar. Foreign., p. 60). Die Abmachung, auch von Laskis Hand geschrieben, ist dem oben erwähnten Aktenfascikel beigefügt; eine genaue Abschrift liegt mir vor.

**) Burnet II, 294.

acht Tage nach der Gefangennahme des Lord-Protektors, daß er
die Lords zusammenberufen und auf ihren Rat die beiden Sekretäre Petre und Sir Cecil damit beauftragt habe, mit dem Gesandten sich in Einverständnis zu setzen und über die verbündeten
Fürsten genauere Erkundigungen einzuziehen*). Unter solchen
ungünstigen Verhältnissen (gleichzeitig mit dem Protektor fielen
Lord Paget, drei weitere hervorragende Räte und vierzehn andere bedeutende Männer) schleppte sich nur langsam die nicht mit
rechtem Eifer betriebene Verhandlung hin. Noch giebt am Anfang
Dezember Laski nicht alle Hoffnung auf**): er bemerkt, daß sie
dem König am Herzen liege und dieser die Selbständigkeit zu
beanspruchen und einen eigenen Willen zu bekunden beginne.

Dem Gesandten Fueß dünkte es denn doch zu lange, das
Ende der Verhandlung abzuwarten. Den 20. November erhielt
er seinen Reisepaß; Laski sollte in seiner Abwesenheit — Fueß
war damals der Meinung, im Frühjahr wieder zurückzukehren —
seine Bemühungen, das Bündnis abzuschließen, fortsetzen. Aber
der Gesandte kam doch noch nicht fort, und Laski hatte um
seinetwillen weitere Scherereien. Kurz vor der Abfahrt war der
Diener von Fueß mit dem Schiffer in Streit geraten; es war
zu Thätlichkeiten gekommen, der Diener hatte mit dem Säbel
dreingeschlagen und den Schiffsjungen am Kopfe getroffen.
Darüber war der Diener, aber auch sein Herr, ins Gefängnis
geworfen worden, und Laski mußte bei Sir Cecil Schritte um
seine Befreiung thun. Erst am 12. Dezember fuhr Fueß über
Hamburg nachhause. Laski atmete auf***). Aber schon nahte
neue Beschwernis in derselben Angelegenheit, und unser armer
Freund hatte daheim sein treues Weib langsam zum Tode dahinsiechend. Während Fueß in Hamburg landete, lag dort in Harburg der Baron Joachim Maltzan. Der Herzog Johann
Albrecht von Mecklenburg war nun auch den neuen Verein-
barungen mit Kurfürst Moritz beigetreten, und sein Vertrauter
Maltzan sollte in England für den Bund thätig sein. Zwanzig

---

*) Burnet IV, 222.
**) Kuyper II, 666.
***) Ebd., S. 664: „putabam me jam fore liberum a molestiis istis
aulicis, posteaquam causa legati absoluta jam esset".

Meilen von Harburg entfernt hatte das Schiff einen solchen
Sturm zu bestehen, daß es in den schützenden Hafen zurückeilte;
der wohl nicht ganz seefeste Staatsmann hatte nicht Lust, ein
zweites Mal in der Winterzeit die Ausfahrt zu wagen, und be=
traute mit der Führung der Botschaft Laski *).

Bei diesen Verhandlungen, die durch Zögern und Zaudern
der englischen Regierung von den Ereignissen überholt und somit
erfolglos wurden, verdient besonders hervorgehoben zu werden,
daß unser Freund sie nur von dem Gesichtspunkte aus betrieb,
durch das Bündnis der heiligen Angelegenheit vielleicht förderlich
sein zu können, in deren Dienst er willig und mit Freuden sein
ganzes Leben gestellt. Er hat auch hier gezeigt, daß er das
reiche Erbe an staatsmännischer Befähigung der Laskischen Fa=
milie besaß und, wenn er mit ihm gewuchert hätte, wohl in
der Welt eine ebenso hohe Stellung sich errungen haben würde,
wie die Brüder. Was ihn uns aber so liebens= und achtungs=
wert macht, ist, daß er doch nur armer Diener Christi sein will,
bereit, ihm überall zu dienen, wohin immer er sich von ihm ge=
sendet glaubt. Wir haben schon hervorgehoben, wie er aus die=
sem Grunde das andere Moment inbetreff der gefährdeten Frei=
heit des deutschen Volkes in seiner Botschaft an den König fallen
ließ: er fühlte sich nicht berufen, ihr Anwalt zu sein; seine ganze
Kraft gehörte der evangelischen Kirche als dem Reiche Christi auf
Erden. Diese feste, fromme Gesinnung sprach er auch klar und
unumwunden den verbündeten Fürsten in dem Schreiben aus, in
welchem er ihnen von der Ausführung des ihm gewordenen Auf=
trages redet. Es sind wohl nicht viele Gesandtschaftsberichte in
dem gleichen, ernst mahnenden Sinne abgefaßt, und der leutselige
Kurfürst Moritz, der scherzend bekannte, daß er wenig bete,
mag wohl bei den Mahnungen des Gesandten etwas gelächelt
haben, als er in dem Berichte die so tief=wahren, mannhaft=
frommen Worte las: „Wenn in der ganzen Angelegenheit etwas
anderes erstrebt wird als Schutz der evangelischen und apostolischen
Kirche und die Sicherstellung (pacificatio) der diese Lehre beken=
nenden Kirchen, dann fürchte ich, daß wir mit diesen unseren

---

*) Calendar. Foreign., p. 205.

Plänen eher unseren Untergang bereiten, als unsere Sache fördern. Ich zweifle nicht an Eurer Frömmigkeit; aber wenn ich an
frühere Beispiele bei ähnlichem Vorhaben gedenke, so glaube ich
nicht vergeblich zu mahnen, auf daß wir uns durch solche Beispiele gewitzigt sorgfältig hüten. Gott läßt wahrhaftig nicht mit
sich spotten und giebt nicht zu, daß wir seinen heiligen Namen
zum Deckmantel unserer Gelüste gebrauchen. Wenn wir es uns
angelegen sein lassen, menschliche Hilfe uns zu verschaffen, dabei
aber die Sorge, uns mit Gott zu versöhnen, gegen den wir uns
so schwer vergangen haben, in den Hintergrund schieben, wahrlich
dann weiß ich nicht, ob wir in unseren Plänen nicht mehr unseren eigenen Gewinn, als Gottes Ehre suchen. Ach möchten wir
doch so viel Eifer und Fleiß anwenden, Gottes Versöhnung zu
erlangen, als wir Arbeit dransetzen, menschliche Hilfe zu erlangen,
dann würden sowohl alle noch in der Kirche bestehenden und
täglich zunehmenden Lehrstreitigkeiten beigelegt, als auch der rechte
Brauch der Kirchenzucht längst schon eingeführt sein." *)

Die von Laski geführten Unterhandlungen, inbetreff deren
er seinen Freund, den Erzbischof, fortwährend auf dem laufenden
hielt, weckten bei Cranmer wieder den alten Lieblingswunsch,
die hervorragenden geistigen Führer der evangelischen Kirche zu
vereinen, um in gemeinsamem, geschlossenem Vorgehen der römischen Kirche begegnen zu können, die ihre erschütterten Kräfte
gerade eben in Trident mit neuem Eifer zu sammeln anhub und
deren geistige Heeresführer fortan in dem vor kurzem gestifteten
Jesuitenorden auf die Walstätte kühnen, zielbewußten Schrittes
traten. Seinen vollen, ungeteilten Beifall schenkte Laski dem
Vorhaben: viel, viel wichtiger als der Fürstenbund und dringend
geboten erschien ihm ein Bund der Männer der Kirche, die, über
die geringeren Lehrunterschiede um des viel größeren unangetasteten
gemeinsamen Glaubensbesitzes willen wegsehend, das Reich des
Herrn in festgeschlossenem Gliede gegen die römische Kirche zu
schützen bereit waren. Cranmer wandte sich wieder an die
Männer, die er bereits vor zwei Jahren nach England berufen.

---

*) Kuyper II, 668.

Bullinger, Calvin, Melanchthon erhielten fast gleich-
lautende dringende Bitten, sei es nach England, sei es irgendwo
andershin zu einer Art antitridentinischer Synode zusammenzukommen *). Meister Philipp wird daran erinnert, wie sehr
religiöse Uneinigkeit, besonders in der Lehre von dem Abendmahl,
die Kirchen auseinandergebracht hätte und der Schmalkaldische
Krieg nicht zum Ausbruch gekommen wäre, hätte man diesen
Streit früher beigelegt. Eine Antwort Melanchthons habe
ich nicht finden können**), ebenso wenig eine von Bullinger,
von der jedoch Calvin spricht. Schön ist des letzteren Erwiderung. Zwanzig Meere zu durchschiffen, soll ihn nicht ver-
drießen, wenn er von irgendwelchem Nutzen sein könne. Selbst
wenn es sich nur um England dabei handeln würde, wäre ihm
dies schon Anlaß genug zu kommen***). Und doch muß Cranmer im Herbst 1552 Calvin melden, daß die Sache sich zer-
schlagen. Melanchthon hatte bis dahin noch gar nicht geantwortet, Bullinger hielt die Zeitläufte†) augenblicklich für zu
bedenklich, als daß jemand Lust haben sollte, seine heimatliche
Kirche im Stiche zu lassen††). Cranmer wollte den Plan
zwar nur bis auf eine gelegenere Stunde hinausgeschoben wissen;
er selber aber erlebte eine solche Zeit nicht mehr.

III. Die Fremblingsgemeinde in London.

Von diesen gescheiterten Versuchen, der drohend heraufsteigen-
den Gegenreformation rechtzeitig zu begegnen, von den staats-

---

*) Original, p. 23—26.
**) Der Cranmersche Brief abgedruckt bei Melanchthon VII, 970.
***) Calvin XIV, 314.
†) Wir denken daran, daß seit dem März Kurfürst Moritz seinen Kriegs-
zug gegen Karl V. begonnen; am 4. April zog er siegreich in Augsburg ein,
fast gleichzeitig — ach, es erinnert uns ja an eine der dunkelsten, scham-
erregendsten Seiten der deutschen Geschichte, die erst vor zehn Jahren der
Hohenzoller Wilhelm und seine siegreiche Schar unter den Mauern vor
Metz wieder gelichtet — Heinrich II. in Metz. Gichtkrank und hilflos lag
Karl V. in Insbruck; es vergingen noch bange vier Monate bis zum Abschluß
des Vertrags von Passau.
††) Calvin XIV, 370.

männischen Beschwernissen unseres Freundes, denen er selbst so
gern entgehen wollte, von all diesen enttäuschungsreichen Arbeiten
weg, sehnen wir uns lange schon, unser Auge auf einem Licht-
punkte jener sturmbewegten Tage, auf dem Glanzpunkte der
Thätigkeit Laskis eine Weile ausruhen zu lassen, ehe uns der
Fortgang der Geschichte zur Betrachtung seiner schmerzensreichsten
Erfahrung fortzieht. Wir wollen unserem Reformator einen
Besuch in seinem Heimwesen machen, nicht in seiner bescheidenen
Wohnung, in dem wunderbaren Bau vielmehr, den er in der
Bildung seiner Gemeinde während seines dreijährigen Aufenthaltes
aufgeführt. Er hat es uns leicht gemacht, trotz der weiten da-
zwischenliegenden Zeit, mit dem Leben und Treiben in der Ge-
meinde vertraut zu werden. Sein Hauptwerk giebt uns eine
ausführliche Schilderung*). Von dem Jünger, den Jesus lieb
hatte, erzählt eine fromme Legende so schön und sinnig, daß aus
dem Grabeshügel, unter dem man seine verwesliche Hülle gebettet, noch nach Jahrzehnten Wohlgeruch aufgestiegen sei, süß wie
Rosenduft. Denn auch den Körper des Jüngers, der da bleibt,
bis der Herr kommt, will die Legende nicht zu Staub und
Asche verfallen lassen. So auch darf man von unverweslichen
Schriften reden, aus denen fort und fort taufrisch eine längst
vergangene Zeit zu uns herantritt und lebensvoll uns grüßt. Die
Lieblingsarbeit unseres Freundes gehört zu diesen auserwählten
Zeugen der Reformation: so oft wir in dem Buche blättern und
lesen, mutet es uns an, als ob der Hauch jener großen, unvergeßlichen Tage lebenswarm unsere Seele berühre, und wir atmen
über dem Lesen auf, wie bei den unvergänglichen Meisterwerken
eines Luther, eines Calvin. Laski hat aber auch in das
Buch, das Kunde von seiner Lieblingsschöpfung bringen sollte,
seine ganze fromme, treue Seele hineingehaucht; man darf sagen,
er hat die Schrift mit seinem Herzblut geschrieben, sie lautet wie
ein Hymnus auf seinen Herrn Christus. Es galt, seine Fremdlingsgemeinde vor Verunglimpfungen zu schützen und was unser

---

*) „Forma ac ratio tota ecclesiastici ministerii in peregrinorum Ec-
clesia instituta Londini in Anglia." (Kuyper II, 1—277 und seine
scharfsinnigen Erläuterungen I, CII.)

Freund als tief aus dem Worte Gottes geschöpfte Gemeindeeinrichtung erkannt hatte, dem das Recht des Bestandes wahren,
als ob es das eigene Leben gelte; es galt, dies Buch heim-
senden in das geliebte Polenland, damit es dem Könige, dem
Senate, seinem Volke Bericht erstatte von dem, was der verbannte Pole in der Fremde gethan, mehr noch, daß das Buch
werbe, wie ein Freund des Bräutigams um die Liebe des Vaterlandes für seinen Herrn Christum. Die drei Begleitschreiben,
die er dem Büchlein auf seiner Botenfahrt nach Polen mitgab
und von denen wir bald reden, sind ein kostbarer Beleg dafür.
Der Schrift fehlt wohl, wie ein Kunstkritiker sich ausdrücken
würde, die letzte Feile. Sie ist in schwerer, drangsalsvoller Zeit
niedergeschrieben; die haften gebliebenen Narben und Nieten reden
laut und rührend davon und machen uns das Buch auch in den
paar Mängeln der Form lieb und wert. Laski hat die Schrift
noch in London um die Zeit des Heimgangs Eduards VI. begonnen, hat sie auf der schmerzensreichen Flucht von England
nach Emden fortgesetzt; das Licht der Welt hat sie in Frankfurt
erblickt, damals als rastlos Laski unter den zerstreuten Trümmern seiner einstigen Fremdlingsgemeinde in der Mainstadt, wo
sie ein Asyl gefunden, weilte. An der Hand dieses Buches ist es
uns möglich, unserem Freunde in dem Leben und Treiben seiner
Gemeinde den ersehnten Besuch zu machen. Statten wir denselben etwa im Frühjahr 1553 ab, zu einer Zeit, wo die Einrichtungen der Gemeinde sich schon fester ausgestaltet hatten.

An einem Sonntagmorgen wohnen wir dem Gottesdienste in
der Jesuskirche in Austin Friars bei. Es ist neun Uhr in der
Frühe, die Zeit des Vormittagsgottesdienstes. Wir treten durch
die Hauptpforte ein, über der sich das große, schöne gotische
Fenster aufbaut. Der Innenraum ist heute noch derselbe wie
vor 300 Jahren, der furchtbare Brand Londons von 1666 hat
diese Kirche verschont. Wir erinnern uns, wie Monate nach dem
Erlaß der königlichen Charter 1550 bis zur endgültigen Besitzergreifung verstrichen, weil die königliche Gabe in einem dem
Geber würdigen Zustande ausgeliefert werden sollte. Selbstverständlich war alles entfernt, was an den römischen Messedienst

der früheren Inhaber, der Augustinermönche, erinnerte: Bilder, Altäre, Chorstühle. Nur die unangetastet gebliebenen Grabmäler erinnerten und erinnern, daß hier die sterblichen Überreste von Edmund, dem Stiefbruder Richards II., von dem Gründer des Klosters, Humphrey Bohun, und seinem Nachkommen, dem armen Edward Bohun, Herzog von Buckingham, der 1521 enthauptet wurde, und von noch so mancher hervorragenden Größe ruhen *). Eine kleine Inschrift an drei gemalten Kirchenfenstern zeigt uns, daß auch hier eine verbessernde Hand frühere Verwahrlosung wieder gut gemacht; es sind die eingebrannten Worte: „Jesus Teple 1550."

Das Zeichen zum Beginne des Gottesdienstes ist gegeben, die Gemeinde fast vollständig versammelt, der Geistliche betritt die Kanzel **). Heute ist es unser Superintendent, der ernste, ehrwürdige Mann mit dem weißen Barte, der ihm dicht und voll bis auf die Brust fällt. Mit klarer, kraftvoller Stimme fordert er die Gemeinde zum Gebete auf; wir besitzen noch die erbauungsvollen Worte ***), die mit dem Gebete des Herrn schlossen. Darauf hebt der Gesang eines Psalmes ohne Orgelbegleitung an; es sind ein paar Glieder der Gemeinde erwählt, die das Lied beginnen und den Ton halten, die ganze Gemeinde fällt kräftig ein, niemand schließt sich von der Teilnahme an dem Gesange aus. Nun tritt der Prediger wieder von seinem Platze hinauf an den Rednerpult und verliest den Text. Nicht irgendwelche altkirchliche Perikope, auch kein selbstgewähltes Schriftstück, mitten aus dem Zusammenhang herausgerissen. In fortlaufender Reihenfolge werden ganze Bücher der heiligen Schrift ausgelegt, denn die Gemeinde soll mit dem ganzen Worte Gottes vertraut werden, und ihre regelmäßige Teilnahme bürgt dafür, daß die Schriftauslegung ihr eine ununterbrochene werde. Der Prediger verliest nur so viel Text, als er während einer Stunde bewältigen zu können glaubt. Zunächst wird dieses Schriftstück in seinen ein-

---

*) Knight V, 166.

**) Als stehenden Ausdruck hat die Schrift „suggestus", wobei wir vielleicht eher an ein Rednerpult als eine Kanzel im engeren Sinne des Wortes zu denken haben.

***) Kupper II, 83.

zelnen Teilen erklärt, dann hebt der Diener am Worte die
Stellen desselben besonders hervor, an die sich ihm vorzugsweise seine Ermahnung, seine Erbauung anreiht. Laski hat
viel und gerne gepredigt, sobald er nur eben Herr der fremden
Landessprache geworden, bei der großen Sprachengabe der Laski
ihm keine allzu schwere Aufgabe. Als er in Emden seine Superintendentur um der vielen, ihm bereiteten Hindernisse willen niedergelegt, da konnte er sich nicht von der Kanzel trennen und blieb
Prediger an der großen Kirche. Leider ist uns keine Probe seiner
Predigergabe geblieben und auch von anderer Seite kein Urteil
erhalten: aber wenn wir den warmen Brustton glaubensvoller
Überzeugung, opferbereiter Thatkraft, willigster Hingabe an seinen
Herrn Christum, der in seinen Schriften und Briefen oft in
überwältigender Weise verlautet, an unsere Seele dringen lassen,
wenn wir das Wort uns belebt denken, jener Gestalt mit den feurigen Augen entströmend, deren feste Züge den evangelischen Prediger zeigen, der sich als ein guter Streiter Christi erweist, dann
dürfen wir wohl meinen, daß das beredte Zeugnis der nachhaltigen
Wirkung auf die Gemeinde nicht entbehrte und sie ihre reiche
und tiefe Erbauung in einer Verkündigung finden ließ, die das
Wort Gottes und nur dieses in weihevollem Ernste auslegen
wollte, nach unserem weichlicheren Geschmacke, der die sentimentale
Weise des Pietismus nicht verwinden kann, vielleicht etwas herbe,
aber kraftvoll, schlicht, tüchtig eine Gemeinde zu erziehen, die ein
schweres Marthyrium und des Herrn willen zu ertragen imstande
ist. Das ist mehr wert, als zarte Leute in kleinen, alltäglichen
und oft auch eingebildeten Leiden salbungsvoll zu trösten.

Unmittelbar an die Predigt reihten sich besondere Mitteilungen
an die Gemeinde, wenn solche vorhanden waren, an sie dann das
Gebet um Bewahrung des Predigtsegens. Es ist eine wertvolle
Bitte: „Herr Gott, unser himmlischer Vater! Dieweil Dein Sohn
Jesus Christus die allein selig preist, die nicht nur Dein Wort
hören, sondern es auch halten und bewahren, niemand es aber
zu halten vermag, ohne daß es durch Deinen heiligen Geist in
unsere Herzen eingeschrieben werde, darum bitten wir Dich demütiglich, Du wollest Satan von uns ferne halten, daß er uns
nicht die Lehre Deines göttlichen Wortes, die wir vernommen

haben, irgendwie raube. Erweiche unser steinernes Herz und be-
feuchte es mildiglich mit dem Tau Deines heiligen Geistes, auf
daß nicht die Frucht Deines Wortes, durch Deine Gnade in unseren Herzen aufschießend, plötzlich verdorre. Die Sorgen und
Mühen dieser Welt, welche Dein Wort in uns ihrer Natur nach
den Dornen gleich ersticken wollen, nimm sie von unseren Herzen
und mache Du uns zu jenem guten und fruchtbaren Boden, in
dem Dein Wort Frucht bringen kann, Deiner würdig zum ewigen
Ruhm Deines Namens. Das bitten wir von Dir, barmherzig-
ster Vater, im Namen Deines eingeborenen Sohnes, unseres
Herrn Jesu Christi. Amen."

Darauf ruft der Geistliche die Gemeinde auf, die Gebote
Gottes zu vernehmen, die er nach dem Wortlaute der Schrift
verliest. Der Geistliche reiht daran eine kleine Ansprache, in
welcher er der Gemeinde ihre Sünden vorhält und sie dadurch
anregt, Gott um Sündenvergebung zu bitten. Ein ernstes, ergreifendes Bußgebet giebt dieser Anregung Ausdruck. Dann verkündet der Pastor der bußfertigen Gemeinde die Vergebung ihrer
Sünde in feierlicher Weise. „Wir haben die sichere und un-
bezweifelte Verheißung des ewigen, unabänderlichen Willens Gottes,
daß er allen wahrhaft Bußfertigen, die für ihre erkannten Sünden, deren sie sich zeihen, seine Gnade im Namen des Herrn
Christus anflehen, ihre Sünde vergiebt und austilget und ihrer
fernerhin nicht mehr gedenken will. Wir haben aber auch den
furchtbaren Spruch göttlichen Gerichtes über alle, die die Finsternis mehr lieben als das Licht und die in Christo dargebotene
Gnade gering schätzen und verachten, daß diesen allen ewige Ver-
dammnis bestimmt sei. Wie viele unter euch deshalb also gesinnt sind, daß ihr euch entsprechend der von uns gethanenen
Bitte eurer Sünde schämet und sie vor dem Angesichte Gottes
bereuet, also daß ihr mit eurer Selbstanklage ihre Vergebung
von Gott unserem himmlischen Vater demütiglich erflehet und nicht
zweifelt, daß sie euch um Christi und des Verdienstes seines
Todes willen aus Gnaden und völlig vergeben sei, auch in eurem
Herzen beschließet, fortan mit Gottes Gnaden euren alten Menschen mit seinen Lüsten töten und in einem neuen Leben nach
eurer Schwachheit wandeln zu wollen: euch allen, die ihr also

gesinnt seid, verkündige ich im Vertrauen auf die Verheißung
Christi, daß euch alle eure Sünden im Himmel von Gott unserem Vater in jeglicher Weise erlassen sind um unseres Herrn
und Erlösers, Jesu Christi willen, hochgelobet in Ewigkeit.
Amen. — Wer aber in seinen Sünden sich also gefällt, daß er
nicht so sehr sich selbst in ihnen, als vielmehr sich entschuldigend,
die Strenge Gottes anklagt, oder aber auch wer wohl irgendwie
seine Sünde anerkennt, aber mit Verachtung der Wohlthat Christi
in seinem Tode andere Heilsmittel sich erwählt, diesen allen verkündige ich nach dem Worte Gottes, daß ihnen alle ihre Sünden
behalten sind im Himmel, so sie nicht Buße thun. — Wir wollen
aber, um zu bezeugen, daß wir uns diesen nicht zuzählen, wie
wir bereits durch unser Gebet uns von ihnen losgesagt haben,
'die Summa unseres Glaubens bekennen." Es geschieht durch Verkündigung des apostolischen Glaubensbekenntnisses.

Nun folgt das Schlußgebet, eine reiche Fülle von Fürbitten für
die über die Erde verbreitete Kirche Christi, für die Kirchen des
Landes und ihre Prediger, für Eduard VI. („den Du mit Deiner allmächtigen Hand bis dahin vor allen Deinen und seinen
Feinden beschützt hast, so wollest Du ihn auch fernerhin beschützen
und bewahren und mit Deinem heiligen Geiste also leiten und
regieren, daß er mehr und mehr wie an Alter so an Gnade bei
Dir wachse und sein Volk unter unser Aller Haupt, Christus,
regieren könne, damit wir unter ihm ein stilles und geruhiges
Leben in aller Gottseligkeit und Ehrbarkeit nach Deinem Worte
und unter Deinem Segen führen können"), für das königliche Haus
und die ganze Regierung, für das Volk Englands, für die Stadt
London, im besonderen für die Fremdlingsgemeinden, für alle
Könige, Fürsten und Obrigkeiten, für alle um ihres Glaubens
willen Verfolgte und Leidende („tröste Du sie, Herr, wir bitten
Dich darum, durch Deinen heiligen Geist, die Quelle jeglichen
wahren Trostes, in aller Trübsal und Kreuz und stärke ihre
Herzen mit Deiner göttlichen Kraft aus der Höhe im wahren
Glauben also, daß sie alles, was Du gegen sie geschehen lässest,
geduldig tragen und tapferen Mutes und mit Danksagung dazu
tüchtig werden unverzagt und treu Deinen und Deines Sohnes
Namen sei es durch Leben, sei es durch Sterben in Deiner Kirche

zu preisen, oder aber reiße sie nach Deiner Gnade aus ihrem
Elend und ihrer Trübsal und erleichtere ihnen ihr Kreuz, wenn
Du erkennst, daß solches zum Preise Deines anbetungswürdigen
Namens und zur Erbauung Deiner Kirche irgendwie beitragen
kann"), im besonderen dann wieder zum Schlusse der Fürbitten
das Gebet für die leidenden, kranken, heimgesuchten Gemeindegenossen („verlaß sie nicht, heiliger Vater, in ihrer Not, mildere
ihr Kreuz nach Deiner väterlichen Güte und Barmherzigkeit oder
mehre ihre Kraft und Geduld, daß sie starken und ungebrochenen
Geistes alles ertragen, was Du nach Deinem Wohlgefallen gnä-
diglich über sie verhängst"). „Wir sind voll guter Zuversicht,
o Du unser himmlischer Vater, solches alles von Dir zu erlangen
um Deiner großen Vatertreue und Barmherzigkeit willen gegen uns,
und in dieser Hoffnung rufen wir demütiglich Deinen heiligen Namen
an in dem Gebet, das uns Dein einzig geliebter Sohn zu beten
geheißen." Ja, zu einer rechten Betgemeinde ward die Fremdlingsgemeinde unter der Hut unseres Freundes erzogen!

Auf das Gebet des Herrn folgte dann an bestimmten Sonntagen das heilige Abendmahl, Taufe und Trauung, wenn solche
da waren, die diese Handlung begehrten. An dem heutigen Tage
unseres Besuches mag es sich treffen, daß die drei heiligen Handlungen sich an den vormittäglichen Gottesdienst anreihten oder,
genauer, in denselben eingeschlossen waren. Zunächst also die
Austeilung des heiligen Abendmahles und die Vorbereitung dazu.

Jeden ersten Sonntag im Monat wird abwechselnd entweder
in der deutschen oder in der französischen Kirche das heilige
Abendmahl ausgeteilt. Vierzehn Tage vorher wird dies der
Gemeinde im Gottesdienste angekündigt und sie aufgefordert,
ernstlich daheim sich darauf vorzubereiten. Diese Vorbereitung,
so wird eindringlich ermahnt, habe in fleißiger Erforschung zu
bestehen, ob wir von Gott und uns selbst die richtige Erkenntnis
haben; worin dieselbe bestehe, wird der Gemeinde ausführlich
ans Herz gelegt. Darauf werden die Gemeindegenossen aufgefordert, allen etwa vorhandenen Streit oder Hader unter einander beizulegen, denn wir seien geheißen, soweit an uns ist, Friede
zu halten mit allen; auch sei das Mahl des Herrn ein Mahl

unserer gegenseitigen Gemeinschaft, nicht aber der Uneinigkeit unter einander. Dies alles genügte Laski noch nicht, die Heiligkeit des Abendmahls vor jeder Geringschätzung zu schützen. Wir haben schon gesehen, welche Vorsichtsmaßregeln bei der Aufnahme in die Gemeinde und somit der Zulassung zum Abendmahle getroffen waren. Auch die bereits Aufgenommenen hatten sich ernster Prüfung vor dem Kirchenrat zu unterziehen. Innerhalb der 14 Tage von der Anmeldung an blieben die Geistlichen und Kirchenältesten nach den nachmittäglichen Wochengottesdiensten in der Kirche zurück, um alle etwaigen Fragen und Bedenken zu lösen oder die Neuaufgenommenen zu prüfen. Dann wurde eine bestimmte Stunde festgesetzt, an welcher die Gemeindeglieder eines der drei Teile, in welche die Stadt für die Fremdlingsgemeinde geteilt war (City, Southwark und die außerhalb der Wälle Wohnenden) in der Kirche zusammenkamen. Nach einer kleinen Vorbereitung mußten die Einzelnen zum Kirchenrat herantreten und ihren Namen in die Liste eintragen lassen. Dies bot den Predigern und Kirchenältesten Gelegenheit, besondere Ermahnungen, wo sie es für nötig hielten, an die Einzelnen zu richten. Die neuen Listen wurden mit den alten verglichen, einmal um keine Eindringlinge aufzunehmen, dann aber auch zugleich, um zu prüfen, wer von der Gemeinde sich des Mahles enthalte. Denn die ganze Gemeinde war berufen, jedesmal an der Feier teilzunehmen. Den Presbytern lag es dann ob, bis zu dem nahenden Sonntage die Säumigen zuhause aufzusuchen und an ihre Pflicht zu gemahnen, auch eine hilfreiche Hand zu bieten, wo es galt, Streitigkeiten zu schlichten, private Zwistigkeiten beizulegen. Am Sonnabend vor der Austeilung um zwei Uhr Nachmittags versammelten sich die Abendmahlsgäste in der Kirche; der Kirchenrat ist vorher schon zusammengekommen, über alle die zu verhandeln, die aus irgendeiner Ursache von dem morgenden Abendmahle ausgeschlossen seien. Ihre Namen werden dem Geistlichen, der den Vorbereitungsgottesdienst leitet, mitgeteilt, um davon, sei es ohne, oder in verschärfterem Falle mit Nennung des Namens der Gemeinde davon Anzeige zu machen. Was vor vierzehn Tagen bereits bei der Ankündigung des Abendmahls der Gemeinde ans Herz gelegt worden war, wird von dem Geistlichen noch einmal in ernsten,

andringenden Worte den Abendmahlsgästen vorgehalten, ihnen das
Wesen und der Zweck des Abendmahls angegeben. Nach Gebet
und vor dem Gesange des letzten Psalmes wird Anzeige über die
von dem Abendmahle Ausgeschlossenen gemacht und zwar, wie
ausdrücklich hervorgehoben wird, um die Bestraften durch einer
solchen öffentlichen Tadel zur Buße zu rufen oder die auch dann
noch Unbußfertigen unter öffentlichem Leidwesen der Gemeinde aus
der Kirche auszuschließen.

Am Tage des Abendmahles selbst nun ist ein Tisch, mit
weißem Linnen bedeckt, vor den Augen der Versammelten aufgestellt, auf demselben vier Kelche und dazwischen drei Schalen.
Auf der größeren Schale liegt unter einem Linnen das zur heiligen Handlung dienende Weißbrot; die beiden kleineren Schalen
sind bestimmt, zum Herumreichen des gebrochenen Brotes zu
dienen. Die Gemeinde hat sich an diesen Tagen schon um acht
Uhr versammelt; die Geistlichen, die Ältesten, die Diakonen sitzen
in der Nähe des Tisches, im Anblick der ganzen Gemeinde.
Einer der Prediger besteigt die Kanzel und verkündet Wesen und
Zweck des heiligen Abendmahls. Es gelte zu achten auf das Zeichen,
auf das Geheimnis desselben und auf seinen Zweck. Zeichen sei
nicht bloß Brot und Wein, sondern die ganze, aus bestimmten
Teilen bestehende äußere Form, Zeremonie und Handlung, mit
einem Worte die von dem Herrn Christus in einer bestimmten
Weise eingesetzte Anteilnahme an Brot und Wein. Das Mysterium des heiligen Abendmahles sei das, was uns durch diese
eingesetzte Anteilnahme an Brot und Wein versiegelt und dar-
gestellt werde, nämlich die für alle Frommen wahre und heilbringende Gemeinschaft mit unserem Herrn Christus in seinem
Leib und Blut; der Zweck des Herrenmahles sei der, den Christus selbst uns in seinen Worten empfehle, nämlich das Gedächtnis an ihn und an seinen Tod. In weiter Ausführlichkeit werden diese drei Seiten beleuchtet, worauf dann die Gemeinde
niederkniet und der Geistliche mit lauter Stimme Gottes Segen
auf die Feier herabfleht. Die Einsetzungsworte bei Paulus werden verlesen und an des Apostels Warnung ein paar Mahn-
worte geknüpft. Darauf verläßt der Prediger die Kanzel und
ruft von dem Abendmahlstische aus die frohe Botschaft der

ganzen Gemeinde zu: „Sehet, geliebte Brüder, wir haben auch ein
Osterlamm, das ist Christus, für uns geopfert. Darum laßt
uns Ostern halten, nicht im alten Sauerteige, auch nicht im
Sauerteige der Bosheit und Schalkheit, sondern in dem Süßteige
der Lauterkeit und Wahrheit durch eben denselbigen Jesum Chri=
stum, unseren Herrn und Heiland. Amen."

Nun setzen sich zunächst die Geistlichen, Ältesten und Diakonen
und, so viel Raum ist, Männer aus der Gemeinde um den
Abendmahlstisch herum, der fungierende Geistliche in der Mitte
und ohne ein Gegenüber, so daß ihn die Gemeinde fortwährend
im Auge behält. Auf dieses Sitzen während des Abendmahls
wurde bedeutsames Gewicht gelegt. Es geschah nicht nur, weil
es also bei der Einsetzung des Abendmahls gewesen, zumeist auch,
um in sinnvoller Weise dem schönen Gedanken Ausdruck zu leihen,
daß, während bei dem Passah die Juden um ihre Lenden gegürtet
waren und Stäbe in ihren Händen trugen, anzudeuten, daß das
Volk noch einen weiten Weg bis ins Land der Verheißung zurück=
zulegen habe, die Abendmahlsgäste nicht mehr irgendwo auf der
weiten Welt ein Land der Verheißung zu suchen hätten, sondern
durch den Herrn Christum, ihren wahrhaftigen Josua, um seines
verdienstvollen Todes willen in dem wahren Lande der Verheißung
eingetroffen seien, da nun wohnten und fortan ausruhten, allzeit
im Anschauen des Verdienstes von Tod und Auferstehung Christi
und der aus Gnaden uns geschenkten, heilbringenden Gemeinschaft
daran*). — Sobald alle Plätze bei Tische besetzt sind, nimmt

---

*) Kupper II. 118. Dies Sitzen der Fremdlingsgemeinde beim hei=
ligen Abendmahl war der Staatskirche ein Ärgernis, wurde aber von den
nicht mit ihren Bräuchen und Anschauungen übereinstimmenden (Nonkon=
formisten) freudig begrüßt. Bis tief in die Zeit der Königin Elisabeth ist
die auch dadurch angeregte Spannung zu verfolgen: der eifrige Kämpe für
die Einrichtungen der Staatskirche, der spätere Erzbischof von Canterbury
und Freund der Königin, Whitgift, hat in seiner berühmten „Verteidigung
der Erwiderung auf die Ermahnung" (the defence of the answer to
the admonition) auch auf den Brauch bei Laski Rücksicht nehmen müssen
(Whitgift III, 94). Cartwright, der begabte Führer der im Sinne von
Laski und Hooper gegen die katholisierenden Bräuche der Staatskirche auf=
tretenden Richtung an der Universität in Cambridge, gilt vielfach als der
Verfasser der anonym erschienenen Admonition, die so gewaltiges Aufsehen

der Geistliche im Anblick der ganzen Gemeinde aus der größeren
Schale das Brot, bricht es mit dem Worte: „Das Brot,
welches wir brechen, ist die Gemeinschaft des Leibes Christi" und
füllt mit den gebrochenen Stücken die kleineren Schalen; unterdessen werden die vier Kelche mit Wein gefüllt und je zwei Kelche
zu einer der beiden Schalen gestellt. Der Geistliche nimmt zunächst selbst von dem Brote und schiebt dann die Schalen seinen
Nachbarn zu beiden Seiten mit den Worten zu: „Nehmet, esset
und seid dessen eingedenk, daß der Leib unseres Herrn Jesu Christi
für uns zur Vergebung aller unserer Sünden in dem Tode am
Holze des Kreuzes dahingegeben ist." Wenn dann alle von dem
Brote genommen, dann wiederholt sich mit veränderten Worten
der Vorgang mit der Darreichung des Kelches. Alle verlassen
dann, mit Ausnahme des Geistlichen, den Tisch, an dem sich
die anderen Gemeindeglieder niederlassen, wobei Kirchenälteste
und Diakonen acht haben, daß nur Gemeindeglieder und zwar
zu dem Genusse des Mahles Berechtigte nahen. Einer der
Geistlichen besteigt die Kanzel und verliest während der Austeilung
das sechste Kapitel des Johannes. Solches wiederholt sich, bis
die ganze Gemeinde das heilige Abendmahl empfangen. Der
Geistliche, der die Feier administrierte, tritt dann mit den anderen
Geistlichen und Kirchenältesten vor den Tisch und fordert die versammelte Gemeinde zur Danksagung auf, der er selbst durch ein
feierliches Gebet Ausdruck leiht. Eine kurze Mahnrede, die darauf folgt, und ein Psalmlied schließt die hehre Gemeindefeier.
Die Überreste an Brot und Wein werden an die Gemeindearmen
verteilt, vorzugsweise an Kranke und Hochbetagte.

Wir haben schon erwähnt, daß auch die Taufe in den
Gottesdienst eingeschlossen war. Von ihr ein paar Worte.
Weil die Taufe die ganze Gemeinde angeht, darum soll sie auch
vor der ganzen Gemeinde vollzogen werden. Nur Kinder von

---

zu ihrer Zeit (etwa 1570) machte. Laski wird in dieser Schrift als ein
„notable learned and zealous man" gerühmt. — Schön und beherzigens-
wert sind auch die maßvollen Worte, mit denen Laski über die Bräuche seiner
Gemeinde, über die gewünschte und dann auch gewährte Freiheit bei denselben redet. (Vgl. Kuyper II, 115 f.)

Gemeindegliedern werden getauft; ihre Namen, wie der der Eltern, der Tag der Geburt und die Wohnung werden in ein besonderes Buch eingetragen. Meldet sich ein Erwachsener zur
Taufe, Jude, Heide oder noch ungetaufter Baptist, so muß er
zuvor christlich unterwiesen werden und kann erst nach abgelegter
Prüfung die Taufe erhalten.

Nachdem der Psalm beendigt, fordert der Geistliche die Taufzeugen und Eltern der Täuflinge auf, mit dem Kinde heran-
zutreten. Die ganze Gemeinde wird darauf über das Wesen der
Taufe ausführlich belehrt, auch über die Berechtigung und Verpflichtung der Kindertaufe und der Herr in einem kurzen Gebete
um seinen Segen angefleht. Darauf wendet sich der Geistliche
im besonderen an die, die das Kind zur Taufe bringen, und
richtet an sie die Frage, ob diese Kinder wahrhaftig Sprößlinge
der Gemeinde sind, also daß sie gesetzmäßig hier getauft werden
können, ferner ob sie, die Taufzeugen, die Lehre, welche sie soeben über die Taufe und ihr Geheimnis vernommen, als die
wahre anerkennen und daß unsere Kinder von Natur wie wir
alle Kinder des Zornes und des Todes sind, aber um Christi
willen mit uns in den göttlichen Bund eingeschlossen mit dem
von Christo eingesetzten Siegel sowohl ihrer Annahme als auch
seiner Gerechtigkeit, d. i. der Taufe, versiegelt werden sollen
und endlich ob sie anerkennen, daß es ihre und der ganzen Gemeinde Pflicht und Schuldigkeit sei, zumal der Väter in Verbindung mit den Müttern dieser Kinder, diese Kinder, sobald sie
heranwachsen, in der wahren Erkenntnis Gottes zu unterweisen.
Wenn diese Fragen bejaht sind, ruft der Geistliche die Täuflinge
bei ihrem Namen auf und berührt sie an der Stirne mit reinem
Wasser, die Worte sprechend: „Ich taufe dich N. N. auf den Namen des Vaters und des Sohnes und des heiligen Geistes. Gott
der Vater unseres Herrn Jesu Christi besiegle dich und uns allesamt in der Gabe unserer Wiedergeburt und Gerechtigkeit in
Christo durch seinen heiligen Geist zum ewigen Leben." Daran
reiht sich ein Dankgebet und eine Mahnung an die Gemeinde,
solche Feier nicht um des Herkommens oder Aberglaubens willen
zu begehren, sondern wegen des Glaubens an seine Verheißung,
in der der Herr bezeugt, daß er nicht nur die Erwachsenen, son-

bern auch ihren Samen in der Gemeinde mit uns in den Bund
Gottes eingeschlossen habe und auch die Kinder zur Fülle des
geistigen Leibes (mysticum corpus) Christi gehören.

Als dritte Handlung, die vorkommenden Falles in den Gang
der gottesdienstlichen Ordnung eingeschoben wurde, haben wir die
Trauung genannt. Auch sie hatte vor versammelter Gemeinde
zu geschehen, sowohl um die Ehrbarkeit der Ehe öffentlich zu bezeugen, dann auch um die Gemeinde wiederholt zu ihrer Erbauung an die Pflichten des Ehestandes zu gemahnen. Schon
bei der Verlobung sollen ein paar ernste Männer, womöglich
Kirchenälteste, zugezogen werden und diese darauf achten, daß dabei
keine Verbindlichkeiten eingegangen werden, die einen Rücktritt von
der Verlobung unmöglich machen. Nach stattgehabter Verlobung
wird dieselbe dem Kirchenrat mitgeteilt, der prüft, ob keine Ehe-
hindernisse vorhanden. Sind keine vorhanden, so werden die
Namen des Brautpaares in das Kirchenbuch eingetragen und an
drei Sonntagen der Gemeinde öffentlich Anzeige gemacht. Findet
kein Einspruch statt, wird die Ehe vor versammelter Gemeinde
geschlossen. Ohne Geräusch, ohne theatralischen Aufzug tritt das
Brautpaar im Geleite von ein paar ehrbaren Männern und
Frauen auf einen etwas erhöhten Platz vor die Geistlichen und
Kirchenältesten hin, und einer der Geistlichen hält mit lauter
Stimme die Ansprache, in welcher er zunächst die Gemeinde um
Fürbitte für dieses Brautpaar bittet und diesem selbst dann den
ganzen Ernst, aber auch das ganze Glück christlichen Ehestandes
in beredter Sprache schildert und zum Schlusse dem Bräutigam
wie der Braut besondere Ermahnungen ans Herz legt. Er fragt
hierauf den Bräutigam, ob er alles, was ihm soeben nach dem
Worte Gottes vorgehalten sei, anerkenne und durch die Gnade
Gottes in seinem Herzen sich vorgenommen und vor versammelter
Gemeinde bekenne, daß er in solcher Weise sein ganzes Leben zusammen mit diesem seinem Weibe leben wolle, welches er öffentlich hier als sein einiges, wahres, gesetzliches Weib, von Gott
ihm gegeben, anerkenne, also daß er sie sich zugesellen und durch
das Band der Ehe zusprechen wolle. In gleicher Weise wird die
Frage an die Braut gerichtet, und wenn sie von beiden Teilen

bejaht, legt der Geistliche die Hände des Paares ineinander und schließt ihren Bund mit den Worten: „Der allmächtige, ewige Gott, der euch zur ehelichen Gemeinschaft zusammen berufen hat, vereinige und verbinde euch zu einem Fleische durch das Band seines Geistes in wahrer und dauernder gegenseitiger Liebe und in Scheu vor ihm, daß ihr während eures ganzen Lebens in eurem Ehebunde das wunderbare Geheimnis der Verlobung Christi mit seiner Gemeinde ausdrücken und euch selbst durch die gegenseitige Berufung auf ihn trösten könnt, der Herr unser Gott mache euch fruchtbar und mehre euch zu eurem eigenen Heile und zum Wachstum seiner Gemeinde durch eben denselbigen unseren Herrn Jesum Christum." Darauf verliest der Geistliche aus dem 19. Kapitel des Matthäus die Stelle von der Ehescheidung und wendet sich an das junge Paar mit den Mahnworten, sich vor allem zu hüten, was diesen Bund aufheben könnte. Ein herzliches Gebet für das junge Paar und ein Segensgruß endet die Feier, die die Gemeinde ihrerseits mit dem Gesang des 127. Psalmes abschließt.

Wir müssen nach diesen denn doch nicht allsonntäglich statthabenden Einschiebungen weit zurückgreifen, um den Faden in der Schilderung des gewöhnlichen Vormittagsgottesdienstes wieder aufzunehmen. Nach Vollendung dieser Amtshandlung stimmen die Vorsänger wieder ein Psalmlied in feierlich = gehobener Weise (magna gravitate) an und die ganze Gemeinde fällt laut in gleich feierlicher Weise ein. Darauf wird die Gemeinde, während die Diakonen an die Kirchthüren sich stellen, das Almosen zu empfangen, mit den Worten entlassen: „Seid eurer Armen eingedenk und bittet einer für den anderen. Gott aber erbarme sich eurer und segne euch. Er wolle mit dem Lichte seines göttlichen Angesichtes euch erleuchten zum Ruhme seines heiligen Namens und euch bewahren in seinem heiligen und heilsamen Frieden. Amen."

Um zwei Uhr beginnt an den Sonn= und Festtagen der Nachmittagsgottesdienst. Die Gemeinde ist wieder fast vollständig versammelt. Der Gang ist fast derselbe wie am Vormittag, nur daß sich an die diesmal eine halbe Stunde während Schriftauslegung die Erklärung des größeren Katechismus anreiht, den die heranwachsende Jugend aufsagen muß. Die Knaben und Mädchen sitzen um die Kanzel herum; ihre Namen hat der Geistliche aufgeschrieben und fragt nun die vorliegenden Stücke ab, die darauf erklärt und aus der heiligen Schrift erwiesen werden und zwar in einer Form, daß auch die anwesenden Alten einen Nutzen davon haben. Eine halbe Stunde dauert diese Katechese; Gesang, Gebet und Segen schließen die Feier und wiederum, wie bei allen Gottesdiensten, nehmen die Diakonen beim Ausgang aus der Kirche das Gemeindealmosen für die Armen in Empfang.

Außer diesen sonntäglichen Gottesdiensten kam die Gemeinde noch ein paarmal in der Woche zu gemeinsamer Erbauung zusammen, in der französischen Kirche am Dienstag und Donnerstag, in der deutschen ebenfalls am Donnerstag. Auch bei diesen Wochengottesdiensten bildete die Schriftauslegung den Mittelpunkt der Feier, Gesang und Gebet gab das Geleite; nur die Liturgie nach der sonntäglichen Vormittagspredigt fiel aus. Etwas ganz Eigentümliches, und auch in seinem nachhaltigen Einfluß auf einen Teil der englischen Kirche Bemerkenswertes war die sogen. Prophetie, verschieden gestaltet in der deutschen und in der französischen Kirche, ein bedeutsamer Versuch, das Gemeindeglied zum Forschen in der heiligen Schrift selbständig anzuregen. Die Weise in der deutschen Kirche war also, daß im Anschluß an die Bibelstunde am Donnerstag die Gemeinde versammelt blieb und jeder nun das Recht hatte, seine Bedenken über die eine oder andere Auslegung einer Schriftstelle während der Gottesdienste der abgelaufenen Woche vorzubringen. Zunächst waren dazu ernste, fromme Männer der Gemeinde erwählt, solche Ausstellungen zu machen, um jeden Versuch, nur unnütze Fragen der Neugierde aufzuwerfen, zu vermeiden; um aber doch wieder jedem Gemeindeglied sein Recht ungeschmälert zu lassen, durfte jeder sein Bedenken diesen erwählten Männern vorher anzeigen, und entschieden diese dann, ob sie sich zu einer öffentlichen Besprechung eigneten oder nicht. Der Geistliche hatte über seine angegriffene Auslegung Rede und Antwort zu stehen, ihre Rechtmäßigkeit zu erweisen und die vorgebrachten Bedenken zu beseitigen. Es hieß für ihn sattelfest sein in der Lehre der heiligen Schrift, denn er hatte sich gegenüber ernste Bibelforscher. Als Lohn für solche nicht leichte Arbeit wurde ihm der Segen, etwaige aufkeimende Sonderlehren alsbald zu entdecken und zu entfernen, ehe sie tiefere Wurzeln geschlagen. Es war ein gegenseitiges Geben und Nehmen; der Geistliche förderte in solch anregendem Zwiegespräch das Gemeindeglied, dieses durch die offene Mitteilung seiner Auffassung den Geistlichen: — ein schönes, lebensvolles Arbeiten in dem Suchen des einen, was not ist; ein reicher Segen, so lange es weiser, gläubiger Leitung gelingt, jede Ausschreitung zu vermeiden. In der französischen Kirche war die „Prophetie" derart eingerichtet, daß im Anschluß an den Wochengottesdienst ein Buch der heiligen Schrift im Zusammenhang ausgelegt wurde. Zunächst gab der Prediger seine Erklärung des vorliegenden Schriftstückes; an diese Erklärung reihte sich vonseiten eines Kirchenältesten oder sonstigen Gemeindegliedes eine weitere, dritte, vierte, bis niemand mehr etwas vorzubringen hatte und der Geistliche die Gemeinde nach dem Gesang eines Liedes entließ. Laski legte großes Gewicht auf diese Prophetieen; sie waren ihm die erwünschten Helfer, die Prediger in dem Worte Gottes zu festigen, die Gemeindeglieder zur Mündigkeit im Glauben heranzuziehen.

Der Gefahren solcher öffentlichen Wechselgespräche über das Wort Gottes war sich Laski wohl bewußt, aber er war nicht gewillt, um ihretwillen eine Einrichtung dranzugeben, deren Anfänge er in den Tagen der Apostel fand und deren reichen Segen er auch für seine Zeit klar erkannte. Gewinnbringender für die Kirche erschien es ihm, wenn die Fragen, die alle Welt aufs lebhafteste bewegten, — was in unseren Tagen die soziale Frage, das war damals die religiöse — vor den Dienern am Worte und öffentlich vor der Gemeinde verhandelt wurden, als daheim in der schwülen Luft von Konventikeln oder durch die, „die hin und her in die Häuser schleichen". Das ist der fruchtbare Boden auch heutzutage für Sekten oder aber auch für den Unglauben, der sich auf die Unwissenheit der Leute inbetreff der göttlichen Wahrheit gründet. Laski konnte die segensreiche Einrichtung und Ausführung des apostolischen Gebotes, reichlich das Wort

Gottes unter uns wohnen zu lassen, wagen, weil er sich dabei
unterstützt wußte durch die vorzügliche, schier mustergültige Organisation seines Gemeindewesens, in selbständiger Weise den Fremdlingsgemeinden in Genf und Straßburg, wie er selbst bezeugt*),
nachgebildet. Mit einer Art wehmütiger Lust wie Heimweh betrachten wir dieselbe einen Augenblick.

„Wie ein Hauswesen nicht ohne Ökonomie, ein Schiff nicht
ohne Steuer, überhaupt kein Staat oder Gemeinwesen ohne irgendeine gesetzmäßige Leitung weder gut regiert sein, noch auch lange
bestehen kann, so ist es sicher, daß auch die Gemeinde unseres
Herrn Christus, zumal wo die Schar der Feinde so groß, die
Gefahren so mannigfaltig sind, weder recht geleitet, noch auch
lange bewahrt werden kann, ohne eine gesetzmäßige, d. h. ohne
die von dem Herrn Christus eingesetzte Organisation.“ Mit
diesen Worten beginnt Laski die Einrichtung seines Gemeinwesens in fesselndster Weise zu schildern. Es gilt ihm vor allen
Dingen um klare Gliederung der einzelnen Teile des Gemeinwesens, dann aber auch, daß jeder in dem ihm zugewiesenen
Teile der Arbeit mit größter Treue, Sorgfalt, Fleiß sich seiner
Aufgabe völlig widme. Laski fordert viel von den mannigfaltigen Arbeitern in der Gemeinde; heutzutage würden die meisten
zu gleichem köstlichen Dienste Berufenen seufzend ausrufen, daß es
zu viel sei. Und doch haben es jene Männer geleistet und haben
dabei ihrem Hause gut vorgestanden und sind treu den Pflichten
ihres Werktagberufes nachgekommen und haben über dem allen
das Höchste gelernt, keinen Augenblick zurückzuschrecken, im gebotenen
Falle Märtyrer ihres Glaubens zu werden. Ein hohes Maß
Pflichten kräftigt, ein hohes Maß Rechte erschlafft.

Laski geht bei seiner Gemeindeeinrichtung auf die apostolische
Zeit zurück. In ihren Grundzügen besteht sie ihm nicht aus
Teilen, die nur für eine bestimmte Zeit vorübergehenden Wert
und Gültigkeit haben, sie hat in seinen Augen bleibendes Gepräge, von dem Herrn selbst noch in zum Teil erkennbarer Weise
eingedrückt.

---

*) Kuyper II, 50.

Nachdem zunächst der Nachweis geliefert, warum wir keine Apostel mehr, wie zur Zeit der Gründung der Kirche, haben können und darum auch einen Teil ihrer Gaben nicht mehr beanspruchen dürfen, zeigt Laski, daß für die Weiterarbeit an dem Bau, dessen Grundstein Christus ist, drei verschiedene Bauleute nötig seien: die Diener am Worte oder Doktoren, ihnen zur Seite als eine Art Wächter in der Gemeinde die Presbyter und die Diakonen. Die Pastoren und Doktoren gehören zu der von den Presbytern gebildeten Gemeindeobrigkeit (magistratus), die Sorge für die Leitung und Erhaltung der Kirche kommt ihnen nur in der Gemeinschaft (coetus) mit den Presbytern zu, und der zwischen ihnen bestehende Unterschied beruht nur darin, daß ihnen im besonderen der Dienst am Wort und in der Lehre anvertraut ist. Darum wird in der apostolischen Zeit auch den Geistlichen der Name Presbyter gegeben und Petrus nennt seine Mitarbeiter Mitpresbyter. Diese drei Ämter gelangen nun in der Londoner Fremdlingsgemeinde zu folgender Ausgestaltung.

Zunächst wird hervorgehoben, daß in der Gemeinde die ganze Leitung in der Hand von zwei Ämtern ruhe, in dem Amte der Presbyter und in dem der Diakonen. Der Rat (coetus) der Presbyter teilt sich wieder in Presbyter, die zugleich mit dem Dienst am Wort betraut sind, und einfache Älteste aus der Gemeinde. An der Spitze dieses Rates steht der Superintendent, nicht ihm übergeordnet, sondern aus seiner Mitte und von ihm zum Vorsitzenden erwählt und von dem Könige dazu bestätigt, ohne Vorrechte inbetreff des Dienstes an Wort und Sakrament oder inbetreff der Disziplin, dem allem wie jedes andere Gemeindeglied unterworfen.

Mit großem Ernste wird bei der Wahl eines Geistlichen vorgegangen. Naht ein solcher Fall, dann wird für die ganze Gemeinde ein Fast- und Bettag angeordnet. Um neun Uhr in der Frühe versammelt sich an solchem Tage die Gemeinde im Gotteshause und nach Absingung eines Liedes hält ein Geistlicher von der Kanzel eine Ansprache, worin in tief-christlichen Worten — es ist uns ein Muster dafür erhalten geblieben*) — die ganze

---

*) Kuyper II, 53 f.

Bedeutung der Wahl und die Erfordernisse eines tüchtigen Predigers der Gemeinde ans Herz gelegt werden. Am Schlusse der
Rede und vor den allgemeinen Fürbitten wird ein für den besonderen Fall bestimmtes Gebet eingeschoben, wohl wert auch von
uns beherzigt zu werden: „Herr Gott, unser himmlischer Vater,
durch dessen unverdiente Wohlthat allein es geschieht, daß wir
gute und treue Prediger in der Gemeinde haben und ohne dessen
Hilfe all unser menschliches Mühen nichts erreichen kann, also
daß wir auch nicht einmal aus uns allein rechtmäßige Diener
Deiner Kirche zu erwählen imstande sind, wir rufen Deine Güte,
heiligster Vater, an, Du wollest dieser unserer Gemeinde, welche
Dich zusamt Deinem eingeborenen Sohn und dem heiligen Geist
als ihren einen, wahren und ewigen Gott erkennt und bekennt
und für welche dieser Dein Sohn sein unschuldiges Blut zu ver-
gießen nicht anstand, Du wollest ihr fromme, treue, fleißige
Diener schenken, die ihres Amtes nach Deinem göttlichen Willen
zu Deines Namens Ehre und zur Erbauung unserer Gemeinde
walten. Lenke und regiere unser aller Herz, Rat und Stimme
bei dieser Wahl, daß wir nur Deinen Ruhm vor Augen haben
und solche zu Predigern unserer Gemeinde wählen, die, ihr Auge
fest allein auf Deines Namens Ehre gerichtet, ihren Dienst
rechtschaffen und treu versehen. Erhöre uns, o mildreichster
Vater, wir bitten Dich und rufen Deine göttliche Hilfe demütig
an durch den einzig Dir geliebten Namen Jesu Christi, Deines
Sohnes, unseres Herrn. Amen.“

Nach dieser Bitte und den gewohnten Fürbitten wird die Gemeinde mit der Mahnung nachhause entlassen, den ganzen Tag
bis zum Abend ohne Speise und Trank im Gebet und im Lesen
des Wortes Gottes zu bleiben. Nur wo es die Gesundheit er-
heischt, soll mit höchster Mäßigkeit Nahrung zu sich genommen
werden, auf daß der ganze Tag dem Gebet und Gottesdienst geweiht sei. Am Nachmittage versammelte sich die Gemende
wieder in der Kirche, weiter aus dem Worte Gottes sich über
den Dienst eines evangelischen Predigers zu erbauen. In der
nun folgenden Woche reicht jedes Gemeindeglied schriftlich bei dem
Rat den Namen des Kandidaten ein, dem er seine Stimme geben
will. Wiederum nach einer Woche versammeln sich am anbe-

raumten Wahltage die Geistlichen, Kirchenältesten und Diakonen
in der Kirche, prüfen die Wahlzettel und geben ihr Urteil über
diejenigen Kandidaten ab, die die meisten Stimmen erhalten haben.
Nicht eher wird die Sitzung aufgehoben, als bis sich die Anwesenden über die Wahl eines aus diesen bevorzugtesten Kandi-
baten geeinigt. Darauf wird der Gewählte zur Sitzung zugezogen,
ihm all das, was man von ihm erwartet, vorgehalten, und wenn
er sich dann zur Übernahme des schweren, köstlichen Amtes willig
erklärt, wird an dem folgenden Sonntag bei dem Vormittags-
gottesdienst der Gemeinde Anzeige von der Wahl gemacht und
der Gewählte ihr vorgestellt, zugleich aber auch ihr bekannt gemacht, daß, wenn irgendjemand in der Gemeinde eine Einsprache
wider diese Wahl, sei es um der Lehre oder des Wandels willen,
vorzubringen habe, er dieses im Laufe der Woche bei dem Kirchenrate anzeigen müsse. Wird der Einwand als triftig erkannt, so
ist die geschehene Wahl hinfällig und der Rat tritt zu einer Neu-
wahl aus der Zahl der durch Stimmenabgabe der Gemeinde bevorzugtesten Kandidaten. Ist aber keine stichhaltige Einsprache in
der angegebenen Frist geschehen, dann schreitet der Kirchenrat zur
Einführung des Gewählten, nachdem zuvor die königliche Bestätigung der Wahl eingeholt worden ist.

In gleich ernster, feierlicher Weise, die in allen Teilen beredtes, schönes Zeugnis davon ablegt, wie sehr die ganze Gemeinde
von der hohen Bedeutung ihrer Aufgabe durchdrungen war, vollzog sich dann auch die Einführung des Gewählten. Am Sonntage seiner Einführung tritt der Gewählte an der Stelle des Gottesdienstes, an welcher Raum gelassen war verschiedene feierliche
Handlungen zu vollziehen, inmitten der Prediger und Ältesten vor
die ganze Gemeinde hin. Nach kurzen einleitenden Worten fragt
der fungierende Geistliche den Rat, ob alles nach den der Gemeinde gewährten Privilegien geschehen sei. Nach Bestätigung
wendet er sich an den Gewählten mit den Worten, daß er vor
seiner Weihe durch Handauflegung nach apostolischer Weise vor
Gott und dieser hier versammelten Gemeinde einige Fragen an
ihn richten müsse. Es sind vier gewichtige Fragen, deren erste
zum Beispiel lautet: „Fühlst du das Wehen des heiligen Geistes
in deinem Herzen, der dich treibt, den dir angebotenen Dienst in

dieser Gemeinde zu übernehmen und zwar also, daß du in ihm nicht irgendwelchen Privatvorteil, noch auch deinen eigenen Ruhm suchst, sondern allein Gottes Ehre und das Wachstum des Reiches Christi durch die Predigt seines Evangeliums und seine Aus- breitung in diesem deinem Dienste? Das begehre ich nun jetzt im Angesichte Gottes, der alles sieht und weiß, und dieser seiner ganzen Gemeinde von dir zu hören zur Erbauung der Gemeinde und als Zustimmung zu diesem deinem Dienste in ihr." — Worauf der Gewählte zu erwidern hatte: „Ich fühle das Wehen und bitte Gott, daß, was er in uns angefangen, nun auch zu Ende führen wolle durch Christum, zum Ruhme seines heiligen Namens. Amen." Die zweite Frage bezog sich darauf, ob er an die Lehre der Propheten und Apostel im Alten und Neuen Bunde als den einen, wahren, absolutesten Grund der katholischen Gottesgemeine in Christo glaube, als enthaltend alles, was zum Heile notwendig, dessen Anfang, Mitte, Haupt und Ende allein Jesus Christus sei. Die dritte Frage handelte davon, ob er auf solchem Grunde sei- nen Dienst nach bestem Vermögen weiter führen und der Ge- meinde Gold, Silber, Edelsteine bieten, sie vor Holz, Heu und Stoppeln bewahren wolle. Die vierte Frage endlich bezog sich darauf, ob er willig sei, sich wie jedes andere Gemeindeglied vor- kommenden Falles der Kirchenzucht zu unterwerfen.

Nachdem alle Fragen bejaht, fordert der einführende Geist- liche die Gemeinde zum Gebet auf, dieweil Gott allein dem Wollen das Vollbringen verleihen könne. Darauf nahen alle Prediger und Kirchenälteste dem Gewählten, legen ihre Rechte auf sein Haupt, während der fungierende Geistliche mit lauter Stimme die Worte spricht: „Unser Gott und himmlischer Vater, der dich zum Dienste an seinem Worte in dieser seiner Gemeinde berufen hat, erleuchte dich mit seinem heiligen Geiste, kräftige dich mit seiner starken Hand und lenke und regiere deinen Dienst also, daß du allezeit in ihm treu und mit Erfolg wirken könnest zur Ausbreitung des Reiches seines eingeborenen Sohnes in seiner Kirche durch die von ihm verordnete Predigt seines Evangeliums, um eben desselbigen seines eingebornen Sohnes willen, Jesum Christum, unseren Herrn und Heiland. Amen."

Nun nach vollzogener Weihe wendet sich der Geistliche wieder

der Gemeinde zu und ermahnt sie inbetreff ihrer Pflichten dem
Prediger gegenüber und daß sie nicht müde werden solle, für denselben zu Gott zu beten. Das letzte, ergreifend schöne Wort gilt
dann dem eben eingeführten Amtsbruder: „Mein Bruder, habe
acht auf dich selbst und sieh zu, daß du würdiglich wandelst in
deinem Berufe, wie es einem treuen Diener des Herrn Christus
geziemt. Weide die dir anvertraute Herde Christi, sorge dich
um sie, nicht wie ein Mietling, sondern von selbst und aus freien
Stücken, nicht um schändlichen Gewinnes willen, sondern freigebig,
maße dir auch keine Herrschaft an über die Gemeinde, sondern
sei ein Vorbild der Gemeinde. In widrigen Fällen — und du hast
ihrer allezeit gewärtig zu sein — brich nicht zusammen; Verachtung, Schimpf, Schmähung der Leute, die der Welt zugethan sind,
ertrage starken, ungebrochenen Geistes mit aller Geduld, ja freue
dich darüber, indem du dir das Beispiel aller Propheten und
Apostel, ja unseres Herrn Christi selber vorhältst. Erzeige dich
als ein treuer und fleißiger Mitarbeiter des Herrn Christus und
des heiligen Geistes, in dem du die Welt strafst um die Sünde
und um die Gerechtigkeit und um das Gericht. Erhebe dich nicht,
wenn du einmal Erfolg hast und dir dein Thun irgendwie gelingt; noch viel weniger aber verlange nach den Schätzen und
Ehren dieser Welt, damit du nicht, von ihnen berauscht, zuletzt
einschläfst und dann jener Feind komme, der, während du schläfst,
Unkraut in deinen Acker säet. Tröste die Bekümmerten, hilf den
Armen nach deinem Vermögen und fordere mit allem Fleiß die
anderen auf, das Gleiche zu thun. Zuletzt sei eingedenk der dir
anvertrauten Pfunde, daß du mit ihnen wucherst und sie nicht
im Schweißtuche verhüllt in die Erde vergräbst. Gieb dir Mühe,
daß du mit Eifer und Wagen noch mehr andere Pfunde unserem
gemeinsamen Herrn gewinnen möchtest. So wird es dann geschehen, daß nach Vollbringung aller Arbeit du ohne Zweifel,
wann der oberste und ewige Herr aller Hirten sich offenbaren
wird, die unbefleckte Ehrenkrone davontragen und vor aller Welt
jenes holdseligste Wort vernehmen wirst: ei du frommer und ge-
treuer Knecht, gehe ein zu deines Herrn Freude. Gott unser
himmlischer Vater wolle nach seiner unendlichen Barmherzigkeit
gewähren, daß wir alle dermaleinst dieses Wort vernehmen um

feines geliebten Sohnes willen, unseres Herrn. Amen." Damit
schloß die ernste, würdige Feier.

Über die Gebühr, so fürchte ich, ist die Schilderung der Einführung eines Geistlichen ausgedehnt worden. Die willige Feder
wollte den Lauf nicht hemmen, bis sie das ganze ergreifende Bild
festgehalten, und nun sei es auch nicht weggewischt und uns berufenen Geistlichen als ein Spiegel aus den großen Tagen der
Gründung unserer teuren evangelischen Kirche vorgehalten! Uns
Hirten und unseren Gemeinden thut es ja in unseren Tagen not,
in solch einen am Worte Gottes klar geschliffenen Spiegel immer
wieder von neuem zu schauen!

Die Wahl eines Kirchenältesten, eines Diakonen
vollzog sich in der gleichen ernsten, erbauungsvollen Weise, nur
leise den anderen Obliegenheiten gemäß verändert. Auch ihrer
Wahl ging ein allgemeiner Faſt- und Bettag voraus, denn auch
ihr Dienst ward als Gottesdienst geachtet und für die Gemeinde
so bedeutsam und wichtig wie der Beruf des Dieners am Worte.
Bei dem Gottesdienste an diesem Fasttage wurden der Gemeinde
nach dem Worte Gottes die Pflichten der Presbyter oder Diakonen ans Herz gelegt. Inbetreff der Presbyter wurde gezeigt,
daß sie zusammen mit den Predigern die ganze Sorge und Hut
um die Leitung der Gemeinde, auf die Reinhaltung der Lehre,
auf die stiftungsgemäße Ausübung der Sakramente und die Ausübung der Kirchenzucht zu richten hätten. Ihnen liege es ob,
Leben und Wandel der ganzen Gemeinde und jedes Einzelnen im
Auge zu haben und im geheimen und öffentlich zu mahnen, zu
tadeln, auch die Lehre und den Wandel der Prediger, ferner
jeden Streit, jede Zwistigkeit in der Gemeinde, in den Familien
und unter Privatpersonen zu schlichten, daß so selten wie möglich
die Gemeindeglieder ihre Zuflucht zu den öffentlichen Gerichten zu
nehmen genötigt seien. Die Kirchenältesten seien zusammen mit
den Geistlichen die Hüter der ganzen Gemeinde, zugleich aber auch
Mund und Hand der ganzen Gemeinde gegenüber den Predigern
und allen denen, die ein öffentliches Amt in der Gemeinde haben.
Es wurden dann die Eigenschaften genannt, die ein Presbyter für
seinen Beruf besitzen müsse. Wohl sei er dem Geistlichen an

Bildung nicht gewachsen, aber er dürfe ihm nicht nachstehen an dem Ernste seiner sittlichen Führung, an Klugheit, an Unbescholtenheit des Wandels, an treffender Urteilsgabe, vor allem nicht am Eifer in der Frömmigkeit. Zum Schlusse dann wurden der Gemeinde ihre Pflichten gegen den Kirchenrat vorgehalten, daß sie zu achten wären wie die Geistlichen, man solle auf ihre Ermahnungen hören, ihren Anordnungen folgen.

Handelte es sich an einem solchen Gemeindefasttag um die Wahl von Diakonen, so wurde zunächst die Gemeinde darauf hingewiesen, daß auch dieses Amt apostolischen Ursprunges sei und, wenn schon unter dem Volke Gottes keine Bettler sein durften, um so mehr eine christliche Gemeinde die Pflicht habe, für ihre Armen zu sorgen, was ordnungsgemäß nur durch das Amt der Diakonen geschehen könne. Ihre Aufgabe sei es, unverdrossen und emsig das Almosen einzusammeln, treu und klug es zu verteilen. Zu Diakonen seien vorzugsweise Männer zu wählen von erprobter Rechtschaffenheit des Glaubens, von anerkannter Reinheit des Wandels, die dem von dem Apostel Paulus aufgestellten Vorbilde entsprechen. Zuletzt wird dann der Gemeinde ihr Verhalten gegen die Diakonen vorgestellt, daß sie willig und freigebig ihr Almosen darreiche, eingedenk, daß, was sie besitze, Gottes Eigentum sei, sie nur Haushalter desselben, bestimmt dermaleinst Rechenschaft darüber abzulegen. Die Reichen sollten wohl bedenken, daß es nicht einerlei sei, ob sie selbst oder die Diakonen die Almosen verteilen. Alles soll ja zur Erbauung der Gemeinde geschehen; es trage aber nicht zur Erbauung bei, wenn mit den Almosen faule, träge Menschen gefüttert werden. Das verhüte die Sorgfalt der von der Gemeinde verordneten Armenpfleger. Der Armen Pflicht gegen die Diakonen sei, sich mit allem Fleiße zu bestreben, geben zu können, nicht empfangen zu müssen. Der Armut solle sich kein Christ schämen, denn nach Gottes Ratschluß gebe es Reiche und Arme; was sie aber empfangen, sollen sie mit Dankbarkeit und Genügsamkeit hinnehmen und sich an dem Vorbilde Christi trösten, der um unsertwillen freiwillig arm geworden. Sie sollten beherzigen, daß sie die Gaben gleichsam aus Gottes Hand erhalten und so sollten sie sie auch als Gottesgaben genießen, ohne Murren, mäßig, nur zum Notwendigen, nicht aber

zum Wohlleben, denn jeder Mißbrauch der Almosen sei eine
Sünde.

Der Wahlvollzug der Kirchenältesten und Diakonen geschah
in der gleichen Weise, wie der des Geistlichen. Ähnlich auch die
Einführung in das Amt, nur daß die gestellten Fragen selbstverständlich entsprechend dem verschiedenen Berufe verschiedene sind.
Die Kirchenältesten werden gefragt, ob auch sie den Zug des heiligen Geistes zur Übernahme dieses Dienstes spürten, ob sie
festiglich an die Lehre der Propheten und Apostel, in dem Eckstein
Jesus Christus zusammengefaßt, glaubten, ob sie bereit seien, mit
aller Kraft ihrem Dienste obzuliegen, mit Rat und That den
Predigern zu helfen und an dem Aufbau der Gemeinde durch
das Beispiel eines unbescholtenen Wandels zu arbeiten, aber auch,
wenn sie selbst fehlten, sich der Kirchenzucht zu unterwerfen. Bei
der Weihe zum Diakonenamt sind die beiden ersten Fragen ziemlich die gleichen, dann folgt die weitere, ob sie bereit seien, fleißig
das Almosen zur Linderung der Not zu sammeln und die gesammelten Gaben treu in der Furcht Gottes, weise, in aller
Lindigkeit, Sanftmut und Bescheidenheit unter die Bedürftigen zu
verteilen ohne Gunst und Haß, allein mit Rücksicht auf Not und
Bedürfnis und endlich ob sie willens seien, diesen ihren Beruf
selber durch ein braves Leben, durch einen heiligen Wandel und
Erfüllung der Pflichten christlichen Glaubens und Liebe nach
bestem Vermögen zur Erbauung der Gemeinde zu zieren, aber
auch sich andernfalls der Kirchenzucht zu unterwerfen.

Beide, Presbyter und Diakonen, wurden in gleicher Weise
wie der Geistliche durch Handauflegung und Segensspruch feierlich,
nach Bejahung der gestellten Fragen, in ihr Amt eingeführt.
Zum Schlusse dann erhielten beide zum betreffenden Amte Berufenen und Geweihten vor der Gemeinde köstliche Verwaltungs-
maßregeln, — die Kirchenältesten: Verachtung und Haß dieser Welt
sich nicht anfechten zu lassen; kein Ansehen der Person zu achten,
sondern alle, die der Gemeinde Ärgernis bereiten, in gleicher
Weise mahnen, zurechtweisen und nach dem Brauch der Kirchenzucht strafen zu wollen; nicht nur die Menge des Volkes, sondern
auch alle Diener genau und fleißig inbetreff ihrer Lehre, Sitte
und Lebenswandel zu beobachten, im Vereine mit den Geistlichen

Wölfe von der Gemeinde fern zu halten; selber durch Lauterkeit und Frömmigkeit und Liebe der ganzen Gemeinde vorzuleuchten und mit dem ihnen von dem Herrn anvertrauten Pfunde, sei es groß oder klein, in ihrem Berufe zu wuchern, damit sie bei der Erscheinung des Herrn die Krone des ewigen Lebens empfangen könnten. „Und daß doch wir alle dermaleinst das hocherwünschte Wort hörten: Kommt her, ihr Gesegnete, ererbet das Reich, das euch bereitet ist vom Anbeginn der Welt.‟ — Den neu ein= geführten Diakonen dagegen: sie sollten sich Stephani Frömmigkeit, Standhaftigkeit und Glauben, nicht aber des Judas Heuchelei zur Nachahmung dienen lassen, treu und fleißig ihres Amtes walten, sich nicht an den Lügen und Schmähungen der Leute ärgern, so lange sie nur selbst aufs beste ihres Amtes walten. Einen an= deren Lohn hätten alle Frommen von dieser Welt nicht zu er= warten. Aber sie sollten hinschauen auf den Urheber ihres Dienstes, der, wie er selbst treu ist, es ausrichten werde, daß sie alles zum größten Gewinn für die Gemeinde ertragen könnten, und dermaleinst, wenn sie ausharren, zu ihnen sagen werde: Kommt her, ihr Gesegneten meines Vaters, ererbet das Reich.

Wie ein roter Einschlagfaden, der das Gewebe zusammenhält, schlingt sich durch die ganze Gemeindeverfassung die Kirchen= zucht hindurch. Wir haben gesehen: niemand wird in die Gemeinde aufgenommen, der sich ihr nicht freiwillig unterzieht, und auch der Konfirmand wird nur unter dieser Bedingung zum erstenmale zum heiligen Abendmahle zugelassen. Der Prediger, der Kirchenälteste, der Diakon treten nur unter der Bedingung ihrer Willfährigkeit, sich der Kirchenzucht zu unterziehen, in ihr Amt ein. Sie ist die Herzader des ganzen Organismus. Mit heiligem Ernste hat unser Freund für ihre Aufrichtung und Bewahrung in Ostfriesland bereits gekämpft und in London sie durchgesetzt. Laski konnte es durchsetzen, weil er hier keine Landeskirche mit Territorialzwang hatte, sondern eine Gemeinde, deren Glieder freiwillig sich ihren Satzungen unterzogen und auch jederzeit wieder aus ihrem Verbande scheiden und sich der nächsten englischen Parochie anschließen konnten. Nicht war jeder Fremdling als solcher berechtigtes oder verpflich= tetes Glied dieser Fremdlingsgemeinde, sondern nur wer von

ihnen willens war, die bereits angegebenen Forderungen eines
Gemeindegliedes zu erfüllen. Alljährlich reichte die Gemeinde die
Namen ihrer Abendmahlsgenossen bei dem Bischof von London
ein, damit dieser erkennen könne, welcher Fremdling, als nicht zu
dieser Gemeinde gehörig, seiner geistlichen Obhut unterstehe*).
Sehr genaue Gesetze ordneten diese Verhältnisse, durch die allein zugleich es möglich war, die Gemeinde vor Sektierern zu schützen**).

Laski faßt den Begriff der Kirchenzucht in dem Worte zusammen, daß sie eine gewisse, aus der heiligen Schrift geschöpfte
Einrichtung sei, in stufenweiser Steigerung christliche Ermahnungen
nach dem Worte Gottes unter allen Brüdern in der Kirche
Christi zu beobachten, auf daß dadurch der ganze Leib und alle
einzelnen Glieder in ihrer Leistung, so weit es möglich ist, zu-
sammengehalten werden und wenn dabei etwelche sich als hartnäckige Verächter solcher Ermahnungen erweisen, daß sie zuletzt
durch Ausschluß aus der Gemeinde dem Satan übergeben werden
(1 Kor. 5, 5), ob vielleicht durch eine solche Schmach das Fleisch
in ihnen untergehe, der Geist aber zur Buße zurückgerufen und
gerettet werden könne***). Es würde uns zu weit führen, die
nähere Begründung dieses Satzes, wie sie Laski in weiter Ausführlichkeit bietet, zu geben; wir haben es nur mit der Anwendung und Durchführung dieses seines Grundsatzes in London
zu thun. Es kann hier nicht die Rede sein von den brüderlichen Ermahnungen, die im stillen unter vier Augen oder mit
Heranziehung eines dritten und vierten Bruders stattfinden und
auch gütlich ausgeglichen werden. Hört aber der schuldige Teil
auf solche brüderliche Ermahnung nicht, oder ist das verübte Böse
der ganzen Gemeinde offenkundig, dann wird bei dem Kirchenrate
Anzeige gemacht, der den Übelthäter vorfordert und ihn brüderlich
zur Buße ermahnt. Hört er auch auf diese Ermahnung nicht,
dann kommt die öffentliche Behandlung zur Anwendung. Dabei
ist zu beachten, daß zwei oder drei glaubwürdige Männer die
Anklage zu stellen haben, und zwar nur vor dem Kirchenrat, und
nur solche Klagen angenommen werden, die sich auf die Reinheit

---

*) Kuyper II. 136.
**) Ebd., S. 236 f.
***) Ebd., S. 170

der Lehre oder den Gehorsam unter das göttliche Gebot oder auf Störung des allgemeinen Friedens oder der Ordnung und Leitung der Gemeinde oder der gegenseitigen brüderlichen Genossenschaft beziehen. Kann die Sache noch vor dem Kirchenrat geschlichtet werden, so wird sie hier beigelegt; ist aber die Streitsache offenkundig und der Übelthäter zur Buße bereit, so geschieht dieselbe vor der Gemeinde. Dem Kirchenrat liegt aber ob, zuvor genau zu untersuchen, ob die Reue aufrichtig sei. Darauf wird ein Sonntag angesetzt, an dem der Bußfertige vor versammelter Gemeinde seine Schuld bekennt. Nach der gewöhnlichen, aber an diesem Tage abgekürzten Predigt hält der Geistliche eine Ansprache über die in der Schrift begründete Kirchenbuße; darauf tritt der Reumütige zu dem Kirchenrat vor die ganze Gemeinde hin, und der fungierende Geistliche wendet sich mit einer ernsten Ansprache an den Büßer, dann an die Gemeinde, sie zum gemeinsamen Gebete auffordernd, daß Gott ihm verzeihen möchte. Nachdem das tief=ergreifende Gebet gesprochen, bittet der Geistliche in herzlichen, ernsten Worten den Reumütigen, ein Bekenntnis seiner Schuld öffentlich abzulegen, die Gemeinde um Verzeihung zu bitten, sowie daß sie ihn wieder in ihre brüderliche Gemeinschaft aufnehmen möchte. Kann er es vor Scham oder Aufregung nicht selbst thun, so spricht der Geistliche für ihn die Worte und bezeugt nur, daß es seine Worte seien. Darauf fragt der Geistliche den Kirchenrat, ob ihm mit dem Bekenntnis genuggethan sei. Folgt keine Einwendung, dann nimmt der Geistliche den Gefallenen wieder in die Gemeinschaft der Brüder an und fordert die Gemeinde zu gleichem Thun auf; die ganze Gemeinde fällt auf die Kniee und dankt Gott, daß er den gefallenen Bruder wieder in seine Gnade aufgenommen habe. Darauf fragt der Geistliche den gewonnenen Bruder, ob er auch fernerhin sich der Kirchenzucht unterwerfen wolle, und wenn er es bejaht, verkündigt und versichert er ihm volle Vergebung seiner Sünde; die Geistlichen und Ältesten reichen ihm vor der ganzen Gemeinde die Rechte und drücken ihm den Bruderkuß auf. Nach dem Gesang des 103. Psalmes verläßt die Gemeinde die Kirche.

Schwieriger und auch schmerzlicher gestaltete sich die Verhandlung in dem Fall, daß der Sünder starr und unbußfertig jeden

Schritt zur Vergebung verweigerte. Wenn alle Stufen der Ermahnung, die unter vier Augen, die vor dem Kirchenrat, die vor der ganzen Gemeinde, sich als fruchtlos erwiesen, dann zeigte der Kirchenrat der Gemeinde an, daß zum Ausschluß des Unbußfertigen geschritten werden müsse. Aber nur mit Zustimmung der ganzen Gemeinde kann derselbe in Ausführung gebracht werden. Es wird ein bestimmter Tag anberaumt, bis zu welchem jedes Gemeindeglied das Recht hat, dem Kirchenrat seine Bedenken über den Ausschluß in dem vorliegenden Falle mitzuteilen und um Aufschub zu bitten. Werden solche vorgebracht oder aber zeigen sich Spuren der Reue bei dem Angeklagten, dann wird der Tag des Ausschlusses um eine Woche hinausgerückt, und wenn die Reue sich als aufrichtig erweist, dann wird gegen ihn wie vorhin erwähnt verfahren. Werden aber keine Bedenken geäußert und beharrt der Angeklagte in seiner Unbußfertigkeit, dann kommt die Gemeinde am Vorabend des anberaumten Sonntags in der Kirche zusammen, um noch einmal gemeinsam nach dem Worte Gottes zu prüfen, ob das strenge Urteil nicht hinausgeschoben oder vielleicht gar ganz vermieden werden könne. Giebt die Gemeinde durch Schweigen an, daß sie keine Gründe dafür finden könne, dann vollzieht sich der Ausschluß am kommenden Sonntag, in sehr ernster, feierlicher Weise. Die gewohnte Predigt wird abgekürzt, um Zeit zu gewinnen, der Gemeinde Recht und Pflicht eines solchen Ausschlusses nach dem Worte Gottes und den Segen zu zeigen, der der Gemeinde aus der gewissenhaften Handhabung der Kirchenzucht erwächst. Darauf schreitet der Geistliche zur Exkommunikation selbst. Im Angesichte der ganzen Gemeinde sitzen die Prediger, Kirchenältesten und Diakonen und wendet der Geistliche sich an die Gemeinde, ihr den vorliegenden Fall in seinen Einzelheiten ins Gedächtnis zurückrufend und welche vergebliche Schritte gethan wurden, den unbußfertigen Bruder von seinem verkehrten Wege abzubringen; er richtet darauf an den versammelten Kirchenrat die Aufforderung, durch ihr Ja zu bestätigen, daß sich alles so verhalte. Der Geistliche fordert nun die Gemeinde auf, in einem gemeinsamen Gebet ihren Schmerz über ihren unbußfertigen Bruder Ausdruck zu geben. Es ist ein ergreifendes Gebet, dessen Wortlaut uns noch vorliegt, ein durchdringender Schmerzensruf, daß doch Gott um seines geliebten Sohnes willen diesen Unglücklichen von seinem bösen Wege des Verderbens zurückrufen möchte.

Es wird ein letzter Versuch an dem vielleicht anwesenden Unbuß= fertigen gemacht, ob nicht doch noch gleichsam wie eine Erfüllung des Gebetes Reue in ihm sich rege. Spürt er solche und äußert er sie, dann wird unmittelbar der Ausschluß aufgeschoben und mit einem Dankgebet geschlossen. Giebt aber der Angeklagte weder selbst noch durch einen anderen ein Zeichen der Reue, dann be= lehrt der Geistliche die Gemeinde über Gottes Strenge gegen solche Unbußfertige. Schrecklich sei es, in die Hand des leben= digen Gottes zu fallen; bei weitem das Elendeste sei, in unserem Herzen den Zorn Gottes wider die Sünde nicht zu spüren. Er flehe deshalb im Namen Jesu Christi, der für unsere Sünde ge= storben, wiederholt den Unglücklichen an, daß er doch die Schuld seiner Sünde und Verachtung erkenne und sich mit der Gemeinde versöhne. Erfolgt auch auf diese letzte Bitte kein Gehör des Halsstarrigen, dann verkündet der Geistliche, daß nun zum Leid= wesen der ganzen Gemeinde gethan werden müsse, was wir nach dem Befehl unseres Herrn Christus und nach der Anweisung der Apostel zu thun schuldig sind, nämlich durch das Amt der Schlüssel zu bezeugen und zu erklären, daß, wer nach dem Zeugnisse des Wortes nicht zur Genossenschaft unseres Herrn Christus gehört, der auch nicht zu unserer Gemeinde gehöre. Zum Zeichen aber, daß solches im Namen Jesu Christi geschehe, fordert er die Ge= meinde auf, niederzuknieen und mit ihm zu beten. In diesem Gebete wird der Ausschluß in den Worten ausgesprochen: „Uns stützend auf Dein Wort und unterwiesen in der Macht Deines Geistes, o Herr, Du unser ewiger König und Prophet und Hoherpriester, schließen wir hier öffentlich im Angesicht Deiner göttlichen Majestät und vor dieser Deiner ganzen Gemeinde aus und lösen in Deinem Namen und kraft Deiner Vollmacht von unserer Gemeinde und ihrer heilsamen Verbindung ab diesen un= seren unbußfertigen Bruder, als einen starrsinnigen Verächter aller kirchlichen Ermahnungen, wie ein schädliches Glied an unserem Leibe. Gemäß der Vollmacht unseres Dienstes behalten wir seine Sünde und verkünden sie nach der Lehre Deines Wortes für be=

halten im Himmel und auf Erden und erklären allen Frommen, ihn als einen Ausgestoßenen und wie einen Heiden und Zöllner zu halten. Und, Deinem Apostel Paulus folgend, übergeben wir ihn wehklagend dem Satan zum Verderben seines Fleisches, ob er wohl irgendwie durch die ihm beigebrachten Schläge getötet in seinem Geiste durch Deine Gnade wieder auflebe und gerettet werde. Denn Du bist gekommen, zu retten, was verloren war, und jenes Gewaltherrschaft über uns aufhören zu machen, der durch unsere Sünde die Macht des Todes über uns erhielt, Du Herr, der Du mit Gott Deinem Vater und mit dem heiligen Geist lebst und regierst als dreieiniger Gott von Ewigkeit zu Ewigkeit. Amen."

Nun giebt der Prediger an, wie sich die Gemeinde gegen einen solchen Ausgeschlossenen zu verhalten habe. Wie ein Zöllner und Heide sei er zu halten, aber der Besuch der Predigt bleibt ihm unverwehrt, ob er sich nicht vielleicht doch noch bekehre. Geselligen Umgang mit ihm solle man so viel wie möglich meiden; dagegen aber sei er von Geschäften und staatlichen Angelegenheiten nicht ferne zu halten. Die im Glauben Gereiften sollen keine Gelegenheit versäumen, ihn zu ermahnen und zur Gemeinde zurückzubringen; niemand solle einen solchen Ausgeschlossenen verlachen, verspotten, jedermann sein Los vielmehr von Herzen beklagen.

Taucht nun bei einem solchen Ausgeschlossenen doch noch nach kürzerer oder längerer Zeit Reue über seine Sünde und das sehnsuchtsvolle Verlangen auf, von dem furchtbaren Banne befreit zu werden, so macht er entweder selbst oder durch einen anderen bei dem Kirchenrat Anzeige davon. Der entsendet alsbald ein oder ein paar Glieder, den Unglücklichen zu trösten und ihm Handreichung zu thun, auf den rechten Weg zurückzukehren. Zu gleichem Bemühen werden ein paar seiner früheren Bekannten aufgefordert. Zeigt sich Erfolg, dann erscheint der Reumütige vor dem Kirchenrat, der genau prüft, ob die Zeichen der Besserung lauter sind. Sind sie es, dann wird ein Sonntag zur Wiederaufnahme in der Gemeinde anberaumt und acht Tage vorher die Gemeinde um Fürbitte für den Bußfertigen angegangen. Nur am Sonntag und in möglichst feierlicher Weise findet diese Wiederaufnahme in der Kirche statt. Nachdem die gewohnte, an diesem Tage aber abgekürzte Vormittagspredigt ge-

halten, setzt zunächst der Geistliche der Gemeinde an der Hand
der Schrift auseinander, wie es sich mit der Buße und Wieder-
versöhnung Ausgeschlossener verhalte, und fordert sie auf, nach dem
Beispiel des Vaters gegenüber dem verlorenen Sohne mit aller
Milde und Versöhnlichkeit dem rückkehrenden Bruder zu begegnen.
Nach einem gemeinsamen Gebet hält der Geistliche dem Reumütigen sein ganzes schweres Verhalten vor, und dieser muß ein
offenes Bekenntnis seiner Sünde und seiner Buße ablegen oder
wenn er dazu vor Scham oder aus einem anderen Grunde unvermögend ist auf bestimmte, ihm vorgelegte Fragen mit einem
lauten Ja antworten. Darauf wendet sich der Geistliche an den
Kirchenrat mit der Frage, ob ihm solches Bekenntnis genüge, und
wenn ja, dann richtet er ein paar ermahnende Worte an die
Gemeinde und an den Bußfertigen und spricht ihm ähnlich wie
bei dem Ausschluß in einem Gebete, bei dem die ganze Gemeinde
niederkniet, die Wiederaufnahme in die Gemeinde zu. „Demütig
bitten wir Dich, mildreichster Heiland, Du wollest dies Dein Lamm,
das verloren war und wieder zurückgebracht ist, und uns alle mit
ihm mit den Augen Deiner Barmherzigkeit anschauen und diesen
unseren Beruf in der Wiederaufnahme in die christliche Gemeinschaft des Ausgeschlossenen nun auch vor Dir als gültig erklären.
Denn wir sind ja von Dir unterwiesen, daß Du ein solcher Hirte
bist, daß Du Deine verirrten Schafe auf Deine Schultern legst
und mit Freuden in deinen Schafstall heimträgst u. s. w."

Darauf bezeugt der Geistliche dem Reumütigen seine Wieder-
aufnahme und ermahnt die Gemeinde, ihn nun wieder als einen
Bruder zu halten. Vor der ganzen Gemeinde reicht ihm der
Kirchenrat die Bruderhand und den Bruderkuß, während die
Gemeinde frohen Herzens den 103. Lobespsalm singt. —

Einen wichtigen Abschnitt in der Kirchenzucht bildet ihre Anwendung vorkommenden Falles auch auf die Geistlichen. Das
Fehlen dieser Anwendung achtet Laski mit vollkommenem Rechte
für einen Rückfall in die römische Kirche. Dem Superintendenten,
den Geistlichen kommen ihre besondere Ehre zu; aber was die
Leitung und Bewahrung der Gemeinde betrifft, so äußert sich
Laski, haben sie vor den anderen Gliedern des Kirchenrats
keinen Vorzug und müssen sich auch den gemeinsam gefaßten Be-

schlüssen ebenso unterordnen, wie jedes andere Mitglied. Deshalb bezeugen Geistliche und Kirchenälteste vor Antritt ihres Amtes
öffentlich vor der Gemeinde ihre Willigkeit, sich ebenfalls der
Kirchenzucht zu unterwerfen.

Auf einen Punkt haben wir noch zum Schlusse unsere Aufmerksamkeit zu richten: auf die entsprechend den anderen Verhältnissen in London anders als in Ostfriesland geschehene Ausgestaltung des Cötus. An jedem Donnerstag versammelten
sich die Geistlichen und Kirchenältesten der deutschen Gemeinde,
über Gemeindeangelegenheiten zu beraten, Zwistigkeiten unter
Gemeindegliedern beizulegen u. s. w. Am ersten Donnerstag des
Monats werden die Diakonen zu dieser Sitzung zugezogen zu
gemeinsamer Beratung über die Armenangelegenheiten; sie legen
dann Rechenschaft über Einnahme und Ausgabe vor und kann
auf Verlangen, da es am Sonntag vorher bekannt gemacht wird,
jedes Gemeindeglied dieser Rechenschaftsablage beiwohnen. Am
ersten Montag des Monats kommen alle unter dem Superintendenten stehenden Geistlichen, Kirchenräte, Diakonen zusammen,
solche Gegenstände zu beraten, die sich auf die Fremdlingsgemeinden
in den verschiedenen Sprachen beziehen. Und endlich am zweiten
Donnerstag jeden Quartals versammeln sich die Geistlichen, Ältesten und Diakonen der deutschen Gemeinde, um gegenseitig über
die Reinheit der Lehre und ihren sittlichen Wandel brüderlich sich
auszusprechen. Am Sonntage vorher wird diese Sitzung der
Gemeinde bekannt gemacht und jeder hat dann ein Recht, zu dem
anberaumten Tage Anzeige zu machen, wenn er etwas gegen die
Lehre oder den Wandel der Geistlichen, Kirchenältesten und Diakonen vorzubringen hat. Aber was er vorbringe, müsse er durch
zweier oder dreier Zeugen Aussage bekräftigen können, um so
einmal jedes falsche Zeugnisreden im verborgenen wider die
Vertrauensmänner der Gemeinde möglichst zu verhüten, dann
aber auch jedem Mißbrauch solch einer Anklage einen Damm zu
setzen. Einer der Geistlichen hält dann an dem bestimmten Tage
eine kleine Ansprache über die Bedeutung dieser brüderlichen gegenseitigen Prüfung, der Superintendent ermahnt, sich in seinen
Ausstellungen nur von dem Geiste christlicher Liebe und Freiheit

leiten zu lassen und sich wohl davor zu hüten, den Fehler des
Kollegen aus Haß zu übertreiben oder aus Freundschaft abzuschwächen. Dann entfernen sich der Reihe nach diejenigen, über
welche ein Urteil gefällt werden soll; in seiner Abwesenheit beraten die Brüder, was gegen ihn vorgebracht worden, und ob es
derart sei, ihm darüber bei seiner Rückkunft eine brüderliche Ermahnung zu machen, und in welcher Form. Zurückgerufen nimmt
der Gemaßregelte die Ermahnung freundlich hin, wenn er sie
nicht als unbegründet zurückweisen kann. Unterwirft er sich ihr
aber nicht, so wird er seines Dienstes enthoben für so lange, als
er die Ermahnung abweist; beharrt er in seiner Weigerung, dann
kann die Sache bis zum Ausschluß aus der Gemeinde nach Durch-
laufung der verschiedenen Stufen sich zuspitzen. Trifft die Amts-
enthebung den Superintendenten selbst, so kann sie nur mit Zustimmung der Kirchenräte aller unter seiner Leitung stehenden
Gemeinden stattfinden. Denn auch des Superintendenten soll
vorkommenden Falles nicht geschont werden. „Kund und offenbar ist nämlich, daß nichts mehr zum Verfall der ganzen Kirche
beigetragen hat und beiträgt, als wenn die Diener der Kirche,
welche Stellung immer sie einnehmen, sich von der Kirchenzucht
ausschließen, während sie dieselbe den anderen auferlegen, da es
doch vielmehr ihre Sache wäre, sie durch ihr eigenes Beispiel den
anderen zu empfehlen. . . . Und wir haben es selbst erfahren
und erfahren es von Tag zu Tag mehr, daß durch kein ander
Verfahren in der Kirche alles Gute erhalten und alles Böse mit
Gottes Gnade vermieden werden könne, als allein durch einen
ernstlichen und fleißigen Brauch der nach dem Worte Gottes
gesetzmäßigen Kirchenzucht."*)

In breiter Ausführlichkeit haben wir es versucht, ein Bild
dieser Fremdlingsgemeinde in London, das Hauptwerk unseres
Freundes, zu zeichnen. Wie eine Art Mustergemeinde steht sie
da, an die alte, apostolische Zeit in manchem lichten Zuge erinnernd, ihren Gemeinden auch ähnlich, daß sie in solch heilig-

---

*) Kupper II, 236.

strenger Zucht, die vor niemandem scheu zurückwich, zur Pflanz-schule ward, Märtyrer großzuziehen, bereit um ihres Glaubens willen alles preiszugeben und furchtlos in Not, Verfolgung und Elend zu ziehen in der treuen Nachfolge ihres ewigen, einzigen, wahren Königs im Himmel. Wir verhehlen uns nicht, daß besonders günstige Umstände die Ausgestaltung einer solchen Ge-meinde erleichterte; aber wir bedenken, daß es auch des ganzen Glaubensmutes, der vollen, rücksichtslosen Thatkraft Laskis und seiner bewundernswerten Begabung bedurfte, die trotzdem so großen Schwierigkeiten zu überwinden und mit Gottes Hilfe solch einen Bau einer Kirche hinzustellen. Nicht in alle Einzelheiten hinein können wir den Bau als mustergültig für alle Zeiten und alle Verhältnisse bezeichnen und würden eine sklavische Nachahmung auch nur zu erstreben nicht einmal in dem Sinne Laskis halten*); aber auf ihn muß zurückgreifen, an ihn anknüpfen,

---

*) Auf Laski und seine freie, tief in Gottes Wort gegründete An-schauungsweise findet volle Anwendung das treffende schöne Abschiedswort, mit welchem der edle John Robinson die ersten Pilgerväter auf der „Mai-blume" (May-flower) nach Amerika ziehen ließ: „Ich fordere euch vor Gott und seinen gepriesenen Engeln auf, mir nicht weiter zu folgen, als ihr mich unserem Herrn Jesus Christus nachfolgen seht. Wenn Gott euch irgend-etwas durch andere seiner Werkzeuge offenbart, so seid bereit es anzunehmen, wie ihr bereit waret, während meines Dienstes jede Wahrheit anzunehmen, denn ich bin völlig überzeugt und der guten Zuversicht, daß der Herr noch mehr Wahrheit aus seinem heiligen Worte hervorbrechen läßt. Für mein Teil kann ich nicht genug die gegenwärtige Lage der reformierten Kirchen be-klagen, die an einem Wendepunkt angelangt sind, und ich will jetzt nicht weiter gehen, als die erwählten Werkzeuge ihrer Reformation. Die Luthe-raner können nicht dazu gebracht werden, über das hinauszugehen, was Luther gesagt. Welchen Teil seines Willens der gute Gott Calvin geoffen-bart, sie würden eher sterben als es annehmen, und die Calvinisten stecken, wie ihr seht, fest an der Stelle, wo sie der große Mann Gottes verlassen, der denn doch noch nicht alle Dinge sah. Das ist ein beklagenswertes Übel, denn in wie hohem Grade jene Männer brennende und leuchtende Lichter zu ihrer Zeit gewesen, so sind sie doch nicht in den vollen Ratschluß Gottes eingedrungen. Wären sie noch am Leben, sie würden ebenso willig sein das weitere Licht anzunehmen, als sie das zu ihrer Zeit angenommen haben. Ich beschwöre euch, vergeßt das nicht, es ist ein Hauptartikel eurer Kirchen-satzung, allzeit bereit zu sein, jede Wahrheit anzunehmen, die immer euch aus dem geschriebenen Worte Gottes enthüllt werden mag." (Barclay, S. 121.)

wer ein Herz für unsere evangelischen Gemeinden besitzt, wen
ihre gegenwärtigen Notstände jammern, wer unter die Bauleute
berufen ist, in seiner Gemeinde des Herrn Tempel zu bauen.

Die ernsten Schwierigkeiten, die sich bei der Durchführung
seines Bauplanes Laski entgegentürmten, haben ihn nicht abgeschreckt, im Gegenteil — wie wir aus den zuletzt angezogenen
Worten heraushören — in der Wahrheit seiner Überzeugung
bestärkt. Zweimal im Frühjahr 1553 hatte er die Kraft seiner
Einrichtung zu erproben. Der schwierigste Teil der Gemeinde
war ihr jüngster Sprosse, der italienische Bruchteil. Manches
unlautere Element scheint da vorhanden gewesen zu sein und ein
Stock glaubenskräftiger Männer gefehlt zu haben, der, in dem
Evangelium gefestigt, einen Damm gegen Überschreitungen in der
eigenen Mitte gebildet hätte. Man war unzufrieden mit dem
Geistlichen und dieser auch seinem schweren Amt nicht gewachsen.
Dazu kam die schwere Anklage wider ihn vor den Kirchenrat,
sich wider das siebente Gebot versündigt zu haben. Der unsitt-
liche Pastor konnte die That nicht leugnen, der uns von ihm erhaltene klägliche Brief an Sir Cecil bestätigt das Verbrechen
und enthüllt uns die bejammernswerte Gesinnung des verblendeten
Mannes*). Florio wurde deshalb seines Dienstes enthoben.
Das konnte der Mann nicht ertragen; und weil er gegen den
Lebenswandel seiner früheren Amtsbrüder nichts vorbringen konnte,
ruhte er nicht, Zwistigkeiten in der Lehre zu säen und auszu-
sprengen, als ob im Punkte der Prädestination nicht schriftgemäß
gelehrt werde. Unser Freund hatte nämlich mit Recht in seinen
Schriftauslegungen hervorgehoben, daß diejenigen irrten, die durch
diese Lehre irgendwie das Verdienst und den Wert des Opfertodes
Christi abzuschwächen versuchten, was hauptsächlich deshalb geschehe, weil von vielen die Kraft und Verschuldung unserer Sünde
in Adam nicht fleißig genug erörtert werde, und daß er denen
nicht zustimmen könne, die einzelne Stellen der Schrift über die

---

*) Vgl. Strype im Anhang S. 143. Strype verlegt die Sache in
das Jahr 1551, aber irrtümlicherweise. Der Brief an Cecil hat nur Datum
(Februar) ohne Jahresangabe, Laski berichtet aber von dem Falle 1553
(Kuyper II, 676); im Februar 1551 war jedenfalls Michael Angelo Florio
noch nicht Prediger der Gemeinde.

Prädestination so zuspitzen, daß sie geradezu leugnen, Christum sei für alle gestorben. Es war Laski der ganze Handel um so verdrießlicher, da er erfahren, daß bis nach Genf darüber berichtet worden sei, ihm aber nichts peinlicher war, als Calvins Name in die Sache gezogen zu sehen, „den ich als einen Mann Gottes ehre und liebe"*). Florio konnte unseren Laski nicht unmittelbar der Irrlehre auf diesem Punkte zeihen; er klagte aber einen der anderen Pastoren daraufhin vor dem Cötus an. Es fiel Laski nicht schwer, die Anklage wider seinen Amtsbruder zu entkräften.

Schwieriger war der andere Fall um die gleiche Zeit. Einer der Prediger, Deloenus, war, ohne sich mit seinen Amtsbrüdern zuvor beraten zu haben, mit drei neuen Lehrpunkten aufgetreten, die viel Staub aufwirbelten: Paten seien bei der Kindertaufe in der Gemeinde unzulässig; Gemeinden, die das Abendmahl nicht sitzend empfangen, machten sich der Götzendienerei und Verletzung der Einsetzung des Herrn schuldig, und der Artikel der Höllenfahrt sei als nicht schriftgemäß aus dem Bekenntnis zu entfernen. Es kostete viele Mühe, den etwas gar radikalen Mann seines Unrechtes in Aufstellung solcher Lehren, und daß er sie in der Gemeinde verbreitet, ehe er mit seinen Kollegen darüber verhandelt, zu überführen. Auch nachdem er schriftlich sein Bedauern ausgedrückt, kam er doch wieder auf diese Irrlehre zurück, als ob er sie vom heiligen Geiste empfangen habe.

IV. Die Verbannung aus England und Nachklänge aus dem Lande.

Das Endurteil in dieser peinlichen Angelegenheit war noch nicht gefällt, als Gott nach unerforschlichem Ratschluß der ganzen Arbeit Laskis in London ein verhängnisvolles Ende setzte. In dem Briefe an Bullinger vom 7. Juni, dem wir obige Mitteilung entnommen, steht auch schon, noch unverfänglich, die kleine

---

*) Kuyper II, 676. — Es bezieht sich wohl kaum auf diese Angelegenheit das Schreiben Calvins vom 27. September 1552 (Calvin XIV, 363).

Notiz: „Unser König kränkelt schon seit einiger Zeit; Gott sei
Dank erholt er sich aber schon wieder etwas."*) Es war nur
eine trügerische Erholung. Im verflossenen Jahre hatte Eduard VI.
Masern, dann Pocken gehabt, sich aber von diesen Krankheiten
erholt; nur war eine Neigung zu Erkältung geblieben. Seit
Januar litt er an einem starken Husten, der nicht weichen wollte.
Das Übel verschlimmerte sich. Mit großer Ergebung in den Willen
Gottes trug er sein Leid. Am 6. Juli hauchte er seine fromme
Seele aus, 16 Jahre erst alt. „Der gottseligste Josias, unsere
Hoffnung auf Erden, ist tot"**): die schmerzbewegte Klage des
Volkes konnte man vielfach am Sarge des Königs hören. Es
war der schwerste Schlag, der die evangelische Kirche des Landes
treffen konnte. Das letzte Gebet des sterbenden Königs: Gott
möge sein Land vor dem Papsttum schützen, ward nicht in der
Weise, wie er es wohl gewünscht haben mag, erhört. Denn
Nachfolgerin auf dem Throne ward seine Stiefschwester Marie,
der verstoßenen Königin Katharine von Arragonien Tochter,
jetzt bereits 37 Jahre alt und mit ihren schon ergrauenden Haa-
ren, in ihrer schmächtigen, krankhaften Gestalt noch älter erschei-
nend. Sie hatte ein freudloses, trübsinniges, einsames Leben
hinter sich und aus ihm nur die Aufgabe für ihre Regierung
aufsteigen sehen, der römischen Kirche, ihrer Trösterin in mancher
leidvollen Stunde, zu dem alten Rechte zu verhelfen. Sie legte
rasch eine schier fanatische Hand an diese, wie sie meinte, ihr
gewordene Aufgabe. Alle Predigt und Schriftauslegung ohne besondere Erlaubnis wurde untersagt; die früheren, katholischen Bischöfe, die nichts von ihren alten Erfahrungen vergessen und nichts
in den eben vergangenen, lehrreichen Jahren gelernt, kamen aus
Gefängnis oder Verbannung oder müßiger Einsamkeit in ihre
alten Sitze zurück; die Cranmer, Ridley, Latimer, Hooper
wanderten in die leer gewordenen Zellen, gar bald dann auch in
den Märtyrertod, mutvolle, glaubensstarke Blutzeugen des Evangeliums in England***).

---

*) Kuyper II, 677.
**) Original, p. 365.
***) Ergreifend und erbauend sind die ausführlichen Schilderungen, die
Fore (im VI. u. VII. Bande) über das Ende dieser Blutzeugen giebt. Er

Die scharfen Gesetze trafen auch die Fremdlingsgemeinde,. man könnte sagen, in erster Linie. War schon einem Manne wie Ridley der Bestand dieser Gemeinde mehr wie einmal ein Ärgernis, weil sie in ihrem Kultus den entschiedenen Gegensatz gegen die in der englischen Staatskirche noch geduldeten Bräuche der alten Zeit bildete und Männer wie Hooper in ihren Anschauungen bestärkte, um wie viel mehr dann dem ganz päpstlich gesinnten Bonner, der als der ersten einer seinen alten Bischofssitz in London wieder einnahm. Selbstverständlich erhielt keiner ihrer Geistlichen die nötige Erlaubnis zur Predigt. Die Jesuskirche ward geschlossen; jedes Versammlungsrecht den Gemeindegliedern genommen. Laski konnte jeden Augenblick gewärtig sein, daß ihn das gleiche Los der Gefangenschaft treffen werde, wie seine Freunde und Glaubensgenossen. Am 1. September schon ward Hooper in das Fleet-Gefängnis geworfen; er hatte mit Coverdale, dem Bischofe von Exeter, dem Befehle getrotzt und in seinem Bistume die Predigten nicht eingestellt. Laski besuchte den Freund in seinem düsteren Gefängnis*). Als Hooper sieben Wochen später dem treuen Gesinnungsgenossen nach Emden schreibt, da war er in ein engeres, härteres Gelaß in dem Turme gebracht**). Aber der Märtyrer blieb ungebrochenen Sinnes. „Die Lage unserer Kirche“, so schreibt der Gefangene unserem verbannten Freunde, „ist eine bejammernswerte und elende. Möge der Herr in Gnaden auf uns schauen und die Gewalt der Gegner brechen. Sie werden von Tag zu Tag wütender und anmaßender. Aber der, der in diesem Augenblick für uns zu ruhen scheint, er wird dennoch sich aufmachen und unsere Feinde schlagen. Sollte der Vater aller Gnade uns solche Gunst noch Zeit unseres Lebens gewähren, so sei sein heiliger Name gelobt, wenn aber anders, so geschehe sein Wille. Er selbst gebietet uns für den Ruhm seines Namens zu sterben. Möge er

---

schöpft bekanntlich meist aus den Sammlungen, die der edle, fromme Grindal rechtzeitig angelegt (vgl. Grindal III und seine Briefe an Foxe S. 219 f.).

*) Erst unter der jetzigen Königin wurde das alte, berüchtigte Gefängnis abgebrochen.

**) Original, p. 101.

gewähren, was er gebietet, und dann mag er noch schmerzlichere Dinge geschehen lassen, wenn es ihm gut dünkt. Ich schreibe euch in Eile und verstohlener Weise im Gefängnis, man hat mich jetzt in eine engere und strengere Haft gebracht als damals, wo ihr uns verließet. Mit Gottes Hilfe bin ich bereit, all dies zu ertragen und auch noch schmerzlichere Prüfungen, die nicht ausbleiben. Grüße mir meinen alten, gottseligen Freund Meister Martin (Micronius), den edlen Utenhove und alle Brüder; und ich bitte euch, mich und meine Mitgefangenen in Christo Jesu unserem allmächtigen Vater im Himmel zu befehlen, auf daß durch unseren Tod sein Ruhm je mehr und mehr über diese so arg befleckte Welt leuchten möge."*)

Laski entging der Gefängnishaft. Man wollte sich denn doch nicht an den Fremdlingen vergreifen; das Regiment der blutigen Maria hatte genügenden Stoff an den eigenen Landeskindern, den furchtbaren Namen sich zu verdienen. Er und seine Gemeinde erhielten den Befehl, das Land in kürzester Frist zu verlassen**). In der Themse lagen zwei dänische Segelböte, die „Kleine isländische Krähe" und der „Mohr", die eigentlich den Auftrag von zuhause hatten, nachdem sie in London ihre Ware gelöscht, an der französischen Küste anzulaufen und Salz für Dänemark zu laden***), deren Schiffsherren aber, durch die Not der Leute und die einträglichere Fracht bewogen, sich bereit erklärten, einen Teil der Gemeinde aus dem ungastlichen Lande fortzubringen. 175 Gemeindeglieder, so plötzlich aus Handel und Wandel unbarmherzig herausgerissen, aber doch willig, lieber in der Fremde mit Weib und Kind das harte Brot der Verbannung zu essen,

---

*) Die Bitte des frommen Glaubenshelden ging erst den 5. Februar 1555 nach vielen, schweren Peinigungen in Erfüllung. Dreimal mußte das Feuer seines Scheiterhaufens von frischem angezündet werden, ehe endlich, endlich die Flammen ihr Werk vollbracht. Die letzten Worte des Märtyrers waren: „Herr Jesu, erbarme Dich mein, Herr Jesu nimm meinen Geist auf!" (Foxe VI. 658; dabei auch eine bildliche Darstellung des Feuertodes aus jenen Tagen.)

**) Das merkwürdige Schriftstück, das die Fremdlinge binnen 24 Tagen aus England vertreibt und sie teils als Räuber, teils als Sektierer brandmarkt, ist abgedruckt bei Foxe VI, 429.

***) Harboe, S. 29.

als am warmen, häuslichen Herde ihres heiligen Glaubens nicht
leben zu können, schifften sich am 17. September ein: es war
ihnen nicht einmal Zeit gegönnt, die schweren Herbststürme auf
der See abzuwarten. Der jetzt noch zurückbleibende Teil der
Gemeinde gab das Geleite die Themse hinab. Dort unten bei
Gravesend galt es den letzten Abschied. Auf dem Hügel am
Ufer standen traurigen Herzens die Rückbleibenden, und während
langsam die beiden Segelböte vorüberfuhren, sangen sie den
Lieblingspsalm Laskis, den zweiten*). Unter den Klängen des
Liedes entschwanden die Segelböte ihren Blicken. Traurig und
wehmütig brachen die Zurückgebliebenen auf, heim in ihre öden
Häuser, die sie selbst wohl bald zu verlassen hatten. Als ob es
ein Gottesdienst im Freien gewesen wäre — zwei ihrer Prediger,
Delvenus und Riverius, waren jetzt noch bei ihnen zurückgeblieben —, so brachen sie nicht auf ohne Gebet und in ge-
wohnter Weise das Almosen unter einander für die Armen gesammelt zu haben**).

Lange noch, bis zur einbrechenden Nacht, stand unser Freund
am Steuer und schaute nach der Küste, die allmählich vor seinen
Blicken entschwand. Nun wieder einmal um seines Glaubens
willen in die Fremde, in eine dunkle, ungewisse Zukunft verbannt!
Das dritte Mal nun schon! Sein heißgeliebtes Polen hatte er
vor 14 Jahren verlassen müssen, vor drei Jahren das Land, das
ihm wie eine andere Heimat geworden und nun auch England,
in dem ihm sein Herr Christus ein so reiches und auch gesegnetes
Feld der Thätigkeit geöffnet hatte. Ihm war wahrlich in schmerzlicher Weise der Spruch zu lernen gegeben, daß wir hier keine
bleibende Stätte haben, aber ungebrochen und glaubensfreudig hat
er die zukünftige gesucht, unser lieber Verbannter. Wir hören
keine Klage dem fest geschlossenen Munde entschlüpfen, kein Zagen
über den Mann kommen, als er auf Weib und Kind und die
große Flüchtlingsschar hinblickt, sie alle mittellos, unwissend, was

*) „Hoe rasen so die Heydenen te hoop? End die volcken betrach-
ten ydel dinghen etc." (Vgl. Bartels III.)
**) Utenhovius, S. 22.

Dalton, Laski. 27

der nächste Tag ihnen bringen werde und von ihm erwartend, was Gott ihnen senden möge.

Ruhig, gottvertrauend blieb sein Auge auf das Land gerichtet, das die sinkende Nacht vor seinen Blicken verhüllte. Er ließ es nicht aus den Augen alle die kommenden Jahre, wie der Gärtner seinen Acker nicht vergessen kann, dem er die Saat anvertraut hat. Sie sollte ja doch nicht verloren gehen, die kostbare Saat, nun mit dem Märtyrerblut von treuen Arbeitern gedüngt. 288 Protestanten haben während der nur fünfjährigen Herrschaft der blutigen Maria mit dem Leben ihren Glauben besiegelt, unter ihnen die Säulen der jugendlichen, evangelischen Kirche. Solch einen Einsatz hat Gott verheißen hundertfältig zurückzuerstatten: wohl einem Lande, das in der Stunde der Heimsuchung willige Söhne hat ihn zu leisten, denn Gott ist getreu, das hat wahrlich England reichlich erfahren dürfen. Und auch unser Verbannter durfte die Saat noch aufgehen sehen. Gerade die kurzen drei Jahre dort auf der schönen Insel waren für die Wirkung Laskis auf Mit- und Nachwelt die fruchtbringendste Zeit; die schwere Heimsuchung der Fremdlingsgemeinde in ihrer Zerstreuung heimatlos in verschiedene Lande trug wesentlich dazu bei, das Samenkorn seiner Lehre in die weiteste Ferne zu tragen. Ihr Bekenntnisbuch wurde die erste Bekenntnisschrift der reformierten Kirche der Niederlande. Ihr Katechismus ist eine Hauptquelle des Heidelberger Katechismus geworden und damit Ahnherr des Hauptbekenntnisbuches der deutsch-reformierten Kirche. Nach ihrem Psalmbuche — die Verarbeitung der Psalmen zum Gebrauch beim Kirchengesang war hauptsächlich von Utenhove — sang man in Ostfriesland, am Rhein, wohin immer die armen Flüchtlinge verschlagen wurden, und Laskis Werke über die Kirchenordnung in seiner Londoner Gemeinde übte mächtigen Einfluß in allen Landen aus, wo die Presbyterialverfassung zum Siege durchdrang*).

Aber auch die unmittelbare Wirkung seiner Schöpfung in England blieb nicht aus und gestaltete sich zu einem frucht-

---

*) Vgl. Lechler, S. 62 und Weingarten, S. 30: „Die Kirchenordnung von Johann a Lasco ist für den englischen und schottischen Presbyterianismus das Vorbild gewesen."

bringenden Samenkorn. In seiner Gemeinde hatte er eine Ordnung geschaffen, die als Vorbild den gewaltigen Bestrebungen
galt, in denen im folgenden Jahrhundert die Reformationsbewegung in England zum völligen, volksmäßigen Durchbruch und
Abschluß gelangte. An der Schwelle der Kirche seiner Fremblingsgemeinde stehen die Puritaner. Der von Hooper teilweise
schroff geführte Streit inbetreff der Verwerfung römischer Überbleibsel in der Liturgie und Verfassung der englischen Kirche war
nicht nur Ausdruck einer Privatmeinung; er trug den Keim und
Gährungsstoff in sich, der dann in den die ganze Kirche in Mitleidenschaft ziehenden Kämpfen der Nonkonformisten zum Ausdruck
kam. Laski hatte alsbald die Tragweite erkannt und stand voll
und entschieden auf Hoopers Seite. Sehen wir auf die
mannigfaltigen, späteren Ausschreitungen dieser Nonkonformisten,
die teilweise in Sekten sich auflösten, so erkennen wir, daß diese
Ausschreitungen durch Verlassen des klar und scharf von Laski
eingeschlagenen und mit bewundernswerter Kunst inne gehaltenen
Weges entstanden sind. Die Folgezeit hat Laski gegenüber
Cranmer, Ridley und auch Bucer in dieser Frage recht
gegeben: es waren nicht Adiaphora, um die es sich in der
„Kleiderfrage“ handelte: ein Ringen des evangelischen Prinzips,
das nun gerade an diesem Punkte zutage trat. Der Streit war
damals nur oberflächlich beigelegt, um nach einem halben Jahrhundert um so heftiger an anderer Stelle loszubrechen.

Die tiefgreifende Bedeutung dieser Fremblingsgemeinde und
ihrer Kirchenordnung erkannten auch ihre Gegner gar wohl, und
daher ist das Ärgernis zu begreifen, das auch so fromme Männer wie Ridley und andere an den weitgehenden Rechten und
Freiheiten dieser Gemeinde nahmen. Denn ihr Bestand war eine
Einsprache wider die Allgemeingültigkeit der episkopalen englischen
Kirche. Ihr blühender Zustand wies die mit den Verhältnissen
in der englischen Kirche Unzufriedenen darauf hin, was ihnen
fehle. Das Zwitterhafte in den Formen ihrer Kirche trat ihnen
um so greller zutage, je mehr sie in dieser Gemeinde und nach
ihrer Aufhebung in ihrer Kirchenordnung die reinliche, folge-
richtige Durchführung eines ihnen einleuchtenden, zusagenden Ge-
dankens vor Augen hatten.

27*

Wo immer in den nächsten Jahren Laski auf seinen Wander-
zügen bis nach Polen hinkam, stieß er auf befreundete Flüchtlinge,
die ihn über die schmerzlichen Zustände in der Heimat auf dem
Laufenden hielten. Es waren doch furchtbare Zeiten, die England während dieser fünf Jahre durchlebte: als ob es in die
Tage der römischen Christenverfolgungen zurückgeworfen worden
wäre. Der blutigen Maria und ihren Schergen, einem Gardiner und Bonner*), dünkte es nicht genug an diesen Hinrichtungen und daß die tüchtigsten Männer außer Landes flohen:
die Wut der Verfolgung erstreckte sich auch auf die Druck- und
Schriftwerke, ja selbst Briefe dieser Flüchtlinge, die ausgeliefert
werden mußten, um wenigstens sie dem Flammentode zu über-
weisen, den man so viel lieber ihren Verfassern hätte zuteil
werden lassen. Auf dem uns erhaltenen Index der verbotenen
Schriften stehen im vordersten Gliede, dicht hinter Calvin
und Bullinger und Melanchthon, die Werke Laskis**).
Unser Freund war auch bemüht, das Los dieser Flüchtlinge zu
erleichtern: bis in seine polnische Heimat verschaffte er ihnen
freundliche Zuflucht. Unter diesen Schützlingen Laskis ist außer
dem Bischof Barlow von Bath***) und John Burcher, von
dem uns noch eine Reihe fesselnder Briefe aus Polen, in der
Umgebung Laskis geschrieben, erhalten sind†), hauptsächlich die

---

*) Ranke (Bd. I, 1. S. 202) in seiner feinen, ruhigen Weise schildert
diese beiden Hauptträger der Verfolgungen und Hinrichtungen treffend in
den paar Worten: „Gardiner erscheint bei diesen Hinrichtungen herrschsüchtig,
hochfahrend, in jener dreisten Stimmung der Gewalthaber, in der sie sich
bedünken, als seien sie auch die geistig überlegenen: Bischof Bonner von
London fanatisch, ohne Unterscheidungsgabe und beinahe blutdürstig.“

**) Foxe VII, 128. Der Erlaß vom 13. Juni 1555 ist aus den
gleichen Zimmern in Hampton Court unterschrieben, in denen vor 4 Jahren
Laski um den Beitritt König Eduards zum Fürstenbund wider Karl V. geworben; mit unterzeichnet ist er von dem Sohne Karls V., dem seit Jahresfrist mit Maria vermählten König Philipp von Spanien. Unter den Fragen,
die die beigefügte Instruktion bei dem Suchen nach verbotenen Schriften auf-
stellt, lautet die fünfte: „ob man jemanden weiß oder auch nur stark in Verdacht hat, der Briefe oder Geld von und nach Zürich, Straßburg, Frankfurt,
Wesel, Emden, Duisburg (die Hauptniederlassungen der Flüchtlinge) bringe“.

***) Original, p. 687 und Foxe VIII, 574.

†) Original, p. 671—702.

Herzogin von Suffolk zu nennen, die Witwe des Jugendfreundes Heinrichs VIII., der nicht angestanden ihm seine Schwester Mary zum Weibe zu geben*). Erschütternd ist die Schilderung ihrer Flucht aus England und wie sie mit ihrem Kindchen hülflos und von ihren Häschern verfolgt in den Niederlanden herumirrt, bis sie in Wesel eine Zuflucht findet, aber auch da sich nicht geborgen haltend, durch Laskis Bemühen bei dem Könige von Polen und dem Fürsten Radziwill endlich in dem fernen Polen ein gesichertes Heim erhält**).

Nicht so lange wie Eduards Regierung, die wie ein lichter Sonnenstrahl auf dem Lande ruht und als solcher in seiner Geschichte festgehalten ist, währte das blutige Regiment Marias, einer dunklen Sturmeswolke ähnlich, die verderbenbringend über die Erde hinjagt. Schon nach fünf Jahren, am 17. November 1558, erlag die Königin einem damals herrschenden Fieber, vorher bereits in ihrem Herzen schier gebrochen und voll tiefen Kummers, denn sie mußte noch fehlschlagen sehen, was sie erhofft, wofür sie kaum vor einem Mittel zurückgeschreckt war. Ihre Regierung steht wie ein unheimlicher Schatten in der Geschichte Englands, sie selbst fremd geblieben dem Lande, über das sie regierte, denn ihre Lebensfasern wurzelten in dem spanischen Heimatlande und der römischen Heimatkirche ihrer verstoßenen Mutter, finster wie das Gemüt König Philipps von Spanien, dem sie, fast schon Matrone, wohl die Hand zum Ehebunde gereicht, aber nicht ihr Herz, das ihrer eigenen Aussage nach nie Liebe empfunden.

Der Unterschied der römischen und evangelischen Kirche ist nicht größer als die Verschiedenheit der beiden Schwestern, die sich in der Regierung folgten, Kinder desselben Vaters, aber nun freilich von so ganz anders gearteten Müttern. Denn der Abstand ist groß zwischen der spanischen Prinzessin und Anna Boleyn. Elisabeth bestieg den Thron, die jungfräuliche Königin, bleich und stolz, die in langer Regierung ihr Wort be-

---

*) Burnet I, 14 und II, 281.

**) Vgl. den fesselnden Bericht in Foxe VIII, 569 f. Als ihren Ruheort wird daselbst Crozan in Samogitien genannt, ein mir unbekannter Ort.

wahrheitet hat, daß sie mit ihrem Volke vermählt sein wolle.
Als ob ein unholder Traum, ein finsterer Alpdruck gewichen, so
atmeten die Evangelischen im ganzen Lande auf; als ob es Frühling geworden, so kamen vom Süden her die Flüchtlinge zurück
in ihr Heimatland. Unser Freund durfte die Wandlung in den
Geschicken der evangelischen Kirche seiner früheren Wirksamkeit
noch erleben. Kaum hatte Elisabeth den Thron bestiegen, als
auch schon der rastlos überall thätige Zanchius an Laski die
Bitte stellte, ein Schreiben an die Königin zu richten, „denn ich
weiß, wie groß dein Ansehen bei den Engländern und auch bei
der Königin selbst ist‟*). Es bedurfte nicht erst dieser Aufforderung, um Laski zu veranlassen, für seine Glaubensgenossen
bei der evangelischen Königin Fürsprache einzulegen. Er war ihr
als Prinzessin während seines Aufenthaltes in England persönlich
nahe getreten; er mußte wissen, welche Geltung sein Wort bei
ihr habe, denn er richtete ein langes und ausführliches Schreiben
an sie, das in seinem eingehenden Inhalte Zeugnis davon ablegt,
zugleich auch von dem Adel und dem Ernste seiner frommen Gesinnung. Es mögen gekrönte Häupter nicht viele ähnliche Sendschreiben erhalten haben! Uns aber ist das Schreiben doppelt
wert. Es ist das letzte uns erhaltene Schriftstück aus der Feder
unseres Freundes; schon hat die Krankheit die müde Hand gelähmt, die sie nur vier Monate später im Tode erstarren machen
wird, aber der Geist ist bis ins Sterben hinein frisch geblieben
und der edle Gottesstreiter bis an die Schwelle des Grabes unermüdlich, den guten Kampf für Gottes Ehre zu kämpfen. Wie
gerne würden wir dieses letzte, lautere Zeugnis ganz hierher-
setzen! Der Raum reicht nicht. Aber wir können es uns wenigstens nicht versagen, dem inhaltschweren, bedeutsamen Gedankengang wenn auch aus der Ferne zu folgen**).

Laski weist auf die wunderbare Leitung Gottes in dem Ge-
schicke Englands hin. In zarter Schonung nennt er nicht den
Namen der Schwester und hebt ihr blutiges Regiment in die
Höhe der Betrachtung göttlicher Zulassung zu bestimmtem, segens-

---

*) Zanchius II, 235.
**) Vgl. Kuyper II, 758—765.

reichem Erfolge. Und auch das ist nach seinem gnadenvollen Willen, daß der fromme, gottselige Eduard, dessen Name warm in das Gedächtnis der Schwester gerufen wird, so frühe dahin hat gehen müssen. Man hat unter ihm angefangen, menschlicher Klugheit in der Lehre und in dem Kultus bedenklichen Spielraum zu gewähren, als ob unser unschuldigster Joseph, unser Herr Christus, solcher Vorsichtsmaßregeln bedürfe, ihn vor Potiphars Weib zu schützen. Unser Herr Christus will aller menschlichen Klugheitsmaßregeln los und ledig sein; er braucht unseren Rat nicht, er fordert von uns nur Gehorsam unter seine Befehle und dies zumal von den Königen, denen vorzugsweise das Wort gilt: „Gehorsam ist besser als Opfer" und das andere: „Weil du das Wort des Herrn verworfen, wird der Herr auch dich verwerfen". — „Gott hat dir Kenntnisse verliehen, auch die wahre und heilbringende Erkenntnis in seinem eingeborenen Sohne, die du nicht nur unter deinem Bruder, sondern bereits in zarter Jugend unter deinem Vater bekannt hast, er hat dich durch mannigfaltiges Kreuz geübt, er hat dich bis zu dieser Höhe aufsteigen lassen, auf daß du mit um so größerem Eifer und Unverdrossenheit deine Pflicht erfüllst. Nicht nach der Satzung der Leute, allein nach dem ewigen, unveränderlichen Ratschluß des lebendigen, ewigen, allmächtigen Gottes hast du dein Verhalten zu richten. Über die von Gott reichlich dir anvertrauten Gaben rufe ich dir nur ins Gedächtnis, daß wem viel vertraut, von dem auch viel gefordert wird."

Inbetreff ihrer königlichen Pflicht nun ruft der ehrwürdige Laski der 26jährigen jugendlichen Königin zu, daß der Unterschied zwischen heidnischer und christlicher Regierung darin beruhe, daß die heidnischen Könige sich für die Herren ihrer Völker halten, die ihrer Willkür unterworfen sind; das Wort Gottes aber lehrt, daß die Obrigkeit nicht zur Herrschaft berufen, sondern zum Dienste Gottes in seiner Gemeinde; die Könige sollen sich als Diener Gottes erweisen, sein Volk nicht zu beherrschen, sondern zu regieren. Alle Macht ist und soll sein Gottesdienst. „Zwei Schwerter giebt es; das Schwert des Geistes ist den Bischöfen und Ältesten in der Kirche anvertraut, das weltliche aber der gesetzmäßigen Obrigkeit. Es soll keine Vermischung statthaben wie unter den Papisten, nicht soll eins in des anderen Vollmacht und Aufgabe greifen. So hast auch du, ehrwürdigste Königin, nach der Weisung des Apostels darauf zu achten, dich als eine getreue Magd und Dienerin Gottes hinzustellen, bereit, die Reinheit der apostolischen Lehre und des wahren Gottesdienstes, die Ehrbarkeit der Sitte, diese unzertrennliche Gefährtin wahrer Frömmigkeit, die öffentliche Sicherheit unter deinem Volke zu schützen und jeder Entweihung der apostolischen Lehre, jeder widerchristlichen Verletzung des Gottesdienstes, allen Störern der öffentlichen Ehrbarkeit und Ruhe zu wehren. Vergiß nicht, daß du nicht der Menschen, sondern Gottes Dienerin bist, daß du dich nicht nach der Menschen Klügeln und Meinen, sondern allein nach Gottes Willen und Befehl zu richten hast. In Staatsangelegenheit haben weltliche Beschlüsse, Gesetze und Bräuche ihr Gewicht, aber in göttlichen Dingen dürfen sie sich nicht Gewalt über den Herrn anmaßen." Wohl dankt Laski Gott für ihre Thronbesteigung, aber es hat ihn auch in aller Treue gedrängt, sie an ihre ernste Pflicht zu mahnen. Er erinnert die hochgebildete Königin an das Wort des Sokrates bei Plato (Platonicus ille Socrates), daß es zwei Arten von Freunden gebe, die einen, die nicht so sehr uns, als das Unsrige, die anderen, die uns und nicht das Unsrige lieben. Jene lieben im Grunde nur sich, diese lieben uns um unserer selbst willen. Die letzteren können schon, wenn es uns sehr gut geht, besorgt sein, wie Sokrates um Alcibiades sich sorgte, als er zur Herrschaft über die Athener berufen wurde. In dem Gefühl dieser Sorge will Laski der Königin das Wort Gottes zurufen: „Seid weise, ihr Könige!" Darin aber ruht die Weisheit, den Sohn Gottes als seinen Herrn und König anzuerkennen.

Wir wissen nicht, wie die Königin dieses Sendschreiben voll christlichen Freimutes aufgenommen, dessen Überbringer der treue Freund Utenhove war. In den ersten Tagen des Dezember überreichte er es durch den Grafen Bedfort, der ernstlich bemüht war, den Faden der Entwickelung der evangelischen Kirche da wieder aufzunehmen, wo er durch die Thronbesteigung der Maria so gewaltsam zerrissen worden war. Um dieselbe Zeit reichten auch die Geistlichen, Kirchenältesten und Diakonen der Fremdlingsgemeinde das Gesuch bei der Königin ein, wieder in den Besitz ihrer Kirche und die Bestätigung ihrer Rechte gesetzt zu werden*). Die freudige Kunde der Gewährung traf Laski nicht mehr am Leben. Deloenus und Utenhove standen nun der Fremblings= gemeinde vor, die rasch ihre alte Zahl wieder erreichte. Ein Teil, vielleicht ein großer, hatte die Zeit der Maria im Lande überdauert, harmlose Leute, die vorher schon Bürgerrecht erhalten und im geheimen wohl in den Jahren der Verfolgung ihrem Glauben gelebt. Denn die untrüglichen Spuren fortgesetzter evangelischer Predigt in London auch in den dunkelsten Tagen sind vorhanden: wie wäre auch ihr Ausbleiben erklärlich?**)

Aber doch würde unser Freund mit dem Gang der Ereignisse unter Elisabeth nicht zufrieden gewesen sein; die jungfräuliche Königin schlug einen anderen Weg ein, als Laski ihr riet. Und zwar nicht zur Förderung des Evangeliums. Ihr eifriges Stre= ben war auf Uniformität im Kultus gerichtet; je schärfer sie demselben mit ihrer königlichen Macht Ausdruck verlieh, desto mehr entfremdete sie sich und der englischen Staatskirche die Puritaner, die an dem Widerstand erstarkten. Elisabeth war kräftig genug, während ihrer Regierung die mächtige Gärung niederzuhalten; sie zu beseitigen war auch sie nicht imstande. Die gewaltsam zum Schweigen gebrachten Forderungen mußten dann im folgenden Jahrhundert gehört werden: in ihnen ruhte die Lebenskraft der evangelischen Kirche Englands. Laskis Stimme klingt wie eine Weissagung. Königin Elisabeth hätte noch die Kluft ausfüllen, den entstehenden Gegensatz versöhnen können. Sie hörte nicht auf den Rat und die Warnung des sterbenden Polen und zog es vor, sich entschieden auf die eine Seite des kirchlichen Lebens zu stellen. Whitgift ward ihr Ratgeber und zugleich der Mann, der als Erzbischof von Canterbury ihren Wünschen in der Kirche Ausdruck verlieh; Grindal, der edle Erzbischof von York und dann Canterbury, so recht ein Mann nach dem

---

*) Calendar. Domestic., p. 144; vom 10. Dezember 1559.

**) Vgl. den sehr interessanten Brief von Thomas Lever über diese verborgene evangelische Gemeinde (Zurich I. 29), der bei Foxe viele und fesselnde Belegstücke empfängt.

Herzen Laskis, büßte seine Stelle ein und verlor die Gunst der Königin*).

*) Die Ursache dieser Abwendung ihrer Gunst würde a Lasco hohe Freude bereitet haben. Die Königin hatte 1577 einen Befehl an die Bischöfe ergehen lassen, der die freien Predigten beschränkte und namentlich die „Prophezeien" — wir kennen sie aus der Fremblingsgemeinde; die Laskische Einrichtung war in die englischen evangelischen Kreise übergegangen, zum großen Segen und Erbauung in den harten Tagen der Maria, lieb und wert gehalten von vielen gläubigen Seelen auch in den Tagen der Elisabeth — unterdrückte. (Der Befehl ist abgedruckt: Grindal, S. 467.) Grindal, der als treuer Seelenhirte den Nutzen dieser Bibelstunden kannte und in dem Befehl einen bedenklichen Eingriff in die Freiheit eines Christenmenschen sah, that Einsprache wider das Gebot in einem langen, schönen Schreiben an die Königin (vgl. Grindal, S. 376 f.). Die Wirkung des Schreibens — von dem ein englischer Geschichtsschreiber (Collier) urteilt, daß es den Geist eines Bischofs der ältesten Zeit atme, die Ausführung sei fromm, mutvoll, ohne den geringsten Anschein eigenen Interesses oder von Furcht — war die Enthebung des wackeren, frommen Mannes von seiner hohen Stellung und Belegung mit Hausarrest. Aber das Volk hat ihn lieb behalten; der Dichter Spencer erwähnt seiner oft, nur daß er den Gemaßregelten unter dem Namen Algrind in seinen Dichtungen sprechen läßt.

10.

Hin und her in der Verbannung und auf der Heimfahrt.

———

a) Das Martyrium der Fremdlingsgemeinde in Dänemark und
Norddeutschland.

Wir haben unsere Flüchtlinge in Gravesend aus Sicht verloren, als am 17. September günstiger Wind die Segel füllte
und die beiden Schiffe seewärts in eine unbekannte Ferne trug.

Die Schiffe hielten nach der dänischen Küste hin; hier hoffte
Laski für die seiner Obhut anvertrauten Familien eine Zufluchtsstätte zu finden. Denn er versah sich nur Gutes von dem Könige
von Dänemark. Seit fast zwei Jahrzehnten regierte Christian III.
Was sein Vater, aus dem Hause Holstein und mit Sachsen verwandt, nur stillschweigend geschehen lassen konnte, durch seine
Wahlkapitulation eingeengt, das entfaltete sich unter dem begünstigteren Sohne mit Macht: die Reformation hielt ihren vollen,
offenen Einzug unter dem Volke, dessen Herz sie schon früher
gewonnen; die römischen Bischöfe wichen dem Drucke. Bugen-
hagen, der bedeutende lutherische Organisator, ordnete mit vielfach bewährtem Geschick das Kirchenwesen; oftmals konnte man den
frommen König wie Eduard VI. als Josias*) rühmen hören. Die

———

*) Auch Laski erinnert den König an diesen Ahnen in dem jüdischen
Volke. Vgl. Kuyper II, 685.

Annahme war somit gerechtfertigt, daß die armen Flüchtlinge in
Dänemark die Gerechtsamen wieder erhalten würden, die ihnen
mit königlicher Huld Eduard VI. gewährt hatte.

Der Tag der Abreise gemahnt uns an die Zeit der Äquinoktial-
stürme. Auf sie hat der strenge Befehl der unerbittlichen Maria
keine Rücksicht genommen; unsere armen Reisenden sind tüchtig
vom Wind und Wetter herumgeworfen worden. Bis zum 4. Oktober konnten die Schiffe ihren Kurs gegenseitig in Sicht inne
halten, dann aber trieb sie der Sturm auseinander; das kleinere
Schiff, der „Mohr", landete am 13. Oktober in Helsingör, das
andere Schiff wurde zwischen Fjorden und Riffe hindurch wider
die norwegische Küste unweit Fleckeröe getrieben, wo es acht Tage
lag. Sechs von den Reisenden wollten sich nicht mehr dem
Meere anvertrauen; sie wanderten landeinwärts, sprachenunkundig,
aller Unbill des Wetters ausgesetzt, und langten erst nach einem
halben Jahre in Kopenhagen an. Das Schiff segelte bei günstigem Winde am 13. Oktober wieder weiter in den sturmreichen
Skagerak und Kattegat und wurde wiederum jetzt an den Mar-
strand geworfen. Hier lag das Schiff zehn Tage vor Anker;
Laski, Mikronius, Utenhove verließen die Reisegefährten
und eilten auf anderem Wege voraus, den Heimgesuchten Herberge
in Dänemark zu bereiten. Am 29. Oktober erreichten sie Helsingör, ein paar Tage später lief auch die „Isländische Krähe"
im schützenden Hafen ein.

Die Flüchtlinge glaubten sich am Ziel ihrer Mühsal und
Leiden und waren doch nur erst am Anfang; viel bitterer als
das salzige Meerwasser war der Trank, den die Glaubensgenossen
in Dänemark den armen Verbannten boten. Wir gestehen
offen, daß wir lange Zeit gezögert, die Feder für dieses Werk in
die Hand zu nehmen, aus Furcht und Schmerz, nun auch von
diesem Elende reden zu müssen. Nur der kleine Trost überwand
die Unlust, daß eben solche Erfahrungen gottlob nun der evangelischen Kirche erspart sind. Sie hat mit bitterem, schwerem
Lehrgelde mildere, brüderlichere Gesinnung erlernt. Die schmerzens-
reiche Irrfahrt der so schwer Heimgesuchten ist uns genau überliefert. Utenhove hat sie geschildert, Laski selbst dem Büchlein, das in Basel im Drucke sich befand, als in Polen unser

Freund heimging, den Geleitsbrief mitgegeben und die Wahrheit seines Inhaltes bezeugt*). Wohl schien solch Zeugnis nötig, denn der Bericht klingt märchenhaft; auch der Gegenbericht, den Bischof Harboe gegeben, trägt nur dazu bei, die Thatsachen zu bestätigen, die sie zu rechtfertigen versucht. Diese Rechtfertigung gehört einer überwundenen Zeit an; sie wird heute vielleicht kaum an den Felswänden der Missouri-Synode ein vernehmbares Echo finden.

Laski mit seinen beiden treuen Gefährten eilte zum Könige, während die Schiffe die Anker für das nahe gelegene Kopenhagen bereit hielten. Am 8. November trafen sie in seinem Schlosse „Koldingshuus" bei Kolding in Jütland ein. Sie baten seinen anwesenden Hofprediger Noviomagus, der an dem Tage ihr trauriges Los beklagte, um eine Audienz bei Christian III. Für den nächsten Tag konnten sie sie nicht erhalten, erst am darauf folgenden, einem Sonntage, wurde sie ihnen zugesichert und zwar im Anschluß an den Gottesdienst, zu dessen Teilnahme sie aufgefordert wurden. Es war der 23. Sonntag nach Trinitatis; als Perikope gilt in den lutherischen Kirchen das schöne Pauluswort an die Philipper: 3, 17—21. Wohl legen gerade die Perikopen und ihre sonntägliche Verkündigung in Tausenden und Tausenden von Kirchen glänzendes, wunderbares Zeugnis von der Tiefe und dem unerschöpflichen Reichtum des Wortes Gottes ab, sie sind aber auch zugleich bestimmt, die Knechtsgestalt, in der es unter den Leuten wandelt, oft in beklagenswertester Weise zu tragen. Man kann wohl sagen, zu keiner schmerzlicheren Knechtsgestalt mußte es sich jemals herabzerren lassen, als in welcher es an jenem 10. November vor dem Könige und vor den um ihres Glaubens willen Verbannten auftreten mußte. Welch ein Trostwort doch der herrliche Text für Freunde des Kreuzes Christi, die um seinetwillen Haus und Hof und alles Irdische dahinten gelassen und voll freudiger Hoffnung auch in der Verbannung nur ihres Heilandes Jesu Christi warten und ihren Wandel im

---

*) Die Schrift ist äußerst selten; die paar vorhandenen Exemplare können gezählt werden. Eins der wenigen, der Krakauer wertvollen Bibliothek angehörig, ward mir zum Studium längere Zeit mit dankenswerter Bereitwilligkeit überlassen.

Himmel sein lassen wollen; ja welch ein Labetrunk für arme
Schiffbrüchige, die seit Wochen geregelten, gemeinsamen Gottesdienstes entbehrt hatten! Aber von all der erwarteten Labe den
Durstenden kein Tropfen. Der Hauptteil der Predigt sammelte
sich um die Lehre von den Sakramenten, selbstverständlich vonseiten des lutherischen Hofpredigers mit scharfer Betonung der
leiblichen Gegenwart des Herrn in Brot und Wein kraft der
Allmacht Jesu Christi. Wer diese Lehre nicht annehme, sei ernstlich zu mahnen und zu rügen; denn wer die leibliche Gegenwart des Herrn im Abendmahl leugne, dessen Ende sei die Ver-
dammung — (vergessen wir nicht, Noviomagus kannte die Lehre
dieser Flüchtlingsgemeinde, und unter seiner Kanzel saßen hier der
König und die Königin, da Laski, um Schutz und Aufnahme
flehend!) —, ein solcher streite wider Gottes Wort. Man müsse
solche Leute meiden, wenn sie sich trotz der Mahnung nicht be-
kehren.

Es ahnte Laski, wes er sich von einem Könige zu versehen
habe, den eben sein Hofprediger an heiliger Stätte also ver-
warnt. Aber er schreckte nicht davor zurück, dennoch sein Bittgesuch zu überreichen; es sind ergreifende Worte, schlicht, fromm,
voll Adel. Er schildert dem Könige die Gnade, die Gott ihnen
und dem ganzen Volke in England erwiesen, welche Rechte ihnen
eingeräumt waren und in welch blühendem Zustande die Gemeinde
sich befand. Aber das Volk dankte nicht für solche Wohlthat und
Gott gab sie dahin. Das schwere Los traf auch sie. Lieber
wegzuwandern beschloß die Gemeinde, als dem römischen Drucke
nachzugeben. So kommen sie als Verbannte hierher, hoffend und
bittend, daß ihnen unter dem Schutze des Königs gewährt würde,
was sie in London besessen: das Recht, ihrem Glauben gemäß zu
leben, ihren Gottesdienst nach ihrer Weise einzurichten, eine um
so unbedenklichere Bitte, da sie der Landessprache unkundig seien.
Sie sind bereit, Rechenschaft ihres Glaubens abzulegen, wo und
wann immer es gefordert wird, sind auch bereit, sich belehren zu
lassen und das Bessere anzunehmen, wenn es ihnen aus dem
Worte Gottes bewiesen wird. „Denn wir suchen nicht unseren,
sondern allein Christi Ruhm und sind völlig willig, alles Menschliche an uns zu unserer eigenen Beschämung anzuerkennen, wenn

wir nur sehen, daß dadurch unseres Herrn Christus Ruhm in seiner Lehre verherrlicht werde. Denn er muß wachsen, wir aber
müssen abnehmen; so bekennen wir frei mit Johannes dem
Täufer." *)

Eine Antwort verhieß ihnen der König, der nicht umhin
konnte, sein Beileid über ihr schweres Los auszudrücken. Nach
fünf Tagen erst erfolgte der Bescheid und zwar abschlägig. Die
Mahnrede des Hofpredigers war nicht wirkungslos verhallt. Es
solle ihnen Ansiedlungsrecht gewährt werden, wenn sie sich der
Lehre und dem Kultus der Landesreligion anschlössen und den
Treueid leisteten, alle königlichen Verfügungen treu zu halten.
Die Gegenantwort konnte nicht fraglich sein. Schon anderen Tages
reichte Laski eine zweite Bittschrift ein, daß sie bereit seien, jeder
Lehre und jedem Kultus zu folgen, der ihnen als schriftgemäßer
denn der ihrige nachgewiesen würde, und bäten deshalb um ein
zu veranstaltendes öffentliches Gespräch. Unterdessen möchte man
ihnen nur diesen Winter Asyl und Möglichkeit gewähren, Predigt
und Taufe in ihrer Weise zu halten. „Königliche Majestät möge
bedenken, eine wie bejammernswerte Sache es doch sei, daß eine
Gemeinde, die um der Religion willen und im Vertrauen auf
die Frömmigkeit des Königs hierher gekommen, und zwar um
diese Jahreszeit und mit Kind und Kegel und all ihrem Hausrat,
des Gottesdienstes und seines Trostes entbehren sollte, unkundig
der Sprache des Landes und aller Mißgunst des Volkes ausgesetzt."

Aber auch diese Bitte umsonst. Der König will keine Religionsgespräche, will nur Unterwerfung, ja jetzt mit dem Beifügen, daß,
wenn dieselbe nicht erfolge, der Befehl schon nach Kopenhagen
ergangen sei, ohne Verzug die Flüchtlingsgemeinde des Landes zu
verweisen. Laski erwiderte, daß die königliche Meinung immer
strenger und strenger werde, „aber wir wollen sie ruhigen Herzens
als aus der Hand Gottes, unseres Herrn, hinnehmen; wir sind
uns keiner falschen Lehre bewußt und guten Gewissens wegen der
Lauterkeit unserer Sache".

So gelangte denn der drakonische Befehl zu seiner Ausführung.

---

*) Kuyper II, 680.

Es klingt wie Ironie, hier die fast unmenschliche Härte und daneben die angepriesene königliche Huld, die Unkosten für den Aufenthalt am Hofe tragen und noch 100 Thaler Reisegeld geben zu wollen*). Wie furchtbar muß es einem Manne wie Laski gewesen sein, solch' eine Gabe nicht stolz haben zurückweisen zu können; aber die drei Abgeordneten waren völlig mittellos und hätten ohne dies Geld nicht einmal zu den Ihrigen nach Kopenhagen zurückeilen können. Im letzten Augenblick wurde ihnen auch diese Gunst noch versagt. Über Holstein mußten sie allein fort, nur das eine ward ihnen bewilligt, daß Laski einen Diener mit Briefen nach der Hauptstadt senden durfte. Bis Hamburg reisten die drei Leidensgefährten unter der Begleitung und Aufsicht eines königlichen Dieners. Laski und Utenhove eilten zu Wasser nach Emden, woselbst sie am 4. Dezember eintrafen; Mikronius ging ostwärts nach Lübeck und Wismar, an der Seeküste zu suchen, wo wohl die Flüchtigen landen würden. Er konnte sie nicht finden. Die Küste war eisumstarrt; am 4. Weihnachtstage — die alte Kirche feierte an dem Tage das Gedächtnis des ersten Blutzeugen Stephanus — kam er angsterfüllt in Emden an. Erst nach 10 Tagen erreichte ihn Kunde von den Unglücklichen aus Wismar und rasch eilte der unermüdliche, treue Seelsorger zu ihnen. Auch uns drängt es, mitzugehen und Nachricht von dem Lose der Armen zu erlangen.

Am 3. November war die Flüchtlingsgemeinde in Kopenhagen gelandet, freundlich und teilnahmvoll von der Bevölkerung aufgenommen. Es wurde den Handwerkern unter ihnen gestattet, ihrem Erwerbe nachzugehen; nur ihrem Lehrer, der die mitgebrachten Kinder unterweisen wollte, wurde sein Schuldienst

---

*) Selbst noch bei dem heutigen Verteidiger Westphals klingt es wie ein Lob, daß der König die 100 Thaler den völlig Mittellosen gegeben. (Vgl. Mönkeberg, S. 25.) Solch Hervorheben hätte der geachtete Hamburger Prediger doch dem alten Harboe allein überlassen sollen.

**) Die Fahrt ging über Bremen. Laski vermied es nach den eben in Dänemark erduldeten, so herben Schlägen Besuche zu machen. Nur in Bremen besuchte ihn Timann und nahm das Mahl in freundschaftlicher Weise bei ihm in der Herberge; die Brandschriften Westphals scheinen bei diesem Zeloten Bremens damals noch nicht gezündet zu haben. (Kupper II, 24.)

untersagt. Wie waren die Leute nach der schweren Seefahrt so dankbar froh und hoffnungsvoll! Aber das änderte sich, als am 26. November der Bote mit Laskis Briefen und die königlichen Befehle in Kopenhagen eintrafen. Der Superintendent der Stadt, Palladius, hatte eine Glaubensprüfung mit den Leuten veranstaltet; das Ergebnis fiel günstig aus. „Für das Glaubensbekenntnis, das ich von diesen Männern vernommen", so bezeugte der würdige Geistliche, „sage ich Gott Dank, denn es ist von allem sektiererischem Wesen fern und stimmt in den Hauptpunkten mit der christlichen Religion überein. Ein geringer Unterschied ist nur in der Lehre vom Abendmahl, und zwar nicht in seiner Hauptsache und in seinem Mysterium, sondern nur in der Frage von der Art und Weise der Gegenwart des Leibes Christi im Abendmahl. Der Unterschied ist aber nicht so groß, daß wir deshalb das brüderliche Band zerreißen mußten, besonders da in den Hauptlehren des christlichen Glaubens völlige Übereinstimmung herrscht." In der That ein anderes Urteil nach abgelegter Prüfung, als die Hofprediger in Kolding ohne eine solche gefällt hatten. Aber es war doch ohnmächtig, den strengen königlichen Befehl aufzuhalten. Auch ein Bittgesuch des dänischen Senats an den König, die unglücklichen Leute nur während der strengen Winterzeit zu dulden, blieb erfolglos. Am 8. Dezember kam der Befehl zurück, alle aus Dänemark zu vertreiben, die sich nicht völlig den Satzungen und Ordnungen der Landeskirche unterwürfen. Von einem nur, einem Schuster, dessen Frau vor der Seereise bangte, geht die Rede, daß er den Eid geleistet und damit sich das Recht des Bleibens erkauft. Alle die Übrigen zogen die Verfolgung dem vor, etwas wider ihr Gewissen zu thun.

Es war ein klägliches Schauspiel, den Jammer der armen Leute zu sehen und wie sie um Aufschub baten, zunächst um zwei Monate. Sie hatten ihre Wohnungen bis zum Frühjahr vorausbezahlt, hatten bereits Anschaffungen zu häuslicher Niederlassung gemacht. Dann baten sie um einen Monat Frist, sie wollten zu Lande nach Deutschland pilgern; um vierzehn Tage, die Kälte sei ja so groß, nirgends werde man einen so starken Haufen armseliger Leute aufnehmen wollen; was solle denn aus den armen

Dalton, Laski. 28

Kindern, aus den kranken Alten werden? Aber auch diese Frist wurde nicht gewährt. Binnen drei Tagen sollten sie sich einschiffen; nur die eine Gunst, daß man einem kranken Manne und vier Frauen, die in den nächsten Tagen ihrer Stunde entgegensahen, nebst ihren Kindern, im ganzen 13 Personen, Asylrecht für einige Zeit noch gewährte*). Als alles Flehen umsonst war, erhob sich einer der Glaubenshelden und Flüchtlinge und sagte zu den Senatoren: „Weil denn bei euch und dem Könige gegen uns keine Milde ist, so ergeben wir uns Gott unserem Herrn und mildreichstem Vater, er wird mit uns handeln, wie er will; aber wir hoffen, daß er uns nach seiner Güte in diesem unserem Kreuze nicht verlassen wird. Wenn aber einer von uns seines Lebens verlustig geht, so wisset, daß ihr seines Blutes schuldig seid und der Strafe Gottes nicht entgehen werdet." Mit vieler Mühe fanden sich drei Schiffer bereit, die Verbannten nach Rostock, Wismar und Lübeck zu bringen. In tiefem Schneegestöber, während im Hafen schon die Eisschollen in ängstlicher Weise herumtrieben, fand die Einschiffung statt. Auf das strengste wurde den Schiffern untersagt, auch bei der größten Gefahr, in einen dänischen Hafen einzulaufen. Das Elend wäre noch furchtbarer gewesen, wäre nicht ein paar Tage vor der Abfahrt ein Diakone von den in England noch Zurückgebliebenen mit einem größeren dort gesammelten Zehrpfennig eingetroffen, denn alle Mittel, die die Flüchtlinge besessen, waren bereits aufgebraucht. Rührend war es, als die Kähne mitten im dichten Schneegestöber und zwischen den Eisschollen durch die Leute nach den Schiffen draußen auf der Rhede brachten, die Kinder den Lieblingspsalm ihres Superintendenten zu singen anhuben und alle, die schon auf dem Schiffe waren, in den feierlichen Gesang mit einstimmten. Ein paar Tage noch lagen die Reisenden draußen auf offener See vor Anker, günstigen Wind erwartend, Gott dankbar, daß wenigstens niemand den Keim der Seuche mit aufs Schiff gebracht, die gerade in diesen Tagen in Kopenhagen ausgebrochen

---

*) Bei Harboe (S. 55) das Verzeichnis sämtlicher Exulanten und ihre Verteilung auf den Schiffen des Christiern Glars, des Andreas Pratz und eines Schiffsherrn von Wismar, auch der 13 Personen, denen gestattet war, den Landweg einzuschlagen.

war. Am 18. Dezember konnten endlich die Anker gelichtet
werden.

Der Wind war günstig; am zweiten Tage schon trat die
deutsche Küste in Sicht. Das eine Schiff lief in Warnemünde
ein; der dortige Vogt nimmt die Unglücklichen, halb Erfrorenen
freundlich auf, auf Befehl von Rostock aber muß er sie nach
einer Woche austreiben. Dorthin, in die alte Universitätsstadt,
wenden sich die Verwiesenen; aber auch da werden sie am 12. Januar fortgetrieben, als ob sie räudige Hunde wären, und wieder
geht es in Wind und Wetter, in Schnee und Kälte über die
Landstraße nach Wismar, der blühenden Hansestadt, wo die Herzöge von Mecklenburg im schönen „Fürstenhof“ ihre Residenz
hatten. Dort stießen sie auf einen anderen Teil ihrer Leidensgenossen. Deren Schiffherr wollte auch in Rostock einlaufen.
Aber von einem heftigen Winde auf der Höhe von Warnemünde
ergriffen, wurde das Schiff nach Wismar hin verschlagen. Die
Bucht war voll Treibeis; eine Meile vor der Stadt bleibt das
Schiff stecken. In der Nacht erhebt sich ein Sturm; die Eisschollen werden wider das Schiff geworfen, der Schiffherr fordert
die Reisenden auf, über die treibenden Schollen hin in dunkler
Nacht das Ufer zu erreichen. Niemand wagt den tollkühnen
Gang. Da giebt einer den Rat, das Ankertau zu kappen und
die offene See zu gewinnen. Es glückt. Bei Tagesanbruch befindet man sich vor der Insel Poël. Der Schiffherr will Lübeck
zu erreichen suchen; aber die Reisenden wollen sich nicht wieder
der stürmischen, eisigen See anvertrauen. Ein Fischer von der
Insel holt sie auf seinem schwankenden Boote ab; das Schiff
aber mit all’ dem Hausgerät der Flüchtlinge fährt nach Lübeck
weiter. Unsere armen Reisenden, von Kälte erstarrt, vom Hunger
fast aufgerieben, arbeiten sich mit ihren Kindern durch das Schilf;
zum Glück kommen ein paar Fischerkähne und bringen sie ans
feste Land. Anderen Tages ziehen sie in Wismar ein, die armen
Kinder, die alten Leute mit Frostbeulen übersäet, die erst das
kommende Frühjahr ganz entfernte*). Der Anblick war denn doch

---

*) Der Winter war so ungewöhnlich streng, daß Anfangs Januar ein
Emdener Bürger, der von Groningen kam, von Oterdum nach Knocke über
den zugefrorenen Dollart ging. (Emmius, S. 950.)

zu bejammernswert, als daß die Obrigkeit ihnen nicht wenn auch
nur kurze Rast hätte bewilligen sollen. Nach vierzehn Tagen
wurde ihnen die Herberge wieder gekündigt; zum Glück trat Herzog
Johann Albert für die Beklagenswerten ein und wirkte ihnen
das Recht des Überwinterns aus.

Aber dieses Recht wurde ihnen mannigfach verbittert. Auf
den Kanzeln verlauteten die schwersten Ausfälle wider diese
„Schwärmer", die man als Wiedertäufer, als Sakramentierer
schmähte, ihnen ihr Martyrium vorrückte: wären sie ruhige Leute,
dann hätten sie ungestört in England bleiben können. Als Mi=
kronius zu ihnen eilte, nahm er den Kampf mit den zelotischen
Geistlichen auf, die fort und fort die Obrigkeit gegen die Unglück=
lichen anstachelten. Es würde uns zu weit führen, den ver=
schiedenen Religionsgesprächen zuzuhören, in denen so mannhaft
und wacker der treue Mikronius den Glauben seiner heim=
gesuchten, gequälten Genossen verfocht. Diese Zeit füllt eins der
trübsten, peinlichsten Blätter unserer Reformationsgeschichte aus.
Wir werden bald sehen, woher solches unmenschliche, grausame
Verhalten wider Glaubensgenossen kam, die wohl hätten erwarten
dürfen, daß man ihnen überall in evangelischen Landen die Strie=
men und Beulen ihres Martyriums um des Evangeliums willen
mit Lindigkeit und freudigem Dank abwaschen würde. Eins tritt
aus den verschiedenen Gesprächen deutlich hervor, daß die heftigen
Geistlichen die letzten Schriften Westphals gelesen und seine
treuen Schüler geworden; das Verhalten aber der Obrigkeit zeigt
ein bedenkliches Nachlassen und Müdegewordensein des reforma=
torischen Eifers. Man glaubt sein Erbteil erlangt zu haben,
man will nicht mehr es vermehren, nur den überkommenen Schatz
noch hüten und thut dies mit der Angst des Geizigen, der in
jedem Hilfesuchenden einen Räuber wittert und nichts mehr fürchtet,
als aus der vielleicht mühsam erlangten behaglichen Ruhe wieder
aufgeschreckt zu werden. Wie groß ist denn aber dann noch der
Unterschied zwischen ihrem Verhalten und dem so manchen Klo=
sters, so manchen Bischofs? — So waren denn auch die Tage
des Bleibens in Wismar gezählt. Ende Februar mußten die
Heimatlosen wiederum den Staub oder in diesem Falle richtiger
Eis und Schnee von ihren Füßen schütteln und den mühseligen

Wanderstab ergreifen, mit Weib und Kind fort, wer weiß in
welches weitere Elend zu ziehen. Nur einen einzigen Tag hatte
man ihnen zur Ausrüstung gestattet. Anderen Tages schon sind
sie auf der Straße nach Lübeck.

Wir sehen uns nach den Reisenden des dritten Schiffes um.
Das hatte glückliche Fahrt, schon am zweiten Tage konnte es
vor Travemünde Anker werfen; aber das Los dieser Verwiesenen
war nicht günstiger als das ihrer Leidensgenossen in Rostock und
Wismar. Als sie, all ihren Hausrat auf Wagen geladen, sich
anschickten, von Travemünde nach der Stadt zu kommen, wurde
der Zug mitten auf der eisigen Landstraße zum Stillstand angehalten, als ob sie Zigeuner und Landstreicher wären. Zwei
von ihnen eilten zur Stadt und überreichten ihre Bekenntnisschrift, und als die Obrigkeit daraus erkannte, daß man es doch
mit keinen Heiden zu thun habe, ließ man die Halberstarrten in
die Stadt ein; es war um die Weihnachtszeit. Über die Festtage hatten die Heimatlosen Ruhe, aber schon am 3. Januar begannen die Quälereien der Geistlichkeit auch hier in der Hansestadt. Auch hier wieder endlose Religionsgespräche und in denselben viele Anklänge an Westphals unselige Schrift. Das
Endergebnis wie überall. Am 26. Februar erhielten die Flüchtlinge die Weisung, binnen vier Tagen das Weichbild der Stadt
zu verlassen. Die Unglücklichen lenkten ihre Schritte nach Hamburg.

Das war ein Gang in die Höhle des Löwen. Immer und
immer wieder weisen die Spuren der feindseligen Gesinnung gegen
die armen Flüchtlinge auf den Hauptpastor an St. Katharinen
in Hamburg, Joachim Westphal, den starren, schlagfertigen
Anwalt der lutherischen Abendmahlslehre, der mit leidenschaftlicher Hast sich in den Kampf stürzte, den er selbst immer wieder
von neuem schürte und in unbegreiflicher Kurzsichtigkeit ihn so
führte, daß man wohl vermuten darf, Luther würde beim Anblick
der Opfer, die seine Kampfesweise gefordert, in die Wehklage
ausgebrochen sein: „O Varus, gieb mir meine Legionen wieder!“
Der Gang der Geschichte wird uns ja bald an die verlustreiche
Opferstätte führen. — Schon im Oktober waren Flüchtlinge aus
England nach Hamburg gekommen, Engländer meist, denen der
Senat freundliche Aufnahme gewährte. Als aber die Kunde von

der Schar fahrender Leute in die Elbestadt kam und wie sie aus Dänemark und Rostock und Wismar und Lübeck vertrieben worden seien, da schien es, als ob die Geistlichen nicht hinter dem Vorgehen ihrer Amtsbrüder zurückstehen wollten. Das Verhalten änderte sich, als die Unglücklichen der Stadt sich nahten. West- phal begehrte eine Unterhaltung mit Mikronius; die beiden schlagfertigen Männer haben sich lange in Gegenwart von Zeugen herumgestritten. Wie satt und siegesgewiß und dann hochfahrend so mancher Spruch des Mannes, der sich rühmte, mit Calvin und den anderen Häuptern der „Sakramentierer" angebunden zu haben! Wie so frevelhaft die Drohung, die dem Eiferer ent- schlüpfte, daß das Schwert der Obrigkeit gegen solche Schwärmer gezogen werden müsse! Der endgültige Ausgang auch in Ham- burg der gleich beklagenswerte. Ein Edikt wurde gegeben, daß alle „Sakramentierer" die Stadt zu verlassen hätten. Am 24. März wurden sie samt und sonders vertrieben, auch die Eng- länder, in denen Westphal mit gleichem Rechte Sakramentierer entdeckt, auch Walter Deloenus, der gerade um die Osterzeit mit einer neuen Schar Flüchtlinge aus dem unwirtlichen England nach dem damals ebenso unwirtlichen Hamburg gekommen war, das den armen Flüchtlingen ein gleiches Los bereitete, wie die grausame katholische Königin in London.

Am 26. März fanden die überall Verwiesenen auf der Elbe unterhalb der Stadt ein Schiff, das sie nach Ostfriesland brachte. Nun hatte ihr Leid ein Ende. Was waren das für sechs Mo- nate gewesen! Wahrlich unglaublich auch heute noch allen denen, die Kunde von dieser Irr- und Wirrfahrt erhalten. Wie ein Gedicht hört sie sich an. Und doch bezeugt Laski vor Gott, daß die Erzählung wahr sei*). Ja, er fügt hinzu, daß, wenn doch noch welche die Thatsache in Zweifel ziehen wollten, er solchem Frevelmut das apostolische Wort entgegenhalte, daß wir alle der- maleinst vor den Richterstuhl Christi gestellt werden. Dann aber werde vor aller Welt die List und Heuchelei der Gegner offenbar werden.

Wir aber sind froh, den düsteren Bericht über diesen schweren,

---

*) Kuyper II, 754.

unvergeßlichen Winter der evangelischen Kirche hinter uns zu haben
und nun mit dem beginnenden Frühjahre lichteren Sonnenstrahlen
uns wieder zuwenden zu dürfen. Wir schlagen das schmerzens=
reiche Blatt rasch um, aber doch nicht ohne zuvor des frommen
Utenhove letzte Bitte über den Bericht auch hier kundzuthun:
„Zuletzt wollen wir alle Frommen um Christi willen gebeten haben,
keinen Haß gegen die in sich auffommen zu lassen, die uns also
in unserem Kreuze verfolgt haben, auch nicht mit Jakobus und
Johannes zu verlangen, daß Feuer vom Himmel auf sie wegen
der verweigerten Herberge falle, ja vielmehr, daß sie nach der
Lehre Christi für sie beten und flehentlich mit uns Gott bitten,
daß sie Buße thun und selig werden."*)

b) Das Asyl in Emden.

„Nach dieser unserer harten Wanderschaft" — so schließt
Utenhove seinen ergreifenden Bericht — „gab uns Gott der
Herr, wie er einst seinem Knechte und Propheten Herberge und
Speise bei der Witwe zu Sarepta verschaffte, auch uns nach
seiner Güte festen Heimsitz bei der erlauchten Fürstin und Witwe
Anna von Oldenburg, Ostfrieslands Regentin, und die Pastoren
zu Emden und die Bürger haben an den Unsrigen alle Pflichten
der Menschenliebe erfüllt. Denn also pflegt Gott in seiner väter=
lichen Güte seiner heimgesuchten Kirche nach heftigen Stürmen
der Trübsal Ruhe zu gewähren, wie die Apostelgeschichte bezeugt,
daß nach der Steinigung des Stephanus und nach der Zerstreuung
der Gemeinde von Jerusalem die Gemeinde Christi Frieden in Judäa,
Samarien und Galiläa gehabt habe."**)

Laski hatte seiner Fremdlings= und nun Flüchtlingsgemeinde
die Herberge in Ostfriesland bereitet. Er selber war in dieser
seiner zweiten Heimat mit offenen Armen aufgenommen worden,
so herzlich und innig, wie wenn ein Vater nach langer Abwesen=
heit zu den Seinen zurückkehrt. Es that dem schwergeprüften,

*) Utenhovius, S. 238.
**) Ebd., S. 233.

bis in die tiefste Seele durch seine in Dänemark erlittene Unbill
verletzten Manne so wohl, hier doch endlich brüderliche Liebe anzutreffen. Ruhe gönnte er sich keine, so lange das Los seiner
Flüchtlinge nicht gemildert war. Er war in den Wintertagen
anzusehen wie eine Löwin, der man ihr Junges anzutasten wagt*);
dazu er selbst in seinem Heiligsten angegriffen, schwer leidend an
seinem siechen Körper, unkundig, was aus seinen armen Knaben
in Kopenhagen geworden, und kaum hatte die Frau, die direkt
mit ihren Kindern von London nach Emden gekommen und vor
ihrem Manne daselbst eingetroffen war, den Fuß ans Land gesetzt,
so genas sie eines Kindes. Den Namen Samuel erhielt das
Knäblein in der Taufe: „Gott hat erhört“. Unser Held ist
trotz aller Trübsal ungebeugt geblieben in seinem festen Gott-
vertrauen.

Das erste, was Laski nach seiner Ankunft in Emden that,
war, ein Schreiben an den König von Dänemark zu richten**).
Als Christ hat unser Freund dem Christen sein Verhalten vorgerückt, ernst, voll strengen Tadels und von dem innigen Wunsche
beseelt, daß der König Buße thun möge für zwiefache, schwere
Sünde; einmal daß er in dem Betragen gegen seine Gemeinde
gestattet habe, die ganze Kirche Christi mit dem unbilligsten Vorurteil zu verdammen und dann, daß er die ihm anvertraute Gemeinde Christi, die im Vertrauen auf seine Frömmigkeit zu ihm
geflüchtet und demütig im Namen Christi ihn um Hilfe angefleht,
in einer Weise behandelt, daß er fest überzeugt sei, er würde bei
Heiden wohlgesinnter behandelt worden sein. Der Brief ist uns
ein wertvolles Schriftstück, um des Schreibers willen, aber auch
wegen dessen, an den es gerichtet. Könige sind nicht gewohnt, in
solch erschütternder Weise die Wahrheit zu hören, und zwischen
den Schmeichelworten der Hofleute dringt selten die Stimme eines
Nathan durch; aber wer ist denn eher berufen, die freie Sprache

---

*) In einem Schreiben Laskis an Calvin (Calvin XV, 82; der Brief
war dem Spürsinn Kuypers entgangen) erwähnt unser Freund ein Wort,
das ihm oftmals Erasmus, als er bei ihm in Basel gewohnt, gesagt:
„Fore si Lutherani isti rerum potiantur, ut multo graviorem sub illis
quam sub plerisque Papistis tyrannidem sustinere cogamur.“
**) Vgl. Kuyper II, 687.

auch dem gekrönten Haupte gegenüber zu führen, als der, der im
Dienste des Höchsten stehend Zeuge und Verkündiger seines heiligen Willens vor aller Welt zu sein erwählt ist? Es ist leider
unbekannt geblieben, welches die Wirkung dieses Rufes zur Buße
bei dem Könige gewesen; kein Anzeichen konnte gefunden werden,
ob er wie David gehandelt.

Kaum erfuhr Laski, daß ein Teil seiner Gemeinde, darunter
auch die beiden Söhne aus seiner ersten Ehe, in Wismar gelandet
oder richtiger gestrandet sei, wendete er sich schutzflehend für sie
an den Herzog von Mecklenburg, der ihm ja von England her
zum Danke verpflichtet war. Die Bitte war nicht vergeblich, wir
haben es bereits erfahren. Dann häuften sich die Nachrichten
von dem schier unmenschlichen Geschick, das die Flüchtlinge überall
traf. Zugleich aber auch drang immer vernehmbarer ein Schrei
des Unwillens über solch' grausame Behandlung von allen Seiten
zu Laski. Der König von Schweden drückte ihm das herzlichste
Beileid aus und sein Bedauern, daß er nicht unmittelbar von
Dänemark mit seiner ganzen Gemeinde nach Schweden gekommen
sei, wo sie freundliche Aufnahme gefunden haben würden*). Wer
viele Briefe aus jenen Tagen gelesen, der kann oftmals den Auf-
schrei des Unwillens über solchen Frevel an Glaubensbrüdern
vernehmen.

Unterdessen kamen die fast zutode gehetzten und sterbens-
müden Flüchtlinge in Ostfriesland an. Hier fanden sie, was sie
vergeblich gesucht, eine von warmer, christlicher Bruderliebe zu-
bereitete Herberge. Laski selbst ist über die erwiesene Aufnahme
dankbar überrascht. „Wir sind hier so aufgenommen, daß, wenn
wir zu unseren nächsten Verwandten gekommen wären, wir nicht
liebevoller hätten empfangen werden können. Für keine andere
Gemeinde ist unser gesamter Adel so besorgt, so daß ich nicht
genug seinen Eifer, sein Wohlwollen und auch seine Freigebigkeit
rühmen kann. Christoph von Eusum wird nicht müde, die
Pflichten eines wahren Bruders uns zu erweisen: sie helfen den

---

*) Kuyper II, 709 und die daselbst angegebene Belegstelle. Es war
nicht möglich, in dem Archiv zu Stockholm eine Abschrift dieses Briefes zu
finden.

Unsrigen in der That so, als ob wir in ein gemeinsames Vaterland gekommen wären. Von der Gräfin versprechen wir uns
auch alles Gute; sie hat mir bereits einen deutlichen Beweis
gegeben. Kurz, ich danke dem Herrn, meinem Gotte, daß er uns
hierher geführt hat."*) Man fühlt den warmen Worten Laskis
ab, wie wohl ihm solch ein Betragen gewesen: ist es doch eine
der schönsten Früchte seiner Wirksamkeit in diesem Lande, die er,
der Säemann, noch ernten durfte**). Rührend war die aufopfernde Liebe zumal der Embener Bürger. So heißt es in dem
Briefe eines Ratsherrn in jenen Tagen: „De liefde toen ter
tydt was zo groot, dat goedthartige burgers zich dagelyks
by de poorten en bruggen lieten vinden, de aankomende
vreemdelingen vlytig onderzochten en vervolgens in hunne
huyzen op en aannamen."***) Die Zahl dieser Flüchtlinge, vermehrt durch Scharen Verfolgter aus England, Belgien, Frankreich, soll einer Angabe nach bis auf sechstausend in wenig Jahren angewachsen sein†): eine Ziffer, wie sie nur Zürich oder
Genf an solchen um des Evangeliums willen Verfolgten in ihren
Mauern sahen. Weithin drang der Ruhm solch hochherzigen
Thuns; Emden erhielt den schönen Namen: Mutter der Flüchtlinge und Vertriebenen, Herberge der Lieblinge Gottes. Noch
heute sieht man an der großen Kirche der Stadt, in Stein ge-
hauen, ein Schiff mit der Unterschrift: „Schepken Christi 1553",
und der Randschrift: „Gods Kerk vervolgt, verdreven, Heft
God hyr Trost gegeven."††) Das Schiff weist ja auf die Seereise der Flüchtigen hin; uns aber ist es zugleich wie eine holde
Erinnerung an den Mann vom Wappen Korab, der solche Ge-

*) Kuyper II, 695.

**) Die freundliche Aufnahme war in gewisser Beziehung nur die treue
Ausführung des § 5 der Polizeiordnung der Gräfin Anna von 1545, der
unter dem Diktat des Superintendenten damals geschrieben zu sein scheint.
Es heißt darin: „Würde aber jemand befunden, der allein um des Evangelii
willen und daß er danach leben wollen, vertrieben wäre und dessen genug-
samen Beweis aufzubringen wüßte . . . denselben soll man nicht verweisen."

***) Meiners I, 328.

†) Bertram, S. 279.

††) Eine Abbildung auf dem Titelblatt bei Mülder, S. 1.

finnung herzlicher Bruderliebe an der Stätte seiner Wirksamkeit anzufachen verstanden.

Es war keine kleine Sorge, die zunächst Emden und Laski mit diesen Scharen Hilfeflehender erwuchs. In erster Linie waren es Notleidende. Es galt die Mittel für ihren Unterhalt aufzutreiben. Mit gewohntem organisatorischen Geschick richtete Laski eine besondere Fremden-Diakonie ein, die heute noch besteht; die Bürger besteuerten sich freiwillig und brachten neben ihren Almosen für die einheimischen Notleidenden ein weiteres regelmäßiges für die Fremdlinge auf. Nicht alle waren darauf angewiesen. Einzelne trafen mit eigenen Mitteln ein und unterstützten dann reichlich ihre Leidensgefährten. Die Leute waren zur Arbeit geschickt und willig. Eduard VI. hatte vielen das Bürgerrecht verliehen, weil er sie als fleißige, betriebsame Fabrikanten und Kaufleute wert hielt. Zumal als Bursatweber oder Posamentierer waren sie weithin gerühmt. Sie säumten nicht, in der geöffneten Herberge ihre Kunst zu üben. Schon nach wenigen Jahren konnten sie dieser „Mutter der Vertriebenen" ihren Dank erstatten: der Wohlstand hob sich in sichtbarer Weise. Handel und Wandel blühten in dem Ländchen wie nie zuvor, ja, es dauerte nicht lange und der Neid regte sich, als ob die Fremdlinge an Reichtum und Macht die Einheimischen überflügelten. Ostfriesland machte die Erfahrung, die später die Lande des großen Kurfürsten, die anderen Gebiete machten, die den flüchtigen Hugenotten offenen Willkomm boten: daß der tüchtigste Zuwachs einer Bevölkerung Leute sind, die um des Glaubens willen in die Verbannung ziehen.

Schon im Jahre 1554 gelang es Laski, den Wallonen eine Kirche zu öffnen, in der sie ihren Gottesdienst in ihrer Muttersprache halten konnten[*]. Bald darauf konnten auch die Engländer, die zahlreich der Verfolgung der blutigen Maria entflohen, wenn auch nur zunächst in einem Privathaus, in ihrer Sprache Gottesdienst feiern. Wie groß ihre Zahl gewesen sein muß, zeigt die Angabe, daß sie neben ihrem eigenen Geistlichen fünf Presbyter, vier Diakonen und zwei Schullehrer gehabt haben. Nicht

---

[*] Calvin XV, 82 und Meiners I, 325.

in Emden allein hielten sich die Flüchtlinge auf: ebenso, wenn auch in geringerer Zahl, begegnen wir ihnen in Norden, Leer und anderen Orten.

Sah Laski diese seine Bemühungen, das harte Los der Flüchtlinge zu lindern, durch die opferwillige Teilnahme der ganzen Bevölkerung mit glänzendem Erfolge gekrönt, so fiel es ihm anderseits schwer, sich in die kirchlichen Verhältnisse des Ländchens oder vielmehr ganz Deutschlands wieder einzuleben. Während seiner Abwesenheit in England hatte sich in der Heimat der Reformation ein Wechsel und Wandel vollzogen, der seine Schlagschatten allüberallhin warf, für vorausschauende Naturen in besorgniserregender Weise. Wie hat Laski, der alsbald die ganze Gefahr erkannte, darunter gelitten! Es war der unheilbare Riß, der fortan die evangelische Kirche in zwei Heerlager trennte, offen zutage getreten, und zwar in der bedenklichsten Stunde, in der die römische Kirche sich zum frischen Angriff erhoben und in fester, geschlossener Einheit gegen die Protestanten vorging. Die Folgen dieses verderbenbringenden Wandels in der Entwickelung der evangelischen Kirche Deutschlands hatten die Flüchtlinge auf ihrer Irrfahrt bitter zu kosten bekommen: Laski hatte nun Zeit und Gelegenheit, die Anfänge des verhängnisvollen Wechsels kennen zu lernen. Sie lassen sich nicht auf die eine oder die andere Thatsache zurückführen, sie sind langsam herangereift; versuchen wir ihnen, wenn auch ganz flüchtig, nachzugehen.

Den Vergewaltigungen des Interims hatte der Vertrag zu Passau ein Ende bereitet; zwischen Katholiken und Protestanten war ein Friedstand hergestellt, der 1555 auf dem Reichstag zu Augsburg im „Religionsfrieden" seinen Abschluß fand. Die Völker waren der unseligen Kämpfe herzlich müde geworden; überall regte sich dringend das Bedürfnis nach Ruhe; man fühlte sich völlig erschöpft. Wie stark diese Sehnsucht nach Beilegung des Haders längst schon auch in der Kirche empfunden wurde, zeigte der geringe Wiederhall, den der von Luther in seinem letzten Lebensjahre von neuem angefachte Sakramentsstreit gefunden. Man wich einer Erneuerung des Kampfes fast scheu aus; die Angst, die Melanchthon davor beseelte, teilte die

Mehrheit. Nun war der große deutsche Reformator vom Kampf-
platz abgerufen: ein schweres Verhängnis für seine Kirche. Luther hatte unter seinem Volke so riesengroß dagestanden, und
fast übermächtig war sein Einfluß gewesen. Bei seinem Scheiden
war niemand unter den Wittenbergern stark und hervorragend
genug, den Prophetenmantel dieses Mannes zu tragen, und doch
bedurfte die Kirche der Reformation noch ihres Propheten, denn
ihr letztes Wort war noch nicht gesagt. Melanchthon lenkte
den Streitwagen nicht mehr; seit den Tagen des Interims lag für
viele ein Schatten auf seiner Person, und lichter erschien diesen
vielen die in den Vordergrund tretende Gestalt des lehrtreuen,
rücksichtslosen, kampfesmutigen Illyriers Matthias Flacius.
Sein Aufenthaltsort Magdeburg schien das Erbe Wittenbergs anzutreten, seitdem Luthers gewaltige Persönlichkeit dort nicht mehr
herrschte. Der Kampf unter den Theologen der Wittenberger Schule
wütete weiter, wenn auch nicht an der Stelle, wo ihn der Meister
kurz vor seinem Scheiden erregt. Es ist der antinomistische und
osiandristische Streit, es sind die Kämpfe des Flacius und des
Strigel, die die arme Kirche da und dort bis in die Tiefe
noch jahrzehntelang aufwühlte. In diesen kleineren Reibungen
aufgehalten und ihre Kraft verbrauchend, drang die Kirche Luthers nicht mehr in siegreichem Sturmeslauf zu den anderen
Völkern vor, die der Segnungen der Reformation noch nicht
teilhaft geworden. Mit dem Heimgange des Reformators waren
im großen und ganzen die Grenzlinien der Ausbreitung seiner
Kirche gezogen: es folgten fortan, während sie in ihren eigenen
Eingeweiden wühlte, fast nur Einbußen des Besitzstandes.

Anders und auch günstiger gestaltete sich der Verlauf der Entwickelung in den schweizerischen Kirchen. Es schien, als ob hier
das Steuer der Reformation mit lebenskräftiger Hand ergriffen
sei. In den Vordergrund der Bewegung trat je länger je mehr
Calvin, wie ein Prophet des Alten Bundes anzuschauen, „voll
religiösen Tiefsinnes in unerbittlicher Folgerichtigkeit"*). Die
Abendmahlslehre entwickelte er im engsten Anschluß an das Wort
Gottes, die Mitte haltend zwischen Zwingli und Luther.

---

*) I Hase, S. 419.

Melanchthon fiel seiner Anschauung zu; in Frankfurt a. M. 1539 haben die beiden Männer sich die Bruderhand auch über diesen vielumstrittenen Lehrpunkt gereicht, es war eine aufrichtigere, offenere Verbindung, als sie die Wittenberger Konkordie vor ein paar Jahren mühsam zuwege gebracht. Die neue Ausgabe der Augsburger Konfession ist die schöne Frucht dieser gegenseitigen Annäherung. Calvin hat sie ohne Zögern, ja, wie er selbst sagt, willig und von ganzem Herzen auf dem Reichstage zu Regensburg 1541 als Abgeordneter der Straßburger Kirche unterzeichnet. Man gewöhnte sich in weiten Kreisen Deutschlands daran, Calvin und seine Kirche zu den Augsburger Religions-Verwandten zu zählen; ein wesentlicher Unterschied in der Abendmahlslehre zwischen Luther und Calvin war ja bemerkbar, aber er galt nicht als Trennungspunkt, und viele in Deutschland neigten sich der Auslegung Calvins zu*). In diese langsam und fast unbemerkt sich anbahnende Aussöhnung fiel grell das peinliche Wort Luthers im Jahre 1544: „Kurzes Bekenntnis vom heiligen Sakrament wider die Schwärmer.“ O, wäre das Buch doch nicht ans Tageslicht getreten! Es ist auch eine Antwort darauf der schöne „Züricher Konsensus“, in welchem Genf und Zürich freudig ihre Übereinstimmung und zwar durch Aufgabe der Zwinglischen Anschauung bekannten.

Die in dieser Bekenntnisschrift niedergelegte Fassung der Lehre hielt ihren Siegeszug in den Landen, in welchen bis dahin die evangelische Lehre noch nicht festes Gepräge erlangt hatte. Am auffälligsten war der Erfolg in England. Dort hatte man in den dreißiger Jahren nach Wittenberg sich um Lehrer der Reformation gewandt: Mykonius, Äpinus waren dort gewesen. Die Spuren ihrer Thätigkeit sind den „englischen Artikeln von 1536“ eingedrückt**). Nach einem Jahrzehnt war der Einfluß ein anderer geworden. Wir haben die Männer kennen gelernt, die dem Primas von England als geistlicher Beirat zur Seite standen. Cranmer gab dem Züricher Konsensus seine volle und warme Zustimmung, die von Calvin und Bullinger

---

*) Vgl. Plank I, 5—35.
**) Vgl. Hardwick, S. 13—51.

gegebene Fassung wurde maßgebend für die Lehre der englischen
Kirche.

Die Kunde von diesem großen Erfolge war bald nach Deutschland gedrungen, zumal nach Hamburg, wo Joachim Westphal
und Äpinus den mächtigsten Einfluß ausübten. Beide Männer waren strenge Anhänger der reinen Lehre Luthers in diesem
Punkte und zwar in ihrer schroffsten Ausprägung. Des Reformators letzte Schrift gegen die Schwärmer galt ihnen wie ein
heilig zu haltendes Vermächtnis; das schöne Wort, das Luther
bei seiner letzten Fahrt nach Eisleben zu Melanchthon sagte:
„Lieber Philipp, ich muß bekennen, der Sache vom Abendmahl
ist viel zu viel gethan", das war nicht für einen Mann wie
Westphal geredet, der hielt sich lieber an das andere beklagenswerte Wort, das Luther kurz vor seinem Ende an Jakob
Probst geschrieben haben sollte: „Selig ist der Mann, der nicht
wandert im Rate der Sakramentierer und nicht steht auf dem
Wege der Zwinglianer, auch nicht sitzt, wo die Züricher sitzen"
und das unsere armen Flüchtlinge bitter in Dänemark, in Wismar, in Hamburg zu hören und auch zu fühlen bekamen*).
Sollte nach solchem Erfolg in England den Schweizern überall
der Sieg zufallen? Wuchs nicht auch in Deutschland die Gefahr,
daß die lutherische Abendmahlslehre je länger je mehr in den
Hintergrund gedrängt werde? Über den streitbaren Recken am
Nordseestrande kam es wie eine Pflicht, als Zionswächter Sturm
zu läuten und die schlafenden Genossen auf die drohende Gefahr
hinzuweisen. Sein in leidenschaftlicher Hast ausgestoßener Mahn-
ruf erscholl 1552. Er schien zu verhallen. Darum alsbald ein
zweiter und er sorgte jetzt dafür, daß er nicht ungehört vergessen
werde. Mit Westphals unseliger Brandschrift „Farrago" und
der sich ihr 1553 anreihenden „Von dem rechten Glauben über
das Abendmahl"**) war das Tischtuch zwischen den evangelischen

---

*) Vgl. Harboe, S. 115 und seine Auslassung darüber.

**) Es würde uns zu weit führen, den Inhalt dieser Schriften und
ihrer Gegenschriften näher anzugeben. Wem die jetzt selten gewordenen
Bücher nicht zur Hand sind, wird sich noch immer am genauesten orientieren
bei Planck V, 2. S. 1—137, wenn auch vielleicht nicht mehr alle Folgerungen des berühmten Historikers heute noch angenommen werden können.

Glaubensgenossen zerschnitten. Fortan vernahm man wieder in der evangelischen Kirche Deutschlands den unheilvollen Ruf, der einst durch die deutschen Gauen so verderbenbringend erschollen war: „Hie Welf! Hie Waiblingen!" Als ob er im Solde der römischen Kirche gestanden, so hat Westphal in seiner „Farrago" den päpstlichen Angreifern eine wuchtige Waffe geschmiedet: wie geschickt verstanden Männer wie Hosius diese Waffen zum größten Schaden für die evangelische Kirche zu führen!*)

Eine der ersten Wirkungen dieses über die evangelische Kirche heraufbeschworenen Hadergeistes bekamen unsere armen Flüchtlinge zu spüren. Das Westphalsche Buch war an der Nordküste Deutschlands und nach Dänemark hin eifrig verbreitet worden. Unter den Geschmähten war auch Laski gebrandmarkt, den man als Hauptschuldigen in der Feststellung der Lehre in England mutmaßte und dessen Werk über das Sakrament vor kurzem erschienen war; vor seiner Gemeinde galt es demnach die eigene Kirche zu schützen wie vor Pestkranken. Laski kannte die Schrift noch nicht; jetzt erst in Emden fand er Muße, sie zu lesen. „Christi Geist legt Zwistigkeiten bei und versöhnt, was auseinanderzugehen scheint; Westphal aber sucht Zwietracht wachzurufen, wo Eintracht herrscht, um die Kirchen zu spalten. Hätte ich Zeit und Lust, die Auslegungen derer zusammenzustellen, die er auf seiner Seite zu stehen glaubt, so könnten wir auch solche farragines zusammentragen und durch die That, nicht durch lügnerische

---

*) Der Züricher Konsensus war Westphal ein Dorn im Auge; solch' eine Übereinstimmung scheint er den „Sakramentierern" nicht gönnen zu wollen und zählt ihnen in fast hämischer Weise nicht weniger als achtundzwanzig verschiedene Auslegungen der Einsetzungsworte auf, wobei er in blindem Eifer die gröblichsten Verstöße sich zuschulden kommen läßt und Verschiedenheit in den Worten zu Unterschieden in der Lehre stempelt. So werden Laski allein sieben verschiedene Auslegungen zugeschoben. Den Wert solch einer Aufstellung wußte der ermländische Bischof Hosius gar wohl zu schätzen. Mit dieser Waffe hat er in Polen und Österreich unersetzbare Verluste der evangelischen Kirche beigebracht. Man vergleiche die ungemein interessanten und wichtigen Berichte von Hosius nach Rom über den Erfolg seiner Bemühung, Kaiser Maximilian von seiner Neigung zur evangelischen Kirche abzubringen (Theiner II, 603 f.).

Schmähungen zeigen, daß sie nicht nur unter einander, sondern viele auch mit sich selbst, und zwar nicht nur in Worten, sondern auch im Wesen im Widerspruche sind." So ist Laskis erstes Urteil über das Buch, dessen große Gefahr für die Kirche Christi er alsbald erkennt. Er wollte erwidern und die auch wider ihn erhobenen Beschuldigungen zurückweisen; dann aber schwieg er doch wieder. Es kam ihm zu hart an, einer Persönlichkeit zu antworten, deren sittliche und auch wissenschaftliche Roheit ihm zuwider war: der Adel seines frommen Gemütes, die feine Urbanität seiner humanistischen Bildung bebte davor wie in jungfräulicher Scheu zurück. Erst nach Jahresfrist überwand er den Widerwillen, die Gefahr dieser Brandschriften war gewachsen; nicht um seinetwillen, aber es galt nun die seiner Leitung anvertraute, so schnöde angegriffene Kirche zu schützen, und das gab ihm den Mut, öffentlich wider den Hamburger Zionswächter aufzutreten.

Daß andere Luft jetzt in Deutschland wehe, das bekam Laski nun auch in Ostfriesland empfindlich zu spüren. Die in der schweren Drangsal seiner Flüchtlinge selbst erhaltene Wunde lag bloß da und brannte; jeder Zugwind, der darüber strich, schmerzte ihn stärker als wohl sonst. Es fehlte dem Verwundeten die alte Widerstandskraft; der bloßgelegte Nerv spürte die leiseste Reizung scharf und wehrte sich dann gleich scharf. Die die Interimszeit und ihre Demütigung in deutschen Landen durchlebt, denen war eine gedrückte Stimmung haften geblieben; überall das fast klägliche Verlangen nach Ruhe, nur Ruhe um jeden Preis; überall ein bescheidenes Sich-genügen-lassen an dem geretteten Besitz. Und solch ein Begehren war so gar nicht nach unseres Freundes Dafürhalten und reizte ihn zu nur schärferem Hervortreten. Er nahm die Sachen viel, viel schwerer als sie waren. Denn das unsagbare Weh war über ihn gekommen, daß er den Nerv seines Lebens- und Liebeswerkes bei seiner Rückkehr in Frage gestellt sah: an der Herstellung einer auf Gottes Wort reformierten Christenheit zu arbeiten.

Stillschweigend, wie selbstverständlich, war er in Emden wieder in seine alte, ihm offen gehaltene Stelle eingetreten. Ein ärger-

licher Streit, der in Norden zwischen dem uns schon bekannten
Lemsius und einem Kollegen ausgebrochen, war bereits beigelegt; die Nordener Geistlichen waren beseitigt, der treue Mikronius hatte eine der erledigten Stellen erhalten. Auch eine
andere Zwistigkeit verlief endgültig zugunsten Laskis. Sein Amtsbruder an der Emdener Kirche, Gellius Faber, zu Konzessionen
in der Weise von Bucer geneigt*), meinte durch Milderung
einiger Ausdrücke im Emdener Katechismus zur Aussöhnung der
in den Nordener Händeln zutage getretenen Verschiedenheit in den
Lehranschauungen wesentlich beitragen zu können. Der coetus
wollte nur mit Zustimmung Laskis in die Änderung willigen;
Gellius aber, der diese Zustimmung nicht erwartete, ließ den
Druck des Katechismus in Bremen beginnen. Da traf Laski
in Emden ein und erfuhr, was sein Amtsgenosse gewissermaßen
hinter seinem Rücken gethan. Mit voller Entschiedenheit forderte
er von Hardenberg, der den Druck überwachte, Einhalt. Er
konnte sich mit den Änderungen keineswegs zufrieden geben. Der
coetus stimmte Laski bei und auch Gellius gab nach. 1554
erschien der Emdener Katechismus; Kuyper hat schlagend nachgewiesen, wie derselbe in seiner gegenwärtigen Fassung nicht nur
durchaus den Stempel Laskis trägt, sondern auch größtenteils
aus seiner Feder geflossen ist**).

Aus der Entschiedenheit, mit der bei dieser Gelegenheit Laski
auftrat, konnten die Emdener erkennen, daß in ihrem Superintendenten der alte Feuereifer für die Sache des Evangeliums noch
ungeschwächt sei, und die meisten begrüßten die Wahrnehmung
mit Freuden. „Niemals war die Übereinstimmung in der Lehre
so groß wie jetzt", berichtet Laski an Bullinger in einem
Schreiben, in welchem er den ganzen Handel genau schildert***).
Aber nicht allen, zumal bei Hofe, war der kraftvolle Mann ge-
nehm. Er fügte sich ihnen nicht genug in die veränderten Zeit-
verhältnisse; sie wünschten einen schmiegsameren Superintendenten
der Kirche, und wirklich begannen, ohne daß Laski etwas davon
merkte, Unterhandlungen mit Melanchthon, ihn an die Spitze

*) Bartels, S. 52.
**) Kuyper I, xcv.
***) Kuyper II, 712.

der ostfriesländischen Kirche treten zu lassen. Sobald die Angelegenheit vor die Stände kam, wurde sie von der gesamten
Ritterschaft verworfen, und mit noch größerer Liebe wandte man
sich dem verehrten Superintendenten zu. Emmius, der dies
erwähnt, fügt bei: „Laski war von solcher Gesinnung, daß niemand offener und freimütiger vorbrachte, wenn ihn etwas verletzte
oder ihm mißfiel, niemand aber auch leichter verzieh und sich
wieder aussöhnte, oder weniger zum Zorn gegen Freunde wegen
ihrer Vergehen sich fortreißen ließ"*). Es ist dies mit Bezug auf
Hardenberg geredet, der unbegreiflicherweise bei den Verhandlungen mit Melanchthon die Hand im Spiele gehabt hatte:
also auch ihm schien jetzt der alte, treue Freund nicht mehr in
den Rahmen der Zeitlage zu passen. Es war ein bitterer Schmerz,
als Laski von der Sache erfuhr. Die alte Freundschaft erhielt
einen bedenklichen Stoß; offen und rückhaltlos hält ihm Laski
sein Verhalten vor; Hardenberg fühlte den scharfen Zahn der
Rede**). „Wenn Dir mein Brief mit Zähnen versehen vorgekommen ist, so rechne das nicht mir zu, sondern dem von Dir
zuvor empfangenen Schreiben, das ich nur verdauen konnte, nachdem ich es mit solchen Zähnen zermalmt hatte. Das hat mich,
mein lieber Albert, verletzt, daß Du zu solchem Versuch die Hand
geboten, nicht ohne Trug wider mein Amt und zum Leidwesen
vieler in meinen Kirchen. Es hat mich nicht derart verletzt, daß
es mein Herz von Dir entfremdete, ich fordere nur, daß Du bei
denen, denen Du den Rat zur Berufung Melanchthons hinter
meinem Rücken gegeben oder gebilligt hast, diesen Rat nun wieder
mißbilligst, weil es das Vertrauen zu meiner Amtsführung erschüttert."***)

Die mächtige Partei bei Hofe, die auch seit den Verhandlungen ter Westens in Brüssel bei der Gräfin die Oberhand

---

*) Emmius, S. 950.

**) In seinen bald ausbrechenden Händeln mit Timann, Westphals
wahlverwandtem Streitgenossen, sollte Hardenberg noch einen ganz anderen Zahn zu spüren bekommen, der ihn belehrte, daß durch Schmiegsamkeit
diesen Streitern nichts abgerungen wird (vgl. Spiegel, S. 158—295 und
Planck, Bd. V, 2. S. 138—328).

***) Kuyper II, 709.

gewonnen, ruhte nicht, bis sie Laski entfernt. Sie drang mit der Behauptung durch, unser Freund sei dem burgundischen Hofe so sehr ein Dorn im Auge, daß er ohne Gefahr für das Vaterland nicht mehr geduldet werden könne. Nicht völlig unbegründet war die Behauptung. Es war der Königin von England eine verdrießliche Sache, so viele ihrer Landeskinder flüchten und in dem kleinen Ostfriesland freundlich aufgenommen zu sehen. Durch ihren Gemahl, den König von Spanien, ließ sie in Brüssel ernstliche Vorstellungen über solches Verhalten der Gräfin machen. Dazu kam, daß es dem Könige von Dänemark, den norddeutschen Städten, die so unbarmherzig die Flüchtlinge von ihren Thoren gewiesen, ärgerlich war, diese vermeintlichen Landstreicher im benachbarten Staate wohlverpflegt zu erkennen. Ihre Aufnahme dort war eine Anklage wider ihr eigenes Verfahren, und so wurden sie nicht müde, Ostfriesland als Schlupfwinkel schlechter Leute zu schmähen*). Aber Laski hielt die Berufung auf solche Drohungen und Reden doch nur für einen willkommenen Vorwand, seiner sich zu entledigen. Es ist jetzt schwer zu entscheiden, mit welchem Rechte. „Ich bin ihren Ränken gewichen, auch auf den Rat der ganzen Kirche, die mich inzwischen einstimmig noch als ihren Pastor anerkennt und niemanden an meiner Stelle begehrt. Sie hat mir so viele Liebeserweise gegeben und thut es noch fortwährend, daß ich ihre Liebe und Treue nicht genug preisen kann.‟**) Auch die Gräfin ließ solchen Einflüsterungen über die Gefahr, die aus einem längeren Verweilen Laskis für ihr Land erwachsen könnte, Gehör und willigte in die Entlassung des um ihr Land so hochverdienten Mannes. Laski hat diese Schwäche der Gräfin als bittere Kränkung empfunden; herzlich leid that es ihm, die Frau, die in früheren Jahren so kraftvoll die Sache des Evangeliums vertreten, nun in ihrem frommen Eifer erkalten zu sehen. Die von ihrer Umgebung eingeschüchterte Frau fühlte das Unrecht, das Laski widerfahren und zu dem sie selbst die Hand geboten. Durch den Bürgermeister von Emden ließ sie dem

---

*) Emmius, S. 949. Laski selbst vermutet, daß Westphal und Timann und Konsorten unmittelbar ihre Hände bei diesen Ränken wider ihn im Spiel gehabt (vgl. Kuyper II, 31).

**) Kuyper II, 712.

Manne, der mittellos wegzog, eine namhafte Geldsumme ohne
Namennennung des Gebers aushändigen. Sobald aber unser
Freund auf die Vermutung kam, woher die Gabe geflossen, sandte
er sie mit edlem Stolze zurück. „Ich bitte Dich" — mit diesen
Worten an seinen Freund Medmann begleitet er die Rück=
gabe —, „nimm mein Thun nicht übel. Es geschieht nicht aus
Geringschätzung Deiner oder des Gebers, aber ich will nicht, daß
man sich seines Namens mir gegenüber schäme, der ich mich der
mir erwiesenen Wohlthat nicht schämen würde. . . Viele ver=
muten, daß das Geld mir von der Gräfin angewiesen sei. Ist
dem so, dann will ich es nicht anrühren, will auch nicht, daß sie
mit solcher Gabe ihre Heuchelei beschönige, deren ich sie vor dem
Richterstuhle Christi zeihe."*)

Im April 1555 verließ unser Freund für immer Emden.
Er meinte zwar, daß es nur ein zeitweiliges Weichen vor einer
augenblicklich mächtigeren Partei sei**); aber schon winkte ihm aus
der fernen Heimat holder Gruß der Rückkehr. In der schweren
und auch bitter gemachten Stunde des Scheidens aus dem Lande,
das ihm zur zweiten Heimat geworden, bereitete ihm sein treuer
Herr Christus die Wege heim in sein Vaterland und erfüllte ihm
seinen heißesten Wunsch. Mußte es auch in diesem Augenblick
dem frommen Knechte Christi erscheinen, als ob er wie ein Ver=
wiesener die Stätte seiner Mannesarbeit meiden müsse, das Land
hat ihn doch nicht wie einen Verbannten ziehen lassen. Seine
Geistesgestalt ist heimisch geblieben dort am Nordstrand, und auch
die kommenden Jahrhunderte haben die von reichem Gottessegen
triefenden Spuren seiner Wirksamkeit nicht wegwischen können.
Die in das Erbe seiner Mühe und Arbeit dort in der Kirche
getreten, die bewahren dem Polen dankbare Erinnerung und feiern
ihn als der Größesten einen ihres Landes.

---

*) Kuyper II, 713.
**) Wie sehr Laski davon überzeugt war und sich auch noch als an
Emden und die ostfriesländische Kirche gebunden ansah, zeigt der kürzlich erst
aufgefundene Brief von ihm an Calvin, worin er seine Abreise nach Polen
abhängen läßt von der Zustimmung seiner Emdener Kirche. (Calvin
XV, 773, d. d. 19. September 1555: „sine ecclesiae meae Frisicae as=
sensu, cui adhuc obstrictus sum, facere nihil possum".)

c) Auf dem Heimwege ins Vaterland.

Es war denn doch ein schwerer Aufbruch von Emden um die Frühjahrszeit 1555. Die Reise ging über Köln rheinaufwärts nach Frankfurt am Main, — allein. Die Frau sah ihrer Stunde wieder entgegen und war unvermögend, sich den Beschwerlichkeiten einer Reise zu unterziehen, deren Verlauf und Ende noch nicht vorausgesehen werden konnte. Die Knaben aus erster Ehe, die vor Jahresfrist die ganze Unbill der dänischen Reise und die darauf folgende Irrfahrt nach Wismar, Lübeck und Hamburg mitgemacht, mußten frühe lernen, was es heißt, Söhne eines um Christi willen Verfolgten zu sein. Der wackere Molanus, Rektor der Bremer Schule und treuer Freund von Hardenberg und Laski, der dem letzteren im verflossenen Winter während seiner schweren Krankheit als Sekretär gedient hatte, nahm sie mit sich nach Bremen, wo sie Herberge bei Hardenberg fanden, bis der Vater wieder irgendwo festen Fuß gefaßt haben würde. Allein und siechen Leibes zog der Verbannte seine Straße. Mehr wie je zuvor hatte er die letzten Monate gelitten, und seine Kräfte waren völlig erschöpft: wochenlang war er unfähig zu sehen und konnte keine Hand rühren. Zu seinem alten Übel war heftige Kolik getreten, woran er früher nie gelitten; ein Gallenerguß in den Magen hatte stattgefunden, dem war icterus gefolgt mit heftigstem hitzigem Fieber. Und trotz alledem ungebeugt und nicht müde, für seines Herrn Ehre mannhaft einzutreten: wahrhaftig ein köstliches Schauspiel! Seinem Freunde Calvin schildert er in den schönen Worten seine damalige Stimmung: „Was nun zunächst mein Hin- und Hergeworfenwerden betrifft, so ist es mir in der That, Gott sei Dank, nicht beschwerlich, so wenig, daß es meinem Gemüt sogar den großen Trost gewährt, zu sehen, wie jene Gemeinden mit Gottes Hilfe ihren Segen darin haben. Die Nachteile meiner Gesundheit achte ich für Vorteile, wenn auch das Fleisch dagegen Einsprache erhebt, denn ich sehe mich nicht ferne von dem Hafen, nach dem wir alle begehren. Möge Gott es geben, daß wir alle durch seine Barmherzigkeit mit starkem, ungebrochenem Herzen dahin gelangen."*)

Was ihn nach Frankfurt zog, war die Sehnsucht, daselbst Trümmer seiner Fremdlingsgemeinde in London, überallhin zerstreut, zu grüßen und ihnen in der neuen Fremde ratend und thatend zur Seite zu stehen. Sie hingen an ihm, ihrem wohlbewährten Superintendenten, in treuer Liebe und in festem rührendem Vertrauen, daß er ihr Los immer sich auf die Seele gebunden wisse. Wie der Apostel Paulus „trägt er Sorge für alle Gemeinden" (2 Kor. 11, 28). Das hatte er vor Jahresfrist den Flüchtlingen in Wesel bewiesen.

Wir erinnern uns, daß zwei Geistliche der Fremdlingsgemeinde, Deloenus von den Niederdeutschen, Peruzel von den Wallonen, nach der Abreise Laskis zunächst noch in London zurückgeblieben waren, den Gefahren noch eine Weile zu trotzen und dem eingeschüchterten Häuflein in der Verborgenheit den Trost des Evangeliums zu bieten. Aber auch sie ließ man nicht unbehelligt; nach ein paar Monaten mußten sie mit einem weiteren Bruchstücke der zersprengten Gemeinde nach dem Kontinente flüchten. Gewarnt, schlugen sie nicht den Dornenweg ein, den ihre Gemeindegenossen im vergangenen Herbste gezogen waren: über Antwerpen kamen sie an den Rhein, ein Teil ging nach Ostfriesland, andere Scharen zogen stromaufwärts. Die Orte waren bald bekannt, wo eine freundliche Herberge den Heimatlosen sich öffnete: Frankfurt, Straßburg, Basel, Zürich, Genf. Zu diesen Orten zählte auch und schon geraume Zeit Wesel. Dorthin waren bereits seit Jahren Wallonen geflüchtet, aus ihrer Heimat durch jenes „nicht mit Tinte, sondern mit Blut geschriebene" Plakat Karls V., das allen Ketzern Todesstrafe androhte, vertrieben**). Sie fügten sich dem Bekenntnis, das der Superintendent der Stadt ihnen als Bedingung ihrer Aufnahme auferlegte***). Dort-

---

*) Calvin XV, 773.
**) Wolters, S. 108.
***) Rektor und Superintendent in Wesel war damals Nikolaus Buscobucensis, derselbe Mann, der es wagte, sich um die Superintendentur in Ostfriesland 1550 zu bewerben, die Laski bei seiner Abreise nach London gar nicht niedergelegt und die auch gar nicht besetzt werden sollte. Er und sein

hin nun nach Wesel kam Peruzel mit Gliedern der Fremb=
lingsgemeinde und einer nicht kleinen, täglich wachsenden Schar
flüchtiger Engländer. Sie trafen es wohl nicht mehr so günstig,
wie die zuerst eingewanderten Wallonen. Tilemann Heß=
husius, ein Weseler Kind und kräftiger Streitgenosse West=
phals, hatte andere und minder günstige Stimmung wider die
Fremblinge, wenigstens unter den Geistlichen, zu wecken gewußt;
wir sind zum Glücke dem enthoben, die schmählichen Umtriebe zu
schildern, die da, wenn auch endgültig vergeblich, in Bewegung
gesetzt wurden, diesen armen fremden Leuten das Asylrecht zu ver=
wehren*). Während diese Ränke gegen die hilfsbedürftigen Ver=
bannten, die nach wenigen Jahren schon durch ihren Fleiß den
Wohlstand der ganzen Stadt so ungemein gehoben, noch in vollem
Zuge waren, hatten sich die Wallonen in ihrem Gewissen be=
ängstigt gefühlt, ob es ihnen gestattet sei, alle die Zeremonieen,
die neuerdings, zumal beim Abendmahl, von ihnen gefordert
wurden, bei sich einzuführen. In ihrer Not wandten sie sich nach
Genf, Lausanne und Emden um Rat. Die Antwort aus Genf
liegt vor, sie atmet ganz den hohen, ernsten Geist Calvins**).
Der Reformator, mit den besonderen Verhältnissen in Wesel
wenig betraut, empfiehlt Nachgiebigkeit. Ähnlich der Rat aus
Lausanne***). Laski in seiner Antwort ist entgegengesetzter Mei=
nung†). Sein Schreiben verrät die genaueste Kenntnis der
Weseler Verhältnisse; sein Tiefblick durchschaut die eigentlichen
Triebfedern des Kampfes, daß es sich im Grunde nicht um An=
nahme oder Verweigerung von ein paar, den Grundlehren des

---

trauriger Bruder, der dänische Hofprediger, der mit Noviomagus zusammen
Christian III. gegen die Flüchtlinge aufbrachte, waren aus 's Hertogenbosch,
der Hauptstadt von Nordbrabant, daher auch ihr latinisierter Name. Wol=
ters (S. 85) giebt den Namen wieder mit Claiß van dem Bosche, oder
noch mehr germanisiert einfach Busch, nicht mit Unrecht, da die Vaterstadt
selbst häufig nur 's Bosch genannt wird.

*) Wolters (vgl. S. 171—200) hat diese Umtriebe um seiner Auf=
gabe willen schildern müssen.

**) Abgedruckt bei Calvin XV, 48; teilweise übersetzt und für seine
Geschichte verwertet bei Wolters, S. 163.

***) Das Schreiben selbst habe ich nirgends abgedruckt gefunden.

†) Kuyper II, 703.

Evangeliums fernliegenden und gleichgültigen Zeremonieen handle, sondern an diesem Punkte in Wesel nur eben der Kampf zutage trat, den die Westphal und Heßhus überall gegen die „Sakramentierer und Schwärmer" heraufbeschworen. Er hatte den Kampf schon zu kosten bekommen, und darum riet er, lieber ihn im Anfang fest und entschieden aufzunehmen, bereit, die Folge weiterer Verbannung zu tragen, als nachzugeben, und dadurch gebunden, die Kraft zum Widerstand an einer ernsteren Stelle einzubüßen. Der Fortgang hat Laski recht gegeben. Als Peruzel auf den Rat einzelner seiner Gemeindeglieder im Herbste 1556 nach Frankfurt ging, dort mit Calvin und a Lasco gemeinsam die Angelegenheit zu beraten, da stimmten beide Reformatoren, nachdem Calvin genaueren Einblick in die Sache gewonnen, darin überein, daß ein Nachgeben in der Zeremonieenfrage für Peruzel ein Rückschritt in der evangelischen Erkenntnis gewesen wäre. Beide Männer gaben ihm daraufhin bezügliche Schreiben an die Gemeinde in Wesel*). Der Ausgang der Sache in Wesel war ein trauriger. Melanchthons Fürsprache für die bedrängten Fremdlinge war vergeblich, sie verließen die Herberge, wo von ihnen gefordert wurde, was sie gewissenshalber nicht glaubten leisten zu dürfen. Es war im letzten Grunde nicht die Zeremonieenfrage, die den Ausschlag gegeben, sondern, wie Laski von Anfang an richtig vermutete, die Abendmahlslehre, die allerorten wie eine Brandfackel in die Gemeinden hineingeschleudert wurde**).

---

*) Calvin XVI, 286 enthält das Schreiben Calvins; das von Laski scheint verloren zu sein, wenn nicht vielleicht dieser Brief als auch Laskis Ansicht enthaltend zu betrachten ist und er ihm kein gesondertes Schreiben mitgab. Peruzel sagt in seinem Bericht: „Calvinus et a Lasco scripserunt fratribus Wesaliensibus" (Religionshandlungen I, 282), und was er dann als Inhalt dieser Schreiben angiebt, stimmt mit dem eben erwähnten Calvinschen Briefe. Es ist zu bedauern, daß dieser wichtige Bericht Peruzels dem gründlichen und so sorgfältigen Forscher der Weseler Reformationsgeschichte nicht vorgelegen hat. (Vgl. Wolters, S. 197.)

**) Religionshandlungen I, 287 und auch Calvin XVI, 395. Der endliche Ausgang war in Wesel wie an so vielen anderen Orten, wenn auch erst nach Jahren, ein den armen Verfolgten überraschend günstiger. Einen interessanten Beleg dafür bietet neben Wesel und der auf der Weseler Synode 1568 begründeten, ganz auf Laskischen Grundsätzen ruhenden presbyterialen

Doch von dieser kleinen Episode aus dem Ganzen der Las=
kischen Fürsorge für die zersprengten Teile seiner Fremdlings=
gemeinde wieder zurück zu seiner Reise nach Frankfurt im Mai
1555.

Es war nicht zum erstenmale, daß unser Freund in Frankfurt
am Main weilte: wir sind ihm bereits in dieser Stadt meiner
Kindheit und Jugend begegnet, als er vor nun schon 17 Jahren
sein Vaterland dahinten gelassen und hier zuerst einen kurzen
Ruhepunkt gefunden*). Die Stadt und ihre Bürgerschaft konnte
ihm wohl gefallen. Frühe hatte die Reformation hier ihren
Einzug gehalten, von ihrem älteren Bruder, dem Humanismus,
der bereits eine warme Stätte bei den wackeren Bürgern der
Reichsstadt gefunden, freundlich eingeführt. Der Schulherr Nesen,
selber ein begeisterter Schüler des großen Rotterdamers, war auf
Empfehlung von Erasmus nach Frankfurt gekommen**); unter
seinen Nachfolgern glänzt der feine und geschmackvolle Micyllus
mit seiner fast jungfräulichen Sittsamkeit***), den Humanitäts=
studien wie der Reformation lebenslang treu ergeben. Auch der
damalige Schulmeister zu den Barfüßern, Cnipius, hielt fest
an der Tradition solch schönen Bundes; er war von der Zeit
her, da er noch in Andernach der lateinischen Schule vorstand
und den Reformationsbestrebungen des Erzbischofs von Köln von
ganzer Seele zugethan war, mit Hardenberg innig befreundet
und übertrug nun diese Freundschaft auch auf Laski, mit dessen
Anschauungen er, der auch gelehrter Theologe war, völlig überein=
stimmte†).

Die ersten Prediger der ehrwürdigen Kaiserstadt betonten in
ihren Anschauungen mehr das gemeinsam Evangelische, als das

Kirchenverfassung (vgl. Wolters, S. 314 f.) der Ausgang des bremischen
Streites (vgl. Spiegel, S. 345).

*) Vgl. S. 181.

**) Vgl. das interessante Lebensbild, das Steitz von ihm entworfen
(Archiv 1877, S. 36).

***) Classen hat sein schönes Lebensbild gezeichnet: „Jakob Micyllus."
Frankfurt a. M. 1859.

†) Vgl. Archiv 1860, S. 189.

gesondert Lutherische länger als ein Menschenalter hindurch; in den Fällen, wo entschiedener Farbe bekannt werden mußte, hatte der Ausdruck schweizerisches Gepräge, etwas gedämpft in dem Sinne der Oberdeutschen in Straßburg und den dortigen Orten. Bereits 1526 verteidigen sich die beiden evangelischen Prediger Melander und Bernard gegen die Anklage, „wir sein zwein Lutterisch Lerer", mit den Worten: „Wir predigen Christum und zwar den Gekreuzigten; erbieten uns auch urbittig zur Verantwortung jedermann, der Grund fordert der Hoffnung, die in uns ist. Wir haben öffentlich auf der Kanzel gesagt, daß man dem Lutter, auch uns selbst und keiner Kreatur glauben soll in göttlichen Sachen, wo sie das Wort Gottes nicht predigt. Darauf kann man erkennen, ob die Lehre von uns gethan menschlich-lutterisch oder göttlich und christlich gewesen sei. Gott verleihe Gnade, daß man lebe, wie wir aus dem Worte Gottes gelehrt haben."*) Luther selbst wußte um diese Verhältnisse und warnte vor solcher ihm bedenklich erscheinenden Hinneigung zu den schweizerischen Anschauungen**); die „Entschuldigung der Diener am Evangelio Jesu Christo", dem Rat der Stadt 1533 schriftlich eingereicht, beweist nur, wie berechtigt die Warnung gewesen***). Die Warnung des deutschen Reformators hielt diese Strömung nicht auf. Als sich 1541 das Bedürfnis eines Katechismus recht fühlbar machte, griff man nicht nach dem Luthers, sondern die Prediger machten selbst verschiedene Entwürfe, der eine die schweizerischen Anschauungen betonend, der andere die lutherische mehr hervorkehrend. Es kam zum Streite darüber. Bucer, der überall herangezogene Friedensvermittler, sollte auch diesen Streit schlichten: 1542 hat er die Vereinigungsartikel aufgestellt, die ganz sein Gepräge tragen. Die Unterschiede sind nicht innerlich überwunden, in einer höheren Einheit versöhnt,

---

*) Ritter, S. 184.

**) Luther XXVI, 294 und dazu vgl. Archiv 1872, S. 257.

***) Abgedruckt bei Ritter, S. 203. Man vergleiche daselbst hauptsächlich das über das Abendmahl Gesagte, das übrigens auch mit der 1530 herausgegebenen Frankfurter Kirchenordnung stimmt, deren Abendmahlskultus in völlig schmuckloser Weise gestaltet ist.

nur verdeckt und unter der leichten Hülle können sie jeden Augenblick sich wieder erheben*).

Solchem Verhalten der Prediger entsprach die Gesinnung der Bevölkerung, gleichermaßen der angesehenen Patriziergeschlechter als auch der tüchtigen Bürger der freien Reichsstadt. Hervorragende Patrizier hatten sich mit offenem, freiem Verständnis den Humanitätsstudien hingegeben, waren im Fortgang der Entwickelung mit heller, frommer Begeisterung in die Bahnen der Reformation eingelenkt. Edle Gestalten treten uns in den Glauburg, Holzhausen, Fürstenberg, Stallburg und Brommen entgegen, die mit den Hutten und Sickingen befreundet gewesen und ihre Freundschaft dann auf die Führer der Reformation übertrugen. Luther und Melanchthon waren in den Mauern der Stadt herzlich aufgenommen, ebenso aber auch Öcolampad, dessen Anwesenheit 1522 nicht ohne Einfluß auf die eingeschlagene Richtung der Reformation gewesen sein kann**). Besonders ragt unter diesen Männern Adolf Glauburg hervor, der Freund Melanchthons und Calvins, dessen Briefwechsel manchen schönen Beleg des innigen gegenseitigen Verhältnisses bietet. Ebenso entschieden stand die Bürgerschaft zur Reformation. Von dem Bauernaufstand hatten gefahrdrohende Wolken auch über der alten Reichsstadt gestanden, damals 1525, als Westerburg, Karlstadts Gefährte, in der Stadt sich aufhielt. Die „Frankfurter Artikel“ sind zweifellos aus Westerburgs Feder geflossen und zeichnen sich „durch ihren ehrerbietigen frommen Sinn und ihre maßvolle Haltung aus“***). Die Wolke zog glücklich vorüber; ihre zurückgelassenen Spuren zeigten sich in dem, daß die Zwinglische Richtung auch in der

---

*) Die §§ 2—17 handeln vom Abendmahl; die Transsubstantiation wird ebenso abgewiesen wie die Ubiquitätslehre; die Prediger werden angehalten, der Lehre nachzukommen, die in der Augsburger Konfession und ihrer Apologie, sowie in der Wittenberger Konkordie niedergelegt ist (vgl. den Abdruck bei Ritter, S. 275).

**) Vgl. Archiv 1869, S. 57 mit den interessanten Lichtblicken in die damaligen Patriziergeschlechter und ihre Stellung zur Reformation.

***) Archiv 1872, S. 80.

Bürgerschaft Anklang fand und Wurzel faßte*). Hierin gingen
die Patrizier und Bürgerschaft Hand in Hand, wie sehr auch
dieser Bürgeraufstand von 1525 eine Auflehnung wider die Macht
der Patrizier offenbarte. Die Auflehnung hörte nicht so bald
auf; sie gärte weiter auch bis in die Zeit, in der Laski nach
Frankfurt kam**).

Aber nach einer anderen Seite war es doch jetzt anders geworden. — Im Todesjahre Luthers war Prediger drüben in
Sachsenhausen Hartmann Beyer geworden, ein Frankfurter
Kind. Elf Jahre hatte er bereits in Wittenberg studierend zu-
gebracht, als ihn dort die Nachricht seiner Berufung traf. Luther
riet noch seinem Schüler, der sich von dem hochverehrten Meister
Verhaltungsmaßregeln erbat, er solle in den Kirchenbräuchen seiner Vaterstadt keine Änderung eintreten lassen, sondern die Sakramente in der dort üblichen großen Einfalt, schlicht nach der Einsetzung, feiern***). Es waren schwere Zeiten auch für die Kaiserstadt am Main angebrochen, als der wackere junge Prediger sein
Amt antrat. Der schmalkaldensche Krieg mit seinem traurigen
Ausgang, dann das Interim: sie legten auch Frankfurt die Feuer-
probe auf, die Kraft seiner evangelischen Überzeugung zu be-
währen. Viele und auch unter den Patriziern haben die Probe
nicht gut bestanden. Es war vielleicht klug, dem von Darmstadt
heranziehenden kaiserlichen Feldherrn Grafen von Büren wider-
standslos die Stadtthore zu öffnen (29. Dezember 1546), — ein
Zeichen großer Charakterfestigkeit war die That nicht. Unerschütterlich fest und stark erwiesen sich die evangelischen Prediger;
Beyer steht unter seinen Mitbürgern da, „als einer der mu-
tigsten, durch Überzeugungstreue und Charakterfestigkeit aus-
gezeichnetsten Männer."†) Ihre mannhafte Haltung in der Stunde
allgemeiner Angst und auch Schwäche hat ihnen die Bürgerschaft
später nicht vergessen: ihr Einfluß wurde mächtig und ausschlag-

---

*) Das hat Steitz in seiner sehr fesselnden Monographie über Wester-
burg nachgewiesen. (Vgl. Archiv 1872, S. 95.)

**) Einen interessanten Beleg dazu bietet das aus dem Jahre 1546
stammende Schmähgedicht auf die Patrizier, bei Kriegk (S. 210) abgedruckt.

***) Steitz, S. 26.

†) Kriegk, S. 233.

gebend im Rat. Leider! muß man sagen, da Beyer je länger
je mehr den weisen Rat Luthers zurückstellte und den Männern folgte, die während des Interimsturmes wacker ausgehalten,
nun aber auch als die allein gültigen Erben lutherischen Geistes
angesehen sein wollten und so unsägliches Leid über die evangelische
Kirche heraufbeschworen. Auch hier wieder bekamen unsere lieben
Flüchtlinge zuerst den bitteren Kelch zu kosten.

Vielleicht schon um Weihnachten 1553, sicher aber in den
ersten Wochen 1554, waren die ersten Scharen von Flüchtlingen
in Frankfurt eingetroffen: Poullain mit 24 Familienvätern.
Wir sind dem Führer schon einmal in England begegnet*). Er
blieb damals nicht lange mehr in London. Es waren zahlreiche
Wallonen, tüchtige Tuchweber**), aus ihrer Heimat um des
Glaubens willen flüchtig nach England gekommen, die der Lord-
Protektor auf einem seiner Güter in Glastonbury in Somerset-
shire mit großer Freigebigkeit ansiedelte. Auf seine Kosten hatte
er ihnen dreißig Fabrikhäuschen errichten lassen, sie hatten daselbst ihre eigene Kirche und Schule; ihr Landsmann Poullain
wurde ihnen als Prediger gegeben, mit demselben Titel eines
Superintendenten, den man eben a Lasco in London erteilt
hatte. Nur drei Jahre blieb die fleißige Kolonie im ungestörten
Besitz ihres schön erblühenden Gemeinwesens; der Erlaß der
Königin Maria wider die Fremdlinge traf auch sie, wenn auch
etwas später als ihre Leidensgefährten in der Hauptstadt. Poullain konnte noch dem Religionsgespräch beiwohnen, das im Oktober 1553 auf Befehl der Königin in London gehalten wurde***).
Mit seinen verbannten Gemeindegenossen kam er nach Frankfurt
am Main, wo ihnen freundliche Herberge ward. Am 15. März

---

*) Vgl. S. 335.
**) Bursatmacher nennen sie sich selbst in der Eingabe an den Frank-
furter Rat (Religionshandlungen I, Beilage 1); Strype (S. 242) sagt:
„they were weavers and followed the manufacture of Kersies" (Kaschmir).
***) So schließe ich aus Scrinium III, 163. Foxe VI, 395 weist
nach, daß der Bericht über dieses Gespräch von Philpot, dem an dem Gespräche beteiligten Erzdekan von Winchester, herrührt, welchen englischen Ori-
ginalbericht Poullain 1554 ins Lateinische übersetzte.

1554 hatten sie ihre Eingabe um Asylrecht beim Rat eingereicht, bereits am 18. März wurde ihrer Bitte willfahren, ihnen auch die Weißfrauenkirche zur Mitbenutzung eingeräumt *). Im Sommer desselben Jahres traf eine Anzahl Engländer ein, die vor der Verfolgung der blutigen Maria aus ihrem Vaterlande geflüchtet waren und nun auch freundliche Aufnahme fanden, unter ihnen Macbrey, Whittingham u. a. So waren nun schon Gottesdienste und kleine Fremblingsgemeinden in zwei verschiedenen Sprachen, der französischen und englischen, in Frankfurt vorhanden. Die beiden Gemeinden bildeten nur ein Gemeinwesen, benutzten dieselbe Kirche und reichten auch bereits am 1. September 1554 ihre in Frankfurt gedruckte Liturgie bei dem Rate ein. Es ist ein interessantes Schriftstück **). Die Agende schließt sich enge an die von Calvin an; die Gemeindeverfassung ist eine durchaus presbyteriale, die Zugehörigkeit zur Gemeinde wie bei Laski abhängig von dem Unterzeichnen der beigefügten Bekenntnisschrift; die Kirchenzucht ähnlich wie bei Laski; die für den englischen Teil in Erinnerung an die bereits erwähnten Vorgänge bei der Berufung Hoopers so wichtige und auch in Frankfurt bald so heftig umstrittene „Kleiderfrage" ist in einer Weise und mit einer Begründung offen gelassen, die, wenn einmal zur Streitfrage erhoben, nur im Hooper-Laskischen, nicht im Ribleyschen Sinne beantwortet werden konnte. So hatten denn die beiden Gemeindlein Ruhe in der Fremde gefunden. Es that ihnen so wohl! Das älteste Kirchensiegel der Gemeinde noch aus jenen Tagen stellt die Taube dar, mit dem Ölzweig im Schnabel zur Arche heimkehrend: ein schönes Bild, daß die große Flut vorüber und fester Grund aus den Wassern der

---

*) Vgl. die ausführlichen Berichte und Aktenstücke in Religionshandlungen I, 9 f., ebenso auch den fesselnden Bericht Archiv 1862, S. 245 f. Wie schön ist der Glückwunsch, den Calvin an diese endlich in einem Hafen der Ruhe angelangten Flüchtlinge richtet (Calvin XV, 217).

**) Das in meinem Besitze befindliche Exemplar ist ein 1754 bei dem 200jährigen Jubiläum von Prof. Withof in Duisburg gefertigter Nachdruck. 1854, beim 300jährigen Jubiläum, hat Schröber in der kleinen, fesselnden Schrift (Troisième jubilé séculaire de la fondation de l'église reformée française de Francfort s. M.) Auszüge daraus gegeben.

Verfolgung wieder emporsteige. Wie freute sich Calvin mit ihnen? Sobald er nur Kunde erhalten, schreibt er an Poullain: „Ich freue mich, daß ihr nach so langer und mühseliger Irrfahrt nun endlich in einen Hafen eingelaufen, wo ihr wieder Mut schöpfen könnt. Ich wünsche Dir und vielen frommen Brüdern, denen der Segen zuteil wird, Glück, daß sich Dir ein Standort bietet, an dem Du mit Nutzen arbeiten und Deiner verscheuchten Herde, die Du mit Mühe und Unverdrossenheit gesammelt, Deine Kraft zuwenden kannst." *) Am 19. April 1554 begannen die regelmäßigen Gottesdienste **); unter den Zuhörern war auch die Gemahlin Bischof Hoopers, der noch immer im Gefängnis schmachtete.

Im Laufe des folgenden Winters trafen weitere Scharen flüchtiger Niederländer ein, die teils unmittelbar aus England kamen, teils an den ersten Orten, wo sie auf ihrer Flucht Halt gemacht, sich bedrängt fühlten und weiter gezogen waren ***). Auch ihnen bot der edelmütige Rat freies Asylrecht. Aber sie fanden keine Predigt in ihrer Muttersprache. Das Wort, welches in der Frankfurter Kirche gepredigt wurde, war ihnen, den Niederdeutschen, unverständlich, ebenso wie die französische und englische Predigt in den beiden anderen Flüchtlingsgemeinden. Je größer ihre Zahl wurde†), um so drückender empfanden sie das Bedürfnis gemeinsamer Gottesdienste, an die sie in reichem Maße in London gewöhnt waren und auch die Schäden, die Calvin in so ergreifender Weise hirtenlosen, versprengten Gemeinden in seinem bereits erwähnten Sendschreiben nach Wesel vor Augen gemalt, mögen sich gezeigt haben. Darum zog es mit Macht

---

*) Calvin XV, 217.

**) Original, p. 111.

***) Unter diesen Niederländern begegnen wir der heute noch blühenden Familie de Neufville und zwar mit dem Vermerk, als aus Emden eintreffend (Archiv 1862, S. 245). Entweder ist diese aus Antwerpen stammende Flüchtlingsfamilie unmittelbar von London nach Emden gekommen wie Laskis Gemahlin, oder aber wenn über Dänemark, dann ist sie ein weiterer Beweis von der Unvollständigkeit des von Harboe (S. 55) gegebenen Namensverzeichnisses. Harboe nennt nur 150 Personen, während Utenhove bestimmt von 175 Personen redet.

†) Aus dem Jahre 1561 besitzen wir eine Angabe der Größe dieser

Laski zu diesen armen Trümmern seiner Londoner Gemeinde.
Kaum in Frankfurt eingetroffen*), griff er mit oft erprobter
leitender Hand ein; stillschweigend scheint man ihn als den Superintendenten und Wortführer der Fremdlinge auch hier angesehen zu haben. Auch er hatte bei den Herren des Rats nur
herzliches Entgegenkommen gefunden und erwähnt es verschiedene
Male in seinen Briefen mit größter Dankbarkeit. Er bittet seinen
treuen Theseus, den in Norden angestellten Mikronius, zur
Mitarbeit bei der Einrichtung der Gemeinde, die ganz nach der
für London ausgearbeiteten Verfassung gemacht wurde. Nachdem
dies vollendet und Mikronius wieder auf seine Stelle zurück-
gereist war, wurde Dathen zum Prediger der kleinen Gemeinde
berufen, damals erst 24 Jahre alt, ein Jüngling mit einer
scheinbar unverwüstlichen, von glühendem Mute aufs höchste ge-
spannten Kraft, ein begeisterter und auch begeisternder Kanzelredner**). Er kam zu Bekannten. Nachdem der feurige Flamän-
der mit 19 Jahren sein Karmeliterordensgewand niedergelegt und
als Buchdruckergeselle sein kümmerliches Brot gefunden, war er
1553 Prediger bei seinen Landsleuten in London geworden. Er
hatte mit Peruzel noch länger dem Befehl der Königin, das
Land zu verlassen, getrotzt und war dann nach Emden gekommen**),
von da zu seinem alten Superintendenten und den Trümmern
seiner früheren Gemeinde. Die beiden Männer waren bemüht,
für die Gemeinde zu sorgen, und hatten Gönner, ihnen behilflich
zu sein. Laski bat um Mitbenutzung der Katharinenkirche zu
ihren Gottesdiensten, da die eingeräumte Weißfrauenkirche für die
drei Gemeinden denn doch nicht ausreichen wollte, zumal jetzt bei

---

drei Gemeinden: 1131 Personen, darunter 441 Kinder und 89 Mägde
(Archiv 1862, S. 254). Den kleinsten Bruchteil bildeten die Niederländer,
der älteste Stock der heutigen deutsch-reformierten Gemeinde: 155 Personen
ohne die Kinder, hauptsächlich in der Krämer-, Korn-, Lindheimer- und
Gallusgasse, sowie drüben in Sachsenhausen wohnhaft.

*) Wahrscheinlich am 13. Mai, denn an diesem Tage traf Dr. Cox,
einer der Erzieher Eduards VI. und mit Laski befreundet, in Frankfurt mit
einer Schar flüchtiger Engländer ein, denen sich in Köln Laski angeschlossen
haben mag (Brandes, S. 112).

**) Wolters, S. 204.

***) Calvin XV, 361.

Dalton, Laski.

30

dem nahenden Winter, wo ihre Gottesdienste bereits morgens
um 6 Uhr begannen und bis 6 Uhr abends dauerten *). Der
Rat war dazu willig; es ist aber noch im Stadtarchiv eine Bittschrift der Stadtprädikanten vom 5. September 1555 vorhanden,
„doch dies dem Polonicus nicht zu gewähren und die Gemeinde
unbetrübt zu lassen" **).

Es blitzt in diesen Worten schon das Wetterleuchten heran-
nahenden Sturmes wider die armen Flüchtlinge nun auch in
Frankfurt auf. Noch am 14. Oktober schreibt Laski an Calvin: „Gott sei Dank, ist uns der Magistrat völlig gewogen und
wir können uns in keiner Weise beklagen. Wir bekennen, daß
wir Gott großen Dank dafür schulden, um nicht durch Undank-
barkeit Gottes Zorn auf uns zu ziehen. Ich weiß nicht wie,
aber wir anerkennen nicht genug die Größe der göttlichen Wohlthat, daß er uns zerstreuten Gemeinden zumal in dieser gegenwärtigen Trübsal aller Frommen solch' eine Zuflucht und Herberge hat finden lassen. Ja wir mißbrauchen solch großes Wohlwollen und streiten über Geringfügigkeiten, als ob wir im tiefsten
Frieden und außerhalb der Schußweite der Geschosse lebten.
Möge Gott mit unserer Gemeinde sein. Amen!" ***)

Der Brief klingt etwas rätselhaft, wie eine Weissagung. Er
ist auf der Wende geschrieben, von wo an das beklagenswerte
Los der Flüchtlinge nun auch in Frankfurt bergab ging. Als ob
sie ihrem Herrn und Meister ähnlich ein Zeichen sein sollten,
dem überall widersprochen wird. Mit offenem Auge, mit un-
getrübtem Blicke sieht der treue Seelsorger die aufsteigende Sturmeswolke, die inneren und äußeren Kämpfe, die den Verbannten
drohen, und frommen Herzens deutet er die in solchem Geschicke

---

*) Die Zeiteinteilung scheint die folgende gewesen zu sein: Von 6—8 Uhr
englischer Gottesdienst, von 9—11 Uhr französischer, um 1 Uhr französische
Katechisation, um 2 Uhr französischer Gottesdienst und bleibt nach demselben
der Kirchenrat zu gemeinsamer Beratung zusammen; von 4—6 Uhr englischer Gottesdienst; dazu dann noch in beiden Sprachen Dienstags und
Donnerstags Wochengottesdienste.

**) Im Stadtarchiv: Tom. I Actorum des Französischen und Nieder-
ländischer Kirchenwesens 1554—1561.

***) Calvin XV, 819 (nicht bei Kuyper).

zutage tretende Züchtigung Gottes. Innerhalb und außerhalb der Mauern wurde gesündigt: Laski stand auf zu hoher Warte, um nicht unparteiisch beides anzuerkennen. Die Kämpfe greifen so sehr in das Leben und auch fernere Geschick unseres Freundes ein, daß wir nicht stillschweigend an ihnen vorüberziehen dürfen, so schwer es auch fällt, an diese alten Wunden, an denen die evangelische Kirche Deutschlands fast verblutet wäre, den Finger zu legen. Zunächst denn die äußeren Kämpfe.

Droben in Hamburg lugte Westphal unverdrossen weithin ins Land hinein, die Flüchtlinge mit scharfem Auge verfolgend, wo sie sich wohl niederlassen würden, wo es also für ihn, den berufenen Zionswächter, gelte, sie aufzuscheuchen und Stadt und Land vor ihnen zu warnen. War ihm doch einst in blindem Zornesmut die Lästerrede über sie entschlüpft, daß sie „Märtyrer des Teufels“ seien! Nun hört er, daß sie in Frankfurt Aufnahme gefunden; Beyer, ihm innig befreundet, mochte es ihm geschrieben haben*). Das darf nicht geduldet werden. Flugs richtet er seinen Warnungsruf an den Frankfurter Magistrat. Der Hamburger Pastor rechtfertigt seine Einmischung in diese ihm so fern liegende Angelegenheit mit dem bitteren, gottlosen Worte an den Magistrat: „Derjenige werde nicht übel angesehen, ja noch wohl belohnet, welcher der Obrigkeit anzeigt, wann Mordbrenner, Räuber und Mörder in oder außer der Stadt wären: nun wären diejenigen noch weit gefährlicher und schädlicher, welche ein seelenverderbendes Feuer anzündeten, Gottes Wort und ewige Güter raubten und die Menschen in den geistlichen und ewigen Tod stürzten.“**) Er fordert den Frankfurter Rat auf, mit dem Herrscherstab der Obrigkeit (sceptro magistratus) die Gotteslästerungen der Sakramentierer zurückzuweisen***).

---

*) Melanchthon IX, 484: „Beyer est intimus Westphalo.“

**) Vgl. Religionshandlungen II, 100.

***) Den gefährlichen Ausdruck sucht Westphal in seiner Apologie dieses Schreibens damit einzugrenzen und abzuschwächen, daß er seinen Gegner (Poullain) fragt: „Numquid unus est modus separationis per gladium solum? annon etiam contagiosi separantur per excommunicationem et exclusionem e civium societate, quae per relegationem fit?“ (Religions-

Solche Schreiben, wenn auch der Rat nicht gewillt war, der
Mahnung zu folgen und auch im engeren Sinne Westphals
zum Schwert zu greifen, verfehlten doch ihre Wirkung in erster
Linie auf die Stadtprädikanten nicht. Noch um Weihnachten 1555
will Laski es versuchen, mit den Geistlichen Frankfurts gemeinsame Versammlungen (coetus communes) einzurichten. Trotz all'
der bitteren Erfahrungen, die er bereits gemacht, geht doch immer
wieder sein ganzes Streben darauf, gemeinsam mit den Predigern
des Evangeliums zu arbeiten. Er bittet Calvin zu diesem
Behufe den Frankfurter Geistlichen zu schreiben, und hat der Genfer
Reformator auch der Bitte willfahrt *). Der Versuch scheiterte.
Beyer und Ritter, sein Amtsgenosse, wünschten keine Gemeinschaft mit Sakramentierern, klagten sie vielmehr bei dem
Magistrate an, betrügerisch gehandelt zu haben, als ob sie durch
die falsche Vorgabe, mit ihnen gleicher Religion zu sein, sich das
Asylrecht erschlichen hätten. Sie seien keine Augsburger Kon-
fessions-Verwandte, deshalb sei ihnen die Herberge zu kündigen!!
„Juden und Katholiken dulden sie" — so konnten wohl einzelne
dieser Märtyrer wehklagen —, „aber uns weisen sie die Thür!" Die
glaubensstarken Helden waren des Wanderns auf der Straße der
Verbannung schier gewohnt, aber nun hatte die Sache eine ernstere,
eingreifendere Bedeutung gewonnen und um ihretwillen hob Laski
den Handschuh auf. Der Vorwurf, nicht zu den Augsburger
Konfessions-Verwandten zu gehören, würde die Flüchtlinge nicht
nur als außerhalb des Passauer Religionsfriedens bezeichnet haben
und damit waren sie gewissermaßen vogelfrei in Deutschland erklärt; die Erlaubnis der Rückkehr nach Polen war für Laski an
die Bedingung geknüpft, daß er den Nachweis liefere, Augsburger
Konfessions-Verwandter zu sein. Würde es Westphal gelingen,

---

handlungen II, 270.) Als ob das nicht auch scharf und schneidend genug wäre!

*) Kuyper II, 716 und die Antwort bei Calvin XVI, 53. Laski
bittet, daß das Schreiben liebevoll und linde, aber auch genau und fleißig
ermahnend abgefaßt werden möchte; das Schreiben erfüllt den Wunsch, der
Ton ist vielleicht etwas strenge, denn Calvin hat die Prediger im Verdacht,
daß sie nicht ganz unbeteiligt bei der in Frankfurt stattfindenden Drucklegung
der Schmähreden Westphals wider Calvin seien.

ihm dieses Anrecht zu rauben, so war ihm nicht nur die Heimat wieder verschlossen, so war damit auch die ganze Reformation Polens in Frage gestellt; denn wir werden sehen, daß der polnische Adel auf seiner Seite stand. Aber was fragten die Westphal, die Flacius, die Heßhus nach solchen ernstwiegenden Punkten: mag die Axt schon an die Wurzel der evangelischen Kirche gelegt werden, wenn sie nur auf ihrem beschränktesten Standpunkt das letzte Wort haben!

Mit dem Vollbewußtsein von der Bedeutung des Kampfes für die ganze evangelische Kirche trat Laski auf die Walstätte. Am 13. Mai 1556 überreichte er im Namen der Fremdlinge beim Frankfurter Senat die Antwort auf die wider sie erhobene Anklage *). Er weist in dieser Schrift darauf hin, daß sie, die Angeklagten, völlig und ohne Rückhalt sich auch zu dem 10. und 13. Artikel der Augsburger Konfession bekennen. Genüge das den Prädikanten nicht, so beweise dies, daß ihnen die Augsburger Konfession nicht mehr genüge, daß es sich in dem ausgebrochenen Streit um neue Formeln handle, die weder in der heiligen Schrift begründet sind, noch auch sonstwie sich rechtfertigen lassen. Wie hatte er doch so vollkommen recht!

Der Rat war mit der Antwort zufriedengestellt, die Prädikanten aber ruhten nicht. Laski wurde nicht müde, in einer weiteren Rechtfertigungsschrift **) noch ausführlicher die Übereinstimmung der Fremdlingsgemeinde mit der Augsburger Konfession auseinanderzusetzen. Es drängte ihn dazu der freudige Mut, für seine Schutzbefohlenen treu allzeit einzustehen, zugleich aber auch das ernste Verlangen, jetzt, wo er sich zur Heimkehr in sein Vaterland anschickte, noch einmal laut und öffentlich zu bezeugen, daß er mit dem Bekenntnis stimme, über dessen Auslegung denn doch nicht im letzten Grunde die Westphal zu entscheiden hatten, sondern unter den Lebenden die, - die die Bekenntnisschrift aufgesetzt, Melanchthon und seine Mitarbeiter in jenen großen Tagen. Am 23. September 1556 wurde die Schrift dem Senat überreicht; Laski war durch Unwohlsein verhindert, bei der

---

*) Kuyper II, 719.
**) Kuyper I, 243.

Übergabe zugegen zu sein. Im Dezember desselben Jahres erschien sie im Drucke, nachdem Calvin und Melanchthon ihre volle Zustimmung und ihren herzlichen Beifall dem Inhalt gezollt. Nicht in Frankfurt konnte sie erscheinen; das hatten die Prädikanten zu verhindern gewußt; hier waren die Druckpressen für die Schriften Westphals in Thätigkeit. Der Rektor des Stadtgymnasiums war willens, die Schrift ins Deutsche zu übertragen. Befremdlich und auch fast wehmütig stimmt es, unter den Gründen, warum er von der Arbeit abstand, auch den angegeben zu finden: weil er in seinem Bekanntenkreise kein Exemplar der Augsburger Konfession habe auftreiben können*). Das eigentliche Streitobjekt also nicht vorhanden und doch wohl kaum anzunehmen, daß es fehlt, weil die Streitenden es völlig im Kopfe haben, genauer noch als der Rektor, der den Wortlaut vor sich haben will, „um nicht Elfenbein mit Tinte zu bleichen"**)!

Es ist eine wahre Erquickung für den, der um seiner Aufgabe willen eine Zeit lang sich hat durch den rohen Lärm jenes unglückseligen Streites hindurcharbeiten müssen, in die Lichtung dieser Laskischen Arbeit eintreten zu können. Als ob der Streit weit, weit hinter einem läge, so ernst und ruhig ist hier die Verhandlung; die ganze Schrift ein schönes Zeugnis von dem innigen Bunde, den die feinste Bildung der Humanität mit tiefer, evangelischer Frömmigkeit bei unserem Freunde geschlossen. Noch heute und auch für den, der dem Streite nicht nachgehen mag, ist das Buch voll reicher Anregung, fesselnd durch die Klarheit seiner Beweisführung, durch den gehaltenen Ernst seiner Gedanken. Mit überlegener Kraft führt Laski den Kampf von dem bloßen Wortgefechte zurück auf die Punkte, um die im letzten Grunde der ganze Streit sich dreht. Er zeigt, daß die Lehrpunkte, deren Verwerfung man ihnen schuld giebt und wegen deren sie so heftig geschmäht werden, von der Augsburger Konfession nicht nur nicht gelehrt würden, ja nicht einmal aus ihren Sätzen entwickelt und

---

*) Archiv 1860, S. 189.

**) „Ne si alicubi discreparem non in sententia, sed in verbis, dicar ebur atramento candefacere voluisse", sagt er in einem Schreiben an seinen Freund Poullain.

gefolgert werden könnten. Es dürfte denn doch schwer sein, die scharfe Beweisführung mit stichhaltigen Gründen anzutasten, als ob seine Auffassung des heiligen Abendmahles nicht Raum finde und übereinstimme mit dem Augsburger Bekenntnisse! Und ob er sich schon völlig damit eins weiß — und Melanchthon selbst hat es bezeugt —, klar und offen bekennt Laski, auf einer höheren Warte zu stehen, als daß es ihm um die Unterwerfung unter irgendwelche Menschensatzung zu thun sei. Er führt da eine so lichte, freie Sprache, wie sie unsere Glaubensväter in den ersten großen Tagen geredet. Ihm ist dies Bekenntnis ein großes Gnadengeschenk Gottes (ingens dei beneficium), „aber trotzdem wollen wir uns weder an diese Konfession noch an irgendeine andere so binden lassen, daß wir uns in aller christlichen Milde und Bescheidenheit nicht mehr berechtigt halten sollten, frei anderer Meinung zu sein oder gar sie anzutasten, sobald wir, durch das Wort Gottes und im Zeugnis unseres Gewissens überwunden, erkennen, daß wir von diesen Schriften abweichen müssen. Ebenso wenig wollen wir denen zustimmen, die sich unterfangen, die christlich-brüderliche Gemeinschaft mit der Augsburger Konfession wie mit Schranken zu umfriedigen, daß sie den, der nicht auf alle ihre Worte schwört, nicht nur aus der kirchlichen, sondern auch aus der staatlichen Gemeinschaft ausschließen. Das scheint auf nichts anderes zu zielen, als daß wir die papistische Tyrannei nicht abgeschüttelt, sondern nur unter dem Namen des Evangeliums verändert haben.“ In jenen Tagen wahrhaftig eine königlich-freie, kaum mehr für einen Westphal und seine Gesinnungsgenossen verständliche Sprache, für lange Zeit fast eine Hieroglyphe, die die Neuzeit erst wieder entziffert hat!

Zu den aufreibenden Kämpfen mit den Prädikanten der Stadt, hinter denen Laski die Züge der Femrichter erkannte, die ihn und seine arme Gemeinde von Ort zu Ort härter fast noch wie die Katholiken verjagten, gesellten sich die anderen Kämpfe, die im Schoße der wallonischen und englischen Gemeinde ausbrachen. Nicht unmittelbar nahm unser Freund an denselben Teil. Was ihn bewogen haben mag, nicht entschiedener da einzugreifen, ist aus den vorliegenden Schriftstücken nicht genügend ersichtlich; vielleicht mag der Hauptgrund darin liegen, daß sein Blick nun doch schon zu sehr nach Polen gerichtet war und er hoffen durfte, bereits daheim zu sein, ehe der Streit geschlichtet sein konnte. Er mochte sich wohl nicht mehr zu tief einlassen wollen, um nicht gefesselt zu sein, so bald der Heimweg frei war.

Schon ehe Laski nach Frankfurt gekommen, waren leichte Reibungen zwischen Poullain und seiner Gemeinde eingetreten. Er scheint der schweren Aufgabe nicht völlig gewachsen gewesen zu sein, einer solchen Gemeinde seelsorgerlich vorzustehen. Es waren ja alles Familienhäupter, die nun bereits wiederholt um ihres Glaubens willen in die Verbannung gezogen, die in ihrem evangelischen Bekenntnisse lebten und webten. Solche Männer sind gewohnt und auch berechtigt, hohe, sehr hohe Anforderungen an ihren evangelischen Prediger zu stellen, nicht nur, daß er in gleicher Weise bereit sei, wie sie selbst „Leib, Gut, Ehr, Kind und Weib" um des Herrn und seines Reiches willen fahren zu lassen — dafür hatte Poullain in drangsalvoller Zeit seine Bereitwilligkeit erprobt —, aber auch, daß er ihnen starke Speise gebe und in fester Hand, in fester, heiliger Gesinnung sie zusammenhalte. Gar mancher, der in ruhigen Zeitläuften brav seine Stelle auszufüllen weiß, ist den erhöhten Ansprüchen nicht gewachsen. Es ist ein Zeichen der außerordentlichen Begabung unseres Laski, daß gerade solche Gemeindeglieder das ihm liebste und bewährteste Material der Arbeit gewesen, das er in so bewundernswerter Weise verwertet, ja herangebildet!

Tiefgreifender noch und Besorgnis einflößender waren die Vorgänge in der englischen Gemeinde. Es schien, als sollte hier in der Fremde zum Austrage kommen, was in London vor ein paar Jahren nur künstlich beigelegt, nicht wahrhaft geschlichtet war. In recht bedeutender, täglich wachsender Zahl waren die flüchtigen Engländer nach dem Asyl am Main geströmt, unter ihnen nicht wenige den gebildetsten und auch wohlhabenden Kreisen daheim angehörend*). Der Frankfurter Rat hatte ihnen Her=

---

*) Es ist unter vielen anderen Schriftstücken auch ein Brief an Calvin vorhanden, von 10 Engländern der Gemeinde unterschrieben, darunter Cox,

berge unter der Bedingung zugesagt, daß sie sich kirchlich an die
schon bestätigte wallonische Gemeinde anschlössen und mit ihnen in
den Mitgenuß der Weißfrauenkirche träten. Sie waren dazu
willig; ihre Kirchenältesten haben die im Herbste dem Frankfurter
Rat eingereichte Kirchenordnung und Liturgie mit unterzeichnet.
Diese englische Gemeinde wählte am 24. September 1554 zu
ihrem Prediger John Knox, den nachmals berühmten Reformator Schottlands, damals schon fast 50jährig, ebenfalls Flüchtling. Nur auf Zureden seines Meisters Calvin nahm er die
Stelle an, die seinen Grundsätzen, zumal in der Liturgie, entsprach. Aber es kamen dann Männer, die den Gottesdienst nach
der Liturgie Eduards VI. forderten, und zwar in tumultuarischer
Weise während des Gottesdienstes selbst. Peinliche Scenen fanden
statt. Zum Schiedsrichter herangezogen, bestimmte der Frankfurter
Rat, daß es bei der einfachen, ursprünglichen Liturgie sein Be-
wenden haben solle. Jene, denen dieselbe zu nüchtern erschien und
die sich nach der ausgebildeteren, noch mehr mit alten, römischen
Erinnerungen versetzten heimischen Liturgie sehnten, gaben sich mit
dem Entscheid nicht zufrieden; sie hielten den charakterfesten Knox
für das einzige Hindernis, zum Ziele zu gelangen. In den Mitteln zu seiner Entfernung nicht wählerisch, schraken sie davor nicht
zurück, ihren Landsmann bei der fremden Behörde des Majestäts-
verbrechens zu zeihen, das sie aus einer kräftigen Stelle wider
den Gemahl der Königin, den Sohn also des deutschen Kaisers,
zogen. Der Anklage mußte der Rat Folge geben: dem uner-
schrockenen, kühnen Manne wurde das Asylrecht gekündigt, nicht
freilich, ohne gegen die Ankläger die Mißbilligung des Rats über
solches Verfahren auszusprechen. Als Laski eintraf, war leider
Knox seit sechs Wochen aus Frankfurt verwiesen; es wäre doch
von hohem Interesse gewesen, diese beiden Männer mit ihren

---

der Erzieher Eduards VI., später Bischof von Ely; Whitehead, Pastor in
Frankfurt, unter Elisabeth als Nonkonformist seiner Stelle in England ent-
hoben; Alvey, Präbendarius von Westminster; Becon, Präbendarius von
Canterbury; Sandys, Erzbischof von York; Grindal, Erzbischof von York
und Canterbury; Bale, Bischof von Ossory; Horne, Bischof von Winchester;
Lever, Direktor von Sherburn Hospital; Sampson, Dekan von Christ-
Church. (Vgl. Original, p. 753 und auch Calvin XV, 554.)

starken Berührungspunkten und in gleicher Weise hervorragende Söhne ihrer Heimat sich in persönlichem Verkehr begegnen zu sehen.

Einem anderen Helden der Zeit trat unser Freund in Frankfurt zum erstenmale persönlich nahe: Calvin. Die Reibungen in der wallonischen Gemeinde hatten sich in der letzten Zeit in einer Weise zugespitzt, daß sie nur durch ein Schiedsgericht von Vertrauensmännern geschlichtet werden konnten. Calvin scheute vor der mühseligen Fahrt nicht zurück: wie er dem Frankfurter Rat schon in der Widmung seiner „Konkordie der Synoptiker" seinen Dank für die Aufnahme der Glaubensgenossen ausgedrückt, so wollte er es nun bei diesem Anlaß persönlich thun; dazu kam der Wunsch, sich mit Laski über die Zusammenberufung einer allgemeinen Synode in Frankfurt zu beraten, deren Zustandekommen unser Freund aufs eifrigste betrieb. Ende August verließ der Reformator Genf. Schon in Straßburg bekam er die jetzt herrschende Zugluft empfindlich zu spüren: man verweigerte ihm dieselbe Kanzel, auf der er einst das Wort Gottes verkündigt *). Auf das herzlichste wurde Calvin von den Frankfurter Patriziern, von dem ganzen Rate aufgenommen; er wohnte auf der Zeil — damals noch draußen vor der Katharinenpforte — bei dem hochangesehenen Claus Brommen. Schwere Arbeit wartete seiner. Das Mitglied der wallonischen Gemeinde, Kaufmann le Grand, hatte eine Anklageschrift von 25 Punkten wider den Prediger Poullain eingereicht, früher schon bei dem Senat, jetzt vor den Vertrauensmännern, deren Urteil sich zu unterwerfen beide Parteien sich bereit erklärt hatten. Außer Calvin befand sich unter den acht Schiedsrichtern in erster Linie Laski **). Das Endergebnis der langen Verhandlung war wohl die Freisprechung des Predigers von fast allen Anklagepunkten; aber Poullain selbst legte seine Stelle nieder, obgleich die Mehrzahl

---

*) Reuß, der Straßburger Professor, bricht dabei in die berechtigten Worte aus: „O quae mutatio rerum. Anguem sub herba latentem vides Marbachium." (Calvin XVI, 302.)

**) Poullain bittet Calvin, kein Urteil ohne a Lasco zu fällen: „vir non solum nobilitate et eruditione clarus, sed etiam pietate et prudentia apud omnes ecclesias illustris" (Calvin XVI, 289).

der Gemeinde ihn zu behalten wünschte. Die ausführlichen Protokolle liegen vor*); bei den letzten beiden Verhandlungen fehlte
unser Freund; sein altes Übel hatte ihn wieder einmal geschüttelt
und aufs Krankenlager geworfen.

Mit den Frankfurter Prädikanten hatte Calvin nur zu-
fälligen Verkehr; sie wichen ihm auffällig aus. Der Senat
wünschte, weil ihm so sehr an einer Beilegung der konfessionellen
Spannung gelegen war, daß die Prediger mit Calvin vor
seiner Abreise eine Unterredung hätten. Sie aber lehnten es ab,
vorschützend, sie seien zu ungelehrt und ungleich, mit Calvin
eine Disputation aufzunehmen**). Aber es war doch mehr Unlust, von einem Manne, wie Calvin, vor offenem Senate
vielleicht dessen überführt zu werden, was ihnen auch Laskis
Rechtfertigungsschrift vorhielt, daß ihre neuen Lehrpunkte mit der
Augsburger Konfession nicht in Übereinstimmung gebracht werden
könnten. Leid thut es uns, gar keine Notiz haben auffinden
können, wie Calvin und Laski in ihrem Zusammensein in
Frankfurt zu einander gewesen: der persönliche Verkehr scheint
nur den Eindruck verstärkt und vertieft zu haben, den beide
große Männer aus ihrem Leben und ihren Schriften gegenseitig
von einander bereits gewonnen. Beide Männer sind von größter
Hochachtung zu einander beseelt; willig ordnet sich Laski Calvin als dem auserwählteren Rüstzeuge unter; in den Hauptpunkten der Lehre stimmt unser Freund mit dem Genfer Reformator überein, in allen aber wahrt er sich das Mannesrecht,
selbständig zu prüfen, selbständig zu entscheiden, und so finden
wir überall die freie Auffassung und ihre eigentümliche Ausführung
der Gedanken und ihrer Verwirklichung. Beide haben den Schwerpunkt ihrer reformatorischen Thätigkeit auf dem Gebiete der Kir-

---

*) Calvin XVI, 292 f.
**) Wir haben darüber doppelten und wesentlich auseinandergehenden
Bericht, einmal von Calvin selbst (Calvin XVI, 319), dann aber auch von
den Prädikanten (Religionshandlungen II, Beil. 14, § 64); der letztere ist
unwahrscheinlich, weil teilweise auf Gerüchte begründet, die mit den Thatsachen nicht stimmen, wie z. B. (Fresenius, S. 111) die Angabe: man
habe Calvins Anwesenheit verheimlicht, so daß erst in den letzten Tagen die
Prädikanten davon Kunde erhalten hätten.

chenorganisation. So sehr Laski hinter Calvin zurücksteht in
dem Tiefsinn seiner Spekulation, so müssen wir ihn als ebenbürtig halten auf dem Boden der Kirchenbildung. Ja, durch die
besonderen Verhältnisse seiner Fremdlingsgemeinde in London ist
es Laski möglich geworden, noch reinlicher die Kirche vom
Staate loszulösen und die beiden Gebiete in ihrer Selbständigkeit
zu sondern und zu wahren, als es Calvin bei den größeren
und schwierigeren Verhältnissen ausführbar gewesen. Auf diesem
Punkte ist ein Fortschritt bei Laski anzuerkennen, bedeutsam für
unsere Tage und ihre Forderungen.

Auch darin stimmten die beiden großen und frommen Gestalten in den Frankfurter Tagen überein: in der Weite des
Blickes, einer auf Gottes Wort reformierten Christenheit überall
hin Bahn zu brechen, in der Tiefe und Höhe der Anschauung,
solche gemeinsame Glaubenspunkte aufzustellen, die nicht möglichst
wenige in die kirchliche Gemeinschaft aufnehmen, sondern das
Band der Einheit im Glauben um möglichst viele schlingen und
so imstande zu sein, mit einer festgeschlossenen Schar der immer
fester sich schließenden römischen Schar entgegenzutreten. Sie
stehen auf hoher Warte, die beiden Helden, wie Propheten anzuschauen, und die kommenden Jahrhunderte haben ihnen recht
gegeben. Nicht wofür Westphal und seine Streitgenossen gekämpft, nicht darin lag die verheißungsvolle Saat. Für ihr
Streitobjekt erwärmt sich heute niemand mehr, selbst nicht im
engsten Kreise.

Was aber diese beiden Männer hochherzig erstrebt, das ist
heute noch des Einsatzes aller edelsten Kräfte wert. Damals
war es freilich vergeblich, und ihre dringendsten Bitten um
Vereinigung um des Herrn willen und im Hinblick auf die
großen Verluste, die drohend bei der Verweigerung auf dem
Spiele standen, verhallten in dem rohen Lärm der Streitenden,
die eher mit den Katholiken als mit ihnen Frieden schließen
wollten. Laski konnte in diesen Herbsttagen Calvin von solchen
gescheiterten Versuchen mit schier zerrissenem Herzen berichten.
Von Polen war wiederholt die Forderung eingetroffen, vor seiner
Rückkehr in die Heimat und als Bedingung derselben seine Zugehörigkeit zu den Augsburger Konfessions-Verwandten nachzu-

weifen *). Ihm diefen Nachweis verweigern, kam bei den obwal-
tenden Umftänden einem Verfuche gleich, Polen dem Evangelium
zu verfchließen. Der Verfuch hätte in Gottes Namen gefchehen
müffen, wenn es fich um ein gefährliches Sektenhaupt gehandelt
hätte, das in betrügerifcher Weife folch einen Nachweis fich hätte
erfchleichen wollen; hier aber handelte es fich um einen Mann,
der klar und offen fich zu der Konfeffion bekannte, dem der Ver-
faffer der Konfeffion, Melanchthon, das Zeugnis der Zu-
ftimmung ausftellte, der nur nicht gewillt war, die Lehrfätze
ebenfalls mit in den Kauf zu nehmen, die außerhalb jenes Be-
kenntniffes nun erft in der letzten Zeit und nach dem Abfcheiden
des deutfchen Reformators als die allein gültigen Wahrzeichen
eines Proteftanten aufgeftellt worden waren.

In vielen Kreifen war der Wunfch rege, fich gegen die Umtriebe diefer Zeloten zu fchützen und in einer gemeinfamen Be-
fprechung Einigungspunkte aufzuftellen. Befonders thätig für den
Plan war Herzog Chriftoph von Württemberg, der edelften
und tüchtigften einer unter den proteftantifchen Fürften jener
Tage **). Der Herzog dachte an eine Fürftenzufammenkunft.
Laski, mit gleichem Eifer für eine gemeinfame Beratung be-
feelt, wünfchte diefelbe mit Zuziehung von Theologen und hervorragenden Männern der evangelifchen Kirche. Kaum hatte
drüben in der Pfalz Ottheinrich die Regierung angetreten und
offen durch ein Edikt (März 1556) die Einführung der reinen
evangelifchen Lehre und die Abfchaffung der papiftifchen Irrtümer
verkündigt, fo eilte auch Laski zu ihm, ihn für feinen Plan zu
erwärmen. Er kannte und liebte den Fürften, der fchon vor
Jahren um feines Glaubens willen fein Land verlaffen mußte,
fchon lange. Ende April traf er ihn in Speier und fand die
ehrenhaftefte und liebevollfte Aufnahme. Ottheinrich, trotzdem
daß er damals ganz dem Einfluß von Marbach ergeben war,
ging völlig in die Anfchauung Laskis ein ***). Anwefend in

---

*) Vgl. den Inhalt der Botfchaft Calvin XVI, 185.

**) Vgl. feine Bemühungen nach diefer Seite bei Kupper II, 6 f.

***) Calvin XVI, 186. „De controversia sacramentaria sic actum
est, ut elector Palatinus totus sit nostras", fchreibt Poullain nach Genf.

Speier waren der wackere Graf Erbach, der noch in demselben Jahre an die Frankfurter Prädikanten einen Mahnbrief, brüderlich mit den Flüchtlingen zu handeln, richtete*), und der Herzog Christoph. Auch er erwies Laski das höchste Wohlwollen und hörte seiner Ausführung willig zu. Als Laski schon zur Heimreise nach Frankfurt sich rüstete, forderte ihn der Württemberger auf, mit ihm nach Stuttgart zu gehen, dort mit seinem Prediger Brenz weiter die Sache zu verhandeln. Calvin und Peter Martyr und gewiß noch mancher andere hielten es für bedenklich und rügten es auch, daß Laski allein und ohne Zeugen seinerseits das Religionsgespräch angenommen. Aus einem jetzt erst veröffentlichten Bericht ist zu ersehen, daß nicht Laski das Gespräch gesucht, sondern nur der Einladung des Herzogs gefolgt ist; sie mußte ihm aber willkommen sein, um von einem Fürsten, dessen Ansehen weit über die Grenzen seines Gebietes reichte, das Zugeständnis seiner Zugehörigkeit zu den Augsburger Konfessions= Verwandten zu erhalten**).

Die herzogliche Aufforderung, mit Laski ein Religions= gespräch abzuhalten, kam Brenz recht ungelegen. Seit Jahren nun schon war er über den strittigen Punkt in der Abendmahls= lehre nicht mehr offen hervorgetreten und hatte sich fast ge= flissentlich von dem Kampfe fern gehalten. Der Züricher Kon= sensus war ihm ein Ärgernis; er hatte Calvin auf deutscher Seite vermutet, und nun sah er ihn mit den Schweizern einen Bund schließen, und schweizerisch und zwinglisch war ihm eins***). Während Brenz geschwiegen, hatte sich in seiner Anschauung über das Abendmahl ein Wandel vollzogen, der uns befremdet, weil wir ihn bis zur Stunde noch nicht in seinem Fortgange

---

*) Religionshandlungen II, Beil. 280.

**) Vgl. den schon erwähnten Brief von Poullain an Calvin (Calvin XVI, 186). Es sei hier noch auf den Irrtum hingewiesen, dessen sich ziem= lich alle (Heppe, Hartmann u. s. w.) schuldig gemacht, als ob Laski mit dem Reste seiner Gemeinde nach Stuttgart übergesiedelt sei und infolge des Gespräches auch von da habe weichen müssen. Die unerwartete Reise machte er ganz allein und kehrte unmittelbar von da nach Frankfurt zurück, wo er unbehelligt unter den Seinen noch fünf Monate weilte.

***) Vgl. die Darstellung bei Plank V, 2. S. 382.

klar verfolgen können*) Was Brenz in seinem Katechismus von 1528 gelehrt, das konnte Laski mit vollem Herzen unterschreiben; aber nun stand vor ihm der Altersgenosse in der vollen und schweren Rüstung der Ubiquitätslehre!

Am 18. Mai war Laski nach Stuttgart gekommen und hatte alsbald eine private Unterredung mit Brenz. Wahrscheinlich infolge davon warf Laski rasch seine Anschauung über das Sakrament zu Papier, darin anzugeben, worin sie übereinstimmten und welches die Punkte seien, über die man in freundlicher Beratung eine Einheitsformel suchen müsse**). Am 22. Mai fand das Gespräch in Gegenwart der Stuttgarter Geistlichen und der beiden herzoglichen Räte v. Gültlingen und v. Plieningen statt. Es war, wie vorauszusehen, erfolglos. Laski drang wiederholt und wiederholt darauf, ihm die Punkte anzugeben, in denen seine Lehre nicht mit der Augsburger Konfession stimme; Brenz stellte dann immer wieder seine Auslegung und auch Folgerungen aus der Bekenntnisschrift als den Maßstab auf, an dem die Übereinstimmung mit der Augsburger Konfession zu messen sei — in der That denn doch ein völlig ungerechtfertigter Standpunkt der Beurteilung! —, und weil Laski nicht gewillt war, die ganze Ubiquitätslehre mit in den Kauf zu nehmen, darum wurde ihm das Zeugnis verweigert. Laski hörte hier zuerst die Ubiquitätslehre. Sie und noch ein paar fremdartige Behauptungen verblüfften ihn und er bat sich einen Tag Überlegung aus, diese neuen Aufstellungen zu prüfen und mit den Stellen aus den Kirchenvätern im Zusammenhang zu vergleichen, die Brenz in seiner Rede nur bruchstückweise vorgebracht; er wünschte deshalb für den anderen Tag eine Fortsetzung des Gespräches, in klaren, schlichten Worten noch einmal seine ernste und aufrichtige Übereinstimmung mit der Augsburger Konfession betonend und fast flehentlich bittend, man möchte ihm doch irgendeinen Punkt seiner Lehre angeben, der ihr widerspreche. Brenz lehnte eine Fortsetzung des Gespräches ab und verwies ihn kühl auf

---

*) Auch noch nicht nach den Versuchen von Ebrard II, 646; Hartmann II, 360 oder bei Plank.

**) Das wichtige Schriftstück ist nun zum erstenmale veröffentlicht: Calvin XVI, 150.

seine Schriften, da könne er die Lehre vom Abendmahl finden und selbst sehen, worin er abweiche; er habe dazu keine Zeit. Keine Zeit! In einem Falle, wo es sich um die mögliche Einführung der Reformation in Polen handelte! Und doch hatte er Zeit, so zu verfahren, daß Flacius über die Behandlung jubelte und in ihr das Zeichen sah, daß Brenz und die Württemberger auf ihrer Seite wider Melanchthon ständen! Auch nach dieser fast höhnischen Abweisung überwand sich unser edler Freund um der heiligen Sache willen noch einen Brief an Brenz zu richten. „Deine Meinung über die Lehre in unserer Streitfrage habe ich gehört, und zwar, daß ich es offen gestehe, nicht ohne Verwunderung. Ich habe auch gehört, was Du über die Anschauung der Augsburger Konfession vorbrachtest. Aber von alle dem, was Du vorgebracht, habe ich den Beleg in der Augsburger Konfession nicht gefunden, und ich wünsche sehr, daß Du sie mir zeigest." Laski räumt Brenz sogar noch ein, die Quellen jener Lehre in der Apologie oder in dem „Regensburger Gespräch" nachzuweisen. „Diese Bitte will nicht zum leeren Streiten führen, nur unsere Unschuld bestätigen lassen. ... Beliebt es Dir jetzt nicht, so sei es; es wird sich anderswo eine bequemere Gelegenheit bieten, in aller Freundlichkeit darüber zu verhandeln. Um eins nur bitte ich Dich: Du möchtest uns nicht mit deinen Vorurteilen beschwerlich fallen, so lange Du uns nicht die Quelle des Dissenses in der Augsburger Konfession selbst aufgedeckt hast. Denn ich vertraue doch, daß Du kein solcher bist, der heimgesuchten und um Christi willen verbannten Gemeinden ihr Kreuz verdoppeln will. Halte uns diese Freiheit, ich bitte Dich, zugute und lebe wohl in Christo." Keine Antwort von Brenz darauf. Er war tags zuvor aus Stuttgart gewichen. Als seine Antwort kann wohl der Entscheid gelten, den Laski vom Hofe schriftlich erhielt: „Weil der Herzog aus dem ihm erstatteten Bericht erfahren, daß Laski im Artikel vom Abendmahl vollständig von der Lehre der Augsburger Konfession abweiche, auch in seiner verkehrten Meinung beharre, so könne seine Hoheit keine Ansicht aufstellen, wie bei solcher Verschiedenheit der Lehre eine Übereinstimmung aufgefunden werden könne. Seine Hoheit wünsche übrigens nichts so sehr, als daß a Lasco mit seinen Fremd-

lingen zur Gemeinschaft der in den Kirchen Augsburger Konfession bis dahin beobachteten Lehren und Gebräuchen übertreten
möchte. Das sei der einzige Weg zur Aussöhnung der Kirchen
und ihm und seinen Fremdlingen Gastrecht zu gewähren." Daß
solch ein Weg zur Aussöhnung führt, wer will es bestreiten?
Wer aber auch bestreiten, daß der Rat fast wie Hohn klingt?
Heute noch fühlt man den Schmerz solcher Rede, als ob sie uns
träfe, denn wir wissen, wie furchtbar er unsere teure evangelische
Kirche getroffen und fast bis zum Tode verwundet hat. Auch
der Lebensdarsteller von Brenz kann sich an dieser Stelle nicht
enthalten, seinen Helden der Härte zu zeihen, und dabei war ihm
die Tragweite der Worte unbekannt und was alles in diesem
Augenblicke auf dem Spiele stand *).

Den herzoglichen Räten, die ihm obigen Bescheid gaben,
erwiderte Laski das schöne, fromme Wort: „Was des Herzogs
Schutz anbetrifft, so habe ich wohl Besseres von seiner Milde erwartet; aber Gottes Schutz wird uns nicht fehlen, wie er uns
bis dahin nicht gefehlt hat, wenn wir gleich von aller menschlichen Hilfe im Stiche gelassen waren. Gott ist Zeuge unserer
Unschuld und wird auch einst unser aller Richter sein. Seinem
Schutze vertrauen wir unsere ganze Sache und zweifeln nicht an
seiner Güte." Er begehrte und erhielt noch eine Audienz bei dem
Herzog. Nach Tisch sind die beiden im Schloßgarten zusammen
gewesen; das Benehmen des Herzogs war viel freundlicher als
das Schreiben es vermuten ließ, das in seinem Namen gegeben
war. Überall trifft man leider in jenen Tagen die schneidigere
Härte bei den Theologen an, und bei keinem Anlaß schärfer, verletzender, als wenn es sich um die Lehre von dem Liebesmahle
des Herrn handelt!! Laski dringt dem Herzoge gegenüber auf

---

*) Hartmann II, 366: „Wennschon das edle, aufopfernde Streben
des Polen und seine harten Lebensschicksale innige Teilnahme für ihn erwecken, so scheint überdies sein Bekenntnis in der Abendmahlslehre unver-
werflich und Brenz von einer gewissen Härte gegen den armen Vertriebenen
nicht freizusprechen." Noch stärker verurteilend sind die Worte, die derselbe
Hartmann 20 Jahre später in der kürzeren Darstellung von Brenz in
der Sammlung „Leben und ausgewählte Schriften der Väter und Begründer
der lutherischen Kirche" giebt (vgl. VI, 247).

Zusammentritt einer Synode zur Beilegung des Streites. Der
Herzog stimmt bei, weiß aber nicht, wie er es anfangen soll, da
die anderen Fürsten nicht dazu geneigt seien, er allein es aber
nicht unternehmen könne.

So kehrte unverrichteter Dinge Laski am 29. Mai nach
Frankfurt zurück. Hier fand er eine reiche Post aus Polen vor;
von allen Seiten wurde er in die Heimat zurückgerufen; auch ein
wohlwollendes Schreiben vom Könige war darunter*). Aber
doch zögerte Laski noch mit der Abreise; er konnte gerade in
diesem Augenblick seine Frankfurter Gemeinden nicht im Stiche
lassen, und trotz aller peinlichen Erfahrungen will er die Hoffnung nicht aufgeben, eine Generalsynode zusammen zu bekommen.
Noch am 17. September, während Calvin in Frankfurt ist
und er sich mit ihm darüber beratet, richtet unser Freund ein
daraufhin bezügliches Schreiben an Melanchthon: „Ich zweifle
nicht, daß dich diese Uneinigkeit der Gemeinden, mein Philippus,
schmerzt; aber was nützt uns das Jammern, wenn wir nicht an
Abhilfe denken? Kein geeigneteres Mittel gegen dieses Übel als
ein gemäßigtes Religionsgespräch frommer und gelehrter Männer.“
Calvin und seine Freunde halten Frankfurt für den geeignetsten
Ort, überlassen aber die Bestimmung von Zeit und Ort Melanchthon; nur daß es eben bald geschehe, noch vor seiner
Heimkehr, „denn die Sache könnte meinem Vaterlande viel
nützen. ... Gott gebe uns den Geist der Buße, auf daß wir
gleichermaßen alle unsere Fehler erkennen, ihre Rüge uns gefallen lassen, alle Lehrzwistigkeiten durch seine Gnade beilegen, die
entfremdeten Gemüter liebevoll versöhnen, auf daß von uns allen
nichts anderes erstrebt werde als die Ehre Gottes, die Ausbreitung des Reiches Christi in seiner Kirche und das Wachstum
wechselseitiger Zuthunlichkeit und christlicher Liebe. Amen.“**)
Noch den ganzen Winter glaubte Laski in diesem Schreiben
in Deutschland zubringen zu müssen. Es kam anders. Ein
weiterer Bote traf aus Polen ein, der seine schleunige Abreise

---

*) Calvin XVI, 185.
**) Ebd., S. 285 (nicht bei Kuyper).

nötig machte, um noch rechtzeitig am Reichstag in Petrikau teilnehmen zu können.

Am 21. Oktober*) brach Laski in Begleitung seines treuen
Gefährten Johannes Utenhove von Frankfurt auf. Der
Tag ist bedeutsam. Sein Datum trägt das Widmungsschreiben
der fremden Geistlichen, mit dem sie die Laskische Rechtfertigungsschrift an den Rat bei seiner Druckausgabe begleiten;
an demselben Tage auch entscheidet der Rat — ohne jedoch auch
diese Entscheidung alsbald zu verwirklichen —, daß die Fremden,
wenn sie sich nicht nach der von den Prädikanten gelehrten Augsburger Konfession in ihren Predigten und Kirchengebräuchen
halten wollten, nicht länger in der Stadt zu dulden seien**).
Die Reise ging zunächst nach Kassel an den Hof des Landgrafen
Philipp, des Mannes, der am treusten zu den armen Flüchtlingen stand und dem eine Aussöhnung unter den Evangelischen
wärmer noch am Herzen lag als dem Herzog von Württemberg.
Laski kann nicht genug die liebenswürdige Aufnahme beim Landgrafen rühmen. Dreimal hat der um seines Bekenntnisses willen
so schwer geprüfte Regent auf die vertraulichste Weise mit ihm
unter vier Augen geredet, hat ihm Briefe an Melanchthon
an den Kurfürsten von Sachsen mitgegeben, ja ihm selbst Reisige,
bei dem Ritte nach Erfurt zugeordnet, weil die Landstraße nicht
ganz sicher sei. So regen Anteil nahm der Landgraf an Laski,
daß sie chiffrierte Schrift verabreden, um auch wichtigere Sachen brieflich sich mitteilen zu können***). Am 9. November
treffen unsere beiden Reisenden in Wittenberg ein. Laski läßt
durch Utenhove Melanchthon seine Ankunft melden; alsbald

---

*) Bartels, S. 63.

**) Religionshandlungen I, Beil. 36. Der Bescheid klingt an den an-
deren an, den Laski in Stuttgart erhalten. Brenz hatte nicht versäumt,
auch nach Frankfurt an den Prediger Brubach sowohl als auch an seinen
Freund Beyer Berichte und zwar für eine Persönlichkeit wie Brenz recht be-
dauernswerte zu richten. (Vgl. Anecdota, p. 431. 432.) Nun war eben
Brenz persönlich in den Strudel mit hineingerissen und hat rasch die Milde
und Ruhe eingebüßt, von der noch sein früheres Schreiben an Beyer (Anecdota, p. 417) so schönes Zeugnis ablegt.

***) Kuyper II, 731.

eilt der Reformator in die Herberge, den werten Gast zu be=
suchen und zu sich ins Haus aufzunehmen. In der allerherzlichsten
Weise findet der Verkehr zwischen den beiden Männern statt:
man fühlt den schildernden Worten bei Laski das Wohlgefühl
ab, das er bei solchem Zusammenleben empfand; auch die übrigen
Wittenberger Professoren begegnen dem bedeutenden Reisenden mit
der größten Hochachtung. Man will ihm ein Festmahl geben,
Laski hat zu große Eile heimzukommen und muß darauf ver=
zichten. Wie ein lieber Bruder ist er die zwei Tage seines Auf=
enthaltes gehalten: wie haben sich die Zeiten geändert! Es währt
nicht mehr lange und dann ist das schon anrüchige Wittenberg
in die Acht erklärt; des wahren Erbes lutherischen Geistes rühmt
sich dann Jena.

Schön und wohlthuend ist es, mit diesem freundlich=warmen
Sonnenstrahl Laski aus Deutschland scheiden zu sehen, als ob
ihm die holde Verheißung zuteil würde: „Und um den Abend
wird es licht sein" (Sach. 14, 7). Am 1. Dezember stand
unser Pole an der Grenze seines Vaterlandes; mehr wie acht
Tage war er ans Krankenlager in Breslau gefesselt, von seinem
Tertianfieber wieder tüchtig geschüttelt.

―――――

Vor achtzehn Jahren, damals in der Vollkraft des Mannes=
alters, hatte Laski an der gleichen Grenze gestanden, ent=
schlossenen Mutes, alles, was dem natürlichen Menschen lieb
sein mag, dahinten zu lassen und in das Land zu gehen, was
ihm sein Herr zeigen wird. Ernsten, frommen Sinnes ist er
der Weisung gefolgt; es war ein schwerer, dornenvoller Weg,
gar mancher starke Held würde doch zurückgeschreckt sein, ihn bis
zum Ende zu durchschreiten. Aber der treue Jünger sah nicht
auf den Weg, nur auf seinen Meister, seinen Herrn Christum.
Der kann und darf ja viel fordern von dem Knechte, der weiß,
daß ihm sein Herr alles, sich selbst gegeben, und damit die ganze
Seligkeit aus Gnade. Als unserem angehenden Kirchenfürsten das
Opfer klar geworden, das sein Herr und Meister in der Nach=
folge von ihm forderte, da hat er freudig und willig alles ihm

zu Füßen gelegt und ist auch freudig und willig geblieben, als er auch ihm, wie einst dem großen Heidenapostel, in langen, drangsalvollen Jahren zeigte, wie viel er um seines Namens willen leiden müsse.

Aber auch gesegnet und reich gesegnet hat der Herr seinen Knecht in den Landen, dahin er ihn gewiesen. Nicht mit irdischem Gute, wie den Erzvater im Alten Bunde, in der Weise vielmehr, wie der arme Menschensohn auch in der allergrößesten Not zu segnen pflegt. Der Herr hatte ihn sich zu einem auserwählten Rüstzeug erkoren, der seinen Namen vor hoch und niedrig, vor groß und klein trug. Er hat dies Kleinod getragen überall in tiefer Demut, in hohepriesterlichen Armen, die geheiligt sind Gott, furchtlos vor allen Menschen, bereit Friede zu halten mit allen, die den Herrn fürchten. Er ist auf viel Widerstand gestoßen, an seiner starken Brust schlugen zuerst und aufs heftigste die Sturmeswogen ausbrechenden Haders inmitten der evangelischen Kirche an, aber auf die Dauer konnte auch der Gegner ihm die Achtung nicht versagen. Die Lauterkeit und Wahrheit seiner Gesinnung, die Reinheit seines Charakters, der ganze Adel einer tieffrommen Persönlichkeit in der lichtverklärten Weihe voller, rücksichtsloser Hingabe an den Herrn: das alles entwand dem Gegner die Waffe wider den Mann, daß er nur noch wider seine ihm falsch dünkende Anschauung kämpfen konnte.

Nirgends hatte er in den Jahren seiner Wanderschaft in der Fremde Hehl aus seiner warmen Vaterlandsliebe gemacht. Aber sein Herr, der ihn überwunden, war stark genug, auch diese Liebe zurücktreten zu lassen, oder vielmehr zu verklären in die schöne Klarheit des Suchens der ewigen Heimat. Nicht sein Polen war ihm das erste, nur sein Herr und die Ausbreitung seines Reiches, die unablässige Arbeit an der Förderung einer auf Gottes Wort reformierten Christenheit. Das heilige Ziel gab ihm die Weite des Blickes und des Herzens, die ihn so hoch stellt unter seinen Zeitgenossen, so weit emporhebt über die Engherzigkeit fast aller seiner Gegner. Dasselbe Ziel ließ ihn dann anderseits so tiefe, bis auf den heutigen Tag nachhaltige Spuren seiner Wirksamkeit in den engeren Grenzen eindrücken, innerhalb deren er thätig war. Den Friesen erschien er wie ein Friese, den Engländern wie ein

Engländer: er war eben überall der Christ, dem alles gehört, der aber sich selbst als des Herrn Christus Eigentum weiß.

Das Pfund seiner Gabe ragt nicht an das Maß heran, das der Herr einem Luther oder Calvin, einem Melanchthon oder Zwingli verliehen. Aber Laski hat mit der anvertrauten Gabe gewuchert mit dem Einsatz all seiner Kraft. Und nicht umsonst. Er durfte jetzt an der Schwelle seiner Heimat auf ein großes Arbeitsfeld zurückblicken und erkennen, wie er als ebenbürtiger Genosse von den noch lebenden größten Zeugen aus den großen Tagen der Reformation angesehen wurde. Das war ihm nicht der ersehnte Lorbeer, in dessen Besitz er nun daheim eine stille Feierabendstunde fern vom Kampfe verbringen wollte. Seine Ruhe begehrte er erst da, wo der Herr sie seinem Volke behalten hat. Die vollendete Arbeit in der Fremde diente ihm nur zum Ansporn für die letzte Arbeit unter seinem Volke.

Arm stand Laski an der Grenze seiner Heimat, so arm, wie damals, als er sie um seines Herrn willen verlassen. Seine Frau und die kleinen Kinder nebst den Töchtern aus erster Ehe waren zunächst noch in Frankfurt zurückgeblieben, bis der Vater für sie eine Stätte des Wohnens in Polen gefunden haben würde. Die ältesten Söhne waren zerstreut in verschiedenen Händen; der eine vielleicht noch bei Hardenberg: des anderen Spur haben wir um die Zeit in Gröningen aufgefunden, wo er in dem Hause des dem Vater befreundeten Quästors der Stadt, Hieronymus Fredericus, Aufnahme gefunden*). So recht das schwere Leben einer Familie in der Verbannung! Und bei jedem Schritte werden wir daran gemahnt, mit wie siechem Körper Laski von der Walstätte seiner aufreibenden Arbeit heimkehrte. Allmonatlich trat in heftigeren oder geringeren Anfällen sein Fieber auf; dazu die alten Leiden, die ihn schon in seiner Jugend gequält: wahrlich, ein schwerer Pfahl in seinem Fleische. Aber darüber klagt er nicht. Er hat mit dem großen Apostel gelernt, sich an der Gnade des Herrn genügen zu lassen, und in dieser hohen Schule erfahren, daß Christi Kraft in den Schwachen mächtig ist.

*) Gerdes III, 141. 202.

III.

Johannes a Lasco

als Protestant

in seinem Vaterlande.

————

11.

Fortgang der Reformation in Polen.

Wieder daheim! Mannigfaltig und nach Zeit und Volk wech-
selnd sind die Empfindungen und Stimmungen, die dem Menschen-
gemüt Ton und Farbe leihen; licht und laut zu allen Zeiten gesunden Volkslebens durchschlagend ist die Vaterlandsliebe. Sie
ist eines Polen, man ist versucht zu sagen, feurigste Liebe, eine
gar treue Trösterin im Leid. Wir haben im Verlaufe unserer
Geschichte oftmals Gelegenheit gehabt, zu sehen, von welch rührender Liebe zum Vaterlande auch unser Pole beseelt war. Aus
der Heimat ziehen müssen, war ihm das schwerste Opfer, das er
seinem Herrn gebracht. Wenn er bei reichgesegneter Wirksamkeit
in der Fremde da und dort heimisch geworden zu sein schien:
immer wieder bricht ergreifend die heiße Sehnsucht nach seinem
Polen durch und sein Auge haftet unverrückt auf dem Lande der
Väter. Überall will er nur bleiben, bis ihn sein Vaterland ruft,
unter einer Bedingung freilich, daß es ihn ruft als den Knecht
Christi, als den treuen Zeugen seines Evangeliums.

Nun endlich war der Ruf erfolgt, und Laski betrat seine
Heimat wieder nach achtzehn Jahren der Verbannung. Er kehrte
als sechzigjähriger Greis heim, trotzdem nicht arbeitsmüde, von
der ganzen Schaffenslust eines jungen Mannes vielmehr beseelt,
der eben erst in die Wettbahn eintritt. Es ruht etwas von einer

ewigen Jugend in den ernsten, gefurchten Zügen, in den tiefen,
feurigen Augen. Aber der lange Bart, der dem Heimkehrenden
auf die Brust fällt, ist schneeweiß, — ein beredter Zeuge, daß die
besten Mannesjahre und ihre Kraft in schwerer Arbeit aufgebraucht sind. Und dazu kommt, daß in der langen Zwischenzeit
auch Land und Leute daheim einen Wechsel und Wandel durchgemacht, in den sich einzuleben dem alten Manne schwer fallen
muß. Es ist ein schmerzliches Verhängnis für Polen und die
Ausbreitung des Evangeliums in dem Lande, daß es so lange gezögert, einen seiner besten Söhne heimzurufen, der von Gott zum
Reformator des Volkes auserwählt und zugerüstet war: nun
hatte das Volk schon einen starken Anlauf genommen, ohne bewährte Führung, und als der tüchtigste Leiter kam, fehlte ihm
zunächst die Fühlung mit den gewordenen Zuständen. In der
Schlichtung der bereits etwas zerfahrenen Verhältnisse zehrte sich
ihm rasch der Rest der Lebenskraft auf, und er mußte von der
Walstätte für immer abtreten, ehe er noch seine Streitkräfte
geordnet und den ernsten Waffengang wider den machtvoll sich ermannenden römischen Gegner gethan. Ja, ein schmerzliches Verhängnis, dessen unheilvoller Schatten bis zur Stunde über dem
armen, schönen Lande steht! — doch wir wollen nicht vorgreifen,
vielmehr selbst zunächst es versuchen, Fühlung mit der Entwickelung
der Reformation in Polen zu gewinnen von der Zeit an, wo
wir mit unserem Freunde das Land verließen.

Wir besinnen uns darauf, daß um die Zeit, wo Laski 1538
aus seinem Vaterland zog, ein neuer Befehl des Königs erlassen
war, der den Besuch der Universität Wittenberg streng untersagte und jedes Eindringen der ketzerischen Lehre zu verhindern
suchte. Es war wieder einmal, wie so oft schon, ein Aufraffen
wider die Ausbreitung der gefürchteten Seuche, aber auch in seinem
Erfolge wieder wie alle die früheren Male wirkungslos. Des
Königs Gutmütigkeit war nicht geeignet, solchen Erlassen durch
strenge Handhabung Nachdruck und Erfolg zu sichern. Er alterte
merklich und deshalb, durch die Ränke der Königin noch mehr
ermüdet, verlangte der König hauptsächlich nach Ruhe, die ihm
freilich erst nach einem Jahrzehnt der Tod brachte (1548). Der

Adel sah in diesem und so manchem anderen, gleicher Absicht ent-
sprungenen Gesetze eine Beschränkung seiner Freiheit, die ein Pole
jener Tage eifersüchtig hütete wie eine geliebte Braut. Die Gesetze waren von denen angeregt und ausgegangen, mit denen er
um seine Gerechtsame unermüdlich kämpfte; immer häufiger glaubte
er sich der Eingriffe der Bischöfe und von Rom erwehren zu
müssen und that es mit dem verstärkten Eifer eines Standes, der
seine Rechte angetastet sieht und als Patriot, der das Schwert
wider den Fremdling in Rom zu ziehen bereit ist. Und auch
unter den Bischöfen herrschte nicht Einheit der Gesinnung. Die
meisten waren in erster Linie Polen, dann erst wollten sie Diener
des Statthalters in Rom sein; viele gehörten dem höchsten Adel
an und teilten mit ihm Standesanschauung und vaterländische
Gesinnung. Das kirchliche Bewußtsein war auf eine gewaltig
niedrige Stufe gesunken, religiöse Beweggründe finden wir kaum
als ausschlaggebend in den Beschlüssen der Geistlichkeit.

1548 starb endlich Sigismund I., lebensmüde, 81 Jahre
alt, von denen er mehr als die Hälfte auf dem Throne verlebt.
Nachfolger war unbeanstandet, weil schon vor länger als zwanzig
Jahren von dem Reichstage zu dieser Würde erwählt, sein Sohn
Sigismund August, kaum noch dem Jugendalter entwachsen
(geb. 1520), ein König von seltener Begabung, aber durch die
weibische, das Genußleben fördernde Erziehung seiner ränkesüchtigen
Mutter Bona, die ihren verderblichen Einfluß eher auf einen
der Sinnenlust hingegebenen Regenten ausüben zu können hoffte,
nicht zu einem willensstarken, thatkräftigen, ernsten und pflicht-
treuen Charakter ausgebildet. Er hatte sich, mündig geworden,
in überraschender Weise dem Einfluß der Mutter entzogen, die,
verdrießlich über solche Erfahrung, mit den großen im Lande angesammelten Schätzen sich schließlich nach Italien zurückzog. Jetzt
eben hatte eine innige, tiefgehende Liebe zur edlen, schönen Witwe
Barbara Gastoldt, einer Schwester des hochangesehenen Fürsten
Radziwil, den jungen König zu mannhafter That beseelt, daß
er bereit war, eher die polnische Krone dranzugeben, als wort-
brüchig zu werden und das im geheimen geknüpfte eheliche Band
öffentlich auf den Wunsch des Reichstages zu lösen. Er setzte
seinen Willen durch, aber leider schon nach einem halben Jahre

entriß ihm der Tod, was ihm der Reichstag nicht zu entwinden vermochte. Man sagt, daß Gift dem Könige die treueste Lebensgefährtin geraubt; mit ihr, der Vielgeliebten, sank eine starke Stütze dem Gebeugten dahin. Man hat Sigismund August den König des morgenden Tages genannt. Zögernd nur faßte er einen Entschluß und noch zögernderen Schrittes ging er dann an die Ausführung, bei der er gar oft von dem rascheren Verlauf der Dinge überholt wurde. Und doch, wie sehr bedurfte Polen in diesen entscheidungsvollen Jahren thatkräftiger Leitung! So schwankte er auch der Riesenfrage gegenüber, die gebieterisch in jenen Tagen von jedem christlichen Volk und seinem Regenten Antwort heischte, und diese Unentschlossenheit des Königs kostete dem Lande seine Zukunft. Sigismund August kannte genau den morschen Bau der alten Kirche im Lande, das Vertrauen auf ihren gesicherten Fortbestand war ihm tief erschüttert. Er hatte frommen Sinn von den Vätern geerbt und nahm an hundert und tausend Erscheinungen des ganz verweltlichten Klerus schweres Ärgernis. Sein fürstlicher Schwager Radziwil gehörte zu den entschiedensten Häuptern des reformierten Adels, und der König gab viel auf das Wort des tief-ernsten, gläubigen Mannes. Der Beichtvater seiner Mutter, Lismanini, erfreute sich ebenfalls der Gunst des Königs und las diesem die Institutio Calvins während einige Winter zu großer Erbauung vor. Unter den Hofpredigern Sigismunds war Prasnicius ganz dem Evangelium ergeben; mit dem tiefen, sittlichen Ernst eines Elias rügte er die Sünden des Hofes, die Verderbnis des Klerus, und der König entzog sich nicht der Strafrede und verwies dem Prediger nicht das kühne Wort. Alle Welt wartete nur auf die Entscheidung, deren Ausgang niemandem zweifelhaft schien, und doch zauderte der König und ließ den Dingen ihren bedenklichen Lauf. Man wird an Margareta von Valois erinnert; aber das Hinhalten und Zögern ist bei dem Manne ärgerlicher bei dem Könige noch verderbnisvoller, als das schmerzliche Geschick, zu dem die zaudernde Schwester des Königs die evangelische Kirche Frankreichs verurteilte. Polen war in den allein tonangebenden Kreisen nicht mehr katholisch, noch nicht evangelisch; das Land glich seinem König: ein unheilvoller Zustand, wie wenn dem

Wagenlenker die Zügel entfallen sind, die Rosse aber, nun sich selbst überlassen, nach den entgegengesetzten Seiten mit dem Gefährte dahinjagen wollen.

Der Adel hatte schon seine Entscheidung getroffen. Weit über die Hälfte, und darunter die ältesten und angesehensten Familien, waren in die Bahn der Reformation eingelenkt, mit dem Feuereifer, der rücksichtslosen Entschiedenheit, mit der ein Pole ausführt, was ihn ergriffen hat. Seit Jahrzehnten hatte er im Auslande studiert. Die schöne Mitgift seines Volkes, die große Empfänglichkeit, der rege, aufgeschlossene Sinn für die geistigen Strömungen des Tages, hatte ihn zu einem begeisterten Schüler der Humanitätsstudien auf den berühmtesten Hochschulen des Wissens gemacht; der größte und beste Teil unter ihnen hatte sich von dieser Strömung weiter tragen lassen an das Ufer der Reformation. Die evangelischen Schriften wurden nirgends fast begieriger und aufmerksamer gelesen als auf den einsamen Schlössern Polens, und wenn die Söhne von ihrer Studienfahrt heimkamen und mit glühenden Worten schilderten, was sie in Wittenberg, in Straßburg und in jüngster Zeit in immer verstärkterer Zahl in Zürich und Genf gehört, da flammte wohl auch das Auge der Schwester in freudiger Zustimmung bei dem Vernommenen auf. Das gastfreie Schloß wurde bald zum Asyl des um seines Glaubens willen Verfolgten und der polnische Schloßherr wachte zu eifrig über seinem Hausrecht, als daß die römische Geistlichkeit es gewagt hätte, ihr Opfer in der Umfriedigung der Burg anzutasten. In der letzten Zeit hatte sich der Einfluß Calvins auf den polnischen Adel immer bedeutsamer herausgestaltet. Der hohe Geist, der aus den Schriften des Franzosen sprach, war dem Polen kongenial; etwas Geistesverwandtes zog ihn mächtig an. Die Anschauungen des Genfer Reformators hielten um jene Zeit ihren Siegeszug durch die Lande, die sich eben erst dem Evangelium erschlossen; mit offenen Armen wurden sie in den tonangebenden Kreisen Polens aufgenommen.

Anders war es in den Städten. Da war eine deutsche Bevölkerung angesiedelt, teils ohne Fühlung mit dem Lande, teilweise in Auflehnung wider den Adel, der unwillig auf die ihnen von langer Zeit her gewährten Gerechtsamen blickte. Die Be-

rührung mit dem alten Heimatlande war eine sehr lebhafte; die
treubewahrte Muttersprache nährte die Anhänglichkeit, der rege
Handel und Wandel fachte täglich von neuem das Feuer an.
Die Geistesgestalt Luthers trat auch hier mit anheimelnder Gewalt in die Bürgerstube ein; sein wunderbares Wort, aus der
tiefsten Tiefe des deutschen Gemütes krystallklar hervorsprudelnd,
wirkte wie köstliche Labe, und die Kaufherren und die zünftigen
Meister hielten des deutschen Reformators warme, evangelische
Rede fest. Wenn die Bücherhändler von der Frankfurter Messe
zurückkamen, da waren bald ihre geheimen Vorräte von Luthers
zündenden Flugschriften in Thorn und Posen und Krakau ver-
griffen, und in den Hinterstuben der hochgiebeligen Bürgerhäuser
lauschte die ganze Familie, wenn der Hausvater die Postille und
die Flugblätter des kernhaft deutschen Mannes seinem Ingesinde
vorlas.

Der mächtigen Bewegung, die den polnischen Adel, den deutschen Bürgerstand in der Tiefe ergriffen, stand die römische Geistlichkeit ohnmächtig gegenüber. Sie gewährt in jenen Tagen einen
geradezu kläglichen Anblick in Polen. Die meisten Kirchenfürsten
fast nur weltliche Machtherren, in erdrückendem Wohlleben ihre
Zeit verbringend, emsig bemüht, die oft großen Lücken, welche
polnische Sorglosigkeit und Verschwendung in das gewaltige Einkommen gerissen, wieder auszufüllen, meist jeder geistlichen Sorge
los und ledig, aber frank und frei und zügellos oft recht lieder-
lichem Wandel hingegeben. Es waren auch ernster gesinnte,
fromme Gestalten unter ihnen; aber diese empfanden teilweise selbst
ein Grauen vor der Verderbnis des Standes, und der evangelische
Lebensodem hatte sie berührt, nicht zwar mit dem heiligen, tiefen
Ernst und in der Stärke, wie einst unseren Freund, daß sie mit
solch einem Pharisäertum gebrochen und offen das Kreuz Christi
gepredigt und seine Schmach getragen hätten, aber doch wenigstens
so weit, daß ihnen die Lust verging, wider die evangelisch Gesinnten
in ihrem Kreise die harten, unholden Mittel anzuwenden, die ihre
schonungslosen Oberen in Rom gegen die Ketzer ihnen in die
Hand gaben. Wo einzelne Bischöfe kampfeslustig die dargebotene
Waffe ergreifen wollten und ergriffen haben, da war bei ihnen
auch noch in den vierziger und fünfziger Jahren eine so arge

Verkennung des Wesens der Reformation, für die wir in den zwanziger Jahren, wo sie uns zuerst in Polen begegnet, wohl ein mitleidiges Lächeln hatten, die uns aber nach weiteren Jahrzehnten an den alten, heidnischen Spruch gemahnt, daß die Gottheit blind macht, wen sie verderben will. Kaum konnte die Waffenführung ungeschickter sein. Hier mit einemmale ein Aufgebot aller Kraft, um wider den Kühnen die Schärfe des Gesetzes geltend zu machen, und wenn dann der Angeklagte erscheint und mit ihm die Schar der Glaubensgenossen, dann verrammeln wohl die in Schrecken gejagten und für ihr behagliches Leben bangen Richter im bischöflichen Schlosse alle Thüren und der Angeklagte kann nicht vor seinen Klägern erscheinen. Um die erlittene Scharte wieder auszugleichen, wird dort das arme Mädchen ergriffen und ihm in widerlicher Eile der Prozeß gemacht, als habe es die Hostie an Juden verkauft und hätten diese den vermeintlichen Leib des Herrn mit Nadeln zerstochen, dem dann reichliches Blut entströmt sei. Und der päpstliche Legat Aloysius Lipomani schrickt nicht davor zurück, den ganzen Prozeß zu leiten und selbst auf betrügerische Weise des Königs Unterschrift zu erlangen und die Juden und das arme unschuldige Mädchen dem Scheiterhaufen zu übergeben*).

Von Tag zu Tag stieg die Verwirrung, und die schweren Folgen einer führerlosen Bewegung traten immer bedenklicher in beiden Lagern zutage. Man kann sich eines tiefen Schmerzes nicht erwehren bei dem Gedanken, daß der Mann, der von Gott zur Führung auserwählt schien, fern von Polen gehalten wurde und sein ernstes Heimverlangen am Throne kein Gehör fand. Die ganze Persönlichkeit Laskis und ihre besondere hohe und nun schon so bewährte Begabung war wie geschaffen, die sinkenden Zügel zu ergreifen und in starker, erprobter Hand zum Heil des Landes festzuhalten. Er selbst Pole, Sprosse der angesehensten Familie des Landes, mit seinen Brüdern seit des Oheims Zeit am Königshofe gekannt und gerne gesehen, mit Radziwil weitläufig verwandt, jetzt durch die gemeinsame religiöse Überzeugung innig befreundet, er selbst mit der römischen Kirche des Landes

---

*) Lubienitzki, S. 78.

wohl vertraut und durch sein Vorbild den schwankenden Gemütern unter seinen früheren Amtsgenossen eine kräftige Stütze, den
gleichen, jetzt so gefahrloseren, an Opfern geringeren Schritt zu
thun; er selbst durch seine Wirksamkeit mit deutschem Wesen vertraut und durch die Innigkeit und Tiefe seines Gemütslebens ihm
wahlverwandt, daß er den Bürgersleuten in den Städten
verständnisvoll die Hand hätte bieten können, dazu von dem
glühenden Wunsche beseelt, für dessen Verwirklichung er seine
ganze Lebenskraft freudig einsetzte, an der Vereinigung der evangelischen Kirche zu arbeiten, um mit ungebrochener, vereinter
Kraft an der Herstellung einer auf Gottes Wort reformierten
Christenheit zu arbeiten — aber der König schwieg zu allen Vorstellungen des Adels, den tüchtigsten Sohn des Vaterlandes zurückzurufen. Er ließ sich am päpstlichen Gängelbande einer zu berufenden allgemeinen Kirchenversammlung führen, zögerte, zauderte,
und verhängnisvoll ging in diesem Zögern unwiederbringlich ein
Jahr nach dem anderen dahin.

Die Bewegung stand nicht still, während der König schwankte.
Statt des tüchtigsten Führers warfen sich zahllose, unberufene,
zum Teil auch unlautere Persönlichkeiten auf, die fallenden Zügel
an sich zu reißen, während in dem anderen Heerlager die Persönlichkeit sich erhob und an die Spitze stellte, von der auch katholische Schriftsteller bekennen, daß sie die römische Kirche vom drohenden Untergange in Polen gerettet*), — wir zielen auf Stanislaus Hosius. Wir schreiben hier keine polnische Reformationsgeschichte und gehen deshalb schweigend an den vielen fesselnden
Einzelheiten der evangelischen Bewegung im Lande, so schwer es
uns fällt, vorüber; einzelne Punkte jedoch, soweit sie zum Verständnis der späteren Wirksamkeit unseres Freundes nötig sind,
müssen wir, wenn auch nur in flüchtigen Strichen, erwähnen.

Polen war seit langer Zeit gastfreundliche Herberge für Leute
aus aller Herren Länder. Jede Burg gestaltete sich zu einem
Asyl, dessen Umfang nur der Schloßherr selbst zu bestimmen
hatte; selbst der König durfte es nicht wagen, die ängstlich gehütete
Freiheit und Machtvollkommenheit des Adels auch auf diesem

---

*) Eichhorn I, 57.

Punkte anzutasten. Heute waren es „fahrende Leute" der Humanitätsstudien, die die Länder durchzogen und gerne und reichlich gewährtes Gastrecht empfingen, morgen um ihres Glaubens willen verfolgte Heimatlose, die nicht vergeblich an die Schloßpforte des Glaubensgenossen pochten. Selbst am Königshofe fanden einzelne Duldung. Namentlich von Italien kam eine nicht geringe Zahl, denen es daheim unsicher geworden war. Die Königin Bona war selbst Italienerin. Ihren Beichtvater Lismanini haben wir schon gesehen, wie er dem Könige Calvins Hauptwerk vorliest und dem aufmerksam Zuhörenden erklärt und für seinen Inhalt erwärmt. Der römische Priester hatte seiner evangelischen Gesinnung kaum mehr ein Hehl; offen lagen bei ihm zu fast jedermanns Gebrauch die Reformationsschriften des Auslandes, deren Einfuhr so streng untersagt war. Dieser Provinzial des Franziskanerordens war Haupt einer ganz evangelisch gesinnten Vereinigung in Krakau, an der hervorragende Gelehrte und Geistliche teilnahmen und bei deren Zusammenkünften man die evangelischen Schriften las und in günstigem Sinne besprach. Es war eine fast offene Gesellschaft und hielt nicht schwer, Aufnahme in ihr zu finden, sobald man sich nur über die Gesinnung der Eintretenden vergewissert hatte. Auch angesehene Fremde hatten leichten Zugang, und gerne lauschte man ihren Ansichten. Eine oft bunte Tafelrunde traf sich da. Hier saß der aufgeklärte, ganz evangelisch gesinnte Johann Uchanski, damals noch Krakauer Kanonikus, bald schon Erzbischof von Gnesen, und hörte dem Leibarzt der Königin, dem altadeligen Italiener Blandrata, zu, wie er noch schüchtern zwar seine Bedenken über die Lehre von der Dreieinigkeit äußerte*), damals kaum noch unterstützt von seinem Landsmanne Stancarus, den der Bischof von Krakau zum Professor der hebräischen Sprache berufen, obgleich ihm bekannt war, daß er um seiner evangelischen Anschauungen willen sein Heimatland hatte verlassen müssen; dort wieder sehen wir die eifrigen und begabten Schüler des Erasmus, den späteren Bischof von Krakau, Andreas Zebrzydowski und Bernhard

---

*) Bei Lubienitzki (S. 19) wird uns ein solches Gespräch, das ein Belgier auf das Tapet brachte, mitgeteilt.

Wojewodka, den gelehrten Krakauer Buchhändler, der auch die bedenklichsten Bücher den nun freilich etwas triefäugigen Spür= augen der Zensur zu entziehen wußte, mit dem Schüler Melanch= thons, dem Andreas Frisius Modrzewski, den wir als jenen Briefschreiber vermutet, der uns bereits 1536 über die beabsichtigte Auswanderung Laskis Kunde gegeben*), in eifrigem Gespräche, an dem zuerst schweigend Lelio Sozini teilnimmt, um dann im weiteren Fortgange Äußerungen fallen zu lassen, die wie eine Fortsetzung der Reden seines Landsmannes Blan= brata lauteten**).

Es war ein sehr bedenkliches Element, was sich in diesen Italienern und mit den Jahren in immer stärkeren Verhältnissen sowohl der Zahl als der Lehre nach dem noch unfertigen, im Flusse befindlichen evangelischen Leben in Polen beimischte, um so bedenklicher, weil, was in dem italienischen Wesen diesem Element Nahrung gegeben, auch dem polnischen Wesen nicht fremd war. Gerade die gefährliche Nähe von Rom hatte den Blick des Ita= lieners für den tiefen Verfall der Kirche geschärft; es war einem nüchternen Verstand leichte Mühe, die Irrtümer der Lehre, den daraus entspringenden Verderb im Leben und Wandel der Geist= lichkeit aufzudecken, und gerne ging der geweckte Sinn weiter zur Reformation. Aber leichtlebig, wie sie denn doch sind, diese ver= wöhnten Kinder des sonnigen Südens, waren sie unlustig, den ernsten Weg einzuschlagen, der allein zu einer Reformation im Geist und in der Wahrheit führt. Jesum als den Christ, der als einiger Hoherpriester sein Leben als Lösegeld für unsere Sünde dahingegeben, erkennt nur völlig, wer vor der unheimlichen „Höl= lenfahrt ins eigene Herz" nicht zurückschrickt und an der dunklen Stätte erkannter eigener Sündenschuld den geheimnisvollen Kampf kämpft, aus dem siegend hervorgehend der Kämpfer erfährt, daß er in der geheimnisvollen Gestalt mit Gott selber gerungen. Den

---

*) Vgl. S. 168 und auch Krasinski I, 199.

**) Sozini hielt sich 1551 das erste Mal in Polen, wenn auch nur flüchtig auf, trat aber doch schon damals mit den Männern dieser Tafel= runde in geistigen Verkehr, in jener Zeit noch von Männern wie Calvin und Melanchthon empfohlen. (Vgl. Trechsel II, 156.)

Kampf haben die Paulus, die Augustin, die Luther gekämpft und mit ihnen die Heldenschar, die ihrer Führung gefolgt. Das Gotteszeichen dieses Kampfes verleiht der deutschen, evangelischen Kirche ihr heiliges Gepräge: sie hat Christum als den Sohn Gottes erkannt, weil sie ihn als den einigen Heiland in der Tiefe ihrer Seele erfahren. Aber kurz vor dieser schmerzensreichen Straße bog ein Teil der Italiener, die sich der Reformation zugewandt, zumal die sogen. venetianische Schule, ab. Ihnen war der Gang zu düster, zu unbehaglich; bildlich geredet: sie überschlugen das dritte und fünfte und siebente und achte Kapitel des Römerbriefes und nahmen als Ausgangspunkt ihrer Spekulation die Stelle, an der Paulus seinem beherzten Schritte Halt geboten und wo er anbetend stille steht, weil er das gottselige Geheimnis nicht mit seinem Verstande enträtseln kann. Die heilige Lehre des göttlichen Wesens, von dem und durch den und zu dem alle Dinge sind, wurde diesen Männern Zentrum ihrer Betrachtung; vor ihrem Verstande sollte sich rechtfertigen, was sie nicht gewillt gewesen waren zuvor in ihrem Gemüte zu erleben, zu erfahren. So verhüllte sich vor ihrem nüchternen Blick das allerheiligste Geheimnis des dreieinigen Gottes, und sie gaben das Kleinod dahin, das ihr Verstand nicht festhalten konnte. Mit einer gewissen friedelosen Unruhe zogen sie dann unstät durch die Schweiz, durch Deutschland, oft bitter und ungerecht verfolgt, weil eine unholde Zeit keine Schonung für solche Irrlehrer kannte und die Reformatoren die drohende Gefahr sahen, die diese Anschauung im Gefolge hat. So kamen sie auch nach Polen und mitten hinein in die ungefestigten Zustände, in die führerlose Bewegung. Der von ihnen angeregte Zweifel fesselte; die scharfe Kritik frappierte und lockte den ausgebildeten Verstand weiter.

Auch der Pole ist leichtlebig; statt mit seiner Forschung in die Tiefe zu bringen, läßt er sich lieber zu neuen, blendenden Anschauungen locken, die er rasch an sich reißt. Der Pole hatte einen klar aufgeschlossenen Blick für die Sünden und den tiefen Verfall seiner Zeit. Statt aber diesen Blick in das eigene Innere zu richten und da „durch das Gesetz dem Gesetz zu sterben" und auf diesen Wegen „zum Leben in Christo" zu gelangen, macht er sich lieber, oft in bitterer Ironie, oft in wehethuender, ätzender Laune lustig über die Gebrechen der Zeit, die er mitleidlos an den Schandpfahl der Verachtung nagelte. Ein sehr bezeichnendes Beispiel für diese Liebhaberei ist die 1548 im Palatinat von Lublin von dem Edelmann Pszonka gestiftete „Altweiber=Republik", die die Schäden der Zeit karrikierend im letzten Grunde das Kirchen= und Staatswesen dem Gespötte preisgab*): ein Fastnachtsscherz an der Schwelle der heiligen Passion, aber mit solchen Scherzen betritt kein Volk den gesegneten Gang der Reformation.

Diese für Polen so verhängnisvoll gewordenen italienischen Flüchtlinge und Gastfreunde hatten es entweder schlau verstanden, in Zürich, Genf, Straßburg und Wittenberg ihre antitrinitarischen Anschauungen zu verhüllen, oder aber wurden sie selbst sich derselben erst in Polen, fern von jedem Drucke und Verfolgung und in der Treibhauswärme bewundernder Verehrung, die ihnen hier ward, klar bewußt: kurz, die befremdliche Thatsache steht fest, daß sie mit Empfehlung der Männer versehen ankamen, die man in den evangelischen Kreisen für die Häupter der Reformation hielt. Einmal aufgenommen wußten sich die fein gebildeten Männer sich bei dem hohen Adel, der, theologisch ungeschult, die Tragweite ihrer Aufstellungen nicht zu fassen vermochte, festzusetzen, und die immer schärfer und entschiedener eintreffenden Warnungen von draußen verhallten meist wirkungslos. Wäre es doch über solchen Auseinandersetzungen beinahe zum Bruch zwischen Calvin und dem tief=frommen Fürsten Radziwill gekommen!

So bildeten sich unter dem Adel verschiedene Feuerherde der reformatorischen Bewegung, die einen ganz in dem Sinne dieser italienischen Flüchtlinge, die anderen eng sich anschließend an Calvin, dessen Werke überall gefunden wurden und der im allerregsten Briefwechsel mit diesen fesselnden, hochgebildeten und dabei so innig frommen Männern stand. Mit der herzlichsten Teilnahme, mit fast väterlicher Fürsorge verfolgte der Reformator in Genf den Fortgang der evangelischen Bewegung in Polen. In eifrigem Briefverkehr steht er mit den Häuptern, und was er ihnen aner-

---

*) Vgl. Lelewel, S. 117.

kennend, aufmunternd, dann auch wieder ernst-mahnend, streng,
fast unerbittlich rügend schreibt, gehört mit zu dem Schönsten,
was aus seiner Feder geflossen. Hier naht er ehrfurchtsvoll und
doch so ganz ohne Menschenfurcht oder Unterwürfigkeit dem König
und zeigt ihm bald nach seiner Thronbesteigung in der Widmungsschrift seines Hebräer-Briefes, wie es seine Königspflicht
sei, dem Land das Evangelium zu geben. In diesem Sendschreiben
schon erinnert er Sigismund an sein Landeskind a Lasco,
der anderen Völkern in Segen das Evangelium verkündet *).
Dann wieder schreibt er so herzlich und auch wieder so ernst an
Radziwill, an den edlen Tarnowski, der größten Polen
einen und doch einem Manne wie Calvin nicht ernst, nicht bestimmt genug, das einige Heil in Christo zu ergreifen. — Wie
gerne hätten diese Polen Calvin selbst die Zügel der Leitung in
die Hand gegeben, und er selbst auch hätte sie mit Freuden genommen, wenn es ihm nur irgend möglich gewesen wäre, sein
Genf für längere Zeit zu verlassen!

Da nahte ein anderes Element der Hilfe dem um seine
Reformation im dunklen Drange ringenden Polen und bot heil-
sames, segenspendendes Gegengewicht gegen die bedenkliche Aussaat
der Italiener, die von der Reformation und dem Mittelpunkt
der evangelischen Heilswahrheit nur abführen konnte. Es waren
traurige Scharen von bleichen, abgezehrten Flüchtlingen, die seit
dem Frühjahre 1548 in langen, armseligen Wagenzügen von Böhmen her durch Schlesien nach dem fernen Preußen gezogen kamen
und ihren Weg durch Groß-Polen nahmen. Söhne der alten
Hussiten, in langer Leidensschule ausgereift und in ihrem Glaubensleben gefestigt in einer Weise, die uns an unsere lieben Flücht-

*) Vgl. Calvin XIII, 281. Bedeutsamer noch ist das andere Schrei-
ben an Sigismund August (Calvin XV, 329), das freundliche Aufnahme
bei dem König gefunden. Ein drittes Schreiben dann noch (Calvin XV, 892)
mit der majestätisch klingenden Mahnung: „So fordere ich denn, als der,
welchen der höchste König zum Herold seines Evangeliums und zum Prediger
seiner Kirche ernannt hat, in seinem Namen Euere Majestät auf, die Sorge
um den reinen Gottesdienst in Ihrem Reiche jeder anderen vorzuziehen." (Vgl.
auch Stähelin II, 31.)

lingsgemeinde in London und Dänemark, in Norddeutschland und
Frankfurt erinnert. Viel hatten sie seit Ziskas und des Proco-
pius Zeiten von sich abgethan, in bitterer Not waren sie geläutert; an der Ostgrenze der Heimat hatte ihnen endlich der
andersgläubige Sieger ein Plätzchen der Duldung angewiesen, wo
sie in dem Worte Gottes, in den großen Erinnerungen an die
einst so blutig-rote, nun aber mild-verklärte Vergangenheit einfach, in strenger, selbstgeübter Zucht, friedfertig und still dahinlebten. Sie zählten damals an 400 Gemeinblein; flüchtige Waldenser waren zu ihnen gekommen und hatten sie gelehrt, sich völlig
auch in der Ordination ihrer Geistlichen von der römischen Kirche
loszulösen. Sie nannten sich gerne Brüder, und als „böhmische
Brüder" hat die Kirchengeschichte sie in ihre Rollen eingetragen,
die bibelfesten, so innig frommen und sittlich-strengen Leute. Als
die Kunde von Luthers kühnem Auftreten auch zu ihnen nach
Böhmen und Mähren drang, da dünkte es ihnen, als ob ihres
Hus letzte Weissagung in Erfüllung gegangen, und ihr würdiger
Brüdersenior, der hochbedeutende Lukas, schickte Botschaft nach
Wittenberg, dem Reformator den Brudergruß zu bieten und ihm
ihren Katechismus zu überreichen (1522)*). Luther nahm an
ein paar Punkten ihrer Abendmahlslehre Bedenken; erst länger
wie ein Jahrzehnt später und in der Stimmung, die in der Wittenberger Konkordie ihren Ausdruck gefunden, drückte er seine Befriedigung aus. Die einsamen Brüder blieben von der schönen
Sehnsucht beseelt, draußen im Heimatland der Reformation Genossen evangelischen Glaubens und Lebens zu finden und mit
ihnen in Beziehung zu treten, und so finden wir ihre Boten, von
dem neuen Senior Augusta ausgesandt, 1540 auf dem Wege
nach Straßburg, woselbst sie Bucer und Calvin begrüßten, die
ihnen alsbald herzlich die Bruderhand boten; zumal Calvin
rühmt die Reinheit ihrer Lehre und begleitet mit seinem ungeteilten Beifall ihre Kirchenzucht**).

Aber der Brüder ruhige Tage neigten sich zu Ende. König
Ferdinand von Böhmen hatte nicht Lust, sie ferner im Lande

---

*) Vgl. Czerwenka II, 165.
**) Ebd., S. 242.

zu dulden. Auf hinterlistige Weise bemächtigten sich seine Häscher des ehrwürdigen Seniors Augusta und eines ihrer frommen Prediger, Bileck; unter vielen Martern und furchtbaren Entbehrungen haben die beiden Glaubenshelden, ersterer 16 Jahre, letzterer 13 Jahre, in schwerer, dunkler Kerkerhaft geschmachtet*). Der brutalen Gewaltthat an den beiden Häuptern folgte rasch die Ausweisung aller Brüder. Über die rauhen Berge, durch Wälder und Hohlwege ging der Zug dieser Vertriebenen, traurig wohl anzusehen in ihrem schweren Mißgeschick und doch auch herzerhebend, denn es waren Männer, Weiber und Kinder, die hoch über alle irdische Wohlfahrt das Kleinod ihres Glaubens stellten und lieber Flüchtlinge auf Erden sein wollten, als ihren Herrn verlassen. Ein Teil schlug die Straße über Posen ein. Sie zogen durch stammverwandtes Land. Hie und da konnten sie noch die Fußspuren ihrer verfolgten Väter erkennen, die seit mehr als einem Jahrhundert die gleiche Straße der Verbannung gezogen waren, und es fiel ihnen nicht schwer, alte Fäden der Verbindung frisch zu knüpfen. Man hielt sie zumal in Posen und seiner Umgebung fest. Kastellan von Posen und Kapitän von Groß-Polen war Andreas Gorka, der Reformation von Herzen zugethan, ein ernster, tief-frommer Pole, der alsbald auf seinen reichen Gütern — was kümmerte den mächtigen Magnaten die Einsprache des Bischofs von Polen, Isbinsky, selbst dann noch, als dieser sich vom Könige ein Edikt ausgewirkt, das ihre Nichtduldung aussprach? — die fleißigen, strengen, frommen Leute ansiedelte. Seinem Beispiele folgte der beste Teil des Adels, allen voraus das edle, hochangesehene Geschlecht der Ostrorog. Sie erkannten in diesen um ihres Glaubens willen Verfolgten, was zu sehen ihnen in ihrem ernsten Ringen um eine Reformation von höchster Bedeutung war: festgeschlossene, fromme, bibelfeste Gemeinden, in so strenger, an die apostolische Zeit gemahnender Zucht gehalten, daß auch das abenteuerliche Leben von Ort zu Ort sie nicht zu lockern vermochte, Gemeinden, die ihres Glaubens freudig gewiß waren, daß sie jede Schmach und Verfolgung duldeten, unter der Führung von

---

*) Gindely I, 320f.

Männern wie Mach von Sion und noch hervorragender Georg Israel, deren ganzes Auftreten nachhaltig auf die ganze Umgebung wirkte.

Diese stammverwandten „böhmischen Brüder" bildeten in den Gegenden, in denen sie festgehalten wurden, bald den Mittelpunkt der evangelischen Bewegung. Sie besaßen bereits in fester Ordnung, wonach die Bewegung im Lande, noch immer führerlos, hinarbeitete. Für die Reinheit ihrer Lehre konnten sie sich gleichermaßen auf das Zeugnis von Luther und Calvin berufen, und die dem einen oder dem anderen Reformator in ihrer Richtung vorzugsweise gefolgt, hier die deutschen Städter, da der polnische Adel, fanden in diesen Brüdern einen lang ersehnten Einigungspunkt. Es wurde nicht gesäumt, in Versammlungen solch' eine Einigung der verschiedenen evangelischen Richtungen anzubahnen. Im August 1555 tagten die polnischen Dissidenten in Kozminek, einer Besitzung Ostrorogs in der Nähe von Kalisch: es war eine stattliche Versammlung. Von Klein-Polen war eine Reihe hervorragender Edelleute gekommen. Der Herzog Albert von Preußen hatte Abgeordnete gesandt, unter ihnen auch seinen Hofprediger Funck*); die böhmischen Brüder hatten ihre bedeutendsten Männer gesandt. Sie hielten strenge, wir müssen sagen zähe an ihrem Bekenntnis, auf dem die Weihe siegreich bestandener Verfolgung ruhte, und so gelang es ihnen beherrschenden Einfluß auf die kleinpolnischen Gemeinden, deren Zahl schon vierzig war, zu gewinnen. Zurückgekehrt fühlten diese Evangelischen aus Klein-Polen den Druck und zwar unbequem. Man hatte sich verpflichtet, das Bekenntnis der böhmischen Brüder anzunehmen, ihre Liturgie einzuführen und ohne ihre Zustimmung nichts vorzunehmen. So große Zugeständnisse konnten gemacht werden, weil unter ihren Abgeordneten niemand war, an Bedeutung Männern wie Israel, Czerny und anderen Vertretern der Brüder gewachsen.

---

*) Hase (S. 234) verlegt irrtümlicherweise die Synode nach Warschau. Ein wohl ziemlich genaues Personenverzeichnis der Anwesenden giebt Wengierski, S. 76. Die Synode dauerte vom 24. August bis 2. September. Calvin befürwortete warm die auf der Synode zustande gekommene Vereinigung (Calvin XV, 902).

Hand in Hand mit diesen bedeutenden Forschritten auf kirchlichem Gebiete gingen die Bestrebungen des evangelisch gesinnten
Adels, staatlich volle Berechtigung ihrer Überzeugung zu gewinnen. Hatte sich der König bis dahin schwankend gezeigt, aber
doch auch schon unlustig, den raschen Fortgang zu hindern, so
durften die Häupter der Bewegung, den edelsten Familien des
Landes angehörig, hoffen, im Reichstag die Oberhand zu gewinnen und dann den zögernden König durch die Gewalt der
Verhältnisse zum entscheidungsvollen Schritt zu drängen. Schon
auf den letzten Landtagen war die Sprache wider die römische
Kirche und ihre Vertreter, die haltlosen, ohnmächtigen Bischöfe,
eine herausfordernde, feindselige. 1552 blieb unbeanstandet während der Messe in der Kirche, die dem Reichstage voranging,
Raphael Leszczynski mit bedecktem Haupte in unmittelbarer
Nähe des Königs. Der Reichstag selbst beschloß, daß wohl der
Kirche die Entscheidung bleibe, ob eine Lehre rechtgläubig oder
ketzerisch sei; keine weltliche Strafe aber dürfe mehr die treffen,
deren Lehre die Kirche verurteilt habe*). Ein mächtiger Fortschritt, der offenen Verkündigung der Gewissensfreiheit nicht
ferne. Noch behielt die Meinung die Oberhand, zumal unter
den evangelisch-gesinnten Bischöfen des Landes, als ob ein Bruch
mit der römischen Kirche vermieden und eine Reformation auf
friedlichem Wege in ihrer Mitte vollzogen werden könne. Man
erhoffte eine solche von dem Tridentiner Konzil und wählte Abgeordnete dafür. Die Wahl der Persönlichkeiten ist bezeichnend.
Welch' eine Stellung doch hätte ein Uchanski, ein Drcho-
jofski, zwei Bischöfe mit ganz evangelischen Anschauungen und
in ihrer Begleitung als Schriftführer Andreas Frisius
Modrzewski**), unter diesen italienischen Prälaten eingenommen? Aber das Konzil war wieder einmal und für länger
Zeit vertagt.

---

*) Krafinski I, 188.
**) Wie viel Unreifes, Unpraktisches in diesen Zeiten zutage gefördert
wurde, beweisen die sehr fesselnden und bezeichnenden Vorschläge über eine
kirchliche Reform Polens, die Modrzewski schriftlich dem Könige eingehändigt
und die Krafinski (I, 219f.) in genügender Ausführlichkeit im Auszuge
mitteilt.

Die Forderungen steigerten sich von Jahr zu Jahr. Einzelne
Landtage forderten von dem 1555 zusammentretenden Reichstag,
daß er den Evangelischen offen rechtsgültige Vertretung gewähre.
Der Reichstag, so war das Verlangen, solle zu einer entscheidenden Religionsverhandlung sich gestalten, zu der auch auswärtige
Gäste hinzuzuziehen seien. Die Wahl der Gäste läßt auf den
von den Antragstellern in Aussicht genommenen Erfolg schließen.
Es werden als solche genannt Calvin, Melanchthon, Beza
und in erster Linie der Landsmann a Lasco. Der Vorsitz
wurde dem Könige eingeräumt, ihm zur Seite eine Reihe von
ihm gewählter frommer, christlicher Adeliger, die über den Wettkampf zwischen berufenen Vertretern der Evangelischen und der
Katholiken zu entscheiden hätten, und zwar war beiden Parteien
für ihre Behauptungen nur gestattet, sich auf die heilige Schrift
zu berufen. Das Ergebnis der Verhandlung solle dann in einem
Glaubensbekenntnis, das für die Kirche Polens fortan bestimmend
bleibe, niedergelegt werden*). Wäre dieses Konzil zusammengetreten, so würde — das war auch den Katholiken klar — der
Ausgang zu ihren Ungunsten ausgefallen sein. Noch gelang es
ihnen, wenigstens die Angelegenheit zu vertagen; für wie groß sie
die Gefahr um jene Zeit hielten, bezeugen die Schreiben, die sowohl von der 1555 zu Petrikau tagenden Provinzialsynode als auch
von dem Bischof Hosius an den Papst gerichtet wurden**). Es
ist die Rede darin von einer ungeheuren Gefahr (ingens pericu-
lum), in der die römische Kirche schwebe. Der eifrige Bischof
von Ermland, an dessen kraftvoller, Rom völlig und rücksichtslos
ergebenen Persönlichkeit — wir werden es sehen — die zu Boden
gesunkene Kirche in Polen sich wieder aufraffte, beschwor den
Papst, unverzüglich (quavis cunctatione semota) einen Nuntius zu
senden, „um das Schwache zu stärken, das Kranke zu heilen,
das Zerbrochene zu verbinden und das Verirrte auf den rechten
Weg zurückzuführen". Ja, es war unendlich viel im Sinne der
römischen Kirche schwach und krank, zerbrochen und verirrt; wir
möchten nicht leicht anderwärts einen so heruntergekommenen Zu-

---

*) Wengierski, S. 77.
**) Abgedruckt bei Theiner II, 577. 579.

stand der päpstlichen Kirche in den Tagen der Reformation wiederfinden.

Man scheint in Rom die Gefahr unterschätzt zu haben, denn man zögerte mit der Absendung eines päpstlichen Nuntius. Die schwierigen Verhältnisse im Vatikan können aber auch der Grund der Verzögerung sein. Früher bereits ist auf die Spannung zwischen dem Papst und dem Kaiser hingewiesen worden, die selbstverständlich die Aufmerksamkeit des römischen Stuhles von Polen etwas ablenkte. Als Julius III. dann 1550 zur Freude Karls V. aus der Wahlurne hervorging, hatte die Kirche einen Papst, dem „das harmlose, vergnügliche Leben auf seiner prachtvollen Villa draußen vor der Porta del Popolo völlig genügte". Hier vergaß er über den Plänen und Entwürfen seines Baumeisters die übrige Welt. Ohne daß der zufriedene Papst es merkte, hatte sich unter seinen Kardinälen eine strengere Partei herangebildet, der das sinkende Ansehen der Kirche zu Herzen ging. Aus ihrer Mitte ging 1555 der neue Papst hervor. Er wählte sich den Namen jenes Marcellus, der als Bischof von Ancyra einst in Nicäa Wortführer des siegenden Dogmas gewesen. Seine Wahl fand auch in Polen bei Männern wie Hosius warme Anerkennung*). „Aber ihn wollte das Schicksal der Erde nur zeigen."**) Seine Zeitgenossen und Lobredner meinten, die Welt sei seiner nicht wert gewesen; denn schon am 22. Tage seines Pontifikats wurde er dieser Erde entrückt. An seine Stelle kam jener 80jährige Caraffa als Paul IV., den Ranke mit den Meisterstrichen zeichnet: „Seine tiefliegenden Augen hatten noch all das Feuer der Jugend, er war sehr groß und mager, rasch ging er einher, er schien lauter Nerv zu sein."***) Ein Greis schon, glühte er doch mit dem finsteren Ernste eines Mönches für die Zurückeroberung der entschwundenen Macht der römischen

---

*) Hosius (bei Theiner II, 579): „Recreati fueramus, cum accepissemus in locum demortui Marcellum suffectum fuisse, de quo fuit admirabilis quaedam hominum expectatio, quod cum constans esset fama, sic in eo pietatem cum sana doctrina certare, neutra ut altere cedere velle videretur."

**) I Hase, S. 471.

***) II Ranke I, 283.

Kirche über die Gewissen der christlichen Völker und auch über die Kronen ihrer Herrscher.

Nun brauchten die Katholiken in Polen nicht mehr lange auf den päpstlichen Nuntius mit seinen weitgehenden Vollmachten zu warten. Der gewandte und schlaue Aloysius Lippomani, Bischof von Verona, der Polen bereits kannte, erhielt den Auftrag, unverzüglich, nachdem er eine ihm gewordene Botschaft an den deutschen Kaiser ausgerichtet, sich an den Hof des Königs Sigismund August zu verfügen. Man spürte, daß eine nervige Hand in Rom den Zügel der Kirchenleitung ergriffen hatte, es ging wie ein elektrischer Strom die ganze Linie entlang, und auch in Krakau zuckte der Funke auf. Welches aber der Erfolg sein werde, das war noch ganz ungewiß. Polen schien für den Papst verloren. Ein Zeitgenosse sagt, daß 1555 die Lage der römischen Kirche dortzulande eine so klägliche gewesen, daß im Senat außer den Bischöfen kaum einer auf ihrer Seite gestanden. Aber eine große Gefahr drohte der evangelischen Bewegung, daß sich noch immer kein hervorragender Führer gefunden, der die zerstreuten Scharen gesammelt, unklare Bestrebungen gelichtet, bedenkliche Ansätze ausgeschieden hätte. Der Adel war sich dieser Gefahr bewußt; immer entschiedener, immer drängender wies man auf die Gestalt hin, die Gott selbst zum Führer erzogen, auf den Glaubens- und auch Standesgenossen, der in der Fremde so hervorragend sich bewährt und — das wußte man in Polen — nur auf den Ruf des Königs wartete, um heimzukehren und sich an die Spitze der Bewegung in seinem geliebten Vaterlande zu stellen: es ist unser Freund.

Wir haben schon wiederholt im Laufe der Erzählung gesehen, mit wie gespannter Teilnahme Laski dem Gang der Ereignisse in seiner Heimat folgte, sehnsuchtsvoll wie auf der Warte, ob seiner Hoffnung Erfüllung sich nahe. Frisch angefacht wurde die Hoffnung bei der Thronbesteigung des Königs. Als er damals die Reise nach Ostpreußen machte und auch in Danzig weilte, wurden die alten Fäden der Verbindung von neuem geknüpft. Aber der König war unzugänglich auf diesem Punkte. Er schätzte wohl die hohe Gabe nun auch dieses Sprossen der um das Vaterland und die Krone so vielbewährten Familie und hätte ihn gewiß gern

verwandt, wenn unser Freund nicht immer nur von der einen
Verwendung hätte wissen wollen. Es konnte dem König nicht
gleichgültig sein, von dem Herzog von Preußen, von dem Könige
von England diesen Polen in besonderen Sendschreiben rühmen
zu hören, und das Vaterland verwies ihm die Rückkehr und hatte
keine Stätte der Wirksamkeit für ihn. Zu dem günstigen Urteil
aus der Fremde kam das laute Lob daheim, das bis zu dem
Könige drang, zumal wenn er bei seinem Schwager, dem mächtigsten Magnaten des Reiches, in Wilna weilte. Wäre es noch
gewesen, weil er der von a Lasco vertretenen evangelischen Gesinnung feindselig gegenüber gestanden; aber des Königs geheime
Neigung war ihr zugewandt, es fehlte ihm nur der sittliche
Ernst, den allein wahrhaftige Wiedergeburt leiht, den entscheidungsvollen Schritt zu thun. Sigismund zögerte, haltlos hin-
und herschwankend. Die Verhältnisse hatten sich derart zugespitzt,
daß dem König die Erlaubnis zur Rückkehr gerade dieses Mannes
gleich erschien mit der verhängnisvollen Entscheidung für ihn und
das ganze Land. Und er wagte nicht den bereits erhobenen
Würfel fallen zu lassen.

Bereits 1552 wird laut der Wunsch geäußert, a Lasco möge
an den Sitzungen des Reichstages teilnehmen. Dieselben versprachen, für die Reformation wichtig zu werden, und wurden es
auch durch den tief eingreifenden Beschluß, daß die weltliche Macht
nicht mehr ihre Hand bieten solle, die von den Bischöfen der
Irrlehre Angeklagten zu bestrafen. Es scheinen mit dem Könige
Verhandlungen, wenn auch erfolglose, über Laskis Teilnahme
am Reichstage stattgefunden zu haben. Einen Ausweg, doch zu
dem gewünschten Ziele zu gelangen, schlug man ein, durch den
Erzbischof von Canterbury auf den Herzog von Northumberland
einzuwirken, daß a Lasco als Gesandter Eduard VI. auf den
Reichstag nach Petrikau geschickt werden möge*). Leider ist uns
keine Stelle zu Gesicht gekommen, wie sich Laski zu diesem Vorschlag gestellt habe; fast scheint es, als ob er nicht Lust gehabt,
durch diese Hinterthüre in den Reichstag und damit in sein Vaterland zu gelangen. Wenigstens konnte keine Spur aufgefunden

---

*) Original, p. 592.

werden, als ob daraufhin bezügliche Schritte in England geschehen seien, und das Gerücht muß sich in Polen verbreitet haben, als ob Laski nicht zurückkehren wolle. Wenigstens sagt unser Freund in einem Briefe an den Fürsten Radziwill, von dem leider nur ein paar Zeilen ans Tageslicht getreten, daß er, um jenes Gerücht zu widerlegen, betone, wie er immer von dem glühenden Wunsche beseelt gewesen sei und auch noch jetzt ihn hege, seinem Vaterlande zu dienen*).

Die Kunde von dem Geschicke, das den berühmten Landsmann und Reformator in Dänemark und Norddeutschland mit seiner Flüchtlingsgemeinde betroffen, war auch nach Polen gedrungen und hatte nicht geringes Aufsehen in den evangelischen Kreisen gemacht, in denen man gleichen Flüchtlingsgemeinden so wohnliche Herberge geöffnet. Was der König von Schweden bereit war zu thun, das wollte man wenigstens an dem Stammesgenossen nicht versäumen und ihm die blutigen Striemen solch rauher Schläge verbinden. Zugleich aber auch war das Bedürfnis nach der leitenden Hand Laskis bringender geworden, und so geschah es denn gerade in den Tagen, als Laski sich rüstete, Ostfriesland zu verlassen, daß 40 Briefe von daheim eintrafen, alle ihn auffordernd, unverzüglich zurückzukehren, weil dem Evangelium nun Thür und Thor geöffnet sei und man seiner dringend bedürfe. Laski erkannte in dem von allen Seiten ausgesprochenen Wunsche einen Ruf Gottes und rüstete sich zur Heimfahrt. Rasch konnte dieselbe nicht angetreten werden. Es galt zuvor noch den in Frankfurt eingetroffenen Trümmerhaufen seiner lieben Flüchtlingsgemeinde zu ordnen, es galt, sich die Wege nach Polen, zumal dem Könige gegenüber, zu ebnen und den geforderten Nachweis zu bringen, daß man den Augsburger Konfessions-Verwandten zugezählt sei.

Eine schickliche Gelegenheit, vor den König mit seinen Be-

---

*) Kuyper (II, 674) hat diese Briefzeile an den Fürsten Radziwil veröffentlicht, auf die aus dem eben angegebenen Zusammenhang wohl das richtige Licht fällt. Denn unter den Briefen aus Polen mit jenem Vorschlage waren auch solche aus Litthauen, also von Radziwill. Zwischen jener Briefsendung und dieser abgerissenen Briefstelle liegen nur etwas mehr wie acht Wochen (12. Oktober und 16. Dezember 1552).

strebungen und Zielen hinzutreten, bot sich Laski, daß er die
Schrift, die mitten in der Unruhe und Aufregung der Wander=
schaft von einem Ort zum andern als sein bestes Werk entstand,
dem Könige widmete, die Schilderung der Formen und Bräuche
in seiner lieben Londoner Fremdlingsgemeinde. Wir haben von
der Bedeutung der Schrift schon geredet*); es konnte für den
bezeichneten Zweck keine geeignetere Wahl getroffen werden. Der
noch nach einer klaren, gemeinblichen Ausprägung ringenden evan=
gelischen Bewegung in Polen wurden wie eine Lichtgestalt die fest=
umrissenen Züge jener Gemeinde gezeigt, die sich damals stark
genug erwiesen, auch nicht im Martyrium der Verfolgung ent=
stellt zu werden. In der Widmung an den König galt es zugleich,
sich vor den Beschuldigungen seiner Widersacher zu rechtfertigen,
die bereits bis zu dem Könige gedrungen sein müssen. Heute
noch treibt es die Schamröte jedem treuen Sohn der gesamten
evangelischen Kirche ins Gesicht, zu sehen, daß ein Mann wie
a Lasco sich nicht wegen der Beschuldigungen römischer Gegner,
sondern protestantischer Zeloten zu rechtfertigen hat, und zwar
vor einem Könige, den er mit der ganzen Kraft seines Glaubens
für das Evangelium gewinnen will. Ja, es ist eine immer frische,
offene Wunde, um so brennender, wenn man sich sagen muß,
daß, wofür in unseligem Hader und frevlem Übermute die West=
phal, die Timann gestritten, heute auch bei den entschiedensten
Verfechtern des lutherischen Bekenntnisses kaum mehr eine Lust
des Verständnisses, geschweige denn dafür eine Lanze einzulegen
sich zeigt, während Laskis Zustimmung zum Augsburger Be=
kenntnis so berechtigt und entschieden ist, daß ihm niemand mehr
sein volles, ungeschmälertes Heimatrecht in der evangelischen Kirche
bestreitet**).

---

*) Vgl. S. 377.

**) Es sind hauptsächlich die Beschuldigungen des Bremer Timann, gegen=
über denen sich a Lasco verteidigt. Wir haben sichere Spuren, daß der ei=
rige Zelot, sobald er nur Kunde von der beabsichtigten Heimkehr Laskis
nach Polen erhielt, auch dorthin seine Schmähschrift sandte und vor dem
Manne warnte, den er sich nicht entblödete als einen Abenteurer, der in
den Ländern umherzieht und Unruhen anrichtet, daheim zu denunzieren.
Hosius ist dem Bremer Prädikanten dankbar dafür gewesen; aus der Rüst=

Die meisterhafte Darstellung begleitete Laski mit drei Sendschreiben: an den König, an den Senat, an den Adel Polens.
Es sind sehr bedeutsame, wichtige Briefe, die beredtes Zeugnis
von dem Scharfblick ablegen, mit dem unser Freund die heimischen
Verhältnisse erkennt und vor der doppelten Gefahr warnt, die
von der römischen Seite sowohl als auch von den Sektierern
droht, beredtes Zeugnis aber auch, wie gerade er das auserwählte
Rüstzeug ist, solcher Doppelgefahr zu begegnen. An einen alten, beliebten Ausdruck erinnernd, möchten wir die Sendschreiben Beicht-
spiegel nennen. Klar spiegeln sie die vorliegende Sachlage ab;
wir wüßten von dem so viel günstigeren Standpunkte der Ferne
kaum einen oder den anderen Strich in dem Gemälde hinzuzufügen.
Und dabei die Reife des Urteils, der rücksichtslose Ernst dem
Könige und den Mächtigen gegenüber, mit dem er ihnen vorhält,
daß nur die Reformation gesegnet sei, die allein zu Gottes Ehre
geschieht, die allein aus seinem Worte ihre Waffe nimmt. So
eng Laski sich an die besonderen Verhältnisse seiner Heimat in
seiner Ausführung anlehnt, so steht er doch wieder zugleich auf
einer so hohen, freien, echt evangelischen Warte der Betrachtung,
daß seine Ausführungen bleibenden Wert haben und heute noch
nicht nur jeden wackeren Sohn der evangelischen Kirche erbauen,

---

kammer dieser bremischen Lästerrede hat der schlagfertige römische Bischof
seine schärfsten, verletzendsten Waffen gegen den polnischen Reformator genommen und mit ihnen Schläge geführt, die unter den Todeswunden der
evangelischen Kirche in Polen aufgedeckt werden können. Man muß den sittlichen Widerwillen überwinden und Timanns Streitschriften in den bremischen
Händeln gelesen haben, um einen Schrecken vor diesen Gegnern und auch
den von ihnen vertretenen Anschauungen zu bekommen, die sie zwar als das
allein ungefälschte Erbe Luthers ausgaben, die aber doch richtiger von Laski
als ein Rückfall ins Papsttum bezeichnet werden, wie sehr auch Timann
dawider protestiert und doch auch im Proteste selbst den Vorwurf rechtfertigt;
denn er bekennt sich wieder zu einem heiligen Vater, der aber nicht der Vater
unseres Herrn Jesu Christi ist. Die Stelle steht in den bezeichnenden Worten
seiner Farrago (p. 141), die wir denn doch lieber in ihrer lateinischen Ver-
hüllung lassen wollen: „ut integram viri Dei, Sancti Patris nostri Doctoris Lutheri doctrinam amplectamur, probemus, profiteamur et defen-
damus ac ad posteros incorruptam eam transmittere summis viribus
conemur".

sondern ihn auch mit geschickten Waffen zur Führung gegenwärtigen Kampfes ausrüsten. In jeder Zeile tritt uns Laski entgegen, der starke Held, der nur des Herrn Sache, diese aber mit rücksichtsloser, feuriger Liebe treiben will, der alle Menschenfurcht abgelegt, mit Königen wie ein König redet, mit den Mächtigen der Erde wie einer ihresgleichen, weil allen gegenüber aus dem demütigen Vollbewußtsein, aus Gnaden ein Knecht Christi geworden zu sein. So oft wir diese Sendschreiben auch gelesen, immer wieder weckten sie die Klage: warum doch hat Polen nicht auf die Stimme dieses seines edlen Sohnes gehört, den der Herr um die Zeit gesandt, als er es in Gnaden heimsuchen wollte? Er steht da, wie seines Volkes Prophet und auch mit dem Geschick eines Propheten, daß man seiner Predigt nicht glaubt und darum ihre Schläge dulden muß. — Doch zurück zu dem langsameren Gang der Geschichte.

Die Sendschreiben hatte ein Frankfurter Bürger, Peter Antonius, mit nach Krakau genommen. Laski hatte sie im Drucke vervielfältigen lassen und übermittelte sie zusammen mit der Darstellung über den Kultus der Fremdlingsgemeinde jedem einzelnen weltlichen Senatsmitgliede, sowie aus dem Adel allen denen, von denen er erfahren, daß sie der Reformation in Polen geneigt oder gar schon offen zu ihr übergetreten seien. Der Bote traf im Januar 1556 in Krakau ein, von wo er seine reiche Post weiter auf die Edelsitze der Großen, im ganzen Lande zerstreut, befördern ließ. Wir erinnern uns, daß um diese Zeit die wichtige Synode von Kozminek schon vorüber war und die Abgeordneten aus Klein-Polen daheim die Folgen ihrer Beschlüsse spürten und gehalten waren, eine nun nicht mehr ganz willige Hand an ihre Ausführung zu legen. Die Rückkehr des Boten verzögerte sich; er sollte ja Antwort mitbringen, und die konnte bei der beschwerlichen und trägen Briefvermittelung nur sehr verspätet von den einsamen Höfen anlangen. Erst Ende Mai traf Peter Antonius in Frankfurt wieder ein, ein paar Tage nachdem Laski bitter enttäuscht von seiner fruchtlosen Fahrt nach Stuttgart heimgekehrt war. Frohe Botschaft enthielt der reiche Postbeutel; die Sendschreiben waren daheim nicht wirkungslos verhallt. Von dem Könige war eine huldvolle Antwort einge-

troffen, aber sie erwähnte der Rückkehr mit keinem Worte*).
Fürst Radziwill gab über das Schweigen Bescheid. Der König
habe ihm gesagt, er wolle weder einen Befehl zur Rückkehr geben,
damit er nicht den Schein erwecke, sie veranlaßt zu haben, noch
auch sie verhindern, um nicht den anderen Schein zu erwecken,
als ob er ihn nicht dulden wolle; wenn aber Laski die Absicht
habe zu kommen, dann rate ihm der wohlgeneigte König, nicht
vor dem Beginn des Reichstages einzutreffen, auch möge er Vor-
sorge treffen, von allem Verdacht, als ob er zumal in der Abendmahlslehre von der Augsburger Konfession abweiche, sich zu
reinigen**). Diese Mitteilung genügte Laski, in ihr den so lange
ersehnten Ruf des Königs zu erkennen, ohne welchen er nicht
heimkehren wollte.

Eine Reihe weiterer Briefe baten, ja forderten seine schleunige
Rückkehr. Der wichtige Reichstag stand vor der Thüre, man erwartete eine entscheidungsvolle Verhandlung und die römische Kirche
rüstete sich mit dem Aufgebot aller Kraft, den ernsten Waffengang
zu gehen. Schon war in Polen bekannt, daß der Bischof von
Verona den Auftrag erhalten, als Nuntius des Papstes auf dem
Reichstag zu erscheinen und in dieser in Polen noch ungewohnten
Würde die arg gefährdete Sache der Kirche zu vertreten. Laski
glaubte nun nicht mehr länger zögern zu dürfen. Es erreichte
ihn noch die Kunde, daß der Reichstag hinausgeschoben, und schon
meinte er einen Augenblick, dem von ihm mit so lebhaftem Eifer
betriebenen Fürsten- und Theologenkonvent beiwohnen zu können,
weil er auf ihm das ihm so unumgänglich notwendige öffentliche
Zeugnis seiner Zugehörigkeit zu den Augsburger Konfessions-
Verwandten zu erlangen hoffte***). Als aber neue Briefe eintrafen, änderte er rasch seinen Entschluß und brach von Frankfurt
auf. Er gönnte sich nur noch die Zeit, nachdem er mit Calvin in persönlichem Verkehr ein paar Tage genossen, die an den
Frankfurter Magistrat zu überreichende Rechtfertigungsschrift der

---

*) Calvin XVI, 185.
**) Kuyper II, 738.
***) Vgl. das bei Kuyper fehlende Schreiben Laskis an Melanchthon
vom 18. September 1556 (Calvin XVI, 285).

fremdländischen Geistlichen zu vollenden. Die Schrift sollte ihm zugleich dienen, dem polnischen König die gewünschte Übereinstimmung mit der Augsburger Konfession zu zeigen.

Wir haben unserem Freunde und seinem treuen Reisegefährten Utenhove bereits das Geleite auf der Heimfahrt gegeben.

12.

Die Mitarbeit Laskis daheim an der Reformation Polens.

––––––––

Am 1. Dezember 1556 brach unser Freund von Breslau auf, noch matt von dem eben erst überstandenen Fieberanfall; ein paar Tage später überschreitet er die so lang ersehnte heimatliche Grenze. Zunächst begab er sich nach Balisch, auf das Schloß von Jan Bonar, Gouverneur des Krakauer Schlosses und Kastellan von Biec, — einer der ersten Protestanten des Landes, ein Mann von seltener Frömmigkeit und Klugheit. Hier begrüßten ihn mit herzlicher Liebe die Häupter der evangelischen Bewegung, unter ihnen zu seiner großen Freude nicht wenige seiner nächsten Verwandten. Der Schloßherr selbst, der edle Bonar, der der evangelischen Gemeinde in Krakau bereits in seinem Garten vor dem Nikolaithor den Platz zum Bau eines Bethauses überlassen hatte*), war der Schwestersohn unseres Laski; ebenfalls als seine Neffen und nun so entschiedene Glaubensgenossen begrüßten die drei Brüder Ostrorog den berühmten Oheim**). Die reichen Magnatensöhne hatten schon seit geraumer Zeit auf ihren ausgedehnten Gütern ihren evangelischen Prediger, Felix Cruciger, der zu den Beschlüssen der Synode zu Kozminek in hervorragender Weise beigetragen, zumal da die Ostrorogs selbst in dem Hause Gorkas in Posen Freundschaft mit Georg Israel

––––––––––––––––

*) Chronik, S. 8.
**) Fontes XIX, 236.

geschlossen und durch seine Persönlichkeit für die Brüderunität gewonnen waren. Auch ein Oheim (avunculus) Laskis war zum Empfang herangeeilt, Stanislaus Myszkowsky, damals noch Präfekt von Marienburg, später Kastellan von Sendomir, zuletzt Palatin von Krakau, ein entschiedener Protestant, der am eifrigsten die Rückkehr Laskis betrieben und furchtlos die Schliche Lippomanis vor dem Könige enthüllt hatte*). Mit den Verwandten war eine große Schar Adeliger herbeigeeilt, ihre Freude auszudrücken, den berühmten Landsmann, dessen Leitung sie sich alle unbeanstandet anvertrauen wollten, in ihrer Mitte als Führer und Streitgenossen zu haben.

Es galt aber auch heißen Kampf, der zunächst um den berühmten Ankömmling selbst entbrannte. Freund und Feind mußten, wessen sie sich ihm gegenüber zu versehen hatten. In ein paar flüchtigen Zeilen, die Laski am 19. Februar 1557 an Calvin richtet, heißt es: „Von Sorgen und Geschäften werde ich schier erdrückt, mein Calvin, so daß ich zum Schreiben nicht Zeit finde. Hier greifen uns Feinde an, dort falsche Brüder, daß wir zu keiner Ruhe kommen; aber wir haben auch viele Fromme, Gott sei Dank, die uns helfen und trösten."**) Wir müssen die beiden Gegner, deren sich Laski zu erwehren hat, etwas genauer ins Auge fassen.

Unter den offenen Feinden, die aber Maulwurfsgänge zur Erreichung ihres Zieles nicht verschmähten, sind selbstverständlich die Katholiken zu verstehen. Kaum hatten die in Warschau zum Reichstag versammelten Bischöfe gehört, daß Laski nach Polen zurückgekehrt sei, als sie sich alle in der Wohnung des Erzbischofs von Gnesen zur Beratung ihres Verhaltens diesem Manne gegenüber versammelten***). Einen ganzen Tag währte die Beratung; der Bischof von Krakau gab der Stimmung Ausdruck, wenn er Laski den Henker der polnischen Kirche nannte. Man einigte

---

*) Vgl. Lubienitzki, S. 65. 77; auch Wengierski, S. 533.
**) Kuyper II, 746. Das ganze Schreiben bei Calvin XVI, 415.
***) Vgl. auch den mit einem humoristischen Anfluge geschriebenen Bericht Laskis an den Landgraf von Hessen bei Kuyper II, 749.

sich darin, den König um seine Entfernung zu bitten. Gleich am
nächsten Tage forderte Lippomani mit sämtlichen Bischöfen eine
Audienz. Sie drangen in den schwankenden König, diesen Erz-
ketzer (maximus haereticus) zu verbannen: Sigismund blieb
standhaft, weder von ihm noch vom Senat sei Laski als Ketzer
gebrandmarkt. Der schlaue Nuntius suchte den König einzu-
schüchtern, als ob Laski die Königsgewalt antasten und Unruhe
im Lande erregen, ja selbst die Waffen wider den König erheben
wolle. Auch diese Lüge des Jesuiten verfing nicht vollständig.
Fürst Radziwill trat für den so schmählich Verleumdeten mannhaft ein; er hatte den Italiener, der sich selbst an ihn heran-
wagte, durch seine Rückbringung zur römischen Kirche irgendwelchen
Erfolg seiner Botschaft zu erzielen, längst durchschaut und stimmte
dem scharfen Urteil der Landboten bei, die den in den Reichstag
eintretenden Nuntius mit der bitterbösen Rede laut begrüßten:
„Sei gegrüßt, du Natterngezücht!"*) — Lippomani erkannte,
daß er nicht durchdringen werde; seine Stellung war außerdem
unhaltbar geworden. Ein paar vertraute Sätze seiner Briefe
waren in die Öffentlichkeit gedrungen; er konnte den schrecklichen,
kaum glaubhaften Inhalt, daß ihm der furchtbare Mönch in Rom,
der sich Statthalter des Herrn nannte, den Auftrag gegeben, vom
Polenkönig die Köpfe von acht bis zehn Protestanten zu fordern,
nicht ableugnen**) und hielt sich nun nicht mehr sicher in dem
ob solcher Kunde drohend empörten Lande. Er bat dringend in
Rom um seine schleunige Abberufung, die ihm denn auch gewährt
wurde***).

---

*) „Salve progenies viperorum!" Vgl. Lubienitzki, S. 76.
**) Vgl. Sixt, S. 395, wo die betr. Stelle also lautet: „Cum ergo
sanctissimo D. N. mihi mandasset, ut idem consilium (es bezieht sich
auf den Auftrag, den ihm früher der Papst gegeben, Karl V. aufzufordern,
den gefangenen Kurfürsten von Sachsen und Landgrafen von Hessen zu töten)
Regi Poloniae suggererem, nempe ut juberet capite plecti octo aut decem
ex praecipuis Dominis Polinis, qui Lutheranismum exsuscitant; hanc
enim esse compendiariam atque certissimam ad extirpandas haereses
viam, feci hoc quoque diligenter" u. s. w.
***) Vgl. Theiner II, 590. Die hier mitgeteilten vier Abberufungs-
schreiben des Papstes hat Lippomani nicht benutzt, da ihm das erste päpstliche Schreiben die Entscheidung überließ (wenn nicht vielleicht 1557 statt

Der Schreck über die Rückkehr Laskis wurde selbst im Vatikan gespürt. Paul IV. schrieb unverzüglich auf die erhaltene Kunde davon im hochfahrenden Tone eines Inquisitionsrichters an den König und forderte wie sein Nuntius die Verbannung des Ketzers ohne Widerrede. Schon der Beschluß des Warschauer Reichstages von 1556, der jedem Adeligen auf seinen Gütern die Anstellung protestantischer Prediger gestattete, hatte des Papstes Grimm erregt. „Ein so ruchloses Dekret" — so herrscht der zornmutige Papst weiter den König an — „hast Du in Deinem Lande zugelassen? Hast Dich nicht selbst mit Gefahr Deines Lebens demselben widersetzt? Wer kann solch' eine Frevelthat nach Gebühr beweinen? Unter diesen Umständen kann es freilich auch nicht wundernehmen, daß das Ketzerhaupt Jan Laski und andere Ketzer, welche zu Lebzeiten Deines frommen Vaters, dieses Ketzerfeindes, die Flucht ergriffen hatten, wieder nach Polen zurückgekehrt sind und ungestraft beginnen dürfen, was sie mögen."*) Dies und ein anderes, rasch dem ersten auf dem Fuße folgendes, in ähnlich herrischem, unerbittlichem Tone verfaßtes Breve verfehlte seine Wirkung: auch für einen noch treuen Sohn der Kirche war diese Sprache eines Papstes im Zeitalter der Reformation fremdklingend, unverständlich selbst im fernen Osten geworden. Laski und die anderen „Ketzer" blieben unbehelligt im Lande.

Solche Waffen tauchten denn doch nicht mehr für das schon erreichte Stadium des Geisterkampfes jener großen Tage: wie an altmodischem Geschütz konnte man in Polen furchtlos und auch ungefährdet daran vorübergehen. Bedenklicher und in ihrer Folge viel gefährlicher für die Entwickelung der evangelischen Kirche nun auch hierzulande waren die Schläge, die oft in arger Verblendung von den falschen Brüdern geführt wurden. Wie sehr drängt ihr maßloses, unbesonnenes Verhalten die erste Kreuzesbitte auf die Lippe! Schon aus der Widmung jener Laskischen Schrift an den König ist zu sehen, daß die Zeloten, die unseren Freund und seine Gemeindegenossen durch ganz Deutschland gehetzt, nicht ge-

---

1556 zu lesen ist). Im Juli 1556 ging das Gesuch Lippomanis nach Rom. (Vgl. Sixt, S. 394.)

*) Sixt, S. 404.

willt waren, ihn unbehelligt in seinem Vaterlande an seiner Arbeit zu lassen, für die Neugestaltung einer auf Gottes Wort
reformierten Christenheit zu arbeiten. Leider sehen wir hier selbst
Brenz sich den Westphal und Timann und Flacius in un-
faßbarer Kurzsichtigkeit zugesellen. Es war dem Württemberger
Reformator nicht genug, seine Landeskirche vor dem Einfluß dieser
Glaubensgenossen von Melanchthon und Calvin bewahrt zu
haben; er hielt sich berufen, seine warnende Stimme bis nach
Polen hin dringen zu lassen. Kaum hatte Brenz gehört, daß
sich Laski zur Heimfahrt rüste, als er auch schon den Herzog
Albrecht um Hilfe angeht, die drohende Gefahr für Polen ab-
zuwenden oder doch wenigstens durch Gegeneinflüsse zu verringern.
Man sollte es kaum für möglich halten*).

Eine weitere Hilfe bot sich Brenz, seinen Warnruf in Polen
vernehmen zu lassen, durch die Reise von Bergerius nach dorthin. Es ist eine merkwürdige, eigentümliche Erscheinung im Re-
formationszeitalter, dieser Italiener aus Capodistria. Unserem
Laski fast gleichalterig, war Verger, schlag- und redefertig, ge-
schäftsgewandt und mit raschem, sicherem Blicke ausgerüstet, als
Gesandter der Kurie und Vertrauter von Klemens VII. auf
dem Augsburger Reichstag 1530**). 1536 bereits hat der

---

*) Und doch kann die traurige Thatsache nicht abgeleugnet werden.
Vgl. Anecdota, p. 429: „Es hatt auch den hoch und offtbemelten meinen
gnedigen F. und Herrn angelangt, daß Dominus a Lasco, so nicht allein
mit der Zwinglischen Sect von dem Sacrament des nachtmals Christi be-
fleckt, wie er mit seinen schrifften und im nechsten Colloquio (dero Summa
und Inhallt abschrifft hie bey gelegt) mit meins gnedigen Fürsten und Herrn
Theologen zu Studtgardt gehallten, erzeygt hat, Sonder auch allerley new
ungewonlich Ritus in Ecclesiasticis sacris fürnimpt, in das konigreich
Polen beruffen sey. Damit nun daselbst nicht gleich im anfang an die statt
des babstumbs andere schedliche Irthumb einschleichen, wurde E. F. D. sich
auff Christlichem gmüet und hohem fürstlichen verstandt woll wissen uff bequeme weg und mittell zudenken, wie dieser gferd zu begegnen sey." Vgl.
auch die ergreifende Klage von Melanchthon über diese Unduldsamkeit:
Anecdota, p. 464.

**) Es ist der päpstliche Legat, um dessentwillen in köstlicher Laune Luther
sich 1535 von seinem Barbier mit den Worten schmücken läßt: „Es geschehe,
damit des Papstes Legat denke: Ei der Teufel, ist der Luther noch jung und

Rechtsgelehrte sich in einen Bischof verwandelt; für solch' eine
Umkleidung bedurfte es damals nicht langer Zurüstung, nur päpstlicher Gunst. Schon schien dem Ehrgeizigen der Purpur zu winken.
Aber die aufkommenden Jesuiten hatte seine Witterung. Der
bischöfliche Legat hatte zu lange in dem ketzerischen Deutschland
sich aufgehalten, um nicht schon dadurch allein ihnen anrüchig zu
sein, und ihren Verdacht wußten sie dem Papste beizubringen.
Verger hielt sich nicht mehr sicher in Italien, er floh 1546.
Es ist nicht ganz entschieden, inwieweit damals schon die Mutmaßung der Jesuiten begründet war oder inwieweit die Verdächtigung den Mann erst in die Ketzerei gedrängt. Seit 1549
führte er in etwas abenteuerlicher Weise ein Wanderleben voll
Not, bis er 1553 die Gunst des Herzogs von Württemberg
und gesicherte Aufnahme in seinem Lande erhielt. Als seine
Lebensaufgabe sah er es fortan an, dem Papsttum den größten
Schaden zuzufügen, und er hat darin in der That Staunenswertes
geleistet. Vielgeschäftig, fühlte er ein Bedürfnis, überall seine
Hände mit im Spiel zu haben; sein ausgedehnter Bekanntenkreis
half ihm dabei. Er war aufrichtiger Protestant geworden, hier
in Württemberg in Brenzscher Ausprägung, die aber doch nicht
in die Tiefe ging. Als er mit den böhmischen Brüdern bekannt
wurde, fesselten diese ihn derart, daß er sich ihnen gern angeschlossen hätte; die Antwort der vorsichtigen und ihm gegenüber
etwas mißtrauischen Brüder glich einer Abweisung*).

Verger war noch nicht in Polen gewesen, hatte da noch nicht
in der beginnenden Reformation sich geltend gemacht. Das durfte
nicht so bleiben. Ein Anknüpfungspunkt, dahin und namentlich
zugleich an den Hof zu gelangen, war bald gefunden. 1533 hatte
Verger sich als päpstlicher Legat am Hofe Ferdinands von
Österreich aufgehalten und so sehr dessen Gunst zu erwerben gewußt, daß er zum Paten der eben geborenen Prinzessin Katha-

---

hat schon so viel Unglück angerichtet, was wird er noch thun?" (Vgl.
Kausler, S. 4.)

*) Fontes XIX, 258. Die von Kausler gegebene Lebensskizze Vergers
scheint, wenn auch für ihn ungünstiger, nach den vorliegenden Briefen zutreffender als das ausführliche Lebensbild, das Sixt mit vielem Fleiße und
fesselndem Geschicke gezeichnet.

rina erwählt wurde. Die königliche Tauftochter war 1553
Königin von Polen geworden; Grund genug, daß Verger an
ihren Gemahl schrieb: „Es ist Pflicht derjenigen, welche ein Tauf-
versprechen ablegen, die Personen, für welche sie sich verbürgt
haben, in den Wegen des Heils zu unterweisen und zu bestärken;
diese Pflicht muß und will auch ich erfüllen, wo nicht mündlich,
doch wenigstens schriftlich, soweit der Herr mir dazu Gnade verleiht."*) Auch mündlich es zu thun, schickte sich der unruhige,
vielgeschäftige Mann an. Im Juni 1556 finden wir ihn bei
Laski in Frankfurt, in den eingetroffenen Briefen aus Polen
blätternd**); aber der schlaue Italiener verrät unserem Freunde
nicht, daß er von Brenz Aufträge habe, dem etwaigen Einfluß
Laskis auf seine Landsleute vorzubeugen.

Und Verger ist dem Auftrage getreulich nachgekommen.
Da und dort hat er Argwohn gegen die evangelische Gesinnung
Laskis ausgesäet und in den Gemeinden Mißtrauen gegen seine
Persönlichkeit geweckt; er that es in Groß-Polen, wo in den
Städten die Anhänglichkeit an Wittenberg vorherrschte und man
deshalb willig solch geheimen Einflüsterungen Gehör schenkte; er
that es aber auch im Fortgang seiner Reise in Klein-Polen,
dessen Adel vorzugsweise Calvin zugethan war und wo man mit
offenen Armen und in vollem Vertrauen Laski aufgenommen.
Auch in Wilna hat Verger sein Wesen getrieben: auf seine An-

---

*) Sixt, S. 400.
**) Kausler, S. 129. — Calvin hatte den eitlen Italiener bereits
durchschaut und Argwohn auf ihn gefaßt. 1556 schreibt er über ihn an
Laski, der mit ihm in Speier zusammengetroffen zu sein scheint (Calvin
XVI, 170): „Nihil tamen mihi magis displicuit quam te consilia cum
Vergerio miscere, cujus hominis vanitatem tibi non citius cognitam fuisse
miror (mihi certe quidquid ille aggreditur suspectum est)." Bezeichnend
über den Mann sind zwei Urteile von Engländern in Anlehnung an seine
beiden Vornamen. Burcher schreibt im Hinblick auf des Mannes Wühlen
in Polen aus Krakau: „Ich wünschte, er wäre entweder ein rechter Petrus
oder ein echter Paulus" (Original, p. 693), und Bischof Jewel, der sich über
Ratschläge des Mannes an die Königin Elisabeth 1559 beklagt, sagt: „Who
this person is — if I tell you that he was once a bishop, that he is
now an exile, an Italian, a krafty knave, a courtier, either Peter or
Paul, you will know him better than I do." (Zürich I, 21.)

regung hin schrieb Radziwill an Herzog Christoph von Württemberg und den Pfälzer Kurfürsten Ottheinrich, durch eine förm-
liche Gesandtschaft die Einführung des Augsburger Bekenntnisses
von König Sigismund August zu erwirken *). Der edle
Radziwill konnte ja selbstverstänblich die schmerzlichen Kämpfe in
Deutschland nicht kennen, in denen man sich die Zugehörigkeit zu
diesem Bekenntnis absprach, und wußte wohl kaum, daß Brenz,
durch den diese Schreiben befördert wurden, seinem Freunde und
Verwandten Laski die Zugehörigkeit zu diesem Verbande abge-
sprochen. Wo dann Verger mit Laski persönlich zusammentraf,
hielt er sich an ihn, beteuerte seine Übereinstimmung mit ihm
und täuschte so auch in fast hinterlistiger Weise die nächsten Bekannten **).

Diese unterminierende Thätigkeit setzte Verger in Deutschland und der Schweiz fort, da und dort über die besorgnis-
erregende Wirksamkeit Laskis falsche Gerüchte aussprengend. Er
muß es arg damit getrieben haben, denn er sah sich 1558 genötigt, in einem langen Schreiben an Stanislaus Ostrorog
sein Verhalten zu rechtfertigen ***). Das Schreiben ist ein wich-
tiges Aktenstück in der Reformationsgeschichte Polens, zugleich aber
auch ein Belastungszeuge für die gefährliche Thätigkeit Vergers
und wie wenig er imstande gewesen, die Thätigkeit Laskis auch
nur zu verstehen. Er sucht zu begründen, warum er Laski in
seiner vielfach bewährten Kunst der Kirchensammlung und Leitung
entgegengearbeitet oder wenigstens da und dort widersprochen, weil
Laski sich nicht durch das Bekenntnis der böhmischen Brüder
auch da wollte einschränken lassen, wo er für eine evangelische
Landeskirche Polens weitere Entwickelung für nötig hielt.

Wir haben nur Verger aus der Zahl dieser „falschen Brüder" herausgegriffen, nicht als ob er der einzige gewesen wäre.
Laski hatte sich auch in Polen der alten Gegner zu erwehren;
aber dieser neu hinzugekommene hat sich ihm unmittelbar an die

---

*) Sixt, S. 420. Vgl. dazu auch Anecdota, p. 437.

**) Vgl. den dieses Treiben genau schildernden Brief des Utenhove an
Bullinger: Original, p. 603. Sixt scheint ihn nicht gekannt zu haben.

***) Auch dieses wichtige Schriftstück ist Sixt entgangen. Wir finden es
mitgeteilt Fontes XIX, 215—240.

Ferſen geheftet, gleichſam als ob er ihm, dem Polen, die hervorragende Wirkſamkeit in ſeinem Vaterlande nicht gönne. Einen
wie ſchweren Hemmſchuh dieſe Leute auch der Thätigkeit Laskis
anlegten, — ſie zum Stillſtand zu bringen, gelang ihnen denn
doch nicht, und wir wenden uns nun der ſo viel erfreulicheren
Seite zu, unſeren Freund in ſeiner aufbauenden Wirkſamkeit daheim zu betrachten. Auf dieſe fällt nun freilich nicht mehr das
ausgiebige Licht, wie auf ſeine Reformationsthätigkeit in Deutſchland und England. Der folgenden, ſo dunklen Reaktion iſt es
bei ihrem eifrigen Bemühen geglückt, die geſegneten Spuren jener
paar Jahre faſt völlig auszulöſchen, und es hat vieler Nachſpü-
rungen bedurft, um denn doch noch einzelne Thatſachen zu er-
kunden und ausgeblichene Spuren wieder aufzufriſchen*).

Nachdem Laski ein paar Wochen ſich in den ſo weſentlich veränderten Verhältniſſen ſeines Heimatlandes zurechtzufinden verſucht
hatte, ſäumte er nicht, kraftvoll Hand an die ihm gewordene
große Aufgabe zu legen. Der Warſchauer Reichstag war ſchon
zu Ende gegangen; er hatte keine Beſchlüſſe von ſo eingreifender
Tragweite gezeitigt, wie man allgemein erwartet; einen weſentlichen
Schritt vorwärts aber auf der eingeſchlagenen Bahn bildete das
von dem Reichstag erlaſſene Geſetz, daß jeder Adelige in ſeinem
Hauſe jeden zuſagenden Gottesdienſt einrichten könne, wenn derſelbe nur auf die heilige Schrift ſich gründete**).
Der erſte Schritt, den nun Laski that, war ein ausführliches
Sendſchreiben an den König, in welchem er ihm ſeine Ankunft
in Polen meldete***). Er legt darin offen Rechenſchaft von ſeinem
bisherigen Thun ab und zeigt unter Beifügung des Briefes von

---

*) Eine Nachſpürung auf einer meiner polniſchen Studienreiſen war mit
unerwartetem Erfolg gekrönt. In einem weltvergeſſenen Flecken fielen mir
die Original-Protokolle der Synoden, Konvente und Paſtoralzuſammen-
künfte der Evangeliſchen Klein-Polens während der Jahre 1550—1561 in
die Hände. Die Handſchrift war den Spüraugen der Jeſuiten entgangen;
an die 300 Jahre lagen ſie in geſichertem, einſamem Verſchluß. Wir ver-
danken ihr die wertvollſten Notizen auf den folgenden Blättern, wo wir ſie
ab und zu unter der Bezeichnung „Protokolle" anführen werden.
**) Kraſinski I, 285.
***) Kuyper II, 738.

Melanchthon an den König*), wie er bemüht gewesen, den Abendmahlsstreit beizulegen. „So bin ich hierher gekommen, huldreichster König, meiner Berufung folgend und im Vertrauen auf die Frömmigkeit und Huld Ew. Majestät, aber auch auf deren Rat." Laski spricht dann von den Verdächtigungen, mit denen die Bischöfe den König seinetwegen angegangen. Mit edlem Stolze weist er sie zurück, sich auf das Zeugnis seines Herrn Christus stützend, daß nur Diebe und Räuber, die das Licht des Tages hassen, zu solchen dunklen, geheimen, hinterlistigen Beschuldigungen ihre Zuflucht nehmen. Von den Beschuldigungen greift er nur eine heraus, die des päpstlichen Nuntius, als ob er ein Ketzer sei**). Ein ernstes Gericht hält er dieser Frevelrede, um sich so den Weg zu bahnen, den König vor solcher Genossenschaft zu warnen. Goldene Worte sind es, die furchtlos der Christ dem Christen auf dem Throne vorhält. „O bester König, Du mit Deiner ganzen Familie thue, was Gott Dir aufträgt. Thue weg aus Deinem Reiche die fremden Götter und diene Gott allein in der Wiederaufrichtung eines wahren, göttlichen, vollkommenen Gottesdienstes. Dann wird Dich und Dein Reich Gott von allen Philistern dieser Welt befreien (Laski hatte schon früher auf Samuel zum Vergleich hingewiesen). Thust Du es aber nicht, hüte Dich, daß Du nicht gerade da, wo Du Dir vielleicht Befreiung versprichst, Dir und Deinem Reiche den Untergang bereitest."***) Immer ernster, immer eindringlicher wird die erschütternde Bußrede des Knechtes Christi dem Könige gegenüber; die Wahrheit des Evan-

---

*) Abgedruckt bei Lubienitzki, S. 91 und bei Melanchthon VIII, 869.

**) Bei Erwähnung dieses Lippomani entschlüpft der ergrimmten Lippe des ernsten Mannes der geistvolle Sarkasm: „Lipomanus, indignus quidem revera, ut ipsemet fatetur, sed longo dignissimus atque appositissimus apostatica Papae Romani cathedra legatus." (Kuyper II, 741.)

***) Das ernste Prophetenwort unseres Polen: „Sed nisi id facias, cave, ne unde tibi liberationem ipse forte polliceris, inde potissimum tibi et Regno tuo exitium accersas" (Kuyper II, 744), in wie erschütternder Weise doch haben die kommenden Jahrhunderte dasselbe über dem unglück= lichen Polen erfüllt. Die Wurzeln des „finis Poloniae" liegen dort, wo Polens König der Mahnung Laskis nicht gefolgt und die Zeit gnadenvoller Heimsuchung des Herrn ungenutzt hat verstreichen lassen.

geliums, die glühende Liebe zu seinem Vaterlande leihen dem gewaltigen Worte wunderbaren, ergreifenden Zauber. „Mögen andere Dir schmeicheln, so viel sie wollen, mögen sie reden, was zusagt, so viel sie Lust haben, ich will lieber mit Dir reden aus dem Munde Gottes .... Demütig bitte ich Dich, Du wollest von uns allen Dich auf das festeste versichert halten, daß wir alle eher alle unsere Güter, ja unser Leben selbst darangeben wollen, als daß wir jemals zugeben sollten, daß an unserer Treue, Unterwürfigkeit und christlichem Gehorsam gegen Dich irgendetwas vermißt werden dürfe, — ich sage christlichen Gehorsam, d. h. ein Gehorsam, der weder in Hoffnung auf Lohn in dieser Welt, noch auch aus Furcht augenblicklicher Strafe geleistet wird, sondern allein um Gottes willen, der ihn von uns fordert, und um unseres Gewissens willen." Es hieße den ganzen Brief wiedergeben, wollte man alle beherzigenswerten Stellen dieser frommen, tiefchristlichen Mannesrede ausziehen: eine selten-schöne Blüte reiner, lauterer Reformationsgesinnung!

Die Übermittelung des Briefes an den König übernahm der Oheim Myszkowsky. Viele, aber vergebliche Mühe machte sich der Unterkanzler und Bischof von Chelm, Przerembsky, das Schreiben zu unterschlagen, dessen Inhalt er nicht kannte, aber fürchtete. Ganz ungefährdet gelangte es allerdings nicht in des Königs Hand. Laski hatte dem Schreiben das Augsburger Bekenntnis von 1540 beigefügt, und während der König dieses zunächst durchblätterte, war der Brief auf einem Stuhle liegen geblieben, der anwesende Hund des Königs hatte sich mit dem Papier zu schaffen gemacht. Der Kammerdiener bemerkte es noch rechtzeitig; es gelang, die schon zerrissenen Stücke zusammenzusetzen und sie in Abschrift dem nun neugierig gewordenen König vorzulegen*).

Nicht unerwidert blieb das Schreiben, wenn es auch nicht die Wirkung erzielte, die man ihm gewünscht hätte. Dem Handschreiben des Königs ist abzuspüren, daß die Verdächtigungen der Bischöfe nicht ganz spurlos geblieben waren; sie hatten seine Achillesferse berührt, als ob bedenkliche Neuerungen, gefährlich für die Wohl-

---

*) Friese II, 303.

fahrt des Landes, zu befürchten seien, und so gestattet Sigismund zwar dem Reformator den Aufenthalt im Lande, warnt
ihn aber vor Neuerungen, da er sonst des Landes verwiesen werden würde.

Sowohl aus diesem Schreiben, wie auch aus anderen Mitteilungen schloß Laski, daß es gut sei, wenn er persönlich mit
dem Könige verhandle. Er brach deshalb am 23. Februar 1557
von Krakau auf und gelangte nach einer recht mühseligen Fahrt
erst am 17. März nach Wilna, wohin sich der Hof alsbald nach
dem Warschauer Reichstag begeben hatte, um dem Kriegsschau-
platz in Livland näher zu sein. Laski stieg bei dem Schwager
des Königs, dem Fürsten Radziwill, ab und weilte unter seinem
gastfreien Dach länger als einen Monat. Schon am 19. März
war eine Audienz bewilligt; der König empfing seinen berühmten
Unterthan aufs herzlichste (amantissime) und reichte ihm und
seinem Begleiter Utenhove die Rechte. Aufmerksam lauschte er
der Rede Laskis und sagte ihm, daß ihm seine Rückkehr er-
wünscht sei. Die offizielle Antwort, die ihm drei Tage später
der Unterkanzler im Namen des Königs und in seiner Gegenwart
gab, lautete weniger günstig. Nicht dem Adel, sondern dem König
allein stehe das Recht zu, Leute zum Behufe einer Religions-
neuerung einzuladen, er aber wolle mit seinem Lande bei dem seit
600 Jahren bestehenden Glauben seiner Väter bleiben. Solcher
Rede war nun aber doch wieder — und es ist das bezeichnend für
die beklagenswerte schlaffe Denkweise des Königs — dadurch die
Spitze abgebrochen, daß der König durch Radziwill Laski bedeuten
ließ, er solle auf die Rede des Unterkanzlers nur kurz erwidern,
um nicht dadurch eine neue Gegenrede des Unterkanzlers herauszufordern; statt dessen bewillige er ihm eine Privataudienz. Dieselbe fand nach zwei Tagen statt. Laski konnte seinen Unmut
nicht verbergen und warf dem Könige seine Sünde vor, daß er
den Herrn Christum verleugne; unumwunden führte er ihm seine
königliche Verpflichtung zu Gemüte, den Götzendienst abzustellen
und wahre Religion zu fördern; er warnte vor den Bischöfen,
deren Schliche dem Lande Gefahr brächten, und mahnte, rechtzeitig
Vorsichtsmaßregeln zu ergreifen und notwendige Zurüstungen für
den kommenden Reichstag zu treffen. — Der König ließ den Vor-

wurf über sich ergehen, meinte nur, daß er augenblicklich nicht anders handeln könne; sobald der Krieg in Livland wider die Russen
zu Ende sei, wolle er an eine ernstliche Reformation der Kirche
gehen*). Sigismund versprach Laski seinen königlichen Schutz
wider die Verdächtigungen seiner Feinde und erklärte ihm, daß er
ihn als in seinem Dienste stehend ansehe, als Sekretär der Königs
nämlich, wozu ihn sein Vater einst berufen habe**). Als ob es
damit noch nicht genug königlicher Huld wäre — ach, unserem
Laski wäre königlicher Ernst im Dienste des Herrn viel lieber gewesen! —, so gab er ihm Erlaubnis, nicht nur bei sich Versammlungen des Adels und der Geistlichen zu halten, sondern
auch, so oft er es für gut fände, seine Glaubensbrüder in anderen Häusern um sich zu versammeln, jedoch nur zur Förderung
der Religion, nicht um Unruhe anzuregen. — Die ausführlich
mitgeteilte Verhandlung***) ist ein sprechender Beweis für den
Wankelmut des Königs und seine Scheu, das entscheidungsvolle,
durch die Verhältnisse so dringend geforderte Wort zu sprechen,
zugleich aber auch, daß sein Herz auf der Seite war, wo das
Herz und auch die That der tüchtigsten Polen in jenen Tagen sich
hingestellt.

Der Aufenthalt in Wilna wurde von Laski nach allen Seiten
hin ausgenutzt. Von hoher Bedeutung war das nahe Zusammenleben der beiden großen Männer, Laski und Radziwill. Der
Fürst gehörte zu den Säulen der evangelischen Kirche Polens; ein
reger Briefwechsel verband ihn mit Calvin; das schöne Wort,
das er zu seinem Sohne vor kurzem gesprochen, als er zum

---

*) Original, p. 599. Die Kämpfe in Livland endeten erst 1561 mit
der Unterwerfung Livlands unter die polnische Krone.

**) Vgl. S. 86.

***) Diese Verhandlung ist ein fesselndes Gegenstück zu jener Anekdote,
daß, als in jener Zeit Radziwill den König bestimmt hatte, einmal der
evangelischen Predigt in Wilna beizuwohnen, der Weihbischof Cyprian den
Pferden, die den König in die fürstliche Hofkapelle fuhren, in die Zügel fiel
und mit den Worten: „Nicht das ist der Weg, den Ew. Majestät Vorfahren
zum Gottesdienste zu gehen gewohnt waren, sondern dorthin!" dem Wagen
die Richtung nach der katholischen Kirche gab und der König es sich gefallen
ließ. (Lukaszewicz I, 12.)

erstenmale zum Tische des Herrn zugelassen wurde*), ist ein
laut redendes Zeugnis seiner evangelischen Gesinnung, in der ihn
nun das nahe Zusammenleben mit dem Reformator festigte.
Eine innige Freundschaft verknüpfte bald die in ihrer Überzeugung
und in ihrem ganzen Wesen so wahlverwandten Männer. Mit
seiner großherzigen Freigebigkeit setzte er dem Freunde, der mittellos heimgekehrt war, eine lebenslängliche Pension aus; die
älteste Tochter bat er in seiner Familie aufnehmen zu dürfen,
versprach ihr für einen Mann aus seinem Geschlechte zu sorgen
und ihr tausend Gulden als Mitgift zu bestimmen**). — Von
der von dem Könige gewährten Erlaubnis machte Laski reichlich
Gebrauch. Sowohl in lateinischer als auch in polnischer Sprache
predigte er fast täglich in der Schloßkapelle des Fürsten, gegenüber der Johanniskirche, unter großem Zudrang zumal der Leute
am Hof und des jetzt zahlreich in Wilna zusammengeströmten
Adels. Viele gewann er dadurch für das Evangelium, so daß
der römischen Geistlichkeit bange ward. Mit großer Besorgnis
hatte der wachsame Hosius die Reise des gefürchteten Gegners
verfolgt und dem Wilnaer Bischof ans Herz gelegt, „den König
zu bewegen, durch öffentliche Edikte seinen Abscheu vor jeder
Spaltung auszusprechen."***) Die Bemühungen freilich blieben,
wie wir gesehen, erfolglos.

---

*) Abgedruckt bei Dalton, S. 248.

**) Diese Tochter, Barbara, heiratete den Stanislaus Lutomirski, einen
der Sekretäre des Königs (Wengierski, S. 536, wobei nur der Irrtum
zu berichtigen, als ob es Laskis einzige Tochter gewesen). Dieser Lutomirski
wurde nach dem Tode Laskis Senior des Pinczower Trakts. Lubienizki
(S. 158 f.) zählt den Lutomirski unter die entschiedenen Anhänger der Antitrinitarier; die Angaben aber dieses Freundes der Sekte können nur mit
großer Vorsicht aufgenommen werden; noch 1560 spricht sich dieser Schwieger-
sohn Laskis aufs heftigste gegen Stancar und alle die aus, die die Gottheit des eingebornen Sohnes Gottes antasten (vgl. Scrinium III, 544). Die
Hochzeit fand den 8. Juli 1558 in der Nähe von Krakau statt (Calvin
XVII, 267).

***) Vgl. Eichhorn I, 276, wobei jedoch der Fehler, als ob „der
König den Apostaten von sich gewiesen und ihm keine Unterredung gestattet",
nach der oben angeführten Mitteilung des Augenzeugen der Unterredung zu
berichtigen ist. Es wäre eine große Arbeit, alle notwendigen thatsächlichen Be-
richtigungen dieses Lobredners des ermländischen Bischofs anzuführen. Leider

Interessant ist es, daß während dieses Aufenthaltes in
Wilna Laski mit einigen russischen Geistlichen in Berührung gekommen ist. Bis nach Moskau war auf bis jetzt noch nicht auf-
gehelltem Wege eine Kunde der reformatorischen Bewegung gedrungen und hatte auch dort im fernen Osten ihre belebende
Wirkung auf einzelne Geistliche und auch Laien ausgeübt.
Empfänglich für eine solche Wirkung mochten dieselben durch das
Auftreten des frommen und ehrwürdigen Maxim und seine
dreißigjährige, standhaft ertragene, schwere Leidenszeit geworden
sein *). Eine 1554 in der Hauptstadt des Zarenreiches abgehal-
tene Kirchenversammlung hatte sich genötigt gesehen, etliche Personen weltlichen und geistlichen Standes zu verurteilen **). Einzelnen von ihnen gelang es, zu entfliehen; im März 1557 trafen
die Flüchtlinge in der Residenz des Reichsfeindes ein. Die sieben
Flüchtlinge waren Mönche aus dem St. Basilius-Kloster in Moskau;
mit ihrem Haupte, einem ehrwürdigen, in der heiligen Schrift
bewanderten Greise, konnte sich Laski verständigen. Was er
von ihm über ihre Lehre, auch inbetreff des heiligen Abendmahls
erfuhr, überraschte unseren Freund und stellte ihn so zufrieden,
daß er sie als Brüder anerkannte. Sie erzählten, daß, als sie
Moskau heimlich verließen, gegen 70 Bojaren wegen ihrer evangelischen Gesinnung im Gefängnis schmachteten und daß sie mehr

---

konnte der daselbst angezogene Bericht des Domherrn Pilarski aus dem
Frauenburger Archiv trotz dahin gerichteter Bitte nicht erlangt werden.

*) Über die Wirksamkeit dieses feurig für die Wahrheit beseelten Mönches
aus Albanien, der ein paar Jahre im Athoskloster in frommer Übung verbracht und dann, von dem Großfürsten berufen, jahrzehntelang in Rußland
thätig gewesen, vgl. Philaret I, 308—325. Von dem Kaufhofe der
Hanseaten in Nowgorod war eine Kunde von der gewaltigen Persönlichkeit
Luthers auch in russische Kreise gedrungen. Vor Jahren bereits teilte ich
eine heute noch im Volksmunde dort lebende Legende mit, in der Luther mit
Nikolai, dem Wunderthätigen, einen Wettkampf im Fasten ausficht. (Vgl.
„Daheim" 1866, S. 448.)

**) Vgl. Fechner I, 25 und die daselbst erwähnten Quellen. Unsere
Quelle (Original, p. 600) ist dem ungemein fleißigen Sammler entgangen;
sie war denn doch zu abgelegen. Ein paar weitere Notizen über diese Glieder der russischen Kirche, leider mehr nur Gerüchte, siehe Original, p. 691.

wie 500 Brüder in Moskau kännten, die gleicher Gesinnung wie
sie im geheimen huldigten. — Nach eihem Monat kehrte Laski
nach Klein-Polen zurück, der eigentlichen Heimstätte seiner reformatorischen Thätigkeit im Vaterlande. Nicht ganz fruchtlos
war die Reise gewesen; für seine fernere Wirksamkeit hatte er
den Rechtsboden eines königlichen Wortes unter seinen Füßen.

In Klein-Polen*) hatte das Evangelium bereits weithin
Wurzel gefaßt, man zählte jetzt schon mehr als 30 Gemeinblein.
Die erste Anregung hatte vor 13 Jahren in seinen ernsten Mahn-
reden zu Krakau der Hofprediger Lorenz Prasnitius gegeben,
den, mutlos geworden, Laski einst so dringend zum Ausharren
ermahnt hatte**). 1546 war durch seine Predigten gleichzeitig
mit seinem Patron Stanislaus Stadnicki Felix Cruciger für das Evangelium gewonnen worden, in jenen ersten
Tagen eine der bedeutendsten Kräfte der jugendlichen evangelischen
Kirche, bis an sein Ende Superintendent der evangelischen Kirche
Polens. Ostrorog nahm Cruciger mit sich nach Groß-Polen,
wo er frühe schon in dem Hause der Gorkas mit den böhmischen Brüdern in Berührung trat. Der erste öffentliche Schritt
der Evangelisierung geschah durch den mannhaften Nikolaus
Olesnitzki, der 1550 in seiner Stadt Pinczow die Mönche
aus dem Kloster jagte, die leeren Klosterräume in eine Schule
verwandelte und auf seinem Schlosse sich einen evangelischen Prediger hielt***). Dem kühnen Manne gegenüber gelang es der
römischen Kirche schon nicht mehr mit ihren Strafen durchzubrin-
gen; seinem Beispiele folgten rasch andere gleichgesinnte Adelige in
der Nähe; bereits in demselben Jahre verzeichnen die Synodal-
protokolle die erste Synode in Pinczow; zugegen waren schon
sieben Geistliche und Lehrer. Unter ihnen Cruciger und
Stancar. Wir sind dem Mantuaner schon einmal als Professor
der hebräischen Sprache in Krakau begegnet. Wegen seiner evangelischen Anschauungen war er in das bischöfliche Gefängnis im

---

*) Vgl. über das Grenzgebiet dieses Bezirkes S. 4.
**) Vgl Kuyper II, 623.
***) Krasinski I, 166.

Schloß Lipowiec unweit Krakau geworfen, von da durch seinen
treuen Diener befreit worden und hatte nun in Pinczow die
Schule in den leeren Klosterräumen eingerichtet. Sehr interessant
ist die Notiz der Protokolle, daß Stancar auf dieser ersten
Synode, 1550, das „Kölner Reformationsbedenken" des Erzbischofs Herman von Wied zur Annahme vorlegte und auch
durchsetzte, das somit an der Spitze der Bekenntnisschriften Polens
steht *). Am Schlusse der Synode wurde das Abendmahl nach
evangelischem Ritus gereicht; vonseiten des Adels nahmen daran
teil der Schloßherr Nicolaus Olesnicki, weiter Stanislaus
Stadnicki, Stanislaus Lassocki, Johann Philipowski,
Christoph Gnojewski und Andreas Modrzewski, lauter
Männer, deren Namen wir fortan als treuen Bekennern des
Evangeliums immer wieder begegnen.

Es trat jetzt eine kleine Pause in der Entwickelung des Protestantismus ein. Die gewaltsame Vertreibung der Mönche hatte
auch den Senat stutzig gemacht, der zwar ihre Wiedereinsetzung
befahl, dann aber doch keine Lust verspürte, den Befehl nach-
drücklich zur Ausführung gelangen zu lassen. Martin Crovicki
hielt wohl unausgesetzt als angestellter Prediger in der Schloßkapelle zu Pinczow seinen evangelischen Gottesdienst; jedoch erst
1554 versammelte man sich wieder zu einer kleinen Synode
(der Name ist im Protokoll unleserlich). Man erklärte darin,
sich an den Inhalt des „Kölner Reformationsbedenkens" nach
wie vor halten, aber das Buch nicht als Bekenntnis öffentlich
aufstellen zu wollen, weil Stancar dasselbe unter seinem Namen herausgegeben hatte, dieser Name aber bereits verdächtig,
der Mann selbst auch schon aus Polen verbannt war und die
junge Gemeinde fürchten mußte, um des verpönten Namens willen
vielleicht selbst als Anhänger des Stancar mit seinen nun schon
geäußerten antitrinitarischen Anschauungen bezeichnet zu werden.

---

*) Barrentrapp (S. 199) nennt nur Ostfriesland, Österreich und
England als die Länder, die nachweisbar dies Bekenntnis benutzt; die Notiz
der eben erst aufgefundenen Protokolle Klein-Polens konnte ihm nicht bekannt
sein. Stancar war von Österreich aus nach Polen gekommen und konnte
von daher die Schrift besitzen, sie aber auch schon 1546 während seines Aufenthaltes in Basel kennen gelernt haben.

Schon auf dieser Synode sprach man von einem Anschluß an die böhmischen Brüder und wurden einzelne Mitglieder beauftragt, in Groß-Polen das Leben und Treiben dieser „Waldenser", wie die Protokolle sie nennen, näher kennen zu lernen. Die Evangelischen Klein-Polens, denen eine machtvolle, leitende Persönlichkeit fehlte, fühlten infolge dieses Mangels das dringende Bedürfnis, sich mit einer schon bestehenden, festgegliederten brüderlichen Genossenschaft zu verbinden, und hofften dafür in einem engen Anschluß an diese Flüchtlingsgemeinden Befriedigung zu finden. Das machte denn auch ihre Abgeordneten geneigt, auf der gemeinsam beschickten Synode zu Koźminek 1555 in dem Sinne sich mit den böhmischen Brüdern zu vereinigen, daß sie ihr Bekenntnis, ihre Kirchenordnung, kurz ihre ganze kirchliche Einrichtung bei sich einzuführen versprachen.

So wichtig und auch heilsam diese Union war, deren Abschluß Calvin, Beza, Bullinger mit den herzlichsten Glückwünschen begrüßten: wir müssen sie denn doch als zu eilig gemacht und als zu absorptiven Charakters bezeichnen. Es ist ein gewagtes Unternehmen, was unter ganz verschiedenen Verhältnissen entstanden, dies nun für ein anderes Land mit zum Teil anderen Eigentümlichkeiten, anderen Bedürfnissen bindend und maßgebend zu halten. Die böhmischen Brüder hingen mit zäher Pietät an ihrer Bekenntnisschrift von 1535: es ist so wohl begreiflich. Sie hatten viel daran geändert, bis in den einzelnen Lehrpunkten Luther eine wohlwollende Zufriedenheit mit derselben aussprach *); dadurch waren wichtige Bestimmungen unklar geworden und ließen auch einer anderen Deutung Raum. Später, als man sich näher an Calvin anschloß, gab man der anderen möglichen Deutung schärferen Ausdruck, der schier zu einem Gegensatz dessen wurde, was Luther in der ursprünglichen Fassung gelesen. Zezschwitz beurteilt zu scharf diese Wandlungen; sie sind mehr ein Beweis, daß auch den böhmischen Brüdern in jenen drangsalsvollen Zeiten die hohe Persönlichkeit fehlte, die dem innigen evangelischen Leben der Leute den klaren, scharfen Ausdruck der Lehre hätte geben können. Aber es war mißlich, solch ein Be-

---

*) Vgl. I Zezschwitz, S. 153.

kenntnis nun auch als bleibende Urkunde einer noch in der Bil=
dung begriffenen evangelischen Kirche mit anderer Vergangenheit,
mit wesentlich anderen Verhältnissen aufzuerlegen.

Das Mißliche schlug doch durch die Freude an der Gemein=
schaft bei den Klein=Polen. Sie hatten die ernste Absicht, treu
bei dieser Union zu stehen; sie hätten ja auch selbst in jener Zeit
kein besseres Bekenntnis, keine geeignetere Verfassung aufstellen
können. Ein glänzendes Zeugnis für diese Treue der Durch=
führung legen die Protokolle der im Januar 1556 abgehaltenen
Synode von Seczemin ab. Als ein Vierteljahr später eine ge=
meinsame Synode mit Abgeordneten der böhmischen Brüder in
Pinczow tagte, wurde der gemeinsame Antrag angenommen,
Laski ins Vaterland zurückzurufen, um ihm die Leitung der
Kirche zu geben*). Der Beschluß erreichte, wie wir wissen,
Laski in Frankfurt. Im Dezember war er daheim, am 1. Ja=
nuar 1557 wohnte er zum erstenmale einer polnischen Pastoral=
konferenz bei**). Schon gleich bei dieser ersten Sitzung griff
Laski thatkräftig ein und bald spürte man im ganzen Kirchen=
wesen die thätige Hand, die stramm die Zügel anzog und in
erprobter Führung die Leitung festhielt. Cruciger blieb wohl
Senior, die Oberleitung aber übernahm Laski; schon nach
Jahresfrist ist in den Protokollen seinem Namen der Ehrentitel
„Vater" beigefügt.

Zunächst erbat sich a Lasco den genauen Wortlaut der Ab=
machung mit den böhmischen Brüdern in Kozminek, sowie einen Ein=
blick in ihr Bekenntnis, ihre Liturgie und sonstigen kirchlichen Bräuche.

---

*) Im Protokoll heißt es: „De vocando D. Joanne a Lasco ex Ger-
mania communis deliberatio fuit, quem vocandum esse omnes fratres
cum magna animorum hilaritate consenserunt."

**) Dieselbe fand in Iwanowicze seit dem 28. Dezember statt und war
von 17 evangelischen Predigern Klein=Polens besucht. Das Protokoll be=
grüßt Laski mit den Worten: „Die prima Januarii anno 1557 praesente R.
D Joanne a Lasco, qui tum primo rediens in Patriam congregationi ministrorum interfuit. D. a Lasco gratificabatur ecclesiae Christi cum
gratiarum actione pro tanto immenso Dei bonitatis beneficio, quae hoc
praestitit, quod et in Patriam illum salvum deduxit et ecclesiam Christi
conspiciendam donavit. Itidem omnes ministri gratificabantur adventum
ejus, qui semper exoptatissimus omnibus piis fuit."

Sie wurden ihm von den Predigern mit der Bitte übergeben, genau sie zu prüfen und wo nötig zu verbessern. Mit Eifer machte sich Laski an die Aufgabe. Er konnte vielen Punkten seine volle und warme Zustimmung geben, zumal die Aufstellung einer strengen und ernsten Kirchenzucht, die die böhmischen Brüder seit langem als wesentlichen Bestandteil ihres Kirchenwesens übten und deren hoher Wert für das ganze Gemeindeleben gerade jetzt in den Jahren der Verfolgung und unstäten Hin- und Herziehens eine glänzende Probe abgelegt. Es war die Kirchenzucht ja auch für Laski ein wesentliches, unumgängliches Moment seiner Gemeindeverfassung, und er hatte selbst erfahren, wie sehr sie in echt evangelischem Geiste geübt Märtyrergemeinden erzieht, Flüchtlingsgemeinden in großem Segen zusammenhält. Aber seinem klaren Blicke, seiner tiefen Einsicht konnten die Lücken, die schwachen, ergänzungsbedürftigen Seiten in dem Bekenntnis und der Gemeindeverfassung der böhmischen Brüder nicht lange verborgen bleiben; die Folgezeit hat auch den Brüdern selbst das Auge darüber geöffnet und sie getrieben, eine verbessernde Hand anzulegen. Es ist ein fesselnder, schöner Anblick, wobei die Liebe und Hochachtung für den polnischen Reformator nur zunehmen kann, aus den nun vorliegenden, so wichtigen Protokollen die Weisheit, die Umsicht, das klare Verständnis zu erkennen, womit unser Freund langsam, allmählich nur seine bessernde Hand anlegt. Vielleicht wäre es ihm lieber gewesen, ganz freie Hand zu haben, wie vor Jahren in London. Aber er fügt sich der geschlossenen Abmachung, und nur in Übereinstimmung und mit Gutheißung der böhmischen Sendboten erringt er sich für seine polnische Kirche das eine, das andere wichtige Zugeständnis in der inneren Ausgestaltung. Anderseits wieder sehen wir ihn nicht darauf aus, was sich in London in hervorragender Weise bewährt, dies einfach herüberzunehmen. Sein hoher, freier Sinn hängt nicht an der einen Form, läßt sie sich vielmehr wandeln nach den verschiedenen Verhältnissen, nach den anderen Voraussetzungen *).

---

*) Diese Protokolle decken das Gehässige der Bemühungen Vergers recht grell auf. Die Spaltung, wie er sie, als von Laski angezettelt, zwischen den Klein-Polen und den böhmischen Brüdern ausgiebt, ist gar nicht so

Wir können leider nicht all' die eingehenden Verhandlungen
der Reihe nach schildern, an denen Laski leitend teilnahm und
in denen er sein Reformationswerk für Polen ausgestaltete. Sie
folgen rasch auf einander. Alle Monate einmal fanden Prediger-
konferenzen an verschiedenen Orten statt, mehrmals im Jahre
auch bald da, bald dort Provinzialsynoden, an denen die Kirchenältesten, Diakonen und Patrone teilnahmen und bei denen wir fast
immer Gäste zugegen sehen. Bald sind es Abgeordnete der böhmischen
Brüder, allzeit herzlich als Glaubensbrüder und Bundesgenossen
begrüßt, bald wieder Protestanten aus Groß-Polen, aus Litthauen, von Podolien und Wolhynien, durch den Namen Laskis
angezogen und begierig, das so schön und kräftig aufblühende
Gemeindewesen der evangelischen Kirche Klein-Polens aus eigenem
Augenschein kennen zu lernen und vielleicht nähere Verbindungen
anzuknüpfen. Diesen Provinzialsynoden, für die die Protokolle
verschiedene Namen wahrscheinlich ohne wechselnde Bedeutung
haben, reihten sich Generalsynoden an, auf denen die böhmischen
Brüder mit ihren geistlichen und weltlichen Abgeordneten, letztere
meistens dem besten Adel Groß-Polens angehörend, zugegen
waren.

Gleich in der ersten Sitzung, an der Laski teilnahm, drang
er darauf, die Geistlichen nicht mehr, wie es bis dahin, wahr-

---

schroff vorhanden, und wir können uns deshalb wohl vorstellen, wie schmerzlich Ostrorog die Verdächtigungen dieses allzu geschäftigen Italieners empfunden, wie ernst er ihn darüber zur Rede gestellt haben mag. Die lange
Verteidigungsschrift Vergers ist ja auch ein Beweis dafür. Sie ist in der That,
wie Gindely bezeugt (Fontes XIX, 215), ein wichtiger Beitrag zur Kenntnis
der polnischen Reformationsgeschichte, will aber mit viel Vorsicht benutzt sein.
Der Inhalt bekundet überall, wie wenig Verger nach seiner flüchtigen Reise
in das ihm so fremde Polen imstande war, die besonderen Verhältnisse vor-
urteilsfrei zu prüfen, und wie gering sein Verständnis in Sachen der Gemeindeverfassung (seine Kraft und auch seine Bedeutung lag eben auf anderem Gebiete) gewesen. Dazu stand der etwas gar eitle Mann noch im
Banne des Argwohnes wider Laskis Rechtgläubigkeit, den er bereits in
Württemberg eingesogen, im weiteren Banne noch des Wahnes, berufen zu
sein, die evangelische Kirche Polens vor dem Einflusse dieses Mannes zu
schützen und sie von ihrer Neigung nach Genf abzubringen auf den rechten
Weg nach Wittenberg.

scheinlich nach ähnlichen Vorgängen bei den böhmischen Brüdern, der Fall gewesen, allzu häufig die Stätte ihrer Wirksamkeit wechseln zu lassen, sondern sie zu ständigen Predigern einer Gemeinde zu machen und damit ein innigeres Band der Gemeinschaft zwischen Pastor und Gemeinde zu knüpfen. Bereits auf der im Juni 1557 abgehaltenen Synode in Wlodzislaw, an der auch böhmische Abgeordnete teilnahmen, betonte Laski namens der Ältesten und Geistlichen diesen Bundesgenossen, daß sie alle Liebe und Geneigtheit und Gemeinschaft mit ihnen festzuhalten bereit seien, aber es müsse der Kirche Polens ein größeres Maß von Freiheit zu selbständiger Entwickelung eingeräumt werden. Niemand konnte dies Recht bestreiten. Gewaltsam die evangelische Kirche Polens in das Maß der Flüchtlingsgemeinden aus Böhmen einzwängen zu wollen, hieße denn doch dieser Kirche Gewalt anthun. Dazu kam, daß Laski, auf hoher Warte stehend, alle seine Kraft einsetzen wollte, die ganze evangelische Kirche zu einer geschlossenen Einheit zu bringen. Das war ihm ja überall Lebensaufgabe, für die Ausbreitung einer auf Gottes Wort reformierten Christenheit zu wirken, und ihr wollte er in seinem Polen wahrlich nicht abtrünnig werden! Es galt die Lutheraner in Groß-Polen zu einer Vereinigung willig zu machen, um vereint die immer stärker werdenden Angriffe der sich wieder ermannenden römischen Kirche abzuwehren und das Recht des evangelischen Bestandes weiter auszudehnen. Mehr Luft der evangelischen Kirche Klein-Polens zu verschaffen und dieses ersehnte Ziel mit Groß-Polen zu erreichen, trieb ihn dazu, sich selbständiger von der Vereinbarung in Kozminek zu machen.

Eine weitere Arbeit, die Laski anbahnte, war die Übertragung der heiligen Schrift in die polnische Sprache. Es ist überall eins der ersten, segensverheißenden Lebenszeichen der evangelischen Kirche gewesen, die Muttersprache des Evangeliums, wie sie in dem Worte Gottes verlautet, in die Muttersprache der einzelnen Völker überzuführen. Polen kannte das Wort Gottes noch nicht in des Volkes Sprache*). Eine Kommission aus an-

---

*) Reuß (S. 206) kennt nur eine Übersetzung des Psalters aus dem Jahre 1390, für die Königin Hedwig angefertigt und 1834 von Dunin neu herausgegeben.

gesehenen, frommen Adeligen wurde erwählt, die nicht unbedeu-
tenden Kosten aufzubringen. Die einzelnen Mitglieder fanden in
ihrer Umgebung die nötigen Darlehen, die später aus dem Ver-
kaufe des Buches allmählich zurückerstattet werden sollten. An
den Lehrern der Pinczower Schule glaubte man die nötigen
Kräfte für das schwere und wichtige Werk der Übersetzung zu
besitzen. Rektor der Schule war Gregor Orsatius, ein Pole.
Ihm und seinen beiden Kollegen, Petrus und Johannes
Gallus, die, wie ihr Name bezeugt, aus Frankreich nach Polen
übergesiedelt und der Landessprache insoweit bereits mächtig waren,
um, wenn auch nicht selbst richtig zu sprechen, so doch ein rich-
tiges Urteil fällen zu können*), wurde die Aufgabe anvertraut.
Die Arbeit schritt nur langsam vorwärts; nach drei Jahren lag
vom Alten Testament, wie die Protokolle der Pinczower Synode
vom 16. Januar 1560 bezeugen, erst der Pentateuch handschriftlich vor. Ärgerliche Mißhelligkeiten traten ein. Orsatius verlangte Bezahlung für die Arbeit, wahrscheinlich in Mißlaune
darüber, daß er sich wegen antitrinitarischer Anklagen zu rechtfertigen hatte; der Herr von Pinczow, Olesnitzki, wurde beauftragt, was von der Übersetzung bereits gefertigt war, einzu-
fordern. Eine genaue Prüfung ergab, daß Orsatius die
Übersetzung benutzt hatte, seine antitrinitarischen Anschauungen

---

*) So äußert sich Peter Statorius selbst (vgl. Calvin XVII, 426):
„Eam enim sarmatici idiomatis facultatem adepti sumus, ut si non
recte loqui, attamen de recte loquentibus judicium ferre possumus."
Jener Peter Gallus ist der bekannte Peter Statorius aus Thionville, des-
halb auch in polnischen Quellen häufig nur Tonvillanus genannt, der zwar
Servets Schriften aus Genf mit nach Polen gebracht (Lubienitzki,
S. 148), aber bis 1560 mit Calvin in Briefwechsel stand und jede Zusammengehörigkeit mit den Antitrinitariern entschieden abwies (vgl. Calvin
XVII, 420 u. 600), dann aber, als Laskis Einfluß nach seinem Tode
zurücktrat, zu den Antitrinitariern übertrat. Jener Johannes Gallus ist
Johannes Thenaudus aus Bourges (Biturix) in Frankreich gebürtig, der
als Jüngling nach Genf kam (vgl. Calvin XVI, 98) und dann wahrscheinlich durch Lismanins Vermittelung an die Schule nach Pinczow gelangte. Beide Franzosen waren der hebräischen und griechischen Sprache
mächtig und konnten nach dieser Seite hin dem polnischen Rektor von Nutzen
sein; es ist aber zu bezweifeln, ob ihre polnische Sprachkenntnis so entwickelt gewesen, um eine hilfreiche Hand bieten zu können.

einzuschmuggeln*). Damit fiel die Arbeit hin und blieb ein
Torso, von dem man nicht weiß, was aus ihm geworden; die
Protokolle melden nur, daß die Synode dem Orsatius die
Mühe entschädigt. Fürst Radziwill ist es dann gewesen, der
die wichtige und nicht mehr hinauszuschiebende Arbeit frisch wie=
der aufnehmen ließ, und zwar in großherziger Freigebigkeit ganz
auf seine eigenen Kosten. Es fehlt noch das nötige Licht, zu er=
kennen, wer an dieser Übersetzung gearbeitet; viele Namen wären
zu nennen, die in den verschiedenen Berichten doch eben nur
gerüchtweise aufgeführt werden; einzelne Namen sind offenbar
falsch, wie gerade der unseres Laski, nach dessen Tode erst der
Wilnaer Palatin die Sache in die Hand nahm; andere Namen
stehen da, in unklarer Verwirrung aus dem früheren Versuch
einfach herübergenommen. Nur so viel steht fest, daß diese Über=
setzung besseren Fortgang gehabt. Bereits 1563 erschien sie in
Brest=Litewsk, welche Stadt Radziwill gehört und woselbst er
von dem uns bereits bekannten Druckherrn Wojewodka eine
Druckerei hatte anlegen lassen**). Das tragische Geschick dieser
Übersetzung ist bekannt. Was der evangelische Vater in frei=
gebigster Liebe seinem Volke geboten, das hat der der Über=
redungskunst der Jesuiten erlegene, rückfällig gewordene Sohn mit
gleichem freigebigem Eifer seinem Volke wieder geraubt: es kostete
ihn mehr noch, die verhaßten Bibeln wieder aufzukaufen und dem

*) Statorius meldet den 20. August 1559 an Calvin (Calvin XVII,
602): „Inter alias vero calamitates ea longe acerbissima est, quod bibliorum
interpretatio in medio jam cursu abrupta est: is enim Polonus collega
noster ab ecclesiae sinu ad impietatem Stancarianam defecit. Nisi ergo
Dominus intermortuum opus istud excitet, horrendam verbi salutaris
famem in tanta ministrorum inopia maxime vereor."
**) Warum Reuß (S. 217) diese Übersetzung eine unitarische nennt,
ist mir unklar. Ob die Angabe nicht eine Verwechslung mit dem nicht zum
Drucke gelangten Werke von Orsatius ist? Es lohnt wohl eine genauere
Prüfung der Radziwillschen Übersetzung auf diesen Anklagepunkt hin. Exem=
plare derselben habe ich in den reformierten Kirchen zu Keydan, Warschau,
Wilna und anderwärts gefunden. Das Ringeltaubesche Werk über polnische
Bibelübersetzungen habe ich vergeblich in den Bibliotheken Petersburgs und
Warschaus gesucht; nach gütig erhaltenen Auszügen aus Berlin scheint die
Arbeit völlig ungenügend und läßt diesen Punkt im Dunkel.

Scheiterhaufen zu übergeben. Heute werden fast wie ein Heiligtum hochgehalten die paar Exemplare, die der damaligen Zer-
störungssucht entgangen sind.

Die innere Ausgestaltung des Kirchenwesens nahm sichtbaren
Fortschritt. In den einzelnen Gemeinden wurden Kirchenälteste
und Diakonen ernannt; wir wissen bereits aus der Londoner
Einrichtung, wie ernst Laski die Wiederaufrichtung dieser apostolischen Ämter befürwortete und durchsetzte. Mit großer Sorgfalt
wurde eine Bekenntnisschrift in polnischer Sprache ausgearbeitet
und ausführlich besprochen. Sie scheint bald nach dem Tode
Laskis und in den schweren Wirren der Zeit verschollen und
später durch das Bekenntnis von Sendomir in völlige Vergessenheit geraten zu sein; es ist fraglich, ob sie im Drucke erschienen;
auch handschriftlich scheint sie verloren gegangen oder vernichtet
zu sein. Als Katechismus diente, allem Anschein nach, der Auszug des Emdener Katechismus, in die Landessprache übersetzt*).
Auch von diesem Büchlein ist mir bis jetzt kein Exemplar zu Gesicht gekommen, wohl ein Beweis, wie gründlich die Jesuiten alle
Spuren an jene evangelische Zeit Polens auszulöschen bemüht gewesen sind.

Mit Eifer ließ man sich die Gründung tüchtiger evangelischer
Schulen angelegen sein. Hauptschule war die zu Pinczow; sie
hatte tüchtige Lehrer und erfreute sich rasch eines guten Rufes.
Vierteljährlich mußten hier die Schüler zwölf Groschen in eine gemeinsame Kasse einlegen; der Gesamtertrag wurde dann unter die
Lehrer am Schlusse des Jahres entsprechend der geleisteten Arbeit
verteilt. Ähnlich wird es in den Gemeindeschulen gewesen sein.
Den begabteren Schülern, wenn sie sich dem Kirchendienst widmen
wollten, wurden, so weit möglich, die Mittel geboten, auswärtige
Universitäten zu besuchen, vorzugsweise in der Schweiz und Straßburg. Eine Druckerei hatte sich die Synode bald erworben; sie
war in Pinczow aufgestellt, eine zweite später in Brest. Die
Synode hielt ein wachsames Auge auf die Drucksachen; die immer

---

*) Der Protokollauszug vom 6. Juli 1557 lautet nur: „Conclusio
facta est de Catechismo. Catechismi minoris forma. Eadem jam revisa
et descripta in omnibus ecclesiis servari debet absque aliqua mutatione."

stärker sich regende antitrinitarische Bewegung nötigte zu der Vorsicht, daß in dieser Druckerei nur Bücher mit Zustimmung der
Synode verlegt werden sollten.

Große Opfer wurden von dem Adel zum Unterhalt von
Kirche und Schule beansprucht und auch willig geleistet. Staunenswert sind die Darbringungen einzelner Familien, wie die des
hochherzigen Radziwill, der eine ganze Reihe von Kirchen
baute und sie reichlich für alle Zeit versorgte. In allen Kirchen
waren Büchsen aufgestellt, die von den Gemeindegliedern darge-
reichten Spenden aufzunehmen; die Einlagen flossen in die gemeinsame, von der Synode verwaltete Kasse, aus deren Mitteln die
Unkosten der Kirche gedeckt wurden. Es verdient wohl eine Her-
vorhebung, daß, obgleich die evangelische Kirche des Landes über
keine anderen Mittel als die freiwilligen Liebesgaben verfügte, da
die römische Kirche im Besitz ihrer gewaltigen Liegenschaften blieb,
die Synode doch dem wehrte, sich an den oft wertvollen Kirchen-
gerätschaften zu vergreifen; sie sollten zur Verfügung des Königs
treu aufbewahrt werden *).

Selbstverständlich ist es, daß ein unter der Leitung Laskis
stehendes Gemeindewesen der Kirchenzucht weite und ernste Bahn
öffnete. Die Synoden sowohl als auch die monatlichen Prediger-
konferenzen wurden berufen, Schutzwart der Kirchenzucht zu
sein. Sie erinnern uns nach dieser Seite hin an den coetus in

---

*) So beschließt die Synode von Wlodzislaw am 9. September 1558:
„Constitutum est: Tesauri vero, nempe aurum, argentum, calices et reli-
quae suppellectiles superstitionis papisticae ut fideliter suo loco serventur,
donec Regia Majestas de usu horum cum senatu suo constituerit. Si
vero aliqui fuerint, qui aliqua ex praedictis tesauris sua privata autoritate submoverunt, hi admonendi sunt, ut sublata restituant. — Pro-
testatio omnium ministrorum et piorum hospitum. Fratres omnes testati
sunt et testantur in posterum in Domino, Ecclesiam Christianam non
consentire ad spoliationes ecclesiarum sive sint in tesauris sive in de-
cemis. Dicit enim Dominus consentientibus ad rapinas per prophetam:
Psalm. 50. 16—21." — Mehr wie einmal haben die Protokolle Verletzungen
dieser Bestimmung zu rügen und eigenwillige Aneignung von Kirchengut zu
bestrafen. Die Gefahr und Versuchung lag so nahe. Aber so oft eine solche
Klage vorgebracht wurde, war die Synode einstimmig für den Tadel, und
der Getadelte unterwarf sich; das Bewußtsein des Unrechts war rege.

Ostfriesland. Was uns dort die verloren gegangenen Protokolle
entzogen haben, bieten uns in gewisser Beziehung als einen Ersatz
die in Polen so unerwartet aufgefundenen Protokolle. Eine Erweiterung ist hier nur darin, daß vor das Forum der Synode
auch das weltliche Mitglied der Gemeinde gefordert wurde. Es
ist ein glänzendes Zeugnis von der umgestaltenden Kraft des
Evangeliums, das uns in der unterschiedslos geübten Kirchenzucht
an manchem leuchtenden Beispiele gezeigt wird. Diese läuternde
Kraft erwies sich in den jugendlichen evangelischen Gemeinden als
stark genug, die rasch erregte Fehdelust jener unholden Tage zu
bändigen und die ergrimmten Adeligen dazu zu bringen, vor versammelter Synode sich die Hand der Versöhnung zu reichen.
Privatzwistigkeiten wurden hier im Bruderkreise friedlich ausgetragen und die Männer, die, ehe sie von dem Evangelium berührt wurden, so zornesmutig zur rächenden That gewesen,
unterwarfen sich jetzt willig dem Spruche der Glaubensgenossen.
Ernster Tadel wurde ernst und offen ausgesprochen und ernst und
demütig hingenommen; gar manche eheliche Zwistigkeit wurde
gütlich beigelegt, oder aber, wo das Band ehelicher Treue gebrochen
war, wurde die Trennung ausgesprochen. Gegen die Amtsführung
der Geistlichen wurden Klagen vorgebracht und geprüft und Kläger
oder Angeklagter zur Vermahnung und Strafe gezogen. Recht
strenges Gericht wurde wider die um sich greifende antitrinitarische
Irrlehre gehalten. Laski begriff das Gewicht dieser Irrlehre
und sah die schwere, unheilbare Schädigung voraus, die die
evangelische Kirche Polens treffen würde, wenn diese kirchen-
auflösende Meinung, die gerade damals dort in Polen gewissermaßen in der Luft lag, weiteren Eingang finden würde. Er
kannte auf diesem Punkte keine Schonung, keine Duldung, denn
die verderbenbringende Lehre legte die Axt an die Wurzel der
christlichen Heilswahrheit. Oft lesen wir in den Protokollen, wie
der eine, der andere sich von dem Verdacht der Zugehörigkeit zu
dieser Sekte zu rechtfertigen hatte. Den einen gelang es und sie
konnten sich feierlich vor der Synode von dem Verdachte lossagen, andere wieder beharrten und wurden dann unerbittlich aus
der Gemeinschaft ausgeschlossen. — Es lautet wie eine kleine
Pastoraltheologie, wenn wir alle die Stellen zusammentragen, in

denen in den Synoden den Geistlichen Verhaltungsmaßregeln in
ihrem Amte gegeben werden, was ihre Pflicht dem Herrn und
der Gemeinde gegenüber, was sie aber auch von der Gemeinde
zu erwarten berechtigt seien. Und die tüchtigsten und frömmsten
Glieder der Gemeinde waren ja als Älteste zugegen, nicht als
stumme Zuhörer, nur berechtigt zu hören, als Mitberater vielmehr und dadurch willig und bereit, den gemeinsam gefaßten Rat
zur That werden zu lassen. Der ganze reiche Segen presbyterialer
Kirchenverfassung trat rasch zutage. Auf der einen Seite Geistliche in ernster, frommer Zucht, auf der anderen Seite Kirchenälteste und Diakonen, von der Hoheit und ganzen Verantwortung ihres köstlichen Berufes durchdrungen und von dem thatkräftigen Wunsche beseelt, in Einheit des Glaubens und Heiligung
des Wandels ein Vorbild der Gemeinde zu sein. Mit herzlicher
Lust und nicht selten mit einem Gefühl der Beschämung haben
wir dem stummen und doch so beredten Zeugen jener Jugendtage
der evangelischen Kirche Polens, wie er uns aus den vergilbten
Blättern der Protokolle lebensvoll entgegentritt, ins frische,
fromme Auge gesehen. Wie haben doch jene Männer, Geistliche
und Laien und ihnen allen voraus der, der sie um Kopfeslänge
überragte, unser ehrwürdiger Freund, hoch und heilig von ihrem
Berufe gedacht, standhaft und stark ihre Stellung vor König und
Reich gewahrt, wie opferwillig und hingebend ihre Stellung aus-
gefüllt im demutsvollen Hochgefühl nur Diener Christi und seine
treuen Haushalter zu sein, im willigen Gehorsam zugleich, strenger, apostolischer Kirchenzucht sich zu unterwerfen! Stark ist die
Versuchung, den so lange verschlossen gehaltenen Mund dieser
alten, fesselnden Blätter auch hier in ausgiebiger Weise zum
Worte gelangen zu lassen. Wir müssen der Lockung widerstehen
und eine andere Gelegenheit abwarten, ihr zu folgen.

Die Hauptarbeit unseres Laski trat in diesen Synoden zutage, aber nicht die ausschließliche. Staunenerregend ist die
Thätigkeit, die der bejahrte Mann auch jetzt noch mit jugendlichem Eifer entfaltete, und eisern muß die Willenskraft gewesen,
die den siechen Körper immer wieder von neuem ins schwere
Tagewerk hineintrieb. Manchmal verzeichnen die Protokolle, daß

Krankheit den ehrwürdigen „Vater" von den Versammlungen
fern halte; Abgeordnete der böhmischen Brüder, die von Mähren
her zur Synode nach Goluchow (1558) gekommen waren, fanden
sich enttäuscht, statt Laski nur einen Brief vorzufinden, der seine
Abwesenheit mit Kranksein entschuldigte: sie meinten, ob es nicht
nur ein Vorwand sei*). Ein festes Heim scheint Laski in
Pinczow sich in jenen Jahren ausgewählt zu haben. Die Frau
war mit den Kindern nachgekommen; wir haben schon gehört,
daß die älteste Tochter sich im Lande verheiratete; in einem Protokolle taucht der Name des ältesten Sohnes als Gast bei einer
Synode auf, er konnte damals 16—17 Jahre alt sein. Viel
zuhause war nun freilich Laski nicht und ein trautes, inniges
Familienleben konnte sich der Reformator nicht gönnen. Bald
da=, bald dorthin nötigten ihn die rasch aufeinanderfolgenden
Synoden. Auch über die Grenze von Klein-Polen trieb ihn
wiederholt sein unablässiges Bestreben, die ganze evangelische
Kirche Polens zu vereinigen.

So sehen wir ihn Mitte Februar 1558 nach Königsberg auf-
brechen, um bei Herzog Albrecht für diesen seinen heißen Wunsch
zu wirken. Schon das Jahr zuvor, als Laski in Wilna weilte,
war es seine Absicht gewesen, den Herzog zu besuchen. Würde
ihm eine Verständigung mit den preußischen Predigern gelingen, so
wäre die ersehnte Vereinigung mit Groß-Polen erleichtert. Die
Reise ging nur langsam vorwärts; überall unterwegs galt es mit
den Häuptern der evangelischen Bewegung in Verbindung zu treten
und sie für seinen Lieblingsplan zu gewinnen. Den 18. März
finden wir ihn in Goluchow bei einem seiner Verwandten (affinis)
Raphael Leszczinski, der sich mit den Ostrorog frühzeitig
den böhmischen Brüdern angeschlossen hatte; acht Tage später ist
er in Kalisch, woselbst er die Vorrede zu den von Utenhove
geschilderten dänischen Drangsalen schreibt; Anfang April trifft er
in Königsberg ein. Es war ungelegene Zeit die paar Wochen

---

*) Gindely (I, 496) fügt bei, daß, wie es scheine, Laski wirklich krank
gewesen. Wäre es nötig, so könnte aus gleichzeitigen Briefen der Krank-
heitsanfall nachgewiesen werden; Laski war nicht der Mann, sich zu ver-
stellen.

seines Aufenthaltes am herzoglichen Hofe. Noch zitterten die
osiandristischen Streitigkeiten in schmerzlicher Weise durch die
Kirchen, und die in Mitleidenschaft gezogenen Gemeinden empfanden die Nachwehen dieser unholden Kämpfe, die sich bis in die
Hinterstuben der Bürger im Wortgefechte fortgesetzt hatten. Der
Herzog stand völlig unter dem Einfluß oder sollen wir lieber
sagen Banne seines Hofpredigers Funk; der unverschuldet so übel
beleumundete Domprediger Vogel hatte auf des Herzogs Geheiß
eben eine Kirchenordnung ausgearbeitet, deren Inhalt die Theologen in Wittenberg, Tübingen und Straßburg in den erbetenen
Gutachten für christlich, der heiligen Schrift und der Augsburger
Konfession gemäß erklärt hatten*). Schon daß mit Gutheißung
Melanchthons der Exorcismus bei der Taufe als eine abergläubige Formel bei dieser Kirchenordnung weggelassen war, hatte
die aufgeregten Gemüter in Harnisch versetzt; die Streitführer
fahndeten auf alles, was philippistisch oder gar calvinistisch
verdächtig schien. Und nun gerade in diese wildgärende Bewegung trat Laski mit seinem Versöhnungswerk ein, er vielleicht
als der einzige mit dem freien, tiefen Blick von den ärgerlichen,
kleinlichen Streitigkeiten, in denen sich die evangelische Kirche
wund und tobmüde rieb, abzusehen und die geeinte Kraft für den
anhebenden Kampf mit der Gegenreformation aufzusparen.

Am 14. April hatte Laski mit den Geistlichen der Hauptstadt und Provinz ein Religionsgespräch über das heilige Abendmahl. Der Erfolg war vorauszusehen. Stramm hielten die
Geistlichen an ihrer Meinung fest, daß der Leib Christi leibhaftig
in und mit dem Brote im heiligen Abendmahle Gläubigen und
Ungläubigen dargereicht und mit dem Munde leiblich verzehrt
werde. Schriftlich hinterließ anderen Tages Laski seine ernsten
Bedenken gegen eine Lehre, für die er so gar keine Begründung
in der heiligen Schrift finden konnte**). Die Königsberger
haben wohl dies Gutachten unbeantwortet gelassen; eine stichhaltige Antwort dürfte ihnen schwer gefallen sein. Wichtig für
uns ist, wie Laski, als ob er ein evangelischer Theologe des

---

*) Hase, S. 263.
**) Kuyper II, 755.

Dalton, Laski.

neunzehnten Jahrhunderts sei, auch in dieser Schrift betont, daß
trotz des klar und reinlich hervorgehobenen Unterschiedes ausreichend Gemeinsames auch in diesem Lehrpunkt vorhanden sei,
um über die Trennungspunkte in der Auffassung hinweg sich die
Bruderhand zu reichen. Laski faßt am Schlusse der Auseinandersetzung zusammen, was er allzeit und auch jetzt noch lehre.
„Mit Paulus bekennen wir, daß das Abendmahl des Herrn die
wahrhaftige und heilbringende Gemeinschaft des Leibes und Blutes
Christi sei, für uns dahingegeben, für uns vergossen zur Vergebung unserer Sünden. Ebenso bekennen und glauben wir, daß
das Abendmahl des Herrn wie jegliches Sakrament sei ein äußeres
Zeichen und ein inneres Siegel (obsignaculum) des heiligen
Geistes in unseren Herzen von unserer Gerechtigkeit im Glauben,
wie Paulus von der Beschneidung lehrt, d. h. unserer aller Annahme in die Gnade Gottes in Christo und um seinetwillen, von
welcher Gnade Gott will, daß sie im Glauben ergriffen und nicht
verachtet werde. Wir bekennen demnach und glauben, daß der
Herr Christus wahrhaftig und wesentlich bei seinem Abendmahl
zugegen sei und wahrhaftiglich seine Gemeinde speise zum Heil,
und zwar gleichzeitig (una) mit den sichtbaren Dingen, nämlich
mit dem Brot und Wein, mit seinem wahrhaftigen Leibe und
Blute zum ewigen Leben, sofern wir sie nur mit den Händen
des Glaubens empfangen und mit dem Munde des Glaubens genießen. Wir verurteilen die, welche lehren, daß die Sakramente
bloße Zeichen des von seinem Abendmahl abwesenden Herrn
Christus seien und die wähnen, daß in der Einsetzung Christi nur
nichtige, nackte, müßige Zeichen seien. Solches haben wir allzeit
bekannt und zweifeln nicht, daß diese Lehre mit der Schrift, den
alten Bekenntnissen und auch der Augsburger Konfession übereinstimme. Wir behaupten, daß es genüge, das Fundament der
apostolischen Lehre in der Gemeinde Christi gemäß dem Worte
Gottes festzuhalten, wenn wir auch über das übrige noch nicht
übereinstimmen können. Gott aber ist zu bitten, daß wir dermaleinst über alle Punkte gleich denken und bekennen. Unterdessen haben wir uns gegenseitig in Liebe und christlichem Bru-
dersinn zu tragen, hauptsächlich wenn wir es uns angelegen sein
lassen, das Fundament der apostolischen Lehre einmütig wider-

christlicher Gewaltherrschaft entgegenzusetzen."*) Das köstliche,
friedfertige Christenwort verhallte damals wie ein fremder, un-
verstandener Laut; gerade dreihundert Jahre blieb es verschlossen
im Geheimarchiv zu Königsberg. Es ist Laskis letztes Wort
über die Abendmahlslehre und ihre Bedeutung für die Vereinigung der evangelischen Kirchen, sein Schwanenlied und Erbe
an eine kommende, versöhnlicher gesinnte christliche Gemeinde. Es
ist in der Hauptstadt des eben gegründeten Herzogssitzes geschrieben
unter den Augen des ersten Hohenzollern auf preußischem Herzog=
stuhle, und das Wort fiel doch wie ein verheißungsvolles Weizen-
korn in die Seele der Nachfolger, bis dann endlich ein Viertel-
jahrtausend später ein anderer Hohenzoller auf preußischem König=
stuhl in der anderen Hauptstadt ausführte, was Laski einst so
sehnsuchtsvoll erstrebte. Aber wie viele fast todbringende Schläge
hatte unterdessen die deutsche evangelische Kirche erdulden müssen!
Wie gar unbegreiflich doch sind Gottes Gerichte, wie unerforschlich
seine Wege!

Entmutigt brach Laski von Königsberg auf, wo er die
Geistlichen in den Eingeweiden der Kirche verblendeten Sinnes
hatte wühlen sehen. Auch die Heimfahrt durch Groß=Polen war
unserem Freunde reich an bitteren Erfahrungen. Der in Königsberg so sehnlich begehrte Rückhalt einer Vereinigung war aus-
geblieben; die Nachwirkung bekam er unter den Lutheranern
Groß=Polens zu spüren. Man war nach den Vorgängen in
Preußen nicht willig, die gebotene Bruderhand zu ergreifen und
kurzsichtig genug, lieber in kleinlichen, nebensächlichen Fragen, über
die die Geschichte stillschweigend zur Tagesordnung übergegangen
ist, die Kraft zu verzetteln, als sie gegen den gemeinsamen
Gegner zu verbrauchen. Laski sah an vielen Stellen die Aussaat der Verger und seiner alten Gegner in Norddeutschland,
der Westphal, Timann, Alber üppig ins Kraut schießen.
Es fehlt uns in unseren Tagen schier das richtige Verständnis
für das dunkle Treiben dieser Zeloten und darum vielleicht auch
ein mildes Maß der Würdigung eines Thuns, das uns Zorn
und Schamröte zugleich weckt. Mit geschäftiger Eile, mit ruheloser

*) Kuyper II, 757.

Haſt ſchreibt Verger an alle ihm erreichbaren polniſchen Edel-
ſitze Warnungsbriefe vor dem Manne, dem Brenz das Heimrecht unter den Augsburger Konfeſſionsverwandten gekündigt *).
Nicht überall verfing die Rede Vergers; die Perſönlichkeit des
Mannes entwaffnete zu raſch die falſchen Beſchuldigungen. An
anderen Orten dagegen nahm man gern von ſolchen Anklagen
aus der Ferne Notiz, um die vorhandene Kluft zwiſchen dem
deutſchen und polniſchen Elemente und den dadurch bedingten ver-
ſchiedenen Richtungen nun auch kirchlich zu rechtfertigen und damit eine gar nicht erſtrebte Verſöhnung zu erſchweren. Andere
wieder — und es waren ernſte, fromme Männer — mußten ſtutzig
werden, ob die Verbindung mit einer Perſönlichkeit wünſchens-
wert ſei, die von ſo vielen im Auslande, die man als Hüter des
evangeliſchen Heilsſchatzes meinte anſehen zu müſſen, als verdächtig
und nicht vollwichtig abgewieſen worden war. Und das alles dicht
unter den Augen des ermländiſchen, ſo eifrigen Biſchofs Hoſius.

Für dieſen Haupthelden der ſich wieder aufraffenden römiſchen
Kirche ſchienen Laskis Gegner das nötige Material zu ſeinen
Angriffen zuſammenſchleppen zu wollen. Der gewandte und wach-
ſame Hoſius hat ausgiebigen Gebrauch von dieſen Verleum-
dungen gemacht. Wie Weſtphals Farrago ihm diente, den
Kaiſer Maximilian in der römiſchen Kirche feſtzuhalten, ſo
war es jetzt eine Schrift des als Superintendent in Brandenburg
1553 verſtorbenen Erasmus Alberus, in welcher dieſer ſo
unruhige und heftige Streittheologe gegen die Karlſtadtianer weid-
lich losgeſchlagen und dabei auch unſeres Laskis nicht geſchont.
Die Schrift iſt mir leider nicht zu Geſicht gekommen, ſo daß ich
nicht angeben kann, wie Laski in dieſe Geſellſchaft hineingezerrt
wurde **). Aber Hoſius hat ihn darin vorgefunden und zwar

---

*) Man vgl. z. B. die Briefe, in denen Verger dem Herzog Chriſtoph
Mitteilung über ſeine diesbezügliche Thätigkeit macht (Kausler, S. 160 ff.),
und ſehe ſich in dem Briefwechſel jener Tage um, wie ſo oft die Maul-
wurfsarbeit des Italieners in Polen erwähnt und auch gerügt wird (in
Calvin XVI u. XVII wiederholentlich, in Original, p. 693 und ſonſtwo).

**) Auch Laski kannte die Streitſchrift des Alberus nicht und hatte auch
nicht Luſt ſie zu leſen (Kuyper I, 394); er griff deshalb die Punkte an,
ſo wie ſie von Hoſius aufgenommen ſind.

tüchtig gebrandmarkt, und das genügte dem Katholiken, ihn in
solcher von den Protestanten selbst gefertigter Ketzergewandung
seinen polnischen Landsleuten zu zeigen. Die Schrift des erm=
ländischen Bischofs war zunächst wider den schlagfertigsten und
damals gefürchtetsten Gegner der römischen Kirche, der das Treiben
Lippomanis in Polen so unbarmherzig enthüllt hatte, gegen
Verger, gerichtet, an vier Stellen aber der Streitschrift holt
der Bischof von Culm weiter aus, das Haupt der reformierten
Kirche Polens zu treffen. Es lohnt nicht mehr, des Hosius
Schrift eingehend zu würdigen*); oftmals überkommt uns ein
Staunen, wie gering das Verständnis für die evangelische Wahr=
heit dieses bedeutendsten und gefürchtetsten Gegners der jugend=
lichen evangelischen Kirche Polens gewesen, und wir müssen uns
dann gestehen, wie leicht es der vereinten evangelischen Kirche
hätte gelingen müssen, sich solcher Gegner zu erwehren. Das
Stemmeisen so schwach und rissig, aber es wurde eben geschickt
in die Spalte eingetrieben, die geflissentlich in der evangelischen
Kirche offen gehalten wurde.

Laski mußte den angesichts seines Volkes — denn der Bi=
schof sorgte für möglichste Verbreitung seiner Anklageschrift —
ihm hingeworfenen Fehdehandschuh nicht um seinetwillen, aber
wegen der von ihm vertretenen Sache aufheben. Er that es in
der 1559 erschienenen „Gegenschrift wider gewisse, aus Erasmus
Alberus von Stanislaus Hosius zusammengetragene Artikel der
Lehre des Johannes a Lasco"**). Die Streitschrift ist dem
edlen Grafen Tarnow, dem Kastellan von Krakau, gewidmet;
es war Laski darum zu thun, gerade dieser Persönlichkeit gegen=
über, die so lange schwankte, den entscheidenden Schritt zu machen

---

*) Sixt hat es gethan (S. 426), insoweit als die Gegenschrift Vergers
ihm die Gelegenheit dazu bot.

**) „Brevis ac compendiaria ad collectos certos quosdam ex Erasmero
Albero per Stanislaum Hosium, titulo Varmiensem Episcopum, articulos
de doctrina Joannis a Lasco: atque huc in Poloniam transmissos simul-
que et ad libellum ipsius nuper editum De oppresso verius quam ex-
presso verbo Dei. Per ipsumet Joannem a Lasco." Abgedruckt nach dem
in der Petersburger kaiserlichen Bibliothek einzig noch vorhandenen Exemplar
bei Kuyper I, 391—462.

und darüber die Freundschaft Calvins einbüßte *), die kläglichen, unwürdigen Angriffe des Culmer Bischofes zu entlarven.
Wohl bricht unserem Freunde der Zornesmut über die wider ihn
erhobenen Beschuldigungen durch und seine Rede wird bitterer als
wir sie sonst bei ihm, dem hochgebildeten, frommen Manne, zu
hören gewohnt sind. Verletzender, unwürdiger, fast möchte man
sagen niederträchtiger entstellt als in dem Libell des römischen
Bischofs und seines Streitgenossen, des Brandenburger Superintendenten, war denn doch auch, so viel wir sehen können, nirgends
die mit seinem Herzblut geschriebene Lehre Laskis. Ein Beispiel
für viele. Alberus entblödet sich nicht, dem Laski die Lehre
zuzuschreiben und Hosius entblödet sich nicht, die widersinnige
Behauptung seinen Landsleuten mitzuteilen: „wenn wir den Leib
des Herrn essen, so folgt daraus, daß Maria ihren eigenen Sohn
gegessen, so wie Katzen und Schweine manchmal ihre eigene
Jungen auffressen". Genug davon! Und mit solchen Leuten
mußte sich unser Freund herumschlagen und er mußte sie wegen
der Uneinigkeit der Protestanten Boden gewinnen sehen: es war
wohl der bitterste Leidenskelch!

Wie die Schmähschrift des Erasmus Alberus von Deutschland aus zur Dämpfung des wachsenden Einflusses von Laski in
Polen verbreitet wurde, so ruhte auch Westphal nicht, das
Gift seiner Schmähungen wider unseren Freund bis in sein
Vaterland zu spritzen und durch seine argen Verdächtigungen dem
Fortgang der Reformation in Polen unberechenbaren Schaden
zuzufügen. Des Hamburger Hauptpastoren Farrago 1552 war
das erste Sturmesläuten gewesen, das die strengen Lutheraner
zum unerbittlichen Kampfe wider die aufrief, die mit Calvin
und Melanchthon inbetreff des Abendmahles sich auf den von
Luther zugelassenen Boden der Augsburger Konfession von 1540
stellten. Die Leute wurden in die Acht gethan, ja — das traurige Los der Flüchtlingsgemeinde in Dänemark, Wismar, Lübeck,
Hamburg bezeugt es — für vogelfrei erklärt, ärger zu meiden als
Juden und Katholiken, die an diesen Orten Niederlassungsrecht
besaßen. In rascher Folge hat Westphal dem ersten Sturmesruf

---

*) Vgl. außer den zahlreichen Briefen Calvins Stähelin II, 39 ff.

weitere Schriften folgen laſſen, unermüdlich, mit dem Eifer eines
ſpaniſchen Inquiſitionsrichters, wenn auch nicht überall mit ſeiner
Macht ausgerüſtet. In der Widmungsſchrift ſeiner Forma an
den König von Polen hatte bekanntlich Laſki ſich gegen die Beſchuldigungen von Timann in Bremen verteidigt und notgedrungen dabei ein paarmal auch Weſtphals Erwähnung gethan. Das genügte dem ſtreitfertigen Hamburger Paſtor, eine
heftige Gegenſchrift gegen Laſki auszuſenden und noch eine zweite
als Erwiderung auf die ein paar Wochen ſpäter von den Fremdlingsgemeinden an den Frankfurter Magiſtrat gerichteten Recht-
fertigungsſchrift (Purgatio). Als ob Weſtphal ſich ſelbſt überbieten wollte, ſo wutentbrannt, ſo biſſig iſt dieſe Antwort, für die
er in Frankfurt denn doch keinen Drucker gefunden zu haben
ſcheint, denn ſie iſt in der Nähe, in Urſel, erſchienen. Die
Schrift fand raſch ihren Weg nach Polen. Hoſius brauchte
ihr keine Zuſätze beizufügen, nur für ihre allſeitige Verbreitung
zu ſorgen, denn einen geſchickteren Schildknappen für ſeine Angriffe konnte er nicht finden. Mit blutendem Herzen ſah Laſki
den tiefen Schaden, den dieſe Schmähſchrift in ſeinem Vaterlande
anrichtete. Er hatte bis dahin auf die unwürdigen Angriffe
Weſtphals geſchwiegen: ferneres Schweigen hielt er nun für
allzu gefährlich. Und doch zögerte er lange. Weſtphals Schrift
war 1557 erſchienen, die Antwort trat erſt nach dem Tode
Laſkis in die Öffentlichkeit: man ſieht, wie ſchwer es ihm an-
kam, mit einem ſolchen Gegner handgemein zu werden, und wie
ſauer ihm der Entſchluß ward, auf einen Tummelplatz hinaus-
zutreten, wo ſo viel rohe Leidenſchaft ſinnverwirrend wie ein
entfeſſeltes Element ſich geltend machte. Die erſten Zeilen gleich
bezeugen, wie widerwillig Laſki in den Kampf zieht*). Schritt
für Schritt folgt er dem heftigen Gegner in ſeine Beſchuldigungen,
die er ausführlich widerlegt. Zweiſpaltig iſt jede Seite. Auf der
einen Spalte ſteht der Wortlaut des Weſtphalſchen Angriffes,
auf der anderen Seite die meiſt ruhig gehaltene, immer klare,
verſtändnisvolle, ſachgemäße Erwiderung, deren Faſſung man ab-
fühlt, wie raſch Laſki den Gegner vergißt, und nur noch die

---

*) Kuyper I, 273.

Sache selbst im Auge hat und die Gelegenheit benutzt, über den angeregten Gegenstand zu belehren. Das macht die Schrift an vielen Stellen auch heute noch gewinnbringend für die lesbar, die im übrigen entschlossen dem heißentbrannten Wortgefecht jener schmerzensreichen Streittheologen den Rücken wenden. Den Eindruck müssen alle gewinnen, daß a Lasco, was er gewollt, erreicht hat: zu zeigen, daß sein Standpunkt mehr mit dem Geiste der Augsburger Konfession stimme als der des Gegners.

Wir haben, um diese beiden einzigen Streitschriften Laskis zusammenzufassen, dem Gang der Ereignisse etwas vorgegriffen. Wir wenden uns wieder der Zeit zu, wo unser Freund enttäuscht von seiner monatelangen Reise nach Pinczow zu den Seinen heimkehrte. Es war sein letzter Versuch, eine Verbindung unter den Evangelischen anzubahnen, und nun auch dieser wieder gescheitert! Auf engere Gebiete beschränkte sich in den nun folgenden Monaten der ihm noch gewährten Lebensfrist die Thätigkeit unseres Freundes: es war das Gebiet seiner klein-polnischen Gemeinden. Nur einmal noch griff er darüber hinaus, als Schutzwart seiner Kirche ihren erbittertsten Feind, Hosius, im offenen Kampfe herauszufordern. Auf der Synode zu Petrikau 1551 hatte der ermländische Bischof rasch und auch eilfertig ein „christliches Bekenntnis des katholischen Glaubens"*) zusammengeschrieben. Man verlangte die Drucklegung. Die Herausgabe verzögerte sich; nach zwei Jahren erschien der erste Teil mit der Anmaßung, ein Gegenstück der Augsburger Konfession zu sein. Frisius Modrzewski griff die leichte Arbeit schonungslos an; Hosius sah sich zu einer Umarbeitung genötigt und so erschien das vollständige Werk erst 1557. Laski las die Schrift und wollte nicht unerwidert auf der evangelischen Kirche lasten lassen, was der Bischof in so ungerechtfertigter und verständnisleerer Weise ausgesagt. Er begab sich zu dem König (es muß Ende Februar 1559 gewesen sein, denn auf der Synode von Pinczow am 13. März berichtete er von seiner Audienz) und bat ihn, ein

---

*) „Confessio catholicae fidei christiana." Vgl. Eichhorn I, 220 f.

öffentliches Religionsgespräch mit Hosius veranstalten zu dürfen. Die Bitte wurde gewährt, der Vizekanzler Padnowski lud dazu Laski und die übrigen Geistlichen ein. Große Freude darüber in Klein-Polen. Die Synode betraute außer a Lasco den Lismanin, Felix Cruciger, Gregor Paulus, Lutomirski und Sarnitzki mit der Aufgabe, des Bischofs Bekenntnisschriften genau zu prüfen und sich für den entscheidungsvollen Tag zu rüsten.

Aber der Tag kam nicht. Die politischen Ereignisse beherrschten um jene Zeit so sehr die Gemüter, daß vor ihnen die religiösen Fragen zurücktreten mußten. Zwar hatte auf dem Reichstag zu Petrikau im Januar 1559 Graf Tarnow den Antrag gestellt, die Bischöfe aus dem Senat auszuschließen, weil sie dem Papste den Treueid geleistet und somit in einem tüchtigen Staatswesen unfähig seien, Ratsherren des Königs zu sein *), und war damit ein weiterer, wesentlicher Schritt gethan, den Einfluß der römischen Geistlichkeit einzuschränken. Aber der Sommer lenkte die allgemeine Aufmerksamkeit auf ganz andere Gebiete. Die Hitze war in diesem Jahre eine so ungewöhnlich drückende, daß die Saat versengte und Hungersnot drohte; dazu verwandelte sie das Land in eine heiße Brutstätte für die von allen Seiten heranziehende Pest **). Von den Moskowitern drohte ein Einfall; die Nachwehen eines kürzlichen Grenzeinbruches der Tartaren in Podolien waren noch nicht verwunden; auch die Scythen hatten jenes unglückliche Flußgebiet des Dnjeper das Jahr zuvor mit Feuer und Schwert verwüstet, man erzählte sich in Pinczow, daß mehr wie dreißigtausend Bewohner von den unwirtlichen Horden in die Gefangenschaft geschleppt worden seien ***). Dazu kamen andere Schwierigkeiten für den so wenig thatkräftigen König. Auf der einen Seite huben die Bewerbungen um die Thronnachfolge schon an, da auch die dritte Gemahlin dem Könige den ersehnten Erben nicht geschenkt. Lippomani war wieder nach Polen gekommen, und jetzt gelangte ein anderer Köder in die geschickte Hand des päpstlichen Nuntius, wenn auch nicht

---

*) Calvin XVII, 417.
**) Ebd., S. 602.
***) Ebd., S. 423.

den schwankenden König nach Willkür zu lenken, so doch ihn abzuhalten, allzu sehr seiner Neigung für die Evangelischen zu
folgen. Die Königin-Mutter Bona war in ihrem italienischen
Heimatland gestorben, und es galt für Sigismund, die Gunst
des Papstes nicht zu verscherzen, um nicht seine mächtige Hand
bei der verwickelten Auslieferung des Erbes empfindlich zu spüren.
All dies wirkte zusammen, daß das zugesagte Religionsgespräch,
zu dem Hosius wohl keine rechte Lust hatte, weil es ihn einem
Manne wie Laski gegenübergestellt haben würde, nicht zustande kam.

Auch die gespannte Aufmerksamkeit und unverwandte Thätigkeit
unseres Freundes wurde auf einen ernsteren, in seinen Folgen
wichtigeren Gegenstand in diesem letzten Lebensjahre gelenkt. Es
sind die Antitrinitarier, die, zumal nach Servets Hinrichtung
aus der Schweiz verscheucht und überall flüchtig, in Polen eine
Zufluchtsstätte gefunden. Es bleibt noch so vieles in ihrer Geschichte und zumal dort in ihrem Asyl dunkel, und ein dankens-
wertes Unternehmen wird es sein, wenn es gelingt, Licht zu
bringen. Die ungemein fleißige und verdienstvolle Arbeit von
Trechsel ist nun von weiterer Einzelforschungen überholt und
hellt Fragen nicht auf, wie etwa die wichtige, wie es kommen
konnte, daß diese Leute so lange Männer wie Calvin, Bullinger und andere täuschen konnten. Nur auf schlaue Ver-
stellung das Gelingen zurückzuführen, wäre thöricht; ebenso unhaltbar die Meinung, daß erst in Polen selbst diese bedenkliche
Wandlung eingetreten sei. Gewiß aber ist, daß die meisten von
ihnen mit warmen Empfehlungen aus der Schweiz, teilweise auch
aus Straßburg und Wittenberg nach Polen kamen, daß sie diesen
Empfehlungen die herzliche Aufnahme bei dem hohen Adel dankten,
der dann verwundert war, wenn nach einiger Zeit die stärksten
Warnungen von der gleichen Seite kamen, die vor kurzem noch
so warm empfohlen hatte. Die Warnung kam vielfach zu spät.
Diese Fremdlinge waren meist feingebildete Humanisten, in den
Wissenschaften wohlbewandert, in den Umgangsformen tadellos,
tadellos meist auch in ihrem sittlichen Lebenswandel. Es waren
fromme Männer, die auch vor einem Martyrium nicht zurück-
schraken, einzelne konnten bereits die Malzeichen bestandener

Verfolgung aufweisen. Sie ließen sich von dem ernstgemeinten Streben leiten, sich von aller Menschensatzung frei zu machen und nur dem Worte Gottes selbst zu folgen. Weil sie in dem Worte Gottes nicht die Schulausdrücke fanden, in denen die Kirche das allerheiligste Geheimnis von dem Wesen Gottes auszusprechen versuchte, glaubten sie berechtigt zu sein, mit dem ungelenken Ausdruck auch seinen göttlichen Inhalt über Bord werfen zu dürfen, und einmal bis dahin gekommen, war dann der Bruch mit der Kirche, der Abfall von der göttlichen Wahrheit, die weitere Verdrängung aus den Hauptsätzen der christlichen Wahrheit nur die unausbleibliche Folge *). Diese Antitrinitarier, soweit wir ihnen in Polen näher ins Auge gesehen, erinnern vielfach an den vulgären Rationalismus an der Wende unseres Jahrhunderts mit seiner bei aller Bravheit doch zersetzenden Kraft für die Kirche, seiner armseligen Verflachung der göttlichen Wahrheit und an seinem Ausgangspunkt mit seiner Ohnmacht, ihren Geisteserben die sittliche, das ganze Leben heiligende Kraft zu vermachen, die die ersten Vertreter noch aus einer besseren Zeit, aus einer anderen Glaubenswelt herübergerettet und für sich aufgebraucht haben.

Diese Unitarier hatten bereits festen Fuß gefaßt, als Laski heimkam. Sie konnten den Boden gewinnen, weil keine machtvolle Persönlichkeit der jugendlichen evangelischen Kirche von Anfang an die klaren Grenzmarken ihres Glaubens nach dem Worte Gottes gezogen. Daß sie Wurzeln geschlagen, dünkt mir immer der schwerste Schaden, den die so lange hinausgeschobene Rückberufung Laskis dem Lande gebracht. Mit seinem Falkenauge bemerkte unser Freund von Anfang an die zersetzende Wirkung

---

*) Es ist bezeichnend, wie auch bei diesen polnischen Antitrinitariern der Koran wertgeschätzt wurde. In Zürich war um jene Zeit eine Übersetzung erschienen; es ist uns noch eine Briefstelle aus den Kreisen der polnischen Socinianer erhalten, worin es über den Koran heißt: „Wir ergötzen uns gar sehr an dem Buche und erklären es für ein göttliches" (Lauterbach, S. 94). Ja, einer von ihnen, Adam Neuser aus Württemberg, ging nach Konstantinopel und trat dort in den siebziger Jahren zum Mohammedanismus über. (Vgl. über ihn auch Lubienitzki, S. 199, der jedoch diesen genügend bezeugten Übertritt verschweigt.)

dieſer Leute. Mit aller Macht ſtemmte er ſich wider ihr bedenkliches Treiben. Bereits auf der Synode, die im Januar 1556
auf dem Schloſſe des Stanislaus Safraniec in Seczemin gehalten, war Peter Goneſius, aus Podolien gebürtig und Paſtor
in Biala, vorgeladen, ſich über ſeine ſervetiſchen oder, wie ſie
auch genannt wurden, arianiſchen Irrlehren zu rechtfertigen.
Seltſam! Gerade Goneſius war es, der vor wenigen Jahren
in Krakau dem etwas verdächtigten Stancar entgegengetreten*).
In der Zwiſchenzeit war er in dieſelben Wege eingelenkt und feſten
Schrittes weiter darin vorgegangen. Da er ſeinen Irrtum nicht
aufgeben wollte, wurde er aus der Gemeinſchaft ausgeſchloſſen.
„Goneſius ging weg“ — ſo lautet der Eintrag im Protokoll —,
„ganz verwirrt und in Thränen von den Brüdern Abſchied nehmend, die alle ihm Buße und Bekehrung wünſchten.“ Gerade
dieſer Auftritt muß auf die Synode gewirkt haben, Laſki noch
drängender zur beſchleunigten Rückkehr zu veranlaſſen.

Wir haben ſchon erwähnt, wie manches Mal Laſki in den
unter ſeiner Leitung ſtehenden Synoden genötigt war, über die
gleiche Angelegenheit zu verhandeln. Am ausführlichſten auf der
großen Synode zu Wlodzislaw im September 1558. Da waren
Anklageſchriften von dem Fürſten Radziwill und ſeinem wackeren
Superintendenten in Polen, Simon Zacius, wider den Nachfolger des Goneſius im Paſtorate zu Biala, Hieronymus Pie-
karſki, und dem Katechiſten der dortigen Schule, Johannes
Falcovius, eingelaufen. Man erkennt leicht aus der Verhandlung, daß die Leute Verführte waren, bei denen die Irrlehre
noch nicht feſte Wurzel gefaßt; wenigſtens leiſteten ſie dem Superintendenten auf der Synode keinen nachhaltigen Widerſtand
und unterwarfen ſich endgültig der Kirchenlehre. So lange
Laſki lebte und infolge ſeines machtvollen Einfluſſes wagte ſich
die antitrinitariſche Bewegung nicht recht hervor. Sie bildete wohl
eine bemerkbare Unterſtrömung im Flußbett der evangeliſchen Entwickelung Klein-Polens, aber man konnte ihr — und auch ein
Laſki nur ſelten — recht beikommen. Ihre Vertreter wichen
ſcheu dem Führer der Evangeliſchen aus; aber in ihren geſelligen

---

*) Wengierſki, S. 125.

Zusammenkünften, auf den entlegenen Burgen des Adels, da streuten sie geschäftig ihren Samen aus. Was sie sagten, schien so verständig, so einleuchtend dem „schlichten, gesunden Menschenverstand", und da ihr Lebenswandel ein bürgerlich tadelloser, frommer und braver war, wuchs im stillen, durch Zuwanderung von außen vermehrt, ihr Anhang.

Aufkommen konnten die Leute nicht, so lange Laski die Zügel in fester Hand hielt. Das wußten sie selbst. Ein sehr bezeichnender Beleg dafür ist uns in einem Briefe des Statorius an Calvin erhalten *). Während er sich des Umganges mit Laski und seines Einflusses in Pinczow zu erfreuen hatte, ist er wider die Antitrinitarier, und das Schreiben legt Zeugnis ab, daß seine Gesinnung eine aufrichtige war. Zwar gewinnt Blandrata schon Einfluß auf den Pinczower Schulherrn, aber er hält ihn für falsch beleumundet und vertritt warm zum Unwillen und Ärgernis des Genfers seine Sache vor Calvin. Blandrata konnte ja mit seinen mannigfaltigen Wendungen lange irreführen, und wer ihm folgte, erkannte oft spät und zu spät, wohin der schlaue Führer fast unvermerkt den Arglosen geleitet. Sobald aber Laski gestorben, sehen wir Statorius in die Reihen der Gegner übertreten. Bis zuletzt blieb Laski unermüdet auf der Walstätte im heißen Kampfe mit den Männern, deren Lehre ihm als ein Vipernstich in das Herz der evangelischen Kirche erschien. Ja, ihnen gegenüber konnte er seine milde Ruhe, die ihn allzeit so schön auszeichnete, vergessen und die heißblütige Polennatur gewann die Oberhand. Wenigstens wird uns aus dem letzten Lebensjahr unseres Freundes erzählt, daß er eines Tages in Pinczow mit Stancar in heftigsten Wortstreit geraten. Stancar zog ins lächerliche, was unserem Freunde das Heiligste war; Laski verwies dem „Mantuaner Juden" (so nennt ihn unsere Quelle) die Frevelrede. Der leichte Italiener aber, vielleicht auch im Wortkampf weiter geführt, gefiel sich in der Spottrede. Da kam es über Laski wie einst über die Donnersöhne im Evangelium. Wohl kaum seiner Sinne mächtig, ergriff er den vor ihm liegenden, schweren Bibelcodex und

---

*) Calvin XVII, 420.

schlug damit den Stancar aufs Haupt, damit der frevle Mann
denn doch von dem Worte Gottes in der ihm fühlbaren Weise
gezüchtigt werde *).

Die letzte Rede Laskis, deren Anfang wenigstens uns handschriftlich erhalten ist, bezieht sich auf diese ihm für die Entwickelung seiner Kirche am bedenklichsten erscheinende Irrlehre.
Stancar hatte angefangen, kühner das Haupt zu erheben, und
begehrte ein öffentliches Religionsgespräch, seine Anschauungen zu
verfechten. Einzelne stimmten dem Wunsche bei, und die Angelegenheit kam auf der Synode zu Pinczow am 7. August 1559
zur Sprache. Laski hub seine Rede mit den Worten an (wie
ein teures Vermächtnis eines Vaters an seine Kinder scheint die
Synode diese Rede des dem Grabe entgegeneilenden Reformators
angesehen zu haben, daß sie dieses einzige Mal den Wortlaut
wenigstens des Anfangs ihren Protokollen einverleibt): „Männer
und Brüder! Nicht unbekannt kann es euch allen geblieben sein,
daß Gerüchte über eine neue Irrlehre aufgekommen sind, die der
Satan durch seine Gehilfen, das ist durch die Ketzer, zum ungeheuren Schaden der Kirche des Herrn Christus ausstreut, um
die Ehre Jesu Christi als des Sohnes Gottes, unseres Mittlers,
Gott und Mensch in einer Person, zu erschüttern. Da es nun
Pflicht der Geistlichen ist, die Reinheit der Lehre Christi zu beschützen und zu bewahren, deshalb haben wir uns hier vereint,
öffentlich ein wahres und mit dem Worte Gottes und der Kirche aller
Zeiten übereinstimmendes Bekenntnis abzulegen und öffentlich vor
allen Zuhörern zu verhandeln und ferner zu bezeugen, daß diese
neue Lehre nun auch in unseren Kirchen, wie schon lange in den
übrigen verurteilt, falsch sei und ketzerisch und verderbenbringend.‟
Laski zeigt dann weiter, daß das Ansuchen Stancars nicht
erfüllt werden könne, es wäre ein Majestätsverbrechen, da öffentliche Religionsgespräche über neue Glaubenslehren nur mit Bewilligung des Königs und nach von ihm getroffener Wahl von
Richtern, Beisitzern u. s. w. gehalten werden dürften. Noch sei
das Nationalkonzil nicht zusammengetreten, auf dem ihnen gestattet
sei, mit Hosius zu verhandeln; ehe dieses geschehen, könne

---

*) Czekanowski, S. 2.

kein neues Religionsgespräch veranstaltet werden. Sollte aber
Stancar bei dem Könige das Recht zu einem solchen Religionsgespräch auswirken, so sei er bereit, die Aufforderung anzunehmen.

Mit dieser feierlichen Verurteilung der Stancarschen Irrlehre
schloß die öffentliche Laufbahn unseres Freundes. Vier Wochen
später fand wieder eine Synode in Pinczow statt. Lismanin
wird nach dem Schlosse in Diebran gesendet, wo Laski weilte,
um mit ihm das in der letzten Synode aufgestellte Bekenntnis
über das Mittleramt Christi, die brennende Streitfrage im
Kampfe mit Stancar, einer letzten Durchsicht zu unterziehen;
leider konnte von dieser letzten Arbeit Laskis keine Spur mehr
aufgefunden werden. Dann scheint es im Spätherbst rasch abwärts mit dem Gesundheitszustand gegangen zu sein. Laski
kehrte zu seiner Familie nach Pinczow zurück. Noch zeigt man
dort das Haus und die Stube, in der er seine letzte Leidenszeit
verbracht haben soll. Es sind die ältesten Teile des Hauses, in
dem die Druckerei sich befunden. Der spätere Ausbau zeugt von
feinem Geschmack der Bauleute: der Wanderer ist überrascht,
wenn er gegenwärtig die paar schmutzigen Judengassen durchlaufen,
mit einemmale den noch bewohnten Überresten eines feingeglie-
derten Renaissancebaues zu begegnen; über den einzelnen Fenstern
lateinische Sittensprüche, meist wie es scheint dem Seneca entlehnt, aus dessen Schatzkammer die späteren Antitrinizarier
lieber ihre Lebensregeln holten als aus dem Worte Gottes.
Schon seit Beginn des Jahres hatte das alte Leiden bedenklich
zugenommen. Ein Brief aus seiner Umgebung vom Februar
berichtet: „Auch die Unsrigen, mit Schmerz schreibe ich es, sind
schlaffer geworden. Nur unseren herrlichsten (excellentissimum)
Laski nehme ich aus: man kann nicht eifriger sein wie er.
Aber was kann der gute Mann allein ausrichten, der einen
ununterbrochenen Kampf mit dem Tode zu kämpfen hat und
dabei gleichzeitig und fortwährend mit Christi Feinden ringt?
Um seinet-, wie um der ganzen polnischen Kirche willen
trage ich tiefbekümmert an seinen so unendlich schmerzlichen
Leiden schwer. Und doch müssen wir ja willigen Herzens der

Notwendigkeit uns fügen, die uns vom Himmel auferlegt wird."*)

Die eben mitgeteilten Worte sind vom Februar 1559. Das ganze Jahr scheint eine ununterbrochene Zeit schwerster, körperlicher Leiden gewesen zu sein. Und doch dabei rastlos auf dem Plane. Oftmals baten die Freunde, daß er sich doch schonen möchte, auch im Hinblick auf die reiche Kinderschar, die ihn unversorgt umstand und denen er keine irdischen Mittel hinterlassen konnte; aber nichts konnte seinen Thatendrang im heiligen Dienst seines Herrn hemmen. Den liebevollen Mahnungen setzte er das schöne Heldenwort eines wahrhaft evangelischen Streiters entgegen: „Daß ich lebe, ist nicht nötig, sehr nötig aber, daß ich der Kirche Christi beistehe. Mein Herr Christus hat mich nicht zur Ruhe und zur Erheiterung berufen, vielmehr zur Arbeit und zum Kreuz. Das ist mein Leben, ganz gewiß zu wissen, daß ich meinem Herrn und seiner Gemeinde diene."**) Bei solcher Gesinnung geschah es denn oft, daß die Freunde, die ihn zu trösten gekommen waren, selber getröstet das Schmerzenslager verließen, wenn sie den Leidenden so ungebrochenen Geistes über die Ergebung in den Willen Gottes reden hörten. Und wir haben ja gesehen, wie er trotz aller Qualen auch während des Sommers und bis tief in den Herbst hinein nicht die Hand vom Pfluge legte.

Es muß um die Weihnachtszeit gewesen sein, daß das alte, schwere Unterleibsleiden einen drohenderen Charakter annahm und den Gedanken an das Nahen des Todes in der Umgebung weckte. Die Evangelischen standen unter dem Banne des gewaltigen Verlustes, der die Kirche so bald schon treffen werde, und die Überzeugung davon preßte den schmerzgebeugten Männern Thränen aus. Laski verwies den Ältesten das Weinen: „Lasset euer Weinen, ich bitte euch, oder wenn ihr nun einmal zu klagen beschlossen, so lasset nicht das Leid des Einzelnen, das nichts ist, die Ursache sein, sondern richtet eure Klage auf das allgemeine Leid der Kirche." Die Schmerzen steigerten sich von Tag zu Tage. Am 7. Januar war der Zustand bereits hoffnungslos.

---

*) Calvin XVII, 422.
**) Statorius, S. 6.

Sein Freund, der Schloßherr von Pinczow, Olesnitzki mit
seiner Gemahlin umstanden das Sterbebett. Da hat unser
Freund in den kargen, schmerzfreien Augenblicken viel noch über
den Zustand der Kirche verhandelt; die drohende Gefahr der
Ketzer quälte den Glaubenshelden, und in warmen, frommen Gebeten empfahl er die so arg gefährdete Kirche dem Schutze des
allmächtigen Gottes. Mit einbrechender Nacht steigerte sich das
Leid, schlaflos brachte er sie auf dem Schmerzenslager hin; die
zahlreich versammelten Freunde bemerkten, wie seine Seele im
Gebete rang. Oft rief er auch Gott mit lauter Stimme an,
zur Verwunderung der Umstehenden in deutscher Sprache; in ihr
war er gewohnt, mit seiner treuen Lebensgefährtin zu beten.
Gegen Morgen trat ein Verfall der sinkenden Kräfte ein; die Organe verweigerten ihren Dienst. Der deutsche Ruf: „Mein Herr
und mein Gott!" entrang sich noch ein paarmal den sterbens-
müden Lippen. Dann versagte auch die Stimme. Ganz ruhig
lag er da, als ob er schliefe. Die Schüler, die Professoren,
viele guten Leute, mit der Familie vereint, erwarteten den letzten
Atemzug. Um fünf Uhr ist es gewesen, am 8. Januar 1560,
als die Wintersonne hinter dem Schlosse verschwand, daß unser
Freund seine treue, fromme Seele aushauchte und, wie ein
Augenzeuge berichtet, „aus diesem sorgenschweren Leben in die
himmlische Heimat übersiedelte"*).

Zwischen Tod und Beisetzung der irdischen Hülle in der Gruft
verstrichen drei Wochen. Ein so langer Zeitraum war wohl
nötig, die Trauernachricht in die einsamen Schlösser, nach den
ferngelegenen Pastoraten gelangen zu lassen und die Geladenen
in Pinczow zu erwarten. Am 29. Januar waren 16 Geistliche
und 20 Glieder aus dem Adel Klein-Polens zur Leichenfeier
versammelt, edle Männergestalten, die treu zur evangelischen Kirche
standen und deren schmerzliche Züge verrieten, daß sie den Schlag
fühlten, der die heimische Kirche mit dem Hingang von „Vater
Laski" betroffen. Die Leiche wurde nach der Stadtkirche übergeführt
und dort an der Stätte, wo der Hochaltar gestanden, beigesetzt**).

---

*) Sylvius in seiner Leichenrede.
**) Die Kirche ist längst wieder in den Besitz der Katholiken übergegangen.

Dalton, Laski. 36

Die erste Rede bei der Feier hielt Jacobus Sylvius, der
bereits 1547 in Krzecice das Evangelium verkündet, als der erste
in Pinczow 1550 das heilige Abendmahl nach evangelischem Ritus
ausgeteilt, ein wackerer, treuer Mann, innig befreundet dem
Heimgegangenen. Die noch erhaltene Rede zeugt für seine warme,
bewundernde Anhänglichkeit an Laski. Ein paar wertvolle Züge
sei es gestattet dem von ihm entworfenen knappen Lebensbilde zu
entleihen. Sylvius rühmt an dem Entschlafenen eine gewisse
Majestät der äußeren Erscheinung, eine wahrhaft königliche Gestalt, feine, harmonische Züge, starke Körperkraft, die nur durch
fortwährende Sorgen und Arbeiten und Mühsal bei Tag und
Nacht frühzeitig untergraben wurde. Schonung seiner selbst habe
er nicht gekannt, wo es galt, dem Vaterland und der Kirche zu
dienen. „O wäre er doch", ruft schmerzerfüllt der Redner aus,
„auf diesem Punkt so scharfsinnig und sorgsam gewesen wie sonst
überall, dann hätten wir uns in diesen gefährlichen kirchlichen
Strömungen länger seiner Leitung zu erfreuen gehabt!" Mit diesen
äußeren Vorzügen verbanden sich seine hervorragenden Geistesgaben: tiefgehende Gelehrsamkeit mit gleichem Maß von Klugheit, Weisheit, Gerechtigkeit, Mäßigkeit. So gerecht war er,
daß er nicht nur kein fremdes Eigentum besaß, sondern selbst
das Eigene geringschätzte. Dazu sein hervorragender Mut, die
Kraft seines unüberwindlichen Herzens, seine Seelengröße und
wie sein ganzes Verlangen einzig und allein auf Christum gerichtet war. Das gab ihm den freien, festen Sinn, mitten in
den größten Verfolgungen Gott zu danken. Um Christi willen
hat er alles, was auch die größten Männer begehren, gering-

---

und keine Spur verrät den Ort, wo einer der größten Polen zur letzten
Ruhe gebettet. Ob man ihm wohl die Ruhe des Grabes gegönnt? Ob die
Gebeine nicht verworfen wurden, als die siegreiche römische Kirche den Hochaltar wieder aufrichtete? Zweimal habe ich den Raum nach allen Seiten hin
durchstöbert, soweit es möglich, die von dem Knierutschen der Andächtigen
schier abgeschliffenen Inschriften der auf dem Boden der Kirche liegenden
Grabsteine zu entziffern versucht. Vergeblich! Kein Buchstabe, der an Laski
erinnert. Ebenso vergeblich auch jede Nachfrage bei den Hütern der Kirche
und ihren Priestern. Die Erinnerung an jene Zeit ist ihnen untergetaucht,
so daß sie auf alle Fragen des Reisenden keine Antwort zu geben imstande
waren.

geschätzt: Würden, Ehre, Vermögen, weltliches Ansehen. Wenn
der Andrang der Feinde noch so groß war, die Flut der Bewegung noch so hoch ging, sein Wesen glich immer einem stille
dahineilenden Flusse; milde, sanftmütig, maßvoll war überall sein
Verhalten; liebenswürdig, freundlich im Umgang auch mit den
Niedrigsten. Sein Haus stand allen offen. Lauter, einfach,
arglos und zum Verzeihen geneigt, wußte er nichts von Argwohn, Mißtrauen. Freigebig in hohem Grade und von echter,
großherziger Gesinnung. — Doch genug der einzelnen Züge, für
die wir im Laufe unserer Geschichte die schönen Belege aufsammeln
können.

Dieser polnischen Rede reihten sich zwei lateinische an; die
eine hielt im Namen der Senioren der evangelischen Kirche Klein-
Polens Stanislaus Sarnitzki, Pastor in Niedzwiedz, einem
Städtchen bei Krakau, nach Laskis Tode einer der eifrigsten
und tüchtigsten Vorkämpfer der evangelischen Kirche wider die
Irrlehrer, — die andere Petrus Statorius, der Rektor
der Schule, dem mit Laski die kräftige Stütze ins Grab sank,
ihn vor den Versuchungen der Antitrinitarier zu schützen. Wir
müssen der Versuchung widerstehen, nun auch noch aus seiner uns
im Drucke vorliegenden Grabrede ein paar weitere Züge aus dem
Lebensbilde unseres entschlafenen Freundes hervorzuheben; sie
würden aus dem Munde der Zeitgenossen bestätigen, was uns
da und dort bereits entgegengetreten. Die letzte Ansprache, nun
wieder polnisch, hielt der Superintendent Cruciger. Er mußte
den schweren Verlust doppelt empfinden, weil ihm mit seinem
weichen, nachgiebigen Gemüte die Thatkraft fehlte, denen sich
mannhaft entgegenzustemmen, die die seiner Leitung anvertraute
Kirche zu zersetzen drohten.

Der Eintrag im Synodalprotokoll lautet: „Der ehrwürdige
und hochberühmte Mann, Johannes a Lasco, ein Mann
Gottes und die Zierde unseres Vaterlandes, hat am 8. Januar
1560 die Seele in die Hände seines Gottes zurückgegeben. Nachdem er durch Gottes Offenbarung das gottlose Papsttum und
den abgöttischen Priesterdienst dahinten gelassen, ist er in viele
Länder gepilgert, da wo es ihm in der Gemeinde der Gläubigen
gestattet war, in wahrem Glauben und gutem Gewissen Gott den

36*

Vater in Jesu Christo durch den heiligen Geist zu preisen. Als er schon Greis geworden, nicht den Jahren nach, aber durch seine Anstrengungen für die Kirche, kehrte er aus England nach Polen zurück, sobald er nur erfuhr, daß in seinem Vaterlande das Licht der evangelischen Lehre aufgehe, um, wenn er könne, mitzuwirken, den Ruhm Gottes hier zu fördern. Und das hat er auch gethan und hat unablässig sein Amt vor den Königen und seinen Mächtigen geführt. Zuletzt, nach Ablauf von drei Jahren nach seiner Rückkehr ins Vaterland, ist er glückselig in seinem Herrn aus dem Tode zum Leben emporgehoben worden. Du aber, allgütiger Vater, ersetze nach Deiner unendlichen Barmherzigkeit unserem Vaterlande diesen einen Laski durch hundert solche Männer, die in väterlicher Gunst danach trachten, Dein Reich in unserem Vaterlande zu fördern. Amen."

Ein Held in Israel war gefallen. Weithin drang die Schmerzenskunde; noch nach Monaten bezeugen spät einlaufende Briefe, wie auch an den fernsten Vorposten der evangelischen Kirche der Verlust, der die ganze Kirche getroffen, bitter empfunden wurde. Daß es ein Löwe gewesen, der nun so stille dalag, das wollte man im Lager der Antitrinitarier durch den Eselstritt beweisen. An ihrer Spitze stand damals in Pinczow Orsatius, dem lebend Laski so mannhaft und siegreich widerstanden. Der brachte das Märchen auf, als ob ein Gotteszeichen an der Leiche zutage getreten, die Lippen des Verstorbenen seien zusammengewachsen. Das Märchen scheint Glauben unter den Leuten gefunden zu haben, die dem Toten auch äußerlich von Gott angethan sein lassen wollten, was sie dem Lebenden nicht vermocht: den Mund zu schließen. Die Synode hielt es für nötig, die Gruft noch einmal zu öffnen und damit das thörichte Gerede zum Schweigen zu bringen. Dieser Leute Erben sind dann die Jesuiten geworden, und sie waren in ihrem Bemühen erfolgreicher. In jahrzehntelanger Arbeit haben sie ein so festes Schloß um den frommen Mund geschmiedet, daß kein Wort, das diesen evangelischen Lippen einst mit so wunderbarer, überzeugungsvoller Kraft entströmte, unter dem Volke mehr verlautet und Polen keine Ahnung davon hat, welch' eine Prophetengestalt Gott ihm in jenen Glanztagen seiner Geschichte erweckt. Spurlos fast ist

dieser Held an dem Leben seines so treu geliebten Volkes vorübergezogen; treuere und dankbarere Hände aus fremden Landen
haben seine Worte gesammelt, seine Schriften zu einem bleibenden
Denkmal zusammengestellt. Ein fast tragischer Ausgang eines
polnischen Glaubenshelden, vielbedeutsam und wie ein Schlüssel
zum Verständnis des verhängnisvollen Ausganges dieses Volkes.
Die Stimme aus Rom klang ihm süßer als das polnische Manneswort, das aus der Tiefe des Wortes Gottes geschöpft war.

Wir sind zu Ende gekommen mit unserer so langen Erzählung. Nur noch einen flüchtigen Blick auf die trauernde Familie. Ihre Spur geht bald verloren. Neun Kinder standen
mit der mittellosen Witwe um den Sarg des Vaters. Er hatte
keine irdischen Schätze für sie gesammelt, hilflos waren sie im
fremden Lande. Laski hatte noch das Jahr zuvor bei der
Synode die Anlegung einer Pastoren-Witwenkasse beantragt,
ahnungslos wohl, daß seine Frau zuerst auf eine derartige
Unterstützung angewiesen sein werde. Eine Sammlung wurde
veranstaltet; sie ergab eine Summe von 289 Gulden. Aber die
Not wurde dadurch kaum gelindert. Es ist uns ein Brief der
Witwe an den König aus dem Jahre 1564 erhalten*). Sie
beruft sich auf die Freundschaft, die zwischen ihm und ihrem
Manne bestanden**), und bittet den König um Mittel, ihre
Söhne studieren lassen zu können. Ob die Bitte Erfolg hatte,
ist nicht ersichtlich; befremdlich aber ist, daß die reichen Ver-
wandten sich nicht kräftig der Hinterbliebenen angenommen. Die
Witwe, vielleicht als Fremde, scheint sich nicht eingelebt zu haben und
in dem Familienkreise des Mannes nicht beliebt gewesen zu sein.
Ein Testament hatte Laski in Frankfurt gemacht, nach welchem
die Witwe die eine Hälfte seines geringen Vermögens erhielt, in

---

*) Noch auch Pinczow. Vgl. Kuyper II, 764.
**) „Si liceret absque aliqua adulationis nota virtutes Illustrissimae
Celsitudinis tuae amplificare ac amicitiam illam quae inter Ill. Cels.
tuam et maritum meum Joannem a Lasco intercesserat dicendo exornare
lubenter facerem."

die andere Hälfte sich die neun Kinder zu teilen hatten *). Von
den Söhnen zeichnete sich einer aus, Samuel, in dem die
diplomatische Ader der Laskischen Familie sich regte. Sigismund III. von Polen sandte ihn 1598 nach Schweden, wo er eine
wichtige Rolle in den Thronstreitigkeiten spielte; 1605 sehen wir
ihn im Namen des Königs in Danzig Streitigkeiten zwischen den
Lutheranern und Reformierten beilegen **). Albert Laski, der
Sohn des Hieronymus und wahrscheinlich durch seinen berühmten
Oheim der evangelischen Kirche gewonnen, war wie der Vater
hervorragender Staatsmann. Er vorzugsweise setzte die Wahl
Heinrichs von Valois zum Polenkönige durch und befand sich
in der Gesandtschaft, die dem französischen Prinzen die Meldung
von der Wahl überbrachte; später treffen wir ihn am englischen
Hof, von der Königin Elisabeth in auffälliger Weise ausgezeichnet. Aber er steht leider fast an der Spitze des rückfälligen
Adels; 1569 war es dem geschmeidigen, feingewandten päpstlichen Nuntius Commendoni geglückt, der evangelischen Kirche
Polens den Schlag zu versetzen und den Neffen ihres Reformators in die Kirche Roms zurückzuführen ***). Noch ein paarmal taucht in der späteren Geschichte Polens für kurze Augenblicke der Name Laski auf; auch ein berühmter Jesuit Martin
Laski wird genannt, der dem Magistrat von Krakau den Rat
erteilte, katholisch zu werden. Im vorigen Jahre ist der letzte
evangelische Träger des Namens gestorben; die Fäden des Zu-
sammenhangs mit unserem Reformator konnte ich nicht klar-
legen.

Einen letzten Blick dann noch auf unseres Freundes anderes
Familienglied: seine evangelische Kirche und zumal in Polen. Es

---

*) Scrinium III, 546.
**) Krasinski I, 283.
***) Krasinski (I, 244) verlegt den Übertritt in das Jahr 1569; 1564
hatte Laski die erste Berührung mit Commendoni. Sein Biograph Gratiani
spricht zwar nicht von dieser Bekehrung, an vielen Stellen aber von der innigen Freundschaft dieser beiden Männer (vgl. Gratiani, S. 208. 387.
411 f.), so daß der Nuntius wohl als der Urheber des Übertrittes bezeichnet
werden darf.

ist ein freundliches Gedenken, daß sie, wenn auch erst nach einem Jahrzehnt, sein schönes, tief christliches Geisteserbe in dem Vertrag von Sendomir (1570) angetreten. Bis die evangelische Kirche Polens dazu mündig geworden, hatte sie noch eine schwere, harte Schule zu durchlaufen, und oft schien es, als ob sie erliegen müsse. In Klein-Polen erhoben die Antitrinitarier nach dem Heimgange des machtvollen Kämpen immer kühner ihr Haupt; aber doch war die Synode erstarkt genug, den bedenklichen Gegner von sich abzustoßen und damit seinem kirchenzersetzenden Einfluß zu wehren. Ihr Wunsch, durch Beschluß des Reichstages (zu Parczow 1564) diese Antitrinitarier des Landes zu verweisen, scheiterte an dem Einflusse des scharfsinnigen, schlauen Hosius, der diesen Krebs an der evangelischen Kirche nicht ausschneiden lassen wollte: er trieb ja so erfolgreich sein Werk, als ob er im Dienste der römischen Kirche selber stünde! Die evangelische Kirche Groß-Polens war von diesem tiefnagenden Leiden zwar verschont, dagegen wühlte in ihrer Mitte die gleiche Doppelströmung, die die lutherische Kirche Deutschlands fast an den Rand des Unterganges fortriß. Pastor Morgenstern in Thorn vertrat haderlustig in ausgeprägter Weise die flacianische Strömung; ihr gegenüber stand an der Spitze der milden melanchthonischen Strömung der hervorragende Prediger Gliczner, Generalsenior der lutherischen Kirche in Groß-Polen. Eine dritte Richtung vertraten die böhmischen Brüder. Auf der einen Seite rechtlich seit der Synode von Kocminek mit der Kirche Klein-Polens vereinigt, hatte sich mit den Jahren der Bund als eine Vernunstehe erwiesen; man achtete sich, man nahm freundliche Rücksicht auf einander, aber man schwieg lieber über den damals rasch geschlossenen Heiratsvertrag, dessen meiste Punkte in Vergessenheit geraten waren. Auf der anderen Seite waren ihre zahlreichen Gemeinden zumeist in Groß-Polen angesiedelt und die Berührung mit der evangelischen Kirche daselbst eine fortwährend rege. Die flacianische Richtung wollte von einem freundlichen Zusammengehen nichts wissen; die melanchthonische war willig dazu und hoffte eine Verständigung zu erzielen. Das Bewußtsein der Notwendigkeit einer solchen Verständigung wuchs in dem Maße, als die römische Kirche im Lande sich ermannte und immer ent-

schiedener unter einheitlicher Führung dem Umsichgreifen der Reformation entgegentrat.

Auf dem Reichstage zu Lublin 1569 kam endlich zustande, was
so oft schon, vergeblich, König Sigismund August erstrebte:
die volle Vereinigung von Litthauen und Polen. Das Königreich
und das Großfürstentum sollten fortan, so wurde bestimmt, ein
einziges, unteilbares Staatswesen bilden, an seiner Spitze derselbe
Wahlkönig, im gemeinsamen Senat die Vertreter mit gleichen
Rechten. Der König konnte sich auch bei diesem Reichstage überzeugen, wie der Kern des polnischen Adels der evangelischen Kirche
angehörte. Früh hinfällig geworden, mußte ihm, dem kinderlosen
König, der Gedanke an die Thronnachfolge oft und in besonderer
Weise bewegen und es ihm nahelegen, ob nicht auch die Klugheit
ihm rate, wovon sein Herz denn doch nicht ferne gewesen zu sein
scheint, dem Vorgange der Mehrheit und des tüchtigsten Kernes
des polnischen Adels zu folgen und durch seinen Anschluß an die
evangelische Kirche die drohende Spaltung bei voraussichtlich bald
eintretender Königswahl zu verringern. Ja, wenn sein 1564 ver-
storbener Schwager und eindringlicher Ratgeber, Fürst Radziwill,
noch gelebt hätte! Ja, wenn der gewandte Hosius, was ihm
bei Maximilian geglückt, nun nicht auch geschickt bei dem unentschlossenen Sigismund August in Anwendung hätte bringen
können: den hämischen Hinweis auf die Zerklüftung der Evangelischen unter einander und wie ihre Lehre zur Leugnung der
Grundpfeiler des Christentums notwendig führe! Da konnte er
ja dem unentschlossenen König hier die Angriffe der Lutheraner
wider Laski, dort das Treiben der Antitrinitarier und Anabap-
tisten im Lande aufweisen.

Der in den drei evangelischen Kirchen sich regende Wunsch
nach Einigung, um sich der römischen Kirche mit gesammelter
Kraft erwehren zu können, verband sich mit diesen politischen
Gedanken, daß schon auf dem Reichstage zu Lublin eine gemeinsame Synode für das nächste Jahr nach Sendomir verabredet
wurde: der Lieblingswunsch unseres heimgegangenen Freundes,
für dessen glühend ersehnte Verwirklichung er, wie wir gesehen,
fast seine letzte Lebenskraft ohne Bedenken, wenn auch vergeblich
eingesetzt hatte. Hätte man doch damals seinem Rate gefolgt!

Wäre doch der Lubliner Union der Sendomirer Vertrag um ein
Jahrzehnt vorausgegangen: wer weiß, ob nicht der letzte Jazellone
sich der evangelischen Kirche angeschlossen hätte!! Am eifrigsten
betrieb der reformierte Adel Klein-Polens die Synode. Sie
wurde in seinem Gebiete gehalten; hier in Klein-Polen hatte die
evangelische Kirche die stärksten Wurzeln geschlagen, von hier aus
zogen die meisten Evangelischen in die Reichstage; denn in Groß-
Polen hatten sich hauptsächlich die im Reichstage nicht vertretenen
Deutschen der Reformation angeschlossen.

Die Synode tagte in Sendomir vom 9. bis 15. April 1570.
Groß-Polen hatte zu seinen Abgeordneten die beiden, auch durch
tüchtige theologische Bildung hervorragenden Brüder Gliczner
entsendet; die böhmischen Brüder waren durch den Senior der
helvetischen Kirche in Cujavien, Prazmowski, und durch den
tüchtigen, trotz seiner jugendlichen Jahre mit scharfem, gereiftem
Blicke ausgerüsteten Simon Turnowski*) vertreten. Die
Mehrheit der Anwesenden waren Glieder der Kirche Klein-Polens
und auch die Leitung der Versammlung lag in ihren Händen.
Weltliche Synodaldirektoren waren der Oheim unseres Laski
Stanislaus Myszkowski, Palatin von Krakau, ferner der
Palatin von Sendomir Peter Sborowski und Stanislaus
Karminski; den geistlichen Vorsitz hatten Senior Paul Gi-
lowski und Andreas Prazmowski. Die Klein-Polen
legten als Bekenntnisschrift die 1566 von Bullinger herausgegebene helvetische Konfession vor, die so rasch fast in allen
reformierten Landen und seit Jahresfrist auch in Klein-Polen
Eingang gefunden. Fast hätte man eine Einigung auf Grundlage dieser Bekenntnisschrift erzielt. Prazmowski stimmte für
die Annahme, auch Turnowski hielt sie für ausführlicher und
deutlicher als die Brüderkonfession; da die Seinen aber bei der
ihrigen verharren wollten, so lehnte er eine Verpflichtung auf die
helvetische ab. Gliczner drang nicht darauf, die Augsburger
Konfession zur allgemeinen Grundlage zu machen. Sein Vor-

---

*) Wir danken ihm eine fesselnde Schilderung der Sendomirer Tage,
die uns trotz der bescheidenen Fassung die fast den Ausschlag gebende Bedeutung des jungen Mannes verrät. (Vgl. Fischer I, 258—286.)

schlag, eine gemeinsame polnische Bekenntnisschrift auf der nach ein paar Wochen in Warschau zusammentretenden Versammlung auszuarbeiten, wurde angenommen. Es kam freilich nicht dazu und ist das auch nicht zu beklagen. Dagegen beschloß man, jetzt nicht auseinanderzugehen, ohne einen „Vergleich" angenommen zu haben. Mit der Ausarbeitung wurden der reformierte Pfarrer in Krakau, Christoph Trecius und Tenandus beauftragt *). Andern Tages entledigten sich schon die beiden Männer ihres Auftrages: mit nur geringen Veränderungen wurde ihre Einigungsformel angenommen.

Wohl dürfen wir sagen, die berühmte Einigungsformel von Sendomir ist die spät gereifte Frucht von Laskis Arbeit; aus ihrem Inhalte treten uns die schönen, geistigen Züge unseres Freundes noch einmal vor die Seele. Voll Unverstandes hat man auch einmal geschmäht, als ob sie seine unmittelbare Arbeit sei. Der Geschichtschreiber der Synode weist die Thorheit ab; nicht einmal sein Name verlautet in den Verhandlungen, wohl um deswillen, um nicht Scenen zu wiederholen, wie damals, als man bei einem Vereinigungsversuch Laskis die Stellen Westphals wider ihn vorlas, um sich vor seiner Sirenenstimme zu schützen. Aber der ehrwürdige Jablonski hat recht, wenn er sagt, daß der Sendomirer Vertrag die größte Zustimmung und Förderung von Laski erhalten haben würde **). Der Vertrag steht in jener Zeit auf so einsamer Höhe, wie Laski selbst in seinen edeln Bestrebungen. Mitten im heißesten Kampf über die Abendmahlslehre allüberall hier in dem weltvergessenen Winkel Polens das hochherzige Bekenntnis, daß die drei Gemeinschaften in der übereinstimmenden Lehre über Gott und die heilige Drei-

---

*) Trecius war eine sehr bedeutende, tüchtige Kraft, namentlich auch um das Schulwesen hochverdient. Auf großen Reisen in der Schweiz und Frankreich hatte er seinen Blick geweitet und umfassende Bildung sich erworben (vgl. Wengierski, S. 129). Erbkam (bei Herzog XXI, 41) nennt Tenandus „einen nicht weiter bekannten Mann". Wir sind ihm bereits als Mitarbeiter bei der Bibelübersetzung unter dem Namen Johannes Gallus begegnet, den wir als Johannes Thenandus aus Bourges in Frankreich näher bezeichneten (vgl. S. 538).
**) Jablonski, S. 37.

einigkeit, über die Menschwerdung des Sohnes Gottes und unsere Rechtfertigung und andere vornehmliche Stücke unseres Glaubens den heiligen Boden einer Einigung im Geiste besitzen. „Und da haben wir uns denn gegenseitig heilig versprochen, einmütig nach der Vorschrift des Wortes Gottes diese unsere Übereinstimmung in der wahren und lauteren Religion Christi gegen die Päpstlichen, gegen die Sektierer, kurz gegen alle Feinde des Evangelii und der Wahrheit zu verteidigen.“ *) An der Abendmahlslehre wird, etwa aus Scheu, den „unseligen Zwist“, wie das Bekenntnis sich ausdrückt, wieder wachzurufen, nicht stillschweigend vorübergegangen. Es sind fast Laskische Worte, mit denen das Gemeinsame der Lehre betont und hervorgehoben wird mit besonderer Berufung auf die Fassung, wie sie Melanchthon im Namen der sächsischen Kirchen als Gemeingut der Evangelischen am Vorabend des neuen Ausbruches des Sakramentsstreites 1551 bei dem Tridentiner Konzil eingereicht. „So haben wir uns also mit Handschlag heilig gelobt und uns gegenseitig verpflichtet, allesamt Treue und Frieden halten, ihn fördern und von Tag zu Tag zur Erbauung der Kirche mehr und mehr ausbreiten zu wollen und alle Gelegenheiten zu Kirchenspaltungen zu vermeiden. Endlich haben wir unser selbst uneingedenk und vergessend, wie es wahren Dienern Gottes ziemet, allein unseres Heilandes Ehre zu fördern und für die Wahrheit seines Evangelii mit Wort und That zu kämpfen uns verpflichtet. Daß dies nun segensreich, vollgültig und unverbrüchlich sei immerdar, darum flehen wir mit heißen Gebeten zu Gott dem Vater, dem Urheber und reichen Quell alles Trostes und Friedens, welcher uns und unsere Kirchen aus der dichten Finsternis des Papsttums errettet und uns das reine Licht seines Wortes und das heilige Licht seiner Wahrheit geschenkt hat, und er wolle unseren heiligen Frieden, unsere Eintracht, unseren Bund, unsere Union segnen zu seines Namens Ehre und zur Erbauung der Kirche. Amen.“

Es liegt uns ferne, die weitere Geschichte dieses Friedenswerkes zu erzählen und zu zeigen, wie es gleich einem lichten

---

*) Nach der Übersetzung bei Nitzsch (S. 74), dem Geisteserben des Vertrages im neunzehnten Jahrhundert.

Einschlagfaden in dem so dunklen Gewebe des Geschickes der
evangelischen Kirche in Polen immer wieder mild=tröstend auf=
taucht. Wir haben den Vergleich nur erwähnt als schönen Nach=
ruf, unserem heimgegangenen Freunde gebracht, auch ein Werk,
das dem treuen Arbeiter nachfolgt in die Ruhe des Volkes Gottes.
Der Sendomirer Vergleich wie sein geistiger Urheber, sie stehen
da, als ob sie aus dem Rahmen des sechzehnten Jahrhunderts
heraustretend unsere Zeitgenossen wären, damals fast unverstanden
und doch auch wieder für ihre Zeit uns die schmerzliche Klage
auspressend: warum doch hat man sie nicht verstehen wollen oder
können in ihrer Stunde? Wieviel bittere Heimsuchung wäre der
Kirche Polens, wäre der ganzen evangelischen Kirche erspart ge=
blieben!

Doch der Geschichtsschreiber hat kein Recht, zu klagen, nur die
Aufgabe, den Gang der Ereignisse zu berichten und auf die lichten
Spuren des Gottes andächtig hinzuweisen, dessen Gerichte un=
begreiflich, dessen Wege unerforschlich sind.

Namensverzeichnis.

Druck von Friedr. Andr. Perthes in Gotha.